MANAGEMENT

concepts
et meilleures pratiques

- Séances 1 : Chap 1 p. 35-50
- séance 2 : chap 2 p. 53-85, Chap 4 p. 136-150, Chap 8 p. 329-334
  Chap 13 p. 439-452
- Séance 3 : Chap 3 p. 109-120, Chap. 173-192
- Séance 4 : Chap 10 p. 339-366 & p. 384-392
- Séances 5 : Chap 16 p. 539-563
- Séance 6 : Chap. 4 p. 192-205
- Séance 7 : Chap. 14 p. 487-503
- Séance 8 : Chap. 13 p. 471-485, Chap. 15 p. 505-538
- Séance 9 : Chap. 6 p. 221-230
- Séance 10 : Chap. 12 p. 415 à 438
- Séance 11 : Chap. 8 p. 295-328, chap. 10 p. 367-383
- Séance 12 : Chap. 17 p. 565-598

Éditions d'Organisation
Groupe Eyrolles
61, bd Saint-Germain
75240 Paris cedex 05

www.editions-organisation.com
www.editions-eyrolles.com

Ce livre a fait l'objet d'un reconditionnement à l'occasion de son troisième tirage
(nouvelle couverture).
Le texte reste inchangé par rapport au tirage précédent.
Ouvrage précédemment paru sous le titre *Les meilleures pratiques de management*.

Jean BRILMAN et Jacques HÉRARD

MANAGEMENT

concepts et
meilleures pratiques

Sixième édition

Troisième tirage 2011

EYROLLES

Éditions d'Organisation

DES MÊMES AUTEURS

Jacques Hérard

- *Manuel d'organisation appliquée,* Dunod, 2003.

Jean Brilman

- *Le cas Paradot, roman,* Aegeus les Éditions du Bicorne, 2005.
- *L'Entreprise réinventée,* Éditions d'Organisation, 4ᵉ édition 1996.
- *Manuel d'évaluation des entreprises* (en collaboration avec Claude Maire), Éditions d'Organisation, 3ᵉ édition 1993.
- *Les Clés de la relance,* Dunod, 1993.
- *Gagner la compétition mondiale,* Éditions d'Organisation, 1991.
- *Modèles culturels et performances économiques,* Éditions Hommes et Techniques, 1981. *Mention au Grand Prix Harvard-l'Expansion 1982* (épuisé).
- *Gestion de crise et redressement d'entreprise,* Éditions Hommes et Techniques, 3ᵉ édition 1986. *Prix EDP 1986* (épuisé).
- *Pratique de l'évaluation et de la négociation des entreprises* (en collaboration avec A. Gaultier), Éditions Hommes et Techniques, 3ᵉ édition 1980 (épuisé).
- *Le redressement d'entreprises en difficulté,* Éditions Hommes et Techniques, 3ᵉ édition 1981. *Prix IAE du Management 1978* (épuisé).

D'un seul coup d'œil

1. Un monde de changements 3

2. Finalités des entreprises et des organisations : créer durablement de la valeur pour toutes les parties prenantes 53

3. Vision, valeurs et changement de culture 95

4. Marketing, qualité et gestion de la relation client 121

5. Le management stratégique moderne 167

6. Créativité, innovation et organisation innovante 221

7. Réussir les fusions et les acquisitions 263

8. Qualité totale et développement durable au cœur du management 295

9. Benchmarking et reengineering 335

10. L'entreprise orientée processus et horizontale 359

11. Production et logistique de classe mondiale 393

12. Gestion des projets et management par projet 415

13. La gestion des ressources humaines 439

14. Manager le changement 487

15. Gestion des savoirs et des compétences : l'organisation apprenante 505

16. L'entreprise en réseau, les alliances et le commerce interentreprises 539

17. Le nouveau rôle des dirigeants 565

Table des matières

AVANT-PROPOS 1

Chapitre 1

Un monde de changements 3
Les évolutions significatives en cours 3
Économie : retour au réel 7
  Une période de forte croissance et d'envolée boursière 8
  Les dérives de la Nouvelle Économie 10
  Sanctions, remises en ordre et retour aux fondamentaux du capitalisme 12
Baisse des prix et croissance 13
  Déflation ou reprise de l'inflation ? 14
Se préparer au vieillissement de l'Europe 16
  Une évolution de la structure de la consommation et un accroissement
  des prélèvements 16
  Une diminution de la flexibilité et de la vitesse des structures
  de production de biens et services 17
  Parfois un handicap pour le développement de l'innovation 17
  En conséquence, une population souvent victime des plans
  de restructuration ou de rénovation de l'entreprise 18
  Un fort besoin de main-d'œuvre qualifiée à partir de 2005 18
Bondir avec le dragon chinois 19
  Quelques chiffres en vrac 21
  Le « grand marché chinois » 23
  Quelques conseils pour aborder le marché chinois 25
  Les impedimenta 30
  Le développement durable en Chine 37
  Les atouts de l'Europe en Chine 38
Le monde comme champ d'opportunités et de menaces 39
  Homogénéité et différences 40

Une double opportunité 41

Un champ de menaces : les nouveaux concurrents 42

S'internationaliser, une triple nécessité 42

Les impacts stratégiques des nouvelles technologies de l'information 43

La surabondance d'informations et l'accélération des changements 44

Accélération des nouveautés techniques et de leur diffusion 44

Prolifération des nouveaux produits et des services 45

Accumulation de données sur les clients et personnalisation 45

Montée des risques politiques et terroristes, impacts sur l'économie
mondiale 46

L'adaptation au nouveau contexte 47

Brève histoire des systèmes de production 47

La convergence vers un corps de concepts cohérents 48

Les concepts du management moderne 49

*Vers des organisations post-tayloriennes adaptées au nouvel
environnement* 50

Chapitre 2

Finalités des entreprises et des organisations : créer durablement de la valeur pour toutes les parties prenantes

........53

Une nouvelle finalité éthique de l'entreprise : le développement durable 54

Les évolutions significatives en cours 56

Ce qui n'est pas mesuré n'est pas géré 56

La valeur des entreprises 57

*Les deux paramètres fondamentaux : croissance future des profits
et taux d'intérêts à long terme* 61

*Rentabilité moyenne dans le temps du placement en actions et réalisme
des objectifs* 62

La valeur pour l'actionnaire : approches traditionnelles 65

*Les concepts d'EVA (Valeur Ajoutée Économique) et de MVA
(Valeur Ajoutée Marché)* 67

L'exemple de Rhône-Poulenc Agro 69

Pilotage et stratégies fondés sur l'EVA et la MVA 71

Gestion de crise : finalités et meilleures pratiques 73

Des indicateurs financiers aux indicateurs non financiers 74

Le concept fondamental de « Valeur-Client » 76

Produire de la satisfaction-client 76

De la satisfaction-client à la Valeur-Client 77

La Valeur pour le personnel 77

Productivité et hausses de salaires 78

Autres critères et enquêtes de satisfaction 79

La Valeur pour les autres parties prenantes 79

Les finalités du développement durable.. 80
    La logique de durabilité 80
    Le système de comptabilité économique et environnemental....................... 83
    Les instruments économiques de protection de l'environnement.................... 83
    Création de la valeur et DD 84
Le management par la valeur 85

Annexe 1
    Calcul de l'EVA et de la MVA 86

Annexe 2
    Rentabilité et évaluation des actions 91

Chapitre 3
Vision, valeurs et changement de culture 95
Les évolutions significatives en cours 96
Diriger, c'est fonder ou changer la culture....................................... 97
    Fondateur et transformateur de culture 97
    Culture et performances économiques 98
Les mécanismes de l'acculturation 99
    Le langage 99
    L'éducation et la formation.. 102
    De la propagande à la communication 103
    Les prédictions créatrices, accélératrices et destructrices....................... 105
    L'attente normative ou la pression sociale 106
    La mode 107
    Les exemples et modèles culturels 107
Agir par l'acculturation : les sept leviers 108
La vision... 109
    Définition de la vision 109
Les composantes de la vision 110
    Le socle culturel 110
    Le futur désiré 110
La construction de la vision 111
    Le lien entre vision, stratégie et structure organisationnelle 111
    Les étapes de construction de la vision d'une activité 113
Exemples... 114
Les défis actuels du management d'après 700 dirigeants........................... 119

Chapitre 4
Marketing, qualité et gestion de la relation client........................... 121
Les évolutions significatives en cours 122
Les préoccupations marketing des entreprises et les tendances.................... 124
    Internet : révolution de l'information et du service clients 128

Le « marketing collaboratif » et les infomédiaires 129
La présence sur le Net et L'e-commerce 131
Les autres méthodes du marketing moderne 132
La Gestion de la Relation client 134
Le marketing sur Internet 136
Le concept fondamental de « Valeur-Client » 136
Historique 136
Définition de la Qualité par Bradley T. Gale 137
L'Analyse de la Valeur-Client (l'AVC) 139
La pratique de l'AVC (Analyse de Valeur-Client) 140
L'écoute-client, sans préjugé, permanente et réactive 142
L'importance capitale des données sur les clients et les concurrents :
les méthodes utilisées 144
Les bases de données, outil marketing et arme stratégique 147
Exemples de méthodes d'enquêtes de satisfaction 148
Un cas de vente « Business to Business » : vente et installation
d'un équipement 148
Le système de mesure de Rank Xerox 149
Autre exemple de résultats d'une Analyse de Valeur-Client
pour des biens d'équipement 150
La nouvelle place du marketing 151
Données générales sur la qualité de service, la satisfaction
client et la fidélisation 151
Importance stratégique du service et de la qualité de service 151
Les cinq composantes fondamentales de la qualité de service 152
Causes habituelles de l'insatisfaction des clients et conséquences 152
Satisfaire encore plus pour fidéliser 153
Mettre en œuvre la Valeur-Client 154
L'intérêt stratégique de la Valeur-Client perçu par rapport
à la concurrence, dans le contexte actuel 154
Encore du chemin à parcourir pour mettre en place un véritable
management par la Valeur-Client 155
Les efforts en cours des entreprises pour apporter de la Valeur-Client 156
Pratiquer le cyber-marketing devient fondamental 157
Un marketing sous surveillance de l'opinion et des médias,
source de risques importants 161
Le rôle des dirigeants en matière de marketing 162
L'écoute de leurs clients et l'identification de leurs attentes 162
Le choix des segments-cibles 163
La proposition de valeur et le positionnement 164
Le passage à une entreprise orientée client 164
Comprendre le cyber-marketing pour s'adapter à la nouvelle
économie 164

Chapitre 5

Le management stratégique moderne 167
   Les évolutions significatives en cours 168
   Panorama des doctrines stratégiques classiques 170
      Les doctrines classiques toujours d'actualité 170
   Les approches stratégiques modernes 173
      La plate-forme stratégique du BCG (synthèse par Octave Gélinier) 173
      La stratégie de prolifération des produits de J. Deschamps et P. Nayak 173
      Les trois stratégies gagnantes de Treacy et Wiersema 175
      La Conquête du Futur selon G. Hamel et C. K. Prahalad 179
      Croissance, création de valeur et migration de valeur 181
      La recherche de valeur dans les services et le conseil 183
      Éviter la convergence stratégique par Michaël E. Porter 184
      Co-évolution, co-opétition et écosystèmes par James Moore 186
      L'éclatement des entreprises en sociétés distinctes 187
      Les stratégies fondées sur les ressources : Resource-Based View Strategy 188
      Le vainqueur prend tout le marché 192
   Impacts stratégiques des nouvelles technologies de l'information
   et des communications (NTIC) 192
      *Le phénomène majeur de notre époque : Internet et le commerce
      électronique (e-commerce)* 193
      L'impact des NTIC sur le marketing et le commercial 198
      *Les nouveaux gains de productivité dans les activités tertiaires
      des entreprises* 201
      Emplois stratégiques des ressources Internet dans les entreprises 202
      *Le changement récent d'attitude des dirigeants vis-à-vis des nouvelles
      technologies* 204
   Stratégie et gestion de crise 205
      Une stratégie reposant sur le court terme et l'urgence 205
      *La priorité : diagnostiquer la situation financière et reconstituer
      les moyens financiers de la survie* 206
      Une stratégie comptable à pratiquer immédiatement 207
      Un impératif : un bon diagnostic de l'origine et des causes des difficultés 207
      Une stratégie construite sur la réduction drastique des coûts 208
      Présenter un plan de redressement crédible 209
   Les indicateurs stratégiques pour traduire la vision en action 209
   Le management Hoshin pour déployer la stratégie avec rapidité
   et vigueur 212
      L'intégration de la stratégie et de la qualité par le Hoshin 212
      Créer un plan d'attaque concernant toute l'entreprise 213
      Le déploiement avec le Hoshin en impliquant le personnel 214
   Le rôle des dirigeants en stratégie 216
      Cas d'une PME peu internationalisée 216
      Cas d'une ME internationale ou d'une grande entreprise 218

Chapitre 6

Créativité, innovation et organisation innovante.................221
    L'innovation dans l'entreprise 222
  Les évolutions significatives en cours..................................223
  Le projet d'innovation...224
    Le management de l'innovation...225
    Le management des créatifs et de la créativité : l'entreprise créative 227
    La mesure de l'innovation...231
    Les formes variées de l'innovation 231
    Les outils de l'innovation 233
    La recherche et développement (R&D) 235
    L'intelligence économique 239
    Les processus et sous-processus composant la création
    de produits et services 246
    Déceler les besoins émergents des clients ou les améliorations
    rentables..247
    Manager le projet de développement......................................250
    Bâtir une entreprise capable de mettre sur le marché un flux permanent
    de produits nouveaux 253
  La conception au plus juste (méthode Cegos).....................255
    Face à la mondialisation des marchés, faire la différence 255
    Quatre axes stratégiques pour la conception au plus juste 256
    Les problèmes et les phases de l'implantation......................258
    Knowledge Management et progrès de l'innovation 261

Chapitre 7

Réussir les fusions et les acquisitions.............................263
  Les évolutions significatives en cours..................................264
  Un mode d'action stratégique provisoirement freiné 265
    Les raisons stratégiques 266
    Croissance très rapide par acquisitions et fusions 270
    Les raisons financières..271
    Enquête du Conference Board 272
    Quelques exemples de concentration de secteurs au cours
    de la dernière décennie 273
  Un taux d'échec élevé mais qui se réduit............................274
    Un changement de nature révolutionnaire.............................275
    Une grande variété de situations 275
  Les conditions de réussite...276
    Bien définir les objectifs 276
    Ne pas limiter l'analyse préalable (due diligence) aux seuls aspects
    financiers de l'opération, et avoir une méthode pour détecter les futurs
    problèmes ou les pièges..277
    Ne pas payer trop cher mais ne pas laisser échapper l'opportunité............278

Bien connaître les différentes étapes de l'acquisition puis de l'intégration
(appelée « consolidation » par les Anglo-Saxons)..................................279
Savoir prendre vite les décisions qui doivent intervenir très tôt
dans le processus..282
Choisir la méthode et le rythme de l'intégration................................282
Politiques de personnel et préoccupations des DRH.............................283
Impliquer et motiver le personnel en proposant des challenges
visant 1 + 1 = 3...286
Le management de la culture lors des opérations de fusions et acquisitions :
quelques enseignements d'une enquête récente................................288
Un exemple de fusion internationale : le cas Carlson Wagonlit
Travel..289
La taille mondiale : un triple avantage....................................289
Une problématique stratégique identique pour Carlson de l'autre
côté de l'Atlantique..290
Des fiançailles pour commencer..290
Des premiers bénéfices importants et quelques désillusions mineures...........291
Un même reengineering des deux côtés de l'Atlantique........................291
Une fusion juridique définitive avant la date prévue.........................292
Un travail en équipe internationale au plus haut niveau......................292

Chapitre 8

Qualité totale et développement durable au cœur du management

....295
Définition du Management par la Qualité Totale (TQM)...................296
Les évolutions significatives en cours.................................296
Définition...298
Un modèle de système de management................................299
Les modèles de management intégrés.................................300
Le Malcolm Baldrige National Quality Award et son évolution.............300
Malcolm Baldrige National Quality Award (2001/1998)....................302
Le modèle EFQM 2003...303
Cinq Facteurs : 50 %...303
Quatre Résultats, 50 %..305
La cohérence globale du TQM.......................................306
Les aspects fondamentaux...306
Les outils de base du TQM..307
Les démarches de mise en œuvre.....................................310
Exemples de démarches TQM...310
Démarche recommandée pour une PME qui commence...................314
Montée en puissance de l'ISO 9001 version 2000 et convergence
avec le TQM...315
La norme ISO 9000..315

La convergence avec le TQM de la nouvelle version 2000 318
L'après certification : de l'ISO 9000 au TQM 318
Satisfactions et déceptions liées à la certification ISO 9000 318
Simplification, communication et intégration des procédures qualité
dans les valeurs de l'entreprise 319
Le passage à l'amélioration continue 319
La route vers le TQM 320
Le système TQM en quelques mots 320
L'exemple de DHL 321
L'intérêt de concourir pour le prix EFQM : l'exemple de Texas
Instruments Europe (TI) 324
Le Six Sigma, une perfection rentable 327
L'impératif du développement durable 329
Le Pacte Mondial 329
L'approche de l'Union européenne 329
La Norme SA 8000 331
La norme ISO 14000 331
Le Global Reporting Initiative et les rapports Développement Durable 332

Chapitre 9

Benchmarking et reengineering 335

Historique du Benchmarking 335
Actualité du Reengineering 335
Les évolutions significatives en cours 336
Le benchmarking 336
Qu'est-ce-que le benchmarking ? 336
Les objectifs du benchmarking 337
Les types de benchmarking 337
Les méthodes de benchmarking 338
Pour réussir une opération de benchmarking 340
Les cellules benchmarking ou d'étalonnage 341
Les Clubs de Benchmarking : historique 342
Un exemple de benchmarking primé : la Maintenance chez Kodak 342
Autres exemples de benchmarking 344
Le reengineering 345
Méthode classique de reengineering 346
Les deux phases 346
Constitution de l'équipe 346
Quelques enseignements généraux issus des multiples
reengineerings réalisés 347
Le reengineering comme schéma directeur informatique 348
Les conditions de réussite du reengineering 348
Les causes d'échec du reengineering 350
Un outil fondamental pour les stratégies de rupture 350

Exemples d'opérations de reengineering................................ 351
Compagnie d'assurances : Aetna Life & Casualty 351
Brokers et services financiers 352
Fabricant de biens d'équipement 353

Annexe
Les clubs de benchmarking.. 354

Chapitre 10
L'entreprise orientée processus et horizontale 359

Les évolutions significatives en cours 359
Définitions 360
*La conception et la représentation de l'entreprise comme un ensemble
de processus orientés clients* 361
Définition des processus et processus élémentaires.................. 363
*Définition et cartographie des processus spécifiques de l'unité
concernée et de l'entreprise* 363
*Régulation des processus élémentaires par une relation
client-fournisseur* 364
Le passage à une entreprise horizontale orientée processus.............. 365
*Stade 1 – La prise en compte des processus dans une organisation
par fonctions/métiers* 365
Stade 2 – L'organisation matricielle 365
*Stade 3 – Le passage à une entreprise structurée horizontale
par processus* 366
Le management et l'amélioration des processus................................ 366
La maîtrise des processus 367
Management et amélioration des processus de conception........................ 368
Management et amélioration des processus de production/livraison............. 369
Management et amélioration des processus de support 369
Valeur ajoutée par la structure humaine et réduction
des niveaux hiérarchiques 370
Professionnalisation et « empowerment » des opérateurs............. 371
*Le management des compétences : le « coach », le facilitateur,
ou l'expert des Centres De Compétences* 373
Le responsable de processus ou « process-owner » 376
Réussir la transformation en organisation par processus 376
L'entreprise au plus juste ou lean company, toujours d'actualité 377
Exemple d'une entreprise qui s'est réorganisée sur la base
de processus apportant de la valeur : Du Pont De Nemours.............. 378
*Une réorganisation mondiale fondée sur la Valeur au début
des années 1990* 379
Le cas de Du Pont Agricultural Products 379
La capacité organisationnelle.. 380

Annexe

Classification des processus par l'International Benchmarking
Clearinghouse..384

Chapitre 11

Production et logistique de classe mondiale.......................393

Le world class manufacturing...393

Les finalités poursuivies...394

La maison du WCM...395

S'orienter WCM : conduire une démarche pragmatique.................398

La logistique, un enjeu stratégique 398

Typologie des services logistiques...399

La conception d'un service logistique..400

L'incidence de la mondialisation..400

L'incidence du e-commerce 406

Chapitre 12

Gestion des projets et management par projet 415

Activité économique et multiplicité croissante des projets.............415

Les évolutions significatives en cours..415

Les clés du succès des projets..416

Les problèmes à résoudre pour une bonne gestion des projets 417

Conditions de succès des projets 417

D'abord définir le client, ses objectifs et bien contracter 419

La qualité du management de projet...421

La norme ISO 10006 421

Le système qualité dans le cas des activités comportant un site central
et des chantiers, comme le BTP par exemple.............................423

Les métarègles du management de projet 424

Concilier le management des projets avec celui des métiers
ou fonctions 425

Réussite des projets se traduisant par des résultats immatériels
(projets « soft ») 426

Sur-organiser 427

Donner les moyens...428

De la gestion de projet au management par projet..........................430

Les trois dimensions du management par projet.........................430

Les structures du management par projet...................................430

Vers l'organisation transversale par le management par projet........432

L'exemple de Renault 433

Les entreprises performantes en management par les projets.........435

Les structures matricielles en question..436

Le rôle des dirigeants 437

Chapitre 13

La gestion des ressources humaines 439
   Les évolutions significatives en cours 440
   Quelques caractéristiques humaines communes aux organisations
   centrées clients 443
      L'empouvoirement (« empowerment ») 444
   Motivations des collaborateurs et perceptions actuelles du travail 447
      Maslow toujours d'actualité 447
      Enquêtes et études sur les attentes des collaborateurs 448
      La reconnaissance 451
   Nouvelles orientations dans la gestion des ressources humaines 452
      Vue générale de l'évolution des concepts, des objectifs
      et des meilleures pratiques 452
      L'embauche : e-recrutement et nouveaux critères 453
      Les méthodes d'évaluation du personnel et la recherche de cohérence 455
      Du manager coach au coaching des managers 458
   Les politiques de rémunération 460
      Tendances en matière de salaire fixe et de revenu variable 464
      Avantages et inconvénients des parts variables de la rémunération
      et des autres récompenses 465
   L'impact des nouvelles technologies sur la gestion des RH 469
   Les enquêtes de satisfaction des personnels et la PVA 471
   Mise en place d'une gestion prévisionnelle des emplois
   et des compétences 471
      Finalités et raisons de la mise en place d'une GPEC 471
      La démarche de mise en place de la GPEC 473
      Les acteurs de la GPEC et leurs rôles 474
      Concepts et Définitions utiles pour mettre en place une GPEC 475
      Définitions de la compétence 476
      Construction participative d'un référentiel de compétences 478
      Le passage à la gestion prévisionnelle et la mise en place d'une politique
      RH utilisant le management par les compétences 480
      L'indispensable informatisation et ses difficultés 484

Chapitre 14

Manager le changement 487
   Les évolutions significatives en cours 488
   Qu'est-ce qui déclenche les changements ? 488
   La nature profonde du changement 489
   Le changement, un processus permanent inéluctable 490
   La conduite du changement 491
      Fixer le cap 492
      Impliquer les personnels dans un dispositif de travail 493

Piloter la démarche 494
Communiquer sur toutes les étapes du projet 496
Donner du sens au changement 497
Donner vie au changement 499
Bâtir son plan de communication 500
S'affranchir des pesanteurs 500
Relais et appuis 503

Chapitre 15
Gestion des savoirs et des compétences : l'organisation apprenante 505

Les évolutions significatives en cours 506
Définitions essentielles 507
   Données, informations, savoirs et compétences 508
   Performances et compétences 510
Les savoirs de l'entreprise : création, acquisition et capitalisation 511
   Savoirs tacites et savoirs explicites 511
   Natures, formes et évolution des savoir-faire 511
   Mémoire et capitalisation des savoirs 512
   Que faut-il mémoriser et transmettre ? 513
   La mémoire du futur 513
Le transfert de compétences dans les organisations 514
   Les modes de développement des connaissances dans les organisations 514
   La diffusion des connaissances dans les organisations 516
   Les systèmes de gestion des connaissances 517
   Manager la transmission et la capitalisation du savoir 520
L'entreprise apprenante et créatrice de connaissances 521
   L'apprentissage dans une organisation 521
   Entreprise apprenante et créatrice de savoirs 523
   Devenir une organisation apprenante et créatrice de savoirs 525
Les managers du savoir 527
Le rôle des dirigeants de l'entreprise apprenante 528
Tendances actuelles du Knowledge Management ou Management des connaissances 529
   Ordinateurs, réseaux et partage des connaissances 529
   Combiner Informatique et psycho-sociologie 530
   Le management du capital intellectuel, clé d'une croissance accélérée 532
E-learning, management du savoir et du capital humain 533
   Le contexte aux États-Unis et bientôt en Europe 533
   État actuel et tendances de l'e-learning 533
   De nouvelles technologies à mettre en œuvre 534
   De l'e-learning au Management du capital Humain 536

Annexe

Essai de mesure du capital intellectuel 538

Chapitre 16

L'entreprise en réseau, les alliances et le commerce interentreprises 539
Les évolutions significatives en cours 540
L'entreprise en réseau 541
Définition des entreprises en réseau 541
L'effet des NTIC : généralisation des réseaux 542
Attributs d'une démarche orientée réseau 543
Le réseau comme ultime forme organisationnelle 543
La compétitivité des organisations en réseau 545
Le management d'un réseau 546
L'entreprise étendue 547
Les partenariats clients-fournisseurs 547
Conditions pour obtenir des résultats 548
Le commerce B to B : e-sourcing, e-procurement, place de marché ... 550
L'e-procurement 550
Les places de marché 553
L'externalisation comme stratégie 554
Ralentissement de l'économie et accélération de l'externalisation 555
Le cas de l'externalisation de l'informatique 556
Conditions pour réussir l'externalisation 557
Le cas de la réintégration 558
Les alliances stratégiques 558
Entre firmes non concurrrentes 559
Les alliances entre firmes concurrentes 559
Les objectifs des alliances 560
Le management des alliances 561
L'exemple de Ford : se donner du temps pour acquérir de l'expérience 563

Chapitre 17

Le nouveau rôle des dirigeants 565
Les évolutions significatives en cours 565
La politique prime la gestion 567
Les chemins du pouvoir sont politiques 567
Le pouvoir est très recherché et sa conservation est une priorité 574
Les dérives du pouvoir personnel 575
La relation d'agence entre dirigeants et propriétaires 575
Stratégies d'enracinement 576
Les dirigeants vieillissants et le jeu des prolongations 578
Rôle, utilité et performances des conseils d'administration
ou de surveillance 579
Des règles pour le gouvernement d'entreprise
(corporate governance) 580

Plaidoyer pour de meilleures pratiques de gouvernement d'entreprise
(corporate governance)..580
Qu'est-ce que diriger ? 585
Diriger c'est…...585
Les 19 verbes d'action du management moderne.....................................585
Évolutions récentes de la position théorique du dirigeant..........................586
Rémunération des dirigeants 587
Politiques de rémunération des dirigeants aux États-Unis et en France 588
Rôles et missions du chef d'entreprise 591
Variations en fonction de la taille 591
Le chef d'entreprise idéal : stratège, gestionnaire et leader 592
L'équipe de direction idéale : un ensemble complémentaire de talents
exceptionnels 596
La valeur ajoutée par l'exercice du pouvoir 596

Bibliographie..599
Table des illustrations..603
Index...605

Avant-Propos

Cet ouvrage est destiné aux dirigeants, chefs d'entreprises, directeurs d'organismes publics ou privés, directeurs de branches, de filiales ou de divisions, responsables de centres de profits et membres des états-majors de direction qui ont des responsabilités impliquant de prendre en compte les multiples facettes de la vie de leur organisation.

L'objectif de l'ouvrage est de leur apporter une information assez complète sur les meilleures pratiques (les Anglo-Saxons disent les « best practices ») de management dans le contexte mondial actuel.

Chaque chapitre commence, après une brève introduction, par un tableau en deux colonnes qui présente les principales tendances :

HIER/AUJOURD'HUI		AUJOURD'HUI/DEMAIN

Cela signifie que des valeurs, des doctrines, des méthodes ou des outils du management sont en train d'apparaître et de se diffuser. Mais rien en cette matière ne se fait en un jour.

Il en est ainsi pour la plupart des pratiques de management qui vont s'étendre à une grande population d'entreprises. Elles sont imaginées et expérimentées par des entreprises audacieuses et créatives, il faut bien l'admettre. Elles sont repérées par des consultants, des formateurs ou des professeurs d'universités qui les font connaître à d'autres entreprises qui les implantent à leur tour. Puis vient la notoriété de la méthode dans les médias et la mode se transforme en phénomène social.

Le passage à la production de masse créée par Ford au début des années 1910 et le taylorisme ont mis un demi-siècle pour s'étendre à tous les secteurs de l'industrie et à tous les pays développés.

Le passage à l'entreprise post-taylorienne, que nous avons décrit dans un précédent ouvrage, *« L'entreprise réinventée »,* publié par les Éditions d'Organisation en 1995, est en cours de réalisation. Les principales tendances managériales continuent de se mettre effectivement en place dans la plupart des entreprises à un rythme variable suivant les secteurs économiques et les pays.

Une nouvelle édition 2006, comportant de très nombreuses modifications et ajouts, devenait nécessaire. En effet depuis octobre 2003, les managers ont assisté au dégonflement des espoirs de croissance et de bénéfices liés aux nouvelles technologies se traduisant par un dégonflement de la valeur des actifs boursiers, la ruine et le renouveau de quelques entreprises du secteur des télécommunications, et des scandales financiers tels que Enron et Vivendi Universal. Faillites et scandales ont jeté un doute sur la réalité des comptes des entreprises cotées, la crédibilité des auditeurs et des analystes financiers, et surtout sur les finalités guidant les dirigeants. L'avènement de la zone euro, la montée en puissance de la Chine et de l'Inde constituent la nouvelle donne économique sur fond de conflit violent et de tsunami en Asie. Tous ces facteurs conduisent à une réforme de certaines pratiques de management qui méritent d'être signalées dans une nouvelle édition 2003. Par ailleurs l'environnement économique a profondément changé ce qui modifie dans certains cas les priorités et les meilleures pratiques de management.

Ce livre complète le précédent en présentant les doctrines, méthodes et outils qui semblent émerger avec assez de puissance pour devenir des phénomènes massifs, et il explicite également, avec plus de détails, les meilleures pratiques susceptibles d'être utiles aux dirigeants dans leur action.

Son but est d'apporter le maximum de valeur ajoutée dans le minimum de pages à un lecteur qui n'aurait pas le temps d'identifier les meilleures pratiques dans une grande variété de domaines. Les auteurs l'auront fait pour lui, en y ajoutant les considérations et les expériences qui découlent de leur propre activité de dirigeant d'un réseau international de sociétés de formation au management et de conseil qui couvre l'Europe et s'étend désormais jusqu'à la Chine.

Cet ouvrage doit beaucoup à Octave Gélinier, qui aura marqué l'école du management français.

Nous ne sommes pas privés d'utiliser une fraction des documents des stages conçus par nos collègues, les consultants de la CEGOS, et nous les remercions ainsi que tous les dirigeants avec lesquels nous avons pu échanger sur ces sujets et sur l'élargissement de l'Europe.

Un monde de changements

Parce que le monde change, les dirigeants doivent s'adapter. Identifier les grandes évolutions pour s'y préparer et surtout prévoir les nécessaires évolutions de leur entreprise fait partie du métier de dirigeants. La plupart des grandes évolutions sont connues et abondamment commentées chaque jour. Nous n'en retiendrons que quelques-unes à titre illustratif.

Par ailleurs, il y a des permanences. La nature humaine ne change sans doute que lentement. L'intérêt pour l'argent, la consommation, le pouvoir et les honneurs reste sans doute vivace partout dans le monde et continuera de pousser le développement. Dans les pays et les organisations évolués, on voit monter en puissance l'actionnaire et le client, mais les plus avisés tendent à satisfaire toutes les parties prenantes : actionnaires, clients, personnel et la société dans son ensemble. Toutefois, ces nobles finalités n'empêchent pas la compétition, sur des marchés de plus en plus ouverts, de devenir plutôt plus féroce.

Nous résumons dans le tableau ci-après les grandes évolutions.

LES ÉVOLUTIONS SIGNIFICATIVES EN COURS

HIER/AUJOURD'HUI ⟹	AUJOURD'HUI/DEMAIN
Économie	
Les États ont du mal à limiter les dépenses publiques. Les USA sont en déficit depuis le 11 septembre 2001 et la guerre en Irak, les états européens étant incapables de respecter le pacte de stabilité. D'où une régulation par les taux directeurs	Révision du pacte de stabilité, recours à la solidarité intergénérationnelle pour financer les investissements et les réformes structurelles. Régulation par policy mix (USA) ou arbitrage croissance/inflation (UE)

.../...

.../...

Le modèle libéral concurrentiel anglo-saxon a supplanté le modèle Rhénan. Les scandales financiers (Enron, Parmalat) et l'échec des privatisations anglaises jettent un doute sur les vertus d'un capitalisme centré sur l'actionnaire dit « *shareholder model* »	À la suite des pertes massives encourues par les employés actionnaires, de nouvelles lois sur la gouvernance d'entreprise, du retour au financement par les banques, des perspectives offertes par le développement durable, on passe au « *stakeholder model* » qui prend en compte les intérêts de tous
L'Euro, l'indépendance de la BCE et l'indépendance des banques centrales rejoignant l'UE font courir le risque de taux trop élevés, de frein à la reprise et de monnaie trop forte dans certains pays émergents	On assiste à la libération des variables d'ajustement face aux chocs asymétriques, au sein des unions douanières et monétaires. On maintient l'économie au plafond d'inflation pour relâcher la pression sur les taux, par une lecture plus large du mandat de la BCE
La privatisation des services publics et fin des monopoles. La déréglementation et les lois antitrust annulent certaines fusions ou proposent des démantèlements (Microsoft). De nombreuses fusions sont stoppées par la Commission européenne	L'échec de certaines privatisations en GB, les faillites évitées grâce à l'État actionnaire, les erreurs dans les décisions antitrust de la CE, le bas niveau de la bourse vont freiner les privatisations et les démantèlements
L'Euro facilite comparaison des prix et de la concurrence intra-communautaire, il monte par rapport au dollar	L'Euro peine toujours à acquérir un statut d'incontournable dans les échanges internationaux ; il est sous-représenté dans les réserves de change des banques centrales. Son niveau actuel face au dollar pousse néanmoins à l'assainissement des économies européennes et fait croître la productivité dans les pays de la zone Euro
Les mutations financières ont conduit au trois « *D* » : Déréglementation, Décloisonnement, Désintermédiation. Les entreprises peuvent intervenir directement sur un marché de financement mondial et titriser leurs créances	Un processus de re-réglementation est en marche pour parer aux risques systémiques et éviter le retour de crises de seconde génération (crise asiatique de 97, crise japonaise). Les banques, qui ont repris un rôle important dans le financement des entreprises, doivent faire face à de nouvelles règles prudentielles contraignantes (Bâle II, ratio McDonough) qui menacent également l'activité de capital-risque

.../...

Mondialisation	
Installation du risque terroriste dans de nombreux pays Traumatisme américain persistant après le 11 septembre 2001	La création de nouvelles zones d'instabilité entravant le développement du tourisme et de l'économie dans ces pays, ce qui freine la globalisation Les catastrophes naturelles (tsunami, ouragans, inondations), l'instabilité climatique conjuguées à des risques de pandémie (Sras, grippe aviaire, sida) changent les données de la globalisation
Des échanges économiques basés sur des coûts de transports peu chers permettent la fabrication dans des pays à main-d'œuvre bon marché et compétente, dotés de lois sociales peu contraignantes, zones à coût bas, la consommation restant dans les pays riches	La montée des coûts du pétrole et les risques environnementaux dénoncés par les écologistes, la hausse des transports, du niveau de vie, de la qualité, les quotas assortis de protectionnisme et de réactivité vont contribuer à freiner les délocalisations
La croissance mondiale tirée par le développement des pays émergents (Chine, Inde) renchérit le coût des matières premières	La Chine devient un partenaire prépondérant dans les échanges internationaux et s'appuyant sur ses capacités de production et de sous-traitance, elle postule à tenir son rang dans les nouvelles technologies, dans l'espace, l'informatique, l'automobile…
Le déplacement accéléré des centres de production vers les pays à main-d'œuvre bon marché, compétente, dotés des lois sociales peu contraignantes	Ralentissement des délocalisations de production basées sur les coûts mais délocalisations de centres de recherche et développement en NTIC vers des zones à forte concentration de cerveaux bon marché (Chine et Inde) et pour mieux s'adapter à ces marchés locaux à fort potentiel
Il existe de nombreuses barrières au commerce mondial : taxes, protectionnisme américain et européen, pouvoir d'achat réduit des pays pauvres	L'OMC devient efficace et opérante et les pays riches réduisent leurs subventions intérieures
Une Europe vieillissante et des protections sociales coûteuses sont combattues par le libéralisme ambiant	L'Europe peine à trouver des consensus, sur l'arbitrage libéralisme/interventionnisme, mais aussi sur les modèles sociaux beveridgien/bismarckien[1] …/…

---

1. Le modèle beveridgien, dont dérive l'actuel modèle anglais, établit une protection sociale universelle et gratuite. Le modèle bismarkien, dont s'inspire le modèle français, établit une couverture sociale par mutualisation de fonds apportés selon les revenus.

.../...

L'élargissement de l'Europe est en voie d'achèvement ce qui contribue à lui donner le rôle de plus grand pôle économique mondial	La construction européenne peine sur l'intégration des nouveaux entrants et se trouve divisée à la fois sur l'adhésion de la Turquie, sur l'évolution des modèles sociaux et sur sa constitution
Les USA en pleine forme économique jouent au gendarme planétaire, défenseur de la démocratie	Les mensonges, les scandales et la volonté hégémonique des USA pour sécuriser les approvisionnements en matières premières, l'enlisement au Moyen Orient, la montée de la Chine, la menace de la Corée du Nord et de l'Iran contestent sérieusement la suprématie américaine
Les restructurations, l'assainissement des banques et le redressement des grandes entreprises rétablissent le Japon	La naissance d'une alliance symbiotique entre le Japon apporteur de technologie et la Chine offrant son vaste marché pourra voir le jour si les plaies historiques arrivent à se cicatriser

Technologie et productivité	
La reprise des investissements dans les NTIC, l'arrivée en force de nouveaux opérateurs, la poursuite de la diffusion d'Internet et de la téléphonie mobile et la croissance du sans fil transforment le paysage socio-économique	Le boom des ventes sur Internet modifie en profondeur les comportements d'achat et les politiques commerciales et marketing. Il creuse davantage le fossé entre les individus et entre les peuples les plus avancés dans l'utilisation des nouvelles technologies
Les grandes entreprises offrant des logiciels et des services autour d'Internet se développent très rapidement	La modification en profondeur des marchés liés au traitement de l'information (création, diffusion, stockage) par des entreprises issues du monde informatique/Internet qui vont fortement déstabiliser les acteurs publics et privés traditionnels Elle induit la nécessité d'une régulation nécessaire du monde Internet, la protection des jeunes et la chasse aux délinquants de toute nature
L'accentuation du fossé entre les pays qui fondent leur développement sur les gains de productivité et ceux qui axent le leur sur l'amélioration du bien-être social s'agrandit	La montée des aspirations au bien-être social dans les pays émergents atténuera-t-elle l'écart de coût de production existant d'avec la vieille Europe ?

.../...

...**/**...	
Le début de la révolution génomique, l'essor de la biologie et des OGM n'en sont qu'à leurs débuts	S'ouvrent des perspectives de développement économique considérables tempérées par des enjeux politiques, écologiques, éthiques. On va vers une concentration croissante des technologies et des moyens de recherche
Entreprises	
Une partie importante des groupes internationaux conservent une dimension nationale forte et quasi affective	La globalisation des marchés, l'optimisation des dépenses fiscales, la recherche de régimes sociaux favorables, la localisation des points de fabrication aux plus près des consommateurs conduisent à des entreprises réellement internationales et adaptées à de multiples cultures
Le mouvement des fusions acquisitions se poursuit sur fond de montée en puissance des fonds de pensions et des investisseurs asiatiques	Les exigences de rentabilité des stakeholders, les conséquences sociales des mutations, la disparition des pavillons nationaux vont amplifier un mouvement de défense des entreprises et de l'intérêt des salariés
Le marché multiplie les offres, la concurrence fait rage	La raréfaction des matières premières, les nuisances écologiques, la montée du développement durable influent sur les modes de consommation, sur la sélectivité des demandes
La doctrine du client-roi prévaut, d'où un marketing personnalisé, des démarches de qualité totale, valeur client et gestion de la relation client	Le client-tyran accentue sa pression sur les prix, il veut s'affranchir de la propriété industrielle et intellectuelle et met à mal toute l'économie traditionnelle de la recherche (brevets, royalties, licences, droits d'auteur…)
La recherche de valeur pour l'actionnaire, visée d'un ROE de 15 %, s'accompagne de la focalisation sur un métier rentable mondialement	Le passage du capitalisme au financialisme se heurte aux conséquences sociales obligeant les États à légiférer pour en atténuer la portée. On assiste à la montée du consommateur citoyen et des actions judiciaires collectives

Tableau N° 1.1 : Changements du monde sur une longue période

ÉCONOMIE : RETOUR AU RÉEL

Depuis les années quatre-vingt-dix de profondes transformations ont affecté les pays industrialisés : la désinflation et la baisse des taux d'intérêts, la libéralisation des échanges et de la finance, les privatisations et surtout la diffusion de nouvelles technologies en particulier de l'information et des communications (NTIC).

Économie mondiale : à qui le pouvoir ?

La mondialisation fait tomber petit à petit toutes les protections et les spécificités des pays (douanes, normes, consommations types…) ce qui amène les entreprises à revoir leurs ambitions à l'horizon d'un continent ou du monde entier. Par le jeu de la croissance externe, la taille des entreprises n'a plus de limites non plus. Ainsi, parmi les cinquante plus grosses puissances économiques, on compte à ce jour trente-quatre états et seize entreprises ! Wal-Mart, par exemple, développe un chiffre d'affaires équivalent au PIB de la Suède ! Et ces sociétés mondiales qui créent de la richesse deviennent de plus en plus « apatrides ». Les actionnaires (grands investisseurs, banques, fonds de pensions…) qui les contrôlent se répartissent dans toutes les places boursières autour de la planète et contrôlent de ce fait l'économie mondiale.

Une période de forte croissance et d'envolée boursière

Le consensus est aujourd'hui général pour dire que la « Nouvelle Économie » est à l'origine de la forte croissance américaine durant les années 90, en particulier par les gains de productivité considérables qu'elle a générés surtout aux États-Unis.

Elle a engendré un ensemble de changements qui n'ont affecté au début qu'une fraction des entreprises et des personnes mais qui se sont diffusés rapidement à l'ensemble de la société, non seulement Outre-Manche mais dans le monde entier, et a entraîné une reconfiguration de l'économie dont on peut tracer les principaux contours.

La révolution est analogue à celle du chemin de fer. En effet le réseau Internet, qui connecte de plus en plus d'individus et d'organisations en particulier des entreprises dans le monde, permet d'acheminer à un coût dérisoire tout ce qui est digitalisable. C'est une révolution identique à celle du train qui a permis de *désenclaver* des territoires entiers par le transport à coût réduit de matières et marchandises pondéreuses ou pas, en quantités importantes.

La « Nouvelle Économie », cela a été par exemple :

- De nouvelles façons de communiquer, en particulier par e-mail ce qui accroît la vitesse de transmission des échanges interpersonnels avec l'ajout de l'asynchrone et permet de stocker l'information reçue ou émise sur support électronique plutôt que sur papier.
- Un phénomène majeur : l'accès instantané à une masse d'informations qui supposait auparavant soit de se déplacer, soit d'avoir en ligne la personne compétente, soit de consulter de nombreux annuaires, journaux, dictionnaires et documents divers, et consommait un temps considérable.

- Aujourd'hui, par exemple, on peut accéder, *via* Internet, instantanément, à tous les horaires d'avions au départ de Paris, à une masse d'informations en temps réel sur les sociétés cotées, à toutes les références en ligne d'une grande surface. La liste de ces facilités pourrait prendre aujourd'hui des volumes entiers.
- Cet accès rapide à une information mondiale augmente évidemment de manière considérable mais non chiffrée la productivité des travailleurs intellectuels du tertiaire.
- Une nouvelle façon de risquer, en particulier de parier sur l'avenir et de valoriser très haut les entreprises de nouvelles technologies dont on pensait à la fois qu'elles auraient une croissance très rapide et que les premiers à proposer une offre seraient les leaders de demain.
- Les évaluations de ces entreprises atteignaient plusieurs dizaines de fois leurs chiffres d'affaires de démarrage malgré des pertes élevées.
- Cette forme d'évaluation hors des normes prudentielles habituelles a entraîné par la suite des fortunes rapides mais aussi des ruines dramatiques avec la baisse des bourses
- Une multiplication des « start-up » et un accroissement considérable des fonds qui leur ont été alloués.
- Des sommes considérables investies dans les systèmes et les équipements d'information et de communication par les entreprises, ce qui a eu un effet moteur sur l'économie et a accéléré le changement technologique.
- De nouvelles formes d'organisation des entreprises que permettent les réseaux Intranet, Extranet et Internet. Elles sont désignées par le préfixe « e » pour électronique (orthographe anglo-saxonne) qui précède le substantif traditionnel.
- Un perfectionnement considérable du système économique de l'offre et de la demande et donc du marché qui est le fondement de l'économie moderne. Celui-ci devient plus ouvert, plus rapide, plus transparent, mieux informé. On se rapproche, pour toutes les catégories de produits et de services, de la situation de marchés presque parfaits du type bourse. Cette possibilité conduit à la baisse des prix, sauf dans le cas d'entreprises dominantes. Cela se traduit par de nouvelles manières d'acheter et de vendre, en particulier avec l'apparition des ventes sur Internet, qui sont génératrices de baisse de coûts.

L'e-business ou l'e-commerce en général :

- L'e-procurement ou l'e-achat, organisation des achats utilisant les nouveaux systèmes de communication entre acheteurs et fournisseurs, les « places de marchés » lieux d'échanges virtuels par Internet permettent des économies de coûts d'achats parfois très importantes.
- Le cyber marketing, l'e-marketing ou le marketing direct *via* Internet ont des particularités telles qu'il faut d'urgence les expérimenter pour ne pas

être déphasé. Toutefois les taux de succès restent très variables suivant les produits ou services et les méthodes.

- De nouvelles relations avec les clients, en particulier de nouvelles possibilités de personnaliser la relation avec le client, basées sur le développement des CRM (Customer Relationship Management), logiciels permettant de capitaliser dans des bases de données l'ensemble des contacts et accords avec un client quelle que soit son origine : contact téléphonique, contact *via* Internet, visite, document envoyé, etc.
- De nouvelles manières de produire qui connectent de plus en plus les clients et les fournisseurs aux systèmes de production comme l'a fait Dell qui fut un précurseur en la matière et qui permettent de personnaliser davantage le produit ou le service offert au client.

De tout cela a découlé de nouvelles manières de travailler que les dirigeants, sociologues et consultants sont en train d'observer et d'analyser pour les codifier ou les diffuser.

De nouveaux services tels que les enchères en ligne, le téléchargement de logiciels ou de musique, la visite d'un appartement en ligne, la commande et la livraison à domicile des produits des grandes surfaces, l'e-banque ou la banque par Internet, l'e-recrutement, l'éducation à distance, l'e-formation continue appelé e-learning etc.

Cette révolution technologique a été source de croissance parce qu'elle a généré de nouvelles activités : nouveaux produits et nouveaux services, un accroissement des investissements, un accroissement de la vitesse des échanges commerciaux, des baisses de coûts importantes et une augmentation considérable de la productivité générale des agents économiques, tous facteurs d'une croissance économique saine.

Les dérives de la Nouvelle Économie

Mais cette avancée technologique et économique dont les acquis technologiques sont extraordinaires et persistants, s'est accompagnée de dérives.

Elle a entraîné des **estimations folles des marchés potentiels** de nouveaux produits ou services liés aux NTIC, une valorisation excessive et dénuée de fondement non seulement des start-up mais également de toutes les sociétés de ce secteur en bourse.

Elle a entraîné l'exigence par les analystes financiers, les gestionnaires de portefeuille et les investisseurs d'une **rentabilité des fonds propres de 15 %** au minimum et d'une croissance des bénéfices du même niveau, ce qui a amené les entreprises cotées à acheter trop cher une masse d'entreprises pour assurer cette croissance, parfois même en s'endettant. Ce qui a conduit certaines entreprises à modifier leur comptabilité ou pire à faire des montages financiers artificiels pour atteindre ces résultats exceptionnels chaque année.

Parallèlement de **nombreux dirigeants d'entreprises ont voulu devenir aussi riches que les capitalistes** dont ils sont les agents, s'octroyant des salaires de plus en plus élevés, croissant beaucoup plus rapidement que ceux de leurs employés, et s'attribuant des masses de stock-options, rémunération dont le coût n'apparaît pas dans les comptes d'exploitation, mais qui sera cependant in fine payée par l'actionnaire.

Ce nouveau capitalisme a perdu son âme. Baptisé « shareholder model » il est centré sur l'obtention de plus-values rapides de l'actionnaire devenu le seul maître en théorie, jusqu'au jour où il réalise qu'il a été nourri d'illusions et de faux espoirs par certains chefs d'entreprises.

On est loin de l'esprit du capitalisme décrit par Max Weber, inspiré par l'éthique protestante et animé par des entrepreneurs, prudents, épargnants, austères, soucieux du très long terme et de la pérennité de leurs entreprises.

Ces excès ont fini par être dévoilés parce que les « start-up » du Nasdaq ne parvenaient pas à atteindre le point mort tant attendu, que les « profit warning » (avertissement sur la non réalisation des prévisions de profit) se multipliaient, que banquiers et journalistes commençaient à s'interroger sur les capacités de remboursement par les opérateurs de Télécommunications des dettes énormes contractées pour acheter d'autres entreprises ou des équipements coûteux.

Puis vint la faillite d'Enron entreprise géante du secteur de l'électricité, secteur pourtant en principe assuré d'une demande certaine et croissante mais modérée qui pour atteindre les taux de croissance exigés par les marchés financiers avait créé un marché virtuel de l'énergie achetant et vendant pour partie à des filiales off-shore des contrats sur lesquels elle faisait des bénéfices fictifs. L'auditeur Arthur Andersen n'ayant pas dévoilé ces malversations financières fut obligé de se saborder en se faisant racheter par morceaux par d'autres auditeurs.

D'autres entreprises américaines comme Worldcom avouèrent avoir augmenté leurs résultats par des manipulations comptables, suivies par beaucoup d'autres, jetant un doute fatal sur la sincérité des comptes des entreprises cotées.

Des entreprises comme Vivendi Universal, perdaient plus de 80 % de leur valeur en bourse à la suite d'une découverte : les acquisitions ne valaient déjà plus le prix payé quelques mois auparavant et l'endettement avait atteint des niveaux tels que cette entreprise géante se trouvait à la veille d' un défaut de paiement. Son Président, Jean-Marie Messier, star des médias, qui avait ruiné beaucoup d'actionnaires, en particulier ses propres employés, était enfin remplacé en 2002 par Jean René Fourtou entrepreneur expérimenté et crédible pour éviter la faillite et sauver les meubles.

Cet ensemble de révélations, ajouté aux sombres perspectives politiques mondiales et aux guerres provoquées par l'attentat du 11 septembre 2001 avec l'effondrement des tours du World Trade Center, et la multiplication des actes terroristes, continuait de freiner la croissance à la fin des années 2002 et faisait planer sur 2003 et peut-être au-delà le risque de très faibles croissances voire d'une récession dans certains pays industrialisés.

Sanctions, remises en ordre et retour aux fondamentaux du capitalisme

Ces événements ont surtout mis en évidence plusieurs phénomènes néfastes et provoqué un retour du balancier.

De possibles divergences d'intérêt à moyen et long terme entre les dirigeants salariés des entreprises cotées désireux de faire des fortunes personnelles rapides et les autres parties prenantes : actionnaires, personnel, créanciers, nécessitant de rétablir des **règles de bonne gouvernance,** c'est-à-dire un nouveau contrat moral et/ou juridique entre les actionnaires et leur agent P.-D.G. ou Directoire et de revoir les pratiques de management qui y sont associées.

L'inanité de la convention boursière ancrée sur un taux de rentabilité financière (ROE) de 15 %, qui avait été rendue possible pendant un temps grâce à la combinaison d'un cycle de croissance de grande ampleur aux USA accompagnée d'une forte baisse des taux d'intérêt. Ce qui conduit désormais à **viser des objectifs de croissance du Chiffre d'affaires et des rentabilités plus raisonnables.**

Les entreprises sous la pression des analystes cherchaient à présenter chaque trimestre des bénéfices en croissance et beaucoup de P.-D.G. et directeurs financiers ont été amenés à manipuler la comptabilité pour réaliser cette performance de manière régulière espérant souvent que des difficultés ne seraient que passagères. La condamnation pénale des quelques excès de triche comptable amènent les chefs d'entreprise à **plus de rigueur dans les méthodes comptables.**

Une **surévaluation de la bourse** pendant la décennie 1990 et le début 2000 avec des PER (rapport Cours/Bénéfice) dépassant 30 impliquant des taux de croissance extravagants des bénéfices sur longue période. Désormais les analystes se basent sur des perspectives plus réalistes ce qui conduit à **appliquer des PER de 6 à 15 sur des bénéfices courants** normaux.

La comptabilisation dans les bilans d'énormes « goodwills » (ou survaleurs) correspondant à la différence entre les prix payés pour les acquisitions et leur valeur comptable. Goodwills qui s'effondrent avec la baisse de la bourse et qui devraient être provisionnés. Dès lors on va assister à un **retour à des**

prix normaux pour les acquisitions. En attendant, 2002 aura été une année très mauvaise pour l'activité fusions-acquisitions.

Les **conflits d'intérêts** entre les activités **d'audit et celles de consultants ou de prestataires de services** conduisent à la séparation des métiers. Les auditeurs sont également en train de redonner la **priorité à la vérification des comptes et la révélation des exactions** sur la fidélisation des clients compte-tenu des risques juridiques et financiers encourus en cas de complaisances pour maintien de clientèle.

Des **conflits d'intérêts** analogues entre **les activités bancaires et celles d'analystes financiers** préconisant d'acheter certains titres parce que la banque devait, par exemple, placer une augmentation de capital, conduisent à chercher des **formules garantissant l'indépendance des analystes et des gestionnaires de portefeuille.** Les grandes banques de Wall Street ont payé une amende de 900 millions de $ à la justice de New York et financeront à concurrence de 450 Millions $ une analyse financière indépendante.

Parfois certaines entreprises ont payé des acquisitions en s'endettant, ce qui n'est pas sans risque et valable si les prix payés sont très bas et les perspectives très bonnes – ce qui va rarement de pair –. Elles ont atteint un **niveau d'endettement considérable.** Des banquiers d'affaires intéressés par les juteuses commissions sur les acquisitions ont souvent entraîné leurs clients à s'endetter excessivement faisant prendre des risques à leur propre activité de crédit. Echaudées par la faillite de grandes entreprises dans les télécommunications, l'énergie, les banques deviennent plus réticentes à prêter dès qu'il y a le moindre risque. Dès lors **la préservation de la solvabilité redevient un critère fondamental de la gestion.**

Parallèlement on a assisté au lancement du concept de **« développement durable »** et parfois à la mise en œuvre dans certaines entreprises des pratiques qui en découlent.

Tous ces changements de l'environnement ont fait évoluer les meilleures pratiques de management dans le sens d'un **retour aux fondamentaux du bon management,** reposant sur le bon sens, respectueux des lois, des personnes et de l'environnement que les Américains qualifient de « Return to Basics ».

BAISSE DES PRIX ET CROISSANCE

Depuis le début des années 2000, beaucoup de prix sont en baisse et, sous l'effet de la mondialisation et des nouveaux systèmes d'achats en ligne sur Internet, devraient continuer à baisser.

On devait donc assister à une baisse générale des indices globaux de prix, s'il n'y avait pas eu une forte hausse des prix du pétrole qui se maintenaient à un niveau élevé au début 2003, et s'il n'y avait pas dans les pays développés, des tensions sur l'emploi qui se traduisent par des hausses de salaires, en particulier pour les compétences rares. À cela s'ajoute dans certains pays comme la France, des mesures étatiques telles que les 35 heures, la hausse de certains impôts ou le maintien de quelques monopoles de services publics dont les coûts ne baissent que lentement, quand ils baissent.

Sans ces phénomènes ou si la croissance se ralentissait, on pourrait connaître la déflation. Par déflation, nous entendons la baisse des prix et des coûts. Il existe une seconde définition qui y ajoute la baisse de la production en termes réels. Nous retiendrons la première.

Déflation ou reprise de l'inflation ?

Si les marchés et les banques centrales sont parvenus à réduire l'inflation, rien ne prouve qu'à l'inverse, ils pourraient empêcher que le mouvement ne se transforme en déflation, c'est-à-dire en baisse des prix. La déflation est un phénomène monétaire symétrique de l'inflation. Elle n'entraîne pas automatiquement la récession et fut le régime dominant du XIXᵉ siècle (deux années sur trois, de 1814 à 1850, de 1870 à 1900 et de 1914 à 1939), ce qui n'a pas empêché le décollage économique avec de bons taux de croissance. Toutefois, les périodes de baisse de prix étaient le plus souvent considérées comme des périodes de crises, quoique cela n'empêche pas toujours une hausse de la production.

On craint la déflation en Allemagne à l'image de celle qui a eu lieu au Japon (les pays du modèle rhénan auraient du mal à se restructurer pour accroître leur productivité globale de l'économie, condition de la croissance). Les banques centrales quant elles ont descendu leur taux d'intérêt très bas dans un but de relance n'auraient comme arme pour éviter des déflations du type 1929 que la solution contraire à l'orthodoxie d'émettre de la monnaie en contrepartie d'achats d'actifs de plus en plus risqués selon un des membres éminents de la FED, Ben Bernanke[1].

Or quelques tendances sont déflationnistes :

- Le ralentissement de la croissance avec une tendance constante à l'aggravation de la concurrence dans beaucoup de secteurs, due à la mondialisation et à l'arrivée dans l'économie de marché de deux à trois milliards d'hommes libérés du joug de l'économie totalitaire.
- La productivité due aux NTIC et les comparaisons de prix que permettent Internet vont entraîner des baisses de prix parfois considérables, comme on en a vu dans un passé récent dans les télécommunications longue distance.

---

1. Fabra Paul – *L'incroyable message d'un membre de la FED* – Les Échos – 13-14 Décembre 2002.

- Dans certains pays le maintien de taux d'intérêts encore élevés des banques centrales soucieuses de lutter contre l'inflation, freinant parfois dangereusement la croissance comme ce fut le cas en Pologne fin des années 90 début 2000.
- Les dégonflements de bulles boursières ou immobilières qui se recréent ou les déséquilibres financiers liés au déficit commercial américain peuvent amener brutalement une situation déflationniste.

D'autres tendances, au contraire, sont inflationnistes comme :

- Les augmentations du prix du pétrole, les hausses des salaires liées à la croissance et les freins structurels à la concurrence qui existent encore dans certains pays.

Quoi qu'il en soit, si l'avenir nous apporte un ralentissement de la croissance, sans inflation voire avec la déflation des prix ou avec une légère inflation, les dirigeants d'entreprise ont sans doute intérêt à réfléchir aux conséquences d'une probable poursuite de la baisse de leurs prix de vente et donc de leurs coûts sur :

- *les stratégies des futurs produits nouveaux et des services, en particulier les gammes de prix,*
- *les formes d'organisation de l'entreprise, en particulier celles qui permettront une plus grande flexibilité des coûts ou la meilleure répercussion des baisses de prix des composants ou des ressources, ou qui permettront de conserver les marchés et parfois de sauver les prix grâce à la fidélisation des clients par une relation suivie et du service,*
- *la politique financière, en particulier la gestion des actifs de leur entreprise et le niveau d'endettement, pour continuer d'investir en innovation et productivité malgré les difficultés du financement par le marché lorsque les cours sont trop bas.*
- *Et surtout ils devront se familiariser avec les concepts fondamentaux, dans ces situations, de « Valeur-client », de « Management des Relations Clients », via les CRM, et de stratégies d'achat éventuellement via « l'e-achat ou e-procurement » ainsi que les places de marchés.*
- *Et plus généralement, la reconfiguration de leur entreprise et/ou la redéfinition de leur stratégie et de leur marketing pour rester un acteur important sur leur marché grâce ou malgré la diffusion des NTIC en particulier de l'Internet et en tenant compte de la situation nouvelle de leurs clientèles qui ont pu être profondément modifiés par les événements récents :*
  1. *Chute de la bourse en 2000, 2001 et 2002 et mauvaises créances affectant les banques, les compagnies d'assurances, l'actionnariat du personnel, les fonds de pension, les ménages et la nécessité de s'autofinancer ou de recourir aux emprunts plutôt qu'au marché etc ;*

2. *Difficultés du secteur des télécommunications et médias avec faillites et ralentissement des investissements ;*
3. *Terrorisme et difficultés des secteurs du tourisme, des compagnies aériennes et des assurances ;*
4. *Freinage des investissements et difficultés des secteurs de l'informatique et du conseil.*

Les difficultés qui affectent ces secteurs moteurs du développement de la fin des années 90 devraient s'estomper mais seul ne sait le temps que cela prendra.

SE PRÉPARER AU VIEILLISSEMENT DE L'EUROPE

La démographie est sans doute le facteur économique le plus massif et le plus irrésistible.

Le vieillissement des populations semble un phénomène inéluctable qu'un forte immigration de jeunes ne parviendrait même pas à infléchir significativement, selon le Commissariat au Plan. Ce vieillissement va avoir un impact économique et sociologique important dans les années prochaines dont voici quelques traits.

Une évolution de la structure de la consommation et un accroissement des prélèvements

De 25 à 50/55 ans, la plupart des consommations de produits et services croissent avec l'âge, par exemple les transports, les loisirs, le mobilier, les vêtements, la nourriture, etc.

La classe des 35 à 55 ans est la plus grosse consommatrice, avec une pointe vers 49 ans. Ce qui faisait prévoir à un consultant américain (déjà célèbre pour avoir le premier prédit la récession américaine de 1991) que la classe très nombreuse des « baby-boomers » américains atteignant 49 ans en 1994, cette année serait très bonne sur le plan économique aux États-Unis. Il ne s'était pas trompé.

Mais après 50/55 ans, la consommation diminue, à l'exception des dépenses de santé qui, dans le cas de la France, sont pour la plupart à la charge de la collectivité publique et se traduisent par un accroissement des prélèvements.

Toutefois les personnes âgées de mieux en mieux soignées et actives, même si elles consomment globalement moins, sauf pour la santé, ont leurs besoins propres : elles voyagent encore à travers le monde, placent leur argent et font travailler les gestionnaires de patrimoine, utilisent encore parfois un véhicule, peuvent souhaiter des services de proximité et ont bien d'autres besoins qui méritent d'être l'objet d'une « senior stratégie » ou d'un « senior marketing », d'autant plus nécessaire pour les entreprises que ce segment de marché va croître.

Une diminution de la flexibilité et de la vitesse des structures de production de biens et services

Il n'y a pas d'égalité physique, physiologique ou psychique face au poids des ans. Certains conservent étonnamment intactes leurs facultés intellectuelles, d'autres ne perdent pas le goût de l'aventure et du risque, d'autres encore, animés par la passion d'un métier, continuent d'apprendre et en savent encore plus que bien des jeunes.

Mais les dirigeants d'entreprises et les directions du personnel savent bien que si l'augmentation de l'âge moyen dans une entreprise se traduit par un ensemble d'avantages tels qu'une plus grande expérience, une fidélité et un engagement supérieurs, elle entraîne des inconvénients lourds, par exemple, un coût plus élevé, une difficulté plus grande d'assimilation de connaissances nouvelles, une plus grande réticence au changement, et surtout des modèles intellectuels et des représentations difficiles à modifier.

Ainsi, bien des groupes ont pu vérifier qu'il est aisé de créer une organisation horizontale par processus orientée client dans une usine neuve dont la moyenne d'âge est de 28 ans, alors que réorienter dans ce sens un établissement ancien, dont la moyenne d'âge est de 45 ans, est qualifié par certains de défi très difficile.

Parfois un handicap pour le développement de l'innovation

Si l'on excepte les professeurs ou les chercheurs et les techniciens spécialisés, la plupart des cadres de plus de quarante ans n'ont pas le temps d'apprendre les technologies ou les concepts nouveaux qui font l'objet de l'enseignement des jeunes.

Ce qui a pour conséquence que, dans certaines technologies, telles que l'informatique ou les télécommunications, les entreprises vraiment innovantes qui prennent le pas sur la concurrence sont souvent créées par des jeunes sortis, quelques mois ou quelques années auparavant, de l'université ou des grandes écoles.

Ils embauchent des jeunes du même âge, et se donnent nuit et jour au développement de leur projet, sans craindre le risque de ruine parce qu'ils n'ont rien à perdre.

Si leur entreprise commence à réussir et prend de l'ampleur, ils embaucheront des managers plus âgés et expérimentés pour gérer les finances, les ressources humaines et l'exploitation.

En conséquence, une population souvent victime des plans de restructuration ou de rénovation de l'entreprise

S'il n'y a pas croissance rapide et, s'il y a peu d'embauches, l'entreprise qui veut garder une certaine jeunesse doit à la fois : devenir une entreprise apprenante qui maintient jeunes ses cadres vieillissants par un ensemble de valeurs et de dispositifs qui entretiennent la curiosité intellectuelle (le désir de se former sans cesse, des processus d'apprentissage collectif et un esprit d'équipe qui pallie l'ignorance de chacun par l'expertise de l'équipe) et, inévitablement, remplacer une certaine proportion des personnels âgés par de plus jeunes.

C'est pourquoi, on peut noter, en particulier en France, que les plans de restructuration touchent massivement les plus de 50 ans, lesquels sont souvent voués à la préretraite, car compte tenu des rigidités sociales, contrairement aux États-Unis, il est très rare que les entreprises françaises osent les recruter pour bénéficier de leur expérience même à des salaires abaissés.

Quoi qu'il en soit, le vieillissement de la population est un terrible facteur de déclin qui menace l'Europe dont les actifs ploient déjà sous le poids des inactifs. Tant que cette tendance ne sera pas inversée, tout optimisme à long terme pour l'Europe est suspect.

Un fort besoin de main-d'œuvre qualifiée à partir de 2005

Deux études du Commissariat au Plan montrent qu'à la suite du Papy-Boom et des départs à la retraite de cette génération, le renouvellement démographique de la population risque de devenir problématique au regard des besoins du système productif en France. À partir de 2005 ce sont 650 000 personnes qui vont partir à la retraite contre 480 000 en 2002. Il y a certes des domaines comme l'agriculture et l'industrie légère où repli de l'emploi et départs à la retraite se compensent et des domaines en croissance peu affectés par les départs en retraite comme l'informatique, la recherche, la communication et l'industrie (ingénieurs et cadres).

En revanche dans les services aux particuliers, le commerce, la santé, les transports, la gestion, l'électricité, la mécanique, les industries de processus, la construction, les administrations, la banque et l'assurance les besoins de remplacement de personnel qualifié vont être considérables. La concurrence entre employeurs pour le recruter et le conserver va devenir un des points clés des meilleures pratiques de management. En outre, les entreprises devront mettre en place des systèmes pour conserver le savoir et trouver les modes de travail approprié pour des employés âgés.

BONDIR AVEC LE DRAGON CHINOIS[1]

« La globalisation économique a fait de la Chine et de l'Asie une nouvelle force motrice pour le monde alors que l'essor mondial a aussi créé d'importantes opportunités pour nous » annonçait le président Hu Jintao à Beijing, au Forum global pour la fortune de 2005. Il ajoutait vouloir « continuer une coopération économique mutuellement avantageuse et l'approfondissement de l'interdépendance entre les pays du monde, ce qui créera un bel avenir pour le futur développement de l'économie mondiale ». Voici donc posées les intentions de ce pays qui, en affirmant sa puissance, a tout le potentiel pour devenir de façon durable l'un des principaux exportateurs et producteurs de biens.

La Chine est un géant. Son appétit est insatiable en infrastructures routières, ferroviaires, portuaires, énergétiques, d'assainissement, de télécommunications… Les projets sont titanesques parce que les enjeux le sont ! L'accumulation du capital est essentielle pour construire l'avenir. N'y a-t-il pas des millions de personnes qui peuvent raisonnablement prétendre à une vie décente ?

Après un développement industriel inspiré de l'ex Union Soviétique, la Chine de l'ouverture a intégré la mondialisation en évoluant rapidement dans la chaîne de valeur. Les premières entreprises autorisées à exporter fabriquaient des produits à bas coûts ou des sous-ensembles à forte proportion de main-d'œuvre intégrée dans la chaîne logistique en Asie. Aujourd'hui, la Chine s'impose sur des marchés où on ne l'attendait pas si vite. La Chine profite de la frénésie consommatrice des pays occidentaux et s'appuie sur ses besoins internes pour devenir un acteur dominant dans la téléphonie mobile, les ordinateurs et peut être demain l'automobile.

Cependant la rapidité de cette évolution associée à l'absence de marques de renommée internationale pénalise la sixième puissance économique mondiale, la faisant régresser à la 44e place en matière de compétitivité alors qu'elle occupe la quatrième place en capacité de manufacture. La prise de conscience de ce phénomène a poussé Haier à vendre aux USA comme en Europe exclusivement sous sa marque depuis le début de son internationalisation en 1998, contrairement à beaucoup d'autres marques chinoises de son secteur. Lenovo se présente en France sous sa marque malgré son rachat de la division ordinateur portable d'IBM. Récemment la province du Zhejiang, où foisonne une multitude d'entreprises importantes, exportatrices et agressives (comme à Wenzhou ou Yiwu..) dans le textile et la bonneterie en particulier, a pris des mesures pour fortifier et consolider les marques sur le plan national comme à l'étranger, (selon Xinhua.net du 19/04/2005), manière que les entreprises de cette province se rapprochent de leurs clients finaux et accroissent leurs marges.

---

1. Cette partie a été réalisée par Françoise Pochard, consultante, avec la contribution de Alexandre Morin, Directeur général de Cegos Chine.

Par ailleurs, la Chine prend place dans la recherche scientifique et techno-logique mondiale afin de se joindre rapidement aux cercles internationaux. L'accord passé en 2002 avec l'UE portait sur l'informatique, la biotechnologie et les nanotechnologies en s'appuyant sur le soutien des institutions scientifi-ques, financières et industrielles en Europe et en Chine. Selon le Ministre chi-nois des Sciences et Technologies, il scelle un partenariat stratégique et fédère actuellement une soixantaine de projets communs à hauteur de 200 millions d'euros. L'association de la Chine en 2003 au projet Galileo (système mondial de navigation) et plus récemment au projet Iter sont d'autres exemples. Une multitude de projets de recherche moins médiatiques se développent comme avec l'Institut Pasteur ou avec les pays africains pour lutter contre le paludis-me. Oubliant l'époque funeste de la chasse aux intellectuels, et investissant massivement dans la recherche, universitaire en particulier, la Chine peut es-pérer renouer avec son passé prestigieux de découvreur de technologies.

Un modèle d'émergence inédit

Parce qu'elle a choisi depuis une vingtaine d'années, la voie de l'investissement et du marché plutôt que celui de la redistribution, la Chine a constitué les bases indispensables à son émergence et loin de menacer l'ordre mondial comme le prédisaient certains observateurs qui évoquaient même une nouvelle guerre froide, elle s'insère progressivement dans le processus de mondialisation et son économie dite « socialiste de marché » s'est intégrée sans heurt au système économique mondial.

Durant le XXᵉ siècle, les modèles américain et soviétique s'excluaient réciproquement, provoquant une tension dangereuse pour la planète. La Chine, elle, axe son développement sur des idées de coopération Elle se procure les ressources de son développement par des moyens légalement reconnus au plan international et participe de plus en plus, et d'une manière constructive, aux ins-tances qui régissent l'ordre mondial. Elle se démarque des modèles connus parce que son insertion passe d'abord par l'économique, du moins s'efforce-t-elle de nous le faire savoir, avant la consti-tution d'axes militaires et de zones d'influences. Ce qui ne veut pas dire que ces dernières préoc-cupations soient reléguées en arrière-plan. La Chine pousse de plus en plus à la constitution d'un marché commun est-asiatique calqué sur le modèle européen. Outre la Chine qui resterait la puis-sance dominante, le Japon (18 000 firmes déjà implantées en Chine emploient plus d'un million de personnes), et l'ASEAN, association des pays du sud est asiatique, l'Inde, l'Australie, la Nouvelle-Zélande seraient partie prenante de ce grand ensemble. De quoi contrebalancer la puissance amé-ricaine en Asie, d'autant plus que le groupe de Shanghai (Shanghai Organisation Cooperation) la lie avec les pays d'Asie centrale et la Russie. Et dans le même temps, elle ne cesse d'adapter sa puis-sance militaire à ces nouveaux enjeux stratégiques.

Cette émergence bouleverse le pays, enthousiasme sa population, aujourd'hui encore jeune, qui se projette dans un avenir ouvert. Le poids de ce géant ne sera pas sans influence, mais dans quel sens pèsera-t-il ? Jusqu'où ses priorités resteront-elles compatibles avec nos intérêts ? Telles seront les questions et débats de demain. Déjà le gouvernement de Beijing a fait reculer le puissant

Google, roi des recherches Internet, en lui imposant une autocensure sur les problèmes de la démocratie et des Droits de l'Homme…

Quelques chiffres en vrac

La croissance économique

- De 1978 à 2004 le PIB est passé de 150 milliards de dollars à 1 650 avec un taux de croissance moyen de 9,4 % l'an. Dans le même temps les échanges économiques sont passés de 20,6 milliards de dollars à 1 155, les réserves de change de 167 millions de dollars à 609 milliards, tandis que la pauvreté qui touchait 250 millions de personnes à été ramenée à 26 millions (chiffres officiels qui seront prochainement révisés à la hausse pour mieux prendre en compte le secteur tertiaire).
- L'excédent commercial en accroissement avec les États- Unis s'élevait à 162 milliards de dollars en 2004 pour approcher 200 milliards de dollars à la fin de 2005, tout comme avec la Communauté Européenne (EU-25) avec laquelle il atteignait 78 milliards d'euros en 2004.

La montée du secteur privé

Même si le sens de ce mot peut prêter à confusion à cause de l'extrême mixité, voire confusion des intérêts capitalistiques, entre l'État (au niveau central, provincial ou local) et les personnes ou entités privées, la sphère privée a considérablement accru son importance dans l'économie chinoise.

- Le premier recensement économique national des entreprises industrielles et tertiaires a été publié en décembre 2005 par le Bureau National des Statistiques. Cette étude identifie 1,45 million de sociétés industrielles et plus de 5,32 millions d'entreprises industrielles individuelles (Getihu de moins de 10 employés). La sphère privée, composée de divers types de sociétés où l'intervention étatique s'estompe progressivement selon ce qu'il reste d'avoirs d'état dans chacune, approche désormais plus de 60 %.
- La taille moyenne de ces entreprises industrielles est de 66 employés. Les entreprises avec des capitaux étrangers, employant 20,5 millions de personnes, sont pour l'essentiel des grosses PME (180 personnes en moyenne).
- Les grandes sociétés, objets de bien des commentaires, ne sont pas et de loin les plus nombreuses.
- Les sociétés du secteur tertiaire et des services, qui ont contribué ces dernières années à l'essentiel du développement de l'emploi (le secteur industriel ayant perdu des emplois), sont encore mal connues et leur contribution à la dynamique économique mal appréciée et sous-évaluée. Leur contribution (30 % des emplois en 2002) est appelée à progresser considérablement.

- Le salaire moyen du P-D.G d'une compagnie chinoise cotée en bourse s'élevait à 28 500 $ en 2004, soit 5 000 $ de plus qu'en 2003 (selon l'Economic Daily), ce qui éloigne du mythe de la « grande marmite socialiste ». Le souhait plusieurs fois affirmé des autorités est de maintenir un rapport de 1 à 20 entre les plus bas et les plus hauts revenus grâce à une politique fiscale sur les revenus équitables.
- L'histoire économique récente fait apparaître que 34 % des patrons privés viennent des entreprises d'État et sont membres du Parti communiste (source AFP, février 2005).
- Cette évolution s'appuie sur un effort considérable fait en direction de l'enseignement technique et universitaire. En 2005, le nombre de diplômés atteint 3,38 millions. (CRI, 10/05/2005)

▄▄▄ La disparité des richesses

La Chine a connu un accroissement drastique de son coefficient de Gini (0,448 en 2002 voir www.economics.ucr.edu/seminars/spring04/05-28-04 AzizurKhan.pdf) qui la classe parmi les pays très inégalitaires tels les USA, la Malaisie, le Brésil ou l'Afrique du Sud.

- C'est d'abord une disparité régionale. Comment comparer la Chine des Deltas (celui de la rivière des Perles – Canton Hong Kong –, celui du Chang Jiang – Nankin Shanghai) avec la Chine du Nord Est – Harbin Changchun Shenyang – ou le Bassin Rouge – Chengdu Chongqing – pour ne citer que quelques « pays » ? Différences physiques, géographiques, humaines ont imprimé leurs marques que seule une permanente attention évitera de rendre inacceptables.
- C'est ensuite une disparité entre monde urbain et monde rural. Le monde rural reste encore le plus important avec 800 millions de personnes. Il a largement supporté, comme ailleurs, l'immense effort vers le développement. La réforme rurale, les entreprises de bourgs et de villages, la hausse des prix des denrées alimentaires…, mais aussi le phénomène migratoire ont contribué alléger son fardeau.
- La surface cultivable de la Chine est limitée à 125 millions d'hectares pour 490 millions de paysans. La Chine se trouve avec une population agricole pléthorique de 170 millions de personnes. Les trois quarts des paysans vivent pauvres sur des exploitations minuscules (moins d'un hectare par famille) et sont mal adaptés à la vie urbaine. Le saut culturel est immense et demandera du temps.
- Le seuil de grande pauvreté, fixé en Chine à 882 yuans de revenus annuels (la norme internationale est de 3000 yuans ou 287 euros), concerne officiellement 85 millions de personnes sur un ensemble de 326 millions qualifiés de « pauvres ». Ce chiffre cependant doit être pondéré par un grand écart de parité de pouvoir d'achat qui permet de supposer que ces

882 yuans soit 84 euros en valent environ quatre fois plus localement. La conjonction de bonnes récoltes de céréales en 2004, de subventions gouvernementales plus généreuses et surtout la liberté de se livrer à des travaux non agricoles ont permis une élévation du pouvoir d'achat des paysans d'environ 6,5 % (chiffres annoncés officiellement à Beijing en début d'année 2005). Cependant une hausse importante des prix des matériaux de construction, des aliments pour bétail, des carburants et autres produits nécessaires obèrent ce résultat.

- Les paysans des zones les plus pauvres migrent au gré des opportunités et des sollicitations d'employeurs plus ou moins scrupuleux pour la collecte du coton dans l'Ouest, vers les mines de charbon privées du Nord, vers les ateliers textiles du sud ou encore vers des industries d'assemblage où les qualifications requises sont faibles. Ils constituent un immense réservoir de main-d'œuvre bon marché. Les plus chanceux seront d'abord ces employés temporaires sans couverture sociale que l'on trouve dans toutes les usines et qui à force d'efforts et d'énergie réussiront à s'intégrer dans les grandes villes si toutefois ils arrivent à y transférer leur résidence et y devenir des employés à part entière. Des études confirment l'importance d'un processus migratoire maîtrisé, le revenu de ces migrants se situant à moyen terme entre celui des ruraux et ceux des urbains Cette population flottante, entre villes et campagnes est estimée à 100 millions en 2005.
- Le monde urbain explose, en 2005 plus de 10 villes dépassaient les 10 millions d'habitants.
  Au sein de ce monde urbain une minorité (40 à 50 millions, soit 3 à 4 % de l'ensemble de la population, que certains appellent la classe moyenne…) disposent d'un pouvoir d'achat comparable à celui de la population active en Europe. Un groupe un peu plus large de 100 millions de Chinois ont un pouvoir d'achat qui leur permet d'accéder à une large gamme de produits.
- On prévoit que le nombre de véhicules atteindra 15 millions d'unités en 2008, soit près de 15 % du parc mondial. Quatre Chinois sur mille possèdent actuellement une voiture, contre 132 en Corée. Geely, Chery, Changan, les principaux constructeurs strictement chinois, ont de grands projets en Chine et en Asie pour profiter du soutien de ce marché plein d'opportunités.
- L'accélération et la diffusion massive de l'urbanisation sur l'ensemble du territoire facilitera la transition entre ces deux mondes rural et urbain.

Le « grand marché chinois »

▬ La consommation en Chine

Les décideurs économiques, conscients que la consommation constitue l'un des moteurs de la croissance cherchent les moyens de la stimuler. En 2004, la consommation représentait 58,5 % du PIB, bien en dessous des moyennes mondiales. Mais la prise en compte très sous-évaluée des services (restauration, transports…) fausse fortement cette indication qui devra être réappréciée à partir des nouvelles analyses statistiques à paraître en 2006.

La disparité des revenus, précédemment évoquée, impose une attention particulière à la solvabilité des marchés visés par les entreprises. Les marchés ont des tailles extrêmement variables selon les publics et les régions. La différentiation entre les catégories sociales s'accroît. À chacune de ces catégories correspondent des capacités et des souhaits de consommation en évolution très rapide. Par le biais d'une simplification grossière, on peut avancer que :

- les plus riches (1 ou 2 millions) partiront très prochainement à la recherche de la « tulipe noire »,
- les managers des entreprises les plus productives et les petits entrepreneurs individuels dynamiques (50 millions) s'intéressent aux voyages, à l'automobile, aux biens durables,
- la classe urbaine modeste (100 millions) investit dans l'éducation des enfants, le logement et certains produits ostentatoires,
- la partie la plus pauvre du mode urbain et la plus riche du monde rural (300 millions) essaie de disposer d'un peu de superflu et de se prémunir des imprévus pour lesquels il n'existe aucune couverture sociale à leur portée,
- le reste du monde rural s'attache à l'essentiel.

Ces simples constats laissent peu de chance aux rêves des Occidentaux supputant de gros marchés rentables, ce qui incite à la prudence : il semble vain à l'heure actuelle de tout miser sur ce marché qui comporte de gros risques, même s'il faut concevoir sa stratégie mondiale en l'incluant forcément (et ne pas prendre cet autre risque de ne pas y être…).

▬▬ Les consommateurs chinois

Sans repères préalables, les consommateurs Chinois (essentiellement les urbains) sont avant tout curieux et adaptables et trouvent leur bonheur dans l'abondance qui leur est offerte depuis peu. Les industriels de l'agroalimentaire disposent d'un champ infini en adaptant certaines de leurs technologies au domaine culinaire, et d'autant plus qu'ils sauront faire preuve, dans ce domaine comme dans d'autres, de plus d'inventivité que leurs concurrents chinois. Pas de marques incontournables, pas de référents sur chaque segment de marché, le consommateur Chinois est en phase de test, enivré de tant de nouveautés dans tous les domaines de sa vie courante. Pour lui, l'achat n'est pas une corvée, mais un signe de réussite qui le démarque des générations précédentes.

Cette réussite, les membres des élites managériales ou administratives aiment l'afficher, d'où le prestige et le succès des marques étrangères de luxe. Le Comité

Colbert (éminent représentant des entreprises du luxe français) a d'abord expliqué les opportunités puis poussé ses membres à profiter de cette émergence du goût pour les produits de luxe. De nombreuses marques disposent de magasins à Shanghai, à Pékin mais aussi à Hangzhou, par exemple. Dans une frange plus large de la population, disposant d'un pouvoir d'achat de plus en plus confortable, de week-ends et d'une quinzaine de jours de congés pour les loisirs et les voyages le consommateur se rapproche de son homologue Occidental avec les mêmes préoccupations pour son appartement ou sa voiture.

Quelques conseils pour aborder le marché chinois

Au premier abord, il est important de consulter le catalogue chinois des investissements étrangers qui liste les projets et activités autorisés, encouragés, restreints ou simplement interdits. Les fréquentes révisions du catalogue suivent l'essor économique de chaque région et reflètent la politique décidée à Beijing. Une réglementation très détaillée et la fiscalité qui accompagnent ces investissements sont aux mains du puissant Ministère du Commerce.

Cependant, une première règle de bon sens consiste à se rendre sur place pour constater le degré de maturité du marché visé ainsi que sa structure de diffusion et de distribution. La seconde est de prendre son temps et d'anticiper, car si la phase de préparation peut être longue, parfois ingrate, tout s'accélère rapidement car une fois votre conviction établie il faut décider vite, la concurrence, la rapidité des évolutions de tous ordres ne vous laissera pas le temps d'attendre les certitudes d'une analyse totalement logique et circonstanciée. Le risque est là, et malheureusement il faut prendre des risques en permanence avec modération et constance… On pourrait d'ailleurs ériger en credo cette maxime : En Chine, n'omettez pas d'être Chinois, c'est-à-dire clairvoyants, inventifs et pragmatiques.

■■■ Importer de Chine

Les importations françaises ont dépassé 13 milliards d'euros, soit 3,5 % de nos achats totaux, plaçant la Chine au 8ème rang de nos principaux fournisseurs. Notre déficit bilatéral, 8,5 milliards d'euros en 2003, n'a cessé de croître au cours des dix dernières années, en raison de la détérioration du solde des échanges de biens de consommation et d'une faiblesse dans le secteur des biens d'équipement particulièrement depuis le milieu de l'année 2004 (27 % en 2003, contre 15 % en 1996), notamment des équipements informatiques et de télécommunication, ce qui traduit notre faible diversification dans ce secteur des biens d'équipement mais traduit surtout la montée en gamme des capacités technologiques de l'économie chinoise et sa stratégie de diversification.

L'un des principaux problèmes rencontrés par des sociétés qui souhaitent s'approvisionner en Chine porte sur la logistique. Aussi est-il prudent en phase de sourcing de l'intégrer dès les premières discussions avec les fournisseurs éventuels. Du choix de l'incoterm à celui du prestataire (transitaire, commissionnaire…) il convient de discuter les coûts complets sous peine de surprises. On donnera la préférence au prestataire qui dispose d'un large éventail de prestations logistiques et qui prendra à son compte la gestion opérationnelle et le pilotage logistique.

Attention toutefois à la recherche systématique des coûts très bas, souvent synonyme pour les travailleurs temporaires employés par les usines chinoises d'une absence totale de droits sociaux, faute de cotisation (assurance sociale, retraite, maladie chômage…). Un Code d'Achat est actuellement en discussion entre les grandes entreprises françaises implantées en Chine et l'Ambassade de France pour tenter d'instaurer une véritable traçabilité dans la filière, et pour faire accepter de nouveaux rapports non exclusivement basés sur la recherche du meilleur coût… Un débat difficile, sensible, complexe !

▬ L'exemple d'un industriel du jouet

L'implantation de cet industriel en Asie naît après une période de concurrence très dure sur ses principaux marchés, malgré le credo de son P-D.G « qui était de donner la priorité au tissu industriel local français ». Les fournisseurs asiatiques seront soumis au strict respect d'une déontologie qui comporte 80 engagements (normes de travail, droit social, sécurité, santé, environnement, corruption…) s'accordant au Pacte mondial de l'ONU auquel la société a adhéré en 2004.

L'entreprise a franchi plusieurs étapes depuis quinze ans :

- 1994 ouverture à Hong Kong d'un premier bureau de sourcing pour chercher un avantage coût dans les savoirs faire asiatiques (textiles, injection plastique).
- 1999, poursuite du développement commercial dans la zone grâce à une filiale de représentation et ouverture d'un second bureau à Shanghai dans le cadre de l'association Rhône Alpine ERAI.
- 2002, tentative de commercialisation des produits dans la Chine de l'Est et progrès dans la distribution.

Aujourd'hui un tiers des produits, en tout ou partie, vient de la zone Asie pour préserver la compétitivité de l'entreprise. En retour, l'industriel bénéficie de l'avance technologique locale de certains de ses fournisseurs. Au début, les fabrications touchaient essentiellement les poupées et le premier âge pour devenir progressivement high tech, touchant ainsi toutes les gammes et le multimédia (en 2000, premier poupon interactif, par exemple). C'est la cellule marketing France qui pilote ces développements à Hong Kong où une équipe de vingt personnes assure le relais auprès des sous-traitants et gère la qualité, la marque gardant pour grand principe que le faible coût doit servir à élever la qualité.

Par ailleurs en regroupant ses sous-traitants dans la seule région de Shenzhen, la société optimise sa relation avec eux ainsi que le travail de ses trois contrôleurs permanents en Chine en charge de la Qualité. Ce qui n'a pas exclu une incursion dans la région de Shanghai pour développer un vélo spécifique et novateur.

Elle souhaitait également commercialiser ses jouets dans un pays qui fabrique plus des deux tiers de la production mondiale. En s'attaquant aux collectivités, écoles, jardins d'enfants, avec des produits de plein air, solides et peu chers, la société a franchi un premier pas avant de tenter des gammes plus sophistiquées.

Le principal écueil rencontré, c'est bien sûr la contrefaçon, dans un pays aux structures de diffusion inexistantes bien que la Chine soit entrée à l'OMC. Hormis dans les *departments stores* qui bénéficient d'un réel réseau de distribution, il est difficile pour une marque étrangère de se faire voir sans d'importants investissements. Même si la loi du commerce extérieur instaure depuis la fin de 2004 une libéralisation et une dynamique en matière de distribution, les enseignes restent accrochées au « win-win system » qui privilégie les partenariats locaux. En 2002, la grande boutique ouverte au cœur de Shanghai a dû fermer, en butte aux autorités locales. Le clientélisme se cache encore derrière le principe chinois du «guanxi», le système complexe de relations personnelles, prôné officiellement.

Aujourd'hui, la quasi suppression des barrières douanières laisse présager une plus grande ouverture aux marques étrangères, notamment celles qui s'appuient sur la qualité des produits. Et maintenant que les positions sont prises sur cet immense marché, la vigilance s'impose pour éviter la captation de la chaîne de valeur (R&D et distribution internationale comprises) par une entreprise chinoise à son seul profit, car tel est le risque encouru.

▬ Vendre des produits français en Chine

En 2003, les exportations françaises en Chine se sont élevées à 4,6 milliards d'euros, soit environ 1,5 % de notre commerce extérieur, la Chine étant au 10ème rang de nos principaux clients, la dissymétrie import/export étant caractéristique des échanges entre économies à un stade de développement différent. À noter cependant qu'un quart des exportations sont le fait de nos PME.

Pour une entreprise candidate, le mieux est de s'appuyer sur un partenaire déjà solidement implanté sur les marchés visés. Mais avant cela, les Chambres de Commerce et la Chambre de commerce en Chine, les Missions économiques de l'ambassade désormais dénommées UbiFrance, disposent déjà d'un certain nombre d'outils pour aider les PME dans leur longue marche vers la Chine. Ainsi Ubifrance, en Novembre 2005, à travers un forum de rencontres avec des entreprises chinoises a offert à plus de 300 PME l'opportunité d'entamer l'aventure. À ne pas négliger non plus, le Comité France-Chine qui organise des rencontres régulières à vocation économique ou juridique auxquelles sont invités des spécialistes chinois ou français afin de permettre une meilleure compréhension réciproque. Par contre, il faut se montrer méfiant vis-à-vis des « tours opérateurs » chinois qui proposent aux PME occidentales des voyages d'affaires durant lesquels on use de tous les artifices et propositions mirifiques pour les attirer dans les grands centres de production. De nombreuses entreprises (et non des moindres !) ont fait les frais de cette duperie. Un contrat écrit n'a pas plus de valeur qu'une parole donnée aux yeux des Chinois et les systèmes de protection européens ne sont guère respectés.

Longue marche signifie donc, qu'il faut beaucoup de temps et d'investissements pour parvenir à son but. Mais il convient de rester très pragmatique : ne se lancer que si l'on a un vrai produit ou service à forte valeur ajoutée par rapport à ce qui existe localement. Dans cette zone à croissance rapide, la concurrence (locale et internationale) est rude et les Chinois ont très vite assimilé les lois du marché. Et parce que dans la tradition chinoise les bases de l'apprentissage reposent sur la reproduction, ils sont demandeurs de technologies nouvelles et attirent avec des contrats en or des entreprises qui pourraient très vite se trouver concurrencées par des copies de leurs propres produits (mais en moins chers et mieux adaptés aux particularités locales) faute d'une vigilance de tous les instants.

Pour durer, il faut garder une vision globale sur le long terme, souple et opportuniste et surtout trouver les partenaires adéquats. Mais il faut aussi faire un effort d'innovation permanente et de créativité pour jongler avec un pays en mutation galopante, bien décidé à créer ses propres normes (puces électroniques, téléphonie mobile, DVD et EVD…) pour rester maître de son marché intérieur.

Cependant le nouveau règlement chinois (décembre 2004) relatif à la franchise devrait faciliter la pénétration de ce marché. Avant, seuls de grands distributeurs pouvaient ouvrir des surfaces de ventes sous la condition d'un partenariat avec des Chinois. L'adhésion à l'OMC a permis de simplifier notamment les contraintes et les formalités d'accès à l'ouverture de magasins pour une entreprise européenne, quelle que soit la nature et la structure des capitaux (100 % étrangers appelée WFOE (wholly own foreign enterprise), Joint Venture, ou Entreprise à Investissements Etrangers EIE). On peut s'interroger, cependant, sur la pérennité des redevances et sur la qualité des apports des éventuels franchiseurs en rapport à leur faible connaissance de l'environnement.

▰ Made in China ou Made by China ?

Pour les économies occidentales les conséquences du Made in China et du Made by China sont pourtant loin d'être négligeables apportant :

- une pression potentielle sur les coûts et les prix,

- l'émergence d'une concurrence nouvelle,
- l'émergence d'offres inédites, nées des besoins spécifiques du marché chinois et des capacités d'innovation des ingénieurs et entrepreneurs locaux.

Ce développement est un fait incontournable. Et il n'est pas envisageable de s'y opposer. La seule réponse possible est offensive :

- être Chinois en Chine, de la fabrication compétitive à la R&D,
- participer au maximum au développement de ce marché,
- investir dans l'innovation, la R&D et la qualité, avant que les Chinois ne s'y mettent avec le zèle et la vélocité qu'on leur connaît,
- développer un marketing et des services parfaits et exigeants,
- investir en Chine à l'image de la puissance économique inéluctable que représentera ce pays à l'échelle mondiale.

L'exemple du succès en B to B d'une entreprise de biens intermédiaire

Après deux implantations dans d'autres pays, cette entreprise compte aujourd'hui plus de 7 000 collaborateurs en Chine. Fournisseur depuis 10 ans des entreprises internationales ou locales en cours d'implantation ou de développement, la société propose tous les services en termes d'énergie électrique et d'automatisation des usines et bâtiments. Un important centre de R&D à Shanghai pour assurer la parfaite adaptation des produits au marché et dix-sept sites industriels, servent l'unique marché Chinois, le dessein étant de produire et de vendre en Chine.

Après une première phase d'exportation de ses produits manufacturés en France, une deuxième de production ou coproduction sur place pour le marché chinois, cette société a accepté pour s'adapter aux nécessités du marché chinois de perdre de l'argent jusqu'en 2000. La société aborde maintenant la phase de production et de développement de nouveaux produits en Chine pour la pénétration du marché.

Parmi les facteurs de succès l'importance accordée à l'efficacité des équipes de vente et à l'adaptation du marketing aux exigences locales ont été déterminantes. Le nombre et la qualité de la formation des vendeurs ont toujours été privilégiés.

La politique de ressources humaines d'accompagnement a pris diverses voies : expatriation de techniciens et cadres dans le domaine des achats, de la logistique et des transferts de technologie. Des expatriations suffisamment longues (cinq ans) pour que l'expérience soit fructueuse. Dans le même temps, on a eu largement recours aux volontaires internationaux en entreprises (VIE) permettant à de jeunes cadres de « s'éveiller » à des cultures différentes.

Enfin, pour maintenir un bon climat relationnel avec les décideurs chinois de demain, l'industriel promeut l'idée d'une formation de cadres chinois dans nos universités et ce, malgré les risques de vol du savoir faire et des technologies ou d'exportation par des sociétés en joint venture de produits vers des marchés étrangers sur lesquels des filiales du groupe sont déjà actives.

Les zones de développement

Depuis le début des années 80, la Chine a développé 85 parcs technologiques, incubateurs scientifiques, zones de développement technologique, plus 58 parcs scientifiques universitaires plus modestes. La création de ces zones économiques spéciales et l'assouplissement des contraintes pesant sur l'investissement étranger ont contribué au rapide développement des entreprises à investissements étrangers (EIE).

- Les **zones économiques spéciales (ZES)**[1], dotées d'une autonomie économique et administrative, doivent promouvoir les exportations (exonération d'impôt indirect à l'exportation et à la vente locale, mais pas en cas de vente dans d'autres régions).
- Dans les villes côtières, des **zones de développement économique et technique (ZDET)** ont été mises en place afin de favoriser l'importation et le transfert de technologies de pointe.
- Les **export processing zones (EPZ)** sont des zones économiques dédiées uniquement aux activités de travail à façon avant exportation. Installées au sein de zones de développement économique et technologique (ZDET) déjà existantes, elles requièrent l'approbation du Conseil des Affaires d'État, et sont supervisées par l'administration des douanes. Les marchandises entrées dans une EPZ, en provenance du reste du territoire chinois, ne peuvent être expédiées qu'à condition d'avoir été suffisamment modifiées par une entreprise de l'EPZ. De plus, une entreprise ainsi établie n'a pas le droit de confier le travail à façon de produits à une autre entreprise de Chine hors zone (stricts contrôles d'inspection !).
- Il existe 13 zones franches en Chine. (Premières créées en 1990 : à Waigaoqiao, Pudong, à Shanghai.) Dans toutes ces zones l'impôt sur les sociétés se réduit de 15 % et les importations de matières premières sont libres de tous droits et taxes.

Source : AFCI – 10/01/05.

Les impedimenta

La barrière de la langue reste problématique, les langues européennes ont peu cours et, dans le sud très industrialisé, le cantonnais l'emporte sur le mandarin que certains maîtrisent mal.

La relation au temps diffère fondamentalement. Si en Europe, nous avons tendance à considérer comme définitivement perdue une occasion ratée, un Chinois parlera d'opportunité qui vient à son juste moment et qu'il faut saisir

---

1. Ces jinji jishu kaifa Qu sont physiquement très variés en taille : quartier urbain de taille réduite (quelques immeubles, notamment dans le software) ou très vastes espaces géographiques, (la zone de développement de Guangzhou occupe tout l'est de la zone urbaine).

à ce moment là. Leur porte reste toujours ouverte à ce qu'amène le vent ! Cette différence dans la relation au temps peut générer des incompréhensions graves.

Le système du réseau est essentiel en Chine plus qu'ailleurs, il faut s'y investir sérieusement. Qu'ils soient officiels ou officieux, les réseaux sont la clé de la réussite des affaires. De la création d'un lien naît la confiance indispensable, alors il faut y consacrer du temps, se montrer rigoureux (et… vider ensemble de nombreuses bouteilles d'alcool de riz), pour obtenir à terme une relation forte dans le temps, bilatérale et sûre. Il faut noter cependant que dans les zones urbaines et les grandes villes, le guanxi apparaît aux yeux des nouveaux businessmen comme le vestige d'une culture ancienne de moins en moins importante.

Un seul ennemi est de trop, cent amis trop peu ou le principe du guanxi

La famille et les amis intimes forment le lest d'une vie, mais ils ne suffisent pas à assurer une emprise sur l'environnement social et une protection contre lui. Ils s'augmentent d'un système de relations personnelles projetées sur une vaste sphère sociologique. Le guanxi recouvre l'ensemble des relations personnelles d'un individu. Ce système, développé jadis au sein d'une société agraire, est codifié par un abondant vocabulaire qui intègre l'amitié, le compagnonnage, l'origine, les affinités, les intérêts, le devoir, la clientèle, et la « face », dans un volume non obligatoirement concentrique à celui de la famille, mais également protecteur, sécurisant et utile, pour le meilleur et pour le pire.

Il se fortifie d'échanges de services destinés à consolider son efficacité, car il est réaction contre l'isolement (distance sociale, hiérarchie, méfiance des amis faciles, formalisme dans la relation à l'autorité) et contre la limitation du pouvoir personnel (absence de délégation, interdiction de la critique même constructive, obéissance). Il est donc essentiel à la survie hors du groupe initial; sans lui, il serait impossible d'agir ou de communiquer.

La « face », mesurée par le « xinyong », se perd et se gagne constamment. Elle est d'abord évaluation du comportement, par les autres membres du groupe élargi, à l'aune de l'étiquette morale confucéenne. Elle est aussi, comme le guanxi, réaction de défense de l'individu, facteur de survie, car donner de la face à quelqu'un, c'est le valoriser aux yeux de son groupe, le contraindre à bien se conduire et l'obliger à rendre la pareille dès que l'occasion se présente. La face est la véritable marchandise des échanges créant et nourrissant le guanxi. Ce dernier joue un rôle extrêmement important dans le système économique et commercial. C'est un avantage puissant qui compense le manque de législations.

AFCI – 9 Janvier 2005.

▬ Des statistiques difficiles à lire

Une faible lisibilité des informations gêne l'approche rationnelle. Reste à savoir que les statistiques sont souvent incomplètes ou inexistantes bien qu'elles progressent comme le reste. Notre connaissance limitée de cet environnement, son extrême rapidité d'évolution rendent difficile l'établissement d'un business plan fiable. D'autant que ce mouvement « brownien » rapide et difficilement appréhendable facilite l'émergence d'une multitude d'initiatives telles des pousses de bambou après la pluie et encourage une concurrence acharnée entre les nouveaux industriels locaux et les sociétés étrangères déjà fort nombreuses.

Les canaux d'accès au marché chinois sont très inégaux. Si les grands groupes internationaux bénéficient des conseils d'experts de renom, les PME se perdent dans la jungle de multiples interlocuteurs, consultants, facilitateurs, intermédiaires, dont la compétence est limitée.

La culture du « copier celui qui fait des bénéfices »

La protection intellectuelle, telle que pratiquée en Occident, se heurte à un pays au stade de développement très différent qui veut rattraper son retard à marche forcée. Pour aller vite il faut apprendre, s'informer sur Internet, imiter, copier avant d'adapter et inventer. Les dirigeants en ont pris la mesure avec leur entrée dans l'OMC. Selon l'OMPI qui gère le Traité de Coopération, le nombre des demandes de brevets internationaux a cru de 38 % en un an, même si les 1780 demandes ne représentent encore que 1,5 % du total mondial. On prévoit une explosion dans les prochaines années : du seul fait qu'un pays devienne producteur et non plus seulement consommateur, il cherche à protéger les avancées de sa technologie. Par exemple, Huawei, le premier équipementier chinois de télécommunication est aussi le plus gros demandeur de brevets.

Une loi révisée en 1997, a criminalisé la violation de la propriété intellectuelle dès 1979. Aujourd'hui, en accord avec la législation internationale, de nouvelles mesures et sanctions doivent dissuader les faussaires et les pirates. Par exemple, depuis décembre 2004, le détenteur de plus de cinq mille produits audiovisuels piratés sera condamné à la prison ferme (de trois à sept ans). Et, fait sans précédent, la Cour populaire suprême et le Parquet populaire suprême ont édité un document « d'explication des questions liées à l'application des lois dans les procès criminels de violation de la propriété intellectuelle », un texte remis huit fois en cause du fait des consultations dans divers milieux. Ces « explications » sont considérées comme un progrès, mais ne résoudront pas pour autant le piratage, un véritable cancer aux bénéfices juteux, la corruption, le manque d'éthique et l'indifférence des couches populaires, et ce malgré une augmentation substantielle des procès. Sont punies la contrefaçon de marques déposées, la fabrication et la distribution de logos de marques déposées, et les violations du droit d'auteur. Malgré tout, le Code pénal ne prend en compte que les infractions graves portant sur des quantités importantes, les délits mineurs restant du domaine administratif.

Pour ce qui est des grandes marques étrangères, pas de textes spécifiques, mais elles seront l'objet d'une protection spéciale. Là encore la notion de seuil pour les quantités contrefaites est suffisamment élevée pour ne pas être très efficace et le calcul des amendes ne tient pas compte du préjudice réel subi par les marques. On sait toutefois que la Chine a dû débourser un milliard de dollars de pénalités à l'issue de procès de contrefaçons pour l'année 2003. Malgré tout, il semble que la prise de conscience progresse à travers ce pays avide de capter nos savoir faire, mais lorsqu'il se sera mis à niveau, la concurrence jouera son rôle plus loyalement. Reste que le dynamisme de ses habitants et leur habileté nous obligerons à plus d'efforts.

Historiquement l'information s'est progressivement distanciée de son support (…) en élargissant la diffusion et le champ des connaissances. La révolution numérique et Internet achèvent cette dissociation puisque les contenus sont débarrassés de tout contenant, reproductibles et mobiles. Cette dématérialisation, combinée à l'aisance de la copie et de sa circulation bouleverse la chaîne de valeurs, puisqu'elle comprime les coûts de reproduction au profit des coûts de création et d'édition. En se dématérialisant (…) l'information, qui reposait auparavant sur des supports difficilement reproductibles, est peu à peu tirée vers une logique de bien public : elle n'induit pas de réduction ou de restriction de sa consommation par les uns du fait de sa consommation par les autres, comme une idée ou la flamme d'une bougie.

Guillaume Fabre, Extrait du rapport sur la contrefaçon, Miméo, Paris 2005.

▬ Des politiques arc-boutées sur le contrôle

Le fait d'avoir rendu l'autonomie aux acteurs économiques est sans aucun doute le levier du développement rapide des dernières années, même s'il ne s'agit pas encore d'un véritable laissez faire. Et ce qu'il reste de la politique dirigiste du pays, les innombrables réglementations, les contrôles et les orientations successives données par un gouvernement tiraillé entre la nécessité d'entreprendre des réformes et la volonté de garder la main sur un pays en voie de libéralisation produisent des effets pervers dont pâtissent toutes les classes de travailleurs.

Par exemple, chaque Chinois est soumis au « *hukou* », un système de recensement obligatoire qui fixe l'individu sur son lieu de naissance, ce qui a pour effet de diviser la population entre ruraux et urbains. Ainsi les nombreux paysans qui travaillent dans les grands centres urbains ne peuvent s'y installer et jouir des différents avantages sociaux liés à ce statut. On compte environ cent millions d'individus dans cette population flottante, des migrants plus tout à fait ruraux et non autorisés en ville. Même si le hukou a permis de gérer les flux migratoires dans un pays dont la population est immense, il reste un réel frein à la mobilité que réclame l'économie de marché et au développement de pôles de main-d'œuvre, là où elle serait nécessaire. Ce chiffre de cent millions interpelle de plus en plus les réformistes qui se battent pour une circulation plus rationnelle des individus à l'intérieur des frontières provinciales. De timides avancées se font jour depuis 2004, comme le permis de résidence à Shanghai ou la suppression des offices de contrôle dans la province du Shandong, du Hubei et du Zhejiang. Malheureusement, ces réformes cachent le plus souvent un seul changement de vocabulaire, plus qu'une transformation véritable des politiques de liberté de circulation. La création d'un hukou non agricole pour les ruraux représente déjà un réel progrès permettant une migration plus importante et relativement gérable vers les centres urbains proches. De nombreuses dispositions ont été mises en œuvre. Comme, par exemple, à Shanghai où depuis deux ans, les enfants des paysans de Shanghai (ayant un Hukou rural) peuvent aller aux mêmes écoles que les urbains. Cette diminution de la population dans les campagnes a permis une amélioration de plus de 4 % par an du revenu agricole entre 1995 et 2002 et une réduction drastique de l'extrême pauvreté (essentiellement par l'accès plus facile à des emplois de proximité pour les paysans, ce qui a provoqué un accroissement de près de 9 % par an de cette part du revenu dans le revenu global des paysans…) Cela reste sans doute très insuffisant, mais les villes ne peuvent pas supporter toute la pauvreté de la Chine ! WEN Jiabao, actuel premier ministre, cherche les moyens d'améliorer le revenu rural dans cet équilibre fragile. Quel bénéfice y aurait-il à déstabiliser les zones urbaines ? Chaque province, chaque ville a des contextes d'emploi et de développement différents. De plus, il n'y a pas de circulation rationnelle, ce qui sous-entend pour les Occidentaux une prise en compte de choix individuels. C'est donc là, une vraie responsabilité pour les dirigeants de gérer une société en transition et de limiter, par leurs décisions, l'impact sur les destins futurs des uns et des autres.

Les freins politiques au développement restent donc encore très prégnants, même si les experts internationaux reconnaissent au gouvernement une réactivité exemplaire. On constate toujours un décalage entre l'application des directives d'État et les besoins réels d'une économie qui progresse deux fois plus vite que les bureaux politiques. Les créateurs de logiciels en sont un exemple typique : l'industrie informatique en Chine avec un actif de 230 milliards de yuans vient de dépasser l'Inde et la Corée du Sud. Classé stratégique et prioritaire par le Conseil des affaires d'État en tant que noyau de l'industrie informatique, ce secteur a connu une incroyable tension concurrentielle interne au pays, si bien que, en cinq ans l'exportation des produits chinois est passée de 400 millions US$ à 2,8 milliards pour l'année 2004. Il y a fort à parier que les gouvernements européens aimeraient sans doute se prévaloir de tels chiffres !

Pour arriver à ce résultat, l'État a dépensé plusieurs milliards de yuans dans l'investissement, le financement, la perception de l'impôt, la commercialisation des acquis techniques, l'exportation, la distribution des recettes, la formation du personnel, l'achat, la protection de la propriété intellectuelle, etc., afin de stimuler le développement du secteur du logiciel et du secteur des circuits intégrés. En créant onze bases au niveau national pour le secteur du logiciel, plus six autres dédiées à l'exportation des produits avec le concours de cent seize entreprises d'État, le gouvernement a réalisé ainsi une disposition d'ensemble pour le secteur du logiciel. La tenue d'une foire à Beijing s'est ajoutée au dispositif pour parfaire la bonne connaissance des produits créés, avec les applications que l'on en attend dans tous les domaines.

Le bémol apporté à cette success-story vient d'une enquête du Comité de Travail de la Jeunesse dont le résultat montre que « les concepteurs chinois actuels manquent de continuateurs et, faute de formation et de mode convenable de l'instruction, leur succession manque d'énergie». Le renouvellement des connaissances est très rapide dans le secteur des logiciels. Mais, selon l'enquête, 60 % des entreprises chinoises de logiciels n'ont pas de plan de formation professionnelle pour leurs employés. Ceux-ci, mal payés, travaillant jour et nuit et ne bénéficiant d'aucune évolution se font de plus en plus rares. De plus, à cause du retard du système de l'enseignement, ces diplômés manquent de compétence réelle en programmation et ne peuvent pas répondre aux besoins des entreprises. On en arrive à une situation paradoxale dans laquelle les développeurs ont du mal à trouver un emploi et les entreprises de logiciels ont du mal à trouver le personnel qui leur convient, une situation qui ne tardera pas à se redresser, pragmatisme chinois oblige.

▇▇▇ L'exemple d'un industriel des transports

Made in China/made by China, le dilemme se pose à toute entreprise visant le « grand marché chinois ».

Made by China implique des changements importants dans l'organisation managériale, les mentalités, les ressources humaines. La localisation ne se limite pas pour autant au marché chinois. Des joint-ventures exportent des produits manufacturés en Chine, vers les usines françaises qui les intègrent aux produits finis. La compétitivité est à ce prix et le bilan reste toutefois positif en faveur d'une activité en Chine aujourd'hui.

Cette société est présente sur le marché du made by China en réalisant une partie de ses activités au travers d'un transfert de technologies vers des entreprises purement chinoises telles Changchun, Datong, Harbin, Dong fang ou Shanghai…. Le domaine du transport reste cependant suffisamment spécifique en matière de transfert. Sur les trois dernières décennies, les technologies apprises à des pays tiers pour le transport ferroviaire ne furent utilisées par les receveurs que pour accroître le taux de localisation d'une série dans le cadre d'un contrat, jamais pour la poursuivre.

De manière paradoxale et sauf dans quelques rares cas, le savoir-faire acquis dans le cadre d'une commande ne resservira pas pour les séries suivantes.

Alors, même si cela représente une menace évidente pour les produits bas de gamme, l'essor de la Chine offre une réelle opportunité aux bureaux d'études de la société et pour ses usines à forte valeur technologique. Dans le même temps les activités manufacturières à basse valeur ajoutée seront transférées en Chine.

En forçant cette entreprise à poursuivre son développement économique et technologique, le made in China et le made by China restent une opportunité s'ils sont bien gérés et sont moteurs de son dynamisme.

▪▪▪ La menace d'une surchauffe à tous les niveaux

Le PIB chinois a progressé en moyenne de 9 % par an durant les 25 années écoulées et probablement plus au cours des dernières années, du fait de la croissance considérable des services depuis 1995. Aussi paradoxal que cela puisse sembler, cet important taux de croissance pourrait bientôt se révéler un frein au développement du pays. Le niveau et la croissance de la consommation domestique sont encore faibles et ne peuvent justifier un rythme si important. Ce sont actuellement les exportations et l'investissement servi par un taux d'épargne élevé (44 % du PIB, principalement dans les zones rurales où la protection sociale restait faible) qui soutiennent le développement chinois. Cependant, l'essor de l'urbanisation est en train de changer la donne, les entreprises devant se retourner à présent auprès de marchés financiers diversifiés, parfois encore embryonnaires et assez volatiles.

L'investissement devenu surinvestissement en 2004, dans les métiers industriels de base (sidérurgie, transports, ciment, textiles) et les surcapacités dans ces secteurs deviennent préoccupantes. Elles ont donné lieu à des mesures de régulation gouvernementales sévères qui porteront leurs fruits dans les prochaines années. Par ailleurs, l'augmentation du coût des matières premières et des matériaux ont mis un coup d'arrêt à de nombreux projets. La productivité s'accroît de manière mécanique de 1,5 % par an du fait de déplacements massifs de la main-d'œuvre des secteurs à basse productivité vers des secteurs plus dynamiques (l'immobilier bat des records) plutôt que par une répartition dans toute l'économie. Un employé dans les services a un rendement bien supérieur à un agriculteur ! Dans les années futures ce potentiel de main-d'œuvre ira en diminuant. La croissance de la population active fléchit déjà de manière perceptible.

Depuis les années 90, la croissance chinoise passe par des cycles d'inflation ou de déflation, plus ou moins corrigés par le pilotage macro-économique qui, cependant, ne peut soutenir une croissance régulière, à l'abri de variations importantes.

Le système bancaire chinois sous contrainte politique, finance la majeure partie de l'investissement, mais rarement en fonction de la rentabilité escomptée. Il est aujourd'hui miné par les créances douteuses (le quart des crédits consentis est déclaré douteux, un autre quart l'est vraisemblablement). En plus d'une contribution artificielle à la croissance par des crédits peu sûrs, la croissance de la masse monétaire chinoise est plus rapide que celle de son économie, générant d'importantes tensions inflationnistes tandis que le taux de chômage réel est supposé quatre fois plus important que sa statistique officielle. Surchauffe sectorielle, surchauffe de l'investissement, surchauffe monétaire, surchauffe des prix font poindre l'éventualité d'un atterrissage brutal de l'économie sur fond de déflation, de crise systémique dans la banque et d'effondrement monétaire. Cependant, plusieurs mesures ont été prises pour tenter d'inverser la vapeur : passage au change flottant, resserrement de l'encadrement du crédit, augmentation des réserves obligatoires… On prévoit qu'après 2010, la croissance se stabilisera autour de 5 à 7 % l'an.

S'il y a des limites au développement chinois elles ne sont pas ou ne sont plus principalement d'ordre technique, mais d'un ordre plus global : soit en liaison avec son propre équilibre environnemental, soit en liaison avec l'impact de son développement sur les ressources et leur partage au niveau mondial, soit en liaison avec la capacité de ses dirigeants à gérer la complexité et ses interactions. Les limites seront celles liées à sa masse et à la capacité de ses hommes à créer du futur.

De tous les produits achetés dans le monde, sont fabriqués en Chine :

- 50 % des ordinateurs portables,
- 50 % des appareils photos,
- 33 % des téléviseurs,
- 25 % des machines à laver,
- 20 % des réfrigérateurs,
- 66 % des jouets,
- 33 % des climatiseurs,
- 75 % du marché mondial de l'horlogerie,
- 85 % du marché mondial des pièces détachées pour tracteurs.

Source : France-Info, 21/10/2005.

Le développement durable en Chine

Le World Wild Fund (WWF) estime que les résultats de son enquête à ce sujet sont surprenants, alors que le développement économique rapide de ce pays laisse planer des craintes quant à son souci de l'environnement. « *L'étude prouve qu'un nombre important d'entreprises chinoises sont bien plus conscientes du besoin de respecter l'environnement qu'on le pense généralement* », a déclaré Peng Lei, du Programme Commerce & Investissements du WWF. « *Si ces entreprises parviennent à donner l'exemple, elles pourraient aider à apporter une solution à la plupart des problèmes d'environnement, non seulement en Chine mais dans le monde entier ».* Toujours selon cette étude, 22 % des entreprises interrogées appliquent déjà des mesures de protection de l'environnement plus strictes que celles requises par la loi chinoise, tandis que 13 % réclament des règlements plus contraignants encore en matière de réduction des émissions de CO_2, de pollution par les déchets et d'utilisation de technologies énergétiques efficaces.

Il est sûr que telle sera la nécessité de la Chine : s'imposer des limitations drastiques. Là aussi, les enjeux sont vitaux, que ce soit dans la préservation de l'eau, de l'air, des forêts, des zones humides, des steppes, dans la limitation du bruit et des nuisances. Suite à la pollution au benzène de la rivière Songhua fin 2005, le Ministre de l'environnement, M XIE Zhenhua, malgré sa renommée, a démissionné pour montrer l'importance que le gouvernement accordait à ces questions. C'est un geste, mais il faudra aussi beaucoup d'autres efforts.

Les atouts de l'Europe en Chine

Beaucoup de sociétés candidates ignorent complètement l'aura de l'Europe en Chine et l'appétit immodéré pour nos grandes marques, dans la technologie ou le luxe notamment. Les responsables chinois eux-mêmes s'étonnent du peu de volume d'échanges entre nos deux pays. Les Chinois apprécient les Européens et leur long passé historique et culturel, atout dont ils jouissent eux-mêmes avec fierté. Il y a peu de difficultés majeures à travailler ensemble tant nous partageons d'intérêts.

Coupés du monde pendant une longue période, les Chinois ont également une furieuse envie de voyager hors de leur pays, ce qui fait décoller le tourisme actuellement. La découverte de l'Europe ne fait que commencer pour eux, à l'instar de la vague japonaise des années 80. Pourtant rien de comparable pour le proche futur, au vu des chiffres potentiels de visiteurs escomptés.

Après la phase d'industrialisation les compagnies chinoises pensent maintenant à leur développement. À leur tour, elles souhaitent contrôler et maîtriser les circuits de distribution en Europe en s'attribuant les marges correspondantes, en surveillant leurs produits et en arrivant directement aux sources d'approvisionnement. Leur challenge : devenir internationales et, pour ce faire, elles commencent à acquérir des marques pour la notoriété, des technologies pour les exploiter à leur profit et elles recherchent bien sûr à sécuriser les sources énergétiques pour assouvir leurs besoins croissants. Lenovo (IBM), TCL (Thomson), SAIC (Rover) sont les pionniers d'une vague d'investissements chinois en Europe qui permettront de renouer bien des liens perdus à travers le continent.

LE MONDE COMME CHAMP D'OPPORTUNITÉS ET DE MENACES

La globalisation est devenue à la fois tarte à la crème et réalité.

Tarte à la crème à cause des simplifications permanentes auxquelles elle donne lieu. Ainsi, certaines entreprises américaines, voyant l'Europe de loin comme un ensemble homogène, font parfois des choix de structures ou de politique commerciale qu'elles regrettent par la suite.

Réalité, parce que, pour bien des produits ou des modes, le « village mondial » existe déjà et Internet le rend encore plus réel.

Les trois termes « internationalisation, mondialisation et globalisation » dans l'ordre chronologique de leur apparition, recouvrent des réalités différentes alors qu'ils sont communément ressentis comme désignant le même phénomène à cause de leur proximité sémantique et de leurs implications dans un mouvement économique mondial :

- L'internationalisation apparaît dès les années 80, après que des entreprises pionnières aient créé le modèle quelques dix ans plus tôt. On commence à externaliser des productions et/ou acheter à des fournisseurs étrangers. Les entreprises contractent et vendent au-delà de leur territoire national de façon significative. Certaines se développent par des fusions transnationales, profitant des mutations financières comme les 3D : décloisonnement, dérégulation, désintermédiation).

- La mondialisation est née de la création de vastes zones de libre-échange et d' unions douanières, de la mise en place d'une régulation efficace du commerce international, du réveil des dragons asiatiques, de l'intensification du processus d'internationalisation des échanges et sa nécessaire quête de compétitivité et conduit à l'avènement d'une nouvelle donne industrielle. Pour améliorer leur rentabilité, les entreprises délocalisent leurs sites de production partout dans le monde à la recherche du meilleur compromis coût du travail/productivité/transport. Parmi les principales conséquences on notera :

  - l'accroissement sans précédent du trafic de marchandises internationales (conteneurs) et la baisse significative du coût d'acheminement (le transport d'un conteneur de Singapour au Havre coûte moins cher que son déplacement du Havre en région parisienne) ainsi qu'un changement de la hiérarchie portuaire (Singapour, Hong Kong et Shanghai ont désormais dépassé Rotterdam) ;

  - la mise au premier plan stratégique des infrastructures informatiques de communication, de production et de gestion ;

  - l'apparition de nouveaux pôles d'attractivité au niveau mondial (informatique en Inde, call-centers en Afrique, industrie lourde, biens intermédiaires et textile en Chine et Asie…), et la mise en concurrence des modèles sociaux, fiscaux et éducatifs entre les pays (présence d'un salaire minimum, protection sociale, âge légal et durée du travail), la gestion étatique de l'attractivité et de la compétitivité ;

♦ le transfert de technologies et de compétences, conséquence directe des délocalisations, aux pays en voie de développement leur a permis à leur tour de mondialiser leur production en copiant les produits occidentaux sans en supporter les importants coûts de conception ;

♦ la flexibilité et l'opportunisme accru dans les décisions d'implantations ; les investissements sont aussi pensés pour être plus facilement récupérables (ou à défaut que les coûts de cessions soient les plus faibles possibles) afin de profiter rapidement de nouvelles opportunités ;

♦ la destruction d'emplois dans les pays développés, mais aussi dans les pays à l'essor plus ancien (Tunisie, Maroc, Thaïlande, Taiwan…).

• La globalisation désigne un changement, sans précédent, d'échelle dans l'économie. La mondialisation a créé un super marché, au niveau planétaire, des facteurs et des produits, où opèrent des sociétés nationales, voire transnationales. Grâce au décloisonnement de tous les échanges financiers, les grands groupes cotés ont vu la structure de leur actionnariat s'atomiser et s'internationaliser, jusqu'à perdre tout rattachement clair à leur ancienne identité nationale. La globalisation, c'est le basculement des identités et des structures dans ce même super marché, un ajustement des moyens à leurs nouvelles conditions d'exercice. Les entreprises répartissent leurs directions fonctionnelles dans différents pays, mettent en concurrence les dispositions réglementaires des différents États pour implanter leurs sièges sociaux et n'hésitent plus à les déplacer, créent une image de marque corporate, débarrassée de toute référence nationale. Ce phénomène se propage beaucoup plus rapidement que les solutions adoptées par les États eux-mêmes pour en contrer les effets pervers. En effet il devient de plus en plus difficile de déterminer les responsabilités, la juridiction à appliquer et d'identifier les autorités compétentes en cas de litiges commerciaux ou de fraude. Par exemple l'OMC est compétente pour régler les litiges concernant l'équité du commerce, les tarifications douanières ou évaluer la conformité au droit international d'une subvention, mais il est du ressort des États de poursuivre eux-mêmes les sociétés qui violent, par exemple, les lois sur la concurrence (ainsi, si Microsoft est condamné aux USA et en Europe pour abus de position dominante, rien ne l'empêchera de continuer de livrer son système d'exploitation et son navigateur ensemble partout ailleurs dans le monde).

Homogénéité et différences

Il est indéniable que les consommateurs de même niveau de revenus tendent à se ressembler de plus en plus et consomment les mêmes produits, que les technologies se répandent à travers le monde à une vitesse croissante, que les modes font le tour de la planète en un clin d'œil, et que les systèmes de management sont internationalisés, sans beaucoup d'adaptation et avec succès, par la plupart des multinationales.

Ceci étant, les systèmes légaux, même en Europe, conservent tous des différences qui sont autant de pièges, en particulier au plan social.

Les relations avec les administrations et collectivités locales présentent des particularités souvent indéchiffrables pour les étrangers, comme tout ce qui relève de la subtilité des rapports politiques, des relations commerciales, du jugement sur les hommes et de leur management quotidien.

Vendre un produit unique et mondial avec relativement peu d'adaptation comme un microprocesseur ou une bouteille de Coca-Cola ne représente pas du tout le même genre d'exercice qu'internationaliser une compagnie d'assurances.

Dans les deux cas il y a des difficultés et des risques et il faudra avoir des managers et des commerciaux locaux de qualité, mais les stratégies d'adaptation locale et les facteurs de succès peuvent être très différents.

Une double opportunité

L'international est souvent vu comme une extension des débouchés, soit par exportation, soit par implantation, comportant l'avantage de pouvoir amortir sur une production plus importante des frais de recherche ou développement. C'est évidemment très important, mais c'est une vision désormais trop étroite.

Il faut y voir aussi une source de ressources, en particulier d'achats et de connaissances.

Dans une conception moderne de l'entreprise, conçue comme un ensemble de processus et de réseaux, la localisation de tel ou tel processus dans l'endroit le plus approprié en fonction de l'objectif visé fait partie des démarches stratégiques normales.

Le « global sourcing », c'est-à-dire l'achat pratiqué mondialement là où le rapport qualité-prix est le meilleur et la conquête des marchés sont les deux volets du commerce mondialisé.

Mais la pratique de l'achat dans les pays à très faible coût de main-d'œuvre fait vite apprendre : on s'aperçoit qu'il y a souvent cinq employés là où un Européen suffit, qu'il faut des contrôleurs de la qualité à tous les stades, que le transport est plein d'aléas, qu'il vaut mieux passer par des « traders » si on veut se faire comprendre et que les engagements soient respectés, que ceux-ci prennent d'importantes commissions, qu'il est illusoire de vouloir pratiquer le Juste-à-Temps et qu'il vaut mieux avoir du stock d'avance, etc.

Au total, tout compte fait, seuls certains produits s'avèrent intéressants à acheter.

Comme tout cela est susceptible d'amélioration par un effort permanent d'organisation et de formation, les opportunités d'acheter ou de fabriquer à l'étranger à des prix très compétitifs s'améliorent. Mais, par un effet de rétroaction typique des systèmes économiques, les salaires des personnels locaux qui deviennent plus compétents et plus productifs grimpent et réduisent l'écart avec l'Europe.

Ces différences de salaires, de taux de change, et ces différents stades de processus de développements créent des opportunités de durées variables. Ainsi peut-on lire dans la presse en juillet 1996 que la flambée des coûts salariaux en Malaisie a conduit Hewlett-Packard et Grundig à fermer certaines unités de production. La Thaïlande, la Chine et le Viêt-nam deviennent pour certaines productions plus compétitifs.

Un champ de menaces : les nouveaux concurrents

Ces milliards de jeunes qui peuplent les pays émergents sont désormais connectés aux savoirs mondiaux. Internet ne fait qu'accélérer ce processus.

Ils ont envie de gagner de l'argent pour consommer. Pour cela ils sont prêts à apprendre, à travailler, à imiter les meilleurs, bref, à entreprendre, avec la fougue des peuples jeunes.

Une formidable concurrence se prépare sans bruit dans le reste du monde. Certains disent que le monde, après avoir été sous influence américaine, sera dominé par les Chinois, peut-être auront-ils raison.

S'internationaliser, une triple nécessité

À cause des risques évoqués brièvement ci-dessus, les entreprises dont les produits ou les services n'ont pas vocation à être seulement locaux, ont intérêt à s'internationaliser.

Les avantages classiques de l'internationalisation sont bien connus :
- Amortissement des frais de R&D sur des marchés plus importants.
- Possibilité d'atteindre des dimensions plus importantes et de bénéficier des effets de taille.
- Possibilité de localiser les processus là où ils seront les plus efficaces ou rentables (R&D, production, commercialisation, holdings, etc.).

Mais de plus, dans la perspective d'une atonie économique de l'Europe, il faut désormais aller chercher la croissance ailleurs.

Les 500 premières entreprises mondiales de la liste de Fortune, qui ont réalisé une forte croissance depuis 1995, l'ont trouvée, pour partie, dans les nouveaux débouchés internationaux de pays émergents dont la demande croissait fortement, comme les pays d'Asie ou d'Amérique latine et pour partie des fusions et acquisitions. Ces fortes croissances s'accompagnent souvent de risques supérieurs et peuvent être sujettes à des variations rapides et importantes. Les difficultés récentes de l'Argentine illustrent bien ces aléas.

Risquer plus aujourd'hui permet de répartir les risques de demain, en particulier, les risques conjoncturels, et de consolider la régularité des résultats.

De plus en plus souvent, il faut s'internationaliser pour ne pas perdre ses clients, qui ont besoin, comme l'automobile, que des fournisseurs et sous-traitants efficaces les accompagnent dans leurs aventures internationales ou soient capables de leur offrir un service homogène dans plusieurs pays, comme cela a été le cas pour l'audit et la publicité.

Enfin, s'internationaliser permet de repérer les concurrents de demain et de les concurrencer déjà sur leur territoire, avec des ressources analogues ou supérieures et d'éviter ainsi d'être surpris par le débarquement d'un compétiteur venu d'ailleurs.

Les impacts stratégiques des nouvelles technologies de l'information

L'informatique et les télécommunications sont désormais au cœur de tous les métiers, qu'il s'agisse de marketing, de commercial, de productivité des activités tertiaires des entreprises ou de production. Les Nouvelles Technologies de l'Information et de la Communication (NTIC) bouleversent la vie domestique, les relations clients fournisseurs et les méthodes de management.

Désormais il s'avère fondamental pour les dirigeants de savoir comment reconfigurer leur entreprise pour rester compétitif dans la nouvelle économie. Le Boston Consulting Group emploie même les termes de « déconstruction et reconstruction des chaînes de valeur »[1].

L'une des méthodes consiste à aller voir, en particulier aux États-Unis, parfois sans se déplacer grâce à Internet, des entreprises qui ont à traiter des processus analogues, éventuellement dans des métiers différents et de « benchmarquer » celles qui ont su en tirer un grand avantage pour éviter de s'engager trop tôt ou trop tard.

© Groupe Eyrolles

---

1. Evans Philip et Wurster Thomas – *Net Stratégies* – Éditions d'Organisation – Paris 2000.

Ensuite, on ne peut échapper dans tous les cas à un important Reengineering de l'entreprise pour l'adapter à la nouvelle économie. Cette adaptation comportera, en particulier, la mise en place :

- de structures de e-commerce soit B to C (Business to Consumer) c'est-à-dire orientée vers le consommateur final soit B to B (commerce inter entreprises) comme « l'e-procurement »,
- de systèmes de Gestion ou Management de la Relation Client (GRC) ou et de leur intégration *via* des logiciels CRM (Customer Relationship Management),
- de systèmes décisionnels intégrés reposant sur les NTIC (ERP, CRM, Datawarehouse) capables de fournir des tableaux de bord de pilotage en temps réel permettant de décider vite et d'anticiper,
- du Knowledge Management, considéré comme de plus en plus stratégique,
- et parfois même de filiales spécifiques de e-commerce.

Ces aspects fondamentaux de la prise en compte des NTIC seront traités dans les chapitres consacrés à la stratégie, au marketing, à la gestion des savoirs et des compétences et illustrés d'exemples.

LA SURABONDANCE D'INFORMATIONS ET L'ACCÉLÉRATION DES CHANGEMENTS

S'il fallait en peu de mots résumer ce qui caractérise principalement le contexte dans lequel opèrent la plupart des dirigeants, on pourrait retenir deux phénomènes : la surabondance d'informations et de savoirs et l'accélération des rythmes de changement. Les individus comme les organisations marchandes et non marchandes doivent s'organiser pour y faire face.

Quelques exemples illustreront ces phénomènes au niveau des entreprises.

Accélération des nouveautés techniques et de leur diffusion

Nous venons de le voir à propos des NTIC (Nouvelles Technologies de l'Information et des Communications) qui concernent toutes les organisations.

Mais dans bien d'autres domaines techniques comme les sciences de la vie qui n'intéressent que certains métiers, il y a aussi accélération des progrès et croisement ou interférences entre des technologies qui viennent accroître les savoirs à maîtriser pour être compétitifs.

Leur diffusion rapide donne à de nombreux acteurs dans de nombreux pays la possibilité d'y ajouter une contribution, ou de s'en saisir pour faire une percée commerciale.

Tout se passe comme si on se trouvait sur un terrain où on augmente régulièrement le nombre de balles et de joueurs.

Prolifération des nouveaux produits et des services

Depuis quelques années, quelques conseillers en stratégie recommandent aux entreprises d'occuper tous les créneaux pour trouver de la croissance et barrer la route à la concurrence.

La stratégie de prolifération submerge notre monde de produits et services améliorés, adaptés, plus conviviaux, plus faciles d'usage, plus robustes, plus performants, plus chers, moins chers, plus esthétiques, plus laids, pour enfants, pour adultes, pour personnes âgées, etc. Certains sont même vraiment nouveaux. Et la créativité est mondiale.

Comme il faut mettre en place ces nouveautés avant la concurrence, les entreprises bien gérées ont développé des techniques pour accélérer la vitesse de développement et d'industrialisation de produits ou de services nouveaux et réduire le « time-to-market » grâce, entre autres, au « Concurrent Engineering » (Ingénierie Simultanée).

Dans le domaine des techniques, produits et services, la masse d'informations et de savoirs s'accroît chaque jour.

Accumulation de données sur les clients et personnalisation

Séduire le client par des nouveautés ne suffit pas pour prospérer : il faut le satisfaire en permanence et pour cela connaître ses besoins et mesurer sa satisfaction entraînant l'essor des sondages, mesures, et enquêtes.

Mais on ne peut plus alors traiter le consommateur qu'on veut enchanter comme un élément statistique : il faut personnaliser l'offre et la relation, et pour cela il faut connaître chaque client, d'où la multiplication des bases de données clients où s'accumulent des données le concernant, en bref encore une masse d'informations. En outre, Internet facilite la saisie d'informations sur les clients et accroît la quantité de données dans des proportions considérables.

À cela s'ajoute l'internationalisation qui multiplie le nombre de marchés et donc d'informations. Et, il ne faut pas oublier, la prolifération réglementaire, désormais produite par plusieurs niveaux de pouvoirs publics.

Individus et entreprises se trouvent donc confrontés à une surabondance croissante d'informations et de savoirs, et à une vitesse de changement des techniques, des produits et des marchés qui s'accélère. Et on n'a pas encore mesuré tout l'impact potentiel d'Internet qui va encore amplifier et accélérer ces phénomènes.

Montée des risques politiques et terroristes, impacts sur l'économie mondiale

Deux changements majeurs sont intervenus depuis le début de la décennie 2000.

Le premier, la ruine de l'Argentine et le chaos qui en a résulté montre la fragilité des régimes et des économies supposées être des démocraties dont les élites dirigeantes et les gouvernements sont corrompus, excessivement démagogiques ou sans pouvoir réel.

La faillite de l'Argentine qui a coûté très cher à bon nombre d'entreprises remet au premier rang des considérations stratégiques le risque-pays. De ce fait tous les pays émergents vont faire l'objet d'une prise de risque plus limitée.

Le second changement est l'attentat du 11 septembre. Le terrorisme a montré un visage effrayant et l'importance de ses moyens matériels et humains à travers le monde. Il a surtout fait apparaître le nombre de soldats potentiels souvent prêts à devenir kamikazes qu'il pouvait mobiliser à travers le monde dans les couches fanatisées de l'Islam fondamentaliste.

Depuis les guerres ou menaces de guerre concernant la communauté internationale sont réapparues sur la scène mondiale : guerre contre les Talibans et El Quaida en Afghanistan, menaces de guerre contre l'Irak, recrudescence de la guerre en Tchétchénie, de l'Intifada en Israël, guerre civile en Côte d'Ivoire.

À chaque fois l'une ou l'autre des parties se fait aider par des combattants de la « djihad islamique » ou se réfère à la défense de populations musulmanes, donnant une coloration de guerre de religion larvée aux conflits en cours.

La multiplication des attentats meurtriers comme ceux de Bali et du Théâtre de Moscou en 2002 a créé un sentiment d'insécurité mondiale. En particulier elle crée une inquiétude pour les biens et les personnes dans tous les pays comportant une fraction significative de musulmans dans la population.

On peut prévoir que les conséquences économiques de ces craintes vont être très importantes :

- Un ralentissement du tourisme en direction de ces pays et plus généralement du tourisme mondial en général, alors que le tourisme représente 10 % de l'emploi mondial.
- Un retrait progressif des multinationales des zones à risque, ne serait-ce que pour la protection de leur personnel, sauf dans le cas ou ces pays sont des lieux complètement stratégiques pour leur activité (cas du pétrole par exemple).

Ces tendances prévisibles vont faire retomber dans la misère un certain nombre de pays émergents. La croissance mondiale risque d'en être affectée. Ces perspectives ajoutées au dégonflement de la bulle boursière du début des années 2000 peuvent être à l'origine d'un cycle de faible croissance en Occident voire de récession dans certains pays développés.

L'ADAPTATION AU NOUVEAU CONTEXTE

La plus grande vertu de l'être humain est de savoir s'adapter aux contraintes des environnements dans lesquels il se meut pour survivre.

La réponse des entrepreneurs performants à ces évolutions a été l'émergence de nouvelles formes d'organisation et l'élaboration progressive d'un nouvel art de diriger, modélisé par un corps de concepts cohérents fondés sur les résultats expérimentaux des innovations organisationnelles et managériales d'entreprises audacieuses.

Rappelons, en quelques mots, les grandes étapes de cette évolution.

Brève histoire des systèmes de production

La production de masse a été inventée par Henry Ford entre 1908, date à laquelle la technologie lui permit de produire des pièces parfaitement usinées aux normes, et l'invention de la chaîne de montage mobile[1] date du printemps 1913.
Frederick W. Taylor publia son ouvrage fondamental, *La direction scientifique des entreprises,* en 1911.

La diffusion de la production de masse à toutes les industries et tous les pays développés a demandé environ 50 ans. Elle atteint son apogée en 1955 aux États-Unis. En 1965, l'Europe maîtrisait cette technique, au moment même où Toyota s'en écartait.

Le miracle économique européen des décennies 50 et 60 fut très largement dû à l'adoption tardive de la production de masse.

Il fallut trente ans (1945-1975) d'efforts acharnés à Taiichi Ohno appuyé par Eiji Toyota pour mettre en place (y compris chez leurs fournisseurs), la série d'idées nouvelles, qui conduisit à la *production au plus juste* (production tirée par l'aval *via* le Kanban, changement rapide d'outils, Poka-Yoke, zéro défaut, zéro stock, Kaizen, etc.).

---

1. Womack James P., Jones Daniel T., Roos Daniel – *Le système qui va changer le monde. Après la production de masse, la production au plus juste* – Dunod – Paris – 1992, traduit de l'américain – *The machine that changed the world* – 1990 – une étude du MIT.

Parallèlement, l'industrie japonaise profita des enseignements de W.E. Deming à partir de 1950, et de Joseph M. Juran à partir de 1954 sur la qualité des pièces et des processus, indispensable pour que le système fonctionne.

Les Japonais furent également les premiers à appliquer le *Management par la Qualité Totale* sous le nom de *Company Wide Quality Management*, concept inventé par Juran. Le Japon créa également le prix Deming.

Ce n'est qu'au début des années 1980 que les entreprises automobiles occidentales commencèrent à comprendre vraiment le système de la *production au plus juste* et à le mettre en place. Sa généralisation dans les autres industries est en cours.

C'est également vers les années 1983-1985 que les entreprises de pointe en Occident, aussi bien industrielles que de services, se sont intéressées au Management par la Qualité Totale (TQM, Total Quality Management, en anglais), en particulier aux États-Unis.

Cet intérêt s'est manifesté, entre autres, par la création du Malcolm Baldrige National Quality Award, et de son référentiel qui fut un très puissant outil de diffusion des concepts du TQM.

Fondée en 1988, l'European Foundation for Quality Management, EFQM, a créé, en 1992, les Prix d'Excellence et le Prix Européen de la Qualité.

Par la suite, beaucoup de pays comme la France ont créé des prix nationaux et régionaux, comme le Prix Français de la Qualité attribué par le Mouvement Français de la Qualité.

En 1993, Michael Hammer et James Champy publient *Reengineering the corporation : a Manifest for business revolution*[1]. Cet ouvrage explique comment faire des gains considérables de coûts, délais, ou qualité par la reconception des processus. Il séduit un grand nombre d'entreprises à travers le monde, qui l'appliquent à certains de leur processus, avec un résultat inégal.

La convergence vers un corps de concepts cohérents

Dans la deuxième partie de la décennie 90, la révolution Internet a bousculé les priorités du management. Parmi les chefs d'entreprise qui ont le plus révolutionné le management des années 90 on peut citer deux personnages :

Jack Welsh de Général Electric qui a su maintenir son entreprise à la pointe des méthodes de management y compris en introduisant dans toutes les unités la prise en compte de l'e-business et Michael Dell fon-

---

1. Hammer Michael et Champy James – *Reengineering the corporation : a Manifest for business revolution* – Harper Collins Publishers – New York – 1993.

dateur de la première entreprise qui a connecté le client à la production et fait du marketing et de la vente en ligne One to One, tout en divisant par deux en trois ans le temps nécessaire (5,5 heures en 2000) pour fabriquer un ordinateur.

Depuis on a assisté à l'apparition de nouveaux modèles d'entreprise ou modèles d'affaires (Business models). Parmi les entrepreneurs les plus connus dans cette catégorie au début des années 2000 on peut citer sans être exhaustif Tim Koogle de Yahoo, Jeff Bezos de Amazon.com, Meg Withman de eBay, Steve Case de AOL, John Chambers de Cisco, Mark Hoffman de Commerce One, Larry Ellison d' Oracle, Mark Walsh de VerticalNet.

On peut citer également parmi les ouvrages précurseurs les plus connus Don Pepper et Martha Rogers qui explicitèrent la théorie du marketing One to One[1], une des bases du marketing de la nouvelle économie et John Hagel et Arthur Gamstrong avec *Net Gain : Expanding Markets through Virtual Communities*[2].

Toutefois la faillite de la plupart des « Start-up » de la Nouvelle Économie a porté un sérieux coup aux « Business models » irréalistes reposant sur la gratuité du service rendu, les coûts et les profits étant supposés être couverts par la publicité sur le web site offrant le service en question.

Les concepts du management moderne

En réalité, *Production au Plus Juste, Management par la Qualité Totale, Reenginee-ring, Organisation Apprenante, Entreprise en Réseau et Etendue* se recouvrent partiellement, et se complètent pour constituer une partie du système de direction des entreprises adaptées au nouveau contexte. La nouvelle économie ajoute une nouvelle strate de concepts et de pratiques qui se nomment *Commerce électronique* (avec ses piliers *Gestion de la Relation Client, Places de Marché, et e-Procurement*), *Travail Coopératif en Réseau, et Knowledge Management (Management des Connaissances)*.

En fait, il se dessine peu à peu de nouvelles conceptions d'entreprises et de leur management dont nous tenterons de synthétiser les fondements dans les chapitres qui suivent. La mise en œuvre de ces nouvelles conceptions ne s'est pas faite en un jour, mais plutôt au cours des quinze dernières années. C'est

1. Don Pepper et Martha Rogers – *Marketing One to One* – Éditions d'Organisation – Paris 1999.
2. John Hagel et Arthur Gamstrong – *Net Gain : Expanding Markets trough Virtual Communities* – Boston – Harvard business school 1997 – Bénéfices sur le Net – Éditions d'Organisations – Paris – 1999.

une transformation continue qui s'accélère grâce aux possibilités ouvertes par les nouvelles technologies de l'information.

On peut penser que l'évolution vers les nouvelles conceptions, que nous avons baptisées de *post-tayloriennes*, qui sont elles-mêmes évolutives, prendra encore cinq à dix ans, d'autant qu'elles ne concernent pas seulement les entreprises de production mais aussi les organisations de services, donc une partie au moins des services publics. Certaines « start-up » de la nouvelle économie fonctionnent d'emblée sur la base des concepts du management le plus moderne et introduisent des méthodes révolutionnaires dont certaines sont encore en phase expérimentale.

Les entreprises sont donc à différents stades de la mise en œuvre, et la variété de leurs métiers et de leurs situations justifie tout à fait logiquement une grande diversité de priorités et de pratiques.

Toutefois la crise financière que subissent bon nombre de secteurs ou d'entreprises à la suite de la récession des NTIC et de la chute de la bourse du début des années 2000 remet à l'ordre du jour les fondamentaux du management et de la gestion en période de crise.

Vers des organisations post-tayloriennes adaptées au nouvel environnement

Les nouvelles formes de management et d'organisations sont caractérisées par les concepts suivants :

- *Maintien de la solvabilité, survie et bonne gouvernance,*
- *Valeur-client, Valeur-actionnaire, Valeur-personnel et développement durable,*
- *Vision et culture,*
- *Nouvelles conceptions de la stratégie, stratégie Internet, stratégie e-commerce, déploiement des stratégies, croissance, tableaux de bord stratégiques, reconfiguration des chaînes de valeurs, nouveaux « modèles de business », doutes sur les synergies,*
- *Stratégies et gestion de crise, réduction des coûts,*
- *Réseau, partenariat, entreprise étendue, Management de la chaîne logistique (Supply chain Management), e-procurement, alliances, places de marché,*
- *Acquisition, fusion, intégration, retour aux valeurs raisonnables,*
- *Management par la Qualité Totale, satisfaction client, Reengineering, Benchmarking, Concurrent Engineering, conception au plus juste,*
- *Management ou Gestion de la Relation Client (GRC), cyber marketing ou webmarketing,*
- *Intégration des systèmes (ERP, CRM, Bases de Données),*
- *Challenges et progrès,*
- *Vitesse, flexibilité, créativité,*

- *Processus, projets, entreprise horizontale, entreprise étendue, travail coopératif en réseau, e-entreprise,*
- *Autonomie, « empowerment », pouvoir et implication, rétributions cohérentes, stock-options,*
- *Organisation apprenante, management des savoirs et des compétences (Knowledge Management).*

Ces mots correspondent aux concepts actuels de la direction moderne des entreprises. Certaines des pratiques correspondantes ont commencé d'être mises en œuvre dans les entreprises les plus avancées depuis une quinzaine d'années, en se perfectionnant. Dans beaucoup d'organisations on en est encore au début de l'implantation de ce qui constitue la deuxième révolution du management, le passage à l'entreprise post-taylorienne ou à l'entreprise en réseau de la nouvelle économie.

Finalités des entreprises et des organisations : créer durablement de la valeur pour toutes les parties prenantes

Les finalités des entreprises ont déjà été bien définies au cours du temps par des auteurs comme Peter Drucker ou Octave Gélinier. La meilleure définition reste sans doute la création de richesses qui est mesurée par des indicateurs variés, dont le plus utilisé est le profit.

Depuis quelques années, on voit poindre de nouveaux concepts qui correspondent à des actionnaires et des clients plus exigeants, car si le profit donne une indication sur la gestion passée, il est cependant parfois peu significatif et trop à court terme.

Le concept de Valeur ajoutée, créée ou apportée, plus large que la création de richesses, peut s'appliquer à de multiples organisations. En effet, on peut considérer la Valeur pour les clients, la Valeur pour les administrés ou les usagers, la Valeur pour les personnels et la Valeur pour les actionnaires, les membres des organisations sans propriétaires, les mandants, les tutelles et la Valeur pour la société dans son ensemble.

La faillite de très grandes entreprises au début de la décennie 2000 et les risques de cessation de paiement de très nombreuses entreprises de tous les secteurs à la suite du retour de la bourse à des valeurs plus normales des actions a montré que le premier impératif d'une entreprise c'est de survivre même en période de récession ou de krach boursier. Les entreprises meurent par manque de trésorerie. Il convient donc de rappeler le premier impératif : **préserver durablement sa solvabilité.** La solvabilité, rappelons-le, était le critère majeur du commerce au XIXème siècle.

Une nouvelle finalité éthique de l'entreprise : le développement durable

Depuis quinze ans environ, la notion de développement durable se fraie un chemin dans les entreprises qui s'inquiètent de l'impact de leur activité sur les générations futures. Définie en 1987 par la Commission BRUNDTLAND[1], Commission mondiale pour l'Environnement et le Développement, elle tente de créer un équilibre entre ceux qui, dans les pays riches, ont pris conscience de l'aspect quasiment irréversible de certaines pratiques (technologies, modes de vie, épuisement ou corruption des ressources) et ceux qui, dans les pays pauvres, ne souhaitent pas que leur croissance s'effectue au même rythme et vers des niveaux de vie similaires aux pays développés, au mépris de leur environnement. Nouveau challenge que de permettre à tous le choix de vivre en harmonie avec l'environnement, sans dommage pour la santé des uns et des autres et sans obérer la qualité de vie des générations futures ! Le sommet de Rio en 1992, par le biais de l'Agenda 21, a permis que ce type de développement dit « durable » devienne un objectif politique, bien que flou et sans crédits spécifiques. Souhait réitéré à Johannesburg en 2002 : « *The private sector has a duty to contribute to the evolution of equitable and sustainable communities and societies.* »

Un puissant mouvement comportant des pouvoirs publics nationaux et internationaux, des ONG de défense de l'environnement ou caritatives, des chefs d'entreprises, des consultants, des chercheurs et des écrivains a établi les principes et règles à respecter pour promouvoir deux valeurs jugées vitales pour la communauté mondiale :

- La préservation écologique de notre planète ;
- Et le respect de la dignité de la personne humaine.

Dans ce cadre, la finalité de l'entreprise est de créer **durablement** de la valeur non seulement **pour l'actionnaire mais également pour les autres parties prenantes** (Stakeholder model) directement sous son influence : les salariés, les clients et l'ensemble de la société.

Créer de la valeur pour l'ensemble de la société signifie d'abord ne pas en détruire et par conséquent ne pas ruiner ses fournisseurs, ne pas nuire à la santé des individus et préserver ou améliorer l'environnement malgré les contraintes physiques ou économiques de l'activité productrice.

L'idée d'un développement durable arrive au moment où des entreprises qu'on pouvait croire solides et assurées à moyen terme d'une forte croissance, du sou-

---

1. Madame Gro Harlem Brundtland, alors premier ministre de la Norvège l'a ainsi défini : « un développement qui réponde aux besoins de la génération présente sans compromettre la capacité des générations futures à répondre aux leurs. »

tien indéfini par les banques se sont trouvées en faillite ou menacées de cessation de paiement sauf à vendre à perte en catastrophe des pans entiers d'activités.

Ce fut l'occasion pour de nombreux industriels de mettre en œuvre des stratégies d'éco-efficacité, à savoir dissocier, par une approche qualité, la production de ses effets les plus indésirables. Par une réflexion systémique sur le cycle des produits de la conception au recyclage final, ils se sont ouverts aux arguments des acteurs locaux, nationaux ou internationaux pour mettre au point un système de management environnemental défini dans le standard ISO 14 000. Créé en 1991, le premier *Business Concil for Sustainable Development* s'est mué en un organisme mondial le WBCSD regroupant 175 membres dont 10 en France. Cependant, l'attention portée à l'impact d'une activité sur l'environnement ne suffirait pas à remplir les conditions du développement durable, si cette attitude n'était mise sous contrainte par l'engagement politique mondial pris à l'ONU en 2000[1] d'éradiquer la pauvreté (– 50 % en 2015) et de limiter la production de gaz à effet de serre à travers les Objectifs de Développement du Millénaire et le Protocole de Kyoto. Ces actions concertées obligent à définir un nouveau modèle de croissance très complexe qui inclut la qualité de vie, l'emploi pour les plus pauvres, ainsi que le respect de la biodiversité et de la santé.

Parallèlement des entreprises pourtant attentives à la santé de leur personnel se trouvent, comme la filiale d'ABB aux USA Combustion Engineering, rattrapées par des recours en justice de salariés ayant développé des maladies liées à leur emploi. Ces entreprises sont menacées de ruine pour des activités exercées il y a vingt ou trente ans qui se sont avérées dangereuses des années plus tard, comme la fabrication d'amiante ou son intégration dans des produits.

D'une manière générale les sociétés riches et développées admettent de moins en moins qu'un produit ou une activité économique puisse faire courir quelque risque que ce soit à la santé des utilisateurs ou des producteurs, même des décennies plus tard. Les avocats américains sont les plus acharnés à monter des « mass actions », c'est-à-dire des procès engagés par une collectivité de plaignants souvent recrutés par les avocats eux-mêmes dans le but de récolter d'importants honoraires.

Il y a donc une forte convergence pour définir les nouvelles finalités des entreprises et mesurer leur réalisation par **quatre finalités et un impératif.**

Valeur pour l'actionnaire	**Valeur pour les clients**
Valeur pour le personnel	**Valeur pour la société**

Tout en préservant durablement la solvabilité de l'entreprise

---

1. Sommet du Millénaire des Nations Unies que l'on peut consulter sur www.un.org/millenium/ et www.developmentgoals.org.

LES ÉVOLUTIONS SIGNIFICATIVES EN COURS

HIER/AUJOURD'HUI ⇨	AUJOURD'HUI/DEMAIN
Pouvoir sur l'entreprise	
– Familles actionnaires ou fondatrices – Technostructure de management Montée en puissance : – des clients – des investisseurs et analystes financiers	– Familles actionnaires ou fondatrices – Conseils d'administrations – Banques (entreprises endettées) – Clients – Investisseurs et analystes financiers – Représentants de l'environnement
Indicateurs de contrôle	

– Valeur de l'action
– Chiffre d'affaires
– Bénéfice par action
	– Valeur de l'action
	
	– Chiffre d'affaires
	– Bénéfice par action
	– Ratios d'endettement ou trésorerie
	– Cash-flow, Free Cash-flow
	– Valeur globale pour l'actionnaire (ex. EVA)
	– Parfois indicateurs :
	  • Satisfaction / Valeur client
	  • Satisfaction personnel /accidents
	  • Respect environnement

Intéressement des dirigeants	
– Bonus liés au profit – Stock-options	– Stock-options – Bonus liés à croissance durable des profits et parfois EVA ou MVA et autres – Indicateurs stratégiques, tels que satisfaction client et satisfaction du personnel, respect environnement

Tableau N° 2.1 : Évolution des finalités de l'entreprise

Les sigles et concepts sont expliqués dans les lignes qui suivent, et le Free Cash-flow est expliqué dans l'annexe au présent chapitre.

CE QUI N'EST PAS MESURÉ N'EST PAS GÉRÉ

Pour savoir quelles finalités sont vraiment fondamentales pour les organismes de tutelle, les mandants, les actionnaires, les Conseils d'Administration, et les dirigeants, il faut regarder ce qui est mesuré et suivi régulièrement. Par exemple dans le cas de l'économie, la croissance du PIB, le taux de chômage, l'excédent ou le déficit commercial. Dans les cas des entreprises, le chiffre d'affaires, et le bénéfice.

Pour chaque organisation, il suffit en général de demander les indicateurs fondamentaux pour connaître les valeurs essentielles. Suivant le très classique adage **« ce qui n'est pas mesuré, n'est pas géré »**, le reste n'est souvent, au mieux, qu'objectifs secondaires et, bonnes intentions ou langue de bois.

Plus encore, comme on le verra dans le chapitre consacré aux ressources humaines, les indicateurs expriment concrètement les attentes normatives de l'organisation vis-à-vis de ses membres et constituent un puissant levier d'acculturation. Au point qu'on peut même dire **« ce qui est mesuré sera réalisé »**. Si l'indicateur fondamental est la part de marché, cela sera le moteur de l'organisation. Si c'est le pourcentage de bénéfice par rapport au chiffre d'affaires, le comportement de l'entreprise maximisera les marges, etc.

C'est pourquoi nous avons pris le parti de caractériser l'évolution des finalités des organisations par celle des indicateurs fondamentaux, ce qui peut faire hurler les philosophes, mais nous verrons plus loin dans l'ouvrage comment les indicateurs contribuent largement à fonder la culture.

LA VALEUR DES ENTREPRISES[1]

En plus de la traditionnelle approche capitalistique d'évaluation des actifs (création de valeur pour l'actionnaire), il convient d'analyser la performance et de mesurer la création de valeur. Celle-ci s'applique à de nombreux champs de l'entreprise tels que :

- la valeur ajoutée perceptible pour le client,
- la création et le développement de son capital humain,
- la contribution qualitative (environnement, R&D, formation) et quantitative (PIB = $\sum$ des valeurs ajoutées) à la croissance de l'économie nationale.

L'évaluation de la performance et de la valeur d'une entreprise peut être envisagée sous différents angles, mais ces deux notions sont étroitement corrélées. Premièrement, la valeur d'une entreprise peut être estimée à partir de son information comptable descriptive : valeur actualisée de ses actifs et de ses engagements, de sa trésorerie, de son fonds de commerce... La valeur d'une entreprise c'est aussi son prix de cession en tant qu'actif, sa valorisation sur le

---

1. Cette partie a été réalisée en collaboration avec Bruno Hérard, économiste et consultant en finance.

marché (actions ou rachat des parts). La conciliation entre ces deux approches, apparemment antagonistes (l'une descriptive, l'autre relative), s'est construite graduellement par l'utilisation de familles d'indicateurs de plus en plus évoluées (…)

La méthode la plus simple pour évaluer une entreprise consiste à exprimer sa valeur comme une fraction du chiffre d'affaire. Mécaniquement, la performance sera donc liée à la croissance du chiffre d'affaire, cependant la croissance du CA n'apporte d'informations, à l'instar de la croissance du PIB, ni sur les conditions qualitatives, organisationnelles de ce développement, ni même sur la rentabilité de l'entreprise (pas de prise en compte de l'évolution des marges, des charges, de l'endettement…).

On peut également s'appuyer sur une vision opérationnelle, à savoir sur la progression du résultat net et du bénéfice par action. Cette méthode, à la différence de la précédente, *renseigne* (sans détailler) sur la marche opérationnelle de l'entreprise puisqu'elle retranscrit, avec l'utilisation du compte de résultat ou de l'excédent brut d'exploitation, l'évolution jointe du CA et de la rentabilité. Par extension, cette approche permet de construire deux indicateurs boursiers fondamentaux : le BPA (bénéfice par action, obtenu en divisant le résultat net corrigé des effets exceptionnels par le nombre d'actions) et le PER (price earning ratio, obtenu en divisant le cours de l'action par le BPA, et exprimant *de facto* la valeur de la capitalisation comme multiple du résultat net). Cependant cette vision, nettement plus fine que la précédente, n'est pas exempte de défauts. En effet le BPA ne contribue que faiblement à l'explication de la valorisation sur le marché d'une entreprise, bien qu'il soit un outil fondamental pour les investisseurs en bourse. De plus, son évolution ne traduit pas systématiquement une évolution de la création de valeur par une société, pour s'en convaincre, il suffit de penser aux effets d'une opération de réduction du nominal des titres (division du prix et multiplication d'autant du nombre de titres, utilisé pour rendre une action « abordable »). Par ailleurs, le PER est un indicateur relatif dont il n'existe pas *a priori* de meilleur niveau, utilisé pour ordonner les entreprises d'un même secteur entre elles autour d'un PER *moyen* (du secteur) et évaluer les perspectives d'évolutions de cours (on considère classiquement que toutes les entreprises d'un secteur gravitent autour de ce PER moyen et donc que les sociétés ayant un PER inférieur vont voir leur valorisation augmenter). Aujourd'hui encore, de nombreuses sociétés françaises axent leur communication financière autour des progressions du chiffre d'affaire et du compte de résultat.

Vue par un intervenant sur les marchés financiers, la pertinence d'un investissement est déterminée en comparant le montant des revenus escomptés (dividendes, plus values, intérêts) et le montant investi et son coût d'opportunité en fonction des autres possibilités de placement.

Les fonds utilisés par les entreprises proviennent de deux grands canaux :
- les emprunts auprès des institutionnels, avec ou sans intermédiation,
- des capitaux apportés aux fonds propres par des investisseurs.

Dans le premier cas, l'obtention des financements est liée à l'évaluation du risque d'insolvabilité future de l'entreprise, axée sur l'analyse des fondamentaux du bilan, du secteur et des signaux apportés par les différents ratings disponibles. Mais dans le deuxième cas, il est nécessaire de construire de nouveaux indicateurs permettant d'appliquer la notion de retour sur mise à l'entreprise, pour faciliter l'arbitrage des investisseurs et leur envoyer les bons signaux de performance. Plusieurs indicateurs sont à considérer, on peut les répartir en deux familles distinctes.

▬ Les indicateurs VA's, valeur ajoutée

Ils se répartissent comme suit :
- EVA^{tm}, economic value added (valeur ajoutée économique),
- SVA^{tm}, shareholder value added (valeur ajoutée pour l'actionnaire),
- MVA^{tm}, market value added (valeur ajoutée de marché),
- EVC, economic value created (valeur économique créée).

▬ Les ratios RO's

- ROCE, return on capital employed (rentabilité des capitaux employés),
- RONA, return on net assets (rentabilité des actifs nets),
- ROE, return on equity (rentabilité des fonds propres).

Ces ratios ont une prise plus forte avec la réalité des valeurs observées sur le marché, mais le taux de corrélation peine à dépasser les 40 %. Ils constituent cependant une base solide, de plus en plus répandue, pour la fixation d'objectifs conciliant les attentes des investisseurs et les contraintes des managers. Pour encore plus de convergence, il est nécessaire d'appliquer à l'entreprise un calcul similaire à celui opéré par les investisseurs : l'actualisation de flux de trésorerie futurs. Un tel indicateur existe, il s'agit du CFROI^{tm} (cash flow return on investment) conçu par le cabinet Holt Value Associates (devenu CSFB Holt).

Le CFROI^{tm} est un indicateur qui permet d'appliquer une vision « marché » (dont il est le produit) au monde de l'entreprise, au niveau global ou au niveau des business units. De sa formule complexe, on peut n'en retenir que quelques caractéristiques principales :
- c'est un indicateur de performance qui permet d'obtenir le TRI (taux de rendement interne) déflaté de l'ensemble des projets d'investissements d'une entreprise, quelle que soit leur maturité,

- il intègre la notion de cycle de vie de l'entreprise, il est donc pertinent à toutes les étapes du développement d'une société (avec un trend à LT vers un équilibre de 6 %),
- une base de données recensant l'évolution du CFROI[tm] pour 18 000 entreprises est disponible et permet de comparer son propre cycle à celui d'entreprises plus matures,
- l'approche par les cash flows est convergente avec les nouveaux standard IFRS.

Le CFROI[tm] est actuellement l'indicateur qui est le plus en phase avec les valorisations de marché des entreprises, avec un taux de corrélation voisin de 70 % (versus 40 % pour les VA's). C'est également un indicateur mimétique à destination des investisseurs pour qui il représente un outil d'arbitrage. Les investisseurs vont calculer la différence entre le CFROI[tm] et coût du capital, on parle alors de spread. Il y a création de valeur lorsque ce spread est positif ; les investisseurs considèrent cette situation comme un minimum requis.

Pour connaître la valeur économique créée (VEC), les banques et les actionnaires, principales sources d'apport des fonds dans l'entreprise raisonnent « retour sur mise », que ce soit par la négociation d'un taux d'intérêt (à long terme) ou en formulant une exigence de rendement (court à moyen terme). Il est nécessaire, pour les managers qui doivent employer au mieux ces fonds, d'avoir une vision synthétique du niveau de performance attendu par l'ensemble de leurs bailleurs pour qu'ils puissent, à leur tour, raisonner retour sur mise. Pour cela, il existe un outil, le Coût Moyen Pondéré du Capital (CMPC) ou Weight Average Cost of Capital (WACC), très utilisé en économie financière. Appliqué à l'entreprise, sa formule est la suivante :

$$CMPC = {}_{-e} (V_e * (V_d + V_e)^{-1}) + {}_{-d} (V_d * (V_d + V_e)^{-1} * (1 - T_c))$$

V_e = Valeur des actions (e pour equity)
V_d = Valeur de l'endettement (d pour debts)
${}_{-e}$ = Taux de rendement demandé par les actionnaires (return on equity)
${}_{-d}$ = Taux d'intérêt de la dette (return on debt)
T_c = Taux d'imposition sur les sociétés

Le résultat est donc un taux minimum de performance attendue, obtenu par pondération des différents taux de rendement exigés par le poids des différentes sources dans la structure du capital.

Raisonner retour sur mise au sein de l'entreprise consiste à comparer le résultat d'exploitation avec le coût des capitaux investis pour sa formation. On peut maintenant définir le coût des capitaux employés comme étant le produit du montant de ces capitaux, qui correspondent opérationnellement au BFR et aux immobilisations, par leur taux global de rémunération, on obtient alors le coût des capitaux employés :

> CMPC * (besoin de fond de roulement + immobilisations)

La VEC, valeur économique créée, apparaît par différence entre le résultat d'exploitation minoré de l'impôt et le coût des capitaux employés, soit :

> VEC = REMI – ((BFR + Immos)*CMPC)

Les deux paramètres fondamentaux : croissance future des profits et taux d'intérêts à long terme

La valeur d'une action est très souvent évaluée sur la base du Price Earning Ratio ou PER ou encore P/E qui rapporte le prix au bénéfice. Quand une affaire est cotée 30 fois le bénéfice de l'année en cours, elle peut paraître chère. Mais si son bénéfice croît de 50 % par an, n'est-ce pas légitime car dès l'année prochaine, le prix payé ne représentera plus que 20 fois les bénéfices ?

Tous les analystes financiers et boursiers sont d'accord pour considérer que la valeur de l'action aujourd'hui est censée être représentative de la somme du « cash » qu'elle va rapporter à son actionnaire dans le futur, dividendes plus prix de revente ou chaîne infinie de dividendes s'il conserve son action.

Mais au lieu d'acheter des actions on peut placer en obligations et obtenir, par exemple, pour 1 euro, $(1 + 0,06)$ l'année suivante, puis $(1 + 0,06)^2$, l'année d'après et ainsi de suite. Si une action rapporte moins que cela, il vaut mieux placer ses capitaux en obligations.

Pour calculer la valeur d'une action, on est donc conduit à diviser ce qu'elle rapportera l'année 1 par $(1 + 0,06)$, puis ce qu'elle rapportera l'année 2 par $(1 + 0,06)^2$, et ce qu'elle rapportera l'année n par $(1 + 0,06)^n$, c'est ce qu'on appelle actualiser la chaîne des « cashs » rapportés par l'entreprise à l'actionnaire.

Le modèle de valorisation des actions du capitalisme moderne conduit à actualiser la chaîne des encaissements futurs, escomptés par l'actionnaire, à un taux égal au coût à long terme des capitaux.

On comprend immédiatement que si le taux d'intérêt pris pour actualiser, par exemple le taux des obligations, passe de 6 % à 8 %, on va diviser les cashs reçus par des diviseurs plus importants.

C'est pourquoi, conformément à ce modèle, quand les taux d'intérêts montent les actions baissent, et *vice versa*.

Les deux paramètres fondamentaux : croissance des profits futurs et taux d'intérêts à long terme sont précisement définis ainsi :

- *La croissance réelle (c'est-à-dire déflatée) des résultats futurs par action,*
- *Le taux d'intérêt réel à long terme (c'est-à-dire déflaté) qui peut être le taux des obligations par exemple ou un coût à long terme des capitaux.*

Rentabilité moyenne dans le temps du placement en actions et réalisme des objectifs

Le tableau suivant illustre la montée de la valorisation des actions jusqu'au début 2000 suivi par une chute qui durait encore en novembre 2002. Le rendement d'une action sur un an est égal à la plus-value de l'action plus le dividende perçu. On l'appelle le TSR (Total Shareholder Return).

Le tableau ci-dessous donne ces chiffres pour les bourses américaine et française en moyenne pour plusieurs périodes.

▬▬ Rendement des actions aux USA et en France sur une longue période[1]

Rendement des Actions USA (S&P 500)	1963-1972	1973-1982	1983-1992	1993-mars 2000	1993-juillet 2002
Plus-values /cours	6,5 %	1,8 %	12,0 %	18,6 %	7,9 %
Dividendes /cours	3,3 %	4,8 %	4,2 %	2,4 %	2,1 %
Rendement total (TSR)	**9,8 %**	**6,6 %**	**16,2 %**	**21,0 %**	**10,0 %**
PER moyen de la période	**17,7**	**9,9**	**15,6**	**24,9**	**23,9**
Croissance des profits par action	5,4 %	6,9 %	4,3 %	9,5 % de 95 à 99	Env. 2,9 % de 93 à 2001
Consensus de croissance à 5 ans			10 % à 12 % jusqu'à mi 90	15 % à 20 % de 90 à 99	

---

1. Commissariat au Plan – *Rentabilité et risque dans le nouveau régime de croissance* – la Documentation française – Paris 2002.

Rendement des Actions France (SBF 250)	1963-1972	1973-1982	1983-1992	1993-mars 2000	1993-juillet 2002
Plus-values /cours	– 0,6 %	1,3 %	16,3 %	18,9 %	7,5 %
Dividendes /cours	Nc	5,3 %	4,2 %	3,2 %	3,0 %
Rendement total (TSR)	Nc	6,7 %	20,5 %	22,1 %	10,4 %
PER moyen de la période		10,7	11,6	17,0	16,8

Figure N° 2.2 : Rendement des actions aux USA et en France

Ce tableau montre clairement l'augmentation des rendements grâce à l'envolée des cours depuis 1983 et l'accélération depuis 1993. Comme on l'a vu cela résultait de la baisse des taux d'intérêts et de la croissance des perspectives de profit qui se réalisaient. Mais à partir de 2000 trois phénomènes sont venus renverser la tendance :

- La croissance des profits s'avérait décevante surtout dans le secteur des NTIC ;
- On s'apercevait qu'un certain nombre de sociétés cotées manipulaient leurs comptes pour afficher des résultats positifs ou croissants ;
- Les taux d'intérêts étaient très bas et ne pouvaient guère baisser davantage du moins aux États-Unis.

Si on remonte plus loin dans l'histoire on constate les évolutions suivantes de plusieurs ratios intéressants :

1. Le rapport **cours de bourse / valeur comptable des fonds propres** a évolué entre **1 et 2** de 1950 à 1993 et puis s'est envolé **jusqu'à 5** en 2000 ;
2. Le rapport **cours de bourse / chiffre d'affaires** a oscillé entre **0,5 et 1,5** entre 1950 et 1993 pour monter **jusqu'à 5** en 2000 ;
3. **Le PER** qui se cantonnait **entre 5 et 22** de 1950 à 1993 est **monté jusqu'à 35 en** fin 1999 ;
4. De 1962 à 1999 le supplément de rendement des actions par rapport aux obligations d'État (T-Bonds) appelé prime de risque (ex-post) a été en moyenne de 6,1 % (mais il est monté entre 1990 et 1999 à 13,2 %).

L'envolée des cours boursiers de la décennie 90 et la création à cette époque d'une forte valeur actionnariale doit beaucoup à la décrue des taux d'intérêt et à une forte augmentation des profits grâce à la croissance des marchés, aux gains de productivité dus à la technologie et de meilleures pratiques de gestion dans une ambiance de paix mondiale. Ces heureuses coïncidences risquent de ne pas se retrouver avant longtemps.

Le retour à des ratios plus conformes à ceux constatés sur longue période conduirait à de nouvelles baisses de la bourse après celles enregistrées en 2001 et 2002 (jusqu'à décembre). Le Commissariat au Plan a calculé que le « retour des PER à leur niveau historique (environ 15 ou 20 en se référant aux points hauts des années 60) placerait l'indice S&P 500 dans une fourchette comprise entre 400 et 500 sur base des résultats nets par action observés en 2001 ». Par contre si les entreprises opèrent un redressement de leurs profits pour atteindre les niveaux de l'année 2000 l'indice S&P 500 pourrait se maintenir au niveau de 800 à 900.

Le point important de ce développement est de montrer *pourquoi le capitalisme moderne qui s'intéresse à la valeur pour l'actionnaire est si soucieux de la croissance des profits des entreprises.*

Mais ce **tableau montre également qu'il faut raison garder** et que dans une perspective de développement durable les objectifs doivent être revus de manière réaliste et veiller à ne pas sacrifier pour un profit à court terme, l'innovation, la solidité financière et la solvabilité future, et les devoirs vis-à-vis des autres parties prenantes.

Ainsi pour une entreprise déjà établie, viser des objectifs de croissance des profits de 4 % à 7 % sur longue période paraît raisonnable. Ce qui signifie qu'il peut y avoir des années de stagnation voire de baisse et des années de croissance des profits à deux chiffres. Ceci n'est évidemment pas valable pour une start-up ou pour une des lignes de produits de l'entreprise ou pour une nouvelle activité.

Parmi les moteurs de cette croissance des profits, on trouve principalement :

I. **La recherche d'une croissance rapide du chiffre d'affaires par :**

    1.1 La conquête et la fidélisation de clients

    1.2 Des innovations en plus grand nombre

    1.3 Des alliances, fusions et surtout des acquisitions (souvent payées trop cher durant les années 1990 sur base de PER supposant des croissances fortes sur longue durée)

II. **La recherche d'une meilleure rentabilité du capital investi par la mise en place d'indicateurs de valeur pour l'actionnaire pouvant conduire :**

    2.1 À des scissions ou des cessions d'activités

    2.2 À des modes opératoires différents reposant sur une gestion plus attentive du capital employé

2.3 Et bien évidemment encore par la recherche de progrès permanents en termes de réductions de temps de cycles, de coûts et de gains de productivité

III. La recherche de *valeur ajoutée pour le client et pour l'actionnaire*, **de toute tâche, toute opération et toute personne employée :**

3.1 En ajoutant des services aux clients

3.2 En continuant à réduire les coûts par le benchmarking, le reengineering des processus et l'utilisation de nouvelles technologies

IV. Comme tout cela ne peut être fait qu'en **maintenant la mobilisation du personnel,** les entreprises sont conduites à introduire également de plus en plus souvent un troisième volet qui est la *valeur ajoutée pour le personnel.*

La valeur pour l'actionnaire : approches traditionnelles

Elle est traditionnellement mesurée par le profit, parfois s'y ajoutent d'autres grandeurs comme le cash-flow généré et l'augmentation de la valeur de l'action, connue si l'entreprise est cotée, éventuellement calculée ou supputée dans les autres cas.

Bien des PME personnelles et familiales, non cotées, se contentent, peut-être à tort, d'un profit stable ou variable en fonction de la conjoncture. C'est sans doute risqué sur le long terme, car ne pas croître sur des marchés non limités et non locaux, vous expose tôt ou tard à la concurrence d'une entreprise plus ambitieuse et plus musclée.

Les marchés financiers sont, comme on l'a vu, plus exigeants, ils veulent une croissance permanente des profits, car ce qui les intéresse le plus c'est l'augmentation de la valeur de l'action.

Ce qui importe c'est la rentabilité du capital investi qui est illustrée par la formule :

$$P/CI = Profit/CA \times CA/Capitaux\ investis$$

ou encore

Rentabilité des capitaux investis = Marge d'exploitation × rotation des capitaux

La rentabilité du capital investi est égale à la marge d'exploitation multipliée par la rotation du capital. Trop souvent cette formule est oubliée et on ne regarde que les valeurs des seuls profits et on oublie le capital nécessaire. Rapporter le profit au capital utilisé est déjà signe d'une gestion financière plus sérieuse.

Toutefois, on peut tirer un profit insuffisant des actifs utilisés, ce qui conduit à considérer un nouveau critère de performance qui mesure la création de valeur pour l'actionnaire en indiquant qu'elle n'a lieu que si la rentabilité des capitaux employés (actifs d'exploitation) est supérieure au coût moyen des capitaux employés (moyenne des fonds propres et des dettes portant intérêt).

Un certain nombre de groupes importants comme Lafarge ou Rank-Xerox mesurent la rentabilité des actifs d'exploitation :

RONA – Return On Net Assets – ou ROI – Return On Investment –

Et ceci est décliné jusqu'au niveau des opérationnels comme indicateur de management.

Toutefois la diffusion, dans les autres entreprises, est encore limitée, d'une part parce que peu de dirigeants sont prêts à prendre la valeur pour l'actionnaire comme objectif stratégique majeur, les cadres des sièges craignent que l'application de cet objectif n'entraîne des réductions des fonctions centrales, et d'autre part, il n'est pas comptablement simple de reconstituer les capitaux employés en réalité par les différentes unités.

▬ Une valeur des actions davantage liée aux cash-flows qu'aux bénéfices nets

Les études sur le prix des actions démontrent qu'il est davantage lié au flux de liquidités (cash-flow) qu'aux bénéfices nets. En conséquence, les analystes financiers, les investisseurs institutionnels et la grande majorité des directeurs financiers des entreprises cotées accordent désormais souvent plus d'importance au cash-flow qu'au bénéfice dans le suivi des performances d'une entreprise.

Les financiers se plaisent à dire de plus en plus souvent :

« Le cash, c'est un fait ; le bénéfice, c'est une opinion ».

La meilleure illustration de ce slogan est l'exemple de Daimler Benz en 1993. Selon les normes comptables allemandes le résultat s'avérait être un profit de 372 millions de $. Mais pour être coté à New York il fallut appliquer les normes américaines et le résultat devint une perte de 1,1 milliards de $. D'ailleurs, les changements de direction à la tête de groupes se traduisent souvent par de brusques variations de niveau de résultat.

Selon une enquête du Conference Board[1] auprès de 300 directeurs financiers d'entreprises à travers le monde (96 américains, 129 européens, 75 asiati-

---

1. Gates Stephen – CFO 2000 : The Global CFO As Strategic Business Partner – The Conference Board – A Research Report – New York – 1997.

ques), le bénéfice par action et la rentabilité du capital vont perdre de l'importance comme mesures de performances prioritaires au profit de critères reposant sur la valeur pour l'actionnaire qui elle-même est liée au cash-flow (cash-based shareholder value measures). La principale mesure de ce type est l'EVA dont les directeurs financiers pensaient qu'elle gagnerait rapidement en importance (voir ci-après).

Les concepts d'EVA (Valeur Ajoutée Économique) et de MVA (Valeur Ajoutée Marché)

▬▬ L'EVA®

Les médias économiques commencent à publier des listes de sociétés cotées, classées suivant de nouveaux critères de performances, aux sigles encore mystérieux pour beaucoup tels que EVA (Economic Value Added – Valeur Ajoutée Économique) ou MVA (Market Value Added – Valeur Ajoutée Marché). Ces concepts ont été inventés et appliqués à un ensemble de sociétés cotées par les consultants de la désormais célèbre société Stern Stewart[1] qui a déposé le sigle EVA.

L'EVA est la différence entre la rentabilité des actifs nets, c'est-à-dire le profit opérationnel, et le coût normal des capitaux correspondants (y compris les fonds propres), coût du capital calculé en tenant compte d'un coefficient de risque propre au secteur d'activité et à l'entreprise. En résumé :

$$EVA = Profit\ opérationnel - (Coût\ du\ capital \times Capital)$$

Si cette différence est positive, l'entreprise crée de la Valeur Ajoutée Économique, et sa valeur boursière à terme augmentera. Dans le cas contraire, elle détruit de la valeur économique et sape sa valeur boursière.

Si ces concepts sont plus complexes que les habituelles grandeurs auxquelles sont habitués les investisseurs en bourse, telles que capitalisation boursière, croissance des bénéfices et PER, ils sont aussi plus exigeants à l'égard des dirigeants.

Les entreprises américaines, suivant en cela Coca-Cola, sont de plus en plus nombreuses à adopter l'EVA comme indicateur fondamental de performance.

Ainsi Eli Lilly par exemple s'est intéressé à l'EVA à partir du milieu de l'année 1994 et a relié les rémunérations de ses 90 principaux dirigeants à l'EVA en

---

1. Stern Stewart – 40 West 57th Street – New York – NY 10019 – tél : 212-261-0752.

1995. Les primes fonction de l'EVA seront étendues à 350 dirigeants et cadres supérieurs en 1996 puis à 1 400 en 1997[1].

Leur généralisation et leur publication régulière dans la presse économique et financière conduiront tôt ou tard les dirigeants des sociétés cotées à les admettre parmi les critères de jugement des marchés financiers sur leur gestion, et comme mesure prioritaire de performance de leur entreprise et de ses divisions.

Si toutes les entreprises n'utiliseront pas l'EVA, beaucoup utiliseront des mesures de même nature, fondées sur l'idée de valeur ajoutée pour l'actionnaire. Deux témoignages illustrent bien cette tendance.

Jerry Henry, précédent Directeur financier de Du Pont, déclarait au Conference Board[2] : « *au début des années 1990, moins d'un tiers de nos activités gagnait le coût du capital ou davantage ; maintenant plus de 90 % le font. Nous avions pour objectif 14 % de rentabilité des actifs et nous avons réduit les coûts de 3 milliards de $. Cela a eu un impact intéressant. Au milieu de 1994, nous avons changé nos indicateurs pour introduire l'Analyse de la Valeur pour l'Actionnaire (SVA, Shareholder Value Analysis, c'est-à-dire le bénéfice net moins le coût du capital) ; en d'autres termes, nous voulons ajouter de la valeur pour l'actionnaire. En 1997, nous allons utiliser la SVA comme critère pour la partie variable de la rémunération* ».

Jean-Pierre Tirouflet, Directeur financier de Rhône-Poulenc, cité dans le même rapport, indique : « *nous avons dû apprendre à nos managers opérationnels à comprendre le concept de l'EVA et avec quelle structure il fonctionne. Cela a été bien reçu dès qu'ils l'ont compris parce que cela permet une certaine décentralisation, puisque les responsables peuvent faire l'arbitrage convenable entre les profits d'un côté et le cash de l'autre. S'ils réduisent le cash (consommé), ils améliorent l'EVA et ils peuvent faire le bon arbitrage à leur niveau. Nous avons aussi la préoccupation de changer notre organisation pour utiliser plus efficacement l'EVA. Cela signifie que nous devons reconcevoir des centres de profits qui ont du sens avec leur propre fonds de roulement, leur équipement et un sens économique* ».

▬ La MVA®

La MVA exprime la différence entre le capital que les investisseurs ont placé dans une entreprise et l'argent qu'il peuvent en retirer.

Les experts la calculent en partant du « cash-out », c'est-à-dire de la valeur obtenue en prenant la valeur de marché ou capitalisation boursière à laquelle on ajoute la

1. Davies Erin M. – Eli Lilly is making shareholders rich. How? By linking pay to EVA – *Fortune* – 9 septembre 1996.
2. Conference Board – *New Corporate Performance Measures* – Report 11186956 RR – 1995 – New York.

valeur comptable des autres sources de financement actuelles, dont on retranche le « *cash-in* », *c'est-à-dire les fonds propres (capital mis par les investisseurs et bénéfices laissés en réserve), les quasi-fonds propres, les intérêts minoritaires et les dettes financières, moins les fonds hors exploitation tels que les valeurs mobilières.*

Ils examinent ensuite son évolution dans le temps. Il y a une forte corrélation démontrée par G. Bennet Stewart III entre les variations de l'EVA et de la MVA. Or ce que les actionnaires attendent, c'est une croissance de la valeur de leurs actions. Il faut donc viser une EVA positive et croissante.

L'exemple de Rhône-Poulenc Agro[1]

À la suite de la crise qui a affecté en 1993 les agriculteurs européens, et par conséquent tous leurs fournisseurs, Rhône-Poulenc Agro, sous la direction d'Alain Godard, a décidé de changer le management de son organisation à l'échelle mondiale. Elle a lancé pour ce faire un processus de changement pour devenir une *organisation centrée client*. Le processus qu'elle a appelé SDM s'exprime par trois objectifs :

S pour Simplifier l'offre de produits, l'organisation et les systèmes administratifs

D pour Décentraliser le processus de décision pour le rapprocher le plus possible des clients (le siège est passé de 400 personnes à 50)

M pour Manager les valeurs et principes de l'organisation

Dans une organisation décentralisée, les managers doivent avoir une mesure simple de la performance qui focalise leur activité sur la **création de valeur : l'EVA, la valeur ajoutée économique.**

Pour ce faire, la direction a commencé par définir des périmètres d'activités homogènes pour clarifier les responsabilités, en distinguant les centres de production de matières actives, les mesures de formulation placées sous la responsabilité des patrons géographiques, les centres d'innovation et les centres de services.

Elle a également fixé des prix de cession interne.

Après de nombreux débats internes, Rhône-Poulenc Agro a décidé de retenir comme indicateur la Valeur Économique Créée (VEC) :

$$VEC = (Rentabilité\ du\ capital\ employé - coût\ capital\ employé) \times Capital\ employé$$

---

1. Rhône-Poulenc Agro – Documents remis à la conférence des Rencontres d'Affaires « *Stratégie de création de valeur* » – 24 septembre 1997 ; et Frédéric Lemaître : « Rhône-Poulenc Agro engrange les bénéfices de sa décentralisation », *Le Monde* du 26 mars 1998.

CE = capital employé

Actifs fixes

Capital circulant

Fonds propres

Dettes

CE
(coût pondéré du capital)

ROPI + QSPE – Taxes

Coût capital × CE

$$VEC = ROPI + QPSE - 33{,}33\,\% \,(ROPI + QPSE) - 9\,\%\ CE$$

ROPI   = Résultat Opérationnel avant Intérêts
QPSE   = Quote-part des sociétés en équivalence
33,33 % = Taux d'impôts choisi standard pour toutes les unités à travers le monde
CE   = Capital Employé
RCE   = Rentabilité du capital employé = (ROPI + QPSE)/CE
9 %   = Coût pondéré du capital retenu à l'époque

$$VEC = (0{,}67 \times RCE\ - 9\,\%) \times CE$$

Par souci de simplicité, le capital employé est calculé à partir des données comptables pour éviter des traitements compliqués et parfois entachés d'arbitraire. Le capital employé comporte :

- Le capital circulant : stocks + paiements à recevoir – paiements d'avance.
- Les actifs fixes : Immobilisations nettes,
  Les intangibles : good-will, licences, marques, softwares.
- La quote-part de fonds propres des entités non consolidées.
- Les fonds propres des sociétés non consolidées.

Le coût du capital pondérait un coût des fonds propres et un coût des dettes.

Le coût des fonds propres reflète les attentes des actionnaires concernant le secteur et le risque attaché à la compagnie. Il est en général supérieur au coût des dettes parce qu'il inclut une prime de risques spécifiques au secteur et/ou à l'entreprise. Les bonus des dirigeants sont fondés sur la VEC.

Le résultat de l'opération a été double : une amélioration des profits et une réduction du capital employé.

Parallèlement à l'augmentation des bénéfices, en trois ans les indices de satisfaction des salariés ont progressé de 62 % en 1994 à 81,2 % en 1997.

On trouvera en annexe au présent chapitre une explication détaillée sur le mode de calcul de l'EVA et de la MVA.

Pilotage et stratégies fondés sur l'EVA et la MVA

La mise en place de l'EVA dans une organisation entraîne des conséquences lourdes et significatives sur la stratégie et la gestion.

▬ Aligner l'intérêt des dirigeants et des managers et parfois des employés avec celui des actionnaires

L'EVA s'avère l'outil le plus pertinent pour la création de valeur pour l'actionnaire. C'est pourquoi les groupes les mieux gérés tendent à s'en servir comme outil de pilotage et comme indicateur décliné dans la structure. Parfois il sert également de base pour le calcul des bonus des dirigeants et de certains niveaux de managers. Cela peut être une alternative aux plans de stock-options pour les dirigeants.

L'emploi de l'EVA ne préjuge pas du partage qui sera fait de l'EVA dégagée au niveau des unités et de l'entreprise. Souvent, une partie de l'EVA est attribuée sous forme de bonus au management et parfois aux employés. Cela peut aller de 5 à 50 %. L'indicateur ne peut être taxé d'horriblement capitaliste si une partie en est redistribuée. Évidemment ce qui importera pour l'actionnaire c'est l'EVA après bonus.

▬ Utiliser au mieux les ressources (actifs et/ou ressources financières)

Dans la plupart des entreprises privées, cela entraîne un changement important dans les arbitrages à tous les niveaux de la structure. En particulier les managers deviennent économes en capital. Par exemple, dans une compagnie d'assurances traditionnelle, les directeurs essayent de se faire allouer la plus grande part des capitaux à gérer. Quand l'EVA est mise en place, l'attitude change radicalement, on ne demande plus que les capitaux strictement nécessaires.

Ce point est fondamental et explique pourquoi des organisations, même publiques, comme La Poste américaine, ont jugé bon de mettre en place trois nouveaux indicateurs de performance au plus haut niveau : l'EVA, la satisfaction des clients et la satisfaction des personnels. L'EVA conduit à une gestion économe des deniers de l'État.

La théorie du bon management recommande de calculer la rentabilité ex-post des investissements. Dans la réalité c'est très rarement fait sauf dans le cas rare de très grands projets. Le fait d'utiliser l'EVA introduit un contrôle permanent de la rentabilité du capital, et généralise *de facto* cette bonne pratique dans l'ensemble des unités d'une organisation.

■■■ Maximiser la valeur de l'entreprise par les restructurations financières et l'effet de levier de l'endettement

Sous l'influence du modèle EVA-MVA et des analystes financiers, les entreprises :

- se sont recentrées sur les métiers de base (ce qui fut heureux dans certains cas mais malheureux si le recentrage s'est fait sur un secteur qui fut par la suite en crise comme les équipements de télécommunications),
- ont multiplié les acquisitions et fusions,
- ont procédé au reengineering des chaînes de valeur en externalisant les opérations peu rentables en particulier comportant beaucoup de personnel,
- ont réduit le besoin en fonds de roulement en reportant sur les clients la charge des stocks et/ou des crédits commerciaux,
- en rachetant des actions de l'entreprise dès lors que le coût de l'endettement est inférieur à celui des fonds propres.

En particulier l'accroissement de l'effet de levier qui résulte d'une utilisation plus importante des dettes pendant la période d'euphorie boursière a permis :

- des économies d'impôts,
- de réduire le risque d'investir le cash-flow dans des investissements peu productifs,
- de renforcer les motivations au succès, et les sanctions aux échecs,
- de forcer la vente des actifs ou activités insuffisamment performants,
- de se focaliser sur le cash-flow, plutôt que les bénéfices et d'éliminer les subventions internes croisées et les gaspillages,
- de forcer les managers à se préoccuper de ce qui compte vraiment c'est-à-dire les flux de liquidités sous la contrainte des dettes.

Toutefois selon une étude citée par le commissariat au Plan[1], seule une minorité d'entreprises en Europe appliquerait intégralement le modèle EVA/MVA comme Danone et Lafarge en France ou Allianz et Siemens en Allemagne, la plupart n'utilisant les indicateurs EVA/MVA qu'à des fins de communication ou pour modifier à la marge leurs méthodes de gestion.

Les restructurations financières judicieuses ont évidemment créé de la valeur, en particulier pendant toute la période de montée forte de la bourse entre 1980 et 2000.

---

1. N. Mottis et J.P. Ponssard – *La création de valeur de la théorie à la pratique* – 2002.

Toutefois, la méthode a pu créer des dérives dangereuses pour la survie des entreprises dans la mesure où les taux d'intérêt très bas conduisaient à s'endetter au-delà du raisonnable pour acheter des entreprises à des prix très élevés puisqu'elles étaient supposées avoir une croissance forte des profits sur longue période.

Dès que les entreprises de plus en plus nombreuses ont fait connaître le ralentissement de la croissance de leurs profits, la chute des valeurs en bourse a montré que les survaleurs ou goodwill enregistrés comme actifs dans les bilans étaient devenus surévalués dans des proportions incroyables et qu'il fallait passer des pertes considérables pour ramener ces goodwill à leur valeur réelle.

La baisse des actifs surévalués est d'ailleurs une des conditions de la reprise économique car sur base de valeurs plus basses leur rendement financier redevient correct et ils peuvent être rachetés par les investisseurs ou les entreprises qui ont encore des ressources financières et permettent aux entreprises endettées de soulager le poids de leur dette et de retrouver le financement d'une croissance saine.

GESTION DE CRISE : FINALITÉS ET MEILLEURES PRATIQUES

En période de crise c'est-à-dire de difficultés de trésorerie ou de pertes graves et répétées, les finalités de création de valeur pour toutes les parties prenantes passent au second rang. Il s'agit le plus souvent de sauver l'entreprise ou d'organiser sa disparition au moindre coût pour les parties prenantes, l'actionnaire ayant alors tout perdu.

Dans ces situations un certain nombre de priorités et de règles de bonne gestion doivent être appliquées. Nous résumons ici quelques-unes des meilleures pratiques tirées du livre *Gestion de crise et redressement d'entreprise*[1], résultat de nombreuses enquêtes et d'échanges avec des redresseurs d'entreprises dans des séminaires consacrés à ce sujet.

Voici quelques-unes unes de ces priorités ou de ces règles :

1. **On réagit toujours trop tard,** pour de multiples raisons : attente d'une amélioration de la conjoncture, indicateurs en retard, budgets optimistes, crainte d'effrayer les tiers : clients, fournisseurs, banquiers, personnel, recours aux solutions de facilité, déclin plus rapide que prévu, contraction rapide du marché, etc.
2. **Face à la crise, on réagit trop lentement,** également pour de multiples raisons : pertes de temps en réunions et études, désaccords sur les

---

1. Brilman Jean – *Gestion de crise et redressement d'entreprise* – Éditions Hommes et Techniques, Paris 1985 (épuisé).

causes, difficultés d'un diagnostic objectif, absence d'idées de solutions, hésitations devant des mesures à risque, manque de temps des opérationnels, délais légaux, contraintes des contrats à renégocier, etc.

3. **Une finalité prioritaire : reconstituer la solvabilité.** La plupart des dépôts de bilans résultent d'un défaut de paiement. Les moyens d'une reconstitution de la solvabilité sont connus : « vendre les bijoux de famille » c'est-à-dire les immeubles, participations et même filiales qui ne sont pas au cœur du métier ou indispensables pour la survie, faire payer les clients, avancer les encaissements, retarder les paiements, négocier avec les banques, leur trouver des sûretés ou des garanties, déposer le bilan de filiales en pertes ou pompant de la trésorerie, réduire la production pour réduire les stocks etc. Faire un plan de retour à une situation financière solide.

4. **Une deuxième finalité : augmenter le cash-flow des opérations.** Faire un plan de redressement pour retrouver un bon niveau de profit, par restructuration et réduction des coûts en « grattant jusqu'à l'os », c'est-à-dire en sacrifiant toutes les sources de coûts non stratégiquement fondamentales pour l'avenir : réduction des surfaces, des frais généraux, des gammes déficitaires, réduire la complexité des structures, sous-traiter à des entreprises « low-cost », par exemple dans des pays émergents, intéresser le personnel à la chasse au gaspillage, réduire les effectifs etc. La liste des sources d'économies possible est longue dans une entreprise de bonne taille et ancienne. Il faut aller au-delà du simple retour au profit et retrouver de bonnes marges. **Seuls les plans de redressement fondés d'abord sur une réduction des coûts drastique sont crédibles et réussissent.**

5. **Troisième finalité : définir la stratégie de redressement.** Il s'agit de faire un diagnostic du « business-model » à l'origine des problèmes et de redéfinir le marketing et la stratégie en fonction des marchés potentiels réels, de la conjoncture et s'organiser pour trouver des clients payant des prix laissant une marge significative à la structure devenue normalement très compétitive. Refaire des « business-plan » et des budgets pessimistes et crédibles qui seront atteints à coup sûr pour reconstituer la **confiance de tous, point capital pour réussir un redressement.**

DES INDICATEURS FINANCIERS AUX INDICATEURS NON FINANCIERS

Il est normal que les analystes financiers et les investisseurs institutionnels privilégient les résultats économiques et financiers. Mais ils reflètent le passé, donnent beaucoup plus d'informations sur les inputs plutôt que les outputs, ne fournissent guère d'éléments d'appréciation stratégique, et par conséquent ne permettent guère de prévoir l'avenir. C'est pourquoi les acteurs en bourse et par conséquent les Conseils d'Administration sont de plus en plus nombreux à demander des indicateurs plus « stratégiques ».

Les indicateurs de performance stratégiques les plus souvent cités sont réunis dans le tableau ci-après :

Domaines	Indicateurs stratégiques
Croissance	• Croissance des marchés • Taux de croissance des activités • Part de marché
Innovation	• Délai moyen de mise sur le marché de produits nouveaux • % nouveaux produits dans le chiffre d'affaires • % du chiffre d'affaires en R&D
Valeur-Client	• Indicateurs de satisfaction client • Taux de fidélité • Compétitivité, prix
Qualité	• Indicateurs de qualité • Garanties
Management	• Rotation du personnel • % dépenses de formation sur masse salariale
Environnement	• Taux d'incidents

Tableau N° 2.3 : Indicateurs de performance stratégiques les plus utilisés

Si ces indicateurs intéressent les investisseurs, et si leur publication peut renforcer l'image et la valeur d'une entreprise, il n'en reste pas moins que les directions ont le souci de ne pas dévoiler trop d'informations intéressant également les concurrents et aussi de ne pas faire état d'informations qui pourraient donner lieu ultérieurement à des contentieux (surtout aux USA).

Quoi qu'il en soit la tendance est nettement vers une augmentation de l'usage et de la diffusion d'indicateurs non financiers, étant entendu que dès qu'un indicateur est publié à l'extérieur, cela signifie qu'il prend ou prendra rapidement une importance extrême à l'intérieur de l'organisation.

Parmi les indicateurs possibles qui fournissent de bons renseignements sur le futur d'une entreprise, figure en bonne place la Valeur-Client.

LE CONCEPT FONDAMENTAL DE « VALEUR-CLIENT »

De tout temps, on s'est préoccupé de satisfaire le client. Le marketing a développé tout un corps de méthodes pour connaître et comprendre les besoins des clients et, en particulier, a introduit les techniques de segmentation, considérant que tous les clients n'étaient pas semblables.

Bien connaître les clients ne suffit pas pour les satisfaire, encore faut-il leur fournir des produits ou des services conformes et fiables. C'est tout le mouvement d'Assurance de la Qualité qui vise à fournir des produits ou services conformes aux spécifications et sans défaut.

Cela implique que toute l'organisation travaille correctement et respecte certaines disciplines qui permettront d'obtenir les fameuses certifications ISO 9000 ou d'autres labellisations spécifiques de certaines clientèles comme l'EAQF dans l'automobile.

C'est ainsi qu'on voit poindre un client-roi qui ne limite pas ses exigences à la conformité des produits ou services mais veut être assuré que l'entreprise qui les lui fournit est organisée pour lui assurer durablement la qualité demandée.

Mais ce n'est qu'une étape sur le chemin. Dans un marché d'offres, le client est prêt à se tourner vers le fournisseur qui lui offrira plus de services ou plus généralement plus de satisfactions.

Produire de la satisfaction-client

Les responsables de la qualité se sont préoccupés de réécouter les clients. Ce faisant ils ont souvent pris le parti d'interroger les clients sans *a priori* et sans utiliser les questionnaires habituels du marketing, centrés pour la plupart sur les fonctions et caractéristiques des produits ou des services.

La surprise fut grande de découvrir que la satisfaction des clients pouvait dépendre aussi de la vitesse de réaction du fournisseur, de l'attitude des vendeurs, de l'exactitude de la facture, du service après-vente (cela les distributeurs d'équipement des ménages l'avaient compris depuis longtemps), et bien d'autres facteurs qui n'étaient pas toujours révélés par les enquêtes de marketing.

Cela a conduit les entreprises performantes à se définir comme des *organisations dont la finalité n'est plus de produire des biens et services mais de la satisfaction client.*

Dès lors on a commencé à multiplier les enquêtes de satisfaction des clients, parmi lesquels figurent souvent les maillons suivants de la filière, dont les distributeurs, certains poussant jusqu'au client final pour mieux connaître également les satisfactions des clients de ses clients.

Mais le défaut de telles enquêtes est de ne pas interroger sur le prix, car c'est toujours délicat, et le prix est toujours trop élevé, mais ne se juge que relativement, à la concurrence et aux coûts.

De la satisfaction-client à la Valeur-Client

En réalité, le client cherche la satisfaction maximum, mais pas à n'importe quel prix. Plus encore, le prix peut faire partie de sa satisfaction, qu'il soit le plus bas, cas le plus fréquent ou, au contraire, plus rarement le plus élevé s'il en tire gloire ou prestige.

Il est clairement établi que :

> *Les clients achètent en fonction de la Valeur perçue.*
> *La Valeur, c'est la Qualité par rapport au Prix.*
> *La Qualité comprend toutes les caractéristiques de satisfactions autres que le Prix concernant à la fois le Produit (ou la prestation de service) et le Service Client (au sens large : c'est-à-dire la relation et la communication avant la vente, pendant, lors de l'usage, lors du service après-vente, etc.).*
> *Dans un milieu concurrentiel, la Qualité, c'est-à-dire les indicateurs de satisfaction, le Prix, et en synthèse la Valeur doivent être mesurés par rapport à la concurrence.*

Deux concepts sont essentiels :

- *La **Qualité perçue** par le marché* relativement à la concurrence.
- *La **Valeur perçue** par le marché* relativement à la concurrence.

Le client achète le produit ou le service qu'il percevra comme lui apportant plus de Valeur que les concurrents.

L'objectif fondamental d'une entreprise est de créer de la Valeur pour les clients et, plus encore, d'apporter plus de valeur que la concurrence. C'est toute l'organisation qu'il convient désormais de former à ces concepts et d'engager dans cette voie.

Dans le chapitre consacré au nouveau marketing, nous verrons comment cela doit se traduire par une révolution du marketing et de nouvelles conceptions des études, des enquêtes et de la stratégie marketing et commerciale.

LA VALEUR POUR LE PERSONNEL

Si les entreprises s'intéressent à la *Valeur pour le personnel*, ce n'est pas sous l'effet d'une soudaine générosité du capitalisme moderne, mais parce que de nombreuses enquêtes aux États-Unis ont montré que la satisfaction des clients externes et internes était étroitement corrélée à la satisfaction des personnels, en particulier ceux en contact avec les clients.

Cette satisfaction comporte évidemment souvent la politique de rémunération et plus particulièrement l'évolution des salaires.

Productivité et hausses de salaires

Normalement, les gains de productivité devraient permettre des hausses de salaires (y compris primes et intéressement). On a vu que cela était le cas en général sur longue période. En particulier en Europe où les salaires ont d'ailleurs augmenté beaucoup plus rapidement qu'aux États-Unis, où ils plafonnent depuis plus de vingt ans.

Ce qui fait dire à certains que les Européens ont choisi la hausse des salaires plutôt que l'emploi, en particulier à cause de l'effet de seuil lié au Smic.

Toutefois, depuis le début des années 1990, aux États-Unis, comme on l'a vu, la productivité s'est remise à croître, mais les salaires ne suivent pas.

Il n'est pas impossible que la désinflation, et dans certains secteurs la baisse des prix, accompagnée de ralentissement économique, ne conduise une grande partie des entreprises européennes à pratiquer la même politique.

Toutefois les entreprises performantes, ou celles qui sont servies par une conjoncture favorable dans leur secteur et qui peuvent continuer d'augmenter leur bénéfice, devraient pratiquer des hausses de salaires raisonnables, car utiliser indirectement la crainte du chômage pour maintenir les efforts sans contrepartie se retournerait tôt ou tard contre les entreprises elles-mêmes.

Il est bien compréhensible que les chefs d'entreprises hésitent à augmenter les charges fixes, et donc les salaires fixes, dans des économies menacées en permanence par la baisse des prix. Dans ce cas, ils choisissent d'instituer des systèmes de salaires variables, primes ou bonus, directement ou indirectement corrélés à la contribution au profit généré par l'activité dans laquelle est impliqué le salarié.

Si on laisse les clients-rois et les insatiables marchés financiers, toujours avides de fortes plus-values, tirer pour eux seuls toute la Valeur créée, sans partage, il faut s'attendre à l'émergence d'un puissant mouvement critique qui pourra un jour ralentir la consommation ou rogner la liberté et la puissance du capitalisme.

La thèse d'origine européenne d'un nécessaire partage des gains de productivité entre parties prenantes, clients, actionnaires et salariés pourrait trouver une forme de renaissance dans les années futures.

Autres critères et enquêtes de satisfaction

Mais le salaire n'est pas le seul critère de satisfaction, bien d'autres éléments interviennent qui sont de plus en plus souvent l'objet d'enquêtes servant de base à l'établissement d'indicateurs qui sont suivis régulièrement.

Il s'agit de mesurer l'évolution de la satisfaction du personnel qui dépend bien évidemment de la politique salariale, mais aussi de bien d'autres facteurs comme l'image de l'entreprise, les relations avec la hiérarchie, l'intérêt du travail, la possibilité d'apprendre, l'employabilité future, etc.

Par des enquêtes périodiques, cette satisfaction des personnels est mesurée, et l'objectif est de l'améliorer, par des actions concrètes en fonction des principales sources de satisfaction et d'insatisfaction (ce qui supposerait, comme pour la Valeur-Client, d'avoir procédé à une écoute qualitative avant de construire les questionnaires et si possible de faire pondérer les items, par le personnel).

Il ne s'agit en aucune manière de faire de la démagogie, car les opérations purement démagogiques ne permettraient pas une croissance des indicateurs de satisfaction du personnel sur le long terme.

LA VALEUR POUR LES AUTRES PARTIES PRENANTES

Les autres parties prenantes comprennent d'abord les fournisseurs. Les référentiels des trophées de la Qualité notent d'ailleurs la contribution à l'amélioration des performances des fournisseurs. Bien des entreprises, comme les constructeurs automobiles ou les firmes d'électronique, jouent un rôle important dans la formation de leurs fournisseurs.

Plus généralement, on peut considérer les apports à l'environnement et à l'ensemble de la société. Certaines entreprises ont des activités ou des tailles qui leur donnent un fort impact sur la société. Mais cela n'est pas toujours le cas. Un nombre réduit d'entreprises ont des indicateurs de performance dans ces domaines.

Les entreprises exerçant des activités susceptibles de créer des nuisances mesurent évidemment les progrès dans la diminution des effets négatifs, des risques et des accidents.

Certaines organisations publiques ou privées jouent un rôle social important et la mesure de leur contribution à l'amélioration de la vie de leurs concitoyens donne un sens particulier à leur action.

LES FINALITÉS DU DÉVELOPPEMENT DURABLE

À présent, dans l'entreprise, toute analyse de marché des biens et des services implique un diagnostic humain dans un contexte global et selon les critères suivants qui sont autant d'enjeux :

Éthique et régulation	• Droits de l'Homme • Lutte contre la corruption et le blanchiment • Règles déontologiques professionnelles
Économie	• Diminution de la pauvreté • Développement de la croissance et de l'emploi • Mise à disposition de l'énergie, l'eau, les transports… • Financement des infrastructures
Finance	• Solvabilité • Respect des règles dans les affaires • Gestion de la dette • Prévention des risques • Couverture des retraites
Société	• Place des femmes et refus du travail des enfants • Sécurité au travail • Organisation de la sous-traitance • Implantation ou délocalisation • Reclassement des sureffectifs
Culture	• Respect des disparités • Éducation • Qualité de l'information et multiplication des sources • Transmission du patrimoine
Santé	• Organisation des soins et provision de médicaments • Respect des contraintes liées aux substances dangereuses • Contrôle de l'avancée des épidémies • Amélioration de la sécurité alimentaire
Environnement	• Maîtrise et traitements des rejets notamment CO_2 • Déforestation • Préservation des ressources (eau entre autres) • Maintien de la biodiversité

Tableau N° 2.4 : Critères du développement durable dans l'entreprise

La logique de durabilité

C'est pour les entreprises prendre des responsabilités à long terme pour pallier aux risques de la croissance, tant dans l'entreprise qu'à l'extérieur. La nécessité de durabilité entraîne forcément de nouveaux modes de management, notamment la prise en charge de coûts répartis entre l'État, les actionnaires et les consommateurs. Cette répartition ne peut naître que du dialogue, grâce à des accords passés avec les différents publics aux intérêts parfois antagonistes et doit contribuer à de nouveaux équilibres dans la recherche de progrès collectif.

Face à ces enjeux, l'entreprise va devoir réduire les risques, innover, trouver les bonnes opportunités, bref, elle va créer de la valeur et pour ce faire se doter d'outils de mesure qui lui permettront d'évaluer son impact externe et le taux de fidélité à ses marques. Une bonne façon aussi de mobiliser en interne pour obtenir de vrais progrès !

▬ L'exemple dans la sidérurgie

Basée sur les principes du rapport Brundtland, la démarche de cette société s'appuie sur les quatre P comme :

- Profit, tout développement appelant la rentabilité,
- People, car ce sont les personnels qui font vivre l'entreprise,
- Planet, pour la préservation de l'environnement,
- Partners, la création de valeur pour tous les partenaires est garante du succès à long terme.

Dans ces quatre dimensions, huit axes d'actions prioritaires :

- ambition de croître de manière rentable autour de l'acier,
- gestion du risque et de la sécurité des produits, de la santé des collaborateurs,
- engagement en faveur de l'environnement et de la préservation des ressources rares,
- dialogue avec tous les partenaires,
- développement de compétences fédérées autour de valeurs communes de qualité et d'efficacité,
- innovation pour créer de la valeur et soutenir le développement durable,
- stricte application des règles de gouvernance d'entreprise,
- citoyenneté responsable.

En plus de ses principes de responsabilité, l'industriel soutient les 10 principes du Pacte mondial des Nations Unies. Le développement durable est piloté par la direction générale du groupe et animé par une direction dédiée en relation constante avec toutes les grandes fonctions du groupe. Le titre s'est vu plusieurs fois couronné dans les principaux indices qui prennent en compte le développement durable.

L'entreprise devra également gérer les ressources humaines, économiques et environnementales en appliquant le principe de précaution.

Définition du principe de précaution, issue du Glossaire Novethic

Le principe de précaution s'applique en l'absence de certitudes scientifiquement établies. Il spécifie que des mesures doivent être prises lorsqu'il existe des raisons suffisantes de croire qu'une activité ou un produit risque de causer des dommages graves et irréversibles à la santé ou à l'environnement. Ces mesures peuvent consister à réduire ou à mettre un terme à cette activité ou encore à interdire ce produit, même si la preuve formelle d'un lien de cause à effet entre cette activité ou ce produit et les conséquences redoutées n'a pu être établie de manière irréfutable.

Selon ce principe, des actions de prévention qui consistent à limiter, encadrer ou empêcher d'autres actions potentiellement dangereuses, sont légitimes, sans attendre que leur danger éventuel soit scientifiquement établi. Deux versions du principe coexistent : soit son application est impérative, soit la précaution n'est qu'un critère partiel de décision, complété par d'autres éléments.

Le principe de précaution permet d'assurer un niveau élevé de protection de l'environnement et de la santé humaine, animale ou végétale dans les cas où les données scientifiques disponibles ne permettent pas une évaluation complète du risque. Cependant l'application de ce principe reste liée à la conception et au degré d'acceptabilité du risque d'une société.

L'application du principe de précaution amène l'entreprise en développement durable à :

- réparer tous dégâts causés à l'environnement du fait de ses activités,
- éliminer les rejets toxiques,
- respecter la biodiversité,
- traiter les matières premières renouvelables selon un rythme inférieur à leur restauration naturelle,
- gérer les produits non renouvelables en tenant compte de la mise en place de substituts équivalents,
- anticiper tous risques et dangers pour les réduire,
- dématérialiser l'information,
- prévoir des processus qui réutilisent au maximum les matières.

Sur le plan social, l'entreprise devra :

- participer au développement de la collectivité qui l'accueille,
- répondre de tout impact de son activité sur la qualité de vie de la collectivité,
- en informer les responsables et prendre avec eux les décisions utiles,
- se conformer rigoureusement à la législation et aux normes en vigueur localement,
- prévenir tout accident sanitaire du personnel ou des riverains.

Le système de comptabilité économique et environnemental

Cet outil, calqué sur le système de comptabilité nationale des Nations Unies créé en 1993, répond au besoin d'évaluation des entreprises et leur permet de connaître le poids de leurs interactions avec l'environnement, la position de leurs concurrents et l'efficacité de leurs politiques. Adopté par les pays de l'OCDE et de plus en plus par les pays en voie de développement, ce système repose sur quatre piliers :

- les comptes du patrimoine naturel pour dégager des indicateurs nationaux d'évolution,
- les comptes de flux concernant la pollution, l'énergie, les matières premières, les déchets pour dégager des indicateurs d'efficacité ou d'intensification des pressions sur l'environnement,
- les comptes de protection de l'environnement et de dépenses de gestion des ressources (État, industrie, ménages), pour chiffrer l'incidence économique de la réglementation et son impact,
- les comptes de flux non marchands pour chiffrer l'épuisement des ressources et les dégradations.

Les instruments économiques de protection de l'environnement

L'OCDE s'est penchée sur l'internalisation des coûts collectifs qui pourraient contrarier l'aspect durable voulu par la société et les marchés. En résulte une série d'instruments destinés à réguler ces coûts, comme par exemple :

- les redevances et taxes sur les émissions,
- les redevances et taxes sur les produits polluants,
- les redevances d'utilisation en contrepartie de services collectifs,
- les permis négociables ou transférables (quotas, droit d'émission ou d'utilisation)
- les systèmes de consigne,
- les amendes de non-conformité de non-respect des réglementations,
- les cautions de bonne fin (restituées lors de la mise en conformité),
- l'indemnisation directe ou par l'intermédiaire de fonds institutionnels,
- les subventions environnementales.

Le développement durable assigne aux agents socio-économiques, outre leur responsabilité classique et basique de création de valeur sur le plan économique, la responsabilité explicite de respect des deux valeurs jugées vitales par la communauté et de portée globale :

- la préservation écologique de notre planète : responsabilité environnementale,
- le respect de la dignité humaine : responsabilité humaine/sociétale.

■■■ L'exemple de l'industrie électronique

La vision écologique consiste pour cette société à devenir un groupe qui approche au plus près la neutralité environnementale. Pour y parvenir, la société ne se contente pas de suivre toutes les requêtes des communautés où elle est implantée, mais en plus elle s'efforce de respecter les dix commandements suivants :

- Regulations.
- Conservation.
- Greenhouse Gas Emissions.
- Pollution.
- Chemicals.
- Waste.
- Products and Processes.
- Proactivity.
- Measurement.
- Validation.

Création de la valeur et DD

Un nombre croissant d'investisseurs et certains groupes financiers se soucient des impacts sociaux et environnementaux des activités qu'ils financent.

La notion de risque s'est précisée et le « bêta » ou DR – discount rate de Holt Value Associés s'enrichi, KPMG le définissant comme la multiplication de trois facteurs :

- performance,
- gouvernance,
- gravité d'occurrence d'un risque environnemental ou social.

Les marchés financiers cherchent à maximiser leurs investissements en :

- en gérant à l'aide des ratios offrant la plus grande corrélation entre performances et cours de bourse,
- en recherchant des ratios prédictifs offrant plus de transparence dans les domaines financiers, sociaux et environnementaux.

Deux tiers des gérants de portefeuilles anglo-saxons utilisent l'approche CFROI développée par Holt value Associates qui offre la meilleure corrélation performance/cours boursier : 70 % et une base de données de près de 20 000 entreprises cotées.

Des indices boursiers intègrent les préoccupations du DD :

- ARESE, indice ASPI Eurozone,
- DSI (Domini Social index),

- FTSE4 Good international,
- SAM employee ownership index (Suisse),
- DJSGI Down Jones Sustainability Group Index.

Les entreprises s'engagent sur différents volets ayant trait au DD tout ou partie, leurs performances étant souvent meilleures que celles des concurrents.

LE MANAGEMENT PAR LA VALEUR

Le management par la valeur découle des finalités précédentes et de leur expression concrète.

Les dirigeants des entreprises face à la montée en puissance des clients-rois et des actionnaires ou de leurs mandants, de plus en plus exigeants et actifs, doivent intégrer ces changements de leur environnement en introduisant le Management par la Valeur.

Il consiste principalement à construire la stratégie et à choisir les modes d'organisation et de management en se posant la question suivante : apportent-ils de la valeur à mes actionnaires ou à mes clients ?

Et aussi : quelle valeur apportent-ils à mon personnel et à la société dans son ensemble ?

Cette question peut être déclinée à travers la structure et conduire les dirigeants, les managers et les collaborateurs à se poser plus souvent la question : qu'apporte ma fonction, mon rôle, les tâches que j'accomplis, aux clients, aux actionnaires, aux autres ?

Cette question peut être aussi le fil conducteur des réflexions stratégiques ou des audits de management.

Elle est évidemment révolutionnaire mais porteuse de gains importants de productivité réelle. La grande difficulté tient au terme envisagé. La réponse à court terme n'est pas toujours la même qu'à long terme.

Les méthodes modernes de management comme le Management par la Qualité Totale, le Reengineering, le Benchmarking contribuent en général positivement à augmenter la valeur pour l'une des parties prenantes, comme nous le verrons dans la suite de l'ouvrage.

Calcul de l'EVA (Valeur Ajoutée Économique) et de la MVA (Valeur Ajoutée par le Marché)

Concepts développés par G. Bennett Stewart III, dans « The Quest for Value », Harper Collins Publisher, 1991.

Free Cash-flow et valeur des actions

Beaucoup d'entreprises américaines cotées en bourse et un nombre croissant de firmes européennes ont mis en place un indicateur de Valeur pour l'Actionnaire.

Contrairement au PER qui est désormais standardisé, les indicateurs de Valeur Economique pour l'Actionnaire (VEA) ne le sont pas encore et chaque entreprise calcule sa VEA en arbitrant entre précision et simplicité.

Toutefois c'est sans doute l'EVA de Stern et Stewart qui est l'indicateur le plus connu et le plus utilisé, parfois sous une forme simplifiée.

Nous présentons, ci-après, brièvement son mode de calcul.

Définition de l'EVA : Profit opérationnel – coût du capital employé

L'EVA se calcule à partir de deux grandeurs fondamentales : le profit opérationnel et le capital employé.

Profit opérationnel	Capital employé (CE)
= Bénéfice net[1] + Intérêts payés, moins l'économie d'impôts correspondant	= Fonds propres + Dettes portant intérêts

L'EVA augmente si les profits opérationnels augmentent sans nouveau décaissement de capital, ou si le nouveau capital est investi dans des projets qui rapportent plus que le coût du capital.

L'EVA est la seule mesure cohérente avec le principe budgétaire consistant à n'accepter que les investissements qui rapportent plus que le coût du capital.

---

1. Bénéfice net signifie résultat après amortissements qui correspondent à une dépense économique réelle traduisant l'usure du matériel. Le profit opérationnel = résultat d'exploitation avant intérêts moins impôts payés.

Autre mode de présentation :

Profit opérationnel	Capital employé (CE)
= Ventes – Dépenses opérationnelles – Impôts	**=** Immobilisations nettes + Fonds de roulement

Plus détaillé encore

Profit opérationnel	Capital employé (CE)
= Bénéfice net + Déduction des intérêts minoritaires + Augmentation de la réserve LIFO + Amortissement du good-will + Accroissement des autres réserves + Frais financiers après l'impôt	= Fonds propres + Part des minoritaires + Réserve LIFO + Amortissement cumulé du good-will + Autres réserves assimilables à du capital (ex. Deferred taxes) + Dette portant intérêt

+ L'amortissement de la R&D capitalisée,
  moins la dépense de R&D de l'année
  De même pour le développement et
  le lancement de produits nouveaux qui
  doivent être capitalisés sur les produits
  réussis
	+ Valeur résiduelle des actifs en leasing.
	  Dépenses R&D accumulées moins
	  amortissements

Si on appelle r le taux de rentabilité du capital : r = Profit opérationnel /Capital employé. Ce qui importe sur les marchés financiers c'est le rapport r/c, c étant le coût du capital.

$$\text{L'EVA} = (r - c) \times \text{CE}$$

Stratégie de Création de Valeur

De l'énoncé de l'EVA résultent trois chemins pour créer davantage de valeur pour l'actionnaire :

1. Améliorer l'efficacité opérationnelle (augmenter r).
2. Réussir une croissance profitable en investissant dans des projets profitables, c'est-à-dire avec une rentabilité du capital employé supérieure au coût du capital (r > c).
3. Rationaliser et exclure les lignes de business qui ont une rentabilité du capital inférieure à son coût r < c.

Définition de la MVA, et lien entre EVA et MVA

La MVA se définit comme la différence entre la capitalisation boursière et le capital employé :

> **MVA = Capitalisation Boursière (CB) – Fonds Propres (FP)**

J.G. Bennet-Stewart établit un lien entre l'EVA et la MVA. En effet, la Valeur de l'entreprise telle qu'elle résulte des théories de Modigliani et Miller et de Joël M. Stern est égale à la somme des flux de Free Cash-flow actualisés (le Free Cash-flow est le cash découlant des opérations pouvant être attribuées aux actionnaires et aux prêteurs après financement des investissements). De fait, la valeur d'une entreprise est égale à l'actualisation d'une série dont chaque terme est la différence entre le profit opérationnel et les investissements réalisés. Une autre manière de la calculer est d'actualiser une série dont chaque terme est l'EVA, c'est-à-dire la différence entre le profit opérationnel et le coût du capital employé et d'y ajouter le capital employé.

> **Capitalisation boursière =**
> **Fonds Propres + Valeur actualisée des futures EVA**

soit : **MVA = Valeur actualisée des futures EVA**
EVA = Capitalisation boursière – Fonds Propres

La MVA qui est égale à la valeur actualisée des futures EVA est une meilleure mesure du succès d'une entreprise que la seule capitalisation boursière. En effet, si une entreprise a une capitalisation boursière de 80 MF mais a investi 100 MF, la performance n'est évidemment pas extraordinaire.

Bennett-Stewart démontre la forte corrélation entre les changements de EVA et les changements de MVA. Et donc entre la performance boursière et le niveau d'EVA.

Le classement des mille premières entreprises d'après leur MVA bouleverse l'ordre du classement par les seuls bénéfices.

Coût du Capital Employé et notion de prime de risques

Le coût des dettes est pris après déduction de l'économie d'impôts.

Coût des dettes = Taux d'intérêt (1 – IS), IS = taux de l'impôt sur les bénéfices des sociétés.

Coût pondéré du capital = coût des dettes × % dettes + coût fonds propres × % FP.

Le coût des **fonds propres** retenu peut se déterminer de **deux manières :**

1. **L'inverse du P/E moyen** du secteur d'activité. En effet le coût des fonds propres est égal au Bénéfice net par action divisé par la Valeur de l'action c'est donc l'inverse du PER soit 1/PER. (Notons que la moyenne de l'inverse du PER moyen du S&P 500 varie suivant les époques aux USA entre 4 % pour la période 1995-1999 et 10,1 % la période 1973-1982. En France 6,0 % pour la période 95-99 et 9,3 %pour la période 73-82).

2. **À partir du coefficient β**[1] qui mesure le risque de l'investisseur qui est donné par l'équation suivante :

$$Re = Rf + \beta \ (Rm - Rf)$$

Nota : – Re est le coût du capital pour l'entreprise.
– Rf est le coût des obligations d'État sans risque.
– β est le coefficient de risque de l'entreprise.
– Rm est le taux de rentabilité moyen des capitaux en bourse (S&P 500 ou CAC 40).

Exemple pour IBM et Apple (fin 1988) :

IBM Re = 8,8 % + 1,06 (14,8 % – 8,8 %) = 8,8 % + 6,4 % = 15,2 %
Apple Re = 8,8 % + 1,56 (14,8 % – 8,8 %) = 8,8 % + 9,4 % = 18,2 %

Le risque et la difficulté de prévisions étaient considérés comme plus importants pour Apple.

Comme on l'a vu pour Rhône-Poulenc, en 1996, le coût pondéré du capital était de 9 %.

À la demande de ACCOR, la COB avait fait des estimations du b en faisant varier la prime de risque du marché entre 3 % et 6 % et en retenant pour taux sans risque soit les emprunts d'État à 20 ans ou 10 ans ainsi que les T-bonds américains sur 10 ans, testé sur plusieurs périodes le β varie de 0,793 à 1,084 et le coût moyen pondéré du capital de la société ACCOR variait de 4,78 % à 7,93 % et l'EVA variait de 101 à 281 millions suivant les paramètres et les périodes choisies, ce qui montre les limites de ce modèle théorique[2].

1. Brilman Jean et Maire Claude – *Manuel d'évaluation des entreprises* – Éditions d'Organisation 1988.
2. Commissariat au Plan – *Op. cit.*

L'entreprise type du Standard and Poor des années 1990 à 2000 qui nous a valu la bulle boursière de cette fin de siècle répondait aux caractéristiques et hypothèses suivantes[1] :

- Taux d'intérêt sans risque : 6 %
- Prime de risque : 4 %
- Coût moyen des capitaux : pour un financement à 40 % sur capitaux propres et 60% sur dettes : 9,2 %
- Taux de croissance attendu des bénéfices 9 %
- ROE : 15 %
- Price to Book : 6

---

1. Commissariat au Plan – *Op. cit.*

ANNEXE 2
RENTABILITÉ ET ÉVALUATION DES ACTIONS

Le TSR, Total Shareholder Return
ou Rentabilité Totale pour l'actionnaire

S'inspirant de la méthode de Bates[1] bien connue des analystes financiers, qui permet de calculer la valeur d'une entreprise en actualisant le flux de dividendes futurs augmentée de la valeur supposée de revente, le Boston Consulting Group a défini le TSR.[2] C'est le taux de rentabilité interne qui égalise le prix d'achat d'une action dans le passé à la somme actualisée des dividendes reçus par la suite et au prix du marché aujourd'hui. C'est le calcul du taux interne d'un investissement appliqué aux actions.

Il s'exprime par la formule :

$$V_o = d_{1/(1+t)} + d_{2/(1+t)^2} + ... + d_{(n/1+t)^n} + V_{n/(1+T)^n}$$

Le calcul de « t » résulte de la résolution de cette équation.

Par exemple un investisseur qui aurait acheté une action le 31 décembre 1991 61 Francs, et l'aurait revendue 265 F le 31 décembre 1996, après avoir encaissé successivement les dividendes suivants : 1,50 F – 1,62 F – 1,53 F – 1,71 F – 1,80 F, aurait réalisé un taux de rentabilité interne ou TSR de 36 % en francs courants.

Le BCG avait calculé le TSR moyen du marché pour la période 1990 à 1995 de quatre pays et identifié les entreprises les plus performantes suivant ce critère :

> *En France, la moyenne s'élevait à 9 %,* les entreprises les plus performantes dépassant 20 % comme But, Bic, Sagem, Castorama, Carrefour, Ecco, Primagaz, Essilor, Valéo, Sodexho, Imétal, Zodiac, Michelin, Rexel, Promodès, L'Oréal, Synthélabo, Seb.
>
> *Aux États-Unis, par contre, la moyenne atteignait 15 %* et certaines entreprises dépassaient 30 % comme Cisco Systems, Oracle, Computer Associates, United Healthcare, McDonnell Douglas, Intel, US Healthcare, Amgen, Lowe's, H-P, Medtronic, Microsoft, Goodyear, Chrysler, Xerox, Motorola, Lockeed Martin, Columbia.

---

1. Brilman Jean et Maire Claude – *Manuel d'évaluation des entreprises* – Éditions d'Organisation 1993.
2. Levi Catherine – Les champions mondiaux de la création de valeur – *Les Échos* – 24 septembre 1996.

En Grande-Bretagne, la moyenne du marché s'établissait à 12 % et les entreprises les plus performantes (TSR > 20 %) étaient Next (mode), Siebe, Norweb, Seeboard, Midlands Electricity, Eastern Group, South Wales Electricity South Western Electricity, Granada, Manweb, Rentokil, Hays, Electrocomponents, Cookson, British Airways, Wolseley, Reuters.

En Allemagne, la valeur moyenne du marché restait à 4 % et peu d'entreprises dépassent 20 % sauf Sap, Fresenius, Berliner Kraft und L. Gehe, Vew Verein.

Mais il est désormais clair que pendant deux décennies le rendement des actions moyen en bourse a été proche de 15 % avec un apogée entre 1995 et 1999 avec des performances sur 5 ans voisines de 25 %.

Les corrections boursières du début 2000 ramènent sur longue période les TSR à un niveau plus raisonnable mais encore exceptionnellement élevé : sur très longue période avec une croissance économique convenable **le rendement moyen peut se situer entre 6 % et 10 %.**

Périodes	1963-1972	1973-1982	1983-1992	1993-mars 2000	1993-juillet 2002
Rendement des Actions USA (S&P 500) TSR	9,8 %	6,6 %	16,2 %	21,0 %	10,0 %
Rendement des Actions France (SBF 250) TSR	Nc	6,7 %	20,5 %	22,1 %	10,4 %

Figure N° 2.5 : Rendement des actions aux USA et en France

Évaluation des sociétés non cotées par les financiers

Les méthodes d'évaluation des sociétés non cotées qui sont multiples, ne s'appliquent pas quotidiennement. C'est d'ailleurs pourquoi les dirigeants de ces sociétés n'utilisent pas la valeur de l'action comme indicateur fondamental. Ils peuvent en revanche utiliser l'EVA.

Toutefois en ligne avec les concepts d'EVA on voit utiliser lors des acquisitions de sociétés non cotées une méthode qui s'intéresse à la rentabilité des actifs d'exploitation plutôt qu'au bénéfice net.

Une méthode classique consiste par exemple à appliquer un PER de 7 à 12 au bénéfice net. La méthode plus en ligne avec les concepts nouveaux consiste à prendre par exemple 7 fois le Profit avant impôts et intérêts et à retrancher les dettes. Les Anglo-Saxons expriment cette évaluation sous la forme :

$$V = n \times EBIT - Debts$$

EBIT signifiant Earning Before Interest and Taxes c'est-à-dire Bénéfices avant intérêts et impôts sur les sociétés

ou

$$V = n \times \text{Rés av. intérêts et impôts moins Dettes}$$

avec $5 \leq n \leq 12$ suivant la croissance avec souvent V = 7 × EBIT – Debts

On voit également des chefs d'entreprises, des directeurs financiers ou des brokers focaliser l'attention sur un autre concept l'EBITDA ou proposer la formule d'évaluation suivante :

$$V = m \times \text{EBITDA}$$

EBITDA signifiant Earning before Interest Taxes Depreciation (profit avant Intérêt, IS et amortissements).

Ce concept oublie dangereusement le poids des dettes et de leurs intérêts et l'amortissement des équipements ou des goodwill.

Enfin, très souvent on prend pour évaluer une société non cotée un **PER de référence** en bourse avec une décote souvent voisine de 30 %.

Dans le passé Les PER en bourse ont atteints les niveaux moyens suivants :

Périodes	1963-1972	1973-1982	1983-1992	1993-mars 2000	1993-juillet 2202
Rendement des Actions USA (S&P 500)	17,7	9,9	15,6	24,9	23,9
Rendement des Actions France (SBF 250)		10,7	11,6	17,0	16,8

Figure N° 2.6 : Rendement des actions aux USA et en France

Si on excepte la période récente qui conduisait à des valorisations très élevées on constate qu'avec une décote de 30 % **les PER raisonnables pour acheter une entreprise non cotée se situent entre 7 et 12** sauf cas de croissance exceptionnelle du bénéfice futur.

PER d'une entreprise croissant à N % pendant dix ans puis 4 % sur l'éternité

Si on prend un modèle de croissance des profits d'une entreprise de N % par an les dix premières années suivies ensuite d'une croissance plus modérée de 4 % et qu'on actualise les profits pour estimer sa valeur on obtient les ordres de grandeurs suivants : pour un taux de rentabilité de son investissement de 14 % on peut payer un PER en bourse de[1] :

PER payé En bourse	Taux de croissance requis du bénéfice net pendant 10 ans (puis de 4 % par an sur l'éternité)
8	0 %
11	5 %
15	10 %
20	15 %
35	25 %

On constate qu'un PER de 35 suppose une croissance de bénéfice de 25 % par an pendant 10 ans, ce qui s'avère très rare dans la vie économique dès qu'une entreprise a atteint une certaine taille, ce qui est en général le cas des entreprises cotées.

---

1. Brilman Jean et Maire Claude – *Manuel d'évaluation des entreprises* – Éditions d'Organisation 1993 (épuisé).

Chapitre 3

Vision, valeurs
et changement de culture

Les entreprises qui réussissent sur la durée sont celles qui ont fait les *bons choix stratégiques* et qui ont su à chaque fois *mettre en place l'organisation humaine* capable de mettre en œuvre ces stratégies de manière compétitive, en s'adaptant en permanence aux nouvelles conditions des marchés, de la concurrence, et de l'environnement.

Dans l'environnement changeant décrit précédemment, stratégies et adaptation de l'organisation sont désormais considérées comme liées et font partie des tâches fondamentales des dirigeants.

Mais ce qu'on oublie trop souvent, c'est que s'il y a contradiction entre la stratégie et la culture de l'entreprise, c'est la culture qui l'emportera.

C'est ce qui explique la fréquence des échecs des opérations de diversification, de fusion, d'internationalisation, de changement de métiers ou de manière de faire, la lenteur avec laquelle les entreprises identifient les concurrents qui s'y prennent différemment, la difficulté de mise en œuvre des nouvelles technologies, les nombreux échecs de mise en œuvre du TQM (Management par la Qualité Totale) ou du Reengineering, car dans tous ces cas se pose le problème d'une culture différente ou d'un changement de culture.

Si l'ensemble de l'industrie automobile occidentale s'est d'abord trompé, à la fin des années 70, attribuant le succès des constructeurs japonais aux robots et à l'automatisation, ce n'est pas parce que les informations n'étaient pas disponibles. C'était un refus de voir et d'écouter les quelques ingénieurs occidentaux qui avaient passé du temps dans les usines japonaises. C'était un refus culturel de voir ou d'entendre.

Culture, valeurs et vision sont d'autant plus fondamentales que la part des services, de l'intangible, du « soft », du relationnel, augmente dans toutes les industries et qu'on attend des collaborateurs qu'ils construisent d'excellentes relations avec les clients externes et internes. Cela ne se commande pas, ce ne peut être que le produit de la culture de l'entreprise. Examinons comment évoluent les entreprises performantes.

LES ÉVOLUTIONS SIGNIFICATIVES EN COURS

HIER/AUJOURD'HUI ⇨	AUJOURD'HUI/DEMAIN
En France, Vision = prospective. Un visionnaire a de grandes idées, mais parfois irréalistes (terme quelquefois légèrement péjoratif)	Vision : expression concrète et consensuelle de ce que l'entreprise veut être et veut devenir, souvent traduite en termes de finalités, de missions et d'objectifs, voire de démarche et d'éthique
Vision liée principalement à choix éthique, à rôle dans la société, voire à choix stratégique	Vision liée à Management par la Qualité Totale, principalement orientée vers satisfaction des clients, des actionnaires et des autres parties prenantes, en respectant l'éthique et en cohérence avec la stratégie
Projet d'entreprise (mode éphémère en France années 80), essentiellement à vocation de communication	Remplacé par Vision, à la fois socle culturel (valeurs et missions) et finalités (concept de business, objectifs ambitieux, voies de progrès), principe organisateur du futur
La Vision rarement énoncée	La Vision fait partie du bon management
Vision établie par la direction	Vision élaborée suivant un processus consensuel et *in fine* décidée par la direction
Culture d'entreprise = savoirs mais surtout valeurs, quelques-unes explicites, beaucoup implicites, domaine peu exploré par les dirigeants	Concept « d'entreprise apprenante », de « knowledge organisation », valeurs souvent affichées, développement de méthodes managériales et de moyens techniques
Acculturation ou changement de culture = formation	Acculturation ou changement de culture = processus complexe mettant en jeu, formation , indicateurs, rémunération et vision, etc. (voir ci-après)
Diriger c'est : prévoir, organiser, commander, contrôler, etc.	Diriger c'est : prévoir, organiser, contrôler, commander, etc. et de plus en plus fonder ou changer la culture

Diriger, c'est fonder ou changer la culture

Une organisation c'est d'abord un ensemble de personnes, dont les comportements sont les clés de la réalisation effective des opérations. La plus grande part de ces comportements sont en fait la conséquence de ce qu'elles ont dans leur tête, c'est-à-dire de leur culture.

La culture d'une organisation a du sens évidemment au-delà d'une personne. Une petite entreprise est une équipe très imprégnée des valeurs de son dirigeant, mais plus l'entreprise devient grande, plus la culture s'autoproduit dans le temps et dans l'espace par le biais de multiples processus.

Plus le personnel est formé et évolué, plus son autonomie est importante, plus l'organisation est grande, plus on s'aperçoit que c'est en fait la culture qui règne.

La culture c'est l'ensemble des valeurs, des savoirs, des traditions et habitudes.

Nombreux sont les sociologues qui ont étudié la relation entre le développement des formes d'organisation sociale et leur acculturation. Ainsi Max Weber a-t-il lié l'essor et l'esprit du capitalisme à l'éthique protestante.

Les créateurs d'entreprises acculturent leurs premiers employés et souvent les entreprises personnelles et familiales ont des spécificités culturelles très fortes. On s'aperçoit également que les grands redresseurs d'entreprises ont souvent changé fondamentalement la culture de leurs entreprises comme L. Iacocca chez Chrysler, et R. Pachura chez Sollac, N. Goutard chez Valéo, Jack Welch chez General Electric et Thierry Breton chez Thomson.

Bien connaître le mécanisme de l'acculturation fait partie du bagage de base de tous les dirigeants, c'est pourquoi nous le rappelons.

Fondateur et transformateur de culture

« Plus les croyances d'une société sont stables, plus les comportements sont prédéterminés, moins le pouvoir est libre dans son action. Il peut paraître absolu quand on le voit exercer le rôle que les mœurs lui réservent. Mais on le découvre infiniment faible s'il veut aller contre la puissance des usages... La coutume est la cristallisation de tous les usages quelconques d'une société. Un peuple dont la coutume est entièrement souveraine doit être regardé comme courbé sous le despotisme des morts »[1]. *Par ces formules magnifiques, Bertrand de Jouvenel traduit bien l'impuissance du pouvoir face à la culture.*

Tandis que les victimes dont le sacrifice fonde la religion deviennent des dieux, ceux qui interprètent les dieux, sorciers ou prêtres, disent la loi, la loi divine, seul fondement de la morale. Et parce que, pour nos lointains ancêtres,

---

1. Bertrand de Jouvenel – *Du pouvoir* – Le Livre de Poche – Paris – 1972.

continuer à vivre était un miracle, et qu'il n'y avait nulle part de hasard, mais partout action d'une âme ou d'une divinité, le vieillard, qui portait avec son âge la preuve qu'il savait comment se comporter dans cet univers magique, détenait paradoxalement le pouvoir, dans un temps où la force physique et la vivacité étaient les clés de la domination.

Vieillards, sorciers, prêtres, prophètes et dieux fondaient en ce temps la culture. Leur succèdent dans les cités les grands rois et les philosophes.

À notre époque moderne, les leaders d'opinion et créateurs de culture sont multiples : écrivains, hommes politiques, journalistes, chefs d'entreprises et dirigeants, metteurs en scènes, inventeurs de logiciels.

Dans un pays récent, il y a eu de grands fondateurs de culture reconnus comme Freud, Gandhi ou Marx (quoi qu'on puisse penser du résultat de leur doctrine pour le bonheur des sociétés acculturées), mais il serait naïf de croire que les entrepreneurs fondateurs d'empires industriels n'ont apporté qu'une technique. Dans la plupart des cas, ils sont également des innovateurs sociaux : il y a eu une culture Du Pont de Nemours, une culture General Motors (diffusée par Alfred P. Sloan), une culture IBM qui ont influencé bien des organisations.

Aujourd'hui on pourrait parler de culture General Electric avec J. Welsh, de culture AT & T, Rank Xerox, Motorola, de culture Toyota, et plus généralement de la culture créée par des ouvrages ou documents de management qui ont connu une large diffusion comme les livres de Peter Drücker et Octave Gélinier en Europe, le Prix de l'Excellence de Thomas Peters & Robert Waterman, les ouvrages sur la stratégie de Michael Porter, Le Reengineering de Michael Hammer, Les sept habitudes qui font réussir de Stephen Covey, et surtout, *les référentiels des Prix Baldrige et EFQM* qui ont établi pour une grande part les valeurs essentielles du management moderne.

Un pouvoir se mesure à l'influence qu'il exerce sur les âmes, et la pierre d'achoppement du pouvoir, c'est le changement des habitudes ou des moeurs.

Culture et performances économiques

La culture de l'entreprise peut exercer une influence décisive sur les résultats économiques à long terme. J.P. Kotter et James L. Heskett[1] observent que les firmes dont la culture accorde une place prépondérante à l'élément humain (clients, actionnaires et personnel), et à la responsabilisation des cadres à tous les échelons, affichent de meilleurs résultats que les entreprises qui valorisent moins ces aspects. En onze ans, les premières ont accru leurs revenus de

---

1. Kotter John P. et Heskett James – *Culture et performances – Le second souffle de l'entreprise* – Éditions d'Organisation – 1993.

682 % contre 166 % pour les secondes, le nombre de leurs employés a augmenté de 282 % contre 36 % seulement, le cours de leurs actions a crû de 901 % contre 74 % et elles ont amélioré leur bénéfice net de 756 % contre 1 % pour les firmes de la seconde catégorie.

Les auteurs dénoncent l'idée reçue que les cultures fortes génèrent d'excellentes performances. S'appuyant sur une enquête réalisée auprès de 200 entreprises de nationalité et de taille différentes, ils insistent sur le risque de voir, dans une culture puissante, tous les responsables aller à l'unisson dans une même direction.

« *Les cultures fortes peuvent induire des pratiques inadaptées au contexte et inciter des dirigeants, pourtant brillants, à engager l'entreprise dans une mauvaise voie.* »

Ils peuvent devenir négatifs par résistance au changement.

Au contraire, dans les systèmes culturels favorables au changement, « *les dirigeants sont à l'affût des fluctuations du contexte et modifient les stratégies et les politiques en conséquence pour que l'entreprise ne perde pas contact avec le marché,... ils privilégient les individus et les processus créateurs de changement, et, plus particulièrement, la capacité de l'encadrement à conduire les réformes.* »

Présents dans toutes les jeunes entreprises qui réussissent, les cultures positives s'altèrent avec le temps, soit parce qu'elles ne se transmettent pas d'une génération de dirigeants à l'autre, soit parce que les années et le succès aidant, les membres de l'entreprise oublient les valeurs qui ont engendré la réussite initiale. C'est ainsi qu'une culture forte, fondée sur l'égocentrisme, risque de se développer, de freiner les initiatives et l'innovation en privilégiant la bureaucratie et la centralisation.

LES MÉCANISMES DE L'ACCULTURATION

Comment se fait donc l'acculturation des hommes ? Les sociologues, en particulier Henri Janne dans *Le Système Social*[1], ont identifié sept moyens,

Le langage

La langue différencie le groupe qui l'emploie de ceux qui utilisent d'autres langues (étrangers) ; en même temps qu'elle devient moyen d'identification et d'intégration, elle isole la communauté linguistique des influences extérieures. Elle permet ainsi au pouvoir en place de dresser une barrière plus étanche vis-à-vis des autres cultures. Chaque langue constitue un des fondements naturels de la culture.

---

1. Janne Henri – *Le système social* – *Essai de théorie générale* – Éditions de l'Université de Bruxelles – Bruxelles – 1976.

Lorsque certains gouvernants de pays en voie de développement imposèrent l'abandon de la langue du colonisateur, ils ont ainsi accru leur pouvoir. Mais, sur le plan du développement technique et économique, n'était-ce pas une régression culturelle ? C'est probable. En cette matière, ce qui est bon pour le pouvoir n'est pas toujours heureux pour les gouvernés.

À l'intérieur d'une langue, coexistent différents langages : « les façons de parler » reflètent les différences de classes sociales, les « manières de dire » marquent la diversité des situations (salons, politiques, etc.), et le « style » produit le même effet que l'habit ou la décoration.

Quant au « jargon professionnel », répond-il à une nécessité technique, c'est-à-dire au besoin de concepts nouveaux, pour éviter le caractère flou des concepts communs, ou serait-il plutôt l'un des modes par lesquels les experts exercent leur pouvoir sur les esprits ? Le jargon des Diafoirus ignorants n'a-t-il pas précédé le langage technique de la médecine moderne ? Le jargon des plaideurs n'est-il pas apparu avant le foisonnement de la réglementation ?

Mais le langage professionnel n'est pas que cela : il ne faut pas oublier les langages techniques qui constituent un ensemble beaucoup plus vaste que le langage courant. L'ensemble des mots techniques est désormais inaccessible à un homme seul. En réalité, le niveau culturel d'une nation n'est plus mesuré par sa production littéraire, picturale ou musicale, mais par son vocabulaire technique. D'ailleurs, l'un des problèmes que soulève le transfert de technologie vers les pays en voie de développement de langue spécifique, c'est la création de mots techniques dans la langue locale pour pouvoir traduire.

Dans une société multinationale, le choix de la langue ne privilégie-t-il pas l'accès au pouvoir, l'influence et la force dialectique de ceux qui la maîtrisent parfaitement ?

Dans une organisation, la mise en place de nouvelles procédures telles que le *Management par la Qualité Totale* ou l'EVA s'accompagne de l'introduction d'un vocabulaire nouveau, porteur de valeurs nouvelles. En ce sens, introduire dans le langage d'une organisation ou d'un peuple des mots ou des expressions nouvelles, c'est modifier ou accroître la culture de cette communauté humaine d'une manière tout à fait décisive, puisque c'est intervenir au niveau des fondements mêmes de la culture.

Bernard-Henry Lévy va plus loin encore : « Les linguistes disent : la langue est un « système » et une « structure », un réseau d'interdits et de barrages, une manière de *ne pas dire*, un dictionnaire *d'impensables* ; la grammaire est une police, la syntaxe un tribunal, l'écriture un fermoir... » ; et plus loin, il ajoute : « *Les peuples parlent, ils parlent à n'en plus finir, mais ils n'ont jamais cessé de parler la langue de leurs maîtres* »[1].

1. Lévy Bernard-Henri – *La barbarie à visage humain* – Éditions Grasset – Paris – 1977.

Aux mots anciens sont liées des représentations, des pratiques et des habitudes. C'est pourquoi lorsqu'on veut introduire un changement significatif, il est recommandé de changer le vocabulaire sauf si on veut, au contraire, marquer une continuité.

Et si l'on veut que les « managers » se transforment en « coaches », il faudra cesser un jour de les appeler managers.

Ainsi, « benchmarking » doit être utilisé à la place « d'imitation » lorsqu'il s'agit d'une démarche précise se déroulant suivant une méthode comportant plusieurs étapes commençant par un auto-diagnostic et pouvant conduire à imiter les processus des meilleurs mondiaux dans d'autres métiers.

Trop de dirigeants veulent changer, mais hésitent à changer le vocabulaire, ce faisant ils commettent une erreur psycho-sociologique, sauf s'ils veulent montrer que l'essentiel n'est pas modifié et que le changement n'est que marginal et s'opère dans la continuité.

Certains concepts relativement nouveaux, utilisant un vocabulaire usé, portent encore des représentations anciennes qui peuvent créer des confusions gênantes.

▬ Exemple de dilemme linguistique : Business Excellence plutôt que Qualité totale ?

C'est ainsi que l'emploi du mot *qualité* est gênant quand il s'agit du TQM (*Total Quality Management, Management par la Qualité Totale*). Ainsi, dans les entreprises qui utilisent depuis longtemps le mot *qualité* pour *l'Assurance Qualité* et qui cherchent depuis longtemps à obtenir le « zéro défaut ». Dans la construction aéronautique, il devient difficile de faire comprendre que la *Qualité Totale* est en fait un *système de management* qui dépasse très largement *l'Assurance Qualité*.

C'est pourquoi certaines entreprises ont choisi d'implanter la Qualité Totale sous le nom de « Business Excellence » ou de « World Class » ou « classe mondiale ». Mais cela éloigne un peu leur personnel du langage pratiqué par le marché. Leur vigilance n'est plus alertée quand ils voient des documents portant les mots Qualité Totale émanant de spécialistes, de leurs clients, de leurs fournisseurs ou de leurs concurrents.

Choisir un langage différent, c'est aussi s'isoler et perdre en capacité de communications avec les autres et en possibilité d'apprentissage.

Quelques entreprises ont tenté de résoudre cette difficulté en ajoutant des noms de code comme « Opération Centurion » (Philips) à la mise en place du management par la Qualité Totale, ce qui est une solution astucieuse.

Mais le mot *qualité* a par ailleurs une connotation positive dans les organisations « non-profit » telles que les organismes caritatifs dans lesquels il est difficile de parler de « *Business Excellence* ». Le mot qualité a l'avantage de rallier ceux qui *a priori* voient d'un œil peu favorable ou inquiet, tout ce qui peut avoir un rapport avec profit, argent, et business.

Ces quelques considérations visent à attirer l'attention des dirigeants sur l'importance du choix des mots qui est et doit rester une de leurs prérogatives dans tout processus de changement.

L'éducation et la formation

« *L'enfant ne naît pas social mais le devient* » dit Piaget. L'éducation constitue le processus essentiel et normal de la socialisation de l'individu »[1] ; elle est prodiguée par de multiples institutions : famille, église, école, amis, jeux, armée, livres, presse, télévision, etc., dont chacune agit séparément suivant une finalité qui lui est propre.

La famille, l'école et la télévision se partagent aujourd'hui la plus grande part du temps d'apprentissage des enfants. Les exigences d'un milieu de plus en plus technique et complexe obligent à pourvoir d'une formation de plus en plus vaste un nombre plus grand d'individus.

La société actuelle n'est-elle pas une société d'information et de formation permanente ?

Une des grandes erreurs commises par certains gouvernants des pays en émergence en matière de stratégie de développement a été de se faire conseiller par des économistes. Ceux-ci leur ont fait croire que le développement était un problème d'investissement et de ressources. Ils parlaient de projets industriels quand il fallait parler de culture.

Pendant le même temps, ceux qui étaient autorisés à parler de culture confondaient culture et folklore. Apprendre aux enfants le dialecte local, les chants des ancêtres, et les danses traditionnelles contribue à la sauvegarde d'un patrimoine culturel, mais ce n'est pas la voie qui permettra d'espérer trouver dans ces pays de nombreuses entreprises parmi les mille premières multinationales mondiales.

---

1. Pour Henri Mendras – Trois composantes essentielles font qu'un individu est unique : « donnée biologique – apprentissage social et histoire personnelle ». Ces trois éléments correspondent *mutatis mutandis* à la théorie psychanalytique de Freud qui distingue le *ça* – les instincts de l'individu – le *surmoi* qui lui est imposé par la société – et l'*ego* ou le *moi* qui crée le rapport unique dans chaque individu entre le *ça* et le *surmoi* par les divers mécanismes d'intériorisation des normes – la sublimation – le refoulement – etc. – dans *Éléments de sociologie* – Armand Colin – Paris – 1975.

La clé du développement, c'est la culture des entreprises, c'est-à-dire la partie cachée *de l'immense iceberg culturel* constitué par cette masse de connaissances et de valeurs accumulées par les organisations productives et, pour la plupart, très largement ignorées par ceux-là mêmes qui sont autorisés à parler de culture, c'est-à-dire les membres des corps enseignants.

Les entreprises avancées dépensent des sommes considérables pour la formation (souvent de 3 % à 10 % de la masse salariale). Cela va de la formation de remise à niveau comportant l'emploi correct de la langue, l'apprentissage de l'écriture et du calcul dans les pays dont le système éducatif est défaillant (dont les USA) jusqu'au perfectionnement des plus hauts dirigeants en passant par une gamme très étendue de formations techniques ou managériales.

Les systèmes de management moderne comme le *Management par Qualité Totale* impliquent souvent une formation de tout le personnel à l'emploi des outils de base de la Qualité et surtout aux valeurs qui véhiculent ce nouveau management telles que l'autocontrôle, la recherche des véritables causes, le management par les faits, et le respect des idées de tous, en particulier des opérateurs.

La formation, c'est aussi la répétition.

Les Français ne l'aiment pas. Il est mal vu de répéter le même mot dans une phrase, même si l'emploi d'un autre vocable diminue la clarté du texte. Pourtant, la répétition est souvent à la base de l'assimilation et de la mémorisation. Le Ritz-Carlton l'a bien compris quand il fait rediscuter son personnel de manière répétitive, sur la même règle d'or de la qualité de service au client. Il y a vingt règles d'or. Tous les vingt jours, l'une des vingt règles revient au menu des séances de formation-action, comme les commandements d'une religion.

De la propagande à la communication

La propagande est une méthode de conditionnement social utilisée avec systématisme afin d'exercer une pression psychologique sur un ensemble d'individus dont on espère infléchir les opinions et les comportements dans un sens déterminé.

Quand on sait qu'un fait, un événement, ne constituent une nouvelle que s'il leur est donné une signification, et que toute interprétation se fait à partir d'un système de valeurs, c'est-à-dire d'une idéologie, on conçoit clairement que le contrôle total, par le pouvoir, de l'ensemble des systèmes d'information veut dire que la propagande officielle a été substituée à l'information.

Les techniques de la propagande les plus classiques sont les suivantes : « utilisation de l'argument de la majorité, invocation d'un nom pourvu de prestige, liaison tendancieuse à une valeur forte, avec comme cas particulier le recours aux clichés, aux généralités vagues et impressionnantes, aux dénominations laudatives ou injurieuses »[1].

Si la violence appuie la propagande, elle établit un climat d'anxiété qui accrédite le sentiment que toute résistance est vaine. Ainsi, la propagande devient-elle un instrument direct de la prise ou de la conservation du pouvoir. D'une manière plus générale, il est démontré que l'argument passionnel a plus d'effet que l'argument rationnel. Pour satisfaire les sages, l'art de la propagande consiste à jouer des arguments passionnels dans une forme d'apparence rationnelle[2].

Dans une société totalitaire, la pression des valeurs est intense, massive, permanente, elle vise l'homogénéité mentale, rêve de tous les gouvernants. La culture extérieure ne peut pénétrer que clandestinement et ne touche de toute façon qu'une fraction marginale de la population.

Dans une société pluraliste, où les divers groupes humains en présence participent à un remodelage permanent des valeurs dans des sens souvent contraires, la pression de celles-ci est souvent également intense et massive, mais avec une marge tolérée d'hétérogénéité.

Dans la plupart des organisations, le mot propagande choquerait, car depuis longtemps on s'est efforcé d'extirper la violence et l'arbitraire des entreprises des pays démocratiques. Toutefois, il reste deux traits de la communication d'entreprise qui relèvent de la propagande : la peur du chômage qui exerce une forme insidieuse de violence surtout en Europe où retrouver du travail est difficile pour certaines tranches d'âge ou qualifications et, dans certaines entreprises, le monopole de la direction générale en ce qui concerne la communication externe et interne, monopole renforcé par les médias qui, la plupart du temps, ne veulent entendre que le numéro un.

Mais paradoxalement, loin d'en abuser, la plupart des dirigeants semble ne pas accorder à la communication interne l'importance qu'elle mérite.

Il suffit d'examiner les entreprises performantes qui ont eu, par exemple, les prix Qualité Baldrige ou EFQM, pour constater :

- La qualité de la communication (contenu et présentation).
- La multiplication des canaux utilisés.
- La clarté et la force des concepts.
- L'affichage des valeurs.

---

1. Stoetzel J. – *La psychologie sociale* – Flammarion Éditions – Paris – 1978.
2. Comme l'écrivait Hobbes : « les mots sont les jetons des sages – qui ne s'en servent que pour calculer – mais ils sont la monnaie des sots – qui les estiment en vertu de l'autorité d'un Aristote, d'un Cicéron, d'un Saint-Thomas, ou de quelqu'autre docteur qui, en dehors du fait d'être un homme, n'est pas autrement qualifié » – *Le Léviathan* – Éditions Sirey – Paris – 1971.

Les prédictions créatrices, accélératrices et destructrices

Henri Janne rassemble sous cette dénomination tout ce qui découle du fait que « *les hommes ne réagissent pas seulement aux caractères objectifs d'une situation, mais à la signification qu'ils lui donnent* » (self-fullfiling prophecy)[1].

Gouverner c'est prévoir, dit-on, *mais c'est tout autant savoir prédire.*

Nos âmes inquiètes ne cesseront jamais d'interroger l'avenir, et nous resterons toujours grands amateurs de prophéties. On baptise aujourd'hui prospective, futurologie, scénarios du futur, des tentatives plus méthodiques pour soulever le voile qui masque le futur.

Ce faisant, en matière sociale, il suffit souvent qu'une masse de personnes croit en quelque chose pour que l'idée se concrétise : si le public croit une banque insolvable et se précipite pour retirer ses dépôts, celle-ci le devient effectivement rapidement ; quand deux pays croient la guerre inévitable entre eux, elle éclate effectivement.

Il y a prédiction créatrice quand le phénomène n'existe pas en réalité, mais découle de la prédiction. Cette prédiction est accélératrice lorsque le phénomène est réel, et qu'il est amplifié ou accéléré par la diffusion de la prédiction.

L'inflation, à cet égard, comme l'a montré Wicksell, correspond très bien à ce processus cumulatif. Lorsque les instances officielles prédisent une hausse de l'inflation, elle ne peut que s'accélérer ; c'est pourquoi elles claironnent toute prévision de baisse, et ne parlent que de mesures pour freiner l'inflation quand elles prévoient une hausse.

La prédiction destructrice est celle qui, au contraire, empêche le phénomène de se réaliser, de même qu'une attaque surprise est déjouée par les défenseurs si ceux-ci ont été alertés auparavant.

La prédiction constitue l'une des bases de la dialectique politique, et des campagnes électorales : l'opposition consacre la plupart de son discours à prédire les effets funestes de la politique du gouvernement en place. Tandis que celui-ci prédit des jours meilleurs grâce à ses mesures et *vice versa*. Et chaque parti fait des promesses électorales qu'il ne pourra tenir que très partiellement.

Le personnel des entreprises attend des dirigeants qu'ils jouent le rôle de devins.

C'est pourquoi **nécessité** et **vision** sont deux volets très importants du management moderne.

---

1. Janne Henri – *Le système social* – Éditions de l'Université de Bruxelles – 1976.

Le diagnostic de la situation permet d'établir la *nécessité*, par exemple : « nous sommes soumis à une concurrence terrible sur les prix, nous devons abaisser nos coûts ».

La *vision* formule l'ambition et les espoirs, par exemple : « Offrant la meilleure satisfaction client pour le prix le plus bas, nous serons les leaders incontestés du marché, ce qui nous permettra de rémunérer correctement nos actionnaires et nos collaborateurs ».

Le troisième volet de la démonstration touche à la possibilité de le faire. « Nous avons fait le benchmarking des sociétés X, Y et Z qui ont des processus analogues aux nôtres, elles réalisent les mêmes opérations pour un coût inférieur de 30 % ».

L'attente normative ou la pression sociale

On utilise souvent l'expression de pression sociale sans jamais expliciter quelle forme elle revêt. En réalité, il s'agit de la prise de conscience par un individu des attentes des autres en ce qui concerne son comportement dans une situation déterminée. La pression sociale n'est autre que l'attente d'une réaction conforme à certaines normes qui pousse l'homme à exécuter l'acte escompté.

Ce penchant pour la conformité aux normes, pour le respect des statuts et des rôles est non seulement le fruit des apprentissages sociaux du jeune âge, mais il correspond aussi à un besoin de sécurisation. C'est un des mécanismes d'adaptation.

De cette reconnaissance du phénomène de pression sociale créée par un groupe sur l'individu découle un principe d'acculturation, qui consiste à placer dans des groupes conformes les individus à éduquer. Toujours suivant le même principe, on acculture des petits groupes, en les intégrant dans des ensembles plus vastes, en veillant toutefois à les empêcher de se particulariser ou de se solidariser.

C'est en grande partie ce qui se produit lors de l'embauche d'un homme par une organisation ou l'absorption d'une petite équipe par une grande compagnie. C'est aussi pourquoi il ne faut pas attendre d'un homme, s'il n'est pas le chef, qu'il change la culture d'une organisation.

Les attentes normatives d'une organisation s'expriment par le système d'information, le contrôle de gestion, les systèmes d'évaluation des personnes et les systèmes de reconnaissances et de récompenses.

Indicateurs, mesures, objectifs et systèmes de reconnaissances et de rétribution permettent de transmettre et décliner les attentes normatives dans toute l'organisation.

Le premier impact fondamental du contrôle de gestion souvent oublié c'est sa portée culturelle. Avant d'être un système de chiffres, il est système de valeurs.

La mode

Le phénomène de mode très connu dans l'univers des produits de consommation, en particulier de l'habit féminin, s'applique également au terrain des idées, spécialement dans les domaines des sciences économiques et sociales.

Les modes ont été nombreuses en matière de management depuis l'époque de F. Taylor. Mais on ne peut nier qu'elles ont eu un effet important sur les entreprises. En général, une mode de management trouve sa source dans les performances d'une entreprise innovante et audacieuse. Les méthodes de management ayant donné ces résultats sont décrites et diffusées par les dirigeants eux-mêmes, des consultants, des professeurs, des journalistes et des clients vers leurs fournisseurs.

Parmi les exemples du passé, on peut signaler, la production Juste-à-Temps qui vient de Toyota, le Benchmarking inventé par Xerox. Et on voit se diffuser les modes des hiérarchies courtes, des structures par processus ou par projets, des organisations apprenantes.

Quelquefois, la mode est lancée par des consultants ou des professeurs, comme le Reengineering par Michael Hammer, à la suite de l'observation de pratiques efficaces.

Si la mode se répand, c'est parce que le bouche à oreille fonctionne sur les progrès qu'elle apporte dans la plupart des cas (même s'il y a également des échecs).

Certaines modes deviennent phénomène social et transforment progressivement en quelques décennies l'ensemble des entreprises.

Il faut donc savoir se saisir des modes pour donner l'envie à son personnel de mettre en œuvre la transformation.

Les exemples et modèles culturels

Il s'agit de modèles culturels qui font partie du système de valeurs, incarnent certaines d'entre elles dont elles deviennent le symbole. Ces modèles fascinent parfois les individus au point qu'ils l'emportent parfois sur leur instinct de survie.

On peut citer comme modèles synthétisés en un type d'homme idéal le Chevalier, le Saint, le Prud'homme dans les sociétés médiévales, l'Honnête Homme au XVIIe siècle, le Philosophe au XVIIIe, le Gentleman au XIXe en Angleterre et le Bourgeois à la même époque en France. Par contre, au XXe siècle, aucun type d'homme idéal ne semble s'imposer, peut-être par manque du recul que donne la perspective historique.

« L'économie dominante » (l'Angleterre, la France, l'Allemagne ont eu leur heure de gloire) conserve à travers l'histoire sa vertu de modèle culturel. Car les marchands, voyageurs curieux et perspicaces, cherchent à imiter ce qui marche et propagent le modèle de l'économie dominante. Le modèle américain a inspiré l'Occident depuis 1945 et son influence persiste encore au début du XXIe siècle.

Le modèle japonais, en fait le système Toyota de production, a eu son heure de gloire dans les années 80 et on a pu penser qu'il allait éclipser le modèle américain, mais celui-ci s'est de nouveau imposé depuis le début des années 1990.

En fait on s'aperçoit qu'il y a plusieurs niveaux de modèles :
- Les modèles d'hommes,
- Les modèles d'équipes,
- Les modèles d'organisation,
- Les modèles de nations.

L'imitation de ces modèles s'avère un des processus importants d'acculturation. C'est pourquoi les entreprises américaines, en particulier, désignent des héros en leur sein. Ceux qui ont un comportement exemplaire au regard des valeurs telles que le service au client, la rentabilité ou la qualité. Des entreprises performantes servent de modèles à d'autres entreprises.

Le Prix Qualité du Président vise à désigner le service ou la division modèle de l'année.

Les supérieurs hiérarchiques, qu'ils le veuillent ou non, sont automatiquement pris comme modèles, c'est pourquoi l'exemplarité est tellement importante. Les chefs doivent être les premiers à se comporter conformément aux valeurs qu'ils préconisent.

Ce qui conduit d'ailleurs souvent les redresseurs d'entreprises en difficulté à se séparer des principaux cadres, car ils incarnent des valeurs qui sont en contradiction avec celles qu'il faut promouvoir et ils ne changeront pas suffisamment vite pour devenir les héros d'un autre système.

AGIR PAR L'ACCULTURATION : LES SEPT LEVIERS

Notre environnement impose aux entreprises d'être flexibles. Cela passe par l'efficacité et la rapidité de l'acculturation.

Dans toutes les opérations de changement, tout dirigeant doit penser à utiliser les sept leviers de l'acculturation qui sont résumés dans le tableau ci-après.

Les 7 leviers pour fonder ou changer la culture

Diriger, c'est fonder ou changer la culture. S'il y a contradiction entre la stratégie et la culture, c'est la culture qui l'emportera.

1. **Le langage**
   Changer les mots : les représentations sont liées aux mots anciens

2. **L'éducation**
   La formation aux concepts et pratiques nouvelles

3. **La propagande**
   La communication encore et encore

4. **Les prédictions créatrices, accélératrices et destructrices**
   Nécessité et vision

5. **L'attente normative**
   Les valeurs, les indicateurs, les objectifs, la reconnaissance, les récompenses et les systèmes de rémunérations

6. **La mode**
   Être à la pointe du progrès et profiter des modes

7. **Les exemples et modèles culturels**
   Les chefs, les équipes ou les entreprises performantes, les héros de l'organisation

Tableau N° 3.1 : Les 7 leviers proposés par Henri Janne

En utilisant ces sept leviers, il sera sept fois plus puissant ou sept fois plus rapide.

En ce qui concerne les organisations, elles sont parfois obligées pour survivre de changer très rapidement, et même parfois de procéder à une véritable révolution culturelle, souvent sous la conduite d'une nouvelle équipe dirigeante.

LA VISION

Définition de la vision

Elle exprime, dans une formulation courte, la vocation centrale de l'entreprise et de ses finalités, en particulier vis-à-vis des parties prenantes que sont les actionnaires, les clients, le personnel, les partenaires, et la société tout entière. Chaque mot compte. La vision servira de tables de la loi, en particulier pour arbitrer les dilemmes de toutes natures.

La vision peut être formulée en quelques mots. Il s'agit alors de la finalité prioritaire comme « satisfaction totale des clients », mais elle peut combiner vocation, valeurs, mission, ambitions, objectifs futurs désirés, règles du jeu, progrès visés, et chemins pour y parvenir.

Certaines visions sont exprimées en peu de mots, d'autres s'articulent parfois en plusieurs composantes détaillées.

Dans les domaines de services où la majorité du personnel est en contact permanent avec des clients, comme l'hôtellerie ou les hôpitaux, et ils sont nombreux, le comportement et les attitudes du personnel représentent l'essentiel de la satisfaction et de la valeur pour les clients et donc de la réussite et de la réputation de l'organisation.

Dans ces cas, une vision qui devient charte, règles d'or, ou impératif moral, si elle est élaborée de manière consensuelle, si elle est affichée, connue, répétée, et complètement intégrée voire intériorisée par le personnel, si elle sert de référence pour les choix stratégiques et éthiques, et surtout si elle devient fondement du comportement quotidien et règle de vie, alors la direction a réussi une partie de sa mission : elle a créé la culture cohérente avec la stratégie.

Il est clair qu'une vision qui vise ces objectifs ne peut s'exprimer en quelques mots.

LES COMPOSANTES DE LA VISION

Comme l'indique Octave Gélinier dans le stage « Nouvel Art de Diriger », en s'inspirant de l'essai de classement des cas observés par Collins et Porras (HBR, Sept. 1996), la vision comporte un *socle culturel* et un *futur désiré* :

Le socle culturel

Il se subdivise à son tour en Valeurs et Mission.

Valeurs

Ce sont les croyances fondamentales telles que respect des personnes, totale intégrité (qu'il faut entendre principalement comme une totale intégrité vis-à-vis des clients), satisfaction du client et de l'actionnaire, etc.

Mission

C'est le sens profond de nos efforts : contribuer par l'action de l'entreprise au progrès de l'humanité. Beaucoup d'énoncés de vision commencent par « *servir les besoins de la collectivité* » (voir Motorola ou Hewlett-Packard : « *contribuer par l'innovation au progrès et au bien-être de l'humanité* »). Les exemples cités figurent aux pages 69 et suivantes.

Le futur désiré

« Au lieu de planifier l'imprévisible, avoir une vision, c'est créer ensemble et rapidement le futur que l'on veut ».

Les ambitions :

Ce sont souvent des ambitions élevées : *être le leader, le meilleur* (voir Motorola, le Ritz-Carlton ou Pitney-Bowes).

Comme le dit Jean-Marie Descarpentries[1], qui au cours de sa carrière a développé Carnaud Metalbox et ramené Bull au profit en 1996, *Il faut se fixer des objectifs ambitieux*, car rien n'est impossible, et il citait un proverbe japonais, et Jack Welsh, Président de General Electric :

> *« + 5 % c'est difficile, + 30 % c'est facile »* (proverbe japonais)
> *« Le marché est plus grand que nos rêves »* (Jack Welsh)

Se donner des objectifs ambitieux oblige à penser aux moyens, et à envisager de faire autrement, c'est-à-dire à rendre l'organisation PROACTIVE et CRÉA-TIVE, deux qualités vitales dans le monde moderne.

Les règles du jeu et axes de progrès

Ils indiquent les normes à observer, comme le Ritz-Carlton, ou comment s'y prendre comme Motorola avec *« how we will do it : six sigma quality, total cycle time reduction, etc. »*

Le tableau du futur visé

Il se présente souvent sous la forme de *« ce que nous voulons être »* *« une organisation dynamique, réactive, etc. »* (voir Pitney-Bowes).

LA CONSTRUCTION DE LA VISION

Cette vision doit être construite de manière consensuelle. Elle est en général élaborée au travers d'un processus bottom-up, se terminant par de longues discussions du comité de direction sur le choix de chaque mot.

Le lien entre vision, stratégie et structure organisationnelle

L'un des rôles de la vision est d'être source de sens et d'inspiration motivante et d'insuffler une dimension volontariste et pro-active à la démarche stratégique, en exprimant une volonté et des ambitions consensuelles.

Elle joue un rôle important de communication pédagogique interne et externe, et peut être un facteur de mutation culturelle et stratégique au travers d'expressions comme : « Nous sommes emballage et pas seulement fer blanc. »

---

1. Descarpentries Jean-Marie – *Exposé devant les consultants de la Division CEGOS Marketing et Commercial*, dirigée par Philippe Korda.

« *Nous sommes une entreprise en concurrence mondiale et non plus un monopole public* ».

Elle ne peut être conçue indépendamment des orientations stratégiques ni des choix organisationnels. S'il y a changement d'axe stratégique, il peut être nécessaire de revoir la vision si elle cesse d'être cohérente.

L'International Benchmarking Clearinghouse de l'American Productivity and Quality Center (APQC)[1], avec le concours de 80 entreprises dont certaines parmi les plus importantes des États-Unis, et d'Arthur Andersen & Co, a créé une description générique de l'entreprise sous forme de processus : *The Process Classification Framework*, c'est-à-dire une structure de classification des processus qui donne une vue générique des processus et sous-processus les plus courants dans les entreprises et permet à chacune d'entre elles de mieux s'imaginer puis se décrire en termes de processus. On trouvera la traduction de ce cadre en Annexe du chapitre 10.

Le processus N° 2 intitulé « *Développer vision et stratégie* » comporte les processus et sous-processus opératoires suivants :

2. Développer vision et stratégie

1. Suivre l'environnement de l'entreprise
1. Analyser et comprendre la concurrence
2. Identifier les tendances économiques
3. Identifier les problèmes politiques, législatifs et réglementaires
4. Évaluer les innovations technologiques
5. Comprendre les tendances démographiques
6. Repérer les changements sociaux et culturels
7. Comprendre les préoccupations écologiques

2. Définir le « business » et la stratégie d'organisation
1. Choisir les marchés
2. Développer une vision à long terme
3. Formuler la stratégie des « Business Units »
4. Préciser les missions globales

3. Concevoir la structure organisationnelle et les relations entre unités
4. Fixer des objectifs organisationnels

Cette définition lie explicitement les modes opératoires et les étapes pour élaborer et choisir la vision, la stratégie et la structure organisationnelle.

© Groupe Eyrolles

---

1. APQC – *International Benchmarking Clearinghouse* – Information services Dept – 123 North Post Oak Lane – Houston – Texas 77024 – tél : 713-681-4020.

Les étapes de construction de la vision d'une activité

Dans le cadre d'une réflexion prospective sur les marchés, les clients, les ressources de la firme (actifs et capacités) et leurs évolutions, les propositions de valeur que l'entreprise leur apporte et veut pouvoir leur apporter dans l'avenir, le personnel, la réglementation et la mission sociale de l'entreprise, la direction peut élaborer une *vision comme principe organisateur d'un futur désiré en entreprenant de* :

- Lancer une réflexion participative sur les stratégies comportant prioritairement le choix des activités que l'entreprise va poursuivre ou qu'elle veut inclure dans son développement,
- Éventuellement, le choix des catégories de clientèles qu'elle veut servir,
- Le positionnement qui va être le sien en terme d'apports de valeur actuels et futurs (du moins des tendances ou des orientations si possible),
- Et par conséquent ses principales missions et les principes qu'elle doit respecter pour apporter effectivement la proposition de valeur prévue à ses clients,
- Imaginer un avenir désiré sur ces bases concrètes en termes suffisamment pensés pour être diffusable à tout l'environnement y compris les clients et le personnel en sachant que les concurrents en feront une lecture attentive,
- En tirer les principales valeurs à respecter par le personnel et éventuellement des règles de comportement,
- Définir éventuellement le niveau d'ambition générale qu'elle vise (leader en parts de marché ou sur un créneau ou en qualité, etc.),
- En déduire les ressources qu'elle doit posséder, en particulier concevoir la configuration organisationnelle et les capacités qu'elle doit constituer, en cohérence avec les énoncés précédents,
- Recueillir un certain consensus sur les points précédents,
- Formuler la vision si possible en énonçant simplement et clairement les éléments fondamentaux et distinctifs en pensant que ce texte doit pouvoir être distribué aussi bien aux clients qu'aux actionnaires, au personnel et aux administrations et à toutes les autres parties prenantes, en particulier aux fournisseurs et aux associations écologistes ou consuméristes.

Cette vision doit pouvoir servir de cadre durable aux stratégies particulières et guider les initiatives décentralisées.

Ainsi conçue, elle s'avère un des outils majeurs de l'acculturation du personnel et de la direction des entreprises.

Dans le cadre d'un groupe diversifié, la direction du groupe doit fournir une vision pour le groupe, qui sera davantage centrée sur le socle culturel commun telles que les valeurs, les missions d'intérêt général, les méthodes managériales (comme Motorola « How we will do it ») si elles sont communes au groupe. Elle constituera une partie de la vision de chaque activité ou division. Cette vision montre le chemin aux unités, et dans ce sens c'est déjà un important outil de management au niveau central.

Cette vision centrale, dans la mesure où elle indique clairement la direction, les valeurs et les indicateurs de réussite, permet, si elle est implantée au niveau des unités, de *déléguer davantage de liberté stratégique.*

Chaque business devra construire sa vision, toutefois dans le cadre et en reprenant certaines formulations de la vision construite au niveau du groupe.

Ainsi au Ritz-Carlton, chaque hôtel établit « sa mission statement » en partie par adaptation de la « mission statement » établie pour l'ensemble de l'entreprise.

EXEMPLES

Motorola

Comme on peut le voir dans le schéma de la page suivante, chez Motorola, la vision s'articule en un objectif fondamental, des valeurs, des buts et des initiatives clés.

Elle est extrêmement ambitieuse et concrète, allant jusqu'à « Nos initiatives clés – comment nous le ferons ».

Cette caractéristique d'ambition et de spécificité rend les « visions » américaines beaucoup plus importantes et opérationnelles qu'on peut l'imaginer en Europe.

Pitney Bowes

La vision comporte deux volets, la *vision* et la *mission* :

> « *Notre vision* » : « améliorer sans cesse *Satisfaction* et *Valeur* : être une organisation dynamique, réactive, hautement compétitive, qui donne la plus haute priorité à la conquête des marchés mondiaux des (systèmes) de préparation et de processus du courrier....Nous devons être conduits par notre passion pour le client.... Notre responsabilité est d'assurer que tous nos employés ont les outils, les compétences, l'information, la responsabilité et l'autorité pour satisfaire les attentes des clients. »
>
> « *Notre mission* : être le fournisseur préféré mondialement pour les solutions (aux problèmes) du courrier en nous focalisant sur la satisfaction client... »

LE BUT DE MOTOROLA

Le but de Motorola est de servir honorablement les besoins de la collectivité en fournissant des produits et des services de qualité supérieure au juste prix à ses clients. Et de réaliser cela de manière à gagner le profit adéquat pour que l'entreprise dans son ensemble finance sa croissance et fournisse l'opportunité à ses employés et actionnaires d'atteindre leurs objectifs personnels raisonnables.

NOTRE OBJECTIF FONDAMENTAL
(La responsabilité prioritaire de chacun)
Satisfaction Totale du Client MOTOROLA

Nos croyances fondamentales – *comment nous allons toujours agir*

- Respect constant des personnes
- Intégrité sans compromis

Les objectifs majeurs – *que nous devons réaliser*
- Meilleur de sa catégorie :
  - Personnel
  - Marketing
  - Technologie
  - Produit : logiciel, matériel et systèmes
  - Fabrication
  - Service

- Accroître la part de marché globale
- Des résultats financiers supérieurs

Nos initiatives clés – *comment nous le ferons*
- Qualité Six Sigma

- Réduction du temps de cycle total
- Etre à la pointe en produit, fabrication et respect de l'environnement
- Amélioration du profit

- Empowerment de tous, dans une ambiance de travail participative et créative

Le Ritz-Carlton

La vision se traduit par une « *mission statement* » (déclaration de mission). C'est un texte d'une page couvrant de nombreux aspects de la vocation de l'entreprise et de ses choix stratégiques y compris ses choix de clients, et comportant l'énoncé de ses ambitions. En résumé :

- Leader de la qualité dans l'industrie hôtelière.
- Sélectivité affichée dans le choix des clients, des partenaires et des fournisseurs.
- Très haut niveau de service défini par des mots comme « authentique, attentionné, personnalisé, beauté, confort, propreté, expérience mémorable, et valeur exceptionnelle ».
- La sélection d'employés qui partagent les valeurs énoncées.

- Des managers qui aident les employés à offrir la meilleure qualité de service.
- Par ailleurs tout le personnel est doté d'une petite carte pliée tenant dans la poche de chemise qui comporte quatre parties :
  - un *motto* :
    « We are ladies and gentlemen serving ladies and gentlemen »
  - Un *Credo* qui résume en trois phrases la mission statement,
  - Les *trois étapes du service à l'invité* :
    1. « Un chaleureux et sincère accueil ». Utiliser le nom de l'invité si et quand c'est possible.
    2. Anticipation et satisfaction des besoins des invités.
    3. Cordial adieu. Donnez-leur un chaleureux au revoir et utilisez leur nom si et quand c'est possible.
  - Les *vingt règles d'or* qui résultent d'une grande opération d'écoute-clients validée par une importante enquête internationale, par exemple :
    1. Le Credo sera connu, intégré et appliqué avec vigueur par tous les employés.
    8. Tout employé qui reçoit une plainte d'un client en devient le responsable.
    9. Tout le personnel doit contribuer instantanément à la pacification d'un invité. Réagissez rapidement pour corriger le problème immédiatement....
    12. *« Souriez. Nous sommes sur scène »*. Toujours maintenir un contact positif du regard. Utilisez le vocabulaire approprié avec les invités. (utilisez « bonjour », « certainement » et « bien volontiers «).
    17. Les uniformes doivent être immaculés, etc.

Novotel (Groupe Accor)

- Novotel a lancé en 1993-1994, une grande opération de changement *« retour vers le futur »*, s'appuyant sur le trépied *clients-hommes-gestion,* une *nouvelle personnalité* : logo, architecture, signalétique, etc., *une nouvelle philosophie* : *« Bienvenue, vous êtes chez vous »*, et *un plan d'investissements* de rénovation des hôtels sur quatre ans. À cette occasion, ils ont redéfini la vision dont les principes fondamentaux sont les suivants[1] :
- L'organisation est au service des clients.

---

1. Chabrot Evelyne – DRH Novotel – *Présentation France Télécom du 5 juillet 1996* – GIC Gestion des Ressources humaines.

- Le centre de l'organisation est le directeur, « maître de maison » qui, avant tout, est au service de ses clients.
- *Huit valeurs* sont essentielles : confiance, bons sens, écoute, rigueur, entraide, courage, exemplarité, humour.
- L'organisation respecte *trois équilibres fondamentaux* :
  - ✓ l'équilibre confiance/prise de risques,
  - ✓ l'équilibre structure plate/huit valeurs fortes,
  - ✓ l'équilibre autonomie/quatre règles de fonctionnement.

Les *quatre règles de fonctionnement* sont : la subsidiarité, le respect des standards « franchiseurs/franchisés », l'adaptation de son niveau d'écoute, la validation des décisions.

Pour le développement du personnel, « *Une école de vie, l'école Novotel : tu apprends, tu évolues, tu te fais plaisir, tu t'épanouis* ».

North Broward Hospital District (mission)

« *La mission de North Broward Hospital District est de fournir un système de santé intégré, en partenariat avec la commune, qui améliore le niveau mesuré de santé de la population qu'elle dessert en mettant l'accent sur le plus haut niveau de satisfaction, des résultats cliniques positifs et le sens de la responsabilité financière* », cité par R. M. Hodgetts[1].

Valley Hospital Medical Center (mission and principles)

Présenté également par R. Hodgetts, le texte fait une page et comporte beaucoup plus d'éléments que le cas précédent.

Notre mission est de *réussir une croissance à long terme et (d'obtenir) le succès en fournissant des services de santé* :

- ✓ *que les patients recommandent à leurs famille et amis,*
- ✓ *que les médecins préfèrent pour leurs patients,*
- ✓ *que les acheteurs sélectionnent pour leurs clients, et,*
- ✓ *dont le personnel est fier.*

---

1. Hodgetts Richard M. – *Implementing TQM in Small & Medium-sized organizations – A step by step guide* – Éditions Amacom – New York – 1996.

L'hôpital s'engage à réaliser cette mission en respectant les principes suivants :

> *Excellence du service (à temps, professionnel, etc.), progrès continus et mesurés (…), développement des employés (…), éthique et égal traitement de tous (…), travail d'équipe (…), innovation dans la réalisation du service (…), compassion.* « Pour chacune de ces rubriques, l'hôpital explicite ce que cela implique.

Évolution des visions d'entreprises à l'orée des années 2000

À la suite de ruptures technologiques ou de rapides évolutions comme celles entraînées par Internet, il faut souvent modifier la culture pour pouvoir changer de stratégie. La vision doit alors être revue. Il est intéressant à cet égard de citer les principales modifications de culture de quelques entreprises performantes au début 2000.

Jack Welsh s'attend à ce que les relations avec les employés, les clients et les fournisseurs soient à l'avenir basées sur le Web. Il a demandé que chaque activité repense en conséquence tous les processus et les opérations. À cette fin il a demandé que chaque « Business Unit » nomme un « fanatique de l'e-commerce » qui reporte au patron et qui puisse briser toutes les règles sauf les valeurs de l'entreprise.

Philips résume sa nouvelle vision par BEST pour Business Excellence, Speed, Teamwork et introduit ainsi, en sus des critères habituels du TQM qui figurent dans Business Excellence, l'idée de Vitesse et de Travail en Équipe.

D'une manière générale les visions du début 2000, si elles conservent les valeurs :

- *de satisfaction client,*
- *de recherche de l'excellence,*
- *de qualité de toutes les actions,*
- *de respect des personnes*

y ajoutent de plus en plus l'idée :

- *de fidélisation des clients,*
- *de travail en réseau avec des collègues et partenaires,*
- *et plus encore de confiance entre les participants de la chaîne de valeur,*
- *de vitesse* (qui devient vitale en période de rupture technologique),
- *d'innovation et*
- *d'intégration des nouvelles technologies* (certaines visions proclament désormais nous voulons devenir une *e-entreprise*),
- *de prise de risques, d'acceptation du changement.*

Et désormais on voit apparaître les propositions du développement durable comme :

- *Respect de l'environnement, certification ISO 14000*
- *Intégrité, transparence, respects des engagements*
- *Santé et sécurité des personnes*
- *Éducation du personnel.*

Interpellées sur ce thème, les équipes dirigeantes doivent aujourd'hui favoriser un climat favorable autour de l'entreprise et de ses marques, en d'autres mots, gagner leur *licence to operate*. Cela implique la conscience de nouvelles responsabilités nées des pressions de la société, souvent traduites par des chartes éthiques, des codes de déontologie ou la mise en avant de bonnes pratiques afin de répondre aux mises en causes, procès ou conflits d'intérêts. La *Corporate Responsability ou CSR* oblige à veiller à la transparence de l'information et surtout à respecter ses engagements moraux vis-à-vis des consommateurs, des personnels, des actionnaires et de la collectivité.

Si l'on reconnaît couramment à l'entreprise le statut « d'institution la plus puissante de la planète »[1], elle ne doit plus seulement son existence à un ensemble de règles et d'autorisations administratives, mais surtout à l'aval de la société dans laquelle elle s'insère, surtout si son activité présente des risques pour les personnes ou l'environnement. De grandes compagnies comme Suez, ST Microelectronics, Shell, Ford ou Lafarge le cimentier, ont réagi sans attendre face à ce contre pouvoir économique, l'opinion qui joue avec les médias de la même façon que les communicants de l'entreprise.

LES DÉFIS ACTUELS DU MANAGEMENT D'APRÈS 700 DIRIGEANTS

Le Conference Board a mené en 2002 comme chaque année une enquête intitulée « The CEO challenge »[2] qui indique par ordre décroissant les principaux défis des dirigeants vus par 700 leaders mondiaux. L'enquête porte sur trois thèmes : *les défis concernant le management, les défis stratégiques concernant le marché et la technologie.* Nous fournirons la synthèse des deux derniers aspects dans les chapitres suivants. En ce qui concerne le management les principales préoccupations sont les suivantes dans l'ordre décroissant du taux de citations :

1. *La rétention et la fidélisation des clients, 42 %, en hausse sur l'année précédente*
2. *la réduction des coûts, 38 %, en hausse forte*
3. *Accroissement de la flexibilité et de la vitesse, 29 %, en baisse*

---

1. R. Waterman et T. Peter *Le Prix de l'Excellence.*
2. Dell David – *The CEO challenge* – The conference Board – 2002 – New York.

4. *Faire adhérer les employés à la vision et aux valeurs de l'entreprise, 26 %, en hausse*
5. *Développer et retenir les leaders potentiels, 25 %, en hausse*
6. *Gérer les acquisitions et alliances, 24 %, égal*
7. *Accroître l'innovation, 20 %, en baisse*
8. *Décider les allocations de capital ou d'investissement, 19 %, en forte hausse*
9. *Améliorer le PER, 14 %, en baisse*
10. *Prévoir les successions des top managers et des conseils, 13 %, en hausse*
11. *Etre compétitif pour attirer les talents, 12 %, en forte baisse*
12. *Transférer les savoirs, idées et pratiques, 12 %*
13. *Lancer des nouvelles initiatives technologiques, 10 %, en forte baisse*
14. *Citoyenneté et réputation, 4 %*
15. *Améliorer la diversité, 3 %*

On voit bien à travers les hausses et les baisses la manifestation du ralentissement de la croissance économique depuis 2001 qui renforce le rang des préoccupations concernant la vente et la réduction des coûts.

On remarquera le rang élevé de l'adhésion à la vision et aux valeurs.

Chapitre 4

Marketing, qualité et gestion de la relation client

Le marketing moderne est affecté par trois révolutions :

La première est la révolution de la qualité qui a commencé quand elle a pris pour fondement la *satisfaction des clients.* Le marketing cessait d'être isolé dans l'entreprise. Au début des années 2000 on ne parlait dans toutes les entreprises bien gérées que d'*orientation client.* Il s'agissait d'orienter toute l'entreprise vers la satisfaction du client. Il est d'ailleurs très significatif de constater que le Groupe d'Intérêts Communs du Benchmarking Club de Paris consacré à l'*orientation client* réunissait régulièrement des directeurs du marketing et des directeurs de la qualité.

Les NTIC ont introduit une deuxième révolution du marketing qui renforce encore l'orientation client sous le nom de *Management ou Gestion de la Relation Client.* La puissance de l'informatique permet de plus en plus de pratiquer un marketing personnalisé ou One to One en offrant au client de mieux choisir, voire de configurer le produit ou le service qu'il désire et de lui offrir également un service personnalisé meilleur, tout ceci grâce à la masse de données que l'entreprise accumule sur lui et dont elle organise l'accessibilité en temps réel pour son personnel.

Le Management ou la Gestion de la Relation Client (en abrégé GRC) permet de le fidéliser. Des logiciels appelés CRM (Customer Relationship Management) traduisent dans les faits l'intégration des informations fournis par les clients au personnel en contact (« Front Office ») quelles que soient leurs fonctions dans l'entreprise, depuis les personnes chargées de l'identification ou de la qualification des prospects jusqu'aux services de dépannage, et quelle que soit la forme ou le support de cette information : téléphonique, écrit, échanges lors de visites ou e-mail.

L'orientation client et la gestion de la relation client forment un des chemins privilégiés de la création de valeur pour l'actionnaire. On peut l'illustrer comme suit :

> *L'orientation client et le management de la relation client* signifient que plus de personnes dans l'entreprise comprennent les attentes spécifiques et changeantes des différents clients et agissent pour créer des processus apportant de la valeur-client, plus il en résulte *une satisfaction des clients* pour les produits et services de l'entreprise et la manière dont ils sont fournis, ce qui se traduit par *plus de fidélité et une meilleure relation avec l'entreprise* entraînant à la fois la diminution des coûts commerciaux, la croissance des chiffres d'affaires et des profits améliorant la *valeur pour l'actionnaire*. C'est l'un des cercles vertueux les plus efficaces du management des entreprises.

La troisième révolution qui affecte le marketing c'est Internet et le développement de l'e-commerce qui devrait représenter un pourcentage croissant des affaires avant 5 ans. Mais même s'il ne représente en 2003 que 3 % à 5 % des transactions il faut considérer qu'une fraction croissante et déjà importante des clients (plus de 40 % aux USA pour les achats de véhicules) sont des internautes qui vont chercher de l'information sur le Net avant d'acheter. Même si l'achat et le paiement ne sont pas encore concrétisés *via* le Net, le choix et la décision d'achat peuvent avoir été influencés par le cyber-marketing ou la politique marchande de l'entreprise *via* Internet.

Les évolutions qui découlent des ces trois changements majeurs sont nombreuses et d'une importance vitale pour la direction d'une entreprise. Quelques-unes des plus significatives sont indiquées ci-dessous.

LES ÉVOLUTIONS SIGNIFICATIVES EN COURS

HIER/AUJOURD'HUI ⇨ AUJOURD'HUI/DEMAIN
Les marchés, les clients, la concurrence

Marchés : Relative stabilité des marchés et des clients, compétition forte sur les produits et services, concurrence sur les prix, puissance des grands distributeurs dans certains pays	**Marchés :** changement rapide des marchés, concentration des concurrents, accroissement de la concurrence, guerres des prix et compétition par la qualité de service, nouveaux marchés liés à l'e-commerce, multiplication des offres (hyper choix) .../...

…/…

e-commerce : début du commerce électronique principalement B2C aux États-Unis, mais espoir d'une part importante de ventes par e-commerce non vérifié, arrêts de multiple start-up et investissements	**Impacts d'Internet et nouvelles relations clients plus important que l'e-commerce :** Le web base d'informations clients et de services clients, augmentation lente de l'importance des achats par le web et des places de marchés, sauf quelques services
Globalisation : émergence de nouveaux marchés et de nouveaux concurrents, concept de produit mondial, peu de distributeurs mondiaux	**Globalisation :** croissance de certains marchés émergents, et chute d'autres, multiplication des concurrents, concepts de produits mondiaux adaptés ou de services locaux, mondialisation et concentration de la distribution
Différenciation : avantages liés aux stratégies de différenciation et de niches et à la création de produits nouveaux	**Différenciation :** réduction du cycle de vie des produits, accélération de la mise sur le marché des produits nouveaux, prolifération des produits, montée des coûts marketing, difficultés de différenciation
Clients : individualisation et montée des exigences des clients sur la qualité des produits et services	**Clients :** apparition de nouveaux segments, montée des exigences des clients sur l'ensemble de la relation avec le fournisseur, importance relationnelle du commerce, montée en puissance des groupes de pression (écologistes, droits de l'homme)
Conséquences sur le marketing et les ventes	
Marketing produit	**Marketing-client** orienté propositions de *valeurs* ciblées pour les clients, concepts de « moments de vérité », événements-clés, etc.
Début de la **personnalisation de masse**	**Personnalisation et sur-mesure** de masse grâce aux bases de données et au CRM. Marketing « One to One ». Parfois configuration du produit par le client *via* Internet. Concept de « permission marketing »
Segmentations sur base de critères socio-économiques	**Segmentation** sur base de critères de valeur pour les clients. *Parfois* segmentation sur base de rentabilité des clients, concepts de « valeur long terme » pour les clients
Études de marché sur produits et services lors de décisions stratégiques	**Études de marché, plus écoute-client permanente et « co-marketing »,** enquêtes de validation, développement de l'analyse conjointe ou « trade off »

…/…

...*/*...

Objectifs : qualité et satisfaction client	Objectifs : satisfaction, valeur et personnalisation pour fidélisation des clients, management des plaintes, services plus, systèmes de fidélisation (cartes etc.), accroissement des engagements et garanties, concepts de coûts de sortie pour un client (stratégie des Portails Internet)
Entreprise orientée production et ventes	Entreprise orientée satisfaction-client, baromètre et tableau de bord, Reengineering des processus, empowerment du personnel en contact, benchmarking des meilleures pratiques, centres de services clients, GRC
Forces de vente : individualités orientées chiffres d'affaires et parfois marges	Forces de vente : individualités de plus en plus souvent intégrées dans des équipes, disposant de NTIC et motivées non seulement par le chiffre d'affaires, les marges mais aussi par la satisfaction client Nouveaux vendeurs *via* Internet. Outils d'automatisation des vendeurs (SFA)
NTIC (nouvelles technologies de l'information et des communications), impact croissant comme système de traitement des données	NTIC, composante majeure de la stratégie marketing et commerciale : services clients, Call center, CTI, sites web marchands, CRM, entrepôts de données clients, place de marchés électroniques

Tableau N° 4.1 : Évolutions du marketing

LES PRÉOCCUPATIONS MARKETING DES ENTREPRISES ET LES TENDANCES

Quelles sont les principales préoccupations des chefs d'entreprises et des directeurs de marketing quand ils considèrent l'avenir ? La réponse à cette question se trouve dans les résultats d'une enquête citée par le professeur Kamran Kashani[1].

---

1. Kashani Kamran – *Marketing role is changing to survive* – Perspectives for Manager – IMD Vol 25 – N° 9 – septembre 1996.

> *Les préoccupations marketing des dirigeants, par ordre décroissant :*
>
> 1. l'accroissement de la concurrence sur les prix
> 2. la montée générale de la concurrence
> 3. le rôle croissant du service client
> 4. l'amélioration de la qualité
> 5. le taux élevé d'innovation en produits nouveaux
> 6. les changements de besoins des clients
> 7. l'émergence de nouveaux segments de marché
> 8. le pouvoir croissant de la distribution
> 9. le poids croissant de l'écologie

Les préoccupations marketing des dirigeants n'ont guère évolué au cours des dernières années puisque l'enquête du Conference Board en 2002 *The CEO Challenge*[1] donne par ordre décroissant des taux de citations, les défis suivants :

1. Pression à la baisse sur les prix, 54 % (contre 33 en 2001)
2. Changements dans les types et les niveaux de concurrence, 42 %, sans changement
3. Concentration du secteur, 38 %, sans changement
4. Problèmes juridiques (accès au marché, droit du travail), 23 %, contre 15 % l'année précédente
5. Accès au financement et coût, 22 %
6. Changement dans les systèmes de distribution, 20 %
7. Manque de personnel qualifié, en forte baisse, 19 %, contre 32 %
8. Changement de la technologie, forte baisse, 12 %, contre 22 %

On s'aperçoit que le problème du prix et de l'accroissement de la concurrence arrivent aux premiers rangs des préoccupations.

Beaucoup de chefs d'entreprises, dans les séminaires CEGOS, signalent qu'ils font de gros efforts pour améliorer la satisfaction client, mais qu'ils éprouvent une certaine déception quand à la fin ils se trouvent confrontés au service achat qui semble avoir oublié tous les efforts de qualité pour ne s'intéresser qu'au prix.

Il importe de savoir que les critères de satisfaction évoluent dans le temps, que leur pondération change et que le poids accordé au prix varie suivant les clients, les segments de clientèles, et la conjoncture. Il faut donc en renouveler la mesure.

---

1. Op. cit.

Les directions générales et marketing, comme le signale l'auteur de l'article, deviennent de plus en plus conscientes de l'accroissement de la concurrence, de l'importance croissante du service client, de l'amélioration de la qualité des produits, du taux élevé d'innovation produit, des changements des besoins des consommateurs, de l'émergence de nouveaux segments de marché, mais aussi de la montée en puissance des circuits de distribution, de la montée des exigences écologiques et de la multiplication des réglementations gouvernementales.

Interrogés sur l'évolution des marchés, les dirigeants placent en tête la concentration de la concurrence avec moins d'entreprises mais plus grandes, des clients qui changent ainsi que leurs besoins, et une mondialisation des marchés et de la concurrence.

Principaux défis du marketing et du management, par ordre décroissant :

1. améliorer la qualité des produits ou services
2. développer de nouveaux produits
3. suivre l'évolution des clients
4. ajouter ou améliorer le service client
5. maîtriser la concurrence
6. améliorer l'interface du marketing avec les autres fonctions
7. créer une culture marketing dans l'organisation
8. être compétitif en prix
9. se concentrer sur de nouveaux segments
10. améliorer la productivité des dépenses commerciales

Le plus important défi de notre époque, c'est sans doute l'accélération du changement qui signifie évidemment que le consommateur change de plus en plus rapidement. Pour l'illustrer, on peut faire un retour sur le passé du développement humain et se projeter dans l'avenir sur la base d'un tableau très parlant de Rolf Jensen, Directeur de l'Institut de Copenhague pour les Études du Futur[1].

Ce tableau résume en quelques traits dominants, les principales évolutions des sociétés humaines : la forme d'organisation, la structure physique d'exercice de l'activité, la nature du pouvoir et les sujets de préoccupation.

---

1. Jensen Rolf – *Impacting Consumers in the Fifth Society* – in Meeting the Demands of Tomorrow's Customers – The Conference Board Report N° 1174-96 – CR – New York – 1996.

Société de chasse et de cueillette	Société agricole	Société industrielle	Société de l'information	Cinquième société (société du rêve)
Tribu	Famille	Hiérarchie	Réseau	Tribu
Tente	Ferme	Usine	Bureau	Parc à thèmes
Chef	Chef de famille	Capitaliste	Personne éduquée	Conteur d'histoires
Esprits	Dieu	Produits	Connaissances	Jeu
Durée	**Durée**	**Durée**	**Durée**	**Durée**
Millions d'années	Milliers d'années	200 ans	De 1950 jusqu'à 2020 ?	?

Tableau N° 4.2 : Histoire du développement humain

Cette cinquième société dont on peut entrevoir déjà des signes annonciateurs et des premières réalisations (les parcs à thèmes existent déjà pour les loisirs et on parle déjà de « marketing tribal »), sera caractérisée par l'émergence de consommateurs : « *gouvernés plus par le coeur que par la tête. Ils achèteront moins les produits pour leurs fonctions; à la place, ils achèteront principalement des histoires, des légendes, des émotions et des styles de vie. Les entreprises deviendront beaucoup plus orientées vers les Valeurs* » (Rolf Jensen).

On peut se demander si Rolf Jensen n'a pas daté un peu tard la cinquième société et si le développement du virtuel et d'Internet ne va pas la rendre très vite d'actualité, en tout cas bien avant 2020.

La tribu qui réapparaît dans la cinquième société est un contrepoids à l'individualisme et son corollaire pour un nombre croissant de personnes, la sous-socialisation et la recherche de compensation à travers la consommation d'objets, d'informations et d'images et *surtout la recherche croissante de relations sociales à travers l'acte d'achat*. Certains clients de grandes surfaces font la queue à des caisses déterminées pour pouvoir échanger quelques mots avec la caissière qu'ils connaissent un peu, parfois cela sera le seul échange qu'ils auront dans la journée.

Un exemple très connu de marketing tribal est l'exemple de la réussite d'Harley -Davidson[1]. Quand on achète une Harley, on devient membre d'un club qui peut se réunir tous les samedi chez le concessionnaire où on peut trouver également des accessoires et vêtements avec le logo de la marque et préparer une « virée » avec d'autres membres du club.

---

1. Taylor Jim & Wacker Watt – *Individualism reconsidered* – Across the Board – juin 1997 The Conference Board.

Tous les ans, Harley organise un grand meeting qui, pour le 50e anniversaire, a réuni 280 000 motards. Les marketers d'Harley ont su maintenir des relations avec les HOG (Harley Owners Group), tribus dont ils retiennent certaines idées pour la conception technique ou esthétique de nouveaux modèles, accessoires ou vêtements. C'est ce que les Américains appellent le « grassroot design ou co-design ».

General Motors a fait de même avec son concept Saturn : elle a organisé une gigantesque fête dans une des usines, à laquelle ont été conviés tous les propriétaires de Saturn. Ils ont pu rencontrer les ouvriers qui fabriquent les voitures, parler avec d'autres propriétaires. Ils ont reçu T-shirts, casquettes, insignes marquant leur appartenance au club des propriétaires de Saturn.

Comme l'écrit Bernard Cova[1], on retrouve cet esprit de tribu chez Nike et les joggers, les cercles de lecteurs, les rafters, les surfers... Toutes ces tribus postmodernes où se partagent expérience et émotion et qui structurent de plus en plus nos sociétés occidentales au détriment des anciennes classes sociales et autres segments de consommation.

Créer une communauté ou une tribu autour des produits ou services d'une marque est évidemment une méthode de fidélisation excellente, qui demande beaucoup de soins et de travail, et un grand respect des valeurs partagées par la tribu. Les trahir c'est décevoir la clientèle. Ce marketing tribal illustre très bien le fait que la satisfaction client n'est pas limitée aux performances techniques d'un produit. Ce qui nous conduit à expliciter et détailler davantage le concept de « Valeur-Client » déjà mentionné au chapitre 2.

Internet va accroître l'importance du marketing tribal en facilitant la création de tribus virtuelles *via* les forums.

Internet : révolution de l'information et du service clients

Internet et plus généralement les NTIC amènent des changements révolutionnaires dans les informations clients et les services aux clients dans de nombreux métiers.

Au niveau du consommateur final, la principale révolution concerne la **disponibilité des renseignements.** Internet permet d'obtenir instantanément sans se déplacer une masse énorme d'informations sur les produits ou services avec des possibilités toujours croissantes de tri suivant des critères de choix personnels.

---

1. Cova Bernard – Leçons de marketing post-moderne – *L'Expansion Management Review* – décembre 1996.

Il est par exemple possible d'avoir sur des sites marchands toutes les données sur des produits plus facilement encore qu'en regardant les rayons d'un magasin. On peut également visualiser les produits sans se déplacer, par exemple pour l'offre de vente ou de locations de maisons.

Si le critère, par exemple, est l'offre de cadeaux dans une fourchette de prix, certains sites vous suggèrent des idées dans les limites fixées. On peut également disposer des opinions d'autres acheteurs comme pour les livres d'Amazon.com. Les forums peuvent devenir de véritables tribus virtuelles faciles à créer.

Plus original et plus important encore dans le cas d'achats complexes, comme un ordinateur ou une voiture on peut *personnaliser* son choix et parfois même *configurer* son produit (ce qui est déjà du « co-marketing ») en choisissant toutes les options préférées. Parfois la commande ainsi personnalisée est transmise directement à l'appareil de production.

Pour une voiture neuve ou d'occasion, on peut savoir chez quel distributeur et pour quels prix on peut trouver en stock la voiture correspondant aux options choisies. Même si peu d'acheteurs aux États-Unis en 2000 commandaient leur voiture en ligne sur Internet, plus de 40 % allaient auparavant y chercher de l'information. Ce qui signifie déjà que les concessionnaires absents du Net ou mal marketés sur le Net sont en situation défavorable.

Le « marketing collaboratif » et les infomédiaires

Si le nouveau consommateur dispose d'une masse d'informations qui tendent à rendre les marchés sur Internet « parfaits », à l'inverse les NTIC permettent de cerner le comportement de l'internaute avec facilité grâce à l'enregistrement d'une foule d'informations : les sites visités, le temps passé par page, les liens que l'internaute a activés, qu'il s'agisse de sites de santé ou de sites de plaisir, ce qui signifie une connaissance intime de ses centres d'intérêts qui peuvent être révélateurs de maladies ou de préférences sexuelles par exemple.

Connaître l'internaute est à la base du marketing One to One et permet de réduire drastiquement les dépenses de publicité et de commercialisation.

Les internautes sont donc de plus en plus soucieux de la protection de leur vie privée et il sera de moins en moins possible de faire accepter des « cookies » qui seront sources de fichiers vendus par la suite à d'autres entreprises. Ils attendent des législateurs un renforcement de la législation sur ce terrain.

Le « permission marketing » ou « marketing collaboratif » offre aux consommateurs une opportunité de se porter volontaire pour recevoir des messages sur des sujets qui les intéressent.

L'idée du marketing collaboratif est de fournir gratuitement des services (souvent sous forme d'informations structurées pour qu'il accepte de recevoir *via* ce site des publicités).

Mais il est clair que sur Internet la bataille pour être une interface avec les clients est féroce et explique la stratégie des portails et leur valeur en bourse, mais il devient de plus en plus clair que les consommateurs veulent recevoir une valeur suffisante en contrepartie des informations les concernant ou en contrepartie de leur disponibilité à recevoir de l'information de leur interface : l'« infomédiaire »[1]. « Client, donne-moi un peu d'information sur toi et je t'aiderai à trouver ce que tu cherches et à faire ton meilleur choix, dans le ou les domaines qui t'intéressent ».

Ces interfaces doivent donc développer une stratégie qui leur conserve les clients en particulier une stratégie de confiance mais également leur offrir des services permanents tels qu'une adresse e-mail ou une page web personnalisée comme Dell.

C'est ce que font un grand nombre d'entreprises de la nouvelle économie qui sont engagées dans une course de vitesse pour capter des clients et devenir leur interface de premier rang. Ils multiplient les services personnalisés pour que le « coût de départ » du client devienne pour lui dissuasif.

Parmi ces « infomédiaires » on trouve les grands fournisseurs d'accès Internet comme AOL, Wanadoo, les moteurs de recherche comme Yahoo, Google mais également bon nombre d'entreprises de tous les secteurs en particulier les banques.

En 2002 par exemple le classement de Nielsen/Netratings donnait les chiffres suivants :

Rang	Entreprise	Visiteurs du mois en millions (mars 2002)
1	Yahoo	134
2	MSN	125
3	AOL Time Warner	102
4	Microsoft	92
5	Lycos Network	69

…/…

---

1. McKinsey & Company, Hagel1 John III et Singer Marc – *Valeur sur le Net, infomédiaires : les nouveaux champions du web* – traduit du best-seller – Éditions d'Organisation – Paris – 2000.

...|...		
6	Google	52
7	Amazon	38
8	About-primedia	36
9	eBay	32
10	Cent Networks	32

Après venaient Real Networks, Vivendi Universal, Walt disney, Macromedia, Infospace, Sony, Gator.com, Ask Jeeves, Wanadoo, etc.

Le web est de plus en plus devenu le lieu où on trouve des informations sur les produits mais également des avis. Il s'est développé une forme de « bouche à oreille électronique qu'on appelle le « Buzz » qui peut se répandre à une vitesse éclair à des dizaines de milliers de personnes.

Les publicitaires en ont pris conscience et ils ont développé une nouvelle technique de marketing appelée « Buzz marketing » dont les moyens sont expliqués dans le livre *Buzz Marketing*[1].

La présence sur le Net et L'e-commerce

Dans les trois dernières années, la quasi-totalité des entreprises de toutes tailles ont mis en place des sites web d'informations pour leurs clients, actionnaires, partenaires et candidats ce qui représentera des centaines de milliers de sites en France et plusieurs millions de sites au niveau mondial.

Une fraction croissante de ces sites se focalise sur l'activité marketing et commerciale et tend à devenir des outils de promotion puis de vente des produits de l'entreprise.

Un nombre croissant d'entreprises anciennes ou nouvelles créent de nouveaux modèles d'affaires (« business models ») sur le Net pour vendre soit des services nouveaux soit les produits ou services anciennement commercialisés suivant les méthodes traditionnelles.

On appelle « Click and Mortar » les sociétés existantes qui développent la vente de leurs activités sur le Net ou proposent de nouveaux services en s'appuyant sur une infrastructure existante de connaissances, de moyens et parfois de marques connues. Il s'est avéré que, dans la plupart des cas, ces entreprises ont gagné la partie contre les nouveaux concurrents purement Internet.

---

1. Stambouli Karim B. et Briones Éric – *Buzz marketing* – Éditions d'Organisation – Paris 2002.

Au début des années 2000, les pures *web-entreprise* n'ayant pour canal de vente que le Net ont déçu les nombreux investisseurs qui ont tenté de lancer des activités de ce type. Par exemple, l'e-banque dans le domaine bancaire. Rares sont les pures « e-banques » qui ont réussi à devenir rentables. En revanche, les banques traditionnelles ont toutes développé avec succès des services *via* Internet pour leurs clients qui permettent à ceux-ci d'avoir accès instantanément à leurs comptes tenus à jour, de faire des virements, de vendre ou d'acheter en bourse. La nature des services offerts devient de plus en plus identique d'une banque à l'autre (concurrence oblige), la qualité des services varie encore.

Il est intéressant d'examiner les résultats d'une enquête récente du Conference Board auprès des directeurs de marketing et des ventes à propos des changements apportés par les NTIC implantées :

Changement planifié	Exécuté dans les 6-12 mois	Programmé dans les 2 ans	Total
Intégration de tous les points de contacts avec les clients	29 %	39 %	68 %
Inclusion des distributeurs partenaires sur l'Intranet	21 %	27 %	48 %
Plus d'échanges de données avec partenaires extérieurs	25 %	19 %	44 %
Web utilisé pour le service client courant	26 %	10 %	36 %
Automatisation des forces de vente et des mesures	19 %	15 %	34 %
Plus d'échanges de données dans l'entreprise	21 %	9 %	30 %
Web utilisé pour acquérir des clients	17 %	11 %	28 %
E-mail et Internet utilisés pour communication avec le siège	7 %	7 %	14 %

LES AUTRES MÉTHODES DU MARKETING MODERNE

Parmi les méthodes plus ou moins récentes de plus en plus pratiquées en particulier grâce à la puissance des bases de données, on peut noter :

- Davantage de personnalisation comme dans le **geomarketing** qui est fondé sur des bases de données accumulant des informations sur les caractéristiques des personnes habitant chaque lieu et qui peut se résumer par la formule « dis moi où tu habites, je dirai qui tu es et ce que tu achètes ». La personnalisation peut aussi se faire par le marketing **One to One** ou le **trade-off** déjà cités.

- L'élargissement des univers de références d'un produit comme le « **category management** », les produits étant regroupés par lieu (salle de bains, chambre cuisine) ou par cible (bébés, enfants) ou par moment de consommation (petit déjeuner, apéritif) ou par groupe de produits comme « l'univers café » qui présente tout ce qui concerne le café y compris les cafetières, etc.

- La construction des relations durables avec le consommateur comme dans le **marketing relationnel,** notamment dans le cas du B to B, grâce à la création de liens avec le consommateur fondée sur une compréhension fine de ses besoins souvent basée sur du « datamining », des contacts directs personnalisés et des techniques de fidélisation comme les cartes de fidélité. Les « **consumer magazines** » sont l'un des outils de sensibilisation et de fidélisation des clients.

- Face à la concentration des distributeurs et à leur puissance croissante, le recours des producteurs au « **trade marketing** » qui consiste à prendre en compte dans leur propre marketing le marketing du distributeur, en particulier en ce qui concerne la logistique au travers de l'ECR (Efficient Consumer Response), le développement concerté de nouveaux produits, par exemple pour les marques de distributeurs, des opérations promotionnelles communes, enfin des efforts communs dans le domaine du merchandising.

- La progression constante des marques : au cours des dix dernières années le nombre de références a doublé dans les grandes surfaces en France et face à la multiplication des produits le consommateur se fie de plus en plus aux marques. Les producteurs ont donc tendance à étendre le nombre de produits sous la même marque, ce qu'on appelle le « **Brand stretching** ». Dans certains cas deux marques s'associent sur un même produit « **Co-branding** » pour renforcer leur impact. Enfin on assiste à la multiplication des produits sous « **marque distributeur** ».

- Enfin à la suite des compagnies aériennes, le recours grandissant au « **yield management** » (management du rendement) qui consiste à faire varier les prix en fonction de la prévision de la demande, ceci en temps réel. Le prix est plus élevé quant la demande est plus forte. Ainsi les péages, et les opérateurs de télécommunication, sont nombreux à pratiquer cette politique.

On trouvera expliqués en détail les concepts méthodes et cas d'application de ces pratiques de marketing dans l'excellent ouvrage le *marketing avancé*[1] de Luc Boyer et Didier Burgaud.

---

1. Boyer Luc et Burgaud Didier – *Le marketing avancé* – Éditions d'Organisation – Paris 2001.

La Gestion de la Relation client

Internet offrant la possibilité de connaître davantage de fournisseurs à partir de simples clicks, rend plus volatiles les clients et accroît la concurrence parfaite donc la concurrence par les prix.

Pour éviter de perdre des clients au profit de concurrents moins chers ou de baisser trop vite les prix, l'idée est de les fidéliser grâce au maintien de relations de plus en plus personnalisées conduisant à faciliter pour le client le choix de produits exactement conformes à son attente et de lui assurer un service qu'il ne trouvera nulle part ailleurs aussi bien adapté à ses besoins spécifiques de l'instant. Le client aime à être reconnu et considéré comme important.

La réponse technique à cette politique se trouve dans les bases de données et encore mieux dans les entrepôts de données (Datawarehouse) qui accumulent des masses de données sur chaque client avec l'appui de logiciels qui permettent de les rendre accessibles très rapidement. Par exemple dès qu'un client téléphone ses caractéristiques et l'historique de ses relations avec l'entreprise apparaissent automatiquement sur l'écran.

La base de données est l'outil central et fondamental de toute entreprise orientée client.

Les données sur un client, concernant ses relations avec l'entreprise, peuvent venir de nombreux points de contacts. Il peut s'agir d'un mailing qui lui a été envoyé quand il n'était que prospect ou d'un appel téléphonique sortant, d'une commande par fax, d'un bon de livraison, d'une facture, d'une relation avec le distributeur, d'une intervention du service de dépannage etc. Il faut donc intégrer les informations sur les relations avec le client en provenance de toutes les personnes et de tous les services de l'entreprise pour permettre une gestion « multicanal ». Ce qui devient vital d'autant qu'Internet s'ajoute de plus en plus au canal ou aux canaux de vente existants.

C'est l'objet de la Gestion des Relations avec les Clients pour laquelle il a été développé des logiciels permettant l'intégration qu'on appelle CRM (Customer Relationship Management). Le CRM couvre essentiellement trois fonctions de l'entreprise : la vente, le marketing et le service client.

Il comprend l'automatisation des forces de vente (Sales Force Automation) c'est-à-dire l'ensemble des outils qui permettent aux commerciaux de disposer des données sur leurs clients et leurs préférences, des références analogues de l'entreprise, accessibles éventuellement à distance souvent *via* internet.

Il englobe les centres d'appels entrants ou sortants. Les technologies CTI (Computer Telephone Integration) assurant l'intégration avec le système d'information permettent de faire apparaître toutes les données pertinentes concernant le client dès son appel et éventuellement de les transmettre à un autre collaborateur qui prend le relais pour lui répondre.

Il permet au marketing de mieux préparer les ciblages, les campagnes de mailing ou de télémarketing, de personnaliser les offres et de faire évoluer l'entreprise vers le marketing One to One.

Plus encore, dans certains systèmes, il peut jouer le rôle de « configurateur » permettant au client de concevoir son propre produit en fonction de ses besoins.

Le CRM peut être conçu pour qu'une partie du service soit assurée *via* un site web qui intègre des outils basés sur des technologies avancées (intelligence artificielle, base de connaissances, etc.).

Comme l'indique Microsoft[1] dans un ouvrage collectif récent (très utile pour comprendre sa vision de la nouvelle économie et des outils que cette société propose) : « Le CRM implique de nouvelles organisations et méthodes de travail… Sur le plan fonctionnel, il peut être organisé en trois grands domaines : opérationnel, analytique, et collaboratif (META Group).

Le premier implique l'automatisation des processus qui touchent les départements en contact avec les clients : commercial, marketing et service/support, *via* les différents canaux d'interaction.

Le deuxième permet d'effectuer des analyses sur l'ensemble des données clients ; il est intimement lié aux datawarehouses et aux applications décisionnelles.

Enfin le troisième, dit collaboratif, met en œuvre les technologies de travail en groupe. »

Les logiciels CRM qui intègrent les applications « front-office » peuvent être ou non connectées aux logiciels ERP comme ceux de SAP, PeopleSoft ou Baan qui gèrent le « back-office ».

D'après une enquête réalisée par Cap Gemini auprès de 300 entreprises, 200 européennes et 100 américaines de taille grande et moyenne, la grande majorité ont des réflexions ou des projets en cours sur les CRM.

Les applications et technologies jugées comme prioritaires et déjà opérationnelles en matière de GRC sont les centres d'appels (73 %), les sites Internet (69 %) et les logiciels de « front-office ».

Les grands acteurs dans le domaine du CRM sont *Siebel* qui a conclu des accords avec IBM, Arthur Andersen, Cap Gemini et bien d'autres et qui aurait plus de 60 % du marché ; *Vantive* devenu filiale de PeopleSoft ; *Clarify* filiale

---

1. Microsoft, *E-économie, scénarios pour la Net économie* – ouvrage collectif à l'initiative de Microsoft France sur une idée de Karim Mokhnachi – Éditions d'Organisations – Paris 2000.

de Nortel ; *Genesys* filiale d'Alcatel ; *Versatility* racheté par Oracle ; SAP qui a acheté *K&D* en Allemagne et développé une offre ; *Aurum* a été racheté par Baan. Il y a des offres de logiciels sur des niches spécifiques par *Conso+*, *AIMS* et d'autres. On peut également aller chercher de l'information sur les sites de ces sociétés et sur www.crmcenter.com.

Le marketing sur Internet

C'est la troisième préoccupation de la quasi totalité des entreprises. Il s'agit de promouvoir l'image, les activités, voire de vendre *via* le Net.

Mais le Net, change non seulement le comportement des consommateurs, mais il introduit de nouveaux concepts et pratiques de marketing qui seront traités à la fin du chapitre dans un paragraphe spécial.

Car quelles que soient les préoccupations, méthodes ou outils de marketing, ils doivent tous permettre, *in fine*, d'apporter plus de valeur au client.

Cette notion fondamentale est devenue une des clés du management moderne et mérite des explications.

LE CONCEPT FONDAMENTAL DE « VALEUR-CLIENT »

C'est évidemment la finalité prioritaire, car elle conditionne la survie même de l'entreprise.

Ce qui est nouveau, c'est le passage du slogan à la science en ce qui concerne la prise en compte des attentes réelles des clients et de la valeur ajoutée client. Cela est dû en partie au mouvement pour la qualité et en particulier à la prise en compte des critères de satisfaction client dans les finalités fondamentales des Trophées Qualité (Baldrige ou EFQM).

Historique

Nous aurions pu l'intituler : « de Juran et Deming au Docteur Bradley T. Gale ». Car si on doit aux premiers l'accent mis sur la qualité des fabrications par le respect des spécifications, c'est au troisième que l'Amérique doit l'importance accordée à la satisfaction client dans le Management par la Qualité Totale, TQM (Total Quality Management) tel qu'il est désormais compris et pratiqué.

Pour cela, un peu d'histoire est nécessaire. Rappelons d'abord que si toutes les entreprises ne concourent pas aux États-Unis pour obtenir le Malcolm Baldrige National Quality Award, la plupart, sinon la quasi totalité d'entre elles, utilisent les concepts et le référentiel Baldrige pour concevoir et implanter le TQM.

© Groupe Eyrolles

La plupart des personnalités qui participèrent, en 1988, à la définition des critères de la qualité étaient des disciples de Deming et Juran. Elles se préoccupaient essentiellement de la maîtrise de la qualité des processus ainsi que des critères et des mesures de la qualité de conformité aux spécifications.

Ces experts ne croyaient pas que les attentes et la satisfaction des clients puissent être mesurées avec la même rigueur et qu'ils devraient intervenir dans les critères d'un Trophée de la Qualité. Une voix, au début solitaire, s'est élevée pour proposer une autre vision de la qualité : celle du Docteur Bradley T. Gale.

Il faut avouer qu'il avait des arguments sérieux : directeur du Strategic Planning Institute, organisme fondateur de la base de données PIMS (Profit Impact of Market Strategy database), il avait pu démontrer, sur la base d'études de 3 000 « business units » que *la qualité, telle qu'elle est perçue par le client, est le plus important déterminant de la part de marché et du profit à long terme.*

C'est pourquoi, le Baldrige (version 1996) propose deux buts majeurs aux entreprises :

- **Les performances vis-à-vis du marché et des clients qui comportent** : *la satisfaction des clients, leur fidélisation, la satisfaction des clients relativement à la concurrence, la part de marché, la compétitivité.*

Le Baldrige version 1997 indique en outre que les indicateurs de satisfaction peuvent inclure des informations sur la valeur perçue par le client par rapport à la concurrence.

- **Les performances des affaires** : *qualité des produits et des services, productivité des actifs et croissance, performances des fournisseurs, responsabilité publique, performances financières.*

Définition de la Qualité par Bradley T. Gale

Bradley T. Gale, dont les concepts sont utilisés par des entreprises comme Pitney Bowes, leader mondial des équipements de tri postal, AT & T, Nortel, Miliken, Matra Distribution, et désormais bien d'autres, distingue quatre stades ou niveaux de qualité qui en font une arme de plus en plus stratégique[1].

---

1. Gale Bradley T – *Managing Customer Value – Creating Quality and Service that Customer Can See* – The Free Press – New York – 1994.

Niveau 1	Niveau 2	Niveau 3	Niveau 4
Qualité de conformité	*Satisfaction des clients*	*Qualité et Valeur perçues par le marché relativement à la concurrence*	*Management de la Valeur pour le client (Value Management)*
✓ Se conformer aux spécifications ✓ Fabrication bonne du premier coup ✓ Réduction des déchets et réfections	✓ Proximité avec le client ✓ Compréhension des besoins et attentes ✓ Orientation client	✓ Plus proches des clients que les concurrents ✓ Pratique de l'Analyse de la Valeur-Client par rapport à la concurrence ✓ Comprendre pourquoi des commandes sont gagnées et perdues ✓ Orientation marché	✓ Utilisation des outils de mesure et des indicateurs de l'Analyse de la Valeur-Client : ✓ Pour surveiller la concurrence ✓ Choisir les axes de business ✓ Faire les investissements ✓ Évaluer les acquisitions et mettre l'entreprise en ligne avec les besoins du marché

Pendant très longtemps, la qualité considérée, en particulier par Deming et Juran, était celle du niveau 1, et restait principalement définie par l'entreprise elle-même. Désormais les entreprises qui, pour la plupart, ont atteint le niveau 2, visent le niveau 3, et pensent au niveau 4.

▬▬ La puissance et la portée du concept de Valeur-Client

La Valeur pour le client s'exprime par l'équation :

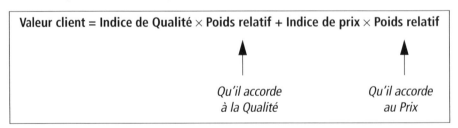

Valeur client = Indice de Qualité × Poids relatif + Indice de prix × Poids relatif

Qu'il accorde à la Qualité   *Qu'il accorde au Prix*

Ces idées sont fondées sur la manière dont les clients choisissent entre des fournisseurs concurrents :

- *Les clients achètent en fonction de la Valeur perçue.* **La Valeur, c'est la Qualité par rapport au Prix.**

- *La Qualité comprend toutes les caractéristiques de satisfactions autres que le Prix concernant à la fois le Produit (ou la prestation de service) et le Service Client (au sens large : c'est-à-dire la relation et la communication avant la vente, pendant, lors de l'usage, lors du service après-vente, etc.).*
- *La Qualité, c'est-à-dire les indicateurs de satisfaction, le Prix et en synthèse, la **Valeur** sont à mesurer par rapport à la concurrence.*

Deux concepts sont essentiels :

*La **Qualité perçue** par le marché* relativement à la concurrence.
*La **Valeur perçue** par le marché* relativement à la concurrence.

Ces concepts sont des outils et des armes stratégiques.

L'ANALYSE DE LA VALEUR-CLIENT (l'AVC)

L'Analyse de la Valeur-Client, que toute entreprise devrait faire, consiste à demander aux clients de dresser la liste des caractéristiques ou attributs de la *Qualité* dans la décision d'achat et de les pondérer (total 100 %). Il faut ensuite mesurer les scores obtenus par rapport à la concurrence. La perception des *Prix* relatifs doit également être mesurée, ainsi que les poids respectifs de la *Qualité et du Prix* dans le choix des clients.

Naturellement, il faut obtenir les opinions des clients, mais aussi des non-clients, en particulier des clients de la concurrence. Car on peut perdre des parts de marché malgré un niveau élevé de satisfaction client (Cadillac, début des années 80).

Il est à noter que beaucoup d'études convergentes montrent que la perception de la qualité repose souvent autant sur les aspects de relations et de service que sur les fonctionnalités propres du produit ou de la prestation, qui sont souvent à un niveau acceptable de fiabilité, car depuis longtemps déjà l'objet des préoccupations des entreprises sérieuses.

Par exemple, Bradley Gale cite le cas d'une entreprise de poulets pour laquelle les attributs de qualité importants pour le client sont : la peau jaune, le rapport du poids de chair par rapport au poids d'os, pas de pointes, de plumes, la fraîcheur, la disponibilité dans les magasins, et l'image de marque.

Dans ce cas, l'image de marque fait partie des critères de satisfaction et de qualité avec un poids important, de même que la disponibilité sur les points de ventes, deux critères qui ne sont en général pas considérés lors des études sur le produit, mais qui ressortent d'une écoute client sans *a priori*.

Si **la marque** n'est pas le produit ou le service, elle leur confie un **sens**, elle leur donne une **identité** constituée par le nom, le logo, la couleur, le style, et tous les facteurs intangibles et émotionnels qu'elle a forgés au cours du temps. Les produits sont silencieux, c'est la marque qui les fait parler et leur donne une image que le consommateur porte en lui. Il est logique qu'elle donne de la valeur au produit ou au service pour le client.

Les écoutes clients réalisées par les entreprises montrent que l'image de marque est un attribut important même pour des équipements industriels achetés par les entreprises comme des centraux téléphoniques.

Il est intéressant de noter que le client rassemble, dans la même catégorie, ce que les structures ont séparé dans les entreprises.

On s'aperçoit immédiatement qu'il convient de communiquer sur les attributs de la valeur, et en priorité sur ceux qui sont importants pour le segment de clientèle considéré. Il y a encore beaucoup de produits dont la publicité réalisée par des créatifs de génie, ne vante aucun des attributs importants pour la clientèle !

L'autre attribut ou critère fondamental de valeur est évidemment le prix. Pour certains segments de clientèle, c'est même le facteur dominant.

Mais il s'agit bien entendu du **prix perçu** qui est souvent une combinaison de facteurs. Par exemple pour une voiture il faut considérer non seulement le prix d'achat, mais également le prix de revente d'occasion ou de reprise, les taux d'intérêt, en cas d'achat à crédit. Le prix perçu peut résulter de l'historique des prix et de la politique de communication.

Si pour tel ou tel segment de clientèle le prix intervient pour 90 % dans la Valeur-Client et les autres attributs de qualité pour 10 %, on voit sur quel composant de la valeur l'entreprise doit porter son effort principal.

La pratique de l'AVC (Analyse de Valeur-Client)

Les enquêtes nécessaires peuvent s'avérer coûteuses, car il faut obtenir des échantillons valables pour pouvoir établir avec suffisamment de fiabilité les attributs de qualité et de prix et leurs poids respectifs pour les segments principaux. Mais il peut être très judicieux de faire une telle dépense avant de lancer une démarche de Qualité Totale ou de Reengineering qui peut avoir des implications beaucoup plus lourdes en investissement ou mobilisation des efforts du personnel. Il vaut mieux ne pas se tromper, et investir auparavant pour connaître les véritables attentes des clients.

Définir qui, dans la filière, doit avoir le titre de « client »

C'est la première question à traiter et la plus fondamentale. C'est même bien souvent le choix stratégique majeur et parfois le plus délicat. En effet, il arrive souvent que l'entreprise ne soit qu'un maillon d'une filière qui délivre un produit ou un service à un client final.

Prenons le cas d'une compagnie d'assurances classique qui distribue ses produits *via* des agents exclusifs, des courtiers, des mandataires, éventuellement des banques, etc. Qui sont ses clients ? Les assurés ou les distributeurs de ses produits qui sont le plus souvent des entreprises ou des professionnels indépendants ?

La réponse d'AXA est nette, le client c'est l'assuré. Ce qui conduit AXA à intégrer le réseau de distributeurs dans ses efforts pour améliorer la satisfaction client.

D'autres compagnies considèrent qu'il faut traiter les distributeurs comme des clients tout en s'efforçant de les conduire à leur tour à s'intéresser le mieux possible à la satisfaction des clients finaux. Elles aident leurs distributeurs à mettre en œuvre des enquêtes de satisfaction des clients.

Les grandes marques de produits de consommation ont bien longtemps et bien souvent lutté pour préserver leur indépendance et leurs marges en s'appuyant sur le consommateur final, défini comme « le client ». Mais soumis à la concurrence de produits sous marque distributeurs et des concurrents aux marques moins connues mais moins chères, elles sont de plus en plus conduites à considérer qu'il y a deux clients : le distributeur et le client final.

Les entreprises qui vendent à d'autres entreprises sont souvent obligées de considérer jusqu'à quatre clients possibles : le prescripteur, celui qui passe la commande, l'acheteur et les utilisateurs dans l'entreprise.

Ainsi les organismes privés de formation au management peuvent-ils souvent avoir à considérer deux et parfois trois catégories de clients :

- L'entreprise représentée par sa direction générale ou le directeur de formation,
- Souvent, également, le responsable opérationnel qui désire former ses collaborateurs, dans un but bien précis,
- Les participants aux actions de formation qui ont des attentes spécifiques, en particulier ceux qui ont choisi eux-mêmes la formation.

Cela conduit à établir avec soin la cartographie des « clients » et des « moments de vérité » ou des « événements clés », c'est-à-dire des moments de contacts avec le client ou d'utilisation du produit ou du service, en repérant les moments les plus importants tels que ceux pendant lesquels le client va se forger une opinion ou une image plus ou moins définitive.

Par exemple dans l'assurance, il n'y a en fait dans la plupart des cas que six « moments de vérité », qui sont les seuls moments où le client a un contact avec sa compagnie d'assurances : quand il est visité par un agent qui veut lui vendre une assurance, quand il souscrit, quand il reçoit les échéances de prime à payer, et s'il a un sinistre, quand il fait sa déclaration, quand il est en contact avec l'expert, quand il est indemnisé.

Il faut bien avouer que les compagnies d'assurances n'ont pas la tâche facile pour « satisfaire les clients », car aucun de ces moments n'est vraiment agréable, contrairement à la satisfaction que procure l'achat de la plupart des objets ou des services, ce qui ne rend que plus importantes les Analyses de Valeur-Client.

Le choix de celui ou ceux qui vont porter le titre de « clients » est fondamental, car ils vont devenir prioritaires dans la fourniture de satisfaction. Le concept de client interne a un danger bien connu : celui de faire passer parfois le client interne avant l'externe ou de consacrer trop de moyens à la satisfaction de clients internes, ce qui fait courir un risque de déviation pouvant être fatale.

L'écoute-client, sans préjugé, permanente et réactive

L'écoute-client, sans préjugé, permanente et réactive, sont trois traits essentiels du marketing moderne. Ils ont souvent conduit à reconsidérer le marketing et parfois à l'intégrer aux équipes de vente ou aux processus.

▄▄▄ L'écoute sans préjugé

C'est la nouvelle définition de la qualité, fondée sur la satisfaction client, et l'orientation client de toute l'organisation qui a conduit nombre d'entreprises et d'organismes de toutes sortes à ré-interroger le client sur ses attentes, ses critères de satisfaction, sans *a priori*, par le biais d'enquêtes qualitatives, ou de réunions de groupe. Les résultats obtenus sont ensuite validés par des enquêtes quantitatives.

Les résultats obtenus ont souvent créé des surprises. En effet, la plupart des enquêtes de marketing étaient centrées sur les caractéristiques des produits et projetaient les *a priori* parfois assez anciens des responsables de marketing ou même de la direction générale. Car il ne faut pas oublier que traditionnellement plus le rang dans la hiérarchie est élevé, plus on parle au nom du client.

Les idées de génie des créateurs d'entreprises viennent souvent d'une intuition des attentes des clients, mais à l'inverse beaucoup d'erreurs fatales des dirigeants viennent de leur propension à croire qu'ils connaissent encore les besoins du client : mieux vaut laisser parler le client lui-même !

La nouvelle écoute-client demande au client ce qu'il attend, ce qu'il apprécie et ce qui le mécontente. Les organisations sont conduites à s'apercevoir que le produit importe certes, mais aussi que les relations avec l'organisation, qu'il s'agisse de la communication, de l'attitude des vendeurs, du service, de la facturation, et bien d'autres aspects sont parfois très importants.

Ainsi en 1994, Pitney Bowes, leader mondial des équipements de tri postal, s'était aperçu dans le cadre d'une écoute de ses clients que les principales sources d'insatisfaction étaient les erreurs de facturation et la communication avec l'entreprise. Elle a aussitôt fait le reengineering de la facturation pour viser zéro défaut et réorganiser sa communication en indiquant dans ses brochures des numéros d'appels gratuits différents suivant le problème du client, un numéro pour avoir un vendeur, un autre pour le conseil technique, etc. Elle a en outre créé un centre d'appel (« Call Center ») doté de personnel compétent pour répondre 24 heures sur 24.

De même, Aetna Life & Casualty, à l'occasion d'une opération de reengineering, s'était aperçu en 1993 que l'idée qui prévalait dans l'ensemble des services était que la compétition ne se jouait pas sur le prix mais sur l'adaptation ou la personnalisation des contrats et du service. En fait, l'entreprise commençait à perdre des parts de marché à cause d'une concurrence sur les tarifs. En trois ans, sur la base d'une vingtaine d'opérations de Reengineering, l'entreprise a fait des gains de productivité de plus de 25 %.

L'écoute permanente

À une époque de changement rapide de la technologie et des formes d'organisation, de la conjoncture et des positions concurrentielles, les consommateurs finaux comme la clientèle d'entreprise peuvent évoluer « à bas bruit » comme disent les médecins ou changer brutalement.

Ainsi, le « Club Méditerranée » a vu très progressivement, au fil des ans, sa clientèle la plus ancienne et la plus fidèle vieillir, les jeunes célibataires avoir des exigences de confort accrues. Il a dû faire face à de nombreuses autres évolutions de l'environnement. Le Club a commencé à réadapter son marketing et ses offres dans un contexte difficile dans les années 1995 et 1996, mais cela n'a pas suffi, de nouveaux dirigeants ont été nommés en 1997 qui ont initié de nouvelles stratégies.

Les équipementiers et sous-traitants de l'automobile américaine, puis ceux de l'industrie allemande, à l'arrivée de José Ignacio Lopez, ont vu brutalement changer le comportement des services achats et les exigences de leur client.

L'écoute réactive ou le « close-loop »

L'écoute réactive est celle qui se traduit instantanément ou du moins à brefs délais par des mesures pour remédier aux insatisfactions, ou satisfaire encore davantage.

Doter les collaborateurs en contact avec les clients d'indicateurs de satisfaction ne suffit pas. Dans certaines entreprises, il y a beaucoup d'indicateurs qui sont mesurés, traités, agrégés, examinés à divers échelons et rien ne se passe à court terme.

C'est pour cela que les entreprises bien gérées ont institué la « boucle rapprochée », ce que les Américains appellent le « close-loop », c'est-à-dire le principe de réaction rapide des membres du personnel en contact avec le client, aux indicateurs d'insatisfaction.

Cela suppose qu'ils les connaissent bien et qu'ils aient l'autonomie de décision nécessaire pour effectuer les mesures correctrices. D'où « l'empowerment » dont il sera question dans le chapitre consacré à la gestion des ressources humaines.

■■■ « L'écoute-client » des non-clients

La facilité consiste à écouter les clients. Cela les flatte en général et ils accueillent très volontiers une telle démarche, du moins la première fois.

Mais si l'entreprise ne détient que 5 % du marché, se limiter à l'écoute des clients c'est peut-être introduire un biais fatal dans le processus d'enquête si les non-clients sont la majorité parce qu'ils ont d'autres attributs de satisfaction ou parce qu'ils ont une meilleure opinion des concurrents pour les mêmes attributs.

Il est donc fondamental d'écouter aussi les non-clients, en particulier sur le critère de la perception du prix.

■■■ La compétitivité de chaque attribut important

Il convient évidemment de faire noter chaque attribut par rapport à la concurrence, pour bien exploiter ses points forts en communiquant dessus et en les renforçant en permanence ou au contraire pour rattraper son retard sur des attributs perçus comme décisifs pour la clientèle.

L'importance capitale des données sur les clients et les concurrents : les méthodes utilisées

Les méthodes utilisées pour bien connaître et comprendre le client et mesurer la valeur perçue par rapport à la concurrence sont variées et plus ou moins fréquemment utilisées suivant les entreprises et leur secteur.

Il n'est pas sans importance de les connaître.

■■■ La recherche de valeur

Un groupe de clients correspondant au coeur de cible reçoit un produit à évaluer. Ils doivent garder trace de leur expérience et indiquer ce qu'ils aiment, détestent ou ce qui les laisse indifférents. L'entreprise essaye de renforcer les points positifs, élimine les points faibles et applique l'analyse de valeur pour réduire le coût des fonctions sans importance pour le client.

Une représentation graphique commode consiste à représenter les résultats suivant deux axes : en abscisse, l'importance des attributs pour les clients et en ordonnée leur opinion.

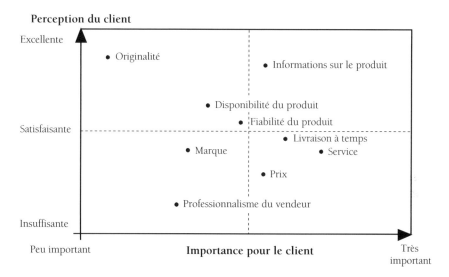

Tableau N° 4.3 : Représentation de la valeur pour le client

▄▄ L'analyse conjointe ou « trade off »

On présente à un échantillon de consommateurs différentes options de produit ou de service correspondant à des niveaux différents de valeur de chaque attribut et on leur demande de choisir entre les options, ou ce qui revient au même on leur demande de procéder à des arbitrages (« trade off ») entre différents attributs de l'offre afin de déterminer la combinaison d'attributs qui recueille l'adhésion du plus grand nombre.

Par exemple Theraplix, qui fabrique des médicaments vendus sans ordonnance, recourt à l'analyse conjointe pour déterminer « l'importance relative des attentes concernant le mode d'administration, la posologie, le packaging, l'efficacité thérapeutique » (Olivier Guillaume, Directeur des études, *Les Échos*, juin 1997).

L'analyse conjointe aide les entreprises à élaborer un nombre restreint de modèles ou de formules, car les combinaisons de caractéristiques atteignent vite les grands nombres (plus de 60 000 possibilités pour une voiture).

▄▄ L'analyse de sensibilité

Les managers coopèrent avec les clients « coeur de cible » et examinent avec eux le niveau de chaque attente en indiquant à chaque fois l'effet sur le prix.

Si le gain sur un attribut important pour le client est sensible pour une augmentation de prix minime, il peut en résulter une décision commune d'adopter ce nouveau niveau. Et *vice versa*. Toutes les combinaisons d'accroissement des niveaux de spécifications ou de baisse des spécifications sont ainsi examinées.

Nous sommes déjà là en présence de ce qu'on appelle le « co-marketing ».

L'évaluation multi-attributs

Il s'agit d'un tableau carré dans lequel figurent en lignes les principaux attributs et en colonnes les différents concurrents. On demande à un échantillon de clients d'indiquer premièrement le poids qu'il accorde à chaque attribut, puis pour chaque attribut, de noter chaque concurrent en mettant des notes comprises entre 1 et 10 ou entre 1 et 5.

Le QFD, le Déploiement Fonctionnel de la Qualité (Quality Function Deployment)

Il s'agit là d'un outil rationnel pour passer du langage du client au langage technique. Il traduit fonction par fonction les attentes du client dans le langage du technicien. La méthode implique de se poser les questions « que veut le client et quoi pour chaque fonction » et « comment » pour les spécifications de conception et de les décliner en cascade pour les différents composants. Cependant trop souvent le QFD concentre trop d'attention sur les spécifications du produit sans tenir assez compte des autres attributs qui enthousiasment le client.

Le recueil et les sources d'informations

Les informations proviennent de multiples sources :

- D'abord l'observation et l'enregistrement des remarques et des attitudes des clients.
- Les commentaires ou les questions dans les foires, les expositions, les observations chez le client, chez les distributeurs, les concessionnaires, les appels sur numéros verts, les enquêtes par correspondance, les enquêtes sur les bulletins de garantie (sur les relations avec les vendeurs par exemple).
- Les études de marché confiées à des organismes extérieurs.
- Les panels, les discussions de groupes de clients (avec le risque toujours présent d'un effet grégaire dans ce dernier cas).
- Les remontées des personnels en contact avec les clients.
- Les interviews individuelles en profondeur de clients. Elles doivent être en nombre suffisant pour avoir une bonne compréhension des valeurs

accordées aux différents attributs, de leur comparaison par rapport à la concurrence et des attentes non satisfaites porteuses d'idées d'amélioration des produits ou des services. Ce qui ouvre la voie à un marketing qui sera plus personnalisé.

Les bases de données, outil marketing et arme stratégique

Les bases de données clients constituent l'un des outils marketing et stratégique les plus importants de notre décennie. Les entreprises le savent bien puisqu'il arrive au premier rang des investissements de bon nombre d'entreprises.

En effet la recherche permanente d'une meilleure satisfaction et d'une fidélisation des clients ainsi que l'orientation vers la personnalisation de masse conduisent à utiliser de plus en plus les bases de données.

Cela est rendu possible par les progrès des technologies modernes de l'informatique et des télécommunications et la baisse du coût des mémoires ainsi que la montée en puissance et en performance des logiciels de bases de données.

L'exemple du Ritz-Carlton est assez représentatif de l'apport des bases de données clients : la chaîne enregistre toutes les réservations au niveau mondial sur une base de données centrale. Chaque nouveau client est invité, sur un formulaire particulier, à faire état de ses préférences ou de ses desiderata particuliers. L'ensemble de ces informations est centralisé dans un fichier des préférences des 240 000 clients. Les clients réguliers auront ainsi l'assurance de la prise en compte de ces desiderata dès leur arrivée dans l'un quelconque des Ritz-Carlton à travers le monde.

C'est la combinaison de la formation et la motivation du personnel et de son attention au service du client, servis par des moyens informatiques, qui permettent ces progrès et la personnalisation de la consommation de masse.

De plus en plus de données historiques sont stockées sur les clients pour pouvoir mieux les connaître, mieux segmenter et effectuer toutes les corrélations possibles ainsi que les politiques diverses et variées de fidélisation. Les seules limites à cette accumulation de données sur les clients et leur utilisation sont désormais celles qui émanent des commissions Informatique et Liberté dans les différents pays et la réaction des clients mécontents d'une intrusion excessive dans leur vie privée (« *Bonjour Mme Dupont, c'est demain l'anniversaire de votre mari…* »).

Le marketing direct s'est développé rapidement au cours des dernières années, et les ventes, par ce canal, ont augmenté aux États-Unis de 7,8 % par an de 1991 à 1996, alors que l'ensemble du commerce n'a augmenté que de 5,4 %.

Il s'est développé en particulier à cause de la fragmentation de l'audience de la télévision (multiplication des chaînes) qui rend plus coûteuse l'attention d'une masse de consommateurs, et grâce à l'essor des bases de données informatiques.

Les ordinateurs facilitent le repérage et les traitements particuliers des clients fidèles, l'identification de catégories de comportements permettant des segmentations efficaces.

L'utilisation croissante d'Internet va dans le sens d'un ajustement toujours plus fin des offres aux attentes précises des clients qui répondent sur l'écran à des questions les concernant qui seront stockées en temps réel et à faible coût.

EXEMPLES DE MÉTHODES D'ENQUÊTES DE SATISFACTION

Les configurations possibles sont très nombreuses. En général, les entreprises compétentes commencent par des opérations d'écoute clients qualitatives suivant des méthodes classiques et bien connues telles que interviews puis réunions de groupes de clients ou prospects, suivies d'enquêtes de validation statistiques, parfois confiées à des organismes extérieurs.

Nous allons illustrer la démarche par un cas complexe de vente de biens d'équipements utilisés fréquemment dans l'entreprise par beaucoup de personnes.

Un cas de vente « Business to Business » : vente et installation d'un équipement

Les « événements-clés » sont souvent le démarrage de l'installation et l'intervention pour dépannage.

La période qui suit l'achat est un moment d'angoisse pour le client, et « **on n'a jamais une deuxième occasion de faire une première bonne impression** ». L'installation est le moment d'une nouvelle relation avec le client. « L'enquête post-installation » doit couvrir l'ensemble des prestations durant cette période critique. Elle peut intervenir deux à trois mois après l'installation.

Il n'est pas sans intérêt d'affecter des personnes qui gardent un contact fréquent avec le client pendant cette période et veillent à satisfaire ses attentes et résoudre les problèmes susceptibles de créer une insatisfaction, apportant ce que les Américains appellent un « initial care ». Une enquête par correspondance envoyée à tous les clients, donnera un bon taux de réponse si les clients sont satisfaits et ont reçu un bon service initial.

« L'enquête après dépannage » est également importante et doit couvrir une fraction significative des dépannages réalisés (10 % par exemple).

Avec les grands comptes qui utilisent beaucoup d'équipements, il n'est pas inutile de faire une évaluation globale de la relation de partenariat sur base d'un guide structuré d'évaluation.

Le but étant de satisfaire mieux que la concurrence, il est bon d'avoir une enquête concurrentielle, faite par un organisme extérieur régulièrement (par exemple une fois par an), qui positionne l'entreprise pour les principaux produits ou services par rapport à la concurrence. Cette enquête doit permettre d'identifier les causes profondes des différences de satisfaction entre compétiteurs et permettre de déclencher des opérations de benchmarking compétitif suivies éventuellement de reengineering.

Cela ne dispense pas des études de marché classiques sur les facteurs déterminants de l'achat, qui doivent intégrer le prix et qui interrogent les prescripteurs et décisionnaires du marché pour connaître les critères importants.

Bien que le prix soit très important il ne concerne pas tous les utilisateurs, et il est parfois délicat de poser des questions directes sur le prix de peur d'éveiller sur ce sujet l'intérêt du client, toujours prêt à trouver tout trop cher.

Cela conduit parfois à en oublier ou en sous-estimer l'impact et peut devenir une erreur fatale. On ne rappelle jamais assez que la compétition se joue sur la Valeur-Client qui inclut le prix, et que de plus en plus souvent c'est un facteur déterminant de choix. Il faut donc toujours avoir au moins une des enquêtes qui interroge sur le prix perçu et son poids dans les facteurs de satisfaction.

Outre les enquêtes précédentes, le marketing est également alimenté par :
- Le feed-back fourni par les meilleures pratiques internes.
- Le benchmarking.
- Les enquêtes internes.

Le système de mesure de Rank Xerox[1]

Depuis 1984, Rank Xerox a institué un système de mesure de la satisfaction client appelé CSMS (Customer Satisfaction Measurement Survey), et qui comporte :

▬ Des enquêtes

Des enquêtes commanditées par Rank Xerox, son nom étant fourni par les interviewers, couvrant plus de 50 facteurs permettant d'élaborer l'image que les clients se font des produits et services.

---

1. Rank Xerox – *Document de présentation pour l'obtention du Trophée EFQM.*

Des enquêtes anonymes, qui posent les mêmes questions clés que les enquêtes commanditées, et d'autres questions permettant de mesurer les performances par rapport aux concurrents.

Des enquêtes post-installation, envoyées à tous les clients dans un délai de 90 jours.

■■■ Les retours d'informations en provenance de plusieurs sources (feed-back) :

Le feed-back provenant du processus de *management des comptes clients*.

Le feed-back provenant du processus « *Market Dynamics Measurement* ». Il s'agit du processus d'évaluation du marché qui s'adresse chaque année à 130 000 personnes en Europe.

Le feed-back des fournisseurs. Il s'agit d'obtenir des informations sur ce que pensent les fournisseurs de Rank Xerox en tant que clients et utilisateurs de ses matériels.

Autre exemple de résultats d'une Analyse de Valeur-Client pour des biens d'équipement

ANALYSE DE VALEUR-CLIENT

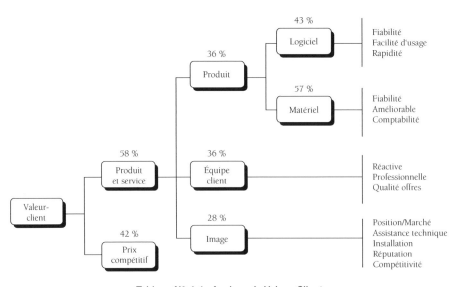

Tableau N° 4.4 : Analyse de Valeur-Client

Ce tableau est tiré du cas réel d'une entreprise vendant des équipements dans le domaine de l'informatique et des télécommunications. Les chiffres ont été légèrement modifiés, mais les ordres de grandeur ont été respectés. On s'aperçoit de l'importance de l'image et de la relation client assurée par l'équipe client qui entretient la relation commerciale et le SAV pour le client.

LA NOUVELLE PLACE DU MARKETING

La fonction marketing dans ces conditions évolue et se transforme dans de nombreuses entreprises.

De fonction centrale elle devient fonction opérationnelle, les tâches du marketing se trouvant de plus en plus intégrées au sein des processus opérationnels quotidiens.

Les hommes de marketing, les spécialistes d'études de marchés et de la concurrence, ou de communication avec le client final se transforment en stratèges qui s'occupent davantage de la multiplication de produits nouveaux ou du management de la distribution.

En fait, le marketing a cessé d'être l'affaire de quelques-uns pour devenir la préoccupation du plus grand nombre, et on enseigne au « back office » à penser client.

DONNÉES GÉNÉRALES SUR LA QUALITÉ DE SERVICE, LA SATISFACTION CLIENT ET LA FIDÉLISATION

Importance stratégique du service et de la qualité de service

À partir des données du PIMS (Profit Impact of Market Strategy), base de données comportant plus de 3 000 centres de profits (entreprises ou divisions), il a été établi quelques corrélations entre le niveau de profit et certaines stratégies, telles que la corrélation assez forte entre *la position de leader (c'est-à-dire la plus grande part de marché) et le niveau de rentabilité*, ou la corrélation entre une *valeur perçue supérieure à la concurrence et l'accroissement de la part de marché*.

D'autres corrélations signalées par Bradley Gale concernent le service :
- *Dans plus de la moitié des secteurs, la qualité de service représente 40 % dans le poids de la prise de décision d'achat.*
- *Dans seulement 15 % des secteurs, ce poids est inférieur à 20 %.*
- *Les secteurs où la qualité de service a un poids fort dans la prise de décisions font des marges bénéficiaires plus élevées que dans les autres.*

- *Les entreprises dont la qualité de service est jugée par le client meilleure que celle de leurs concurrentes ont un retour sur investissement supérieur au double de celles dont la qualité de service est jugée plus mauvaise que celle de la concurrence.*

On comprend pourquoi le célèbre président de General Electric, John F. Welsh, veut rajouter du service à la vente d'équipement, par exemple quand il offre à des hôpitaux de ne plus seulement leur vendre des appareils de radiologie mais de prendre en charge tout le processus d'examens radiologiques. De même, quand Rank Xerox propose de prendre en charge la gestion de l'ensemble de la production de documents d'une entreprise dans sa filiale Xerox Business System, elle accroît la part de vente de service dans ses activités.

Les cinq composantes fondamentales de la qualité de service

Les cinq composantes de la qualité de service telles qu'elles résultent d'études de l'Université du Texas sont importantes à rappeler[1] :

- *La **fiabilité** : capacité de tenir la promesse, c'est-à-dire de fournir exactement ce qui est demandé dans les délais.*
- *La **confiance** : compétence, courtoisie des employés et habileté pour inspirer une confiance totale.*
- *Le **tangible** : les installations et équipements, et l'apparence du personnel.*
- *L'**empathie** : le degré d'attention et de soin apportés individuellement au client.*
- *La **vitesse de réaction** : la volonté d'aider le client, et de lui fournir un service rapide.*

Causes habituelles de l'insatisfaction des clients et conséquences

Rappelons que la satisfaction client commence par l'élimination rapide et vigoureuse des motifs d'insatisfaction qui ont des conséquences désastreuses comme le montrent quelques résultats d'études réalisées par l'administration américaine dans le cadre du Technical Assistance Survey Program :

- ***4 %** seulement des clients insatisfaits se plaignent.*
- ***65 % à 90 %** des clients insatisfaits n'achèteront jamais plus et le diront en moyenne à **9** personnes.*
- ***2/3** des raisons identifiables pour lesquelles un client quitte une marque n'a rien à voir avec le produit mais avec l'utilisation.*
- ***1/3** de l'insatisfaction des clients vient du produit ou du service et **2/3** de défaillances dans les communications.*

---

1. Whiteley Richard C. – *The Customer Driven Company – Moving from talk to action* – Addison – Wesley – USA – 1991.

- **5 fois sur 6**, *un client change de fournisseur parce qu'il est insatisfait de la qualité de service plutôt que du produit.*

Satisfaire encore plus pour fidéliser

L'un des principaux intérêts de la satisfaction client est la **fidélisation**, qui consolide le chiffre d'affaires et réduit les coûts commerciaux. Très souvent, on mesure la satisfaction sur une échelle à 4 ou 5 niveaux du type :

Échelle :	1	*Très satisfait*
	2	*Satisfait*
	3	*Moyennement satisfait*
	4	*Insatisfait*

Beaucoup d'entreprises arrivent à un total :

Très satisfait + satisfait > 80 à 90 %, et pensent pouvoir s'en contenter.

Mais des enquêtes menées par plusieurs entreprises américaines, dont AT & T, ont montré que *seuls les clients **très satisfaits** étaient **fidèles**.* D'où le nouvel objectif prioritaire de beaucoup d'entreprises visant l'excellence : faire monter le pourcentage de **très satisfaits.**

Les clients constituent un actif dont la valeur augmente avec le temps. Car normalement un parc de clients fidèles signifie une réduction du coût d'acquisition des clients, une croissance des achats par les mêmes clients, une croissance de la prévisibilité et de la productivité, une diminution de la sensibilité au prix et une amélioration des marges. Par exemple, d'après Bain & Cie, une amélioration de 5 points du taux de fidélité accroît de 25 % le profit pour les compagnies d'assurances et de 200 % pour les cartes de crédit[1].

La fidélisation par accroissement de la consommation des produits ou services de l'entreprise est évidemment l'objectif qu'il faut viser, par exemple l'offre d'assurance-vie par une banque, stratégie devenue très classique. Cette fidélisation suppose souvent des bases de données appropriées et un marketing orienté vers la fidélisation.

Les moyens de fidéliser les clients sont nombreux et variés. Pour un client satisfait, les spécialistes préconisent de le *reconnaître, de lui apporter un plus, de l'écouter, de le récompenser (carte de fidélité avec avantages liés ou supplémentaires), de lui écrire pour lui envoyer une information utile, de le considérer, d'établir des relations amicales.*

Pour le *client insatisfait* , de le *dédommager, de lui offrir un service spécial, de lui donner des conseils, de lui faire découvrir un nouveau produit ou service.* Un client insatisfait, s'il est content du traitement réparateur, deviendra un client fidèle.

---

1. Bain & Cie – Conférence « *Fidéliser vos clients* » – IIR – 30 et 31 mai 1994.

Les clés du succès d'un programme de fidélisation sont la simplicité, la facilité d'utilisation et une bonne base de données permettant le ciblage et la gestion des programmes de fidélisation.

METTRE EN ŒUVRE LA VALEUR-CLIENT

Des entreprises comme AT & T, le Ritz-Carlton, Matra Communication, Rank Xerox, Darty (un pionnier mondial avec le contrat de confiance élaboré par Marcel Darty en 1972), ont déployé de grands efforts et beaucoup d'astuces pour mettre en place une satisfaction client supérieure, comportant tel ou tel aspect suivant les cas :

- Plus qu'un produit ou un service, des solutions productives,
- Dans certains cas les prix les plus bas (Darty),
- Des garanties de satisfaction totale ou des contrats de confiance (Darty),
- Une réflexion soigneuse sur qui est le client (ventes à des intermédiaires ou des distributeurs) et dans quelles circonstances son avis importe,
- Des dispositifs de mesures à base d'écoutes, d'enquêtes lisibles par le client, et des baromètres de satisfaction client,
- Des relations de qualité,
- Un suivi à plusieurs niveaux des indicateurs de satisfaction, la prise en compte dans les objectifs individuels et collectifs, l'intégration dans les systèmes de bonus,
- Des échanges d'expériences internes et des opérations de benchmarking,
- Des actions d'amélioration,
- Un management très soigneux des plaintes,
- Etc.

L'intérêt stratégique de la Valeur-Client perçu par rapport à la concurrence, dans le contexte actuel

Fonder sa stratégie et ses efforts de progrès sur la Valeur-Client a un triple intérêt dans le contexte actuel :

- Cela permet d'orienter toute l'entreprise vers la satisfaction client, mais sans négliger la réduction permanente des coûts.
- Cela évite de négliger les segments de clientèles qui sont essentiellement intéressés par le prix ou sont conduits à lui accorder plus d'importance, et dont la proportion tend à augmenter : chômeurs, Rmistes, préretraités, retraités. Car la tentation est évidemment très grande d'aller vers l'amélioration des produits ou services assortie d'augmentation des prix. De plus, en période de déflation, tout le monde s'attend à des baisses de prix.

La connaissance validée de l'importance des différents attributs de la qualité perçue et de la position concurrentielle permet de fixer les priorités d'action de progrès ou de Reengineering.

- Cela oblige à ne concevoir des produits nouveaux que s'ils augmentent la Valeur-Client, ce qui améliore leur taux de succès.

Encore du chemin à parcourir pour mettre en place un véritable management par la Valeur-Client

D'après Bradley T. Gale, au milieu des années 90 la plupart des entreprises, à l'exception d'entreprises comme AT & T, Milliken, Pitney Bowes et quelques autres, n'étaient pas encore au stade d'être en mesure de pratiquer avec rigueur une Analyse de la Valeur-Client relativement à la concurrence. Mais les plus performantes s'y sont mises rapidement.

Depuis lors, ce concept de Valeur-Client s'est plus largement répandu. Notons que beaucoup d'entreprises ne l'appliquent pas encore de manière complète, pour les raisons suivantes :

- Elles ont prédéterminé elles-mêmes les critères de satisfaction client sans mettre en place des systèmes d'écoute, d'enquêtes et de vérification statistique qui évitent des préjugés.
- Elles ne mesurent que des indicateurs de satisfaction client, mais elles n'ont pas pondéré les poids respectifs des différents critères des segments de clientèles pour en tirer des indicateurs de qualité globaux significatifs.
- Elles ne mesurent pas la Valeur, c'est-à-dire qu'elle n'ont pas segmenté les clientèles en fonction du poids relatif accordé au prix, et n'ont pas fait de calculs d'indicateurs de Valeur.
- Elles ne mesurent pas le prix perçu, qui peut être différent du prix réel, car il peut inclure l'intégration par le consommateur de prix de revente, de dépenses d'utilisation, de coût de l'argent en cas d'achat à crédit, ou tout simplement d'effet de marque qui a l'image d'être chère ou bon marché.
- Elles n'ont pas de système pour suivre l'évolution des attentes, incluant le prix perçu, et peuvent se laisser surprendre par des évolutions des besoins des clients.
- Elles s'occupent davantage des attributs réels de la Valeur que de leur perception ; or une qualité non perçue n'apporte pas d'avantage compétitif, et elles ne communiquent pas sur les attentes les plus importantes qu'elles parviennent à satisfaire.
- Elles introduisent des biais dans la définition des attributs de satisfaction et leur pondération par rapport au marché réel en n'interrogeant que leurs clients et pas assez les clients de la concurrence et les prospects.
- Enfin, le plus souvent, elles ne comparent pas leurs notes sur ces indicateurs avec celles données à la concurrence.

Les efforts en cours des entreprises pour apporter de la Valeur-Client

De plus en plus d'entreprises se préoccupent d'apporter de la valeur à leurs clients et ont lancé des initiatives pour y parvenir. Une enquête du Conference Board auprès de 113 grandes entreprises américaines et européennes le confirme. Les principaux résultats sont riches d'enseignements.

■■■ Des résultats significatifs déjà obtenus

Plus des deux-tiers ont amélioré leur capacité à fidéliser les clients et à construire avec eux des relations à long terme, plus de la moitié a obtenu une meilleure attraction de nouveaux clients, une croissance des parts de marché des profits et des ventes. Plus d'un tiers en attendent une réduction des plaintes et une amélioration de l'innovation.

■■■ Les principaux domaines de progrès significatifs

Les principaux progrès ont été accomplis sur les aspects suivants (pourcentage des réponses) :

1. L'analyse des besoins des clients (78 %)
2. Mise en place de comportements centrés sur le client chez les employés au contact avec la clientèle (71 %)
3. Analyse des cibles de marché (67 %)
4. Renforcement de la qualité de service (63 %)
5. Utilisation d'équipes multidisciplinaires (54 %)
6. Atteinte de l'excellence dans les opérations (53 %)
7. Créations de produits et services innovants (51 %)
8. Analyse des forces des concurrents (47 %)
9. Adaptation des produits et services aux besoins des clients (« customizing ») (46 %)
10. Simplification (suppression d'intermédiaires) (41 %)
11. Comportements centrés clients chez les employés autres que ceux en contacts avec les clients (40 %)
12. Développement d'indicateurs de prix (38 %)

■■■ Les indicateurs de succès en marketing

Les indicateurs sont toujours très significatifs d'évolutions du management. Actuellement, les principaux indicateurs mesurés sont :

- La part de marché et son évolution.
- Le taux de fidélisation ou de rétention des clients (dans une période donnée, quel pourcentage de la base de clients a maintenu ses relations avec l'entreprise).

- Les gains de nouveaux clients (pourcentage de nouveaux clients par rapport au nombre total).
- Part de marché fournisseur (quel pourcentage des achats des clients l'entreprise obtient).
- Indicateurs de position concurrentielle sur les principaux attributs de qualité perçus.
- Indicateurs de compétitivité prix, globalement et sur les différentes composantes du prix perçu.

▬ Le passage à une entreprise orientée client

C'est évidemment le défi le plus important et la tâche la plus difficile ; c'est un des rôles majeurs des dirigeants.

Dans la plupart des entreprises, il nécessite :

- La formation du personnel à la compréhension de la Valeur-Client et le lancement d'opérations d'écoute-client.
- Une vision de l'organisation comme une série de processus aboutissant aux clients et une meilleure intégration des activités le long de la chaîne de valeur.
- Une amélioration des processus et la focalisation sur ce qui apporte de la valeur aux clients, une amélioration des communications avec les clients.
- L'autonomie et la responsabilisation des personnels en contact avec les clients.
- La capacité d'opérer avec moins de niveaux hiérarchiques.
- La réduction des temps de cycle et en particulier tout ce qui se traduit par des attentes pour le client (attentes d'informations, attentes d'offres ou de devis, attentes de livraison).
- Et plus généralement la mise en ligne des valeurs, des rôles et des missions, des indicateurs, des objectifs, des systèmes de reconnaissances et de récompenses, avec les objectifs d'apports de valeur aux clients.

Nous verrons en détail dans les chapitres suivants les problèmes posés par cette mise en œuvre.

Pratiquer le cyber-marketing devient fondamental

Le cyber-marketing concerne les sites web des entreprises, le marketing sur Internet, la vente par le web, le paiement par Internet, la publicité sur Internet etc.

Même si les ventes par Internet de l'entreprise sont encore nulles, le cyber-marketing devient fondamental car l'internaute va de plus en plus chercher de l'information avant achat ou pour acheter sur Internet et la proportion des prospects ou clients qui sont connectés augmente à vive allure.

Le mode d'emploi du cyber-marketing, est très bien expliqué dans le remarquable ouvrage de Édith Nuss sur le sujet[1] et nous renvoyons à son ouvrage pour plus de connaissances, nous bornant à quelques points fondamentaux pour les non spécialistes.

Un site web sert à communiquer avec ses prospects, futurs prospects et clients, mais aussi souvent avec ses distributeurs, fournisseurs, partenaires ou futurs partenaires, ses collaborateurs, la communauté professionnelle, les actionnaires, les candidats, la presse et éventuellement des personnes à la recherche d'informations sur un sujet, qui si elles trouvent le site bon peuvent contribuer à la notoriété et l'image de l'entreprise. Chaque catégorie de visiteurs doit pouvoir y trouver facilement le contenu qui le concerne.

Dans la plupart des cas, la priorité doit être l'objectif de vente. « *Un site bien conçu : la première raison du succès de la vente sur Internet* ».

Pour concevoir un cyber-marketing efficace, il faut penser à de nombreux aspects :

▬▬ Faire connaître le site web de l'entreprise

Ce qui implique la mise en œuvre de plusieurs concepts nouveaux et des techniques spécifiques au web :

L'*adressage* peut être unique « mon adresse.com » il peut aussi comporter des localisations « mon adresse.fr », « mon adresse.it » etc. qui permettent d'avoir une présence internationale. Il doit être juridiquement protégé, etc.

Le *référencement* est assuré auprès des annuaires et des moteurs de recherche. Il implique des conditions pour apparaître dès le premier ou le deuxième écran pour certains mots clés correspondant aux activités, produits ou services importants de l'entreprise.

Le *webring* réunit une série de sites par des liens interactifs. Il peut évoluer vers un portail dans une spécialité. Un groupe important et diversifié crée un portail maison et parfois se lie à des *sites d'intérêts, communautaires* ou *professionnels* ou en est le promoteur. Il engage le *maillage* ou la création de liens hypertexte avec d'autres sites.

L'*affiliation* consiste à établir un lien avec un autre site partenaire et à le rémunérer pour les ventes effectuées par ce biais, ce qui suppose un logiciel de traçabilité du contact (cela existe : voir Édith Nuss).

---

1. Nuss Édith, *le Cyber-marketing, mode d'emploi, réussir son e-business* – Éditions d'Organisation 2000 – Paris.

La *publicité par bandeaux* sur d'autres sites, le *sponsoring* et la *création de sites communs (co-branding)*, ou d'autres formes de publicité en ligne telles que les *listes de diffusion* qui consistent à envoyer un courrier électronique à une liste de prospects potentiellement intéressés (mais attention aux réactions négatives !) sont à envisager.

Il est important de noter que les différentes formes de publicité et promotion sur Internet commencent à avoir fait l'objet de mesures d'audience et certaines comme les bandeaux, par exemple, s'avèrent un peu décevantes sur certains types de sites. En cette matière, les expériences sont souvent récentes et les mesures encore plus, mais il est utile d'essayer de s'en procurer avant d'engager des sommes importantes.

Pour faire connaître leur sites les entreprises utilisent évidemment toutes les formes de *publicités classiques* par les médias bien connus TV, presse, mailing sur lesquels certains sites ont dépensé des fortunes pour se faire connaître.

Avoir un bon site qui crée un premier contact favorable à l'entreprise et à la vente de ses produits

Comme en toute matière, le bouche à oreille joue un rôle important pour la notoriété d'un site marchand, il est donc fondamental de concevoir un site qui sera apprécié par l'internaute. La visite de deux ou trois pages lui suffisent généralement pour s'échapper s'il n'a pas trouvé ce qu'il cherchait. Quelques caractéristiques doivent être impérativement respectées :

Rapidité, facilité d'accès aux produits, ergonomie

La page d'accueil est un élément fondamental du cyber-marketing : elle doit être **riche, rapide à charger et facilement lisible.** Beaucoup de pages d'accueil ont des images inutiles, longues à charger ou n'apportent rien. Il faut absolument prendre en compte le temps de chargement des pages en pensant que l'équipement des internautes n'est pas toujours à la pointe du progrès.

Pour informer le visiteur sur le contenu du site, on peut combiner plusieurs procédés : *le plan du site, le moteur de recherche, la barre de navigation ou la barre d'outils.* Chacun de ces procédés a son utilité et ses limites qui sont connues des spécialistes compétents.

Les critères d'efficacité d'un site commercial sont bien connus : le plus important de loin est le **nombre de clics nécessaire pour accéder aux produits.** Il est souvent indiqué qu'au-delà de deux clics la vente sera perdue. Ensuite la valeur ajoutée de services tels que les conseils pour choisir ou pour utiliser, la possibilité de poser des questions en ligne, par exemple sur le délai de livraison dans un cas particulier, enfin le quatrième comment payer et si le paiement se fait en ligne, son degré de sécurité, sont à considérer.

▬ D'autres éléments peuvent être importants

Langues et localisations : se faire comprendre par la majorité des clients. Pour vendre dans chaque pays où l'entreprise est présente avoir un site en langue locale est évidemment nécessaire ; mais, dès qu'il y a intervention éventuelle dans le processus d'achat d'intervenants du siège ou de la zone, il faut une version anglaise du site, l'anglais étant la langue internationale. Certains sites ont automatisé le choix de la langue en fonction de l'origine du visiteur, s'il vient de France par exemple il accède directement à la version française du site.

Le graphisme (l'informatique ouvre mille possibilités avec en sus l'animation, mais attention au temps de chargement), *les publications, les mises à jour* (souvent négligées ou tardives), *la gestion documentaire du site, les moteurs de recherche spécifiques du site, les forums, les babillards, le travail en groupe, les centres web de relations avec les clients (e-CRM).*

▬ Accumuler des informations sur les clients et les fidéliser

Le Net permet d'accumuler de l'information sur les visiteurs avec des *formulaires à remplir,* des *cookies* (messages envoyé par le serveur sur l'ordinateur du visiteur et qui permet d'avoir quelques données sur celui-ci sans qu'il ait à remplir un formulaire pour ensuite personnaliser une offre, une publicité etc.). On peut également faire des mesures d'audience.

Les principaux indicateurs de marketing concernant un site sont : *le nombre de visites du site, le nombre de visiteurs différents, le nombre de pages vues, les pages vues avec publicité, l'origine des visites (adresse IP du fournisseur d'accès) la durée moyenne des visites, le parcours moyen (en particulier page de sortie du site) et évidemment contacts utiles pour les ventes et le nombre de commandes.*

L'accumulation d'informations sur les clients et les informations mises en ligne doivent respecter la « *Netiquette* » en particulier la vie privée des internautes, les droits de propriété, les droits d'auteurs, la réglementation du commerce et d'une manière générale l'éthique des affaires et les déontologies professionnelles.

Pour garder le contact avec les clients, les outils s'appellent : *entrepôts de données , agents intelligents, personnalisation des contenus et de la publicité, Push Média, coupons sur le web, programmes de fidélisation.*

▬ Rendre aisé et sûr le commerce en ligne

Le premier souci des acheteurs est la sécurité des transactions ; mais les dangers sont encore beaucoup plus importants pour les vendeurs qui peuvent livrer à des escrocs. La sécurité concerne à la fois les transactions et la protection des données. Mais le commerce en ligne pose beaucoup d'autres problèmes qui soulèvent des questions techniques importantes dont les solutions s'appellent :

cryptage des transactions, authentification des acheteurs, coupe-feu (firewalls), mots de passe, logiciels d'e-commerce, sous-traitance à des organismes telles que les banques d'une partie de la chaîne de transaction, place de marchés.

▬▬ Un nouveau mode de marketing et de vente à faire comprendre et apprendre

Les quelques indications qui précèdent ont essentiellement pour but de montrer qu'une nouvelle forme de marketing et de vente est apparue qui nécessite l'apprentissage de nouveaux concepts et la compréhension de nombreux éléments de caractères techniques. Le but est d'inciter le plus grand nombre de lecteurs à se former rapidement à ces notions pour ne pas être obsolètes.

UN MARKETING SOUS SURVEILLANCE DE L'OPINION ET DES MÉDIAS, SOURCE DE RISQUES IMPORTANTS

Les sociétés modernes sont sous surveillance des administrations et des contrôleurs spécifiques à chaque activité que ce soit dans l'agroalimentaire, la pharmacie, l'automobile, la restauration etc. Mais les entreprises bien gérées connaissent les lois et règlements et peuvent se doter des moyens de les respecter scrupuleusement, en particulier grâce au système qualité (TQM, ISO etc.).

Par contre, elle ne sont pas toujours à l'abri, d'une attaque d'une association ou d'un lobby à propos d'un détail, d'un événement fortuit et ou parfois mal interprété ou d'une action qui n'a rien à voir avec les produits mais avec un processus parfois réalisé par un sous-traitant.

Plus l'entreprise est grande, connue, prestigieuse, plus les médias donneront de l'ampleur à l'affaire.

Ainsi des associations avaient lancé l'idée de boycotter les produits Danone lors de la fermeture d'usines malgré un plan social généreux allant bien au-delà des minima légaux.

Carrefour était cité par la grande presse à la suite d'un plainte relative à une lettre de recouvrement adressée à un client pour un chèque sans provision, lettre rédigée par une société sous-traitante chargée du recouvrement. Des associations y avaient trouvé des phrases à caractère discriminatoire.

Des laboratoires pharmaceutiques ont connu de graves problèmes à cause d'une médiatisation soudaine, à tort ou à raison, sur les dangers prouvés ou non d'un médicament ou d'un vaccin, dangers parfois découverts très tardivement et pas toujours étayés par des statistiques vraiment fiables et ceci, malgré toutes les précautions prises avant le lancement et en cours d'utilisation par les laboratoires et les États.

Dans d'autres cas ce sont les publicités qui sont attaquées parce qu'elle ont des connotations jugées par telle ou telle association comme contraires aux valeurs qu'elles défendent. Dans un monde pluraliste porteur de valeurs souvent contradictoires, la communication se doit d'être « politiquement » correcte. Mais il devient de plus en plus difficile d'attirer l'attention et d'être original sans heurter, inconsciemment tel ou tel défenseur de telle ou telle valeur.

Il faut désormais concevoir le marketing comme un marketing sous surveillance.

LE RÔLE DES DIRIGEANTS EN MATIÈRE DE MARKETING

En matière de marketing, le rôle de dirigeant comporte six aspects fondamentaux. Dans beaucoup d'entreprises les patrons sont d'ailleurs d'excellents « marketeurs ».

L'écoute de leurs clients et l'identification de leurs attentes

Le rôle des dirigeants est de sensibiliser, motiver, coordonner, placer l'écoute client à un niveau élevé d'importance et, parfois, il n'est pas mauvais de donner l'exemple.

▀ L'exemple de Lou Gerstner, Président d'IBM

Comme l'explique très bien *Business Week*[1], le secret du remarquable redressement d'IBM entre 1993 et 1996 n'est pas dû à des percées technologiques, des guerres de prix sanglantes ou un marketing brillant.

Sous l'impulsion de Louis V. Gerstner Jr., IBM est revenu à l'application de ce qui est à la base du succès dans les affaires : « *parler aux clients, connaître leurs besoins, et essayer de trouver comment les satisfaire* ». Facile à dire mais beaucoup plus difficile à faire que certains l'imaginent.

Comme l'explique Gerstner, « *je suis venu ici avec l'idée que vous commencez la journée avec les clients, que vous commencez à penser votre entreprise autour de ses clients, et que vous l'organisez autour de ses clients.* »

Dès son arrivée, Gerstner s'était mis à visiter lui-même des clients et il était arrivé à la conclusion que le principal problème d'IBM était qu'il avait gâché ses relations avec ses clients.

Sans attendre, Gerstner s'employa donc à reconstruire les relations avec les plus grands clients, posant ainsi les bases de la stratégie gagnante de services, reconnue par les concurrents.

---

1. Ira Sager – How IBM became a growth company again – *Business Week* – 9 décembre 1996.

En particulier IBM s'est mis rapidement dans la position d'aider ses clients à résoudre le problème complexe de l'intégration des multiples équipements, par exemple lors de la mise en place de réseaux, du type Intranet.

Louis Gerstner, aujourd'hui encore, passe 40 % de son temps avec des clients, discutant souvent avec les directeurs généraux pour apprendre leurs attentes. Ayant entendu ses clients se plaindre du prix élevé des softwares des ordinateurs, il décida d'en baisser le prix de 30 %. Il écouta aussi leurs plaintes à propos des softwares propriétaires d'IBM et orienta la compagnie davantage vers les standards de l'industrie.

D'une manière générale, IBM a entrepris un effort considérable pour construire des liens de confiance et à long terme avec ses clients, pour les fidéliser, en se montrant capable de proposer le recours à des matériels ou des logiciels d'autres entreprises pour construire un système.

« IBM est arrivé à comprendre comment se positionner comme une tierce partie neutre », déclare Berg du Gartner Group.

La technologie évolue si rapidement et le commerce électronique est si compliqué que les entreprises préfèrent externaliser ces opérations à une entreprise de confiance.

« De plus en plus de Directeurs Généraux ont pris conscience qu'ils sont les Directeurs Généraux du Marketing. Vous vendez de la confiance. Pour cela il faut construire des ponts, pas seulement devenir le vendeur et l'acheteur. C'est de DG à DG ». D'ailleurs, Louis Gerstner s'implique souvent lui-même dans la vente de gros contrats et rencontre le client ou lui téléphone.

Les dirigeants d'entreprises de divisions ou de centres de profits et les membres d'états-majors ont un rôle fondamental à jouer pour mettre en œuvre le marketing moderne.

Ils doivent en effet conduire leur organisation à écouter les clients et non-clients, et il n'est pas mauvais de s'impliquer comme Louis Gerstner, sans évidemment tout faire soi-même ou croire qu'on a compris les clients mieux que les services marketing après trois visites. Il faut être très rigoureux sur l'absence d'*a priori* et la validité statistique des échantillons

Le choix des segments-cibles

Ensuite, il faut segmenter en fonction des Analyses de Valeur-Client et choisir les segments-cibles, en fonction des capacités et ambitions de l'entreprise, en essayant de bien choisir les segments pour lesquels l'entreprise peut faire une proposition de valeur pour laquelle elle a des atouts distinctifs (voir le chapitre Stratégie).

La proposition de valeur et le positionnement

Il faut alors élaborer les offres en choisissant quelle « proposition de valeur » sera faite aux différents segments, c'est-à-dire quels attributs de valeur seront valorisés et communiqués et comment, ainsi que décliner le marketing mixte correspondant. C'est tout le problème du positionnement.

Le passage à une entreprise orientée client

Il faudra alors déterminer quels seront les avantages compétitifs qui seront mis en œuvre, quels progrès de l'organisation et quels moyens humains, techniques et financiers seront nécessaires. Puis traduire tout cela en plans d'action sans oublier tout le programme de changement culturel que cela implique, dont fait partie la formation du personnel (voire le chapitre vision, valeurs et changement de culture).

Cela peut conduire à la mise en œuvre du Management par la Qualité Totale ou en être la première étape.

Éventuellement, il pourra s'avérer souhaitable de réorganiser l'entreprise pour la rendre capable de réaliser ces ambitions en pratiquant le Reengineering de certains processus, et parfois en allant encore plus loin en passant à une structure plus horizontale orientée client.

Il faudra alors établir comment développer des relations à long terme avec les clientèles choisies et comment les fidéliser y compris par l'innovation permanente et instaurer une gestion des relations avec les clients (GRC) éventuellement en allant jusqu'à l'intégration en mettant en place un système CRM.

Comprendre le cyber-marketing pour s'adapter à la nouvelle économie

Beaucoup de dirigeants d'entreprises ont acheté toutes sortes de produits dans tous types de magasins ou encore par correspondance sur différents catalogues. La plupart sont familiers avec les différents processus de vente ou d'achats inter-entreprises par les moyens normaux du commerce par lettre, téléphone, fax et même pour certains par EDI.

Mais nombreux, et même très nombreux sont les dirigeants européens qui n'ont encore rien acheté par Internet en l'an 2000. Pire, beaucoup faute de temps n'ont même pas visité les sites web marchands les plus performants dans l'e-commerce, ni même les sites web de leurs confrères américains. Ils ignorent même que leurs clients vont voir régulièrement leurs sites ainsi que les candidats qu'il espèrent séduire.

Le manque de pratique du web les conduit à des choix souvent erronés en matière de cyber-marketing car leur collaborateurs ou leurs sous-traitants sont soit trop techniciens et ne connaissent pas les spécificités marketing de l'activité, soit marqueteurs mais ne connaissent pas assez les possibilités et contraintes de la vente *via* Internet.

Pour bien comprendre la vente par Internet nous conseillons à tous les dirigeants de visiter les sites performants dans différentes activités et de se former par la lecture ou des stages au marketing sur le web. Ce n'est malheureusement pas simple et cela prend du temps. Mais c'est peut-être dans certaines activités en train de devenir une nécessité vitale.

Chapitre 5

Le management
stratégique moderne

Les stratégies de la fin des années 90 ont été dominées par deux facteurs : *la mode de la valeur pour l'actionnaire « shareholder model »* conduisant à rechercher une croissance rapide des profits par focalisation sur un métier ou acquisitions de d'entreprises payées cher et la *nécessité de prendre en compte le déferlement des NTIC :* Internet, Intranet, téléphones mobiles et bien d'autres technologies liées. Dans un contexte général de baisse des taux d'intérêts, de croissance économique et de paix.

Beaucoup d'entreprises ont surestimé l'importance des marchés liés à ces nouvelles technologies ou ont sous-estimé le temps nécessaire pour que les consommateurs les utilisent concrètement comme produits ou services, comme systèmes d'achat ou comme canal de distribution. **Le début des années 2000** a été pour beaucoup celui *des illusions perdues, a entraîné de fortes baisses des bourses et un changement d'attitudes vis-à-vis des NTIC.*

Après une période de décisions stratégiques un peu hâtives et souvent trop risquées on constate **un retour aux bonnes pratiques stratégiques** fondées sur des modèles d'analyse et de conception éprouvés. Le contexte a certes changé. Il est celui d'un risque terroriste très présent, de menaces de guerre et d'une croissance mondiale freinée. Bien évidemment lorsque les entreprises se sont mises en difficulté par suite d'investissements aventureux, la seule stratégie possible est celle **du redressement d'entreprises en difficulté** présentée à la fin de ce chapitre.

La stratégie, c'est fondamentalement quatre étapes :

1. *Connaître son entreprise et la situation de départ* : l'environnement, les activités, l'organisation, les forces et faiblesses, les ressources en savoir-faire, compétences, moyens matériels, financiers et humains, la concurrence et les atouts stratégiques fondamentaux.

2. *Décider où l'entreprise veut aller* : quelles activités (continuité, recentrage ou bourgeonnement, essaimage, voire diversification), quelles opportunités (nouveaux produits, nouveaux services, ajouts ou améliorations), quels clients (fidélisés, nouveaux, sélectionnés), quelles propositions de valeurs (quels attributs, quels prix), quels atouts compétitifs exploiter, quelle image (la même ou une nouvelle), dans quels pays ?

3. *Inventer et choisir comment y aller* : quelle technologie, quelles innovations, quel marketing, quelle organisation de vente, quels moyens, quels investissements, quels délais, quels talents, quelles connaissances, seuls ou en partenariat ou par acquisition ou alliance, quelle forme d'organisation, quels niveaux de risque ?

4. *Déployer la stratégie* : comment faire passer à l'action les équipes, quelle méthode d'élaboration de la stratégie et quelle méthode de déploiement ?

Le bon management stratégique c'est d'abord l'art de poser les bonnes questions, parfois pour se remettre en cause et éviter le syndrome de la marine de commerce à voile qui lutta inutilement avec les cargos à vapeur. Il s'agit le plus souvent de conduire les esprits créatifs à oser imaginer de nouvelles offres ou de nouveaux moyens et presque toujours de valider les décisions (mais attention au comportement de style tribunal qui peut décourager de présenter des idées ou d'entreprendre).

Comme les autres disciplines du management, la stratégie évolue.

LES ÉVOLUTIONS SIGNIFICATIVES EN COURS

HIER/AUJOURD'HUI ⇨	AUJOURD'HUI/DEMAIN
La stratégie se place dans le cadre d'une vision énoncée mais évolutive	La stratégie se place dans le cadre d'une vision énoncée mais révisable en permanence au fur et à mesure des évolutions de l'environnement, des opportunités et des menaces
L'éclatement de la bulle Internet et des nouveaux modèles d'affaires liés mettent à mal la croyance que les NTIC devaient révolutionner les stratégies de management et d'investissement	L'Internet, au-delà d'être un phénomène de société, tisse sa toile inexorablement et sûrement en faisant évoluer les modes de distribution et de commercialisation. Le commerce en ligne se généralise et se mondialise avec des effets pervers comme sur les droits d'auteurs, par exemple
La priorité est donnée à la réactivité et à l'adaptabilité sur la planification à moyen et long terme	La priorité est donnée à la réactivité et à l'adaptabilité dans un cadre stratégique ayant rigoureusement défini les métiers, les technologies, les alliances à valeur ajoutées pour l' entreprise

.../...

.../...

Elle s'élabore sur un mode participatif et proche du terrain de la stratégie dans un cadre mondial	L'élaboration concertée de la stratégie permet d'arbitrer entre mondialisation et adaptation locale y compris au niveau R&D
La compétition est fondée sur le rapport qualité/ prix, la vitesse d'exécution et la qualité de service	La compétition est fondée au niveau de la R&D sur la rapidité de conception et la maîtrise des technologies innovantes et sur la capacité à produire aux meilleurs coûts. La qualité de service n'est plus absolue, elle est directement liée au degré d'innovation offert par les produits/ services et la financiarisation des entreprises
Indicateurs stratégiques et tableaux de bord.	Le développement de l' ISO 9000/2000, y compris dans le monde anglo-saxon a contribué à généraliser les pratiques de « Balanced score card »
La recherche de stratégies originales visant à échapper à la concurrence frontale : créativité, évolutions du business model, recentrages géographiques. Les acquisitions/fusions réussissent dès lors qu'elles permettent d' accroître les synergies et que le choc des cultures n' est pas trop grand	Les stratégies de mondialisation conduisent à l'acquisition de positions dominantes et aux affrontements frontaux, parfois par le lancement d'OPA hostiles. La survie de l'entreprise ou son rapprochement amical avec d'autres devient la préoccupation majeure pour le management et les actionnaires, les deux pouvant avoir des intérêts divergents. Les fusions/absorptions n'ont pas d'autres issues que la réussite. Montée corollaire du protectionnisme et de la raison d'État face aux citoyens qui veulent le droit à l'emploi
La création de valeur migre vers l'aval et les nouvelles formes de distribution	L'évolution de la demande et des besoins de la Chine et de l'Inde, les conflits, la raréfaction des matières premières et la montée des coûts énergétiques créent de nouvelles conditions de compétition et la création de valeur se différencie nettement selon les métiers et les produits
On assiste à la délocalisation, la sous-traitance et les achats dans les low-cost	La localisation des productions se fait en arbitrant entre coûts de production, situation des marchés, qualité produits, quotas, coûts de transport, protection des technologies, risques politiques

Tableau N° 5.1 : Évolutions des stratégies

PANORAMA DES DOCTRINES STRATÉGIQUES CLASSIQUES

Les doctrines classiques toujours d'actualité

Pour comprendre ce qui se passe sur leurs marchés, anticiper l'avenir et s'organiser pour améliorer sans cesse leurs positions, les dirigeants ont besoin de modèles explicatifs sur la manière dont se gagnent les batailles concurrentielles et dont on peut assurer la pérennité de l'entreprise. Tel est le propos des doctrines et modèles stratégiques.

Nous expliciterons plus particulièrement les doctrines les plus récentes ; les anciennes faisant l'objet d'enseignements déjà depuis de nombreuses années sont bien connues des managers.

La segmentation comme fondement universel de toutes les stratégies

La stratégie, c'est d'abord le choix du terrain et des armes : c'est-à-dire les clientèles visées et les offres qui leur seront faites d'une part, et les moyens qui seront mis en œuvre pour y parvenir d'autre part. Le terrain, ce sont les *segments* de clientèles et les *offres*.

Choisir les cibles de clients, c'est-à-dire le positionnement, est à la base de toute démarche stratégique.

Les modes de segmentation et les choix correspondants offrent une grande variété de possibilités ; elles peuvent être, par exemple pour les produits de consommation : la géographie, clientèle locale, nationale ou internationale, la proximité ou l'éloignement, le revenu, la profession, le socio-type, et une myriade d'autres critères, et dans le domaine du « Business to Business » : le secteur d'activité, la taille, le lieu, les effectifs, etc.

Ensuite, il faut choisir quelles offres vont être faites aux divers segments retenus.

Le développement des travaux des entreprises sur la Valeur-Client conduit de plus en plus à segmenter les clientèles en fonction des poids qu'elles accordent aux différents critères de satisfaction qu'elles ont fait connaître et du poids accordé au prix.

*L'un des principes de base des choix stratégiques est de se concentrer sur les segments pour lesquels l'entreprise peut maintenir durablement une **valeur distinctive pour le client supérieure à la concurrence** et d'essayer de consolider et d'accroître cet avantage.*

Les phases de vie des produits et services

Depuis longtemps, l'idée qu'un produit ou un service décrit un *Cycle de Phases de Vie* : recherche, expérimentation, décollage, expansion, maturité et déclin,

© Groupe Eyrolles

s'est vérifiée et banalisée. La logique du développement décrit la fameuse courbe en S. On connaît en général assez bien statistiquement dans chaque secteur sur quelle période de temps se déroulent ces différentes phases, avec parfois quelques exceptions.

On en déduit qu'une entreprise qui ne lance pas de nouveaux produits est vouée au déclin.

Classer ses produits ou ses services en fonction de leurs phases de vie reste une discipline essentielle. Il faut savoir qu'il y a des résurgences ou des redécollages qui se produisent parfois.

■■■ La courbe d'expérience du Boston Consulting Group et les effets de taille

Ensuite est apparue la fameuse *Courbe d'Expérience du Boston Consulting Group,* selon laquelle le coût unitaire d'un produit diminue de 20 à 30 % chaque fois que sa production cumulée depuis l'origine double.

Cet effet s'explique par l'apprentissage de meilleures méthodes, et par les économies d'échelles. Ce modèle conduit les entreprises à rechercher à avoir la plus grande part du marché, ce qui implique de fréquentes acquisitions et fusions.

À une époque, on en déduisait même que seuls les plus gros survivraient dans chaque secteur. Ce modèle guide encore beaucoup de stratégies. Toutefois une nouvelle technologie peut ruiner les positions des plus gros. La même mésaventure peut arriver aux géants eux-mêmes, quand les méthodes de production ou les formules de prestations de services changent. Or ces changements tendent à devenir fréquents.

■■■ Les effets de taille

Toutefois les avantages liés à la taille ne semblent pas diminuer, au contraire ; outre les effets de la courbe d'expérience, elle présente les avantages suivants :

- Une puissance d'achat permettant d'obtenir les prix les plus bas et le meilleur service.
- L'amortissement des frais élevés de R&D, par exemple dans la pharmacie ou le logiciel sur des volumes plus importants.
- La force publicitaire pour l'accès aux médias de masse et parfois la défense des marges face aux grands de la distribution.
- L'imposition de ses propres standards comme Microsoft.
- L'accès aux marchés mondiaux répartissant ainsi les risques entre zones de croissance et de conjoncture différentes.
- La capacité d'investir. Ainsi, Microsoft a investi en R&D, en 1995, 2 milliards de $, et en sus a investi des sommes considérables dans de jeunes sociétés innovantes opérant dans des secteurs de pointe qui l'intéressaient.

- L'externalisation ou l'alliance avec les plus grands ou meilleurs mondiaux qui représente un enjeu important pour les partenaires.
- Etc.

La matrice du BCG (Boston Consulting Group)

La matrice du BCG permet de caractériser d'une manière simple et parlante la position stratégique du portefeuille de produits ou services de l'entreprise.

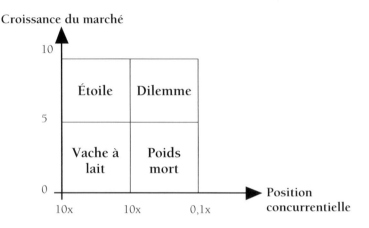

Tableau N° 5.2 : La matrice croissance/part du marché du BCG

Le premier critère, en abscisse, est la part de marché exprimée en terme de part relative en rapportant le chiffre d'affaires de l'entreprise à celui du plus gros concurrent.

Le deuxième critère est la croissance du marché en volume exprimée en taux de croissance. Sur cette matrice, on peut représenter les différents produits ou services par des ronds proportionnels aux chiffres d'affaires et visualiser ainsi la répartition du portefeuille d'activités.

Les trois stratégies génériques de Michael Porter

Michael Porter a fait de remarquables contributions à la pensée stratégique parmi lesquelles la *chaîne de valeur,* et les relations entre la profitabilité future et la structure d'un secteur caractérisé par :

- l'intensité de la compétition entre les entreprises du secteur,
- le pouvoir de négociation des clients et leur position de force,
- le pouvoir de négociation des fournisseurs et leur position de force,
- la menace d'arrivée de produits ou de procédés de substitution,
- la modification du cadre juridique ou réglementaire,
- les nouveaux entrants possibles qui peuvent déstabiliser la profession.

Enfin, il a indiqué qu'il n'y a que *trois stratégies génériques gagnantes* entre lesquelles il faut choisir, car la voie médiane ne donne pas de bons résultats :

- *la domination par les coûts les plus bas, principalement grâce aux volumes,*
- *la différenciation, en concevant un produit qui est ressenti comme unique,*
- *la focalisation sur un créneau.*

Dans un contexte de mondialisation, d'offre supérieure à la demande, de concurrence exacerbée due, en particulier, aux récessions du début des années 1990 qui ont affecté tour à tour divers pays, et à la diffusion des techniques du management japonais, les entreprises se sont rendu compte que la qualité devenait fondamentale non seulement pour attirer et retenir le client, mais aussi pour mettre en œuvre les nouvelles techniques de production permettant le coût le plus bas, telles que le *Juste-à-Temps*. La mise en place de méthodes visant des progrès constants de qualité telles que la *Qualité Totale* est devenue l'un des impératifs stratégiques.

Mais dans un contexte de baisses de prix sévères, pour un grand nombre de produits soumis à la concurrence, les entreprises ont dû aller encore plus loin et ont découvert de nouveaux gisements de qualité, de délais, de productivité dans la *reconception de leurs processus (reengineering)* conduisant à de nouvelles formes d'organisations à la fois plus flexibles et plus compétitives.

Mais avec la reprise économique, il a semblé à certains que le moment était venu d'abandonner la focalisation sur la productivité, et qu'on pouvait tenter de lancer d'autres modes ou modèles stratégiques.

LES APPROCHES STRATÉGIQUES MODERNES

La plate-forme stratégique du BCG (synthèse par Octave Gélinier)

Si les stratégies de Michaël Porter conviennent dans des marchés relativement stables, dans des environnements instables et complexes (comme la high-tech) ou des marchés fragmentés, le BCG recommande de construire sa plate-forme stratégique qui peut-être représentée par le schéma ci-après.

La stratégie de prolifération des produits de J. Deschamps et P. Nayak

Pour échapper à l'étau de la baisse permanente des prix qui semble être la loi d'airain de la distribution et des clients industriels, où la haute différenciation qui limite les volumes d'affaires, la stratégie de la prolifération des produits devient, semble-t-il, le recours recommandé par les bons auteurs, parmi les-

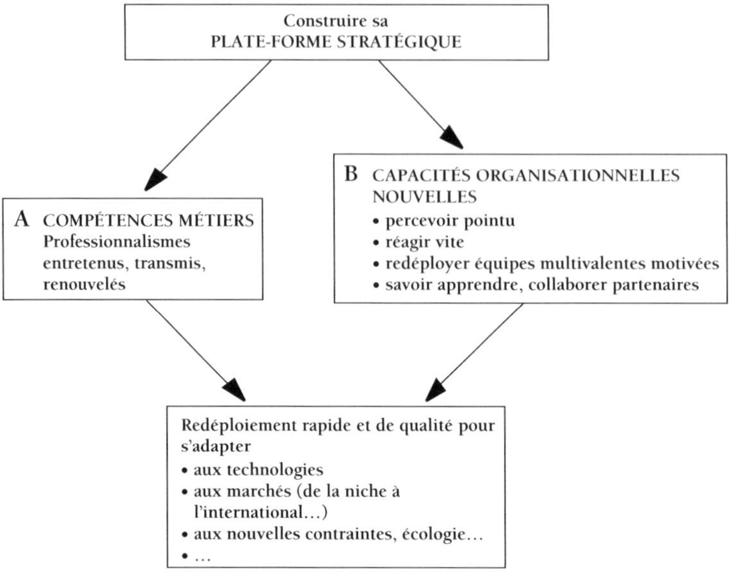

Construire sa
PLATE-FORME STRATÉGIQUE

A COMPÉTENCES MÉTIERS
Professionnalismes
entretenus, transmis,
renouvelés

B CAPACITÉS ORGANISATIONNELLES
NOUVELLES
• percevoir pointu
• réagir vite
• redéployer équipes multivalentes motivées
• savoir apprendre, collaborer partenaires

Redéploiement rapide et de qualité pour
s'adapter
• aux technologies
• aux marchés (de la niche à
l'international...)
• aux nouvelles contraintes, écologie...
• ...

- **A** nécessaire, n'est plus suffisant
- **B** sans A n'aboutit pas
- **A + B** voie de compétitivité durable
- **B** (réactivité, flexibilité) inaccessible par voie hiérarchique,
  implique **décision près du terrain, nouvelle philosophie d'organisation.**

Figure N° 5.3 : La plate-forme stratégique du BCG

quels un best-seller, le livre de J. Deschamps et P. Nayak, *Products Juggernauts*[1] traduit en français sous le titre *Les maîtres de l'innovation.*

D'après ces auteurs, les entreprises qui arrivent en tête de leur secteur, en termes de croissance et de profit, ont en moyenne 49 % de leurs revenus provenant de produits introduits dans les cinq dernières années, tandis que les moins performantes n'en tirent que 11 %.

Leur principal modèle est Rubbermaid, l'entreprise la plus admirée aux États-Unis en 1995, qui fabrique des objets plastiques pour la maison, et qui a réussi à mettre 1 000 produits nouveaux sur le marché au cours des trois dernières années avec un taux de succès de 90 %, ce qui est également exceptionnel.

---

1. Deschamps J. et Nayak P. – *Products Juggernauts* – Éditions Harvard Business School – 1995
   – Traduction française *Les Maîtres de l'innovation* – Éditions d'Organisation – 1997.

Les auteurs citent également d'autres entreprises qui ont pris des parts de marché à leurs concurrents, parce qu'elles avaient adopté cette stratégie :

- Sony qui multiplia les modèles de walkman pour lutter contre les imitateurs,
- Toshiba qui multiplia les portables,
- Honda qui fit de même pour les modèles de motos face à Yamaha,
- Casio qui occupe tous les créneaux de la gamme des calculateurs scientifiques, etc.

Pour parvenir à mettre sur le marché de bons produits avant les autres, il faut développer des compétences particulières consistant, entre autres, à faire travailler dès la conception tous les services ensemble, depuis le marketing en passant par les bureaux d'études, la fabrication, les commerciaux et les services d'entretien et parfois les principaux fournisseurs. C'est ce qu'on appelle l'ingénierie simultanée ou intégrée ou encore « concurrent engineering ».

Encore faut-il apporter quelque chose de nouveau qui plaise au client, soit :

- plus de valeur pour le prix, comme Toyota avec Lexus, ou Ikea,
- un design meilleur ou plus convivial, comme Harley-Davidson, Braun, ou Thomson avec les téléviseurs,
- une meilleure qualité de service, comme Otis qui incorpore des systèmes électroniques dans les ascenseurs, rendant plus facile l'entretien,
- une réponse plus rapide à des demandes de mode comme l'a fait Benetton,
- l'innovation continue comme 3M, Philips, Canon, Black & Decker, Seb-Tefal, Apple et bien d'autres.

Les trois stratégies gagnantes de Treacy et Wiersema[1]

Des auteurs comme M. Treacy et F. Wiersema, dans *The discipline of the markets leaders*, reprennent en les modernisant les principaux concepts de Michaël Porter.

Le principal message de ces deux consultants est qu'aucune entreprise ne peut réussir en essayant d'apporter tout à tout le monde. Au contraire, elle doit trouver la *valeur unique* qu'elle peut délivrer à un marché choisi.

Les auteurs considèrent qu'il n'y a que trois possibilités :

- *L'excellence opérationnelle.*
- *Le leadership par les produits.*
- *L'intimité avec le client.*

1. Treacy Michael et Wiersema Fred – *The discipline of the markets leaders* – Éditions Addison – Vesley Publishing Company – 1995 – Reading – Massachusetts.

Aujourd'hui, les clients veulent obtenir ce à quoi ils accordent de la valeur : si c'est le prix bas, ils le veulent plus bas ; si c'est la commodité ou la rapidité, ils voudront encore plus facile et rapide ; s'ils veulent le dernier cri, il faudra leur donner un design nouveau ; et s'ils veulent le conseil d'un expert, il faudra leur prodiguer plus de temps, etc.

Si c'est le meilleur prix qu'ils cherchent, il faudra le baisser ce soir, puis demain. S'ils veulent gagner du temps, ou s'ils refusent d'attendre, il faudra réduire encore les délais et viser l'instantanéité. (Wal-Mart, par exemple, commence à faire payer à ses fournisseurs les erreurs fréquentes telles que factures inexactes, livraisons incomplètes ou retards de livraisons).

Le « service plus » est aussi un autre composant de la valeur. Ce qui est de bonne qualité, rapide et sans erreur est devenu banal. Il faut surprendre le client par un « service plus ». Par exemple, le client ne veut plus rechercher le transporteur le moins cher, il veut en plus qu'on le débarrasse de ses problèmes de transport. C'est ce qu'offrent, par exemple, Radway Logistics Systems ou Consolidated Freight.

La compétition élève les attentes des clients sans arrêt, qu'il s'agisse de prix, de facilité d'usage ou de commodité, de nouveauté, ou de service. Il faut donc arriver à produire un niveau exceptionnel de valeur correspondant à l'attente de la clientèle choisie.

Des clients différents valorisent différemment les attributs des produits ou services. D'où quelques règles :

- Fournissez la meilleure offre du marché en excellant sur une dimension particulière de la valeur.
- Maintenez des seuils minimaux sur les autres dimensions de la valeur.
- Dominez votre marché en améliorant cette valeur chaque année.
- Construisez un modèle d'entreprise qui se consacre à la fourniture de cette valeur imbattable.

La valeur pour le client, la richesse de l'actionnaire, et la satisfaction du personnel, vont toujours ensemble.

Le modèle stratégique de Honda, c'est le meilleur produit (le moteur) étendu à une gamme d'applications. Briggs and Stratton, son concurrent, a joué la stratégie du produit le moins cher.

▬ Exemples d'excellence opérationnelle

FeDex avait choisi l'excellence de l'exécution tandis que Airborne avait choisi le soin du client.

PriceCostco ne proposait qu'une sélection de 3 500 références contre 50 000 chez ses concurrents, mais en pratiquant lui-même une sélection rigoureuse entre les marques dont il obtient le meilleur prix, il évite à ses clients la tâche ingrate de présélection. Et il ajoute à cela l'excitation de « la valeur de la semaine ».

▬ Exemples de Leadership en matière de produit

Johnson & Johnson est l'exemple type : il fait naître de nouvelles idées, les développe rapidement et par la suite les améliore.

Cela implique de se concentrer sur la créativité, la vitesse de développement, et l'exploitation du marché. Une structure de l'entreprise assez souple pour rester entrepreneuriale et adaptative. Et un système de management qui est très orienté vers les résultats et mesure et récompense le succès des nouveaux produits.

▬ Exemples d'intimité avec le client

Les entreprises qui visent l'intimité avec le client essayent de lui donner encore plus que ce qu'il attend et créent avec lui des relations particulières, comme IBM dans les années 60 et de nouveau IBM au cours des années 90.

Par exemple Cable & Wireless, qui ne peut concurrencer AT&T ou MCI en matière de prix, s'est attaché à offrir des services très adaptés à la clientèle des PME qui reçoivent des factures mensuelles de 500 $ à 15 000 $, en jouant pour elles le rôle de manager des télécommunications.

Pour réussir dans cette voie, il faut s'occuper avant tout du processus de développement de solutions pour le client, le management de résultats pour le client, et le management des relations avec le client. Une structure qui délègue les décisions aux employés qui sont en contact avec le client, une culture qui favorise les solutions spécifiques du client plutôt que les solutions générales.

Stratégie et forme d'organisation sont liées ; on retrouve les principes de la plate-forme stratégique du BCG.

▬ Les disciplines de l'excellence opérationnelle

Le but de ces entreprises est :

- La croissance fondée sur un volume croissant, (mais attention au « *yield management* » des compagnies aériennes, ou aux excès de promotions de certains dans l'agroalimentaire).
- Une utilisation maximale des actifs. La colonne vertébrale de l'excellence opérationnelle, ce sont des actifs standardisés et des procédures efficaces ; par exemple les magasins Wal-Mart et les avions de la Southwest Airlines, le petit déjeuner chez McDonald's, ou l'utilisation des avions FeDex pour transporter de jour les pulls L. Bean). L'excellence opéra-

tionnelle suppose un certain degré de centralisation à un « brain-trust » des décisions relatives aux modes opératoires, surtout en ce qui concerne l'utilisation d'actifs consommateurs de capitaux.

- La duplication de la formule sur d'autres marchés. Il faut avoir le courage de réduire la variété, choisir ses clients. Former toute la compagnie pour l'excellence opérationnelle et se concentrer sur la formule choisie. La variété tue l'efficacité opérationnelle. PriceCostco a peu de références mais ses prix sont incroyablement bas.

Les disciplines de ceux qui dominent par les produits

Le client en a assez du simple « repackaging », il veut des innovations qui représentent vraiment une amélioration. Edison pensait qu'il fallait pouvoir rêver de faire des produits jugés impossibles à faire. Pour cela, il faut recruter d'abord des talents exceptionnels, même peu conventionnels ; c'est ce que font sur les campus universitaires des entreprises comme Microsoft, Disney, Glaxo, etc.

Ces entreprises ont des structures flexibles et des processus robustes, affectant rapidement les ressources, là où les espoirs de grosses recettes sont les plus élevés. Ils observent plusieurs règles :

- Garder les gens en haleine en structurant le travail en une série de défis au rythme bien cadencé, avec des étapes intermédiaires, et des victoires d'étapes à célébrer.
- Éclater les équipes en structures conviviales et assez autonomes.
- Mettre l'accent sur les procédures qui sont le plus rentables : par exemple le développement des produits (ingénierie simultanée).
- Savoir exploiter l'avantage des produits nouveaux, donc être experts en lancement de produits. Et savoir gérer le prix dans le cycle de vie du produit. Ils savent aussi comment gérer l'obsolescence volontaire de leurs produits (comme Intel).

Les disciplines de l'intimité avec le client

- Il faut être expert dans le business de son client et dans la création de solutions. L'entreprise qui cultive l'intimité avec les clients doit repousser les processus de décision vers les frontières de l'entreprise, au plus près du client.
- Cela suppose de pouvoir recruter et conserver des gens de talent qui peuvent dialoguer avec leurs clients des problèmes les plus difficiles en étant à la pointe de l'état de l'art. Ils opèrent comme des consultants. Leurs clients sont aussi leurs laboratoires. Et parfois la frontière est mince entre le client et son fournisseur.

La *Conquête du Futur*[1] selon G. Hamel et C. K. Prahalad

Dans *La Conquête du Futur,* deux gourous du management, G. Hamel et C.K. Prahalad vont plus loin et écrivent que le moment est venu de changer de paradigme pour la stratégie.

▬ Perte de crédibilité du processus stratégique rituel

La perte de crédibilité du processus de planification stratégique, rituel, formel, et cantonné le plus souvent au rattrapage de concurrents ou à l'accroissement de parts de marché, a conduit les dirigeants à préférer se lancer dans la reconfiguration de l'entreprise :

- par la focalisation sur le cœur de leurs métiers et la recherche de la compétitivité par la productivité entraînant la réduction des effectifs,
- par l'écoute des clients, l'amélioration permanente de la qualité et la reconception des processus.

▬ L'ambition de percées révolutionnaires

Cela ne suffit pas, écrivent G. Hamel et C.K. Prahalad, pour avoir une chance de maîtriser son futur. Il faut aller au-delà et avoir l'ambition de faire des percées révolutionnaires, comme le rêve de Motorola de doter chaque personne d'un numéro de téléphone individuel et d'un appareil portable, lui permettant de communiquer de n'importe quel point du globe, grâce à un réseau de satellites.

Le nouveau paradigme stratégique proposé par les auteurs propose de dépasser les concepts classiques. Il recommande en particulier :

- de viser la transformation du secteur en sus de celle de l'entreprise, comme l'ont fait Charles Schwab dans le courtage des titres, Apple avec l'ordinateur personnel, CNN avec une chaîne consacrée à l'information 24 heures sur 24, Wal-Mart en vendant à bas prix à la population rurale américaine, Merck, British Airways, Hewlett-Packard, etc.,
- d'augmenter sa part de nouveaux créneaux en sus des parts de marché, comme savent le faire les entreprises japonaises de l'électronique,
- de ne pas rester prisonnier de ses modèles mentaux (toutes ces leçons du passé qui deviennent des règles incontournables), et rechercher la clairvoyance plutôt que d'améliorer en permanence son positionnement,
- de se doter d'une architecture stratégique en sus de la planification stratégique. L'architecte stratégique est celui qui rêve de ce qu'il pourra faire avec les matériaux qu'il connaît. Il s'agit d'imaginer les nouvelles fonctionnalités que le client voudra, de cultiver ou acquérir dans l'entreprise les compétences nécessaires à cette fin. Et persévérer dans son projet, cinq ans, dix ans, voire davantage,

1. Hamel Gary et Prahalad C.K. – *La Conquête du Futur* – InterEditions – Paris – 1995.

- de concevoir la stratégie comme un dépassement plutôt que comme une adéquation des ambitions aux moyens disponibles, et chercher une utilisation exceptionnellement performante de ceux-ci. Ce qui peut s'obtenir en concentrant les ressources sur quelques objectifs-clés, en conservant une grande continuité dans leur affectation, ce qui suppose un faible turn-over des équipes dirigeantes, en utilisant l'intelligence de chaque salarié, en ayant recours aux ressources des autres par des alliances ou des partenariats avec des entreprises complémentaires ou des fournisseurs,
- de changer sa vision même de la concurrence, car celle-ci devient de plus en plus une concurrence entre coalitions. Ce qui est devenu particulièrement flagrant dans l'électronique, les télécommunications, gagne la pharmacie et bien d'autres secteurs. La tendance croissante à l'externalisation de l'informatique, par exemple, va dans le même sens,
- de devancer ses concurrents dans la diffusion mondiale de produits nouveaux, ce qui devient impératif dans un marché devenu global grâce, en particulier, aux marques étendards déjà connues et sécurisantes,
- de viser le leadership dans certaines compétences clés. Les deux auteurs doivent leur célébrité plus particulièrement à ce volet de leur doctrine. Ils recommandent de viser le leadership en matière de certaines compétences fondamentales, en général constituées par un ensemble de savoirs et technologies qui ont une valeur pour le client.

Les compétences fondamentales servent à assurer une suprématie renouvelée des produits. Par exemple, celles de Canon sont : la mécanique de précision, l'optique fine, la micro-électronique et l'imagerie électronique. Elles lui permettent de fabriquer aussi bien des appareils de photo que des photocopieurs, des imprimantes lasers, ou des calculatrices.

Des entreprises comme Sharp et Toshiba, qui ont développé des compétences particulières dans les écrans plats, ont une position dominante dans leur fourniture y compris à des concurrents.

Les compétences en miniaturisation de Sony ou en logistique de Federal Express leur permettent d'élargir la gamme de produits ou de services offerts. Ainsi, Federal Express offre des services de conseil et gestion en logistique.

À partir de ses compétences hôtelières, Marriott vend des services de restauration collective. Grâce à ses compétences dans les moteurs, Honda est présent dans de nombreux secteurs qui vont de la moto à la tondeuse à gazon.

Les deux auteurs, rendus célèbres pour avoir, les premiers, écrit des articles dans la *Harvard Business Review* sur l'importance stratégique des compétences clés, proposent aux chefs d'entreprise d'échapper aux travaux de Sysiphe, de la poursuite toujours recommencée de gains de productivité par la recherche de positions dominantes grâce à des percées stratégiques.

Leur livre est en réalité un plaidoyer bien argumenté pour les paris audacieux, la persévérance dans l'aventure (« *l'impossible prend juste un peu plus long-temps* », disent les Américains), l'utilisation intelligente des compétences et les rêves des bâtisseurs d'empires.

Toutefois peu d'entreprises ont remplacé à ce jour les stratégies fondées sur les produits-marchés par des stratégies fondées sur les compétences. En revanche, elles sont de plus en plus nombreuses à intégrer le problème de la constitution des compétences nécessaires dans leurs objectifs et investissements straté-giques.

Croissance, création de valeur et migration de valeur

Croître, un impératif pour l'entreprise[1] est le titre d'un livre de Dwight Gertz et Joao Baptista, traduit de l'américain *Grow to be Great*. Les auteurs, deux consultants de Mercer Management Consulting, commencent par montrer les limites de la rationalisation et de la réduction des coûts, en se fondant en par-ticulier sur une enquête bien connue de l'American Management Association qui démontre que 45 % seulement des entreprises qui réduisent les effectifs voient une amélioration de leurs résultats d'exploitation par la suite.

Pour ces auteurs, les fondements de la croissance sont :

« Une Valeur excellente par rapport à la concurrence aux yeux du client. »

Sur ce point, les auteurs reprennent la théorie de Bradley T. Gale du manage-ment par la Valeur-Client, qui établit que celui qui offre une Valeur perçue par les clients supérieure à la concurrence gagne des parts de marché.

Parmi les exemples cités par les auteurs figurent USAA, United Services Auto-mobile Association, créée à l'origine par un groupe d'anciens officiers pour as-surer les automobiles de ses adhérents.

Cette entreprise a su se centrer sur les besoins des militaires ; elle rend ses ser-vices par la poste ou par téléphone, utilise les moyens informatiques les plus sophistiqués pour répondre à ses clients dès le premier coup de téléphone et vend ses services à partir d'un point unique.

Elle a su mesurer les risques spécifiques des militaires et se trouve capable de leur offrir des prix plus bas, d'autant que ses frais généraux sont réduits. Elle offre désormais à ses clients toute une gamme de produits financiers, depuis l'assurance IARD, des placements, des voyages, des prêts hypothécaires *via* une filiale, un service de carte de crédit, etc.

---

1. Gertz Dwight et Baptista Joao – *Croître, un impératif pour l'entreprise* – Éditions Village Mondial – 1996 – Paris.

Un exemple de l'excellent rendement économique de toute la chaîne de valeur qu'on peut obtenir par une innovation technologique nous est fourni par Nucor Corp, en 1988 en construisant une mini-aciérie fondée sur la technologie des fours électriques à arc de coulée continue, ou par la recherche de la meilleure organisation possible.

▬ La migration de valeur

Les auteurs proposent également de gérer le mieux possible ses canaux de distribution voire d'en inventer pour mieux maîtriser sa chaîne de valeur. Ils citent comme exemple Dell qui vend des micro-ordinateurs par vente directe par téléphone.

Un graphique fourni par Jean-Pierre Giannetti, Directeur Marketing de Dell Computer, est particulièrement parlant[1] :

Coûts de distribution comparée :

Modèle Dell	Charges d'exploitation 12 %	Résultat Net 3-4 %		⇨ 16 %
Modèle habituel	Charges d'exploitation Fabricant 12 %	Charges d'exploitation Distributeur 12 %	Rés. Net 3 %	⇨ 27 %

Dell peut connaître plus rapidement les attentes de ses clients, y répondre plus vite, travailler sur flux tendu et supprimer les stocks et les produits obsolètes chez les intermédiaires, supprimer le coût des intermédiaires, et apporter aux clients une information plus fiable.

Dell s'est plus récemment mis à vendre sur Internet et même à transformer son entreprise pour en faire une « Web Based Company » au point qu'il est devenu un des « Business Models » les plus cités par les consultants et les plus copiés par les industriels.

Désormais un logiciel de configuration permet aux clients sur Internet de faire un choix parmi une très vaste gamme d'options.

Pour ses clients importants (les entreprises de plus de 400 personnes), Dell a créé les « Premier Pages », chaque client de cette catégorie a sa propre page conçue pour lui sur Internet – il y a déjà 25 000 de ces pages – où le client peut trouver des nouvelles, des outils, un processus d'achat sur mesure, des modes de contrôle de ses achats.

1. Giannetti Jean-Pierre – *Stratégie de vente directe : l'exemple de Dell* – Revue Afplane N° 16 – Stratégies de distribution, une nouvelle source d'avantage concurrentiel.

Un responsable informatique peut spécifier comment le personnel peut acheter et configurer le système pour obéir à ses exigences particulières. Les clients peuvent trouver sur cette page des rapports sur leurs achats, les prix détaillés, les lieux d'installation, et également utiliser des outils sur-mesure de support technique tels que des auto diagnostics etc.

Dell a également réalisé l'intégration virtuelle de la « Supply Chain » en reliant électroniquement les commandes de ses clients à son système de production et en maintenant un flux permanent d'informations avec ses fournisseurs. Il évite ainsi les stocks et s'efforce de produire et de livrer toutes les commandes dans un délai inférieur à trois jours. Mieux encore il a mis en place un système identique au « Premier Pages » pour ses principaux fournisseurs.

Autre exemple de stratégie basée sur des partenariats, Fidelity Investment, numéro un mondial de la gestion des fonds de placement, vend par marketing direct. Quand il s'est intéressé au segment représenté par les clients fidèles des banques locales, il s'est aperçu que le meilleur canal pour leur vendre des produits financiers restait ces banques, qui avaient beaucoup de conseillers mais pas assez de produits. Fidelity Investment a donc conclu des partenariats avec elles pour qu'elles distribuent ses produits.

Les auteurs citent également des entreprises qui sont allées vers la distribution, car on constate une migration des activités à valeur ajoutée vers les canaux de distribution.

Ce phénomène est particulièrement visible chez les « Category Killers » comme Circuit City dans l'électronique grand public, Home Depot pour les matériaux de construction, Toys « R »Us pour les jouets ou Staples & Office Depot pour les fournitures de bureau. Toutes ces entreprises font le lien entre les fabricants et le client final ; elles deviennent le canal.

En bref, trois sources de croissance possibles :

1. *la gestion de l'actif-clients* : choisir ceux qui ont le plus de valeur et les plus réactifs aux offres de l'entreprise,
2. *la gestion du portefeuille produits-marchés* : création de nouveaux produits et services pour devancer ses concurrents,
3. *la gestion des canaux de distribution*, pouvant aller jusqu'à la création de canaux propres.

La recherche de valeur dans les services et le conseil

Ce n'est pas une stratégie nouvelle, en particulier dans l'informatique où beaucoup de constructeurs d'ordinateurs sont devenus progressivement avec le temps développeurs de software, puis vendeurs d'équipements d'origines diverses, puis vendeurs de solutions et enfin conseillers pour le choix de solutions même si, en théorie, aucun de leurs matériels ne fait partie de la transaction.

Mais cette orientation se généralise à de très nombreux secteurs, toujours pour échapper à l'étranglement par les prix et pour capter davantage de Valeur-Client.

L'un des plus remarquables mouvements dans ce sens a été décrété par J. Welsh qui veut que GE, pourtant déjà bien engagé dans les services, y aille encore plus complètement. Il veut trouver la croissance dans les services à valeur ajoutée y compris dans les divisions fabriquant des équipements.

Tous les dirigeants du groupe doivent faire des efforts de créativité pour trouver ces nouvelles voies de service. *« Notre métier est de vendre plus que la boîte »*. De plus en plus, le produit vendu sera seulement une des composantes de l'activité des sociétés industrielles.

Assurer la maintenance et parfois la gestion complète de la base installée de ses équipements industriels constitue un premier pas, qu'il s'agisse de moteurs d'avion, de turbine de centrales électriques, ou de maintenance de locomotives. Cela peut aller jusqu'à la prise en gestion de centrales électriques. Cela peut aller jusqu'à assurer la maintenance et la gestion d'équipements de firmes rivales.

Ainsi, comme nous l'avons déjà indiqué, la vente d'équipements radiologiques va s'enrichir d'une offre pour gérer l'ensemble des examens radiologiques. Mais GE est allé plus loin encore en investissant 80 millions de $ dans un centre de formation pour radiologues avec les médias pédagogiques les plus modernes, qui forment les personnels hospitaliers aussi bien aux techniques de mammographie qu'aux méthodes de gestion General Electric.

Conseil, service, contrat de gestion à la place du client, dans tous ces cas GE présente comme point fort ses compétences managériales qui deviennent un atout de vente.

Éviter la convergence stratégique par Michaël E. Porter

Dans un article important de la *Harvard Business Review*[1], Michaël E. Porter s'alarme de la convergence stratégique. Il recommande de revenir aux bases de la stratégie, de choisir un positionnement spécifique et de s'y tenir.

L'efficacité opérationnelle n'est pas la stratégie

Dans les années 80, les entreprises occidentales se sont surtout préoccupées de relever le défi lancé par les entreprises japonaises. Elles se sont focalisées sur l'obtention d'un niveau d'efficacité opérationnelle incomparable.

---

1. Porter Michaël E. – *What is Strategy* – Harvard Business Review – nov-décembre 1996.

Mais, ce faisant, elles se sont en réalité lancées dans une concurrence qui n'était plus fondée sur la différence mais sur la réalisation de performances égales ou meilleures et se sont donc laissées entraîner vers la ressemblance. De ce fait, elles reproduisent la situation de concurrence parfaite frontale destructrice fondée simultanément sur l'amélioration de la qualité et la baisse des prix. C'est ce que M. Porter appelle la « convergence industrielle ».

Il cite l'exemple des secteurs de l'imprimerie dont les opérateurs principaux R.R Donnelley & Sons Company, Quebecor, World Color Press et Big Flower Press offrent les mêmes services avec les mêmes technologies aux mêmes clients. Malgré des investissements de modernisation et des efforts de management importants, leurs marges bénéficiaires chutaient inexorablement du début des années 1980 à 1995. Le même phénomène se retrouvait dans le secteur du transport aérien à l'exception de Southwest Airlines Company qui avait choisi une stratégie différente des compagnies de plein service.

Toujours dans le même esprit, les entreprises sont conduites à acheter leurs rivales. Pour Porter, cela traduit un manque de vision stratégique. Ce qui le conduit à redéfinir la stratégie.

▬ Redéfinition de la stratégie par Michaël Porter

« C'est le choix délibéré d'un ensemble d'activités susceptibles de procurer un ensemble (mix) unique de valeurs ».

Il faut revenir aux sources de la stratégie et se positionner sur la recherche d'un apport distinctif de valeur à un ensemble également choisi de clients.

Il est fondamental que cet apport distinctif de valeur corresponde à un atout également distinctif de l'entreprise, qu'elle consolide en maintenant voire en améliorant la différence. *« Une entreprise peut faire mieux que ses concurrents seulement si elle peut établir une différence qu'elle peut préserver ».*

Cet atout distinctif résulte d'une combinaison particulière de moyens : la formule ou le système d'organisation spécifique et souvent unique dont toutes les fonctions opèrent dans la cohésion et la cohérence pour apporter au client cette valeur distinctive. Il est fondamental que les innovations ou les opportunités stratégiques ne diluent pas cette cohérence jusqu'à l'éliminer. Les alternatives stratégiques doivent s'inscrire dans le respect de la formule.

Ainsi chez Ikea, il y a une extrême cohérence entre service limité au client, catalogues et étiquetage explicatif, personnel de vente limité, conception modulaire des meubles, facilité de transport et de montage, faible coût de fabrication, majorité des articles en stock, implantations en banlieue dotée de grands parkings etc.

L'essence de la stratégie, écrit Porter, est de choisir de réaliser des activités d'une manière différente de ses rivaux. Il cite Southwest (qui comme on le voit, est citée très souvent par les gourous de la stratégie aux États-Unis) qui offre un service de courts courriers entre des villes moyennes, à des prix bas, très peu de services et la possibilité de prendre le billet à l'embarquement, ce qui élimine les coûts d'agence. Ses départs fréquents et ses coûts bas la rendent difficile à imiter par ses grands concurrents qui assurent un service plus complet.

Comme l'indique pertinemment Porter, il existe certes des menaces sur la stratégie de l'extérieur, mais les stratégies sont plus encore menacées de l'intérieur, par les initiatives pour accroître la variété ou répondre à la concurrence.

Mais c'est le désir de croissance qui a l'effet le plus pervers et entraîne l'entreprise à se lancer dans des activités, des produits, des services ou un système de production qui l'éloigne de ce qui faisait sa spécificité stratégique, son apport distinctif de valeur. Ce faisant elle sape insidieusement son avantage concurrentiel.

Il faut donc une grande détermination des dirigeants pour éviter cette dérive ou si l'impératif stratégique de cette nouvelle idée est démontré, mieux vaut dit Porter, créer des unités distinctes et autonomes.

Co-évolution, co-opétition et écosystèmes par James Moore

James Moore, rendu célèbre par un ouvrage intitulé *The Death of Competition : Leadership & Strategy in the Age of Business Ecosystems*[1], dit que nous assistons à la fin de l'industrie sous sa forme actuelle, et qu'il faut changer de mot et l'appeler « Business Ecosystem » qui englobe une variété d'industries.

Par exemple, Microsoft est à la base d'un écosystème qui traverse quatre industries : les micro-ordinateurs, les appareils électroniques, l'information et les télécommunications. Microsoft et Intel sont parties d'écosystèmes. La compétition telle que nous l'avons connue est morte. Elle n'a pas disparu, bien au contraire elle va s'intensifier, mais elle change de forme et il faut la considérer différemment.

En réalité, les entreprises doivent souvent en même temps être clientes, fournisseurs, concurrentes et partenaires les unes des autres, et co-évoluer en même temps que les autres dans l'environnement, ce qui implique aussi bien concurrence que coopération. C'est déjà très souvent le cas dans le secteur de l'informatique, de l'électronique et des télécommunications.

---

1. Moore James – *The Death of Competition : Leadership & Strategy in the Age of Business Ecosystems* – Éditions John Wiley & Sons, UK, and Harper Collins, USA – 1996.

Ce qui signifie vision partagée, alliances, négociations d'accords et des relations complexes au niveau du management. Les entreprises doivent désormais de plus en plus souvent mener ensemble une co-évolution de leurs environnements.

J. Moore cite Wal-Mart et indique qu'une partie de son succès, outre le fait d'avoir choisi de s'implanter dans les petites villes de province où il se trouvait le seul à pouvoir offrir un assortiment assez varié à un prix 15 % moins cher, vient d'avoir été le premier à forcer ses fournisseurs à constituer des partenariats impliquant un partage de données informatiques lui permettant une meilleure gestion des flux et de meilleurs prix d'achats. En contrepartie, il place de plus grosses commandes que le reste des secteurs et paye dans des meilleurs délais.

Le succès d'Intel s'explique également parce qu'il travaille très étroitement avec d'autres entreprises pour anticiper les nouvelles utilisations des composants, par exemple des ordinateurs du futur, méthode qui fut à l'origine de la conception de puces adaptées au multimédia.

En réalité le principal enseignement de James Moore, c'est qu'il faut élargir la réflexion stratégique en y mêlant les autres organisations faisant partie de l'écosystème de l'entreprise, en particulier des clients, pour partager la vision du futur et parfois bâtir certaines stratégies ensemble, même si elles sont parfois concurrentes. Cela se traduit par les trois concepts : écosystème, co-évolution et co-opétition.

L'éclatement des entreprises en sociétés distinctes

On connaissait la pratique des cessions d'entreprises, de divisions ou de départements et l'externalisation, conduisant des groupes diversifiés comme General Electric, par exemple, à changer profondément en dix ans son portefeuille d'activités.

Mais l'éclatement d'un groupe coté en bourse en substituant aux actions d'une compagnie les actions de deux ou trois divisions transformées en sociétés indépendantes était assez rare.

Le plus connu mondialement a été l'éclatement d'AT & T en trois sociétés, AT & T pour les services téléphoniques, Lucent Technologies pour les équipements de télécommunications, et NCR pour l'informatique.

Il était difficile pour AT & T de rester fournisseur d'équipements de ses principaux concurrents opérateurs. Au demeurant l'annonce de l'opération a fait bondir la capitalisation de 11 milliards de dollars.

Dans d'autres cas, c'est la recherche d'une meilleure valeur pour l'actionnaire qui peut conduire à l'éclatement.

Les stratégies fondées sur les ressources : Resource-Based View Strategy[1]

Deux professeurs de la Harvard Business School, David J. Collis. & Cynthia A. Montgomery, ont développé une approche de la stratégie qui mérite d'être mentionnée, car elle reflète mieux la manière dont se passent les choses dans le monde réel et elle peut être utilisée dans le cadre des approches précédentes, en les renforçant ou en les complétant.

Ils définissent la stratégie au niveau d'une Business Unit par « *comment bâtir un avantage compétitif durable sur un marché spécifique et identifiable* », et au niveau de l'entreprise ou d'un groupe (corporate) « *comme la manière dont il crée de la valeur par la configuration (produits, pays, structures) et la coordination de ses activités sur les différents marchés* ».

Cette problématique stratégique est illustrée par un triangle dont les trois côtés représentent les fondations de la stratégie : *Ressources, Activités, et Structures, systèmes et processus*. Quand ils sont dirigés dans le sens de la vision et motivés par les buts et objectifs appropriés, ils peuvent produire un avantage stratégique.

Les ressources comprennent les actifs corporels, incorporels et les capacités de l'organisation et dans les faits déterminent au plan stratégique ce que l'entreprise peut faire.

Les actifs corporels peuvent constituer un atout stratégique s'ils sont rares, difficiles à constituer ou uniques, par exemple l'emplacement d'un magasin, d'un hôtel, la proximité d'un gros client etc.

Les actifs incorporels sont souvent d'une grande importance stratégique, puisque cela comporte la marque, la réputation de l'entreprise, les savoirs et expériences accumulés, les relations avec les clients.

Les capacités organisationnelles sont une combinaison des actifs corporels, incorporels, des hommes et des connaissances, et se traduisent par des avantages stratégiques tels que plus de rapidité, plus de réactivité, une meilleure qualité, des coûts plus bas, etc.

Qu'est ce qui confère aux ressources une valeur stratégique ?

Trois caractéristiques sont à la base de la valeur stratégique des ressources : la demande, la rareté, et l'appropriation.

> *La demande* : il faut que la ressource contribue au processus de création de valeur pour les clients.

---

1. Collis David J. & Montgomery Cynthia A. – *Corporate Strategy – Resources and the Scope of the Firm,* McGraw-Hill – 1997 – New York.

La rareté : parce qu'elle crée une rente de situation, soit une rente du type
« ricardienne », rareté permanente dans le cas d'un monopole étatique par
exemple, soit du type « schumpétérienne », rareté temporaire conférée
par l'innovation de l'entrepreneur, mais qui sera tôt ou tard dépassée. Les
études montrent que dans la plupart des cas les firmes qui sont plus profitables que la moyenne de leur secteur sont rattrapées au bout de six ans.

Cette rareté peut être due à un facteur précis et visible tel que la localisation
ou un brevet ou au contraire résulter d'une accumulation ou d'une combinaison de facteurs qui se fait dans le temps et ne peut pas être constituée
du jour au lendemain quelles que soient les sommes mises en jeu (cas
d'une marque mondiale par exemple pour un produit ou une activité), ce
que les économistes anglo-saxons appellent « path dependency ».

L'appropriation : elle correspond à la question : qui va réellement tirer la
rente de la ressource ? On pourrait penser que c'est *a priori* l'entreprise et
ses actionnaires. Mais c'est souvent théorique. C'est pourquoi Warren
Buffet, célèbre investisseur financier américain, a déclaré qu'il aimait l'action Walt Disney : « *parce que la souris n'a pas d'agent* ».

Cette boutade illustre le fait que le véritable propriétaire et bénéficiaire de la
ressource rare peut être l'entreprise ou quelqu'un d'extérieur. Cela peut être
vrai également du personnel si c'est lui qui fait la valeur du fonds de commerce. Ce qui explique les rémunérations élevées des stars du « sport-business »
par exemple et l'ennui pour les clubs de les voir partir. C'est d'ailleurs pourquoi ce qui fait la valeur d'une petite entreprise, c'est souvent son patron qui
a les relations avec les clients. Quand il s'en va, une partie du fonds de commerce part avec lui.

C'est aussi pourquoi, il est important, pour garder certaines équipes, de les intéresser au résultat pour éviter qu'elles ne partent à la concurrence.

Cela confirme la fragilité des apports de valeur fondée sur des ressources qui
peuvent disparaître ou devenir obsolètes rapidement.

Cette conception permet de comprendre pourquoi il est légitime dans certains
cas de payer un goodwill élevé, si par exemple l'atout conféré par les ressources rares est d'une nature telle qu'il devrait plutôt s'améliorer avec le temps.

■■■ La stratégie fondée sur les ressources : une approche

Pour construire sa stratégie, une entreprise doit évaluer sur quelles ressources
elle doit bâtir ses avantages compétitifs et déterminer celles qui, à cet égard,
ont vraiment une valeur. Cela suppose de bien les caractériser et pour cela de
les analyser avec un degré de détail suffisant. Dire qu'une entreprise de biens
de consommation a des compétences marketing n'apporte rien au raisonne-

ment stratégique, mais dire qu'elle a une meilleure pratique de l'ECR (Effective Consumer Response) que ses concurrents peut avoir du sens.

Une bonne approche consiste *à construire des arbres qui partent de la Valeur-Client et qui s'attachent à représenter comment elle est constituée.*

Par exemple, pour une chaîne de restaurants (fictive) :

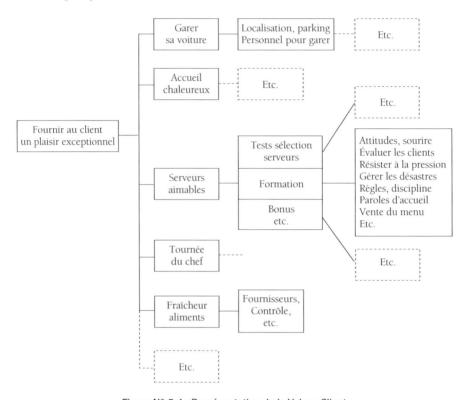

Figure N° 5.4 : Représentation de la Valeur-Client

À partir d'un tel diagramme, l'entreprise détermine quelles sont les ressources qui peuvent lui donner un avantage compétitif. Souvent, il s'agit d'une combinaison de ces ressources.

Certaines ressources se déprécient avec le temps comme les systèmes informatiques, d'autres au contraire peuvent s'améliorer dans la durée. Par exemple, la notoriété d'un atout correspond à sa capacité à satisfaire un attribut important de valeur pour ses clients si l'entreprise fait de la publicité de manière continue sur ce point fort.

Plusieurs possibilités de choix existent :

1. renforcer des ressources existantes,

2. ajouter des ressources complémentaires,
3. développer de nouvelles ressources,
4. ou utiliser l'effet de levier de ces ressources en les appliquant à d'autres lignes de business.

Ces choix traduisent la stratégie en action.

À partir de cette analyse des ressources, l'entreprise peut appliquer toutes les approches indiquées précédemment : l'analyse Forces, Faiblesses, Menaces et Opportunités (connue aux États-Unis sous le nom de SWOT (Strengths, Weakness, Opportunities and Threats), à laquelle a contribué Michaël Porter. Et toutes les stratégies génériques auxquelles s'ajoutent les stratégies d'alliance ou de fusion/acquisition qui sont classées comme un des moyens d'ajouter de nouvelles ressources.

L'avantage des stratégies ainsi élaborées à partir des ressources, c'est qu'elles ont plus de chance d'être pertinentes.

▬ Le Knowledge Management ou l'utilisation stratégique des savoirs considérés comme des ressources ou des actifs

Le lecteur trouvera des explications détaillées sur le Knowledge Management au *chapitre 14 gestion des savoirs et des compétences*. Toutefois il était nécessaire de le faire figurer dans le chapitre sur la stratégie car il apparaît de plus en plus que le Knowledge Management va faire partie des concepts stratégique majeurs.

En effet, dans la société de l'information dans laquelle nous sommes plongés, la gestion des connaissances et la valorisation de l'actif correspondant à la masse des savoirs accumulés par une entreprise est une des manières de créer un avantage compétitif et de créer de la valeur pour les clients, les collaborateurs et l'actionnaire. Le Savoir est le fuel qui fournit l'énergie pour l'innovation dans l'entreprise, la création de valeur et la productivité des personnels.

On verra dans le chapitre sur le Knowledge Management, comment il peut accélérer le processus d'innovation.

De même le Knowledge Management augmente, comme on peut l'imaginer, la compétitivité des entreprises dont les métiers sont l'apport de savoirs à des clients et en tout premier lieu les entreprises de conseil et d'ingénierie, mais plus généralement toutes les entreprises qui vendent des solutions à des problèmes de clients.

Ainsi la capitalisation, dans des bases de connaissances accessibles aux vendeurs et aux techniciens de l'entreprise, des solutions mises en œuvre précédemment, comme l'ont fait, par exemple certaines entreprises du domaine du traitement de l'eau, augmente considérablement la productivité de ces personnels.

Si le Knowledge Management devient stratégique en ce début de siècle, c'est parce que la technologie moderne permet, à la fois, le stockage électronique de grandes quantités d'informations sous une grande variété de formes, allant du simple texte à l'image en mouvement, à des coûts très faibles, et surtout sa transmission et/ou sa mise à disposition *via* les réseaux dans le monde entier quasi instantanément à toute personne habilitée.

Cette nouvelle accessibilité du savoir n'importe où, n'importe quand, confère un avantage stratégique aux entreprises qui en font un atout pour leur personnel ou un ajout de valeur pour leurs clients.

Le vainqueur prend tout le marché

C'est un des effets pervers de la mondialisation des marchés que signalent deux professeurs d'économie, Robert H. Frank et Philip J. Cook, qui constatent que dans beaucoup de domaines on assiste au phénomène « *Le vainqueur prend tout le marché* ».

Cette tendance se répand par exemple chez les juristes, dans le journalisme, le consulting, et même dans le secteur académique avec le remplacement des marchés locaux et régionaux par des marchés mondiaux et l'intensification de la concurrence.

Il est vrai que la préférence des médias pour le vainqueur, le gagnant du prix, ou le best-seller est telle qu'il est souvent le seul à bénéficier d'un investissement médiatique (équivalant parfois à des dizaines de millions, voire davantage) sans commune mesure avec les concurrents suivants.

Cette concentration de la concurrence est l'une des inquiétudes qui ressort de l'enquête auprès des dirigeants et des responsables de marketing signalée dans le chapitre sur le marketing. L'accélération des fusions-acquisitions est dans la même ligne.

L'accroissement de la concurrence demande de la créativité stratégique ; on peut la trouver dans la création de produits ou services nouveaux, que nous étudierons au chapitre suivant mais aussi dans les NTIC.

IMPACTS STRATÉGIQUES DES NOUVELLES TECHNOLOGIES DE L'INFORMATION ET DES COMMUNICATIONS (NTIC)

La théorie stratégique n'a pas encore suffisamment intégré un phénomène massif qui ne concernait il y a dix ans qu'un nombre limité de secteurs économiques, et qui aujourd'hui, les concernent tous : la nécessaire prise en compte des NTIC. En effet plusieurs changements fondamentaux sont apparus récemment.

Parmi les investissements de toutes les entreprises figurent désormais les investissements en informatique et de plus en plus souvent en système de communications. Ils représentaient au début 2000 dans un pays comme les États-Unis 60 % du total investi en équipement de toutes sortes : 150 Milliards de $ pour l'informatique, 100 Milliards pour tout le reste, à la fin des années 90.

Cela signifie que si les entreprises continuent d'avoir des investissements en équipements spécifiques, matériels de production tels que des machines-outils, le total de ce qui est spécifique est inférieur à l'informatique.

Les NTIC bouleversent désormais la vie domestique, les relations clients fournisseurs et les méthodes de management.

Elles ont été jusqu'en 2000 l'un des principaux moteurs de la croissance économique actuelle par la création de valeur, d'emplois, d'investissements et de gains de productivité induits.

Il faut admettre que l'investissement informatique n'est plus une décision d'organisation. C'est devenu très souvent une décision stratégique majeure. Il faut donc être à l'écoute des opportunités et menaces, et intégrer les nouvelles technologies au moment opportun. En effet, l'informatique et les télécommunications sont désormais au cœur de tous les métiers, qu'il s'agisse de marketing, de commercial, de productivité des activités tertiaires des entreprises ou de production.

Mais les coûts et les risques ne sont pas négligeables. Ainsi, le coût d'un poste de travail sur réseau local selon le Gartner Group serait de 300 000 FF sur cinq ans dont : 12 000 F/ an pour le matériel et le logiciel, 8 000 F/an pour les coûts d'administration, 12 000 F/an de support technique, 28 000 F/an de coûts cachés des utilisateurs, correspondant à la perte de productivité liée aux problèmes rencontrés sur le micro-ordinateur.

Le phénomène majeur de notre époque : Internet et le commerce électronique (e-commerce)

Internet, moyen de communication global, a une portée universelle et permet une réduction drastique des coûts d'interaction entre les personnes éloignées.

Par exemple le coût d'une transaction bancaire peut être divisé par 10 (1,07 au guichet, 0,68 par téléphone, 0,27 par GAB et 0,10 par Internet).

Internet est devenu un canal de ventes de plus en plus important pour une multitude d'affaires. Ainsi pour Dell les ventes par ce canal sont passées de 4 % du total en 1997 à 30 % en 1999 et pour Cisco de 13 % en 1997 à 85 % en 1999. Dans de nombreuses entreprises d'informatique, Internet tend à devenir un très important canal de communication avec les clients, voire de distribution. En France par exemple Wstore société spécialement créée pour Internet, distribue des produits informatiques.

Internet a d'ailleurs été adopté par General Motors et Ford qui seront sans doute suivis par d'autres constructeurs comme canal de communication avec leurs fournisseurs. L'EDI se fait d'ailleurs de plus en plus par Internet, canal plus commode car universel.

Après Microsoft et bien d'autres, Jack Welsh, P.-D.G. de G.E., a déclaré : « Internet est notre priorité N° 1, N° 2 et N° 3 ».

▬ Le e-commerce : nouvelles stratégies et nouveaux modèles économiques (Business Models)

Le e-commerce crée à la fois des opportunités de nouveaux marchés, mais il génère aussi de nouveaux modèles économiques (Business Models), et peut être source d'une nouvelle productivité.

Avantage au premier entrant ou à celui qui a misé gros

Au début 2000, un certain nombre d'entreprises avaient établi des positions fortes sur le Net :

- Par exemple Amazon. com, après être devenu le leader dans le livre sur Internet, s'est lancé dans la distribution d'une large gamme de produits. Mais la question d'actualité au début 2000 était : quand parviendra-t-elle à gagner de l'argent ? La réponse semble être fin 2002 début 2003.
- Nike, Dell, Schwab (transactions boursières), eBay, Chemdex (produits chimiques) avaient également pris des positions fortes sur le Web.

Il semble qu'il y ait un avantage stratégique au premier entrant ou à celui qui investit suffisamment pour se constituer un portefeuille suffisamment vaste de clients qui justifie alors l'investissement dans de nouveaux moyens informatiques ou logistiques permettant de leur offrir des services meilleurs ou nouveaux.

Ces pionniers avaient besoin de lourds moyens financiers que la bourse américaine a fourni volontiers à ceux qu'elle estimait devoir être les futurs gagnants grâce à l'avance que procuraient les capitaux fournis.

En effet, une capitalisation élevée, qui atteignait plusieurs fois le chiffre d'affaires (et non le profit car bien des sociétés étaient encore en perte en 1999), permettaient à ces entreprises d'acheter par échange de titres des concurrents ou des entreprises complémentaires augmentant ainsi leur portefeuille de clients, leur part de marché et la gamme ou la qualité des services rendus.

Les 14 plus importantes e-sociétés cotées entre 1996-1999 avaient créé plus de valeur financière en bourse que n'importe quel secteur industriel, y compris le secteur informatique. Ce fut clairement un puissant moteur de l'économie, mais on était typiquement dans la situation d'un pari audacieux qui peut être géné-rateur d'une bulle spéculative si les perspectives ne se confirment pas. Depuis toutes ces valeurs ont connu des baisses spectaculaires.

Le modèle Click & Mortar ou la contre-attaque des entreprises classiques

Pour les produits ou services de consommation dont le contenu n'est pas de l'information, de l'assistance ou du conseil, mais comporte un objet, l'un des problèmes stratégiques à résoudre est la logistique de livraison à un coût et dans un délai raisonnables pour le produit en question.

Les entreprises virtuelles qui fournissent un objet ne peuvent échapper aux contraintes logistiques, d'où l'idée de combiner présence virtuelle et physique, on peut aller voir sur le web, visiter un magasin, se faire livrer ou acheter sur place. C'est par exemple la stratégie développée par Williams Sonoma spécia-liste des instruments de cuisine : 300 magasins aux USA mais également ven-te par catalogue, 155 millions de catalogues édités par an, deuxième client de Fedex, et une base de données avec 36 millions de clients. Leur site web qui ne cannibalise pas l'activité des magasins, développé par la SSII USWeb, est intéressant à visiter. Par exemple, il donne des idées de cadeaux par thèmes mais aussi par prix. Ainsi si vous voulez offrir un cadeau entre 25 $ et 50 $, il suffit de cliquer pour choisir. Il s'occupe aussi de l'expédition à la personne qui doit recevoir le cadeau, etc.

Nouveaux marchés par apport de Valeur au client

Internet a ouvert de nouveaux marchés, en particulier une foison de marchés au transport d'énormes quantités d'informations à distance, à bas prix, ce qui ouvre des myriades de possibilités d'apport de valeur au client. Par exemple sur le marché du téléchargement, quels sont les apports de valeur supplémen-taires : outre le fait de ne plus avoir à se déplacer, chacun peut créer son ma-gasin de musique personnel, obtenir les opinions d'autres auditeurs, il n'est plus nécessaire de posséder les choses (CD, bandes, etc.) et on économise de la place dans son appartement.

Rappelons que dans le cas du livre, Amazon.com vous informe en temps réel des parutions qui vous intéressent sur un thème choisi, vous fournit des criti-ques et opinions de lecteur, et peut vous dire ce que lisent en sus ceux qui ont lu le même livre que vous, ce qui est très utile pour connaître ce que lisent les professionnels du même secteur que vous.

Homestore.com, le principal portail de l'immobilier, avec un stock de 110 000 maisons neuves, 1,3 million de maisons d'occasion, 6 millions d'ap-partements à louer fournit photographies, cartographie, etc.

Toute entreprise qui veut se lancer dans le commerce électronique ou déve-lopper un site web commercial doit penser en termes de nouveau service pour ses clients, qu'il s'agisse d'avant-vente, de vente ou de service après-vente et de fidélisation.

Les nouveaux marchés pour les uns sont parfois de nouvelles menaces pour les autres. Citons les cas de la menace qu'Internet fait peser sur certains métiers : les télécommunications longue distance, les éditeurs de musique puisqu'on peut télécharger gratuitement de la musique d'auteurs, les vendeurs d'informations de toute nature parce qu'on va souvent les chercher sur Internet plutôt que de les acheter.

La banque sur Internet, la gestion de portefeuille les transactions boursières, toutes ces activités qui sont avant tout des échanges et transmissions d'information sont le domaine rêvé d'Internet.

▬ Le e-commerce : nouvelle productivité

Le commerce électronique verra l'essor de nouveaux gains de productivité : par disparition d'intermédiaires coûteux qui ajoutaient certes de la valeur mais des délais et des coûts.

Internet soit les remplace mais à un coût très faible et sans ajouter de délais, soit leur permet de réduire coûts et délais ou d'ajouter de la valeur.

Les métiers d'intermédiaires dont le rôle était principalement de rassembler et de fournir localement de l'information sur des objets est menacé surtout dans le Business to Business. On l'a bien constaté dans la distribution de produits informatiques.

D'autre part compte tenu du faible coût de transmission *via* Internet, de la mise en place progressive des larges bandes de transmission qui vont permettre de passer des images animées, pratiquement tous les secteurs vont être concernés par les gains de productivité permis par Internet qui accélérera en particulier l'implantation du management des connaissances ou management du capital intellectuel (voir chapitre sur le management des connaissances ou « Knowledge Management »).

Internet n'est pas la seule NTIC, il y a aussi tous les autres systèmes de communication comme le téléphone mobile et tous les autres équipements informatiques qui vont contribuer à ces gains de productivité d'autant qu'Internet sera accessible sur les téléphones mobiles.

▬ L'e-commerce, nouveau marché de fournisseurs

Les entreprises qui se lancent dans le commerce électronique ont besoin de matériels, de logiciels et surtout de conception globale de solution. Cela entraîne un développement très rapide d'entreprises fournisseurs de matériels comme Cisco, de fournisseurs de logiciels, de « e-Vaps » (Electronic Value-Added Providers) qui apportent des « e-solutions ».

On connaît également la croissance des Portails, qu'ils soient généraux ou spécialisés dans un domaine, et on verra sans doute des fermes électroniques géantes qui abriteront des serveurs de grosse capacité pour leurs clients. Des créateurs de logiciels pour le web apparaissent chaque jour. Ainsi le commerce électronique induit de nouvelles opportunités de marchés pour tous les spécialistes du web.

■■■■ Les freins au développement de l'e-commerce

Toutefois on ne peut ignorer les difficultés, les limitations et les freins à l'implantation du commerce électronique. Ces freins sont de trois ordres : stratégiques, opérationnels et organisationnels.

– *Stratégiques*

Tels que les conflits entre canaux de distribution et c'est un des problèmes majeurs des entreprises qui ont d'autres réseaux de distribution qu'elles ne peuvent pas abandonner facilement, même si elles savent que la distribution par le Net est l'avenir. On l'a vu dans le cas de Compaq ou IBM face à Dell à la fin des années 90.

Les stratégies de prix sont aussi impactées par Internet et ont, par exemple, créé un dilemme à Schwab qui s'est résolu finalement à adopter des prix plus bas sur Internet puis à aligner les prix des ordres par téléphone.

Enfin, la gestion des marques est particulièrement ardue car Internet favorise une stratégie de marque mondiale et pose le problème des marques locales.

– *Opérationnels*

Le modèle de business Internet requière l'intégration des processus électroniques et physiques, ce qui implique souvent une re-conception des processus, le choix et le développement des logiciels appropriés, la mise en place du matériel, le recrutement et la formation des personnels. Les choix informatiques sont évidemment cruciaux.

Dans le secteur informatique et plus particulièrement celui du Web, la vitesse est un facteur clé de la stratégie. Le commerce électronique suppose des processus de décision accélérés qui parfois sont antinomiques avec la culture de certaines entreprises qui doivent alors externaliser le développement de leurs affaires sur le Web, ce qui n'est pas toujours souhaitable.

– *Organisationnels*

Parmi les difficultés, la plus importante actuellement est le recrutement, le développement et la rétention des compétences nécessaires pour créer les systèmes.

Par ailleurs se pose souvent le problème de savoir s'il faut intégrer les processus de ventes *via* Internet aux processus actuels de l'entreprise ou créer une filiale spécialisée. On voit actuellement les deux solutions qui présentent chacune des avantages et des inconvénients.

L'impact des NTIC sur le marketing et le commercial

Les NTIC jouent un rôle de plus en plus important dans ce domaine. Comme le dit Philip Kotler[1], « les pratiques et les performances du marketing sont en train d'être révolutionnées par l'ordinateur, le fax, le courrier électronique, et Internet. Les forces de vente qui ont adopté les outils d'automatisation des ventes peuvent être des années-lumière en avance sur le vendeur qui n'a que son attaché-case. La bonne nouvelle, c'est qu'aujourd'hui beaucoup de gens peuvent démarrer de nouvelles affaires parce que les coûts de la comptabilité, de l'envoi de communications et de compréhension du marché diminuent. Je m'attends à voir une croissance continue des affaires basées au domicile qui possèdent simplement un téléphone, un fax et un ordinateur ».

Nous illustrons l'impact des NTIC sur le marketing et la vente par quelques exemples.

▬ La puissance des bases de données clients et prospects : une arme stratégique

La base de données clients/prospects, nouvelle arme stratégique : connaissance du client, nouvelles segmentations, fidélisation, mesures de satisfaction, études de marketing, amélioration des ciblages, calculs de rendement des canaux, productivité commerciale, marketing direct, etc.

Par exemple, un grand distributeur, grâce à sa « Datawharehouse » (entrepôts de données), envoie à ses clients trois mois après l'achat d'un téléviseur un mailing leur proposant d'acheter un magnétoscope.

On voit apparaître également les techniques du « Datamining » (exploiter la mine de données) qui consiste à faire rechercher par des programmes informatiques les corrélations insoupçonnées entre les ventes de certains produits et différentes données enregistrées, qu'il s'agisse de caractéristiques du produit, d'opérations de promotions, de discounts, de géographie, de saisonnalité, de segments de clientèles ou de styles de préférences (les clients acheteurs de tels produits préfèrent également tels autres produits), de liens entre les ventes de certains produits, d'écarts anormaux et toute sortes de combinaisons, etc. Cela permet d'élaborer des tactiques de marketing et de ventes inédites.

---

1. Kotler Philip – *Master Marketer* – Management Review – American Management Association – April 1996.

▄▄▄ La Gestion de la Relation Client et l'intégration *via* les CRM : un choix stratégique majeur

Mettre en place une Gestion des Relations Clients et intégrer toutes les informations des personnes en contact avec les clients suppose une révision des processus de l'entreprise et s'avère une décision stratégique de première importance qui entraînera non seulement des réorganisations internes mais des investissements conséquents.

La Gestion ou le Management des Relations Clients consiste à mettre en place une coordination continue et sans frontières entre les ventes, le service client, le marketing, le support aux vendeurs et toutes les fonctions en contact avec les clients.

Le CRM intègre les personnes, les processus et les technologies pour améliorer les relations avec tous les clients y compris les e-clients, les membres des canaux de distribution, les clients internes et jusqu'aux fournisseurs.

La mise en place du CRM implique non seulement des réorganisations internes mais des investissements conséquents. C'est une décision stratégique majeure de la Direction Générale sur base d'une orientation proposée par le Marketing et faisant appel à la direction des systèmes d'information et à l'informatique pour la mise en œuvre.

D'après une enquête récente du Conference Board[1], les quatre principales raisons pour implanter un CRM sont :
1. *augmenter la fidélisation des clients,*
2. *faire face à la pression de la concurrence,*
3. *obtenir une différenciation reposant sur une supériorité du service au client,*
4. *accroître l'efficacité du marketing.*

Elle suppose d'adopter une culture centrée sur le client.

Au début, les principales visées d'un CRM sont la capture des données historiques concernant les activités et les expériences et la saisie et la distribution des informations relatives aux contacts avec les clients. Puis les systèmes sont aménagés pour permettre des interactions avec les clients *via* des systèmes vocaux sur Internet et des réponses aux e-mails et aux questions *via* Internet.

Une partie des entreprises intègre des données des CRM avec leur ERP ou prévoit de le faire.

---

1. Conference Board – *Customer Relationship Management.*

Une bonne partie des firmes utilise des méthodes d'intelligence artificielle et le « data mining » (exploitation sophistiquée de la mine d'or que représentent ces masses de données) pour établir des corrélations entre des événements et des variations de ventes ou faire des analyses marketing.

62 % des firmes capturent les données sur le point de vente. 72 % pratiquent le « permission marketing ».

Pour évaluer le succès d'un CRM les mesures les plus fiables sont : les enquêtes de satisfaction clients, la croissance du pourcentage d'acquisition de nouveaux clients, les coûts de communication et les coûts administratifs.

Le CRM induit de nouvelles propositions de valeurs plus personnalisées à des clients en fonctions de nouveaux critères.

Elle permet la mise en œuvre de nouveaux outils d'automatisation des forces de vente dont quelques-uns sont repris ci-dessous.

L'informatisation des collaborateurs au contact des clients : qualité de service et productivité

Productivité par aide logicielle

De multiples produits d'aide au marketing, au management des forces de vente ou à la productivité des ventes apparaissent chaque mois.

Par exemple, des logiciels de géomarketing qui permettent de connaître l'emprise géographique de l'entreprise : les clients de l'entreprise apparaissent sur un plan, et on peut tirer toutes sortes de renseignements sur le client (y compris le dernier rapport de visite) et également toutes sortes de statistiques. Il existe aussi des logiciels d'optimisation des tournées de vendeurs.

Nouvelle informatique et qualité de service au client par les sédentaires
- Rapidité, profil du client, qualité de la réponse, pouvoir de décision : les NTIC au service du « front-line ».
- La combinaison téléphone, système de distribution automatique des appels, micros, réseaux, bases de données.
- L'apport des systèmes-experts à « l'empowerment ».
- La sophistication et la productivité des grands systèmes de vente directe (banques, assurances).

Les forces de ventes équipées de NTIC
- Intérêt et difficultés des ventes avec portables.
- Intérêt et problèmes des téléphones mobiles.
- La productivité des forces de vente équipées.
- Les économies de locaux.

Les liaisons informatisées clients-fournisseurs

- L'EDI qui sera progressivement réalisé *via* Internet : avantages, inconvénients, difficultés.
- L'ECR (Efficient Consumer Responses).
- L'implant électronique chez le client.

La multiplication des centres d'appels (call center)

Ce phénomène mérite une mention spéciale car il prend une ampleur insoupçonnée et touche de plus en plus de professions, banques directes, assurances, entreprises industrielles et de services, administrations.

Il est actuellement utilisé pour : le service client dans 49 % des cas, la télévente 26 %, les campagnes publicitaires 13 %, le service d'informations au client 4 %, la collecte d'informations 3 % et divers 5 %[1]. 80 % des centres d'appels ont plus de 10 collaborateurs et 20 % plus de 50.

Les nouveaux gains de productivité dans les activités tertiaires des entreprises

L'impact sur la productivité, principalement des fonctions tertiaires des entreprises qui représentent aujourd'hui la plus grosse part de leurs dépenses. Le traitement de l'information représente environ 50 % des coûts actuels d'une entreprise.

Les NTIC sont la source de gains de productivité de rapidité et de nouveaux modes opératoires qui vont bouleverser les contextes stratégiques de nombreuses entreprises. Les principaux changements viendront :

De nouvelles formes d'organisations et de nouveaux modes de travail, par exemple

- Nouvelles architectures client/serveur, réseaux, micros, bases de données et re-engineering des processus.
- Réseaux, communications horizontales et réduction des niveaux hiérarchiques.
- « Groupware » et nouveaux modes de travail en groupe.
- Micro-informatique et conditions de la productivité individuelle.

Exemples de gains de productivité commerciale par l'emploi de réseaux (Intranet, Internet)

- Vitesse de transmission des informations, en particulier des demandes clients grâce au courrier électronique.

---

1. Dataminor – « *Call Center in Europe 1996 – 2001* ».

- Organisation des plannings des vendeurs grâce à la gestion électronique sur réseau des agendas. Animation des réseaux commerciaux.
- Catalogues internes pour les vendeurs, informés en permanence des produits et prix.
- Forums de vendeurs pour échanger des informations sur argumentaires, marchés, etc.
- Gestion de projets et constructions de propositions en équipe grâce au groupware.
- Transmission de rapports, de devis, de commandes, etc.

De nouvelles possibilités d'automatisation

- Automatisation des saisies et des comptages.
- Automatisation des calculs.
- Gestion électronique des documents et production de documents.
- Automatisation partielle des conceptions de produits ou services.
- Développement des simulations et prototypes.

Des possibilités ouvertes par l'externalisation des NTIC

- Nouvelles possibilités stratégiques pour ceux qui étaient limités par leurs moyens informatiques.
- Mise à niveau technologique et réduction de coûts.
- Conditions stratégiques, politiques, économiques et juridiques pour une externalisation profitable à long terme.

Emplois stratégiques des ressources Internet dans les entreprises

Une enquête du Conference Board[1] fin 2000 et début 2001 auprès de 60 entreprises américaines importantes sur l'implantation de leurs marques sur Internet donne une claire vision de l'emploi des ressources Web actuel et futur par les entreprises importantes et performantes.

Les principales raisons pour mettre leurs marques sur le web sont : donner un canal additionnel aux clients pour atteindre l'entreprise, fidéliser les clients existants, établir la notoriété de la marque dans ce canal, attirer de nouveaux clients, atteindre de nouveaux marchés.

---

1. Katryn L. Troy – Branding on site – *Customer Relationship in the Digital Market place* – Conference Board – New York – 2001.

▬▬ Emploi actuel des ressources Web :

Home page	98 %
Intranet	95 %
Liens avec des sites d'autres entreprises	88 %
E-commerce	78 %
Extranet clients	72 %
Extranet fournisseurs	59 %
E-communautés interactives	40 %
Sans fil (« M » commerce)	17 %

▬▬ Emploi programmé des ressources Web dans l'avenir :

Sans fil	54 %
Extranet fournisseurs	36 %
E-communautés interactives	35 %
Extranet clients	28 %
E-commerce	20 %

▬▬ Les mesures les plus communes du succès des sites sont :

Nombre de visites	84 %
Fréquence des visites	80 %
Durée des visites	75 %
Facilité de navigation	50 %
Augmentation de la notoriété de la marque	48 %
Baisse des coûts de transaction	46 %
Augmentation des recettes	36 %
Etc.	

Parmi les websites intéressants à benchmarquer cités comme les plus performants par Smart Business ou Landor'sPicks au début des années 2000 on trouvait : Schwab, Cisco, GE, Dell, Land'end, Office Depot, W.W.Grainger, IBM, UPS, American Express, Disney, Fedex, HP, Intel, Internet Explorer, Kodak, Microsoft, Pentium, Sony, Visa, Windows, Yahoo.

Le Gartner Group donne des indications sur le stade auquel sont les marchés des applications e-business pour les vendeurs d'ingénierie et de services informatiques qu'on peut résumer par le tableau suivant :

Période	État de l'offre des vendeurs d'informatique	Applications
Achevée	L'offre se banalise et les clients pensent à autre chose	*Développement du site web, recherche d'informations,*
Achevée/ en cours	L'offre s'améliore et les clients mettent en œuvre	*Intranet/Extranet, ERP, gestion documentaire*
En cours	L'offre se consolide et les clients s'y intéressent	*Management des contenus, place de marchés e-commerce, portail d'entreprise, supply chain, planning, CRM, e-procurement, web services*
En cours/futur	L'offre mûrit et tous les acteurs s'y mettent et en parlent	*Relations avec les fournisseurs, ERP2, knowledge management coopératif, Intelligence économique avancée, management des relations avec employés (SIRH)*
Futur	L'offre n'est pas encore mûre et les clients rêvent	*Portails mobiles, intégration des places de marchés, management des idées et de l'innovation*

Le changement récent d'attitude des dirigeants vis-à-vis des nouvelles technologies

L'enquête du Conference Board auprès de 700 dirigeants dans le monde fait apparaître un profond changement en 2002 par rapport à l'année précédente. Interrogés sur les *principales préoccupations* concernant les technologies de l'information et des communications, les réponses sont les suivantes :

- *L'impact de l'Internet, 5 % contre 38 % en 2001*
- *Le changement de technologie, 12 %, contre 22 % auparavant*
- *Le lancement de nouveaux projets technologiques, 10 %, contre 20 % auparavant*
- *Prendre les décisions d'investissement ou d'allocations de capital, 19 %, contre 11 % auparavant.*

Cela montre clairement que l'impact de l'Internet et le changement de technologie après quelques années de lourds investissements et avec l'arrivée du ralentissement économique, n'ont plus la même actualité. Par contre, les dirigeants deviennent plus soucieux de choisir avec soin et précaution les investissements et de les rentabiliser.

© Groupe Eyrolles

Interrogés sur les objectifs qu'ils vont poursuivre en matière de technologie, les réponses sont les suivantes :

- *Renforcer les processus transversaux à l'entreprise, 56 %*
- *Améliorer les liens avec les clients et fournisseurs, 52 %*
- *Aligner l'informatique avec les objectifs du business, 50 %*
- *Réduire les coûts de la technologie, 41 %*
- *Renforcer l'e-business et l'e-commerce, 27 %*
- *Accroître les compétences des utilisateurs, 23 %*
- *Implanter de nouvelles technologies (le sans fil), 20 %*
- *Veiller à la sécurité et la vie privée, 20 %.*

STRATÉGIE ET GESTION DE CRISE

La stratégie lorsque l'entreprise est en crise, n'a presque plus rien de commun avec la stratégie en période normale. Ce qui caractérise la situation de crise c'est le plus souvent soit des difficultés de trésorerie soit des pertes qui deviennent importantes. Dans les deux cas, c'est **le risque de cessation de paiements dans un proche avenir** qui crée cette situation particulière pour l'entreprise qui voit sa fin approcher rapidement si aucune solution n'est trouvée.

Dans ces situations, bien qu'on parle de stratégie, **le court terme l'emporte sur le long terme** car pour envisager l'avenir à plus long terme il faut d'abord organiser sa survie. On se trouve donc dans un cas paradoxal où il faut lier les mots stratégie et court terme, ce qui bien entendu choque les bons esprits qui n'ont pas eu à redresser des entreprises.

Une stratégie reposant sur le court terme et l'urgence

▬ Déjà des retards à rattraper

Sachant qu'il vaut mieux prévenir que guérir, chacun doit être conscient que les organisations réagissent trop tard et trop lentement aux situations de crise. Les raisons en sont multiples, rarement évitables et éternellement renouvelées, car liées à la nature humaine. Elles méritent d'être rappelées.

Il apparaît ainsi, sans prétendre à l'exhaustivité, treize causes de réactions tardives :

1. L'atteinte d'une amélioration de la conjoncture ;
2. La confusion entre crise structurelle et ralentissement conjoncturel ;
3. L'usage d'indicateurs en retard ;
4. L'absence d'indicateurs en avance fiables et de tableaux de bord mensuels ;
5. L'insuffisance du niveau d'exigence du Conseil d'administration (ou du principal actionnaire) ;
6. L'anesthésie comptable ;

7. La non-correction des comptes de l'inflation ;
8. Des budgets trop optimistes ;
9. La crainte de créer un contexte négatif ;
10. Le recours aux solutions de facilité ;
11. Un déclin plus rapide que prévu ;
12. L'incapacité de la direction à gérer la crise ;
13. L'intervention du pouvoir politique.

Il faut donc garder en tête *une première loi : dès qu'apparaissent des menaces telles qu'un produit étranger concurrent, dès que les commandes baissent, dès que le profit diminue, il y a URGENCE à mettre en œuvre des mesures de gestion de crise.*

Quand l'exploitation est en perte ou la trésorerie devient tendue, il y a SUPRÊME URGENCE. Pour aller vite, il faut savoir ce qui va prendre du temps, ce qui va être plus long que prévu.

▬ Des délais trop longs

Quelles sont les causes de délais trop longs ? Les connaître, c'est déjà être mieux préparé à les éviter :

1. Les pertes de temps en études et réunions ;
2. L'absence d'idées de solution ;
3. Les désaccords sur les causes de difficultés et les remèdes ;
4. Le temps passé aux problèmes de survie provisoire ;
5. Les hésitations devant les mesures à haut risque ;
6. Le manque de temps des hommes capables de mettre en œuvre les solutions et l'effet négatif de la centralisation ;
7. Les délais d'apprentissage et de formation ;
8. La longue marche vers la reconversion ou la diversification.

Se souvenir d'une deuxième loi :
FACE À LA CRISE, ON RÉAGIT TROP LENTEMENT.

La priorité : diagnostiquer la situation financière et reconstituer les moyens financiers de la survie

Rien ne sert d'échafauder une stratégie si le dépôt de bilan doit intervenir avant sa mise en œuvre ou si aucune ressource n'est disponible pour effectuer les paiements. La première étape consiste à faire **un diagnostic de la situation financière** et trouver les moyens de sortir du risque de cessation de paiement. En général il n'y a pas d'autres solutions que les suivantes :

1. Pour **trouver des capitaux, vendre ou gager des actifs** : immeubles, filiales, lignes de business qui ne sont pas au cœur du métier ;

2. **Renégocier l'endettement** et restaurer la confiance des partenaires financiers (banquiers, actionnaires) ;

3. **Se séparer des filiales en perte** ou absorbant de la trésorerie ;

4. **Réduire le besoin en fonds de roulement ;**

5. Pour restaurer des marges élevées : **des mesures exceptionnelles de réduction de coûts.**

Parfois avant même d'avoir eu le temps d'élaborer quelque stratégie que ce soit, il faut prendre ces mesures financières, en prenant garde toutefois de ne pas vendre une ligne de business au cœur du métier et porteuse d'avenir.

Une stratégie comptable à pratiquer immédiatement

Avoir en tête, lors du diagnostic financier cette loi universelle et toujours vérifiée : avant que la crise soit affichée et le diagnostic établi, **les pertes réelles sont toujours supérieures aux pertes comptables.** Le redresseur interne ou provenant de l'extérieur aura à cet égard toujours de mauvaises surprises.

Le redresseur aura toujours intérêt à faire un audit rapide sur les grandes masses et à annoncer très tôt les pertes réelles qu'il trouve, les provisions pour créances douteuses, pertes sur participations, procès et les frais exceptionnels de restructuration liés aux réductions d'effectifs qu'il aura à passer pour nettoyer la situation comptable et faire supporter aux comptes et bilans du passé le coût de la réorganisation. S'il redresse la marge opérationnelle, cela se verra sur les comptes et il entrera dans le cercle vertueux du profit et de la crédibilité restaurée et de l'effort des collaborateurs récompensé.

Un impératif : un bon diagnostic de l'origine et des causes des difficultés

Ensuite le redresseur devra chercher à comprendre quelles sont les causes des difficultés : une politique d'acquisitions à prix trop élevés se traduisant par un endettement excessif, des marchés en forte baisse, des produits obsolètes, une gestion dispendieuse, un business-model erroné, des concurrents très performants, une taille insuffisante, une structure trop lourde, une direction peu compétente, des stratégies erronées, des conflits dans la structure, un personnel peu motivé, un commercial sans vigueur, etc.

Dans chaque cas il y aura des réponses différentes car il est rare que la cause soit unique.

▬ Une stratégie à construire avec peu de ressources et une crédibilité à restaurer

C'est en général dans ce contexte qu'il faut rebâtir une stratégie. Si la taille est insuffisante on ne pourra pas chercher à racheter des entreprises, il faudra plutôt chercher à se vendre. Souvent il faut commencer par reconstituer des res-sources ce qui veut dire dans un contexte exceptionnel, prendre des **mesures exceptionnelles** pour **restaurer des marges plus élevées** que la concurrence. Cela passe par des réductions de coûts.

Une stratégie construite sur la réduction drastique des coûts

▬ D'abord la réduction des coûts

Le seul avantage de la crise, c'est qu'elle autorise des mesures impensables en situation normale. Fermetures d'activités, licenciements parfois importants, renégociations d'avantages acquis par les clients, les fournisseurs, le personnel, passage de parties de salaires fixes en variable, réductions de gammes de pro-duits, réductions des services gratuits, réductions de surfaces par activité, sous-traitance à des entreprises « low-cost », réductions de toutes les dépenses de loyers, transports, études, publicité non essentielle pour vendre, etc.

Souvent les frais généraux peuvent être réduits de 30 % à 50 %. Toute fonc-tion qui n'est pas nécessaire pour **vendre, produire, livrer, servir le client et faire les comptes** peut être remise en cause. Il sera toujours temps de recréer des fonctions qui ont surtout un intérêt pour le long terme. Toutefois il faut prendre garde de ne pas se séparer de compétences rares ou difficiles à recréer, en particulier en matière d'avantage compétitif futur (la R&D par exemple).

La liste des économies potentielles est longue. Quelques principes d'action peuvent aider à faire des économies par exemple **réduire la complexité** dans tous les domaines depuis la variété des business, la complexité des structures ou des processus, le détail des reportings, la complexité de la comptabilité analytique. Rien n'est plus générateur de coûts insidieux que la complexité. Dans ces cas, il faut bien souvent appliquer la méthode d'Alexandre et tran-cher le nœud gordien au lieu de tenter de dénouer l'inextricable complexité.

Par ailleurs il faut penser à réduire le confort, l'espace disponible (tout espace vide se remplit fatalement de personnels, de stocks et de dépenses), les dépla-cements sauf pour vendre, le standing, tout ce qui n'est pas refacturable au client. Et loi universelle, **les patrons doivent donner l'exemple.**

▬ Ensuite la focalisation sur les métiers connus et potentiellement rentables

Si les marchés sont en baisse conjoncturelle, la tentation est grande d'aller chercher fortune ailleurs, de se diversifier, d'aller à l'étranger où les marchés sont moins touchés, etc. En réalité ces stratégies sont en général dangereuses car elles ne donnent pas de résultats rapidement. Or l'urgence est reine et les moyens limités. Cela pourra se faire plus tard par exemple pour asseoir l'en-treprise sur des activités ou des pays qui ne seraient pas sensibles en même temps aux mêmes aléas économiques.

Présenter un plan de redressement crédible

En réalité un plan de redressement crédible est celui qui promet une restauration des marges croissantes malgré des chiffres d'affaires en baisse. Les actionnaires, conseils d'administrations et banquiers doivent examiner très soigneusement et avec scepticisme tout plan basé sur une croissance des ventes et le maintien des dépenses ou de nouveaux investissements, sauf s'il s'agit de reprendre le contrôle de l'activité la plus génératrice de cash-flow à court terme.

▬▬ Tenir les promesses de cession d'actifs et de résultats d'exploitation

Après un an, afficher que l'entreprise est dans la bonne direction en conformité avec le plan présenté aux conseils d'administration, actionnaires, banquiers et parfois au public, redonnera de la crédibilité et favorisera la reprise d'un cercle vertueux.

L'expérience montre que très souvent les entreprises ayant fait l'objet d'un redressement sont beaucoup plus performantes que leurs concurrentes dans les années qui suivent. Elles sont plus maigres, plus rapides et ont éliminé les défauts qui les ont mises en difficulté, défauts qui n'ont sans doute pas été éradiqués chez leurs concurrents.

Deux des plus grands groupes français faisaient l'objet en 2002 de plans de redressement : Vivendi Universal sous la conduite de R. Fourtou et France Telecom sous la direction de Thierry Breton. Dans les deux cas il est intéressant de suivre les méthodes de ces redresseurs expérimentés qui ont à résoudre des cas particulièrement difficiles qui intéressent des millions d'actionnaires et deux anciens joyaux importants de l'économie française.

LES INDICATEURS STRATÉGIQUES POUR TRADUIRE LA VISION EN ACTION

Faire passer la stratégie dans les faits est l'un des problèmes fondamentaux des entreprises.

Parmi les moyens utiles, il faut penser à mettre en place des indicateurs stratégiques qui obligent à vérifier le degré d'avancement de la mise en œuvre de la stratégie.

Le *tableau de bord équilibré* imaginé par Robert S. Kaplan et David P. Norton[1], ajoute aux *critères financiers traditionnels trois perspectives*, celles :

---

1. Kaplan Robert S. et Norton David P. – *Putting the Balanced Scorecard to Work* – Harvard Business Review sept./oct. 1993, et également la traduction du livre *The Balanced Scorecard* sous le titre *Le tableau de bord prospectif* – Éditions d'Organisation – 1997.

- des *clients,*
- des *processus internes,*
- de *l'apprentissage et de la croissance.*

Le but : rendre les entreprises capables non seulement de suivre les résultats financiers, mais de piloter les progrès dans la construction de compétences et l'acquisition des actifs intangibles, et de lier stratégie à long terme et actions à court terme.

Robert S. Kaplan et David P. Norton ont mis au point de tels indicateurs qu'ils illustrent par deux exemples (voir pages suivantes).

■■■ L'exemple de Rockwater

Filiale de Brown et Root/Halliburton, Rockwater est un leader mondial en ingénierie et constructions sous-marines. Pour faire face à une compétition plus rude, le P.-D.G., Norman Chambers, a mis en place à partir de 1989 un « tableau de bord équilibré ».

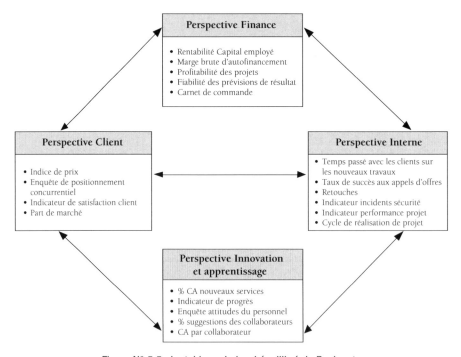

Figure N° 5.5 : Le tableau de bord équilibré de Rockwater

Source : « Putting the balanced scorecard to work »,
par Robert S. Kaplan et David P. Norton – *Harvard Business Review,* sept./oct. 1993.

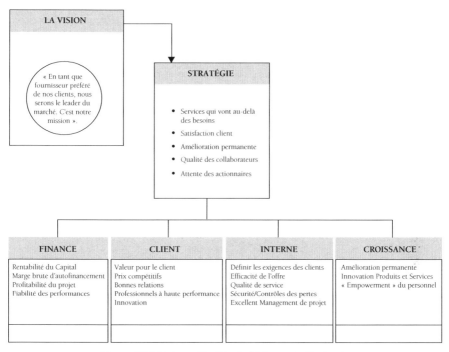

Figure N° 5.6 : Les objectifs stratégiques de Rockwater

▬▬ L'exemple de Electronic Circuits Inc.

Perspective Finance		Perspective Client	
BUTS	**MESURES**	**BUTS**	**MESURES**
Survivre	Marge brute d'autofinancement	Nouveaux produits	Pourcentage de ventes avec les nouveaux produits. Pourcentage de ventes de produits créés par l'entreprise
Réussir	Croissance des ventes par trimestre et résultat opérationnel par division	Réactivité des livraisons	Livraison à temps (définie par le client)
Prospérer	Croissance part de marché et rentabilité des fonds propres	Fournisseur préféré	Part des achats des grands comptes
			Classement par grands comptes
		Partenariat avec le client	Nombre d'efforts « d'ingénierie concourante » coopérative

Perspective Interne	
BUTS	**MESURES**
Compétence technologique	Géométrie industrielle vs. Concurrence
Excellence industrielle	Temps du cycle Coût unitaire Rendement
Productivité du design	Efficacité « silicium » Efficacité ingénierie
Introduction produit nouveau	Programme réel d'introduction vs. plan

Perspective Innovation et Apprentissage	
BUTS	**MESURES**
Leadership technologique	Temps pour développer nouvelle génération
Apprentissage industriel	Temps pour maturité des processus
Focalisation sur le produit	Pourcentage de produits équivalant à 80 % des ventes
« Time to market » (vitesse de développe-ment)	Introduction produit nouveau vs. compétition

Tableau N° 5.7 : Les objectifs stratégiques de Electronic Circuit

Source : Robert S. Kaplan et David P. Norton –
Harvard Business Review, janv./fév. 1992.

LE MANAGEMENT HOSHIN POUR DÉPLOYER LA STRATÉGIE AVEC RAPIDITÉ ET VIGUEUR

L'intégration de la stratégie et de la qualité par le Hoshin

Le Hoshin est une méthode qui utilise le Système de Management par la Qualité Totale pour déployer la stratégie, mais il concentre les efforts de l'entreprise sur un à trois objectifs majeurs appelés percées. Son objectif est *de « mettre en ligne l'organisation »*, c'est-à-dire faire passer les stratégies choisies dans les faits.

Il est particulièrement adapté à des stratégies visant des percées par l'excellence opérationnelle. La méthode est décrite dans le détail par Michelle Bechtell dans le livre écrit sous le titre « *Le Compas du Management, Piloter l'entreprise en utilisant le Hoshin* »[1].

Pour commencer, il faut *formuler* la vision et les *stratégies clés* pour établir une unité de vues, puis *institutionnaliser* par des plans à moyen terme, des plans

---

[1]. Bechtell Michelle L. – « *The Management Compass* », *Steering The Corporation Using Hoshin* – Éditions AMA Management Briefing – 1995.

annuels et des plans d'action suivant le modèle PDCA pour mettre en œuvre les percées... La méthode Hoshin comporte donc les étapes suivantes.

Un Plan à MT : 3/5 ans comportant les percées vitales (1 à 3)

Identifier les opportunités de progrès à partir du plan à long terme. Analyse de situation concurrentielle, tendances, identifier les *percées possibles* qui apportent une valeur significative pour le client et permettront de changer les bases de la compétition, décrire le challenge opérationnel, créer un nouveau standard. Une *analyse « d'écart »* Pareto, et une analyse cause/effet constituent souvent un bon départ. Il faut ensuite sélectionner les percées vitales qui peuvent nécessiter plusieurs années d'effort. Ensuite, à partir d'un diagramme d'interrelations d'une grande partie de l'organisation, esquisser les responsabilités préliminaires et séquences annuelles et décrire les percées en *termes mesurables* (écart à combler).

L'établissement d'un Hoshin annuel

« Peu de managers peuvent se concentrer sur plus de un à trois objectifs majeurs ».

Identifier tous les moyens possibles pour combler l'écart de manière participative. Sélectionner les méthodes à fort impact qui permettront d'y parvenir.

Sélectionner un à trois objectifs :

Par exemple, accroître la satisfaction des clients par réduction des retards d'expédition et pour cela :

- réduire le temps de cycle, et modifier le plan à MT en conséquence,
- trouver les compétences nécessaires,
- aligner les primes pour une part en fonction des objectifs ci-dessus.

Pour s'adapter au changement de l'environnement, le Hoshin sélectionne les priorités stratégiques dès avant de fixer les objectifs des départements. Les départements qui ne participent pas à un Hoshin central peuvent choisir leurs propres percées.

Principe du Hoshin : les objectifs doivent être mesurables à partir du sommet de l'organisation et être déclinés de façon telle que « Tout le monde soit dans la mare ».

Créer un plan d'attaque concernant toute l'entreprise

La plupart des plans sont voués à l'échec. En effet, peu d'organisations les prennent au sérieux. Car lorsqu'on demande au P.-D.G. comment il compte y parvenir, on obtient la réponse : « *en demandant à chacun d'interpréter les priorités et de faire de son mieux* ».

Pour contrôler sa destinée une organisation doit avoir une bonne compréhension :

- De la manière dont évolue le monde compétitif,
- Des relations de cause à effet entre les actions entreprises et les résultats obtenus.

Les méthodes *classiques* de déploiement des plans sont *peu fiables*. Les leaders parient sur les talents des employés individuels. Il n'y a pas assez de mises en ligne. Les gens font des plans pour les autres. Il faut observer *trois principes pour mettre en ligne l'organisation :*

- *Demander aux gens qui devront réaliser le plan de le concevoir.*
- *Spécifier les moyens et pas seulement les résultats attendus.*
- *Utiliser des indicateurs pour effectuer un maillage vertical et horizontal.*

Le déploiement avec le Hoshin en impliquant le personnel

Maillage vertical et horizontal

Une des principales clés du Hoshin est le maillage vertical et horizontal. Pour cela, le Hoshin comporte trois étapes pour le déploiement :

1. Les cadres communiquent verticalement les quelques objectifs annuels et leurs indicateurs à tous les collaborateurs qui peuvent apporter une contribution quantitative.
2. Les collaborateurs utilisent faits et données pour concevoir, développer leurs stratégies et leurs indicateurs avec les pairs et les managers.
3. Les managers à tous les niveaux consolident les plans locaux et vérifient qu'ils sont suffisants pour atteindre la contribution demandée par le niveau supérieur.

Il faut d'abord faire adhérer le personnel à la *vision* et aux *objectifs globaux* (The Big Picture – le grand dessein), ensuite descendre en cascade.

Les employés doivent concevoir le plan et prendre des engagements. On les appelle *partenaires*. De ce fait, ils produisent des décisions de qualité.

On pratique le « *catchball* » vertical et horizontal : c'est-à-dire que le plan devient une série de sessions de planning organisées verticalement et horizontalement, pour répondre aux questions, clarifier les priorités, construire un consensus avec moyens et mesures. Chez HP, c'est un processus organisé avec étapes, « check point » et dates limites. On peut demander à chacun la contribution ou la Valeur Ajoutée qu'il apporte à la réalisation de la percée.

On spécifie les moyens et mesures et les méthodes par lesquelles on atteindra la percée avec mesures et pour cela on utilise un *processus standardisé* : en général, Pareto et l'analyse *cause-effet*, ainsi qu'un *langage standardisé* pour le *planning*.

Par exemple, les employés doivent établir leur stratégie Hoshin en définissant successivement : l'objectif (découlant du niveau supérieur), les moyens, la direction du progrès (réduction, élimination, etc.), les indicateurs numériques pour suivre le progrès, le niveau visé pour chaque indicateur, la date de réalisation.

On utilise une Matrice Standard de Planning pour documenter et communiquer les engagements.

Conduire des revues régulières

- Plus de revues où Paul juge Jean, chacun préparant sa position.
- Traiter chaque collaborateur comme un agent de formation pour l'organisation, éviter que l'information sur les problèmes ne reste cachée, valoriser l'information partagée.
- Faire remonter la perspicacité des opérateurs qui sont sur le terrain.
- Étudier les échecs et les dépassements, et les méthodes dans les deux cas.
- Évaluer les méthodes, non les personnes.
- Faire des revues régulières et fréquentes.
- Utiliser faits et analyses pour étayer les conclusions.
- *Faire un auto-diagnostic mensuel* en utilisant un document standardisé.

Consolider par *la revue trimestrielle*. Il s'agit alors d'évaluer la capacité du système :

- Étudier les déviations (retard ou avance) par rapport au plan (HP utilise des drapeaux).
- Standardiser le rapport trimestriel.
- Remonter en chaîne jusqu'à la haute direction.
- Faire un audit annuel pour améliorer la fiabilité du système de planning.

Ne pas confondre gestion quotidienne et Hoshin

Le Hoshin et les activités opérationnelles fondamentales doivent être menés en parallèle et de front. Les objectifs des managers doivent comprendre deux catégories :

- Les objectifs fondamentaux des activités quotidiennes.
- Le plan annuel Hoshin.

Les objectifs fondamentaux sont critiques pour le succès ou la survie aujourd'hui, le plan Hoshin est critique pour le succès demain. HP par exemple planifie séparément ces deux activités en utilisant deux documents distincts.

Valéo a été l'une des premières entreprises françaises à adopter le management Hoshin. Dans la division démarreurs, chaque année le comité de direction examine quelles sont les 10 percées majeures qu'elle pourrait proposer cohérentes avec les objectifs du groupe. Parmi ces dix percées chaque année il en est retenu une comme objectif Hoshin. Ainsi en 1995 l'objectif Hoshin fut « *la réduction des coûts* » et en 1996 l'objectif fut « *enthousiasmer le client* ».

LE RÔLE DES DIRIGEANTS EN STRATÉGIE

■■■ Le rôle des dirigeants en stratégie, c'est de poser les bonnes questions, choisir et concevoir l'organisation pour le déploiement

Le panorama des concepts méthodes et exemples de stratégies et leur variété tendraient à montrer que les progrès des technologies et des organisations loin de réduire le champ des possibles les augmentent et accroissent la difficulté de la décision stratégique. En réalité, nous sommes dans un monde dont la variété est croissante. Les possibles sont donc plus nombreux. Ce qui augmente les risques mais aussi les opportunités.

Cas d'une PME peu internationalisée

Les opportunités qui naissent à chaque instant démontrent qu'il ne faut pas baisser les bras même quand on croit son marché saturé, ses concurrents beaucoup plus grands et plus avancés, ou au contraire, ce qui est plus dangereux, quand on s'estime le meilleur et imbattable.

■■■ Les quatre tâches fondamentales

Le rôle stratégique des dirigeants comporte quatre tâches fondamentales :

- *Fixer les orientations et si possible le cadre dans lequel s'inscrira la stratégie, ce qui implique de clarifier et exprimer la spécificité de l'entreprise, l'ensemble se traduisant souvent par la vision.*
- *Faciliter les innovations et les bourgeonnements d'opportunités.*
- *Faire des choix, ou plutôt fixer le cadre dans lequel seront faits les choix et à quel niveau ils seront faits.*
- *Penser à l'organisation nécessaire et s'assurer de la mise en œuvre des stratégies choisies.*

Mais face à la complexité croissante, le dirigeant a besoin de l'épée d'Alexandre pour trancher le noeud gordien, c'est-à-dire pour fixer les orientations et faire les choix. Cette épée peut prendre la forme de questions qu'il doit se poser et qui traduisent deux idées essentielles :

1. Bien s'assurer que l'entreprise consolide son apport distinctif de valeur à ses clients ou si elle développe de nouveaux produits ou de nouvelles clientèles, s'assurer qu'elle ne va pas diluer ce qui faisait sa spécificité, qu'il s'agisse de son système de production et de commercialisation ou

de son image de marque. À moins qu'elle ne décide, en toute connaissance de cause, de changer ces caractéristiques.
2. En même temps, l'entreprise doit s'assurer qu'elle a les moyens de ses
ambitions.

▬ Voici quelques questions simples qu'il faut se poser, ou se reposer périodiquement

1. Quelles sont nos lignes de produits ou de services qui apportent le plus
de valeur distinctive à nos clients, et quelles sont les plus rentables ?
2. Quelles sont les principales composantes de l'efficacité et de l'originalité
distinctive de notre chaîne de valeurs ?
3. Notre spécificité correspond-elle aux tendances du marché ou non ?
4. Faut-il maintenir notre spécificité ou la faire évoluer ?

▬ Autres questions à se poser lorsque se présente une innovation ou une opportunité

D'abord, des questions sur l'avantage stratégique

1. S'agit-il d'un nouveau produit ou service, ou d'une simple amélioration ?
2. Cette innovation ou cette opportunité est-elle dans la ligne de la spécificité de nos activités, va-t-elle la renforcer ou l'affaiblir, ou correspond-
elle aux tendances nouvelles du marché et aux évolutions voulues ?
3. Cherchons-nous de nouveaux clients ou une meilleure pénétration de la
clientèle habituelle ou davantage de ventes aux clients fidèles ?
4. Cela va-t-il modifier l'image de l'entreprise ou au contraire l'ancrer davantage dans ses caractéristiques habituelles ?
5. Quelles sont les potentialités du marché de cette opportunité et quand
interviendront-elles ?
6. À quel modèle d'avantage stratégique pouvons-nous nous référer (segmentation plus judicieuse, phase de vie des produits, courbe d'expérience, effet de taille, matrice du BCG, avantage du type Porter, prolifération
de produits, une des stratégies gagnantes de Tracy et Wieserma, une stratégie originale telle que celle décrite dans la conquête du futur, etc.), et
cet avantage sera-t-il durable face à la concurrence ?

Ensuite, il faut se poser des questions sur les moyens et les ressources

7. Avons-nous les compétences technologiques, commerciales, et les personnes compétentes et quelle sera notre stratégie de compétences (voir
à ce sujet le chapitre sur l'organisation apprenante) ?
8. Quels montants d'investissements commerciaux faudra-t-il consentir ?
9. Si la demande est forte serons-nous capables de fournir ?
10. Comment sera contrôlée la mise en œuvre de la stratégie ?

Enfin, il faut s'interroger sur les profits et les risques

11. Quels sont les risques de problèmes avec les produits, de demande trop faible ou trop forte, d'impact sur l'image, de perte de spécificité ?

12. Quels sont les enjeux financiers et les gains et risques sur le profit, voire sur la solvabilité de l'entreprise ?

13. Quels sont les risques pour les dirigeants en cas d'échec de la stratégie (pourquoi ignorer cet aspect alors qu'il peut faire partie des critères de choix des stratégies) ?

Cas d'une ME internationale ou d'une grande entreprise

Une grande entreprise ou une ME internationale est en général composée d'un ensemble de sites et filiales dans le monde entier.

Il apparaît de plus en plus évident que la décentralisation est de plus en plus nécessaire pour répondre rapidement et de manière adaptée aux attentes des clients, en particulier en matière de relations commerciales, communications et services. Dans le contexte de mondialisation, *la stratégie doit de plus en plus être déterminée par les unités opérationnelles proches du terrain.*

Le rôle essentiel des dirigeants c'est alors de définir *la vision, les finalités, le portefeuille d'activités, et les objectifs,* c'est-à-dire le point d'arrivée visé à terme, mais de laisser les unités opérationnelles élaborer leur stratégie après *avoir fixé le cadre, en particulier la rentabilité visée, le niveau de risque accepté, et les processus de financement admis.*

Trop de dirigeants, de surcroît trop occupés, pensent que la stratégie fait partie d'un domaine qui leur est réservé, et que toute décision dès qu'elle est censée être « stratégique » doit avoir été prise par eux.

Une telle centralisation des décisions stratégiques a en général pour effet de ralentir les décisions et surtout de les faire prendre par la personne qui certes a le pouvoir mais ne connaît que superficiellement le dossier, pire encore qui risque de raisonner avec un schéma mental non adapté à un pays qu'il ne connaît pas ou à une activité qu'il ne connaît pas bien non plus.

En matière de stratégie, comme dans les autres domaines « l'empowerment » devient la règle, il faut laisser prendre les décisions par les personnes les plus compétentes, dans le cadre de limites, de règles du jeu , de vision et d'objectifs clairs.

En revanche, le rôle du P.-D.G. du groupe et des organes centraux est de *coordonner les stratégies,* pour qu'elles *soient alignées avec les objectifs,* en phase, si possible synergiques et non concurrentes, *d'arbitrer l'allocation de ressources* et d'aider par *l'apport d'expertise* dans certains domaines *comme la recherche de financement, l'évaluation des entreprises et les techniques d'acquisition ou fusion.*

Certains dirigeants ont un don pour anticiper le futur, et choisir les bonnes orientations. Ceux-là consacrent en général beaucoup de temps à parler du futur avec les clients, à examiner l'environnement général de leurs affaires, à discuter avec d'autres dirigeants, à surveiller les évolutions technologiques, à parler avec les hommes de marketing et les chercheurs.

Les stratèges voyagent, visitent d'autres entreprises, assistent à des conférences, utilisent des consultants. *Ils ont en général une passion pour leurs produits et services*, qu'il s'agisse de chaussures, de boisson gazeuse, de fabrication de charnières, de distribution, de transport rapide, de produits financiers, de service informatique, et dans ce sens ce sont des *vrais professionnels de leur métier*.

La passion pour le métier fait souvent la force des entreprises familiales dont les familles vivent cette passion partagée depuis l'enfance.

Ils sont différents des « *maîtres de l'organisation* » qui dirigeraient volontiers n'importe quelle autre organisation. Les avoir comme concurrents est très dangereux, car s'ils ont une bonne équipe pour atteindre l'excellence opérationnelle, ils seront probablement les meilleurs sur le long terme. Sauf si les « maîtres de l'organisation » savent avoir la modestie de jouer d'autres points forts et laisser la réflexion stratégique à certains membres de leur équipe, plus doués en cette matière.

Mais rien n'est pire qu'un patron qui se croit devenu stratège par statut et qui, n'en ayant ni le talent ni le goût, y consacre finalement peu de temps, mais décide cependant à chaque instant en la matière.

Chapitre 6

Créativité, innovation et organisation innovante[1]

Pour l'entreprise, l'innovation constitue l'un des principaux moyens d'acquérir un avantage compétitif pertinent par rapport à ses marchés : nouveaux produits ou développement de l'existant, amélioration et optimisation du système de production, adaptation ou introduction de nouveautés technologiques issues de la recherche en interne ou en externe, changement significatifs des méthodes de management... Innover c'est souvent élargir la définition de ses marchés, observer des secteurs adjacents, se mettre à la place des utilisateurs pour se couler dans des modes de pensée différents de ceux pratiqués habituellement dans l'entreprise. Si le progrès s'inscrit dans une ligne constante, l'innovation oblige à changer de paradigme et cela ne va pas toujours de soi : les fabricants de bougie se dressèrent contre l'ampoule électrique avec le succès que l'on sait. À l'inverse, tous les acteurs de la distribution automobile se sont ligués pour étouffer le projet de moteur à piston rotatif, inventé dans les années 70, parce qu'il permettait à une voiture de rouler sur un million de kilomètres sans usure et en silence, aux dires du constructeur. Incompatible avec leurs intérêts, ils ont réussi !

Cependant l'innovation est un moteur si important dans l'économie générale d'un pays que les facteurs favorisants sont considérés comme déterminants par les politiques et font l'objet d'analyses détaillées de la part de toutes les grandes institutions. Aujourd'hui la richesse globale d'un pays se mesure à la capacité d'innover de ses entreprises. Par exemple, le Department of Trade and Industry à Londres édite chaque année le Scoreboard, sorte de hit parade

---

1. Cette partie a été réalisée en collaboration avec Françoise Pochard, consultante.

de huit cent entreprises anglaises et quelques six cent européennes jaugées en détail par le calcul de la valeur ajoutée. Ce classement exclut actuellement l'Amérique et le Japon, car la présentation des données ne permet pas la comparaison avec les systèmes européens. Cet outil de benchmarking fait une large place aux services de R&D pour évaluer la créativité d'une entreprise. (À consulter sur www.innovation.gov.uk.) On notera pour la France, la création d'une Agence de l'innovation industrielle en août 2005, regroupant plusieurs services de l'État pour aider et promouvoir les entreprises innovantes, notamment celles qui démarrent. Et pour répondre au *Small business Act* mis en place par le gouvernement américain pour soutenir et protéger ses *start-ups* porteuses d'innovation grâce à des dispositions très favorables (40 % des marchés publics, notamment), l'Europe a lancé en 2003 les réseaux *Sun & Sup* qui créent et stimulent les échanges et les relations entre les jeunes pousses et leurs fournisseurs européens. C'est l'une des facettes de PAXIS (*Pilot Action of Excellence on Innovative Start-ups*), le programme de Recherche Innovation que la Commission européenne a mis en place depuis 1999.

Depuis quelques années, face à la montée en puissance de la concurrence, asiatique notamment, les grandes entreprises ont pris conscience de l'enjeu stratégique que représente l'innovation à tous les niveaux. Une analyse des rapports d'activité laisse apparaître ce souci qui double presque chaque année depuis 2000. Et l'on passe ainsi du discours sur l'enjeu au discours sur la mise en œuvre, puis à la communication autour des résultats. Si ce dernier indicateur reste encore en retrait, c'est parce que l'innovation est perçue comme un facteur concurrentiel de premier plan et qu'on ne peut tout divulguer dans le rapport d'activité.

L'innovation dans l'entreprise

Il y a de nombreuses opportunités d'introduire l'innovation dans la vie de l'entreprise, soit de manière ponctuelle par le biais d'un projet autour d'un produit, d'une technologie nouvelle..., soit de manière permanente ce qui implique une nouvelle stratégie de management. On parle dans ce cas d'innovation permanente dans le but de conserver les avantages concurrentiels acquis. L'entreprise se trouve alors sous tension permanente et l'ensemble de sa stratégie se déroule autour de cet axe. Il faut savoir, selon les mots de l'inventeur britannique Jeremy Fry que « l'enthousiasme et l'intelligence sont plus importants que l'expérience ». Il faut aussi s'armer d'une détermination à toute épreuve qui, aux dires de certains innovateurs, s'approche de l'obsession sinon de la folie ! Sans aller jusque là, l'entreprise doit créer une situation propice pour ses propres centres de recherche en permettant une irrigation constante de l'information, une communication ouverte qui passe par la critique constructive et une implication de l'ensemble du personnel.

LES ÉVOLUTIONS SIGNIFICATIVES EN COURS

HIER/AUJOURD'HUI ⇨	AUJOURD'HUI/DEMAIN
La demande génère l'offre. Les idées nouvelles doivent partir des besoins à satisfaire	L'offre crée la demande. Les offres nouvelles créent des demandes nouvelles et des besoins nouveaux
Les créatifs sont des personnalités particulières et sont ingérables	Les créatifs sont plus productifs dans certaines conditions. Chacun peut avoir des domaines de créativité. Il existe des méthodes de management de la créativité
La créativité est meilleure dans les petites organisations	Les grandes organisations peuvent combiner davantage de technologies et d'expertises mais beaucoup d'innovations sont le fait de PME
La création est en général l'œuvre d'un cerveau	La transformation d'une idée en innovation est de plus en plus l'œuvre d'équipes
La bonne idée ne peut venir que d'un spécialiste	La bonne idée peut avoir des origines très diverses, il faut mobiliser l'intelligence de tous
Les idées rentables viennent d'abord des clients puis du marketing et enfin de la recherche	Les idées rentables viennent des chercheurs ou des bureaux d'études qui coopèrent avec les clients et les services du marketing
On ne peut pas associer de tiers extérieur au processus de développement	Clients, fournisseurs et partenaires doivent être associés au processus de développement. Souvent, les bonnes idées se situent dans les interfaces entre structures
Le processus de développement de produits nouveaux est séquentiel	Les processus de développement en simultané s'avèrent plus rapides, plus sûrs et moins coûteux (ingénierie simultanée)
La productivité de l'innovation ne peut pas s'améliorer	Le Knowledge Management peut améliorer considérablement la productivité des processus de création de produits nouveaux
Trop d'ordre tue l'innovation, mais l'excellence opérationnelle ne supporte pas le désordre	Les degrés de liberté nécessaires à l'innovation peuvent se définir et s'organiser
L'innovation peut comporter des risques mortels	Ne pas innover est encore plus dangereux, les risques de l'innovation sont maîtrisables

LE PROJET D'INNOVATION

Dans l'entreprise on le connaît sous des vocables différents selon qu'il s'agit de développement produit, d'innovation d'amélioration ou encore d'innovation produit ou de projet innovant. Il se caractérise par un objectif à court ou moyen terme et surtout par une gestion spécifique et un planning défini à l'avance. La recherche d'information, l'analyse du besoin et des tendances, les séances de créativité, la capitalisation d'une expérience et des moyens mis en œuvre en sont les étapes principales et aboutissent le plus souvent à un dépôt de brevet, à une certification ou homologation ou à un changement dans l'être et le faire.

Le projet se conduit et se termine quand l'innovation qu'il portait est définitivement entrée dans les mœurs de l'entreprise. Cependant si l'on mène de manière régulière et récurrente des projets concernant des produits nouveaux, il se peut alors que l'entreprise croit à tort pratiquer un management de l'innovation, car il est fréquent que ces deux démarches se confondent sur le terrain.

▬ L'exemple d'une PME, spécialiste du traitement de la plume

Créé en 1983, le groupe affichait en 2004 un CA de trente millions, réalisé principalement grâce à la collecte et au traitement de la plume dans l'Ouest de la France. Soufflée par l'un de ses clients, l'idée du P-D.G était de réaliser des nappes de plumes utilisables comme isolant en concurrence directe avec les nappages synthétiques.

En 2000, deux stagiaires sont engagés pour six mois afin d'étudier une solution. Il en résultera un brevet et une étude de marché fin 2001, suivis en 2002 de la création d'une filiale dédiée à la fabrication des nouveaux produits.

Plusieurs brevets ont suivi, les déclinaisons pour le bâtiment, d'une part, pour l'automobile, d'autre part, toujours gérés sur le mode projet. Autour du pôle R&D, des équipes pluridisciplinaires composées selon les compétences mobilisables à l'intérieur ou à l'extérieur du groupe permettent à l'entreprise la mise aux points des nouveaux produits avec un gain de temps considérable. Le P-D.G qui joue à plein son rôle moteur, le responsable industriel, le responsable qualité, et le responsable R&D suivent ensemble, mois par mois, la cohésion des projets d'innovation. Le recours à des stagiaires de grandes écoles, à des contrats extérieurs lorsque l'on s'éloigne trop des métiers de base, assure à sa filiale un fonctionnement en réseau souple et efficace.

Aujourd'hui avec sa filiale, la PME qui comptait une centaine de grands clients touche aujourd'hui le grand public par le biais de produits aussi variés que les chaussures de ski garnies de plume, le rembourrage des sièges de voiture ou l'isolation de la maison. Il s'agit là d'une véritable rupture par rapport au reste de l'activité du groupe et qui est gérée comme telle. La filiale toujours en phase de démarrage pense rentabiliser ses brevets en sept ans.

Le management de l'innovation

On le rencontre sous les formules d'innovation permanente, de processus innovation, démarche innovation ou encore politique d'innovation, d'innovation totale. L'entreprise travaille alors sur le long terme et tout le management s'implique de manière unie et ostentatoire pour donner le la. Cela suppose une vision clairement communiquée et la mise en place d'outils adéquat tels que :

- la gestion des connaissances ou knowledge management,
- la veille stratégique,
- une stratégie de protection industrielle,
- un système de suggestion (boîte à idées interactive, etc.),
- la gestion de la relation client (CRM),
- le développement d'une intelligence collective,
- l'implication de tous dans la prospective,
- la gestion de la qualité,
- la mise au point et le respect des tableaux de bord.

▬ L'exemple d'une société américaine de biens grand public

Pour ce leader sur son marché, l'innovation bénéficie d'un budget de 1,1 milliards de dollars par an et occupe 7 000 personnes dans le monde, soit 10 % de l'effectif total.

Pour éviter une déperdition de connaissances et d'idées entre les centres de recherche et pour renforcer leur synergie, la société soigne particulièrement le maillage entre équipes : forums techniques sur Internet où interviennent des scientifiques du monde entier, deux séminaires par an au siège américain, expositions des produits issus de la recherche. Cependant l'entreprise veille à la confidentialité pour ces produits non encore brevetés.

Depuis quinze ans environ, l'entreprise pratique le management de l'innovation avec pour objectif de réaliser 40 % de son chiffre avec des produits de moins de quatre ans et 10 % avec ceux de moins d'un an. L'objectif ambitieux n'est atteint qu'à 30 % sur les « – de 4 ans ».

Sur le plan des relations humaines les chercheurs ont le choix d'une évolution vers une carrière de manager ou d'expert, sachant qu'ils peuvent consacrer une petite partie de leur temps à des projets personnels de recherche, comme le permet la culture d'entreprise. Mais dans cette société, l'homme étant la clé du système d'innovation, l'innovation étant basée sur des connaissances techniques, on préfère responsabiliser les chercheurs plutôt que de les transformer en managers.

Comment accélérer l'innovation dans l'entreprise		
Leviers	**Outils**	**Résultats**
Tirer profit des nouvelles technologies informatiques d'aide à la créativité	• Trouver plus d'infos pertinentes, plus vite, grâce à des moteurs de recherche et l'analyse sémantique des contenus (ex. : le logiciel knowledgist) • Recueillir, structurer, capitaliser, cartographier et partager les bases de connaissances métier issues des démarches de développement et innovation (ex. : le logiciel Cobrain) principalement sur les points à forte valeur ajoutée • Stimuler la créativité et outiller le processus créatif par une méthode éprouvée (ex. : le logiciel Techoptimizer)	• Apport de nouvelles compétences • Capitalisation et partage de nouveaux concepts et connaissances dans une base structurée • Développement des comportements créatifs, de l'ouverture, de l'éveil et de la curiosité
Réduire la durée de réalisation des innovations (time to market)	• Organiser le désordre pour créer vite et bien : un même langage pour tous, des règles connues et des solutions éprouvées, la réorganisation des processus pour réduire les délais • Privilégier l'action, le transfert des compétences et la reconnaissance des acteurs • Générer rapidement des résultats tels la résolution de problèmes techniques ou l'exploration de nouveaux concepts • Entretenir l'émulation entre les équipes, les sites, ainsi que le travail en équipe	• Autoalimentation de la démarche créative qui s'accélère • Modélisation voire simplification des systèmes, produits ou procédés • Création du bon produit ou service du premier coup • Nouvelle organisation et nouveaux rôles
Accroître la valeur client des produits et services (passer du *design to cost* au *design to value*)	• Analyse de la valeur client • Arbitrage entre performance/ coût/différenciation • Redistribution et réduction des coûts et dispositif de mesure du retour sur investissement	• Division par deux des délais de conception, innovations et brevets multipliés par deux ou trois à ressources constantes • Sortie de l'approche Conception à Coûts Objectifs

.../...

... / ...	• Vérification des solutions pour une meilleure maîtrise des risques (matrice de pertinence, courbe de Kano)	• Accroissement de la valeur perçue par le client
L'adhésion et l'implication des hommes	• Prouver l'implication de la hiérarchie qui s'appuie sur un réseau de leaders • Investir en temps et logiciels d'Inao (innovation assistée par ordinateur) • Communiquer rapidement sur les progrès, les premiers résultats pour entretenir la dynamique	• Valorisation des compétences créatives personnelles • Constitution d'une masse critique d'acteurs favorables au progrès pour pérenniser la démarche

Tableau N° 6.1 : Comment accélérer l'innovation dans l'entreprise

Le management des créatifs et de la créativité : l'entreprise créative

Cette association de mots peut faire bondir une grande proportion de chercheurs, tellement elle semble vouloir allier des contraires. Mais cela fait partie des idées reçues qui ont déjà fait l'objet d'un important travail de sape. Quelles sont donc les caractéristiques de ce segment particulier de la population ?

Les créatifs

Si la créativité n'est que le don de faire par hasard des découvertes heureuses, nul n'est besoin de créatifs, il suffirait de multiplier les occasions pouvant provoquer ces hasards, à condition toutefois de supporter l'imprévisible et l'exceptionnel dans la conduite de l'entreprise. Mais si comme on le croit, il y a des talents repérables qu'il faut garder et gérer, alors il faut les connaître.

Si les génies dans la littérature, la peinture, sont plutôt des concepteurs solitaires, dans l'entreprise il s'agit le plus souvent d'équipes de recherche composées de gens spéciaux dont on a longtemps pensé qu'il n'y avait pas d'autres solutions, pour qu'ils puissent être créatifs, que de les laisser réfléchir à leur guise dans des laboratoires ou des bureaux d'études, travaillant à un rythme particulier et sur les thèmes qui les intéressent et sans avoir à se plier aux règles bureaucratiques auxquelles sont soumis les autres secteurs de l'entreprise.

Il est vrai qu'autonomie de pensée et capacité d'avoir des idées nouvelles vont souvent de pair. Le collaborateur conformiste, avant tout désireux de plaire à son patron, ne risque pas de devenir le meilleur émetteur de solutions originales.

Les directeurs de centre de recherche disent souvent que les créatifs sont motivés en général par trois facteurs : *le plaisir de la recherche ou de création elle-même, l'admiration en particulier de leurs pairs, l'excitation et la gloire d'être partie à une création réussie.*

▬ Le management de la créativité

Dans ce contexte, pour bien manager les créatifs plusieurs conditions doivent être remplies :

- Laisser une grande liberté vestimentaire, d'horaire et de lieu, car certains concentrés sur un travail important peuvent continuer la nuit ou parfois commencer très tôt. Les firmes de la Silicon Valley offrent à leurs chercheurs des bureaux, intermédiaires entre le bureau classique et le domicile qui permettent de travailler tard, de se détendre, de s'allonger, etc.
- Le métier de chercheur est risqué du point de vue de la carrière. Pour leur propre sécurité, il est nécessaire de donner aux chercheurs ou développeurs les moyens de se maintenir à jour en se formant, en participant à des congrès, de se faire reconnaître par leurs pairs en écrivant des articles, etc.
- L'une des sources d'inspiration pour le management des créatifs peut être trouvée chez ceux qui managent des « vedettes » et qui de manager se transforment en coach voire en imprésario, metteur en scène ou producteur.
- Comme chercher ne veut pas dire trouver, pour maintenir le moral des collaborateurs affectés à la recherche de solutions, il faut apprécier leurs efforts même s'ils n'aboutissent pas. Leur envoyer régulièrement des signaux encourageants fait partie du dispositif de maintien d'un bon niveau d'énergie. Écouter patiemment chaque idée quel que soit son émetteur, est aussi un devoir des managers de chercheurs.
- Il faut les laisser prendre des risques pour autant qu'ils restent dans le cadre fixé par l'entreprise.
- L'innovation étant souvent le résultat de la confrontation entre les théoriciens et les praticiens, ces équipes mixtes obtiennent souvent de bons résultats. Il ne faut pas craindre la tension qui résulte inéluctablement de la friction entre ces deux appréhensions du réel. La pluridisciplinarité est également source de fructueuses frictions.
- L'une des bases de la gestion des créatifs est non pas d'affecter des personnes à des travaux, mais plutôt d'affecter des travaux en fonction des talents et des goûts aux personnes disponibles. Les personnes doivent être bien connues individuellement par leur manager, non seulement pour savoir ce qu'elles sont capables de faire, mais aussi ce qu'elles aiment faire.
- Si possible créer des équipes pas trop importantes, de gens qui s'apprécient ou du moins s'estiment en réduisant la distance entre patron et collaborateurs et faire en sorte qu'elles coopèrent avec l'extérieur en par-

ticulier les clients, les commerciaux et les hommes de marketing et de production.

- Abolir la culture du « oui, mais », culture fréquente dans les entreprises, où les idées rencontrent de la résistance dès leur émission et lui préférer la culture selon laquelle, il y a toujours quelque chose d'intéressant dans une idée émise.
- Prendre l'habitude de laisser le temps à une idée de mûrir. Il s'écoule en moyenne dans les entreprises dix secondes avant qu'une idée reçoive son premier « non ». Souvent même, les séances de brainstorming ne durent pas assez longtemps pour tirer le meilleur profit de la séance.
- Enfin, il faut des moyens sous forme de temps et de ressources matérielles. Les entreprises sans « slack » (sans mou) et sans moyens ont des difficultés à être créatives.

En résumé, les mots clés qui définissent une organisation créative sont : vision, défis et objectifs ambitieux d'innovation, liberté d'émettre des idées, confiance et ouverture d'esprit, autonomie et responsabilisation (empowerment) ambiance de plaisir au travail et peu de conflits, soutien aux idées nouvelles, tolérance aux débats d'idées, moyens et prise de risques, reconnaissance des pairs et supérieurs.

▬ Les méthodes de créativité

Le professeur J. Daniel Couger, du Centre de Recherche sur la Créativité et l'Innovation de l'Université de Colorado Springs, cité par James Krohe Jr.[1], a tiré de 4 000 articles sur ce sujet une sélection de 22 méthodes applicables à l'industrie. Citons-en quelques-unes :

- Les analogies et métaphores.
- L'association d'attributs : partir des caractéristiques du produit et les modifier pour trouver une solution.
- Changer les limites ou les frontières : trop souvent, le problème n'a pas de solution parce que trop enfermé dans des limites étroites.
- Brainstorming : laisser libre cours oral à l'émission des idées sans jugement *a priori*.
- Brainwriting : idem, mais par écrit.
- Technique de la liste des inconvénients : chacun indique l'inconvénient qui l'embête le plus, puis on "brainstorme" sur cette liste.
- Question Comment ? « Comment améliorer le service client ? » Chacun écrit rapidement le plus possible de réponses sur des stickers séparés de manière anonyme qui sont collés sur un tableau et évalués par le groupe.

---

1. Krohe James Jr – *Managing Creativity* – Across The Board – septembre 1996 – The Conference Board – New York.

- Analyse de système : décomposer un système en sous-systèmes.
- Analyse incrémentale : décomposer une politique en objectifs incrémentaux disjoints, les analyser.
- Analyse du cas poussé à l'extrême : décrire la situation du problème avec la catastrophe sur la gauche et l'idéal sur la droite.
- Faire des parallélismes.
- Procéder à des interrogatoires comme des journalistes.
- Classer les solutions en cerveau gauche et cerveau droit.
- Technique de la fleur de lotus : enlever les pétales composant le problème pour voir leur impact sur la situation.
- Etc.

▬ Quand toute l'entreprise devient créative : les systèmes de suggestions

La mise en place du Management par la Qualité Totale, qui s'appuie sur la motivation et la coopération des collaborateurs, a vulgarisé l'idée de faire appel à l'intelligence et à la créativité de tous.

Dès lors, très nombreuses sont les entreprises qui, après parfois des tentatives avortées ou infructueuses lors de la mode des cercles de qualité, ont mis en place des systèmes de boîtes à idées dans toute l'entreprise y compris au niveau des hommes de marketing et des commerciaux.

Edmond Pachura, Président de Sollac, indiquait que les 20 000 idées annuelles émises par le personnel, dont 18 000 étaient mises en application, comportaient évidemment beaucoup d'améliorations d'ergonomie, de qualité et de coûts, mais aussi un certain nombre d'améliorations de produits ou de services émanant des personnels en contact avec les clients, qui avaient permis de concevoir des produits ou des applications adaptés aux besoins spécifiques de clients, et avaient largement contribué à renforcer les positions de Sollac sur ses marchés.

On retrouve ces principes dans les Cercles de Qualité Clients de GSI, les Customer Focus Team de AT & T ou de Bull.

Un certain nombre de ces bonnes idées sont évidemment davantage des idées d'améliorations que des révolutions technologiques, lesquelles arrivent le plus souvent des laboratoires.

Les Anglo-Saxons encouragent fortement la proclamation des intentions en tant qu'engagement plutôt que l'énoncé fastidieux de règlementations ou de normes. Cet engagement ou leadership du conseil d'administration et du management permet de régler les comportements et les performances à venir et ajoute de la crédibilité au projet face aux différents publics de l'entreprise, en interne, comme en externe.

La mesure de l'innovation

On considérera l'innovation sous trois angles différents : le temps, les efforts et les coûts.

Le temps, notamment dans le cadre d'un projet, est l'une des données importantes. Ni trop, ni trop peu, bien sûr. Pas trop pour conserver intacts les énergies et l'enthousiasme jusqu'à son terme et pour rester réactif par rapport à la concurrence externe, mais suffisamment pour mûrir et préparer les esprits, pour approfondir toutes les incidences, pour se donner raisonnablement toutes les chances de réussir. On compte généralement qu'il faut 30 % du temps pour définir convenablement la base de l'innovation, 50 % pour modeler l'entreprise (identification du marché cible, des moyens commerciaux, techniques, économiques, financiers) et 20 % pour passer à la mise en œuvre complète.

Les efforts consentis doivent rester proportionnels au bénéfice attendu. C'est la mobilisation des personnels impliqués, la nécessité de les former, de faire naître un consensus grâce à une communication performante, tout ce qui demande de surpasser les tâches quotidiennes pour réfléchir au-delà à de nouvelles performances.

Les moyens financiers nécessaires à la mise en place de l'innovation peuvent paraître exorbitants lorsqu'on change de technologie, que l'on lance un nouveau produit ou que l'on touche au modèle d'entreprise, mais le cash-flow généré permet d'établir un bilan financier qui mesurera le taux de réussite de l'opération à plus ou moins long terme.

Les formes variées de l'innovation

Définitions	Exemples
Innovation de processus : mise au point de méthodes d'organisation, de développement, de fabrication, de distribution	• Les 48 heures chrono, dans la vente par correspondance • Le tracking en logistique • Le traitement informatisé des chèques bancaires
Innovation de rupture : modification profonde des conditions d'utilisation d'un produit, bouleversement technologique	• L'arrivée du MP3 en musique • L'achat par Internet
Innovation incrémentale : amélioration d'un produit ou service qui ne bouleverse pas les conditions d'utilisation	• La souris à bille devient optique • Le développement immédiat en libre service des photos numériques .../...

.../...

Innovation perturbatrice : au départ innovation sous-performante qui peu à peu remplace et détruit la technologie dominante et met en danger les entreprises qui la produisaient	• Une marque de baskets pour les ados devient référence de mode puis envahit le marché adulte de la chaussure • L'écran plat s'impose face au moniteur • La révolution de la photo numérique
« Intelligence innovation » : l'innovation devient le lien entre la connaissance technico-scientifique de l'entreprise et ses clients	• Les banques de données de pièces de rechange sont mises à disposition des clients et des distributeurs ou des sous-traitants (avions, automobile) • L'ouverture d'un site Internet spécialisé autour d'un livre, d'un fait culturel, d'une nouveauté technologique
Grappes d'innovation (selon Schumpeter) : une découverte majeure entraîne d'autres innovations dans son sillage et offre à l'économie un cycle de croissance suivie d'une phase de dépression pour les entreprises dépassées	• L'utilisation des circuits intégrés • Le développement des nanotechnologies • Les lasers, transistors, puces, issus des théories de la mécanique quantique
Politique d'innovation : tout l'apport des politiques pour promouvoir l'innovation (à ne pas confondre avec le management de l'innovation pratiqué en entreprise)	• Aides financières • Protection des brevets • Contrats États/universités ou labo de recherche/industrie • Qualification et promotion des entreprises innovantes (ANVAR, etc.), labellisation des procédés… • Aide financière du Ministère délégué à la recherche par déductions fiscales, exonérations de charges, subventions… • Aides de l'Anvar pour le recrutement en R&D, avances remboursables pour le financement de projets axés innovation, Fonds commun de placement à risque ou FCPI, bons de souscription d'actions…
Systèmes d'innovation : méthodologie, processus et techniques utilisés pour favoriser sa compétitivité	• La technologie Intel Cederon • Le système hydropneumatique Citroën • Le moteur hybride de Toyota
Innovation pull : on innove pour répondre à une attente spécifique du marché et non satisfaite	• En lieu et place des postes de télévision encombrants et au risque de surchauffe, l'industrie propose des écrans plats et la technique LCD

.../...

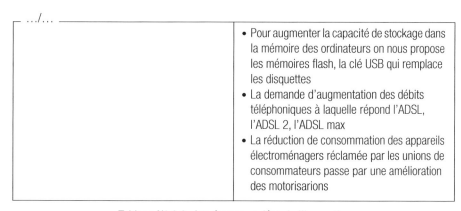

.../...	• Pour augmenter la capacité de stockage dans la mémoire des ordinateurs on nous propose les mémoires flash, la clé USB qui remplace les disquettes • La demande d'augmentation des débits téléphoniques à laquelle répond l'ADSL, l'ADSL 2, l'ADSL max • La réduction de consommation des appareils électroménagers réclamée par les unions de consommateurs passe par une amélioration des motorisarions

Tableau N° 6.2 : Les formes variées de l'innovation

Les outils de l'innovation

Les think tanks

On fait remonter l'origine des think tanks à 1884, lorsque la Fabian Society of Britain fut fondée pour promouvoir un changement social graduel. Mais c'est aux Etats-Unis dans les années 1950 que le phénomène a vraiment pris forme quand le modèle militaire s'est imposé à la société civile (le think tank étant la pièce ou se réunissaient les officiers pour prendre les décisions stratégiques d'importance durant les périodes de guerre). Jusqu'aux années 70, les institutions ou fondations privées abritant des think tanks, largement dotées par le gouvernement, lui rendaient des avis essentiellement orientés vers la stratégie militaire – la Rand Corporation est sans doute la plus connue pour son rôle pendant la guerre froide, elle abrite aujourd'hui 1 500 membres, chercheurs, universitaires et industriels aux côté des militaires – avant d'œuvrer dans les domaines politiques, économiques ou idéologiques ou encore pour défendre certaines idées par le biais de clubs de réflexion tels le Conférence Board, la Brookings Institution ou l'American Enterprise Institute. Ces réservoirs à pensées vont, entre autres, faire évoluer la fiscalité, favoriser la dérégulation de certains marchés ou militer pour développer les échanges commerciaux avec certains pays.

En France le mouvement connaît un développement important depuis les années 90. Industriels, chefs d'entreprises, experts, chercheurs se côtoient dans des associations de type Loi de 1901, faute de pouvoir se constituer en fondations à l'américaine, législation oblige. Réunies autour de quelques grands noms de la recherche, de la politique ou d'un P-D.G charismatique, ces associations émettent des rapports sur des sujets variés qui apportent chaque fois un éclairage nouveau, qu'il s'agisse du fonctionnement des institutions, d'un problème économique, de l'évolution d'une technologie ou de relations internationales. Elles sont d'autant plus actives et écoutées que l'environnement politique et économique est instable. On citera entre de nombreux autres tout aussi actifs, l'Institut Montaigne autour de Claude Bébéar, l'Institut de l'Entreprise avec Michel Pébereau, l'Ami public lancé par Christian Blanc, l'IFRI avec Th. De Montbrial, le Cercle Alexis de Tocqueville, le Club des Vigilants, Génération entreprise...

Pour tout connaître des think tanks à l'étranger, on pourra consulter le NIRA's world directory of think tanks, un annuaire édité en anglais par le National Institute for Research Advancement du Japon qui répertorie, en 2005, 318 instituts de 89 nations (nwdtt2005@nira.go.jp).

L'exemple d'un think tank français : L'Institut de l'Entreprise

Créé en 1975, l'organisme compte environ 120 adhérents (entreprises européennes ou mondiales dont 2/3 inscrites au CAC 40, universitaires ou fédérations professionnelles) qui génèrent à eux seuls plus de 20 % du PIB marchand de la France ; il se veut un lieu d'échanges, indépendant de tout mandat syndical ou politique, doté de moyens suffisants pour peser sur le débat.

- Il se donne deux objectifs : alimenter la réflexion des chefs d'entreprises sur les enjeux économiques et sociaux d'aujourd'hui et de demain afin de promouvoir l'idée que l'entreprise joue un rôle positif dans la société puisque c'est elle qui crée les richesses.
- Il dispose d'une direction d'études qui réunit des experts extérieurs en fonction des thèmes retenus par son conseil d'orientation et fournit des analyses, des propositions nouvelles issues d'une expertise indépendante des pouvoirs publics et des organisations professionnelles.
- Les débats sont d'autant plus libres qu'ils ne donnent pas lieu à des comptes rendus publics. On y croise les approches académique et entrepreneuriale. Trois commissions permanentes publient régulièrement le résultat de leurs réflexions.
- Les politiques publiques sont passées au crible parce qu'elles sont l'un des enjeux primordiaux de l'attractivité du « site France » : modernisation du droit du travail, de la fiscalité ou maîtrise de la dépense publique. Cet organisme traite aussi de problèmes internes à l'entreprise (attitudes des jeunes cadres, gestion du risque...). La réforme de l'État reste pour l'instant le grand challenge posé aux adhérents.
- La structure européenne ou mondiale des entreprises présentes dans l'organisme amène bien sûr une réflexion sur l'international. Il publie régulièrement depuis 2002 des fiches de benchmarking international portant sur les politiques suivies par ses principaux partenaires afin d'éclairer la réflexion sur les réformes susceptibles de lever des obstacles au relèvement potentiel de la croissance.
- L'autre versant de son activité consiste à promouvoir et relayer l'information auprès des centres de décision et de contribuer par des manifestations

à informer et rapprocher les mondes de l'éducation, de la recherche et les entreprises pour une meilleure synergie.

- Il est en relation constante avec des institutions analogues par le biais d'un réseau dans le monde entier (OCDE, Japon, Allemagne, USA...

La recherche et développement (R&D)

Dans de nombreuses entreprises, la R&D, en prise avec les chercheurs, les dirigeants, les commerciaux, les unités de production, sert de plaque tournante à l'ensemble de l'innovation. Vitale dans des secteurs comme la pharmacie ou l'électronique, elle n'en est pas moins importante dans des secteurs que l'on juge à tort comme peu innovants telle la sidérurgie (135 millions de budget et 1 150 chercheurs en Europe chez Arcelor en 2004). Si Essilor figure à présent au CAC 40, elle a bien failli disparaître avant de créer un service de R&D à l'occasion de la fusion entre Essel et Silor en 1971. Les verres progressifs de la première ont gagné sur leurs marchés grâce à la matière plastique, spécialité de la deuxième. La fusion des deux entités de recherche a permis de passer à la vitesse supérieure et de s'adapter à une demande mondiale exigeante et très diversifiée. Aujourd'hui, de nouvelles perspectives technologiques ne cessent d'éclore grâce au réseau mondial des communautés R&D qui travaillent en relations étroites.

De manière classique, la R&D assure le renouvellement permanent de l'offre. Par exemple, les voitures actuelles contiennent des aciers qui n'existaient pas il y a cinq ans. Cependant dans un contexte économique rude, on assiste de plus en plus souvent maintenant à une mise en valeur des centres de recherche qui deviennent le meilleur outil de l'entreprise pour faire face à la pression concurrentielle. On demande aux chercheurs de respecter le *time to market*, qui se réduit chaque année, de s'adapter à des cultures différentes, d'orienter leurs travaux vers la demande des marchés et d'y être les plus rapides, les plus proches des attentes des consommateurs. Cette tendance laisse aux entreprises la maîtrise du développement tandis que la recherche fait l'objet de contrats avec les universités, les centres renommés pour une spécialité, en France comme à l'étranger.

Quelques exemples d'innovation dans le textile

La recherche textile alliée à d'autres secteurs tels la chimie, la physique ou l'électronique donne des résultats particulièrement innovants et souvent révolutionnaires.

- ILC Dover : fibres capables de se décharger de l'électricité statique pour des vêtements qui suppriment le stress.
- Greenyarn (Taiwan) : le charbon de bambou pour des chaussettes antibactériennes et thermorégulatrices.

- Rhodia : fibre enrichie d'une substance minérale et de zinc pour les tapis et moquettes afin de limiter la prolifération des acariens.
- Le Kevlar® de DuPont de Nemours, plus solide que l'acier, utilisé pour des gilets pare-balles, des pneus anti-crevaison, des gants de protection, ou dans les sports (kayaks, skis).
- Les fibres avec micro-capsules utilisées en cosmétologie (hydratation, amincissement) dans des sous-vêtements ou en médecine, pour des patchs.
- Le lycra permet l'ajout de circuits imprimés souples dans les vêtements. Dans les combinaisons spatiales US, par exemple, pour mesurer le pouls ou la tension.
- En collaboration avec Philips, Levi's a lancé la veste en jean ICD+, qui intègre un téléphone mobile et un lecteur MP3.

Recherche publique ou recherche privée ? La question fait débat : qui doit stimuler et investir dans les grands programmes d'innovation ? Le gouvernement français vient de doubler le budget de l'Agence pour l'Innovation Industrielle (1 milliard d'euros en 2005) et de créer l'Agence Nationale de la Recherche (Fév. 2005) avec un crédit de 360 millions d'euros. Il est prévu que son budget augmentera de 70 % en 2006. Par ailleurs, la création des 67 pôles de compétitivité, dont 6 de niveau mondial) devrait permettre une meilleure circulation des projets grâce à des partenariats entre tous les acteurs de la société civile. La bataille gagnée pour l'implantation d'Iter, le réacteur de recherche sur la fusion nucléaire, sur le sol français procède de ce souci de rendre à la France une certaine attractivité. Toutes les dépenses intérieures consacrées à la R&D on atteint pour 2004 2,23 % du PIB français, ce qui situe le pays dans une bonne moyenne mondiale, au-dessus de la moyenne de l'UE (1,99 %). Lors du Conseil Européen de Lisbonne de 2000, la barre était placée à 3 % du PIB pour 2010. Un taux d'autant plus ambitieux que la France est en perte de vitesse depuis 2000. Les entreprises françaises privées investissent beaucoup moins que leurs concurrentes étrangères : 52 % des dépenses globales soit 1,36 % du PIB en 2004 contre 60 % en Allemagne, 68 % aux États-Unis et 72 % au Japon. En contrepartie, la recherche publique plus lourde en France compense un peu ce déséquilibre.

La première conséquence de cette prédominance de la recherche publique en France, est la multiplication des difficultés pour aller de l'idée au produit. La deuxième conséquence en est que la recherche privée est aux mains de seulement treize grands groupes, concentrée sur l'automobile, la téléphonie, la pharmacie ou encore l'aéronautique. Par exemple, France Télécom a investi, en 2004, 1,6 % de son CA soit environ 600 millions d'euros à sa R&D quand Deutsche Telekom lui consacrait 900 millions d'euros. Dans l'industrie, il est rare que le budget R&D dépasse 5 %du CA (Michelin 4 %, Saint-Gobain 1,1 %). Les chiffres tombent à moins de 1 % dans le bâtiment et à 0,5 % pour Total qui a réalisé un CA de 122,7 milliards d'euros en 2004.

L'implantation des sites de recherche semble *a priori* suivre la tendance des délocalisations de la production. Saint-Gobain, Alcatel, Intel, Ericsson, Solvay ont tous créé récemment d'importants pôles R&D en Chine, Essilor lui s'est tourné vers Singapour. Danone, pour sa part a misé sur l'attractivité de la Région parisienne et ses facilités en réseau et Motorola a choisi Rennes. À y regarder de plus près cependant, on s'aperçoit que les grands groupes misent davantage sur le regroupement de chercheurs qualifiés que sur les coûts, même si les contraintes produits imposent certains choix. Par ailleurs les implantations nouvelles visent à satisfaire de nouveaux consommateurs, de nouvelles pratiques, sans condamner pour autant les centres européens et sans obérer leur créativité.

La stagnation de l'intensité de la R&D menace gravement l'économie européenne basée sur la connaissance

Les chiffres clés pour 2005 sur la science, la technologie et l'innovation font apparaître des tendances inquiétantes en ce qui concerne l'investissement dans la R&D et l'innovation en Europe. Le taux de croissance de l'intensité de la R&D (dépenses de R&D en pourcentage du PIB) régresse depuis 2000, actuellement proche de zéro. L'Europe est en voie de rater l'objectif qu'elle s'est elle-même fixé de faire passer les dépenses de R&D de 1,9 à 3 % d'ici à 2010.

La croissance des investissements a augmenté de 0,2 % de 2002 à 2003. L'Europe n'a consacré que 1,93 % de sa richesse à ce budget contre 2,59 % aux USA et 3,15 %au Japon. La Chine dont le niveau d'investissement est encore très bas devrait dépasser l'UE avant 2010.

En 2002, le financement de la recherche par les entreprises a augmenté plus lentement que le PIB, mais ce ralentissement fut en partie compensé par une participation légèrement supérieure du secteur public et par une augmentation du nombre des activités financées par l'étranger. En 2002, les entreprises européennes ont financé 55,6 % des dépenses intérieures de R&D dans l'UE contre 63,1 % aux USA et 73,9 % au Japon et cette participation va en diminuant aujourd'hui. Si la tendance n'est pas inversée, non seulement l'Union Européenne ratera son objectif global de faire financer les deux tiers de la recherche développement par le secteur privé en 2010, mais la situation se sera détériorée.

L'une des conclusions les plus inquiétantes, c'est que l'Europe s'avère moins attirante pour les activités de recherche. Entre 1997 et 2002, les dépenses R&D de L'UE aux USA ont augmenté beaucoup plus rapidement que les fonds américains dépensés dans l'Union (54 % contre 38 %). Le déséquilibre net en faveur des USA a quintuplé entre 1997 et 2002, soit une bascule de 300 millions d'euros à presque 2 milliards. Dans le même temps les dépenses américaines se sont renforcées en dehors de L'UE : 25 % par an en Chine contre 8 % dans L'UE.

Par rapport aux intentions de l'Europe de devenir une économie de la connaissance de premier plan, il faut à juste titre s'inquiéter. Une analyse d'impact récemment réalisée par la Commission Européenne a démontré que les investissements en R&D stimulent la productivité et la croissance économique. De même que les fonds européens permettent de mobiliser des fonds supplémentaires de la part des entreprises.

.../...

...*/*...

Si l'Europe veut devenir un espace de recherche intégré offrant les meilleurs possibilités et capable d'attirer des investissements du monde entier, il faut un vaste programme européen fédérateur qui éviterait l'effet mosaïque de tous les programmes nationaux sans cohérence entre eux. Sinon les entreprises continueront de délocaliser la R&D vers des pays aux offres publiques alléchantes, disposant de chercheurs formés et de marchés commerciaux attractifs. D'ailleurs un sondage d'opinion récent montre que les citoyens d'Europe appellent de leurs vœux une recherche mieux soutenue tant au niveau national qu'européen.

Présentation des chiffres clés européens pour 2005 faite par M Janez Potõcnik, membre de la Commission européenne, chargé de la science et de la recherche.

▬ L'exemple du centre de recherche d'un groupe agroalimentaire international

- Installation en 2003 en Région parisienne dans un espace de 30 000 m^2 dédié à la synergie des expertises et au partage des outils de travail. Les locaux sont divisés en deux, les laboratoires d'une part, la partie pilote pour le prototypage, d'autre part.
- Budget actuel : 130 millions d'euros par an (chiffre 2005), soit 100 % des ressources dédiées à la recherche dans le groupe. Les coûts de développement essaimés à l'étranger sont difficilement chiffrables.
- 800 personnes dont 500 chercheurs et ingénieurs de toutes nationalités.
- La sélection des projets (en général tirés par les consommateurs) est l'apanage des comités d'innovation répartis dans le groupe. Un comité de pilotage prend le relais pour les gros projets inscrits à la « top list », afin de les transformer en sujets de recherche.
- Les délais sont particulièrement courts pour conserver à ce groupe sa réputation de réactivité rapide : généralement entre l'idée et la mise en rayon, on compte environ six mois.
- L'objectif donné aux chercheurs est de concevoir des produits dont le bénéfice répond à des critères scientifiques, mais le marketing-développement amène un certain nombre de contraintes liées à la production. Les différentes entités travaillent en osmose permanente.
- Le développement se démultiplie à l'étranger pour adapter les produits à la consommation *in situ*. Ainsi l'un des produits phares, créé sur ce site a fait l'objet d'un important travail de mise au point dans chacun des pays concernés par sa commercialisation en terme de goût, d'arôme, d'emballage.
- La décentralisation du développement assure à ce groupe un monitoring concurrentiel permanent (processus de production, méthodes d'innovation…) Un œil sur le microscope, l'autre sur la concurrence, voici la maxime appliquée ici.
- Le choix de Paris s'est imposé après mûre réflexion, du fait de la proximité de la recherche fondamentale ou des grands instituts tels l'Inra ou l'institut Pasteur.

- En 2004, le groupe s'est vu confirmé dans ses choix par un prix prestigieux pour sa culture de l'innovation et de l'organisation exemplaire.

L'intelligence économique

Competitor Intelligence (Leonard Fuld en 1985), puis Competitive Intelligence (Society of competitive intelligence et Ruth Stanat) vers 1990, la notion d'intelligence économique n'a cessé depuis de se développer, émigrant en Europe au début des années 90. Vulgarisée sous le terme de *business intelligence* en Angleterre et en France, elle laisse entendre que le renseignement est devenu en peu de temps une arme stratégique également dans le monde économique. Cependant l'expression américaine se traduirait plutôt par le concept de veille ou d'analyse concurrentielle.

Sous cette expression, en France, se regroupe un ensemble de pratiques managériales tels la veille économique et technologique, la gestion du risque, le knowledge management, l'investigation. Malgré un marché estimé à près de cent vingt-cinq millions d'euros par an, la France accuse un réel retard en la matière, notamment face aux États-Unis. La veille et l'information stratégique occupent à elles seules la moitié de l'activité des cabinets spécialisés qui sont pour la plupart des petites structures indépendantes, spécialistes d'un domaine (juridique, informatique, etc.).

Définition officiellement admise en France
L'intelligence économique peut être définie comme l'ensemble des actions coordonnées de recherche, de traitement et de distribution, en vue de l'exploitation de l'information utile aux acteurs économiques.
(…) Dans le monde d'aujourd'hui la compétitivité des entreprises repose largement sur leur capacité à accéder aux informations qui leur sont nécessaires et à traiter celle-ci de façon efficace en interne. Il leur faut en effet anticiper sur les marchés à venir, appréhender les stratégies de leurs concurrents,diffuser correctement les informations en interne et être ainsi à même de préserver leurs avantages compétitifs. C'est l'ensemble de cette activité des entreprises que l'on peut désigner par le terme « intelligence économique ».
Le recueil, le traitement et la diffusion de l'information utile détermine désormais la compétitivité des entreprises comme la puissance économique des États.
Rapport Martre, Février 1994[1] *Intelligence économique et stratégie des entreprises*

---

1. Dans le cadre du XIᵉ plan, le rapport Martre lance en 94 la notion d'intelligence économique tant au niveau national que des entreprises, exposant les différentes actions inhérentes aux pouvoirs publics pour développer, favoriser et encourager les entreprises dans ce sens.

L'intelligence économique comporte cinq niveaux qui interagissent entre eux :

- au niveau de base, l'entreprise,
- au niveau intermédiaire, l'interprofessionnel, les branches d'activité,
- au niveau national, la stratégie concertée entre les centres de décision,
- au niveau transnational, les grandes multinationales,
- au niveau international, la stratégie d'influence des États.

Ceci montre que l'intelligence économique dispose d'un champ d'investigation planétaire.

Le Japon qui trouve dans sa culture le concept de ressource collective a démarré plus tôt que les autres en créant même un ministère de l'information industrielle le fameux MITI avec des professionnels du renseignement qui ont optés pour une gestion par objectifs. Les Américains, moins centralisateurs ont d'abord choisi une voie libérale, faisant porter leurs efforts sur la compétitivité de leurs entreprises entre elles et sur leur marché intérieur. Aujourd'hui face à la forte concurrence (Japon, Europe, Chine) ils ont développé la SCIP[1] à tous les pays industrialisés. Très focalisée sur les affaires, la SCIP s'intéresse davantage aujourd'hui aux brevets comme indicateurs d'activité. Le système allemand, adossé à un fort patriotisme économique est sans doute en Europe l'un des plus efficaces avec la Suède qui l'enseigne à l'université.

La veille, telle que pratiquée actuellement par les entreprises porte essentiellement sur leur environnement en matière de concurrence commerciale et d'innovation technologique. Si l'on retrouve en tête les grandes entreprises privées, les institutions et les collectivités locales ne sont pas en reste avec près de 20 % du chiffre d'affaire. Par ailleurs et pour développer cette activité, les chambres de commerce et d'industrie proposent à présent un service (initiation, formation, données utilisables) aux PME-PMI par le biais des Agences régionales d'informations stratégiques et économiques (ARIST).

Cependant la veille ne se limite pas seulement à l'observation et l'analyse de ce qui se passe autour de l'entreprise, elle sert également à la protéger du regard et des investigations de ses concurrents. Ainsi, elle permet d'affûter les axes de communication et de placer sous contrôle les messages et l'image véhiculée en interne comme en externe : messages prioritaires pour obtenir du personnel des réflexes de défense de l'entreprise, clauses de confidentialité dans les contrats d'embauche… Ce travail de ciselage et d'injection ciblée de l'information dans l'environnement sert également les activités de lobbying, pour obtenir des décisions favorables à l'activité l'entreprise sur un plan plus général.

---

1. *Society of compétitive intelligence professionals.*

Encore faut-il qu'en amont de la veille, la direction de l'entreprise ait défini les facteurs critiques à surveiller (cf. J. Morin, *L'Excellence Technologique*, Édition Jean Picollec Publi Union, 1985) encore appelés facteurs critiques de succès et qu'elle les actualise régulièrement.

Pour qu'elle soit efficace, il faut donner à la veille des structures et des normes en termes de coût et de rentabilité proportionnelles à ce que l'on en attend. Par exemple, de nombreuses sources sont payantes, mais sont-elles suffisamment riches en informations pertinentes alors que la mise en alerte du personnel peut s'avérer très performante, tout dépend des cas ! Pour certaines entreprises l'achat d'un logiciel dédié à son secteur d'activité suffira. Pour d'autres la liberté laissée aux veilleurs sera le gage d'une moisson de très bonne qualité : habileté à nouer des relations, à flairer les bonnes pistes, à poser « avec innocence » les questions incongrues ou à instiller des demi vérités pour obtenir les vraies informations… les voies de l'enquêteur sont multiples et impénétrables… Dans l'entreprise on nommera les capteurs, les experts analyseurs, mais aussi l'animateur proche de la direction qui saura coordonner l'activité de tous ces acteurs, déterminer des axes de recherche pertinents et entretenir l'enthousiasme des troupes sur le long terme. Animer, c'est aussi créer un courant de partage et de discussion qui puisse irriguer tous les services, sans ces conditions, tout dispositif de veille resterait stérile.

▬ L'exemple d'une PME de filtration industrielle

- Filiale d'un groupe suisse, l'entreprise travaille en réseau avec quelques deux cents fournisseurs répartis dans le monde entier pour gérer dix-huit mille références. L'objectif étant de constituer une gamme complète de tous les filtres existants, de les stocker et de les livrer dans les meilleurs délais. Des services techniques dans la recherche d'un produit et le renseignement de la clientèle apportent la valeur ajoutée à la commercialisation de ces produits.
- La clientèle est très diversifiée : automobile, transport, manutention, travaux publics, marine, industrie, DDE, matériel agricole ou de BTP, loueurs d'engins et matériel TP…
- Le filtre est un produit consommable, de plus en plus technique et de plus en plus présent dans les machines de conception récente, ce qui augure d'un marché en croissance ; et même si, en 2005, l'entreprise a réalisé encore 80 % de son chiffre d'affaire en France, l'Afrique du Nord, riche de perspectives, est dans la ligne de mire de son développement pour les prochaines années.
- Déjà numéro 1 en France, l'entreprise est en passe de devenir leader européen en termes de produits référencés. La première concurrence étant les constructeurs eux-mêmes et d'autres entreprises qui ne peuvent fournir qu'environ 60 % d'une gamme donnée.

- Pour rester compétitive, l'entreprise s'est dotée d'un système de veille industrielle qui lui permet de repérer dans le monde entier l'arrivée de nouvelles machines, mais aussi de localiser les fournisseurs susceptibles de fabriquer les pièces de rechange avec le meilleur rapport coût/qualité/délais.
- Ce système au cœur de l'entreprise constitue sa force et sa capacité à réagir rapidement. Associé à une organisation rigoureuse et performante de la force commerciale, il permet à l'entreprise de progresser dans un contexte économique difficile. « C'est une somme de détails qui fait qu'à un moment donné on gagne et nous avons la chance de compter sur une équipe dynamique » avoue son directeur général.

La veille ne doit rester ni passive, ni uniquement défensive – elle sert souvent à inventer des contre-attaques avant qu'elles ne s'avèrent nécessaires. Dans de nombreux cas, elle permet aussi à l'entreprise de découvrir des niches d'activités inédites ou des pistes possibles d'innovation. Ainsi, cette petite entreprise qui tissait de la fibre de verre s'est lancée dans le tissage de la fibre de carbone après avoir mis en place un système de veille stratégique et découvert par ce biais, à l'occasion d'un salon, l'existence de ce nouveau marché prometteur.

Même sans budget, même si l'on est une toute petite entreprise, on peut mettre en place la veille stratégique comme une attitude réflexe, un comportement à acquérir, une nouvelle mentalité. Il suffit pour cela d'ériger quelques principes en bonne pratique comme :

Les principes de base de la veille	
Cibler les besoins	• identifier le cœur de métier • afficher son ambition à moyen terme (vision) • définir le besoin stratégique sous forme de projet • bannir tout préjugé sur la concurrence • canaliser les énergies sur un objectif précis
Identifier les acteurs	• établir la liste des salariés en contact avec les sources de par leur position ou leur personnalité • mettre en place les relais et les mailler en réseau • veiller à bien faire remonter l'information en motivant les capteurs par des bonus (primes, cadeaux, etc.)
Récolter l'information	• conversations, échanges en interne, en externe, lecture de différentes publications, actualité du web, analyse de documents de la concurrence, présence et enquêtes discrètes dans les salons sont des moyens peu coûteux d'observer son environnement

.../...

...*/*...	
Analyser les données	• jauger chaque information selon sa pertinence par rapport au projet d'entreprise • formaliser par écrit (1 page ou deux) les synthèses (graphique, tableaux, argumentaires et autres données concurrentielles) pour qu'elles deviennent un outil de décision • établir des propositions opérationnelles qui découlent de cette analyse (pas plus de cinq)
Diffuser en termes d'action	• mettre en œuvre une communication immédiate à tous les services, avec une information fraîche et directement intégrable à leurs pratiques, sachant qu'un retard discrédite les efforts des veilleurs

Tableau N° 6.3 : Les principes de base de la veille

Dans toute recherche cependant, il ne faudrait pas négliger l'importance du web. Un site comme celui de l'Américain Leonard Fuld, grand spécialiste de la veille, (www.fuld.com) répertorie pas moins de 350 sites dédiés à la veille dans le monde entier, mais il en existe bien d'autres. Quelques clics quotidiens ou hebdomadaires peuvent déjà amener une information riche, variée et à jour et surtout internationale, sinon mondiale. L'examen de la presse en libre accès, les bases de données gratuites, les forums sont autant d'outils qu'il faut apprivoiser pour en tirer le meilleur pour son entreprise. Avec un budget plus conséquent on utilisera les agents intelligents (logiciels) qui font le tri parmi une masse de données en un temps très concurrentiel par rapport à la veille « manuelle ». Mais aujourd'hui une PME peut aussi s'abonner à un service web qui lui servira périodiquement les résultats de ce tri, une solution assez peu onéreuse qui permet au veilleur de consacrer plus de temps utile à l'analyse. Pour les grandes entreprises, il existe des logiciels beaucoup plus performants, mais aussi beaucoup plus onéreux, qui nécessitent de mobiliser une personne à temps complet. En tout état de cause, quels que soient les outils utilisés, ils ne dispensent pas l'entreprise d'un travail humain capital pour résoudre ses problématiques propres. Seule une intelligence humaine peut capter et ingérer les données informelles et les relier dans un ensemble pertinent et cohérent, source de richesse.

■ L'exemple d'une société internationale spécialisée dans l'imagerie high-tech

- Le site français dégage un CA de 100 millions d'euros pour 500 salariés. Un budget annuel de 80 000 euros est imparti à la veille pour les abonnements, achats de publications, etc., (hors salaires).
- Conversion numérique, capteurs d'image, transmissions analogiques, ces activités se placent dans un secteur ultra concurrentiel (photo, télé-

phone, imagerie médicale, automobile) marqué par la capacité d'innovation et la rapidité de chacun des acteurs.

- Au sein du service *Business development*, la veille fut mise en place dès 1998 selon trois axes : concurrence, technologie, opérationnel. Cette activité est directement reliée à la direction générale et fournit des informations pertinentes permettant un juste positionnement de l'entreprise, des pistes de développement ou d'amélioration des produits.
- La veille est traitée en interne, mais quelques dossiers sont externalisés pour maintenir une saine concurrence et s'assurer de la qualité globale des remontées d'information ainsi que de la rentabilité du système (coût/performance).
- Un documentaliste, un développeur, un chargé de communication (relations extérieures et publications), plus une personne chargée spécifiquement de la veille sur brevets constituent le dispositif interne en charge des sujets pointus et ponctuels. À ceux-ci s'ajoutent des capteurs disséminés dans les différents secteurs de l'entreprise. Les sources externes permettent l'accès à des grandes bases de données et un partenariat comme celui de l'ARIST a donné naissance à la constitution d'une banque interne spécialisée, capital technologique autour des brevets.
- Un bulletin de veille, synthèse mensuelle utile aux salariés, est diffusé largement aux personnels et capitalisée sur l'Intranet. Des alertes, des bulletins hebdomadaires sont directement adressés aussi à certaines personnes en position permanente d'en faire bon usage de par leur métier ou leur sujets de réflexion.
- Les prochaines étapes : développer la personnalisation des produits de veille et se mailler avec l'ensemble des filiales du groupe pour construire un réseau international.

Les points d'entrée de la veille	
Veille économique globale	• Quels sont les mouvements dans le monde économique des entreprises ? (fusion, acquisition, calendriers des congrès, manifestations, événements, etc.) • Que se passe-t-il au niveau mondial, national dans les grands domaines d'activité, dans des zones géographiques précises ?
Veille technologique	• Quelles sont les technologies clés pour les cinq années à venir qui concernent mon activité ? • Quelle est ma position sur ces technologies ? La position de la France ? • Quelles sont les priorités technologiques qui en découlent pour moi ? • Quelles sont les décisions politiques, législatives qui peuvent m'aider ?

.../...

.../...

Veille concurrentielle basique	• Avec quelle force mes concurrents se sont-ils lancés dans la rivalité ? • Quelle menace représentent les nouveaux entrants ? • Y a-t-il des prestations de substitution ? • Quel pouvoir de négociation ais-je avec mes fournisseurs ? • De quelle marge de manœuvre est-ce que je dispose avec mes clients ?
Veille sur les brevets Indispensable et souvent capitale	• Quels sont les secteurs techniques qui m'intéressent ? • Où sont déposés la majorité des brevets qui touchent mon secteur d'activité ? Y a-t-il un centre géographique qui émerge ? • Lesquels sont mes concurrents parmi les sociétés déposantes ? • Quelle information technique précise puis-je en tirer ?
Veille sur les tendances du marché Malgré un taux de bruit important, cette veille est fort riche d'information	• Vers quoi se dirigent mes concurrents directs ? • Quels sont les organismes, revues, groupes de chercheurs qui analysent le futur à moyen ou long terme ? Comment selon eux se dessine mon secteur d'activité ?
Veille sur les NTIC Pour les améliorations possibles dans le travail de veille et de l'entreprise en général	• Quid des avancées techniques en termes de télé conférences, visioconférences, data conférences ? • Quels progrès dans la collecte de sons et d'image ? • Comment traiter de grandes quantités d'informations ?
Veille sur les technologies organisationnelles	• De nouveaux outils d'aide à la créativité ? • Y a-t-il des outils d'amélioration de la compétitivité (supply chain, CRM…) ? • Comment doit-on piloter un projet innovant ?
Le renseignement informel	• Issu de la culture, de la curiosité, de l'éveil de quelques capteurs

Tableau N° 6.4 : Les points d'entrée de la veille

Dans son « Livre blanc de la veille », le journal Veille magazine[1] propose une typologie des outils de veille qui se répartissent comme suit :

- Ciblage et Mind Mapping, grâce à des logiciels de partage de connaissance et de structuration d'un projet (Mind Manager, Mind Genious, Concept Draw MindMap).

1. Numéro 86, septembre 2005, www.veillemag.com

- Sélection des sources, une opération gourmande en temps et en expertise pour repérer réseaux, organisme actifs et base de données.
- Surveillance automatisée des sources, principalement les sources informatisées par des logiciels monopostes (Vigilus, Webspector, Wysigot) ou sur serveur (Infominder, Digimind, Monitor…) aux fonctionnalités différentes.
- Collecte électronique qui nécessite une vérification de sa pertinence ; des méta-moteurs (Copernic, Stratégic Finder) permettent la surveillance simultanée et croisée de plusieurs outils.
- Indexation/catégorisation Traitements pour un accès direct aux informations des thèmes retenus, tous les outils de gestion de base de données, de base relationnelles classiques ou de knowledge management trouvent ici leur utilité.
- Analyse et restitution des résultats avec les outils de datamining, bibliométrie, text mining et visualisation graphique (Lexiquest, Wordmapper, Intellixir). Si l'analyse automatique et la cartographie ne sont pas toujours jumelées, des outils nouveaux sont en train de naître (syndication de contenus).
- Diffusion sélective, poussée vers les destinataires (le push remplace avantageusement la DSI).

L'ensemble de ces moyens vise à doter l'entreprise d'un système d'intelligence économique pour parvenir à :

- comprendre,
- anticiper,
- créer,
- innover,
- s'adapter.

À côté de la veille, l'activité « gestion du risque » ne cesse de croître au rythme de 40 % par an. À quelques années en arrière, ces activités étaient perçues comme un luxe ; aujourd'hui, les dirigeants l'utilisent comme une arme de choc afin de rester proactifs dans le jeu concurrentiel mondial.

Les processus et sous-processus composant la création de produits et services

En ce qui concerne la création de produits et services, les différents processus et sous-processus catalogués par l'International Benchmarking Clearinghouse de l'American Productivity and Quality Center (APQC)[1] : *The Process Classification* (structure de classification) sont les suivants :

---

1. APQC – *International Benchmarking Clearinghouse* – Information services Dept – 123 North Post Oak Lane – Houston – Texas 77024 – tél : 713.6814020.

▰▰▰ Créer des produits et services

1. Créer de nouveaux concepts et plans de produits et services
1. Traduire des demandes et besoins des clients en spécifications de produits et services
2. Spécifier et détailler des objectifs de qualité
3. Spécifier et détailler des objectifs de coûts
4. Préciser le cycle de vie du produit et des objectifs de développement dans le temps
5. Développer et intégrer une technologie nouvelle dans un concept produit/service

2. Concevoir, fabriquer et évaluer des prototypes de produits et services
1. Élaborer des spécifications de produits/services
2. Expérimenter les diverses méthodes d'engineering
3. Mettre en œuvre l'engineering donnant le maximum de valeur
4. Documenter les spécifications
5. Développer des prototypes
6. Faire breveter

3. Améliorer les produits et services existants
1. Développer des progrès sur les produits/services
2. Éliminer les problèmes de qualité et de fiabilité
3. Éliminer les produits/services obsolètes
4. Tester les produits/services nouveaux ou améliorés

4. Préparer la production
1. Préparer et tester un processus de production du prototype
2. Concevoir et acquérir les composants, et les équipements
3. Déterminer et vérifier les processus et méthodologies

On trouvera par ailleurs une autre approche par processus de la gestion du développement dans le chapitre sur la gestion de projet sous la rubrique ISO 10006.

Déceler les besoins émergents des clients ou les améliorations rentables

▰▰▰ Analyse de Valeur-Client et Diagramme de Kano

C'est conduire le processus d'Analyse de Valeur-Client et d'écoute client que nous avons indiqué au chapitre sur le marketing. Une approche complémentaire, le diagramme de Kano inventé par le professeur Noriaki Kano peut s'appliquer utilement dans ce cas.

Il classifie les attributs, caractéristiques et avantages d'un produit en trois catégories :

- Les *caractéristiques-seuils ou qualité implicite* qui entraînent des diminutions de satisfaction de clients si elles ne sont pas satisfaites au minimum. Ce sont les « must » minimales qu'il faut fournir. Ex. cendriers de voitures.
- Les *caractéristiques-performances ou qualité explicite* qui augmentent la satisfaction si on en fournit plus, par exemple le nombre de kilomètres par litre d'essence.
- Les *caractéristiques-excitations, ou qualité attrayante* qui procurent une satisfaction inattendue. Avec le temps, un attribut d'excitation peut devenir seuil, par exemple le silence d'une machine à laver la vaisselle.

Le diagramme ci-après explicite comment évolue la satisfaction client avec l'augmentation de la qualité sur ces trois aspects.

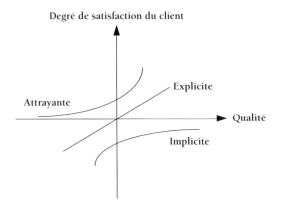

Figure N° 6.5 : Diagramme de Kano

▬ Études de marketing

L'International Benchmarking Clearinghouse a fait une étude de Benchmarking en consortium[1] sur la recherche marketing qui accompagne le développement de nouveaux produits. Les principales conclusions sont les suivantes :

- La recherche en marketing est stratégique pour manager les risques de développement de produits nouveaux.
- Compte tenu du coût des recherches en marketing, il faut que l'entreprise soit très orientée clients.
- À chaque étape du développement correspond un processus d'étude de marketing, les méthodes utilisées sont diverses, les informations sur les

---

1. International Benchmarking Clearinghouse – *Marketing Research for New Product Development* – final report – APQC – Texas – 1996.

clients et les marchés sont accumulées, affinées et mises à jour au fur et à mesure que le concept du produit progresse. Les premières étapes tendent à être plus qualitatives, et peu structurées, mettant l'accent sur l'interaction avec les clients et leur participation, tandis que les étapes ultérieures deviennent plus structurées et quantitatives.

- Les organisations de classe mondiale testent les concepts de produits et les prototypes dans un environnement réaliste.
- Une base de données de savoirs fournit un cadre pour l'apprentissage de l'organisation.
- Les hommes de marketing assument les rôles d'avocat du client, d'éducateur, de manager représentant les attentes du client, de préparateur des décisions et d'agent du changement. Les équipes multidisciplinaires sont fondamentales dans le processus.
- Les entreprises utilisent souvent des organismes extérieurs dont les services couvrent les études de marché, le traitement des données, les calculs statistiques, les techniques de conseil avancées, l'externalisation de personnel, etc.

▬▬ Le « Design-to-Value »

Le Design-to-value, c'est-à-dire la Conception pour la Valeur-Client, est la forme la plus moderne des conceptions qui accordent des priorités à tel ou tel élément. Le « design-to-value » établit des priorités dans les fonctionnalités ou les attributs d'attraits en fonction de la valeur que lui accorde la cible de client visée.

Elle peut devenir du « Design-to-cost » si l'attribut de valeur dominant qui sera visé est le prix de l'objet. Ce fut le cas pour la Twingo, comme le raconte Christophe Midler dans *L'auto qui n'existait pas*[1], qui a entraîné, dès le démarrage du projet, pour savoir s'il serait faisable, un dialogue de Yves Dubreuil, directeur du projet, avec les fournisseurs sur la base de la question : « *que pouvons-nous faire pour ce budget ?* »

Mais d'autres attributs peuvent s'avérer prioritaires à un moment donné pour d'autres produits ou d'autres clientèles.

Quatre-vingts pour cent des coûts futurs, qu'il s'agisse du développement du produit ou de son prix de revient, sont déterminés au début, lors de la conception. Les dépenses augmentent rapidement sur la fin en particulier durant la phase d'industrialisation.

Ce fait fondamental n'est pas assez connu et surtout pas assez présent dans les esprits. Que d'efforts réalisés à la production, dans le sang et les larmes parfois, pour gagner quelques pour cent (20 % de 20 % ne fait que 4 %), alors

---

1. Midler Christophe – *L'auto qui n'existait pas* – InterEditions – 1993 – Paris.

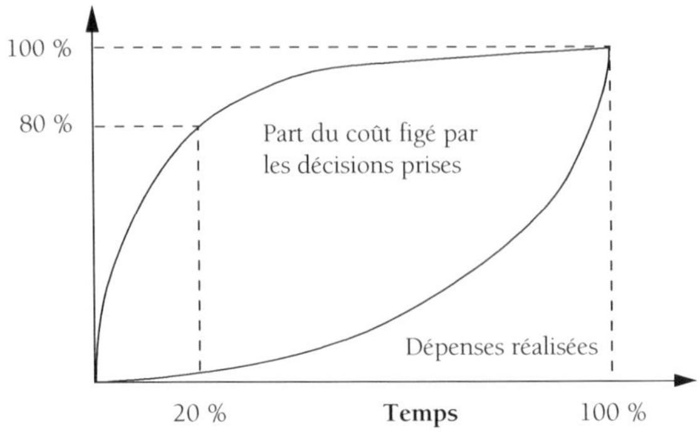

Figure N° 6.6 : La courbe d'apparition des coûts et la maîtrise des risques

que les coûts ont été prédéterminés pour 80 % lors de la phase de conception (20 % de 80 % donnent 16 %).

L'Analyse de la Valeur du produit n'a pas perdu de son actualité. Bien au contraire, à partir d'une bonne Analyse de la Valeur-Client, il devient très efficace de procéder à l'analyse de la valeur fonctionnelle du produit et à l'analyse de valeur des processus.

Quant aux risques, il est clair qu'ils se déterminent, pour la plupart, également dans cette phase.

Manager le projet de développement

Manager le projet de développement suppose un bon management de projet. Ce point sera traité dans le chapitre sur le management de projet. Il doit être un processus visible et partagé, orienté client, avec un système de pilotage pro-actif et favorisant la synergie métiers x projet. Rappelons toutefois quelques spécificités du développement de produits nouveaux.

▬ Faire prendre conscience de l'intérêt de la vitesse

Un développement rapide permet d'arriver avant le concurrent ou d'arriver à temps en démarrant tard ou de réduire le temps où le concurrent sera seul sur le marché avec l'innovation.

Les enjeux financiers sont très importants, car chaque mois de gagné est un mois de ventes supplémentaires, pendant lequel, si le produit est nouveau, jouera l'effet de rente sur le prix, donc la marge sera meilleure.

Être le premier permet de prendre la plus grande part du marché, de fidéliser davantage de clients, d'obtenir la plus grande base installée, et par conséquent d'avoir plus de clients fidèles et d'avoir un produit qui dure plus longtemps.

Les quatre objectifs clés sont : la vitesse de développement, le coût de revient complet du produit ou service, y compris la commercialisation, les performances et les coûts de développement.

Tout l'art du bon management du développement consiste à faire les bons compromis entre ces quatre objectifs, en notant toutefois que la vitesse, outre les avantages signalés précédemment, réduit les coûts de développement et par conséquent les prix de revient. La vitesse est donc une priorité de premier rang dans la plupart des cas.

▬▬ Aller vite dès le début du projet : raccourcir la période d'indécision

C'est la période pendant laquelle le projet est dans les limbes, parce qu'on cherche à se sécuriser en affinant les études de marché et les études de faisabilité, la technologie est considérée comme mal connue ou l'est effectivement, il n'y a pas de responsable désigné. Cette période peut durer très longtemps. Parfois, les décisions se prennent à l'occasion des cycles annuels de stratégie ou de planification alors que l'idée ou le besoin d'un produit nouveau peut apparaître à n'importe quel moment de l'année, ne serait-ce que par l'arrivée sur le marché d'un produit concurrent.

C'est à la direction d'accélérer le processus de décision.

▬▬ Les spécifications : cadrer l'innovation, limiter la complexité, rendre le client juge

Cadrer l'innovation : vision, stratégie et plan produits

Si la vision de l'entreprise, si son positionnement stratégique est clair et connu, en particulier ce qu'elle veut jouer comme avantage compétitif au niveau de produits, cela simplifie les choix et raccourcit les délais concernant les spécifications des produits.

Réduire la complexité

Cela peut également contribuer à réduire la complexité, qui doit être un des objectifs permanents de la direction et d'un bon chef de projet. Il suffit de savoir que chaque élément supplémentaire double le nombre d'interactions : pour 9 on arrive déjà à 502 possibilités et pour 10 on atteint déjà 1013.

De même, plus il y a d'éléments, plus il faut réduire le taux d'erreurs sur chaque élément pour avoir, par exemple, 99 % de produits bons. À 10 éléments il faut déjà descendre à un taux d'erreurs de 0,001 et à 100 il faut descendre en-dessous de 0,0001, l'équation est $E = 1-0,99^{1/n}$. On comprend pourquoi Motorola et à sa suite de nombreuses entreprises, dont les produits contiennent parfois jusqu'à deux mille composants, aient lancé la politique de « six sigma » : soit 3,4 ppm d'erreur, maximum par composant ou processus élémentaire.

Rendre le client juge

Pour établir les spécifications, il faut éviter qu'elles ne soient émises par la seule fonction marketing avec le risque d'être déconsidérées dès le départ par les bureaux d'études si elles s'expriment sous la forme trop fréquente du rêve universel : « *attributs haut de gamme avec des prix bas de gamme* ».

Partant des attributs retenus pour la Valeur-Client choisie, en déduire les fonctionnalités, ne pas limiter le nombre d'options à ce stade, puis établir les spécifications en intégrant toutes les fonctions dans le compromis.

Le QFD (Quality Function Deployment) peut servir de méthode. Elle transforme les attributs client en une suite de matrices comportant les paramètres de conception pour les différents composants. C'est une méthode longue et parfois fastidieuse, mais elle permet de constituer des bases de données qui par la suite faciliteront le travail de transformation des attributs client en spécifications techniques.

▬ Arbitrer entre vitesse et degré d'innovation : l'innovation incrémentale et le recours aux innovations « sur étagères »

L'introduction de technologies nouvelles et non maîtrisées présente deux inconvénients : des délais supplémentaires et des risques supplémentaires en contrepartie d'un avantage supposé de valeur pour le client.

L'une des techniques consiste à innover par petits pas, en regardant l'effet sur le client d'une première innovation sur une fonction, appliquée par exemple à un produit robuste, puis de l'inclure dans d'autres produits, puis d'ajouter de nouvelles innovations technologiques, etc.

L'autre méthode est celle des « innovations validées sur étagères ». Les métiers ou les fournisseurs mettent au point et testent des composants, solutions ou technologies nouveaux et les valident. Le groupe en charge du projet choisit alors parmi les solutions validées.

▬ Pratiquer la simultanéité ou le chevauchement (« concurrent engineering », conception intégrée ou ingénierie simultanée)

On retrouvera ce point dans la bonne conduite de la plupart des projets. Il s'agit d'abandonner la logique évidente, classique et naturelle de la linéarité pour celle de la « concourance » ou de la simultanéité.

Les différents métiers ou fonctions de l'entreprise sont consultés et mobilisés dès le début du projet et participent à sa conception. En particulier, l'ingénierie des procédés commence en même temps que l'ingénierie du produit.

Peuvent être également sollicités, des fournisseurs importants et des clients.

Dans tous les cas, faire les tests avec les clients de la cible que leur nature ou leur activité rend particulièrement exigeants.

■■■■ Démarrer avec un groupe multidisciplinaire et si possible permanent

Il est bon, même si on ne pratique pas d'emblée l'ingénierie simultanée, de démarrer avec un groupe multidisciplinaire qui décidera de toutes les spécifications des produits et processus.

Il est souhaitable que ce groupe soit permanent, qu'il n'y ait pas de politique de la chaise vide et qu'une fonction importante ne daigne pas être représentée jusqu'au moment où elle estime que sa fonction va être concernée.

L'équipe idéale se compose de 10 personnes, volontaires, ensemble dès la conception, à plein temps, comportant les fonctions clés tels que commercial, bureau d'études et production, avec des bureaux à proximité et dirigée par un chef unique, si possible neutre par rapport aux fonctions, appuyé par la direction.

Bâtir une entreprise capable de mettre sur le marché un flux permanent de produits nouveaux

Tel est désormais l'objectif d'un certain nombre d'entreprises moyennes ou grandes. Ainsi une entreprise moyenne fabriquant des haut-parleurs sortait chaque année plus de 300 haut-parleurs nouveaux. Il s'agissait d'adaptation aux besoins de clients particuliers, et à chaque fois, il fallait fournir un produit avec des caractéristiques et des performances différentes.

Quelles que soient la nature de l'activité et la taille de l'entreprise, quelques principes peuvent être utiles.

■■■■ Valeurs et vision

La créativité demande pour s'épanouir d'être reconnue et valorisée par l'organisation et n'est possible qu'avec un peu de liberté. Les entreprises qui ont appliqué, au cours des dernières années, avec trop de fermeté le principe de l'excellence de Peters et Waterman : « Stick to your core business » (tenez-vous en à vos métiers fondamentaux) ont quelquefois freiné les possibilités de création, en particulier pour tous les produits et services à la périphérie des activités principales.

La recherche de la croissance qui redevient à la mode conduit à desserrer les contraintes et à examiner avec plus de tolérance les idées d'activités qui semblent *a priori* périphériques. N'oublions pas que la micro-informatique au début a été considérée comme périphérique par la plupart des informaticiens professionnels. En quelques années seulement elle est devenue l'activité de base (le « core business ») de la plupart des entreprises du secteur.

Essaimage et bourgeonnements redeviennent d'actualité. Quelles que soient les idées émises par des clients, des fournisseurs, des partenaires potentiels et le personnel, si elles ne sont pas trop éloignées des activités de l'entreprise, elles doivent être examinées. Le moteur de la croissance future peut se trouver parmi elles.

Rappelons que l'essaimage consiste à faire profiter d'autres entreprises des idées non retenues. Cela peut même aller jusqu'à provoquer la création de nouvelles entreprises (Toshiba participe ainsi à la création de nombreuses entreprises). L'avantage, c'est que ces entreprises restent dans l'environnement, et il est possible dans le cas de création d'y détenir un pourcentage des actions.

La vision devra affirmer que l'entreprise voit son avenir en partie dans sa capacité à innover, et les dirigeants devront l'inclure dans les valeurs et commencer par prévoir les moyens et les zones de liberté nécessaires.

▬ Veille marketing et technologique

Devenir un champion de la veille marketing et de la veille technologique permettra de prendre un peu d'avance.

▬ Structurer

Ensuite il faut créer les dispositifs permettant d'accélérer la production d'innovations, parmi ceux-ci on peut signaler :

- Créer un comité Stratégie Produit au plus haut niveau (Product Strategy Board). Sa mission : fournir la vision à long terme, initier les projets, désigner les chefs de projets, impliquer les managers, rendre les grands arbitrages.
- Créer les équipes projets.
- Avoir des revues régulières de l'avancement des projets.
- Revaloriser le risque, ne pas freiner l'audace en sanctionnant ceux qui ont pris des risques. S'ils se sont bien comportés, leur confier au contraire d'autres missions.
- Prévoir les structures appropriées pour les projets, dans certains cas recourir à celle qui rassemble en un même lieu des responsables détachés en permanence par les métiers.
- Prévoir les systèmes de reconnaissance et de récompenses des équipes projets.

▬ Trouver les compétences qui manquent parfois, devenir entreprise apprenante et créatrice de savoirs (voir le chapitre sur l'entreprise apprenante)

Favoriser l'apprentissage *via* les projets, prévoir l'accumulation de connaissances des métiers grâce au projet.

Organiser la mise à disposition des connaissances des métiers pour les projets (*via* les réseaux humains et informatiques). Ainsi chez Cap Sesa Industrie, un système de stockage, de partage et structuration des compétences existe, appelé *Galaxy*. C'est un réseau Intranet qui permet le stockage des informations dans des serveurs que tout le monde peut alimenter ou utiliser. Chaque serveur est sous la responsabilité d'un administrateur qui fait le lien entre marketing et structuration intelligible de l'information et qui fait le tri des meilleures pratiques. Le bilan après un an et demi de fonctionnement était positif[1].

Créer des bases de connaissances et d'expériences disponibles pour le développement.

Identifier les compétences qui manquent pour assurer le développement ou le succès d'un produit nouveau. Cela peut être une compétence technique comme une compétence commerciale. Elle peut s'acquérir par de multiples voies telles que l'embauche, le partenariat, la sous-traitance, l'alliance, l'acquisition d'une société, etc.

LA CONCEPTION AU PLUS JUSTE (MÉTHODE CEGOS)

Cette méthode a été progressivement élaborée et mise en œuvre dans de nombreuses entreprises par Bertrand Rayssiguier et son équipe. Nous reproduisons en partie le texte de la présentation qu'il en a faite[2].

Face à la mondialisation des marchés, faire la différence

Sur tous les marchés, dans tous les pays, les entreprises leaders resteront celles qui innovent... *Mais ce seront celles, surtout qui mettront sur le marché des produits ou services à plus forte valeur ajoutée client, mieux, plus vite et moins cher, tout en développant leurs marges.*

Nous rentrons dans l'ère de la « conception au plus juste ». Au cœur de ce défi, les équipes de R&D, Méthodes, etc. Elles devront savoir consolider les acquis de l'ingénierie simultanée et du management de projets pour aller vers l'innovation accélérée, la capitalisation des savoir-faire, le co-développement avec les fournisseurs et les clients.

Pourquoi rechercher le leadership par la « conception au plus juste » ?

Comme on l'a vu dans les chapitres précédents, dans chaque métier, les entreprises leaders sont celles qui cherchent à accroître simultanément la satisfaction de leurs clients, de leurs actionnaires et de leurs personnels.

---

1. Piat E. – *Exposé conférence IIR – Gestion par projets* – 28-29 novembre – 1996.
2. Rayssiguier Bertrand – *La conception au plus juste* – Documents CEGOS – 1997.

Satisfaire ses clients : des produits et services attrayants

- Concevoir les produits de l'an 2000 pour un coût abaissé de 30 %.
- Diviser par deux les délais de développement.
- Afficher pour les donneurs d'ordres une qualité de conception exemplaire.

Satisfaire ses actionnaires : développer ses marges

- Accéder aux avantages de marge des premiers sur le marché qui souvent se jouent sur le « Time-To-Market ».
- Maîtriser des budgets de R&D qui sont en forte croissance.
- Développer les 50 % de chiffre d'affaires de demain qui seront faits avec des produits qui n'existent pas aujourd'hui.

Satisfaire ses personnels : motiver ses collaborateurs

- Renforcer les compétences par capitalisation et partage des savoir-faire.
- Faire reconnaître le professionnalisme et la valeur des collaborateurs dans le travail en équipe projet.
- Placer chacun en situation de réussite par la définition d'objectifs Qualité, Coûts, Délais clairs, communs et partagés.

Quatre axes stratégiques pour la conception au plus juste

Passer du produit d'ingénieur au produit de marketeur

Par l'analyse de la Valeur-Client et l'innovation sur « étagères ».

Passer du produit d'ingénieur au produit du marketeur, c'est l'option fondamentale consistant « à faire entrer le client » dans l'organisation. Elle comprend deux volets principaux.

Comprendre les préférences des clients

Une nouvelle approche, l'analyse de la valeur pour le client, se développe rapidement aux États-Unis (CVA : Customer Value Analysis). Malgré la similitude du vocable, elle est très différente des concepts classiques d'analyse de la valeur technique (voir le chapitre sur le marketing).

C'est une approche marché plus large et plus fiable que l'approche client.

Au-delà des approches usuelles d'écoute client, de panels... elle modélise et évalue la qualité perçue (par les clients et les non clients) des produits et services de l'entreprise relativement à la concurrence.

Elle vise la valeur maximum en orientant le choix des niveaux de performances par un éclairage sur la satisfaction du client relativement au coût de la solution envisagée (par application de la méthode et du diagramme de Kano).

Servir le client plus vite, mieux et moins cher

Un énorme effort a déjà été produit pour réduire les délais de développement par l'ingénierie simultanée.

Pour aller plus loin, il est nécessaire d'agir sur le métier de l'ingénieur lui-même, c'est le but du développement sur étagères qui vise simultanément deux objectifs :

- l'un assez classique consistant à préparer en avance des modèles prêts à l'emploi.
- l'autre très novateur consistant à développer, hors de la pression immédiate du délai, des solutions intégrant le meilleur du savoir-faire, le meilleur de l'intelligence du besoin, le meilleur de l'optimisation de la valeur (utilité – coût) pour construire rapidement, le moment venu une offre attrayante : c'est cela la vraie raison d'être du développement sur étagères.

▬ Consolider les acquis de l'ingénierie simultanée et du management par projet

Savoir développer ensemble

La grande leçon de l'ingénierie simultanée est la suivante : les « professionnels » du développement des produits : bureaux d'études, laboratoires, industrialisation et méthodes, etc. ne sont pas, et de loin, les seuls acteurs du processus de création : en amont, il y a le marketing et les vendeurs, il y a aussi les acheteurs et en aval la production, jusqu'aux opérateurs, ne serait-ce que pour alimenter le retour d'expérience indispensable au progrès continu.

On sait donc aujourd'hui qu'il faut mobiliser durablement l'entreprise entière au service des produits futurs en mettant en œuvre une équipe complète et une gestion des ressources humaines qui intègre la dimension « projet ».

▬ « Pérenniser l'entreprise par des métiers forts ». Capitaliser les savoir-faire dans un contexte d'entreprise apprenante

Capitaliser le savoir

On a souvent, jusqu'à présent et dans la plupart des secteurs industriels, cru pouvoir organiser le développement en changeant radicalement de logique : de services techniques cloisonnés par spécialité, on est passé à la force unificatrice de la logique de projet.

Cela a bien changé les choses, en tout cas à court terme ! Mais le monde du développement est tellement complexe que cela ne suffit pas encore : la logique de projet comporte ses propres dangers, le principal étant d'oublier que ce qui fait vraiment la différence sur le marché est la capacité d'innovation. Innover, ce n'est pas seulement disposer de l'habileté de combiner un savoir-faire au service d'un besoin qu'on croit bien comprendre, c'est aussi mobiliser la science au service d'un client qu'on a pris le temps de connaître pour aller au devant de ses besoins latents avant que d'autres aient fait la démarche.

Pour réussir cela, il faut organiser des « métiers » forts. Les représentants de ces métiers doivent être capables d'apprendre les possibilités nouvelles que le développement scientifique met à leur disposition, ainsi que les menaces d'obsolescence et de substitution associées à ce progrès.

Il ne suffit pas de remplacer spécialité par projet... Il faut réussir le travail en structure matricielle faisant contribuer des métiers toujours plus compétents, plus ouverts à des projets toujours plus innovants et obsédés par la satisfaction du client.

▬ « Co-développer avec ses fournisseurs ». Construire les conditions d'un vrai partenariat

Savoir développer ensemble au travers d'un vrai partenariat

Lorsqu'on a compris que tous dans l'entreprise doivent et savent maintenant travailler ensemble... on découvre qu'on a accompli à peine la moitié du parcours, il faut encore « travailler ensemble » avec les fournisseurs et les partenaires.

Dans un secteur industriel donné, l'effectif des entreprises pilotes (celles qui offrent le produit : automobile, avion, machine-outil, lave-vaisselle, autoroute... au client utilisateur) représente entre 20 et 50 % de l'effectif total impliqué dans la production et la conception du bien ou du service apporté.

Les autres sont de véritables partenaires qui détiennent un savoir-faire et une intelligence de leur métier, qu'il faut, pour le bien de tous et celui du client en premier lieu, mobiliser pour créer les produits de demain.

La dimension économique et financière est une autre dimension tout aussi importante du partenariat. Créer un produit coûte fort cher, il est logique et juste que chacun des participants à cette « aventure » apporte sa contribution et assume de partager les risques du projet.

Les problèmes et les phases de l'implantation

Les obstacles à lever sont d'abord comportementaux, les investissements sont encore trop souvent centrés sur les méthodes et les outils.

Il s'agit de rééquilibrer les efforts et investissements pour modifier les comportements, faire évoluer l'organisation et acquérir les nouveaux outils.

Les équipes de développement sont un capital précieux, elles sont déjà fortement sollicitées. Il faut obtenir leur adhésion à toute nouvelle démarche et aux solutions qui en découleraient.

La « culture » du développement est aujourd'hui en pleine évolution. On demande toujours plus ! Après l'excellence technique, il faut réduire les coûts et les délais.

Passer du travail « en série » au travail en parallèle, c'est courir toujours plus vite, prendre plus de risques, accepter une responsabilité collective.

Quand on parle de chef de projet, on pense à la Twingo. Certes... mais qui peut, en dehors des firmes qui ont de très grands projets, s'offrir des directeurs pour les consacrer à la direction d'un projet unique ?

Conclusion : des problèmes de pouvoir, de responsabilité à partager et, finalement, de nouvel équilibre à trouver entre les projets, les métiers et leurs experts, et la Direction de l'entreprise. Pire ! Inflation de réunions, niveau de stress élevé, fuite en avant de certains managers, etc.

De l'idée au produit fabricable en série... Qui sait comment marche la « boîte noire » du développement ?

Le processus de développement est, en général, « peu visible » dans l'entreprise.

Faute de mise en évidence des risques, des points de décision stratégiques, des options possibles, les choix fondamentaux des projets de développement échappent aux décideurs. Quant aux différents acteurs opérationnels, s'ils connaissent bien leur domaine propre, ils ne savent souvent pas se situer dans le processus complet, n'en comprennent pas les différentes contraintes, n'en apprécient pas les objectifs généraux.

Comment passer de cette « Tour de Babel », somme de visions et d'intérêts particuliers, à une logique d'équipes travaillant en coopération, à la recherche de l'optimum général ?

Combien de démarches qualité mal maîtrisées aboutissent, au travers d'une mise en œuvre « technocratique » des outils, à une production de papier aussi considérable qu'inutile ?

Quant au domaine des systèmes d'information, de la gestion d'affaire à la documentique, en passant par l'échange de données informatiques (EDI), le danger est grand, succombant aux charmes de la technologie informatique, de n'avoir aucun retour sur investissement, quand ce n'est pas de bloquer le fonctionnement de l'entreprise.

Le processus qui garantit la réussite de la mise en œuvre de la conception au plus juste comprend cinq phases successives. *À chaque étape correspond un objectif.*

▬ Phase 1
Diagnostic de la conception

Il s'agit de situer la performance de la fonction conception par rapport aux attentes des clients externes et internes, des personnels, aux objectifs QCD (Qualité, Coût, Délai).

- Définition de la « qualité perçue » par les clients internes et externes de la fonction conception (AVC, analyse de la Valeur-Client).
- Mesure des performances Q, C, D des projets.
- Évaluation des bonnes pratiques.
- Interview des acteurs pour connaître leurs attentes, valeurs, acquis, etc.

▬ Phase 2
Définition, partage de la « vision »

Il faut, avec l'équipe de direction, définir et partager les « quoi » et les principes d'actions.

- Valeurs communes, objectifs de progrès.
- Politique qualité de la conception : jalons, objectifs.
- Politique de co-développement avec les fournisseurs, avec le client.
- Politique de management de projet : rôle du chef de projet, comité projet, chefs de service, etc.
- Plan de déploiement pour la mise en place de la conception au plus juste.
- Refonte de l'organigramme.

▬ Phase 3
Définition de l'organisation autour du processus de développement

C'est une phase qui se fait pour assurer avec les acteurs terrains l'appropriation de la nouvelle organisation.

- Définition détaillée du processus de développement : logique type, fiche de tâches, etc.
- Choix des outils de pilotage des indicateurs des tableaux de bord.
- Définition des équipes projets, des missions de leurs membres, etc.
- Système de rémunération, évaluation des équipes projets.

▬ Phase 4
Déploiement et mise en œuvre

Il faut maintenant « vendre » la conception au plus juste à tous les acteurs concernés, et obtenir rapidement des premiers résultats tangibles.

- Actions de communication, de sensibilisation.
- « Compagnonnage », coaching du comité projet, des chefs de projet, etc.
- Formation.

- Valorisation des réussites.
- Implémentation des systèmes d'information : gestion de projet, SGDT, capitalisation compétence, etc.
- Définition des procédures, etc.

▬▬ **Phase 5**
Amélioration par le progrès continu

Il faut alimenter et faire tourner le moteur du « progrès continu ».

- Mesure du progrès.
- Actions complémentaires : gestion des ressources, multi-projets, capitalisation du retour d'expérience... Principes d'évaluation.

Knowledge Management et progrès de l'innovation

Le Knowledge Management améliore considérablement la productivité et les délais de conception des produits nouveaux.

En effet, la conception de produits nouveaux comporte deux parts, l'innovation proprement dite et les tâches de routine qui consistent souvent à vérifier le respect des normes, des contraintes techniques, des compatibilités, de retrouver la manière de faire les calculs, de recommencer à établir les modèles et règles de simulation, en bref de réutiliser le savoir ancien et les expériences antérieures qui sont souvent mal formalisées, quand elles le sont. Ces travaux représentent souvent jusqu'à 90 % du temps consacré au développement de produits nouveaux.

Le Knowledge Management permet de réduire considérablement le temps consacré à cette partie routinière du travail et de passer beaucoup plus de temps a l'innovation en procédant comme suit :

1. Identification de l'ensemble des connaissances techniques intervenant tout au long du cycle de conception des produits et procédés, recueil des multiples savoir-faire de chacun des métiers étudiés et création de *bibles de connaissances sur papier*.
2. Création de *banques de connaissances* qui sont la version informatisée des bibles, et qui permettent une utilisation personnalisée de la mémoire de l'entreprise grâce aux technologies hyper texte et multimédia.
3. Création de *bases de connaissances* qui intègrent les règles du métier dans les applications, ce qui permet une conception plus rapide en connectant aux banques de connaissances des simulations numériques, des modélisations géométriques et des rapports de conception.

Ces solutions facilitent la recherche de solutions technologiques, le pré-dimensionnement de pièces et d'assemblages, l'automatisation des tâches routinières de conception, la réalisation de devis, et la génération automatique de modèles géométriques et de gammes de fabrication.

Ces solutions permettent de diviser par 10, parfois 20 et même par 30, les délais de conception, de réduire les coûts, et de consacrer beaucoup plus de temps à la véritable innovation.

Chapitre 7

Réussir les fusions et les acquisitions

Il n'est plus guère possible de parler de stratégie sans mentionner les fusions ou les acquisitions. On doit même considérer que les objectifs de croissance peuvent être réalisés par croissance organique mais également par croissance externe. Ne prendre en compte qu'une des modalités peut s'avérer relever de l'*a priori* ou de la myopie stratégique.

De même, l'innovation peut rester interne, mais il est également possible d'acheter des entreprises qui viennent d'innover.

Les compétences qui manquent ou qui vont devenir à terme stratégiques peuvent être créées et développées par le recrutement et la formation, mais être trouvées également par l'acquisition d'entreprises. Même Microsoft emploie ce moyen pour rester leader dans les technologies qui l'intéressent et consacre plusieurs milliards de $ chaque année à des acquisitions.

Auguste Detoeuf écrivait[1] : « *Il y a trois manières de se ruiner, disait le grand Rotschild : le jeu, les femmes et les ingénieurs. Les deux premières sont plus agréables, mais la dernière est la plus sûre* ». *Il n'avait pas encore connu la mode des fusions. Aujourd'hui il faudrait ajouter* « *les acquisitions sont le moyen le plus rapide de se ruiner surtout pour les grands groupes les plus riches* ».

Les trois clés du succès pour créer de la valeur pour l'actionnaire sont bien connues des praticiens : *le prix, la pertinence stratégique et le management de l'intégration post-acquisition*. Nous étudierons ces trois points en détail.

---

1. Detœuf Auguste – *Propos de O. L. Barenton confiseur* – Éditions Seditas – Paris 1977.

LES ÉVOLUTIONS SIGNIFICATIVES EN COURS

HIER/AUJOURD'HUI ⇨	AUJOURD'HUI/DEMAIN
Jusqu'à 2000 nombreuses et grosses acquisitions pour devenir leader du marché et présenter une croissance rapide des profits permettant des plus-values boursières, surtout dans secteurs High-tech et Télécoms	Forte réduction du nombre d'acquisitions – fusions en 2001/2002. Faillites ou difficultés financières de sociétés ayant trop acquis sur endettement. Moins bonne image de ce mode d'action stratégique. Retour à une situation plus normale vers 2003/2004
Prix payé sur base de PER trop élevés (25 à 50 et plus) s'appliquant à des profits élevés. Chute des PER vers 6 à 12. Prix plus raisonnables mais peu de transactions	Peu de transactions : prix demandé encore élevé et arrêt du financement de ces opérations par les banques. Mais moment d'acheter Retour probable à des prix basés sur des PER de 6 à 15 et reprise des achats de PME
Beaucoup d'opérations réalisées pour croissance de la valeur en bourse, sans réel intérêt stratégique	Retour à l'analyse stratégique d'opportunité. Scepticisme sur l'objectif purement financier
On sait allier, taille, vitesse, flexibilité, ainsi que proximité des clients, et service des gros clients, la taille a surtout des avantages	La taille ne protège pas contre les difficultés financières. Elle rend parfois plus dépendant de la conjoncture du secteur
Les groupes considèrent la fusion acquisition comme un processus stratégique normal	Fusion acquisition comme processus stratégique exceptionnel dès que la taille de l'absorbé dépasse 15 % à 20 % de l'absorbeur
Plus d'entreprises savent manager l'intégration	Le choc des cultures et la réacculturation restent des problèmes majeurs
Les OPA hostiles réveillent les belles endormies, pour le plus grand bien des actionnaires	Les OPA hostiles sont considérées comme peu cohérentes avec un bon esprit d'entreprise
Les acquisitions ont pour but principal, la taille, la part de marché	Toujours vrai, mais également intégration des concurrents dangereux, acquisition de compétences, d'innovations et de technologies, mondialisation
Les dirigeants se préoccupent principalement de la négociation des accords	Les dirigeants s'impliquent également dans le processus d'intégration
Synergies difficiles à mettre en œuvre (Synergy Trap)	Scepticisme sur le concept de « synergie ». Fonctionne rarement dans la réalité

Tableau N° 7.1 : Évolutions des acquisitions-fusions

Un mode d'action stratégique provisoirement freiné

L'activité de fusions-acquisitions a été largement dominée jusqu'à 1985 par deux pays anglo-saxons, les États-Unis et la Grande-Bretagne, phénomène largement local, accéléré par la mise en œuvre des LBO (Leveraged Buy Out) ou achat financé largement par emprunt pour favoriser l'effet de levier, et les LMBO (Leveraged Management Buy Out), opérations réalisées par le management.

Depuis le mouvement s'est largement développé dans les autres pays industriels et on a vu se développer un grand nombre d'opérations transfrontières.

Le nombre d'opérations dans le monde jusqu'en 2000 a dépassé **plusieurs dizaines de milliers chaque année** (20 000 à 30 000) et concernait aussi bien des entreprises géantes qui rachetaient ou absorbaient parfois plusieurs dizaines d'entreprises par an, que des PME qui également achetaient des entreprises de leur taille ou plus petites sans aucune mention dans la presse.

Aux États-Unis, les opérations de M&A (Merging and Acquisitions) sont passées de 3 642 en 1991 à une pointe de 10 459 en 1998 pour redescendre en 1999 et 2000. Toutefois les masses financières échangées continuaient de croître jusqu'en 2000 passant de 141 Milliards de $ en 1991 à 1 747 Milliards de $ en 2000.

La réduction importante du nombre et du volume des opérations en 2001 et 2002 s'explique par le dégonflement de la bulle boursière en partie alimentée par les opérations d'acquisitions et de fusions en bourse dont une fraction importante n'avaient pour but que de continuer à afficher des croissances de chiffres d'affaires et de profit.

L'intérêt d'acheter des sociétés pour des raisons purement boursières s'explique par le mécanisme suivant : les sociétés ayant la meilleure croissance des bénéfices affichaient un PER supérieur aux autres entreprises du secteur, par exemple de 35. En achetant, par exemple, une entreprise avec un PER de 25 et un bénéfice de 100 avec une capitalisation de 2 500 (25 fois 100), l'acquéreur voyait la bourse appliquer immédiatement un PER de 35 au lieu de 25 aux bénéfices de la société achetée et l'acquéreur voyait sa propre capitalisation boursière augmenter de 35 fois 100 soit 3 500 pour une acquisition payée 2 500. Chaque opération dégageait ainsi une plus-value pour l'actionnaire de l'acquéreur purement financière et dangereusement artificielle. Mais ce n'était valable que dans une bourse dont les PER étaient stables ou croissants.

La bourse baissant mois après mois depuis octobre 1999 les vendeurs au début des années 2000 préféraient attendre sa remontée et les acheteurs voyaient leurs ressources s'amenuiser tandis que les banquiers se montraient réticents à financer ces opérations par l'endettement, à la suite de faillites ou

265

difficultés d'entreprises géantes (comme Worldcom) qui avaient grandi rapidement en appliquant ce processus.

La bourse servant de référence pour l'évaluation des entreprises non cotées auxquelles on applique des PER boursiers avec un abattement de 20 % à 30 %, les opérations d'acquisitions ou de fusions d'entreprises non cotées connaissaient également un fort ralentissement, les vendeurs trouvant le prix offert trop bas, parce qu'ils avaient encore en tête les prix offerts quelques mois auparavant et les acquéreurs trouvant les prix trop élevés, même quand leurs ressources financières propres leur permettaient encore des acquisitions ce qui cessait d'être le cas dans de nombreux secteurs au début des années 2000.

Mais il y a toujours des entreprises à vendre, par exemple par les groupes en difficulté ou par les héritiers de propriétaires décédés et le flux reprend avec vigueur dès que les esprits ont intégré le fait que la bourse ne puisse pas remonter aux niveaux atteints fin 1999 avant de nombreuses années et que dès lors vendeurs et acheteurs trouvent normal de se mettre d'accord sur des PER beaucoup plus bas qu'en 1999.

Les raisons stratégiques

▄▄▄ Économies d'échelle, tailles critiques et loi des rendements croissants

Les économies d'échelle et l'existence dans certains secteurs, à un moment donné, compte tenu d'une technologie donnée, de tailles critiques technologiques ou commerciales sont des concepts bien connus.

Comme le montre l'enquête périodique de la CEGOS sur les frais généraux des entreprises[1], dans la course au prix bas et à la productivité, la plupart des fonctions de frais généraux pèsent moins en pourcentage du chiffre d'affaires, dans les grandes entreprises que dans les plus petites. Les frais fixes sont en effet divisés par des volumes plus importants, et la puissance économique permet de négocier de meilleures conditions que cela soit auprès des fournisseurs ou des banquiers.

Dans un nombre croissant de secteurs, allant de la pharmacie aux télécommunications (en passant par l'automobile, l'agroalimentaire, la chimie, la défense), les dépenses de recherche et développement nécessaires à la mise au point de produits nouveaux dans des délais de plus en plus courts exigent des financements de plus en plus massifs qui ne sont à la portée que de grandes entreprises, capables d'amortir ces investissements sur de grandes quantités

---

1. CEGOS – *Enquête sur les Frais Généraux des entreprises* – 1996 – Éditeur CEGOS – Boulogne-Billancourt.

vendues. Ce qui implique souvent l'accès au marché mondial. Et donc une taille suffisante.

Dans les domaines de services comme le software, le courrier express, certaines activités financières, la taille est également devenue un facteur de compétitivité et même parfois une nécessité vitale. Dans certains domaines, l'avantage conféré au produit qui devient le standard est quasiment éliminatoire pour les autres.

Comme le démontre Brian Arthur[1], professeur à Stanford, si la théorie des rendements décroissants était valable pour l'agriculture et les industries de base dans les conditions technologiques des décennies passées, il y a de plus en plus de secteurs qui relèvent d'une logique de rendements croissants.

Dans l'enquête déjà citée par le professeur Kamran Kashani[2] sur leurs préoccupations marketing et l'évolution des marchés, les dirigeants placent en tête la *concentration de la concurrence* avec moins d'entreprises mais plus grandes, des clients qui changent ainsi que leurs besoins, et une mondialisation des marchés et de la concurrence.

Cette enquête cite en particulier les industries fondées sur la connaissance avec investissements élevés de R&D, celles qui sont favorisées par les effets de réseau, celles qui nécessitent un apprentissage du produit par le client qui aura tendance à racheter au même fournisseur, etc. Il faut y ajouter l'importance d'une marque forte qui ressort nettement des analyses de la Valeur-Client.

La loi des rendements croissants et ses limites

Dans des secteurs de plus en plus nombreux, on peut donc parler d'une véritable *loi des rendements croissants*. Plus l'entreprise est grande, plus ses avantages stratégiques sont importants et plus les clients sont nombreux. C'est le cas du software, domaine dans lequel les coûts de fabrication sont minimes par rapport aux coûts de recherche et développement et aux coûts commerciaux. À cela s'ajoute le phénomène des bases installées, qui plus elles sont nombreuses, plus elles génèrent des achats renouvelés, et l'effet du « standard » qui profite à celui qui est déjà le plus répandu sur le marché.

Toutefois, il peut apparaître des limites à l'avantage au plus grand et à la loi des rendements croissants. Si elles conduisent à des situations de duopole ou d'oligopole restreint en concurrence frontale sur les prix, elles peuvent conduire à des baisses de prix dramatiques qui laminent les marges et mènent parfois au déficit.

---

1. Arthur W. Brian – *Increasing Returns and the New World of Business* – Harvard Business Review – juillet-août 1996.
2. Kashani Kamran – *Marketing role is changing to survive* – Perspectives for Managers – IMD – Vol 25 – N° 9 – septembre 1996.

L'un des grands obstacles à la loi des rendements croissants est *la complexité*. L'arrimage de deux ensembles humains de culture différente accroît soudainement la complexité de gestion dans des proportions insoupçonnées. Les mêmes mots n'ont pas le même sens ou n'emportent pas les mêmes représentations dans les deux univers. Cette simple différence est potentiellement source d'innombrables malentendus ou erreurs. Ce qu'on croyait simple devient compliqué. La complexité génère des délais et des coûts très élevés.

C'est alors qu'on voit apparaître le génie de certains dirigeants. C'est en tranchant le nœud gordien de la complexité, quitte à être accusés par tous de simplisme et d'incompréhension des problèmes, qu'ils redonnent au nouvel ensemble les avantages de la taille.

Il n'est pas non plus certain que les économies d'échelles soient aussi importantes qu'on le dit dans tous les métiers ou même dans les différentes lignes de produits d'un même métier. Il faut mener l'analyse avec grand soin en n'oubliant pas de prendre en compte ce qui ruine les synergies : justement la complexité de réalisation effective, compte tenu du comportement des hommes qui sont plutôt enclins à s'occuper de leurs intérêts directs que des progrès collectifs qui résulteraient d'une coopération.

Il faut mentionner enfin, parmi les obstacles, les limitations légales aux positions dominantes et les réglementations antitrust, qui s'opposent aux fusions évidemment les plus intéressantes pour leurs promoteurs. Chaque année, des projets sont bloqués par les autorités nationales ou européennes.

▬ Franchissement de barrières d'entrée, achats d'inventions, diversification et gain de temps

Les raisons stratégiques sont très variées. On peut citer :

- Le franchissement de barrières d'entrée dans les secteurs où la réglementation pour exercer un métier est lourde et les autorisations sont longues ou difficiles, voire impossibles à obtenir. Il est plus simple alors d'acheter une entreprise déjà implantée dans ce secteur. C'est le cas de secteurs comme la pharmacie, les télécommunications, la banque ou l'assurance dans de nombreux pays, et la grande distribution en France où les lois restreignant les créations de grandes surfaces nouvelles ont eu pour effet d'accélérer le mouvement de concentration déjà bien lancé pour le motif de puissance d'achat.
- Les inventions ne sont pas l'apanage des grandes entreprises. Elles peuvent même surgir du cerveau d'un homme seul qui créera une petite entreprise. Certaines de ces inventions peuvent menacer l'avenir de produits parfois même de lignes de produits entières ou même l'avenir d'une grande entreprise. L'avantage de la grande entreprise vigilante est sa capacité à acheter les entreprises innovantes dont elle accélérera la diffusion des nouveautés sur le marché mondial.

- C'est également un moyen d'élargir l'offre ou de se diversifier quand le marché est voué à une croissante trop lente. L'entreprise achetée peut apporter une connaissance de marchés connexes et un fonds de commerce.

La mondialisation

Enfin et très souvent, c'est un moyen de gagner du temps dans la course de vitesse pour la conquête de parts de marchés. Quels que soient les moyens mis en œuvre, le développement à partir de zéro sur un marché prend beaucoup plus de temps que l'acquisition d'une entreprise existante. Dans de très nombreux cas, l'implantation internationale va se faire par acquisition d'une entreprise locale, c'est pourquoi le mouvement de mondialisation actuel entraîne de nombreuses opérations de fusions-acquisitions transfrontières.

Par exemple le profit de l'Oréal a été en croissance à deux chiffres de 1996 au début des années 2000. L'Oréal recueille ainsi les fruits de ses multiples acquisitions ou implantations notamment en Amérique du sud, Asie et aux États-Unis.

La vague de déréglementation de secteurs entiers

Dans de très nombreux secteurs, y compris les plus réglementés ou les plus surveillés par la puissance publique comme la banque, les télécommunications, l'assurance, le transport aérien, les organisations de santé, et les « utilities », les protections tarifaires, réglementaires, et d'une manière générale les limitations à l'exercice des métiers par des concurrents locaux ou étrangers sont progressivement éliminées.

Il en a résulté une frénésie d'acquisitions, fusions ou alliances de toutes sortes pour survivre ou prospérer dans un nouvel environnement compétitif. Ainsi le transport aérien aux États-Unis est plus ou moins passé de 15 compagnies importantes en 1981 à 6 en 1996, dont un certain nombre encore en difficultés au début 2000.

À la fin des années 1990, les opérations trans-frontières se multipliaient dans le transport aérien pour faire face à la concurrence toujours vive. La concentration devenait mondiale tandis qu'on voyait au début 2000 des transporteurs « low-cost » prendre des parts de marché venant encore aggraver la concurrence.

Les politiques de recentrage

Un troisième phénomène est signalé par Baudoin Prot et Michel de Rosen dans *Le retour du Capital*[1]. Beaucoup de groupes qui s'étaient diversifiés au

---

1. Prot Baudoin et de Rosen Michel – *Le retour du Capital* – Éditions Odile Jacob – Paris – 1990.

cours des Trente Glorieuses se sont aperçus qu'il n'était plus possible de mener de front plusieurs activités face à des concurrents de plus en plus puissants et spécialisés.

Sous l'influence des données établies par le PIMMS, il ressortait une forte corrélation entre la rentabilité d'une entreprise et sa position de leader sur son marché. Cela a conduit certains groupes comme General Electric, sous l'impulsion de Jack Welsh, à céder des pans entiers de leurs portefeuilles d'activités pour en racheter d'autres.

Les concepts de EVA et MVA et les analystes financiers et ont eu une grande influence sur les recentrages entre 1990 et 2000. En effet la pratique de l'EVA conduit à ne pas mêler dans le même groupe des activités n'ayant pas les mêmes besoins de capital investi et surtout n'ayant pas la même rentabilité du capital utilisé.

Par ailleurs les analystes financiers préfèrent suivre en bourse des sociétés ayant un métier dont les indicateurs de performance sont clairs à établir, d'où le principe de focalisation sur son cœur de métier par acquisition d'entreprises dans le même métier et de revente des autres activités.

Croissance très rapide par acquisitions et fusions

Passer de la taille d'une PME à celle d'un grand groupe sur un marché qui ne croît que de quelques pour cent par an, est-ce de l'utopie ? La réponse comme toujours en matière de stratégie est : c'est possible, on a vu des cas qui déjouent les pronostics.

Effectivement, même dans des secteurs qui ne connaissaient il y a quelques années que des monopoles d'État ou après la déréglementation des oligopoles de puissantes sociétés comme dans le secteur des opérateurs de téléphone, un homme peut constituer très rapidement un grand groupe par acquisitions.

C'est le cas de Bernie Ebbers, Président de Worldcom Inc., qui créa avec 3 amis en 1983 une société de Télécommunications appelée LDDS (Long Distance Discount Service). Après une première série de petites acquisitions entre 1987 et 1992, LDDS acquiert en décembre 1992, Advanced Telecommunications, ce qui en fait le 4e opérateur longue distance du pays.

En mars 1994, il achète Dial-Net, et s'étend sur la moitié des USA, en septembre 1994 Resurgens Communications Group et Metromedia Communications, en décembre 1994 IDB WorldCom qui lui donne une couverture mondiale et prend le nom de WorldCom en Janvier 1995 et acquiert Wiltel Network Services, en septembre 1996 UUENET Technologies, premier fournisseur de service Internet, en décembre 1996 MFS Communications.

En octobre 1997 il lance une OPA sur MCI pour 34,5 milliards de $ et achète Brooks Fiber pour 2,9 milliards de $.

L'OPA sur MCI secoue le monde des télécommunications car WorldCom-MCI deviendrait le premier opérateur américain à offrir une gamme complète de services de télécommunications. GTE lance une contre-OPA mais c'est finalement WorldCom qui l'emporte.

Ainsi, en 15 ans, un homme seul et quelques amis, à coup de rachats et de fusions, s'est hissé parmi les leaders mondiaux des opérateurs de télécommunications, secteur qu'on pouvait croire réservé aux géants déjà en place.

Cet exemple n'est pas le seul et, *dans certains secteurs, les dirigeants doivent désormais intégrer les acquisitions et fusions comme un des éléments de toute stratégie de croissance forte, parfois nécessaire pour rester compétitif et survivre.*

Toutefois ce cas a cessé d'être exemplaire en 2001. Car le même groupe Worldcom a eu des difficultés financières à la fin des années 1990, et pire ses dirigeants ont avoué avoir manipulé les comptes pour améliorer ses résultats de plusieurs milliards de $. Finalement ils ont été obligés de déposer le bilan au début des années 2000 (chapter 11 aux USA). Le fondateur qui avait emprunté pour acheter des actions de son propre groupe se trouve ruiné. Il est même poursuivi par des actionnaires lésés qui veulent lui retirer ses derniers biens visibles.

Cette histoire tragique pour les employés et les actionnaires montre qu'il est possible de créer un grand groupe par acquisitions et fusions même dans un secteur de géants, dans une période de bas taux d'intérêt et de croissance de la bourse, mais qu'il faut toujours veiller à respecter les ratios financiers de bon sens pour rester solvable et ne pas truquer les comptes, car tôt ou tard la contrainte financière reprend ses droits.

Les raisons financières

▬▬ Montée en puissance des actionnaires

La montée en puissance des fonds de placement, et des opérateurs sur les marchés financiers, s'est traduite par une montée en puissance des actionnaires qui ont favorisé de multiples opérations qui n'enchantaient pas toujours le management.

▬▬ LBO et LMBO, raids et réactions de défenses

De nombreuses opérations de LBO ont permis à des financiers de s'emparer d'entreprises avec lesquelles ils se livraient facilement à un mécano industriel, comme KKR avec RJR Nabisco, vendant ou fusionnant certaines des branches ou sous-branches, parfois après les avoir rendues plus rentables.

Des raiders ou des concurrents se sont emparés d'entreprises qui ne dégageaient pas une rentabilité suffisante.

Des entreprises fusionnent dans une optique de défense pour grossir afin d'être plus difficilement victimes d'une OPA.

▬ Recherche d'une meilleure rentabilité et nouveaux indicateurs

Enfin avec l'apparition de la publication par les analystes financiers d'indicateurs de rentabilité plus contraignants tels que EVA ou MVA, les entreprises doivent élaguer les actifs qui ont une rentabilité du capital employé inférieure à la moyenne de leurs opérations.

▬ Avenir des PME et successions

Pour des motifs très variés qui vont de l'absence de successeur, en passant par le niveau élevé des droits de succession ou la nécessité de répartir le patrimoine entre plusieurs descendants, bien des entreprises familiales sont vendues à des groupes plus importants.

Enquête du Conference Board[1]

Le Conference Board a réalisé une enquête auprès de 88 entreprises (2/3 américaines, 1/3 européennes), les raisons stratégiques données sont les suivantes :

Principale raison pour la fusion/acquisition	%
Obtenir une taille compétitive	43 % (61 % dans le cas de firmes européennes)
Gagner des parts de marché	43 % (47 % dans le cas de firmes européennes)
Acquérir de nouvelles technologies ou produits	47 %
Renforcer les compétences clés	32 %
Consolider les ressources	27 %
Réduire les coûts	23 %
S'implanter à l'international	27 %
Diversifier pour réduire la vulnérabilité	10 %

1. Csoka Louis S. – *HR challenge in Mergers and Acquisition* – HR Executive Review – The Conference Board – New York – 1997.

Quelques exemples de concentration de secteurs au cours de la dernière décennie

Il se constitue des groupes géants dans un nombre croissant de secteurs, en particulier les secteurs de services après les nombreuses concentrations dans l'industrie.

Dans l'assurance : après une concentration massive des réassureurs durant l'année 1996 (par exemple Munich RE et American RE), on apprend la fusion AXA-UAP, créant le premier groupe mondial, le Britannique BAT et le suisse Zurich fusionnent dans l'assurance formant la troisième compagnie en Europe, Generali lance une OPA sur les AGF et Athena, rattrapant ainsi la taille de l'ensemble BAT-Zurich, OPA contré par Allianz. Finalement Allianz et Generali se mettent d'accord pour se partager les actifs des AGF en Europe. Winterthur le quatrième assureur européen en annonçant sa fusion avec le Crédit Suisse déclare par la voix de son président que la fusion banque-assurance est une tendance de fond.

Dans les banques : les 15 000 banques américaines vont passer à 5 000 en quelques années. Travelers Group a racheté Salomon pour 8,7 Milliards de $, devenant la septième banque mondiale. Nations Bank et Barnett Banks fusionnent pour se hisser à la troisième place. Les brokers eux-mêmes comme Morgan Stanley, Alex Brown, Dillon Read, changent de main. En Europe, la concentration des banques se poursuit également dans tous les pays. En France par exemple, Le Credit Agricole fait une OPA amicale sur le Crédit Lyonnais.

Dans l'hôtellerie et la restauration : Sodexho Alliance leader mondial de la restauration et des services avec 142 000 personnes dans 62 pays, fusionne ses activités de restauration et des services en Amérique du Nord avec celle de Marriot International, leader mondial de l'hôtellerie avec 225 000 personnes, pour former Sodexho Marriot Services, Inc. North America.

Dans les services aux collectivités : la fusion Suez-Lyonnaise des eaux a donné naissance au leader mondial des services collectifs avec 190 000 employés et un chiffre d'affaires de 40 Milliards de $.

Dans le travail temporaire : Adecco rachète TAD Resources aux USA.

Dans l'audit et le conseil, les « Big Six » cherchaient à devenir « Big Four » avec les projets de fusion de KPMG et Ernst Young d'une part, et d'autre part, de Coopers Lybran et Price Waterhouse. À la suite de l'affaire Enron, Arthur Andersen est démantelé et racheté par les « Big Three ». Parallèlement les auditeurs sont obligés de se séparer de leur branche conseil. IBM déjà très important dans le conseil devient le leader mondial avec un Chiffre d'affaires de 13 Mds de $ en rachetant PWC (Price Waterhouse Coopers).

On voit se constituer dans un nombre croissant de secteurs des leaders mondiaux constitués de compagnies géantes dans leur secteur. Ce qui peut laisser penser qu'on assistera à l'émergence d'oligopoles mondiaux dans un nombre croissant de branches, ce qui peut changer à terme la face de la compétition et du commerce.

Un taux d'échec élevé mais qui se réduit

De nombreuses enquêtes convergent pour démontrer que le taux d'échec d'une fusion ou d'une acquisition, est extrêmement élevé. D'après une enquête[1] réalisée par Solving en 1994 sur un échantillon de 119 opérations réalisées par 87 groupes européens, une opération sur dix parvient après trois ans à améliorer la rentabilité de l'acquéreur, une sur deux seulement est une réussite managériale.

Toutefois, depuis le début des années 1990, le management des opérations de fusion s'améliore selon Mercer et Paul Gibb, analyste chez JP Morgan, sources citées par *Le Monde*[2], puisque plus d'une acquisition sur deux a fait progresser la valeur en bourse de l'acquéreur.

Première explication, l'attention portée à la valeur pour l'actionnaire qui devient un des critères important de la décision ; deuxième explication : l'expérience. Selon Mercer, 72 % des sociétés qui ont réalisé plus de six opérations de croissance externe entre 1984 et 1994 ont eu une performance boursière supérieure à celle de leur secteur ; ce pourcentage tombe à 54 % pour celles qui ont réalisé moins de cinq opérations.

En 2001 une enquête réalisée par le Conference Board[3] sur le management de la culture dans les opérations d'acquisitions et de fusions (M&A) donne les mêmes ordres de grandeur pour les taux d'échecs. À la question « dans l'ensemble les expériences de M&A de mon entreprise dans les dernières années ont-elles été réussies ? » les réponses positives ne représentent que 50 %.

Les acquisitions sont plus logiques, plus proches des métiers de base, et beaucoup correspondent à des calculs stratégiques. Toutefois, beaucoup ont été faites également dans une optique boursière à la fin des années 1990 et les échecs restent encore nombreux, d'autant que les prix payés étant très élevés les attentes de résultats le sont également.

L'une des causes d'échec est liée à l'intégration. Que ce soit avant ou après l'acquisition, on ne pense pas assez en termes d'organisation et d'hommes.

1. Solving Management Consultants – *L'organisation – clé des fusions -acquisitions* – Le Monde – Mardi 21 novembre 1995.
2. Fay Sophie et Orange Martine – *Poussées par les actionnaires, les entreprises mènent mieux leurs acquisitions.*
3. Schein Laurence – The Conference Board – *Managing Culture in Mergers and Acquisitions* – USA 2001.

Un changement de nature révolutionnaire

La vie de l'entreprise est faite de changements, mais comme l'explique très clairement Rosabeth Moss Kanter[1], il faut distinguer les changements *progressifs* qui accompagnent la croissance de l'entreprise et son vieillissement avec évolution des activités, des produits, des structures, des hommes, des marchés, et des concurrents et les changements *révolutionnaires* qui résultent le plus souvent de changement de la nature du pouvoir, soit à la suite de difficultés, soit à la suite d'opérations de fusion ou d'acquisition.

Pour l'acheteur, le changement n'est révolutionnaire que si l'entreprise achetée est d'une taille significative par rapport à la sienne et exerce une activité analogue, ce qui peut entraîner une redistribution des pouvoirs et même des changements de culture chez l'acheteur, ce qui n'est pas un cas très fréquent.

En revanche, pour l'entreprise achetée ou absorbée, dans la plupart des cas le changement risque d'être de nature révolutionnaire sauf si le nouvel actionnaire de contrôle décide de ne rien changer au fonctionnement de l'organisation acquise.

Pour réussir le mariage, il faut savoir conduire un processus révolutionnaire et pour cela, il faut d'abord l'avoir identifié comme tel.

Une grande variété de situations

Les problèmes posés par les fusions varient évidemment suivant les situations. Il y a effectivement une grande variété de cas de figures, citons-en quelques-uns :

- rachat d'une petite entreprise, équivalant à l'apport d'une petite unité ou d'un département,
- fusion avec une entreprise plus petite mais plus performante,
- reprise d'une PME de bonne taille et en bonne santé, ou au contraire rachat d'une entreprise concurrente en difficulté,
- rachat d'une entreprise complémentaire opérant sur des produits ou des clientèles distinctes,
- fusion avec une entreprise de même taille exerçant le même métier,
- achat d'une entreprise apportant un atout manquant, technique, commercial ou une compétence absente,
- achat à un actionnaire majoritaire qui dirigeait l'entreprise et se retire, ou au contraire achat à une équipe de direction qui veut rester, ou encore achat à un groupe qui vend une de ses activités.

---

1. Moss Kanter Rosabeth, Strim Barry A., Jack Todd – *The challenge of organizational change* – Éditions McMillan – New York – 1992.

Suivant les situations, la fusion peut nécessiter plus ou moins de vitesse, de délais et de précautions. Dans le cas d'une entreprise en difficulté, il s'agit d'arrêter les pertes le plus vite possible, ce qui peut nécessiter une intervention énergique et rapide de l'absorbeur, alors que s'il s'agit de fusionner avec une entreprise de même taille dont on veut préserver la valeur, il faudra prendre beaucoup plus de précautions.

Nous nous placerons dans ce dernier cas, souvent, le plus difficile.

LES CONDITIONS DE RÉUSSITE

Bien définir les objectifs

Comme l'a écrit Antoine Riboud dans la préface du livre de Georges Egg sur les fusions d'entreprises[1], « Savoir prendre de bonnes décisions stratégiques et ne s'engager dans des choix organisationnels qu'après une analyse prospective des avantages et inconvénients des différentes solutions, c'est la première étape qui reste l'apanage des dirigeants de l'entreprise ». Il ajoute qu'il faut savoir prendre son temps mais en amont de la décision de fusion et de la mise en œuvre de la nouvelle organisation, et qu'il faut conduire ces opérations de manière anticipative et rigoureuse.

La réussite n'existe que par rapport à des objectifs, qui peuvent être stratégiques ou financiers. En général on attend de la concentration une augmentation du chiffre d'affaires et des profits de l'ensemble au-delà de la simple addition. De plus, on s'attend également souvent à un renforcement des atouts stratégiques par accroissement de la gamme, des clientèles, des technologies maîtrisées, des hommes de valeur et des compétences de l'entreprise.

On parle alors beaucoup de synergie et on emploie souvent la célèbre formule : $1 + 1 > 2$.

Il y a déjà à ce niveau beaucoup de pièges, sachant que les motivations des hommes ou des équipes qui œuvrent pour le rapprochement ne sont pas sans liens avec des intérêts personnels, qui peuvent être l'agrandissement du territoire dans une optique de carrière individuelle, l'élimination d'un concurrent mieux géré, la réalisation d'une opération financière à court terme, etc. Il n'est pas alors étonnant qu'il puisse y avoir écart entre les objectifs affichés et les réalisations.

En particulier, il peut y avoir un très important écart d'objectif réel entre le vendeur et l'acheteur.

---

1. Egg Georges – *1 + 1 = 3... Réussir une fusion d'entreprise* – Éditions Liaisons – Paris – 1991.

C'est pourquoi rappeler, écrire et diffuser l'objectif visé est très sain pour éviter le piège de la synergie espérée mais non réalisée (les Américains l'appellent la « Synergy Trap »).

Ne pas limiter l'analyse préalable (due diligence) aux seuls aspects financiers de l'opération, et avoir une méthode pour détecter les futurs problèmes ou les pièges

Une entreprise inconnue comporte fatalement quelques chausse-trapes. Signalons en quelques-unes sans prétendre être exhaustif :

- les contrats qui prévoient de lourdes indemnités de départ (« golden parachutes »),
- les clauses de rupture de contrats commerciaux, de concession ou de joint-venture en cas de changement d'actionnaire majoritaire,
- les promesses orales aux clients faites par des vendeurs,
- les conditions commerciales anormales accordées dans le passé,
- les contentieux naissants avec les clients,
- l'érosion de parts de marché,
- la décision non encore connue de gros clients de changer de fournisseur,
- les chantiers à problèmes latents (travaux, changement de système informatique, mise au point de produits nouveaux, etc.),
- les provisions insuffisantes (immobilier par exemple),
- le double jeu ou l'hostilité des anciens propriétaires,
- l'influence des anciens dirigeants qui continuent l'ancienne politique mais dont on ne peut pas se séparer,
- un personnel vieillissant, peu habitué à coopérer, ou habitué à des méthodes laxistes de travail.

Comme l'indique Michel Spielman dans son livre *Ces hommes qu'on rachète*[1], chez 3M par exemple, pour décider d'une acquisition il faut rédiger un *Blue book* standard qui est l'œuvre d'un homme de la direction générale, d'un financier, d'un juriste, d'un spécialiste des ressources humaines et d'un responsable de la fabrication. Chacun rédige un rapport détaillé sur ce qui relève de sa compétence.

Dans la plupart des opérations de rachat, il est très difficile de visiter l'entreprise et de dialoguer avec les cadres pour des raisons de confidentialité et pour éviter d'effrayer le personnel avant toute décision, d'autant que les négociations peuvent ne pas aboutir. Par conséquent les examens préalables se déroulent souvent par des échanges d'informations auxquels participent deux à quatre dirigeants du côté de l'absorbé.

---

1. Spielman Michel – *Ces hommes qu'on rachète* – Éditions L'Harmattan – 1994 – Paris.

À ce stade les considérations économiques et financières priment et le diagnostic humain ne va pas au-delà de l'évaluation de l'équipe dirigeante au cours des conversations et naturellement au travers des résultats qu'elle a obtenus.

Dans tous les cas, il peut être utile de se munir d'une check-list pour ne pas oublier de poser toutes les questions utiles et se faire remettre tous les documents indispensables à une bonne analyse. On trouvera deux check-lists complémentaires dans le *Manuel d'évaluation des entreprises*[1] et dans *Ces hommes qu'on rachète*[2].

Ne pas payer trop cher mais ne pas laisser échapper l'opportunité

C'est un des dilemmes classiques. Le vendeur ayant intérêt à faire monter les enchères suscite en général des concurrents. Il faut savoir jusqu'où il est raisonnable de monter. Des prix élevés obligent à des efforts particuliers d'amélioration des profits de l'ensemble, ce qui entraîne souvent des restructurations plus drastiques.

Les OPA conduisent l'acheteur, pour obtenir la majorité, à faire une offre supérieure au cours actuel de l'action qui peut en majorer le prix de 5 % à 100 % avec beaucoup de cas aux environs de 30 à 50 %. Il faudra donc que l'acquéreur tire de l'entreprise acquise une rentabilité du capital supérieure à celle qu'en tiraient les actionnaires précédents.

Cela veut dire que la synergie qui va en résulter doit améliorer les performances des deux entreprises de manière sensible, par amélioration de la gestion de l'acquis, supposée un peu molle, et par l'élimination des coûts qui font double emploi. Ce qui implique, après achat, une énergique réorganisation pour augmenter la valeur pour l'actionnaire de l'ensemble, sinon la valeur de l'action de l'acquéreur risque de baisser.

Les LBO induisent également des exigences élevées de rentabilité et de flux de cash qui créent des contraintes particulières pour la gestion.

Payer un prix raisonnable exige de faire un certain nombre de calculs classiques d'évaluation, la tête froide avec des spécialistes de ces questions. Il importe d'actualiser des chaînes de « free cash flow » ou d'EVA futurs pour se faire une idée du prix qu'il est possible de payer, en faisant plusieurs scénarios sur les variations possibles des résultats futurs en fonction de la conjoncture et de la réussite des opérations visant à augmenter les bénéfices grâce aux

---

1. Brilman Jean et Maire Claude – *Manuel d'évaluation des entreprises* – Éditions d'Organisation – Paris – 1993.
2. Op. cit.

synergies et aux réductions de coûts. Et il faut fixer les limites dont le dépassement rendrait l'opération difficile à rentabiliser.

Après tous ces préalables, viennent la négociation et/ou les offensives et contre-offensives en cas d'OPA hostile. Les limites établies précédemment avec la tête froide ont pour but de s'arrêter à temps.

Il faut toujours avoir à l'esprit lors de négociation d'acquisitions ou de fusion le principe suivant :

Une acquisition payée trop chère est déjà une erreur stratégique

Se reporter au chapitre 1, annexe deux, de ce livre pour des éléments d'évaluation raisonnable des entreprises.

Bien connaître les différentes étapes de l'acquisition puis de l'intégration (appelée « consolidation » par les Anglo-Saxons)

Elle comporte en général les étapes suivantes :

▬ 1) La phase confidentielle

- définition des cibles,
- recherche des partenaires,
- recueil d'information,
- évaluation de la société à acquérir ou des parités des sociétés à fusionner,
- négociation des accords, en particulier négociation des objectifs futurs (parfois avec un peu de machiavélisme pour ne pas faire fuir le futur partenaire),
- choix des modalités juridiques,
- parfois audit préalable sur de nombreux aspects (due diligence), cette phase intervient souvent après signature des protocoles,
- protocoles d'accord.

▬ 2) La phase de communications et de décisions sur le pouvoir

- annonce des accords,
- réalisation ou poursuite des audits,
- confirmation des dirigeants en place ou nomination de nouveaux dirigeants.

▬ 3) La phase de structuration du nouvel ensemble et d'organisation du travail d'intégration

Une partie des opérations de cette phase aura été réalisée avant même les décisions et annonces officielles.

Il s'agit de définir la structure du nouvel ensemble, les vocations des entités et unités, l'organigramme, les ambitions, le choix des principaux titulaires (pour ceux non désignés dans la phase précédente) et les règles de conduite de l'organisation de la fusion, à savoir :

- le traitement des problèmes humains et sociaux,
- la politique de communication interne,
- la politique de « reporting » et le système de management,
- le calendrier des travaux à réaliser pour étudier, choisir et installer les modes opératoires et décider du degré d'harmonisation dans les domaines commerciaux, techniques, sociaux et système de pilotage.

L'un des points délicats de ces situations tient à la différence des degrés de centralisation ou de décentralisation pratiquée dans les sociétés. Paradoxalement ce n'est pas toujours dans les sociétés plus importantes que la décentralisation est la plus réelle. Et si elle l'est, elle est parfois beaucoup plus « encadrée » que dans les PME par des règles dont l'équipe absorbée devra faire l'apprentissage, parfois en maugréant. Mais il est inévitable que la taille modifie l'organisation et le fonctionnement des entités.

■■■ 4) La mise en œuvre des changements

Il s'agit dans cette phase, que Georges Egg[1] décompose en trois sous-phases (approfondir, unifier, mettre au point) :

- de préparer les décisions sur les modes opératoires ou les manières de faire,
- de prendre les décisions,
- puis de les mettre en œuvre.

Les cinq politiques possibles

Cinq politiques ou une combinaison des cinq sont possibles :

1. Laisser chacun continuer selon ses modes opératoires pendant un temps indéterminé.
2. Retenir le mode opératoire qui concerne le plus de clients ou de personnels (choisir la voie du changement qui affecte la plus petite population).
3. Appliquer les modes opératoires de la nouvelle société mère.
4. Choisir la « best practice » après avoir examiné les performances de chacun.
5. Trouver une troisième voie encore plus performante à partir des idées des deux parties.

---

1. Egg Georges – *1 + 1 = 3... Réussir une fusion d'entreprise* – Éditions Liaisons – Paris – 1991.

Par exemple, Schneider qui a mené des opérations de rachat qui ont fait couler beaucoup d'encre, comme la reprise de la Télémécanique ou l'acquisition de Square D aux États-Unis, a pratiqué une approche qui a laissé beaucoup d'autonomie aux entreprise achetées. Ainsi, après l'achat de la Télémécanique dont la culture était très forte et originale, seuls le Directeur Général et le Directeur du Personnel ont quitté l'entreprise et, trois ans après son rachat, la rentabilité n'avait pas baissé. Le Président et le Directeur Financier sont venus de la société-mère.

Mais, par exemple dans le cas de la reprise de Square D, comme l'explique Michel Spielman[1], « Didier Pineau-Valencienne a visité la totalité des établissements industriels de l'entreprise afin d'en prendre connaissance, d'expliquer ses objectifs, de rencontrer le personnel. Un deuxième travail purement professionnel a été fait. En moins de six mois, 70 *task forces* ont été créées. Elles ont oeuvré dans toutes les disciplines : recherche, marketing, production, ressources humaines... et impliquaient des gens de Télémécanique, Merlin-Gérin et Square D. Cela a permis l'identification des synergies possibles. Également, cela a permis de mobiliser 70 fois 10 personnes, c'est-à-dire 700 principaux responsables ».

Un autre exemple intéressant est celui de Fleet Financial[2], banque américaine qui avait réalisé 78 opérations d'acquisitions de banques ou établissements financiers, dont la Banque of New England en 1991, Shawmut en 1995 et la branche américaine de Natwest en 1996 et annonçait en septembre 1997 l'achat de Quick & Reilly, le troisième « discount broker » américain avec plus d'un million de clients pour la somme de 1,6 milliard de $. Le processus de fusion de Fleet Financial est très organisé, rôdé.

En ce qui concerne, par exemple, l'informatique qui est le cœur du système de production des banques, la conversion des systèmes d'information est précédée, pour les fusions importantes, d'une mise en parallèle des divers produits et systèmes, sachant que :

- le reporting est obligatoirement celui de Fleet,
- le système d'une société acquise ne peut s'imposer que sous deux conditions :
  - il était peu performant chez Fleet,
  - il n'existait pratiquement pas chez Fleet.

---

1. Op. cit.
2. CEGOS – *Rapport d'étude* – *Concentration bancaire aux États-Unis et en Europe* – Jean Brilman et Jean-Claude Brauda – 18 mars 1997 – Paris.

Il s'ensuit que, d'une façon générale :

- c'est le produit de Fleet qui s'impose, toujours pour les petites acquisitions et le plus souvent dans le cas des grosses acquisitions,
- même pour les grosses acquisitions, ce n'est pas le meilleur produit qui est conservé mais celui de Fleet, sauf si ce dernier est inexistant ou peu performant,
- lorsqu'un produit d'une société acquise est jugé meilleur que celui existant chez Fleet, mais pas suffisamment, il n'est pas retenu. Cependant, M. David Sheppard, directeur informatique, se réserve la possibilité de s'en inspirer pour les évolutions futures du produit,
- la production informatique reste donc centralisée.

D'une manière générale, on constate très souvent que l'absorbeur impose son système de reporting, nécessité boursière oblige !

Se référer en permanence aux objectifs de la fusion

Les critères qui doivent guider les choix sont très clairs, ils doivent être ceux qui ont motivé la décision d'acquisition ou de fusion, par exemple :

- s'il s'agit de prendre une meilleure position sur le marché, il faudra veiller prioritairement à préserver les clientèles,
- s'il s'agit d'acquérir une technologie, il faudra veiller à conserver les hommes qui ont les compétences correspondantes,
- s'il s'agit de tirer profit des économies d'échelle, il faudra veiller à mettre en place les redistributions inévitables des fabrications et la réduction des frais généraux, etc.

Au total, l'ensemble de ces phases doit prendre entre huit et douze mois.

Savoir prendre vite les décisions qui doivent intervenir très tôt dans le processus

Parmi ces décisions figurent en général le choix des futurs dirigeants de la nouvelle entité, l'architecture juridique et les grands choix de priorités stratégiques ainsi que les options concernant les personnels et la politique de fusion.

Choisir la méthode et le rythme de l'intégration

Il ne faut surtout pas vouloir tout changer et tout harmoniser dès le début de la fusion. C'est risquer le chaos. Bien au contraire il faut limiter le nombre de domaines qui feront très tôt l'objet d'une nécessaire coordination ou intégration.

▰▰▰ Cas particulier de l'absorption d'une PME par un grand groupe

Dans ce cas se pose à chaque fois le problème de l'adoption par la PME du système de management et de gestion du groupe.

La perception la plus probable sera l'impression d'envahissement ou d'étouffement, avec réduction de la liberté d'action et de l'autonomie, multiplication des réunions et rapports, allongement des délais de décisions, perte de la rapidité de réponse aux clients, et ajouts de tâches supplémentaires dont l'utilité est peu visible au niveau de la PME, etc. En bref, l'entreprise est courbée sous le poids de la nouvelle bureaucratie qui a pris le pouvoir.

Le danger le plus évident est la perte de motivation et le départ d'hommes qui représentent par leurs compétences ou leurs relations une partie du fonds de commerce.

Deux solutions sont pratiquées :

- soit une mise en place très progressive et partielle des systèmes de la société-mère en commençant par le reporting financier, laissant à la société reprise nombre de ses spécificités, avec maintien en place de l'équipe de direction.
- soit une mise en place rapide avec redistribution du personnel, certains cadres du groupe étant affectés dans la PME et au contraire des cadres de la PME rejoignant le groupe, le mélange des personnes créant un processus d'acculturation beaucoup plus rapide.

Il est important qu'en contrepartie des réductions de liberté et des travaux supplémentaires demandés par le groupe, celui-ci apporte effectivement de nouvelles activités ou produits ou un soutien visible, par exemple par la formation à des méthodes de travail plus efficaces, le soutien résultant de la puissance économique du groupe etc.

Parfois la société-mère, dans un cas comme dans l'autre, désigne en son sein un homme chargé de l'interface. Celui-ci est parfois un ancien patron d'une entreprise précédemment absorbée, qui ayant vécu cette expérience est capable de comprendre ce que le personnel ressent et de justifier dans les termes appropriés les changements demandés.

Politiques de personnel et préoccupations des DRH

L'enquête déjà citée du Conference Board indique les principales préoccupations des Départements Ressources Humaines lors des fusions-acquisitions : par ordre d'importance décroissant :

Le total fait plus de 100 % car il y a plusieurs réponses.

Préoccupations	%
Retenir les talents critiques	96 %
Fusionner les cultures	83 %
Retenir les cadres supérieurs clés	82 %
Résoudre les problèmes de différences de rémunérations et avantages sociaux	72 %
Reformer et recréer des équipes	46 %
Atténuer les résistances des employés	44 %
Manager l'impact sur la taille de la force de travail	37 %
Réduire les effectifs	35 %

Tableau N° 7.2 : Préoccupations des Directions de Ressources Humaines lors de fusions-acquisitions

Politique de communication

Il faut d'abord voir personnellement les talents critiques et les cadres supérieurs qu'on veut garder et les traiter de telle manière qu'ils aient envie de rester.

Toutes les entreprises qui ont l'expérience des fusions indiquent l'importance des communications par l'ensemble des moyens propres aux entreprises, depuis les réunions générales, les réunions aux divers niveaux de la hiérarchie en passant par les cocktails, les journaux internes et la communication externe qui intéresse parfois plus les personnels que les clients, comme chacun le sait.

Créer des occasions d'écoute et de dialogue avec les responsables de la société absorbante est important. Cela peut se faire par l'organisation d'équipes mixtes comme on le verra ci-après chargées de mettre au point les méthodes du nouvel ensemble. Il est toujours apprécié que les plus hauts responsables se déplacent et viennent dialoguer avec le personnel local, que ce soit en participant à des réunions du comité d'entreprise, comme le fait Vincent Bolloré, ou par des réunions de questions-réponses informelles avec des groupes d'employés.

Gérer l'anxiété et le moral

Les inquiétudes des membres du personnel sont multiples et variables dans le temps. Elles concernent tout à la fois leur carrière, leur emploi, la reconnaissance de leurs expériences, de leurs capacités ou de leur mérite, ou au contraire des interrogations sur leur niveau de compétences face aux attentes ou normes de l'acquéreur.

Il faut avoir présent à l'esprit que le personnel de l'entreprise rachetée a le sentiment d'appartenir à une organisation qui a subi une défaite et donc un sentiment d'échec. Parfois aussi un sentiment d'injustice parce qu'on ne l'a pas toujours écouté.

Il faut rassurer le plus tôt possible pour retrouver la concentration sur le travail. « *Nous vous le dirons dès que nous le saurons* » est une des clés du comportement, comme l'expliquent les spécialistes des fusions chez Fleet Financial.

Également clairement annoncer la fin des opérations de réductions d'effectifs apportera du soulagement.

▬ Traiter les cas de sureffectifs

Les conditions de départ et la manière de traiter les partants sont évidemment capitales. Offrir des sorties honorables, des aides au reclassement, telles que l'out-placement, des facilités de formation et surtout avoir un comportement humain lorsqu'il s'agit d'annoncer les mauvaises nouvelles aux personnes ont des conséquences importantes sur l'ensemble du corps social.

Michel Spielman[1] indique que, dans le cas de l'absorption de Delagrange par Synthélabo, des groupes de travail ont été constitués par grande fonction, pour élaborer les structures-cibles cohérentes avec la taille et les objectifs du nouvel ensemble, avec l'aide d'un cabinet extérieur spécialiste de gestion sociale. Un plan social de cinquante personnes a été nécessaire en sus des départs individuels. Les conditions de départ étaient de nature à ne pas provoquer de difficultés avec les syndicats.

Dans toutes ces opérations, la forme est très importante.

Des indemnités de départ généreuses facilitent bien évidemment le déroulement des licenciements. Fleet Financial emploie les termes de « Golden parachutes » pour les dirigeants, « Silver parachutes » pour les cadres et « Tin parachutes » (parachutes de fer blanc) pour les employés, pour montrer que ce ne sont pas seulement les dirigeants qui bénéficient d'avantages particuliers, comme cela arrive souvent aux États-Unis en la circonstance.

▬ Éviter les gagnants chez l'acquéreur et les perdants chez l'absorbé

Répartir les pouvoirs, les postes et les réductions d'effectifs entre les personnels de l'absorbeur comme de l'absorbé demande un grand esprit d'équité et beaucoup de courage de la part de l'acquéreur. Car cela va créer des problèmes chez celui qui prend le pouvoir alors que le personnel pourrait s'attendre au contraire.

---

1. Op. cit.

Mais si l'entreprise acquise est performante à des niveaux comparables à ceux de l'acquéreur, il doit y avoir des personnes de très grande qualité de part et d'autre. Dans certains cas, les meilleurs peuvent se trouver chez l'absorbé.

Les choix politiques en la matière sont fondamentaux.

Organiser la connaissance mutuelle

Il s'agit de créer des occasions de faire connaissance. Les déplacements de patrons, les réunions de personnels autour d'un verre, les séances de formation rassemblant des personnes des deux sociétés, les projets communs, sont autant de moyens pour créer les circonstances d'une prise de contacts entre les deux entités fusionnées.

Utiliser des équipes mixtes

Pour résoudre les multiples problèmes de coordination, choix de méthode ou procédure, arbitrages entre deux propositions, que cela concerne la politique commerciale, la répartition des fabrications, ou les modes de rémunération, il est très avantageux de faire réaliser les études de décisions, voire de faire prendre les décisions par des équipes mixtes.

En particulier, dès le début des opérations, il est utile de constituer des équipes mixtes de responsables des ressources humaines des deux sociétés pour établir la liste des questions à traiter et former les groupes de travail sur les différents sujets touchant le personnel, tels que comparaisons des rémunérations, des avantages sociaux, des indemnités de départ, des sureffectifs etc.

Ainsi dans le rapprochement de Synthélabo et Delagrange et Delalande, un comité constitué des responsables des Ressources humaines a eu pour mission de superviser les opérations de rapprochement sur le terrain et de créer une bourse de l'emploi, au niveau du nouveau groupe.

Impliquer et motiver le personnel en proposant des challenges visant 1 + 1 = 3

Démultiplier les objectifs de progrès pour concrétiser les bénéfices attendus du rapprochement

Pour obtenir des résultats il faut impliquer les équipes dans des défis ou des challenges correspondant aux priorités stratégiques de la fusion en déclinant les objectifs et en les faisant participer à la recherche de solutions pour atteindre des niveaux de performances qui répondent à la volonté de faire 1 + 1 = 3.

Avec le temps on doit progressivement mobiliser un nombre croissant et important de personnes qui doivent être motivées par leur participation à l'élaboration des solutions.

Pour qu'une fusion réussisse, il ne faut pas se contenter des gains immédiats résultant de la taille ou des réductions d'effectifs à volume de production constant. Il faut demander des gains plus importants que les simples améliorations résultant de la taille.

Le rapprochement et la comparaison des « best-practice » permettant de mettre en œuvre la méthode du meilleur des deux doit permettre de faire des sauts de délai, qualité ou coût. Mais c'est aussi l'occasion d'aller plus loin, et de pratiquer un benchmarking avec l'extérieur et d'améliorer les performances des deux entités au-delà de la meilleure des deux.

C'est ce qu'effectue par exemple le groupe Danone, qui a une grande et ancienne pratique des concentrations, et qui procède après chaque rachat à une analyse chiffrée précise et comparative des performances des différentes fonctions des unités exerçant le même métier pour mettre en œuvre la meilleure méthode.

Payer des entreprises sur la base de PER de 20, 25 ou 30 dans des secteurs de marché qui ne croissent pas à 20 ou 30 % par an n'est possible que si la fusion doit conduire rapidement à augmenter dans ces proportions le bénéfice de l'absorbé, grâce à l'efficacité du processus de fusion et aux améliorations qu'il entraîne.

Les soi-disant synergies résultant d'une opération d'acquisitions ou de fusions doivent être considérées avec le plus grand scepticisme. Par exemple, le rapprochement de sociétés pour réaliser la synergie « du contenant et du contenu » s'est révélée illusoire. À propos de ces très grandes sociétés mondiales du secteur des médias, télécommunications et loisirs comme Vivendi Universal (dirigée à l'époque de cette stratégie par Jean Marie Messier), dont les cours se sont effondrés plus que l'ensemble de la bourse au début des années 2000, Barry Diller, célèbre président de USA Networks devenue filiale de Vivendi Universal déclarait au *Figaro* du samedi 26 octobre 2002 :

> *« Ces sociétés, qui ont toutes été ambitieuses et qui ont utilisé **des mots stupides comme synergie**, n'ont pas pu tenir leur promesse. »*

En réalité les seules vraies synergies sur lesquelles ont peut tabler parce qu'elles se traduisent relativement rapidement par une augmentation des profits de l'ensemble et permettent d'obtenir que $1 + 1 > 2$, sont les réductions de coût dont principalement les réductions d'effectifs par suppression de tous les postes qui sont en double du fait de la fusion.

Concrétiser les bénéfices attendus du rapprochement :
> *Cela veut dire déployer effectivement les politiques précédentes par la mise en place d'indicateurs, d'objectifs et de plans d'actions avec système de reconnaissances, récompenses et sanctions.*

Le management de la culture lors des opérations de fusions et acquisitions : quelques enseignements d'une enquête récente

Le Conference Board a réalisé une enquête auprès de 164 dirigeants d'entreprises et a fait travailler des groupes sur le thème du « Management de la culture lors des opérations de fusions et acquisitions[1] ».

Voici quelques-unes des conclusions de ce travail de recherche qui n'ont pas été déjà soulignées dans les pages précédentes :

- *la culture est un facteur aussi important que la finance pour réussir l'opération.*
- *Il n'y a pas de fusion d'égaux dans la réalité.*
- *Le choc des personnalités des patrons est une cause d'échec.*
- *La mise en évidence des différences culturelles doit être faite pendant la période de « due diligence », il faut être prêt à abandonner l'opération si la culture, l'éthique ou le leadership sont incompatibles.*
- *Une culture d'entreprise forte, profondément ancrée et des valeurs partagées chez l'acquéreur contribuent au succès de l'intégration.*
- *Indiquer rapidement qui est responsable de quoi.*
- *Faire des enquêtes internes ou des audits pour mettre en évidence les conflits, évaluer la réussite de l'intégration et le niveau de confiance des employés dans la fusion.*
- *Mettre l'accent sur la négociation, l'écoute, l'empathie, le coaching, le tutorat et la persuasion.*
- *Les différences de style de leadership, de système de management, de processus de décision et de communications sont les problèmes les plus difficiles à résoudre, par exemple la confrontation entre :*
  - ✓ *de grandes organisations hiérarchiques versus de petites unités plus informelles,*
  - ✓ *des décisions hiérarchiques rapides versus un management par consensus,*
  - ✓ *des informations réservées versus des communications ouvertes,*
  - ✓ *des entendus tacites versus des règles explicites,*
  - ✓ *une ambiance collégiale versus des relations de compétition,*
  - ✓ *un code vestimentaire formel versus un habillement relax.*
- *Etc.*

---

1. Op. cit.

Un exemple de fusion internationale : le cas Carlson Wagonlit Travel

Créée en 1876 par un entrepreneur belge, Georges Nagelmakers, la Compagnie des Wagons-Lits comptait déjà, en 1900, 160 bureaux de voyages pour distribuer des billets de trains et des chambres d'hôtels.

Au fil des ans, sous l'impulsion de Hervé Gourio, aujourd'hui Vice-Président du comité exécutif de Carlson Wagonlit Travel et Directeur Général de la région Europe, Moyen-Orient, Afrique, elle se spécialise dans le voyage d'affaires, s'internationalise et, à partir de 1987, pratique une politique de croissance externe et acquiert TV Travel aux États-Unis (9ᵉ agence américaine), World Tourist au Danemark, Viajes Ecuador en Espagne, Pickfords Business Travel au Royaume-Uni.

Elle devient ainsi le N° 2 européen vers 1991.

La taille mondiale : un triple avantage

La taille mondiale, c'est-à-dire une couverture suffisante des principales zones économiques importantes et une part significative du marché du voyage d'affaires offre un triple avantage stratégique : la crédibilité vis-à-vis des grands clients potentiels, la capacité de négocier avec les fournisseurs, et les moyens de réaliser les investissements en informatique et télécommunications qui accompagnent les offres de nouveaux services et la mondialisation.

Crédibilité vis-à-vis des grands clients potentiels

Afin d'avoir la crédibilité au niveau mondial nécessaire pour obtenir la clientèle des grandes multinationales comme General Electric ou IBM, il fallait de surcroît être l'un des leaders aux États-Unis et avoir une implantation importante en Asie.

Car ses principaux concurrents sont American Express, déjà présent dans le monde entier, et un consortium européen regroupant plusieurs numéros un nationaux : Business Travel International, Havas, Kuoni, Hogg Robinson, le leader britannique et le N° 3 americain BTI USA.

Wagonlit fait en 1993 une offre d'achat au N° 4 américain mais le management refuse.

Pouvoir de négociation face aux fournisseurs

L'un des services clés des agences de voyages est leur capacité d'aider les entreprises à obtenir de bonnes conditions de transport et d'hébergement.

Pour cela, elles doivent peser suffisamment lourd dans les négociations face aux grands fournisseurs comme les compagnies aériennes et les grandes chaînes hôtelières, qui sont déjà souvent des géants mondiaux.

▰▰ Capacité d'investissement en informatique

En outre, la mondialisation et le service des grands clients qui attendent des prestations de plus en plus sophistiquées telles que la gestion de leurs budgets de transports avec la fourniture de toutes les données comptables et statistiques utiles, entraînent des investissements en informatique et télécommunications de plus en plus lourds, qui sont seulement à la portée d'entreprises ayant une dimension suffisante.

Une problématique stratégique identique pour Carlson de l'autre côté de l'Atlantique

Parallèlement, outre-Atlantique, pour compléter ses activités dans les services, la restauration et l'hôtellerie, Curt Carlson a racheté en 1979 les agences du réseau fondé par G. Ward Foster en 1888 « *Ask Mr Foster* ».

Il pratique également une politique de croissance externe et rachète la première agence canadienne, et en 1986 deux agences américaines, Don Travel et Gelco Travel. Il devient ainsi le N° 2 aux États-Unis et commence à s'étendre vers l'Europe en rachetant AT Mays. Dès 1990 il s'oriente vers le voyage d'affaires et en 1992 son réseau remporte le plus grand compte géré par une seule agence de voyages : la clientèle de General Electric. Mais son réseau européen est encore insuffisant et sa présence en Asie modeste.

Les deux entreprises ont des problématiques stratégiques identiques mais des histoires et des styles d'actionnaires et de management très différents. Carlson est une entreprise non cotée, fondée par un entrepreneur qui a toujours pratiqué un management très centralisé, fondé essentiellement sur la génération de cash et la remontée de bénéfice vers la famille. Le directeur général depuis 1993 s'appelle Travis Tanner. Il a occupé auparavant des postes de direction chez Disney.

Wagonlit a connu successivement plusieurs actionnaires majoritaires ou « de référence » : la Caisse des Dépôts associée à Bruxelles – Lambert, puis Pierre Bellon, et enfin depuis 1990 le groupe Accor, société cotée en bourse, fondée par Paul Dubrule et Gérard Pelisson qui ont toujours pratiqué un management très décentralisé.

Des fiançailles pour commencer

Hervé Gourio, appuyé par Jean-Marc Simon, Président de la Compagnie Internationale des Wagons-lits et du Tourisme, entreprend de convaincre Travis

Tanner de l'intérêt d'un rapprochement. Les équipes de direction se réunissent pour en discuter les modalités.

Mais les actionnaires ne sont pas prêts à accepter l'idée d'une mise en commun de leurs patrimoines dans ces business et les équipes de direction construisent un accord original de fiançailles comportant trois volets :

- l'expansion ensemble dans la région Asie-Pacifique sur base d'une joint-venture 50/50,
- le développement en commun d'outils informatiques,
- la création d'une marque commune utilisant les deux noms Carlson Wagonlit Travel.

Cette fusion des noms avait pour but de rendre indissolubles les fiançailles qui devaient conduire dans les cinq ans à un mariage, la rupture entraînant des pénalités lourdes pour l'infidèle. Elle fut annoncée le 15 mars 1994. La création d'une marque commune et l'importance de la communication sur l'accord firent croire à la plupart des clients et fournisseurs qu'il s'agissait d'une fusion définitive.

Pour lancer la mise en œuvre de l'accord, tous les patrons et les principaux dirigeants de chaque pays de Wagonlit (environ 300 personnes) furent réunis avec les Américains de Carlson qui avaient leur convention en avril 1994.

En décembre de la même année, les leaders de chaque côté furent réunis à nouveau pour construire le nouveau mode de fonctionnement.

Des premiers bénéfices importants et quelques désillusions mineures

L'effet d'image fut important et permit à Wagonlit de conquérir des clients nouveaux et importants. Le bénéfice commercial fut donc net. L'Europe apporta en particulier des clients à Carlson.

Le poids dans les négociations avec les fournisseurs augmenta.

Mais les Européens envoyés pour travailler avec Carlson furent peu ou mal utilisés. Il en fut de même de deux Américains envoyés par Carlson chez Wagonlit.

La déception principale vint de l'informatique, dont les deux équipes peinèrent à coopérer.

Un même reengineering des deux côtés de l'Atlantique

Pour faire face à la diminution des commissions payées par les compagnies aériennes aux agences américaines, Carlson décida en 1995, de faire appel à

Booz-Allen pour faire un Reengineering de ses processus. Wagonlit envoya cinq cadres qui participèrent pendant six mois à l'étude avec leurs homologues américains dans une transparence totale.

Six mois après, Wagonlit lançait en Europe, avec les consultants de Booz-Allen, le même reengineering sur les mêmes processus de façon à être prêts pour une mise en commun du système informatique.

Le reengineering se traduit par une réorganisation qui doit conduire à diviser par deux le nombre d'agences (de 1 000 agences à 500 en Europe) et à créer environ 25 Call-Centers d'une certaine taille (80 personnes) dans la plupart des pays européens et moins de 10 aux USA. Pour commencer, il y aura une expérimentation sur 9 Call-Centers en Europe. L'investissement informatique nécessaire sera de l'ordre de 150 millions de $.

L'objectif est de réaliser une croissance de 10 % par an sans augmentation des effectifs mais sans licenciements. Elle sera en fait de 20 % en 1997. Les profits plats pendant deux ans devront être multipliés par trois en cinq ans.

Une fusion juridique définitive avant la date prévue

La réussite du rapprochement culturel et de l'intégration des équipes américaines et européennes, le succès commercial (les nouveaux clients acquis dans le monde en 1996 représentent un volume d'affaires de près d'un milliard de dollars), la concrétisation des implantations en Asie et les investissements informatiques ont conduit à anticiper la réalisation de la fusion définitive.

Elle se traduit par l'apport avec soulte des actifs et fonds de commerce des deux entreprises à un holding néerlandais qui sera détenu à 50/50 par Accor et Carlson Companies Inc. Travis Tanner est le Président de la nouvelle société et du comité exécutif mondial, Hervé Gourio est Vice-Président du comité exécutif mondial et Président de la région Europe, Moyen-Orient, Afrique.

Si le siège social est à Amsterdam, le siège opérationnel est en Floride, à Fort Lauderdale.

L'une des originalités de la conduite des ultimes opérations juridiques et financières est la décision des deux dirigeants opérationnels, Tanner et Gourio, de ne pas s'impliquer dans les négociations financières finales pour ne pas avoir à prendre position en faveur de tel ou tel actionnaire et conserver ainsi une totale neutralité et la confiance des deux actionnaires.

Un travail en équipe internationale au plus haut niveau

Le comité exécutif mondial comporte trois Américains, Travis Tanner, Doug Ziemer, Directeur général de la région Amériques, Dick Smith, Directeur des systèmes d'information monde, un Anglais, Geoffrey Marshall, Directeur Général de la région Asie-Pacifique, deux Français, Hervé Gourio, et Olivier de Surville Directeur Financier monde, et une Italienne Liliana Frigerio, Directrice des Ventes et du Marketing monde. Une Directrice des Ressources Humaines américaine provenant du groupe Accor, une responsable de la stratégie et des diversifications américaine, et un responsable français de la communication le rejoindront ensuite.

Ce comité exécutif très international se réunit tous les mois. Au début de la fusion les rencontres duraient 3 à 4 jours par mois pour mettre au point les solutions aux différents problèmes qui se posaient, en particulier pour faire converger les méthodes, harmoniser les offres, définir des politiques mondiales, gérer les produits nouveaux, etc.

Il est essentiel de prendre des décisions réellement applicables en Europe, mais aussi de présenter les décisions comme étant communes, car le réflexe des Européens est de croire qu'ils ont été manipulés par les Américains. Il est difficile d'échapper à une certaine pesanteur américaine due à la croyance qu'il y a une « one best way », et qu'elle peut s'appliquer mondialement. Cette simplification est à la fois un atout car souvent très efficace mais un risque car elle peut entraîner des erreurs locales.

Chapitre 8

Qualité totale et développement durable au cœur du management

Nous utiliserons dans l'ouvrage l'acronyme anglo-saxon TQM (Total Quality Management), utilisé internationalement pour signifier Management par la Qualité Totale.

Les meilleurs documents mondiaux, et plaquettes sur le management moderne sont les documents brochures et plaquettes internes aux entreprises qui ne sont malheureusement pas disponibles en librairie, à l'exception de l'*Album Renault de la Qualité Totale*[1] qui bien que datant de 1996 reste un modèle de clarté pour l'explication imagée des concepts et méthodes du Management par la Qualité Totale.

Nous avons eu la chance de disposer d'un certain nombre d'entre eux. Ce sont de véritables modèles de communication, par la concision, la clarté, la qualité pédagogique et la présentation. Nous ferons de larges emprunts à leurs doctrines, leurs formulations et leurs schémas.

Parmi les entreprises dont nous avons utilisé les apports citons :

En France : Auchan, Renault, Peugeot, Citroën, Rank-Xerox, Sollac, Corning, Philips, Texas Instrument, Axa.

Et aux États-Unis : Motorola, le Ritz-Carlton, AT & T, Pitney Bowes, Metlife, Ames Rubber.

---

1. Renault – *L'album Renault de la Qualité Totale* – *Un voyage au cœur du changement* – Gallimard – Paris 1996.

Au cours du temps, les objectifs de la Qualité Totale évoluent vers des objectifs toujours plus élevés et plus en phase avec les besoins des clients, partenaires de l'entreprise et de la société dans son ensemble. Trois changements importants sont intervenus au cours des dernières années :

1. Diffusion du **six sigma** dans les industries manufacturières
2. Convergence du TQM et de l'**ISO 9001 dans sa version 2000**
3. Montée en puissance du **Développement Durable** qui sera de plus en plus intégré dans les normes de qualité.

Définition du Management par la Qualité Totale (TQM)

Le TQM est à la fois une philosophie du management et un ensemble de méthodes et d'outils. Le point capital de cet ensemble de concepts et de pratiques, c'est qu'il n'est pas figé, mais évolutif, grâce à la participation de nombreuses entreprises à un effort de rénovation et de diffusion dans le cadre d'instances nombreuses.

On peut citer des associations regroupant des entreprises pour le développement de la qualité tels que l'ASQC American Society for Quality aux USA, l'EFQM European Foundation for Quality Management en Europe, le MFQ Mouvement Français pour la Qualité et l'IQM Institut Qualité et Management en France , des organismes de recherche et d'échanges sur les pratiques des entreprises tels que le The Conference Board et de nombreux organismes de formation et de conseil tels que l'Institut Renault de la Qualité et du Management (IRQM) ou la CEGOS, et bien d'autres.

Il faut bien entendu ajouter l'importante organisation ISO, International Organisation for Standardization, qui édite les normes qui ajoutent de la valeur à tous les types d'opérations dans les affaires en les rendant plus efficaces, plus sûres et plus respectueuses des hommes et de l'environnement.

L'évolution de la doctrine est reflétée sans délai par les comités ou Conseils d'Administration des organismes qui accordent les prix Qualité dans les critères d'évaluation pour l'obtention d'un trophée qualité et leur pondération, en particulier en ce qui concerne le Malcolm Baldrige National Quality Award et le trophée de l'EFQM. Les nouvelles versions de l'ISO intègrent également l'évolution des doctrines de management.

Les évolutions significatives en cours

Les évolutions ont été différentes au début en Europe et aux États-Unis même si elles tendent désormais à se rapprocher.

HIER/AUJOURD'HUI ⇨	AUJOURD'HUI/DEMAIN
Qualité Totale, expression la plus utilisée	Management par la Qualité Totale devient l'expression standard
Europe : Qualité = ISO 9000 et certification (sauf pour secteurs automobile et électronique et quelques entreprises où Qualité = TQM)	Europe : nouvelle version 2000 de la Certification ISO 9000 de plus en plus proche du TQM, passage d'entreprises de l'ISO au TQM
Mot Qualité utilisé à la fois pour conformité, satisfaction client, bon management, progrès, etc.	Mot Qualité moins utilisé et remplacé par expressions plus précises : satisfaction client, Assurance Qualité, excellence, performances, etc.
USA mise en place du six sigma dans entreprises électroniques (Motorola) et diffusion dans nombreuses entreprises de fabrication (General Electric)et quelques-unes de service	Début de l'adoption du six sigma par des européennes de fabrication de produits ou d'équipements
Qualité et stratégie non encore intégrées dans beaucoup d'entreprises	Intégration de la stratégie et de la Qualité, Hoshin comme système de déploiement de la stratégie
Intégration de la stratégie et du TQM déjà faite dans des entreprises performantes	Mais critiques de la convergence stratégique et guerre des prix en résultant, retour parfois à l'indépendance de la réflexion stratégique
Accent mis sur la satisfaction client	Accent mis sur la Valeur client intégrant l'aspect prix
Accent mis par les référentiels sur satisfactions clients, processus logistiques, service client et production	Accent mis sur attentes latentes des clients : créativité, développement produits et services nouveaux, flexibilité
Auto-évaluation par ceux visant un trophée qualité	Auto-évaluation comme partie du système de management
PDCA et outils de la qualité : usage limité à l'amélioration continue des processus	PDCA et outils de la qualité utilisés pour résolution de problèmes, planification et méthodes de travail
TQM conçue comme une démarche de progrès	TQM conçue comme un système de management et une démarche de progrès permanents
Les brochures Baldrige et EFQM, excellents référentiels pour le management de la qualité	Les brochures Baldrige et EFQM : excellents Modèles de Management d'entreprise – Le « Must du management » en quelques pages
Début de la promotion du Développement Durable	Intégration du Développement Durable dans les objectifs Qualité, utilisation des référentiels ISO 14001, OHSAS 18001, parfois SA 8000

Tableau N° 8.1 : Évolutions du management par la qualité

Définition

Dans sa brochure 1997 présentant son modèle, l'EFQM a remplacé à juste titre *Qualité Totale,* expression qu'on rencontrera encore souvent dans les livres et les documents d'entreprises, par *Management par la Qualité Totale*, qui reflète mieux le fait que le TQM est avant tout un système de management.

La définition la plus simple, est proposée par le professeur R. Hodgetts[1] :

> « *Le TQM est un système de management basé sur les ressources humaines, qui vise un progrès continu dans le service au client à un coût toujours plus bas* ».

Pour le Ritz-Carlton, « *le TQM est l'utilisation de méthodes quantitatives et des ressources humaines pour gérer et améliorer :*
1. *Les produits et services de la compagnie.*
2. *Les processus de travail par lesquels ils sont élaborés.*
3. *En se concentrant sur la satisfaction des besoins des clients* ».

Renault indique dans l'album de la Qualité Totale[2], les cinq principes d'une nouvelle culture :
1. *Le client, juge suprême de la valeur.*
2. *La recherche du juste nécessaire.*
3. *Maîtriser le processus, c'est réduire la dispersion.*
4. *Impliquer et responsabiliser les hommes.*
5. *La spirale du progrès permanent.*

En définitive, on retrouve pratiquement, exprimée de manière différente, la même définition.

Dans les entreprises qui pratiquent le TQM depuis longtemps, l'expression Qualité Totale est souvent remplacée par *Route vers l'Excellence*. Rank Xerox parle de la *Dynamique Qualité pour atteindre l'excellence*, Texas Instruments parle de « *Road to Business Excellence* » (Route vers l'excellence dans les affaires).

Pour Shoji Shiba, Alan Graham et David Walden[3], le TQM a introduit quatre révolutions dans le management : *la priorité accordée au client, l'amélioration continue, la participation totale du personnel, l'insertion de l'entreprise dans un réseau social.*

---

1. Hodgetts Richard M. – *Blueprints for Continuous Improvement : Lessons from the Baldrige Winners* – AMA Membership Publications – New York – 1993.
2. Op. cit.
3. Shiba Shoji – Graham Alan et Walden David – *4 révolutions du management par la Qualité Totale* – Dunod -Paris – 1997.

En fait, le TQM est un système de management intégrant une démarche de progrès permanente, visant l'excellence opérationnelle y compris dans les méthodes pour élaborer les stratégies. Ce qui ne signifie pas que dans toutes les entreprises TQM et stratégies soient intégrés, comme ce fut le cas par exemple chez Rank Xerox.

En l'occurrence, pour les dirigeants d'une entreprise, choisir comme système de management le TQM est un choix fondamental de vision et de conception d'entreprise. Il est clair que les grands groupes qui ont une large gamme de produits et un personnel important doivent viser l'excellence opérationnelle pour rester compétitifs globalement.

Mais cela ne garantit pas la pertinence des choix stratégiques et ne protège pas contre les aléas de la vie des affaires, en particulier de la conjoncture, quoique l'objectif de flexibilité et la qualité des processus de développement introduits par le référentiel Malcolm Baldrige constitue le début d'une réponse à ce problème.

On peut aussi imaginer que certaines entreprises sont devant des problématiques stratégiques qui les obligent à mettre l'accent momentanément sur d'autres priorités, par exemple de réussir une fusion. Au demeurant, l'implantation d'un TQM commun peut être un moyen d'unifier les conceptions.

Un modèle de système de management

Il est intéressant de noter que le mot *Qualité* qui est parfois un peu restrictif a été peu à peu remplacé par une variété d'autres mots comme *performances* ou *résultats*. À titre illustratif, il figurait neuf fois dans la liste des catégories de critères du Malcolm Baldrige National Quality Award version 1992, on ne le trouve plus que deux fois dans celle de la version 1996, et il a disparu de la liste des catégories 1997.

On peut constater que les référentiels d'évaluation des prix sont désormais appelés aux USA les « *Integrated Management Models* », « *Modèles Intégrés de Management* ».

Dans une enquête effectuée par le Conference Board auprès de 72 entreprises donnant 74 réponses (47 USA, 14 Canada, 13 Europe, dont 39 industrielles et 35 services), l'utilisation des Modèles de Management Intégrés est considérée comme fondamentale, en particulier pour s'auto-évaluer afin de déterminer les axes de progrès.

LES MODÈLES DE MANAGEMENT INTÉGRÉS

Le système et la démarche sont admirablement illustrés par quelques schémas bien conçus qu'on peut trouver dans les documents des prix de la qualité et des entreprises qui ont obtenu ces prix. Nous en reproduisons quelques-uns.

Il existe trois grands modèles de Management par la Qualité Totale qui ont été construits pour l'octroi des prix qualité : le prix Deming, le Malcolm Baldrige National Quality Award, et le prix européen de la qualité accordé par l'EFQM.

Ces trois modèles de management intégrés ont beaucoup de traits communs. Nous présenterons les deux les plus fréquemment utilisés en occident.

Le Malcolm Baldrige National Quality Award et son évolution

Ce modèle évolue assez rapidement dans le temps et reflète bien la capacité d'adaptation du management américain aux évolutions de l'entreprise et de l'environnement. Il est passé d'une culture de la performance en 1995 à une culture des résultats pour toutes les parties prenantes (stakeholders) à partir de 1998 et ne subit depuis lors que de faibles modifications.

Il peut-être représenté par le schéma ci-dessous :

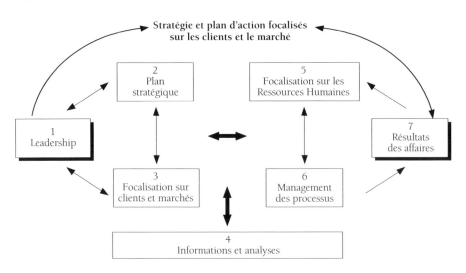

Figure N° 8.2 : Cadre du Trophée Malcolm Baldrige :
le système en perspective 1998 et 2001

▬▬ Le Baldrige version 2001 comparée à 1998

La version 2001 du Trophée Baldrige indique clairement ses objectifs d'excellence en matière de performances.

Les critères ont été conçus pour aider les entreprises à améliorer leur compétitivité par une focalisation sur l'atteinte de trois buts :

- Fournir une valeur sans cesse améliorée au client, se traduisant par des succès sur le marché.
- L'amélioration de l'efficacité et des capacités de l'ensemble de l'organisation.
- La formation du personnel et de l'organisation.

Le troisième point qui fait référence à une organisation apprenante à été introduit récemment. On peut également constater que le Trophée Baldrige fait désormais référence à la Valeur Client.

Le cadre est nettement différent de celui de 1995 et 1996. Il place au sommet un chapeau intitulé « Stratégie et plans d'action focalisés sur le client et les marchés », il remplace « plan stratégique qualité » par « plan stratégique » et il ne distingue plus deux types de résultats : ceux concernant le client et les performances du business. La catégorie résultats des affaires englobe les performances qui intéressent quatre parties prenantes (stakeholders) : les clients, les actionnaires, le personnel et la société dans son ensemble.

Comme on peut le voir, le coefficient en matière de résultat concernant les ressources humaines a été augmenté. On considère donc désormais les personnels sous deux angles : celui de leur management et de leur développement, et celui des résultats obtenus qui concernent leur bien-être, leur satisfaction, leur développement, la motivation, les performances du système d'organisation et l'efficacité. Les résultats mesurés peuvent comprendre la sécurité, l'absentéisme, le turnover, la satisfaction, l'importance de l'information et l'efficacité. Il convient de comparer les résultats en cette matière de manière significative avec des documents ou tout autre source externe valable.

Le Trophée Baldrige a augmenté en 1998 le poids des résultats (450 points sur 1 000) alors qu'il s'intéressait essentiellement à la manière de faire il y a quelques années. Mais il considère les résultats pour toutes les parties prenantes et, ce faisant, il s'inscrit dans la tendance actuelle des indicateurs de performances stratégiques équilibrées (Stratégic Balance Scorecard), au plus haut niveau de l'entreprise, comme on l'a vu dans les chapitres précédents.

Malcolm Baldrige National Quality Award (2001/1998)

Liste des critères d'évaluation

	(2001 détails)	Points 2001	Points 1998	(1998 détails)
1.0 Leadership		120	110	
1.1 Système de leadership	80			80
1.2 Responsabilité vis-à-vis du public et civisme de l'entreprise	40			30
2.0 Planification stratégique		85	80	
2.1 Développement de la stratégie	40			40
2.2 Déploiement de la stratégie	45			40
3.0 Focalisation sur les Clients et les marchés		85	80	
3.1 Connaissance des clients et du marché	40			40
3.2 Satisfaction des clients et management des relations	45			40
4.0 Information et analyse		90	80	
4.3 Mesure et analyse des performances de l'entreprise	50			40
4.2 Management de l'information	40			40
5.0 Focalisation sur des ressources humaines		85	100	
5.1 Système de travail	35			40
5.2 Formation générale, continue et développement des employés	25			30
5.3 Satisfaction et bien-être des collaborateurs	25			30
6.0 Management des processus		85	100	
6.1 Management des processus de production et services	45			60
6.2 Management des processus de business	25			20
6.4 Management des processus de supports	15			20
7.0 Résultats des affaires		450	450	
7.1. Résultats centrés sur les clients	125			125
7.2 Résultats financiers et de marché	125			125
7.3 Résultats en matière de ressources humaines	80			50
7.4 Résultats concernant l'efficacité organisationnelle	120			ns
7.4 (Résultats en matière de fournisseurs et de partenaires en 1998)	ns			25
7.5 (Résultats spécifiques à l'entreprise en 1998)	ns			125
Total des points		*1 000*	*1 000*	

Le modèle EFQM 2003

Le modèle EFQM qui s'appelle depuis 1999 *le modèle d'excellence EFQM* considère que l'entreprise peut être modélisée par des *facteurs* et des *résultats*. La logique est symbolisée par le sigle **RADAR : R**ésultats, **A**pproches, **D**éploiement, **A**ppréciation (évaluation), **R**evue. Une organisation doit définir les résultats attendus, planifier et développer les approches, déployer les approches, évaluer et effectuer la revue des approches et de leur déploiement.

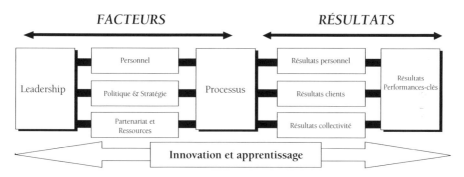

Figure N° 8.3 : Référentiel EFQM 2000 pour auto-évaluation « business excellence »

Cinq Facteurs : 50 %

- **Critère 1 : Leadership, 10 %**
  La manière dont l'équipe dirigeante stimule et facilite la réussite de la mission et de la vision développe les valeurs nécessaires à une réussite à long terme et l'implante *via* des actions et des comportements appropriés, et s'implique personnellement dans le développement et l'implantation du système de management.

  Sous-critères : *L'auto-évaluation démontrera :*
  - **1a.** Comment ses dirigeants développent la mission, la vision et les valeurs et sont eux-mêmes des modèles de la culture de l'excellence.
  - **1b.** Comment ses dirigeants s'impliquent personnellement dans le développement, l'implantation et l'amélioration continue du système de management.
  - **1c.** Comment ses dirigeants s'impliquent vis-à-vis des clients, des partenaires et des représentants de la société.
  - **1d.** Comment ses dirigeants motivent et aident les personnes et reconnaissent leurs mérites.

- **Critère 2 : Politique et stratégie, 8 %**
  La manière dont l'organisation met en œuvre sa mission, sa vision par une stratégie claire et orientée vers les parties prenantes, soutenue par des décisions, des plans, des objectifs, des cibles et processus appropriés

  Sous-critères : *L'auto-évaluation démontrera :*
  - **2a.** Comment la politique et la stratégie sont fondées sur les besoins et attentes actuels et futurs des parties prenantes.
  - **2b.** Comment la politique et la stratégie sont basées sur des informations provenant des mesures de performance, de la recherche, du processus d'apprentissage et de créativité.
  - **2c.** Comment la politique et la stratégie sont développées, passées en revue et actualisées.
  - **2d.** Comment la politique et la stratégie sont déployées à travers un ensemble de processus clés.
  - **2e.** Comment la politique et la stratégie sont communiquées et implantées.

- **Critère 3 : Le personnel, 9 %**
  La manière dont l'organisation manage, développe et libère les connaissances et le potentiel de son personnel que ce soit au niveau de l'individu, des équipes et ou de l'organisation. La manière dont l'organisation planifie ses activités afin de soutenir sa politique et sa stratégie et d'assurer un fonctionnement efficace de ses processus.

  Sous-critères : *L'auto-évaluation démontrera :*
  - **3a.** Comment les ressources humaines sont planifiées managées et améliorées.
  - **3b.** Comment les compétences du personnel sont identifiées développées et maintenues durablement.
  - **3c.** Comment le personnel est impliqué et se voit donner du pouvoir (empowerment).
  - **3d.** Comment le personnel et l'organisation entretiennent le dialogue.
  - **3e.** Comment l'organisation récompense, reconnaît et se préoccupe de son personnel.

- **Critère 4 : Partenariats et Ressources, 9 %**
  La manière dont l'organisation planifie et manage ses partenariats externes et gère ses ressources internes afin de soutenir sa politique et sa stratégie et d'assurer un fonctionnement efficace de ses processus.

  Sous-critères : *L'auto-évaluation démontrera :*
  - **4a.** Comment les partenariats externes sont managés.
  - **4b.** Comment les ressources financières sont managées.

4c. Comment les bâtiments, l'équipement et les autres biens sont managés.

4d. Comment la technologie est managée.

4e. Comment l'information et les connaissances sont managées.

- **Critère 5 : Processus, 9 %**

La manière dont l'organisation conçoit, manage et améliore ses processus afin de soutenir sa politique et sa stratégie et de donner entière satisfaction à ses clients et aux autres parties prenantes tout en augmentant la valeur.

Sous-critères : *L'auto-évaluation démontrera :*

5a. Comment les processus sont conçus et managés de manière systématique et méthodique.

5b. Comment les processus sont améliorés en faisant appel, si nécessaire, à l'innovation afin de satisfaire pleinement et de générer de la valeur pour les clients et autres parties prenantes.

5c. Comment les produits et services sont conçus et développés sur la base des besoins et attentes des clients.

5d. Comment les produits et services sont élaborés, livrés et leur suivi assuré.

5e. Comment les relations avec les clients sont managées, renforcées et développées.

Quatre Résultats, 50 %

- **Critère 6 : Résultats concernant les clients externes, 20 %**
L'auto-évaluation montrera les résultats obtenus par l'organisation vis-à-vis de ses clients externes.

    6a. Mesures de la perception

    6b. Indicateurs de performance

- **Critère 7 : Résultats concernant le personnel, 9 %**
L'auto-évaluation montrera les résultats obtenus par l'organisation vis-à-vis de son personnel.

    7a. Mesures de la perception.

    7b. Indicateurs de performance.

- **Critère 8 : Résultats concernant la société, 6 %**
L'auto-évaluation montrera les résultats obtenus par l'organisation sur son impact vis-à-vis de la collectivité, au niveau local, national et international selon le cas.

    8a. Les mesures de la perception.

    8b. Les indicateurs de performance.

- **Critère 9 : Les Résultats concernant les performances clés, 15 %**
  L'auto-évaluation montrera les résultats obtenus par l'organisation par rapport à ses objectifs de performances planifiées.
    9a. Résultats clés financiers et non financiers.
    9b. Indicateurs clés opérationnels.

Citons quelques-uns des vainqueurs du trophée EFQM. Depuis 1992 on a vu couronnés : Rank Xerox, Miliken European Division, D2D, Ericsson, IBM (EMEA), Texas Instrument Europe, TNT UK, BRISA, British Telecom, SGS Thomson, NETAS, Sollac, Volvo, Nokia Mobile Phones, DHL Portugal etc.

LA COHÉRENCE GLOBALE DU TQM

Dans les entreprises performantes, le TQM est remarquable de cohérence.

Cette cohérence s'articule autour de quelques grands principes et systèmes ou dispositifs :

- *Pas de TQM sans vision.*
- *Intégration du TQM et de la Stratégie.*
- *Engagement et leadership de la hiérarchie.*
- *Attentes réelles des clients et Valeur Ajoutée Client : du slogan à la science.*
- *Élaboration des standards de performance de l'entreprise (référentiels) et systèmes de mesures des progrès.*
- *Organisation du travail par processus orientés clients (externes et internes).*
- *Système de gestion des ressources humaines cohérent : « travail en équipe, « empowerment », reconnaissance, récompenses ».*
- *Progrès continus et parfois passage au Reengineering.*

Le passage au TQM représente pour l'entreprise un investissement très important puisqu'il implique souvent de modifier, au moins en partie, les représentations que le corps social peut avoir des clients et de leurs attentes et de la manière dont il faut s'organiser et agir pour les satisfaire.

Les aspects fondamentaux

Les aspects fondamentaux du TQM évoluent dans le temps pour une même entreprise ou se décantent avec le temps et dépendent aussi des impératifs stratégiques. Mais on peut noter en considérant les différentes sociétés que certains points clés du système se retrouvent dans la plupart des systèmes et des démarches :

- recherche de la satisfaction client (de la Valeur-Client dans les entreprises avancées), et plus récemment attentes latentes des clients,

- respect des engagements, écoute-client, enquêtes, mesures, baromètres, traitement des insatisfactions, améliorations, services, fidélisation, partenariats,
- progrès permanents en QCD (Qualité Coût Délai), ou Kaizen, plan de progrès, PDCA (planifier une action, la réaliser, examiner les résultats, poursuivre ou prendre des actions correctives),
- implication, satisfaction et développement des collaborateurs, mesures de satisfaction des collaborateurs, élargissement des compétences,
- créativité, systèmes permanents et valorisants de traitement des suggestions, benchmarking,
- responsabilisation, travail en équipe, autonomie, reconnaissances, récompenses, information, résolution des problèmes au plus près du terrain,
- leadership des dirigeants et de l'encadrement,
- assurance qualité, stabilisation, répétitivité, traçabilité, ISO 9000,
- management des processus de conception, de production, livraison de support,
- élimination des opérations n'ajoutant pas de valeur et des gaspillages,
- partage de la vision, fixation des priorités, percées majeures (Hoshin, Kanri ou « vital fews »), déploiement des politiques, discussion des objectifs et des moyens top-down, bottom-up et transversalement, revues des résultats,
- formation en cascade,
- enseignement des méthodes et outils de la qualité,
- communications fréquentes et ouvertes,
- documents, réunions, célébrations, visites, conférences,
- réactivité, flexibilité,
- partenariat avec les fournisseurs,
- évaluation, sélection des personnels,
- équipes pluridisciplinaires, coopération,
- équipes auto-managées,
- auto-évaluation,
- prix qualité : prix régional, national, EFQM, Malcolm Baldrige National Quality Award, Deming,
- route vers l'excellence : audits internes, croisés, audits externes, trophée qualité interne, fournisseur sélectionné, meilleur fournisseur de l'année, trophée qualité du président.

Les outils de base du TQM

Bien des composants signalés précédemment s'appuient sur les outils de base de la qualité, considérés comme la manière d'utiliser l'ensemble du personnel en se fondant sur des faits et des mesures pour maîtriser les processus et les améliorer.

Le TQM correspond, ne l'oublions pas, à l'élargissement à l'ensemble de l'organisation des principes et méthodes de l'assurance qualité qui, sous l'influence de Juran et Deming, ont substitué au contrôle de fin d'opération les idées d'autocontrôle et de recherche de solutions par les opérateurs, de test et de passage à l'action rapide.

▬ Le PDCA ou la roue de Deming

L'idée de l'amélioration itérative est une contribution majeure de W .E. Deming à la qualité japonaise, Deming l'ayant lui-même appris de W. A. Shewart.

Ces experts étaient arrivés à l'idée que le contrôle ex-post est une méthode très médiocre de contrôle de la qualité parce que ce qui importe est de réduire la variabilité de la production réelle en recherchant et en éliminant les sources de variabilité existant dans le processus. Pour cela ils ont imaginé le PDCA.

PDCA signifie Plan, Do, Check, Act.
- *Plan* correspond à la détermination des problèmes posés par un processus et la définition du projet d'amélioration
- *Do* consiste à appliquer la solution
- *Check* consiste à confirmer ou infirmer la bonne marche de la solution.
- *Act* consiste à modifier le processus en conséquence ou à réétudier une autre solution si celle imaginée se révèle ne pas fonctionner. On recommence alors le cycle.

Le PDCA prend souvent la forme du SDCA, Standardize, Do, Check, Act. En effet quand la bonne solution a été trouvée, il convient d'en faire une norme afin de stabiliser le processus et de respecter les spécifications attendues.

En réalité la maîtrise et l'amélioration des produits et processus conduisent à une succession de cycles SDCA et PDCA.

Sollac a dessiné une représentation graphique de la roue de Deming très claire et explicite qui mérite d'être reproduite.

▬ Les 7 outils de base de la maîtrise de la qualité

1. Les *feuilles de contrôles* ou feuilles de recueil de données (il s'agit de formulaires conçus pour le recueil systématique de données).
2. Le *diagramme de Pareto.*
3. Les *diagrammes causes effets* ou Ishikawa ou diagramme en *arêtes de poisson* qui lient par des traits les principales causes et effets possibles.
4. Les *graphes et les stratifications* (la stratification consiste à séparer les données relevant de deux cas de figure différents).
5. Les *cartes de contrôle* (ce sont des graphes ou des lignes qui indiquent les limites inférieures et supérieures d'une production de qualité).

Les principes de la démarche Qualité Totale

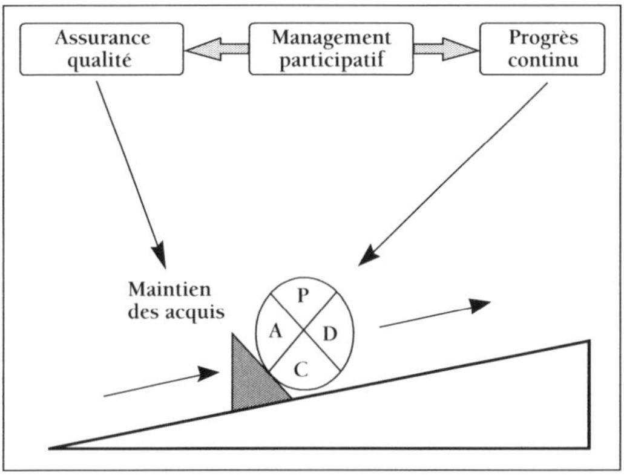

Figure N° 8.4 : La roue de Deming présentée par Sollac

6. Les *histogrammes* (indiquent la dispersion des données).
7. Les *diagrammes de dispersion* (indiquent sur un graphe les nombreuses valeurs que prend la qualité en fonction des variations d'un paramètre).

Les méthodes de résolution de problèmes

Elles font également partie des méthodes et outils enseignés lors de la mise en place du TQM. Parmi elles une méthode bien connue est la méthode WV du professeur Shiba qui comporte les étapes suivantes[1] :

1. Choix du thème.
2. Collecte et analyse des données.
3. Analyses des causes.
4. Plan et application de la solution.
5. Évaluation des effets.
6. Normalisation de la solution.
7. Réflexion sur le processus suivant et sur le problème suivant.

Bien des entreprises qui ont mis en œuvre la qualité totale ont également construit une méthode de résolution de problème qui leur est propre en six, sept ou huit étapes qui ressemble peu ou prou à la méthode ci-dessus.

La méthode KJ

Parmi les méthodes qui comportent une part de créativité et qui sont utilisées pour définir les produits du futur ou résoudre des problèmes complexes mettant en jeu plusieurs intervenants, signalons la méthode KJ inventée par le

---

1. Op. cit.

professeur Jiro Kawakita. Elle est utilisée par exemple pour démêler et réduire à un nombre raisonnable les multiples expressions des attentes des clients.

Elle comporte les étapes suivantes :

1. Se mettre d'accord sur le sujet à traiter.
2. Mettre les faits ou les idées de chacun sur un Post-it, chaque participant peut en rédiger plusieurs.
3. Grouper les données similaires en collant les Post-it sur un tableau.
4. Intituler les groupes similaires.
5. Disposer les groupes et montrer la relation entre les groupes.
6. Se prononcer sur les conclusions à en tirer, éventuellement se prononcer par un vote.

LES DÉMARCHES DE MISE EN ŒUVRE

La mise en place du Management par la Qualité Totale ne se fait pas en un jour mais en plusieurs années et suivant un cheminement variable selon les entreprises.

Les entreprises qui ont commencé dans les années 1983-1985 ont souvent débuté par la formation aux outils de la qualité et l'application des concepts de Deming. Certaines comme le Ritz-Carlton ont débuté par des enquêtes sur la qualité vue par le client.

La plupart du temps, il est clair que l'implantation du Management par la Qualité Totale se traduit par une succession de plans de progrès de l'ensemble de l'organisation sur de nombreuses années. Ce qui fait dire que le TQM n'est pas une étape ou un stade du management, mais un *voyage*.

En réalité, chaque année ou presque, un nouveau pas en avant est programmé, un nouveau challenge s'ajoute aux opérations courantes et aux niveaux d'excellence déjà atteints.

Exemples de démarches TQM

Nous reproduisons ci-après des graphiques qui illustrent bien sans être toutefois exhaustifs et complets les étapes parcourues par quelques entreprises performantes.

▬■ Le cas de Sollac

Branche produits plats d'Usinor Sacilor, Sollac comprend 12 usines produisant 10 millions de tonnes d'acier à la fin des années 1980. Un diagnostic de compétitivité par étalonnage (benchmarking) sur les meilleurs mondiaux avait montré que le « gap » de compétitivité était de l'ordre de 30 %.

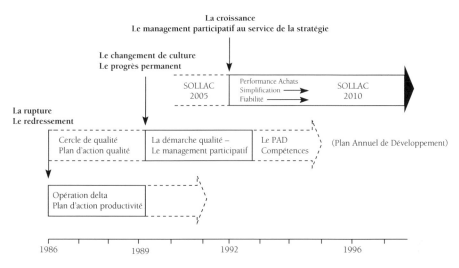

Figure N° 8.5 : Les trois étapes de l'évolution de Sollac

Edmond Pachura en prenant la présidence de la Sollac affirme : « Je fais le pari de faire mieux qu'eux avec l'ensemble du personnel, en faisant progresser la culture de l'entreprise, ses comportements, ses démarches et ses outils, en m'appuyant sur les hommes pour à la fois réduire les coûts et améliorer la valeur. J'ai appuyé ma stratégie sur l'investissement immatériel, les compétences et la mobilisation à partir d'une démarche d'ensemble de *Qualité Totale*. »[1]

Il fallait « inventer en permanence une nouvelle entreprise toujours plus performante… Chaque jour créer toujours plus de compétence pour la transformer en toujours plus de performance ».

« Les deux-tiers de l'amélioration du résultat brut (8 milliards en 3 ans) sont dus à des progrès de gestion obtenus essentiellement grâce à la mobilisation des hommes et la mise en œuvre de plans d'actions novatrices. Plus de 22 000 idées ont été proposées par le personnel – 17 500 ont été retenues permettant un gain de 4 milliards de francs en année pleine (1990) ».

Les trois graphiques qui suivent résument d'une manière extrêmement parlante le système de management de Sollac, et la démarche mise en œuvre au cours du temps.

---

1. Pachura Edmond – Sollac – *Présentation à l'Institut Français de l'Entreprise* – Et également Conférence organisée le 30 mai 1996 par le Conseil de la Prospective, de la Stratégie et de l'Innovation du Groupe Lyonnaise des Eaux.

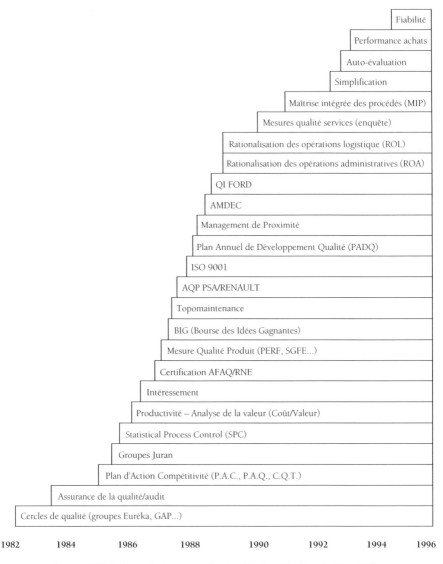

Figure N° 8.6 : Les principaux outils et méthodes développés dans Sollac

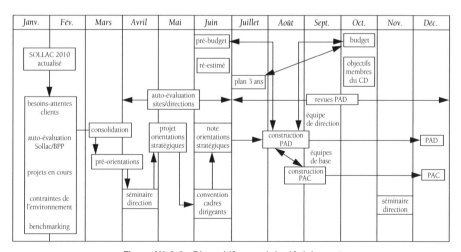

Figure N° 8.7 : Le système de management Sollac

▬▬ Le dispositif annuel et permanent de Sollac

Sollac utilise deux grands dispositifs d'élaboration des orientations et de leur déploiement, tout d'abord un dispositif annuel représenté dans le SMS (système de management Sollac), et l'autre, plus permanent, formalisé notamment par les différents comités (qualité, politique sociale, finance, gestion, commercial, R&D...), qui se déroule à une fréquence rapprochée (tous les 1 ou 2 mois).

Janv.	Fév.	Mars	Avril	Mai	Juin	Juillet	Août	Sept.	Oct.	Nov.	Déc.
					pré-budget				budget		
SOLLAC 2010 actualisé					ré-estimé				objectifs membres du CD		
						plan 3 ans					
besoins-attentes clients			auto-évaluation sites/directions					revues PAD			
								équipe de direction			
auto-évaluation Sollac/BPP		consolidation	projet orientations stratégiques	note orientations stratégiques			construction PAD				PAD
projets en cours		pré-orientations						équipes de base			
							construction PAC				PAC
contraintes de l'environnement		séminaire direction		convention cadres dirigeants						séminaire direction	
benchmarking											

Figure N° 8.8 : Dispositif annuel de déploiement

La démarche TQM de Rank Xerox

Elle est très bien illustrée par le schéma ci-dessous intitulé judicieusement « la dynamique qualité ». Précisons que Rank Xerox fait partie des entreprises qui ont eu le prix EFQM de la qualité.

La dynamique Qualité…

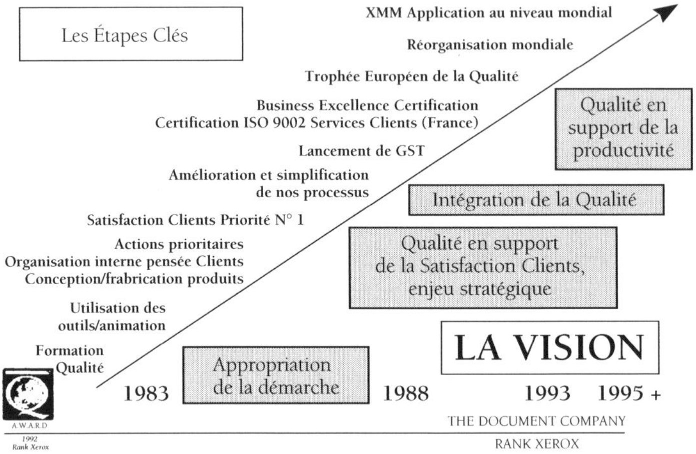

Figure N° 8.9 : La dynamique Qualité

Démarche recommandée pour une PME qui commence

Pour une PME qui voudrait mettre en place progressivement le TQM, de multiples voies sont naturellement possibles, parmi celles-ci, on peut suggérer les étapes classiques suivantes :

1. *Connaissance et compréhension :* les dirigeants doivent commencer par prendre connaissance des principes et méthodes du TQM, en suivant des formations sur le sujet, en lisant des ouvrages ou articles, en visitant des entreprises qui ont eu des prix de la qualité, en participant à des réunions des associations qualité telles que l'IQM. S'ils ont le sentiment que le TQM est le mode de management qui convient à leur entreprise, ils doivent également veiller à la formation de l'équipe de direction.
2. *Décision de s'engager dans la démarche :* au cours de réunions ou de séminaires *ad hoc* la décision de s'y lancer doit être prise avec un consensus et un enthousiasme suffisants de l'équipe de direction pour pouvoir compter sur son engagement.
3. *Développement d'une vision :* en se posant les bonnes questions sur ce que l'entreprise et son personnel veut être, commencer le développement d'une vision, définir les ambitions et les « gaps » à réduire ou les axes majeurs de progrès. Veiller à la cohérence avec la stratégie.

4. *Les valeurs pour les segments de clients* : lancer quand c'est nécessaire les opérations d'écoute-client pour définir les attributs de Valeur-Client (satisfactions et prix) et choisir les segments sur lesquels l'entreprise va fonder son avenir. Ajuster éventuellement la vision.

5. *Concevoir la structure nouvelle : orientée client et peu coûteuse* : en partant d'exemples de ce qu'ont fait d'autres entreprises, concevoir la structure et les rôles dans une optique de TQM, constituer des équipes d'amélioration de la qualité (EAQ), commencer la formation aux concepts du TQM et aux nouveaux rôles des employés et de l'encadrement. Reconcevoir l'entreprise en termes de processus orientés clients.

6. *Former le personnel aux concepts et outils du TQM* : définition de la qualité, priorité à la Valeur-Client, analyses des données, recherche factuelle des causes, implication de tout le personnel, autonomie et responsabilisation, résolutions des problèmes, description, maîtrise et amélioration des processus, travail en équipes, conduite efficace de réunions, PDCA/SDCA, etc.

7. *Mise en place des systèmes de mesures* : indicateurs de satisfaction et de Valeur-Client, nouveaux indicateurs de résultats de processus, nouveaux tableaux de bord. Communiquer les résultats, organiser la transparence.

8. *Mettre en œuvre les améliorations continues* : instituer le PDCA et le SDCA, mettre en place un système de recueil et de valorisation des suggestions, lancer des plans de progrès, communiquer les succès.

9. *Instituer les systèmes de reconnaissance et de récompenses* : modifier les bonus et primes en fonction des nouveaux objectifs et des nouvelles valeurs, adapter le système de rémunération.

10. *Maintenir les challenges* : établir les challenges des années prochaines aussi bien concernant les progrès du système que les objectifs de progrès concernant les parties prenantes.

MONTÉE EN PUISSANCE DE L'ISO 9001 VERSION 2000 ET CONVERGENCE AVEC LE TQM

La norme ISO 9000

L'ISO (International Organisation for Standardisation) est une fédération mondiale d'organismes nationaux de normalisation qui regroupe 120 institutions nationales de normalisation. Son but est de contribuer à la normalisation pour simplifier les échanges entre pays. Elle a élaboré plus de 10 000 normes internationales dont les plus connues sont les normes ISO 9000.

L'ISO ne délivre pas elle-même les certifications qui sont attribuées par des organismes d'experts qualifiés dans chaque pays.

La norme ISO 9000 version 2000, élaborée par le comité technique ISOTC 176, s'intéresse au Système de Management de la Qualité qui est décrit dans le Manuel Qualité. Elle a pour but d'aider les organismes de tout type et de toutes tailles à mettre en œuvre et appliquer des systèmes de management de la qualité efficaces. Dénommée Système de Management de la Qualité (SMQ), cette nouvelle famille comporte trois normes :

- ISO 9000 : principes essentiels et vocabulaire.
- ISO 9001 : exigences.
- ISO 9004 : lignes directrices pour l'amélioration des performances.

Les huit principes du management sont[1] :

1. **L'orientation vers le client** : les organismes dépendent de leurs clients ; il convient donc qu'ils en comprennent les besoins présents et futurs, qu'ils satisfassent leurs exigences et qu'ils s'efforcent d'aller au-delà de leurs attentes.
2. **Le leadership** : les dirigeants établissent la finalité et les orientations de l'organisme. Il convient qu'ils créent et maintiennent un environnement interne dans lequel les personnes peuvent pleinement s'impliquer dans la réalisation des objectifs de l'organisme.
3. **L'implication du personnel** : les personnes à tous niveaux sont l'essence même d'un organisme et une totale implication de leur part permet d'utiliser leurs aptitudes au profit de l'organisme.
4. **L'approche « processus »** : un résultat escompté est atteint de façon plus efficiente lorsque les ressources et activités afférentes sont gérées comme un processus.
5. **Le management par l'approche « système »** : identifier, comprendre et gérer des processus corrélés comme un système contribue à l'efficacité et à l'efficience de l'organisme à atteindre ses objectifs.
6. **L'amélioration continue** : il convient que l'amélioration continue de la performance globale d'un organisme soit un objectif permanent de l'organisme.
7. **L'approche factuelle pour la prise de décision** : les décisions efficaces se fondent sur l'analyse de données et d'informations.
8. **Les relations mutuellement bénéfiques avec les fournisseurs** : un organisme et ses fournisseurs sont indépendants, et des relations mutuellement bénéfiques augmentent les capacités des deux organismes à créer de la valeur.

---

1. AFNOR – *norme ISO 9001*: 2000.

Le fonctionnement du système qualité peut-être illustré par le schéma ci-dessous :

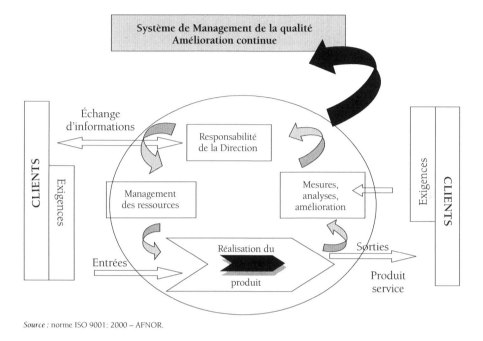

Source : norme ISO 9001: 2000 – AFNOR.

Figure N° 8.10 : Modèle du système de management de la qualité ISO 9001 version 2000

▬ La montée en puissance mondiale de la norme ISO 9000

À la fin de 2001, 510 616 organisations avaient été certifiées ISO 9000 dans le monde[1], dont 101 985 pour la seule année 2001 dont 43,5 % des certificats accordés pour la version 2000.

En 2001 Israël certifiait plus d'entreprises (6 447) que l'Inde (5 554) et évidemment moins que la France (20 919) et que les USA (37 026) pourtant plus portés sur le TQM et donc en retard sur l'Allemagne (41 629) devancée par la Chine (61 597 avec Hong Kong) qui devient un centre de production mondiale à bas coûts et bonne qualité.

C'est toutefois la Grande-Bretagne qui détient la palme avec 66 760 certifications dans l'année, rythme qu'elle soutient depuis 1995, sans doute parce que toutes les entreprises de services, même les plus petites, en viennent à se faire certifier.

---

1. ISO – *The ISO Survey of ISO 9000 and ISO 14000 Certificate* – www.iso.org.

La convergence avec le TQM de la nouvelle version 2000

▬ Les principaux changements de la version 2000 de la norme ISO 9001

Pour prendre en compte l'évolution des besoins des entreprises, une nouvelle version de la norme ISO 9001 est parue le 15 décembre 2000. Elle remplacera définitivement les normes ISO 9001/2/3 fin 2003. L'ISO 9001 version 2000 est compatible avec les autres référentiels de management de la qualité (ISO 9004...) et de l'environnement (ISO 14001).

Les changements vont dans le sens d'une meilleure adéquation à la réalité du management d'une entreprise :

1. Orientation-clients plus forte (exigences, satisfaction et communication).
2. Généralisation de l'approche processus (identification et amélioration des processus et de leurs interactions).
3. Renforcement de la composante « ressources humaines » (compétence, formation et sensibilisation).
4. Amélioration continue de l'efficacité du système de management de la qualité.

Ces modifications rapprochent la norme ISO 9001 des référentiels Baldrige et EFQM et sa philosophie s'apparente de plus en plus à celle du TQM. De ce fait elle va devenir un outil de management d'actualité. La certification ISO va faire partie des meilleures pratiques du management.

L'APRÈS CERTIFICATION : DE L'ISO 9000 AU TQM

La plupart des entreprises qui pratiquent le TQM en Europe ont, à un moment donné de leur démarche, cherché à satisfaire aux normes de l'ISO 9000 en vue d'obtenir la certification, dans un but commercial évident, sans que cela soit une nécessité pour le TQM lui-même. D'ailleurs aux États-Unis, relativement peu d'entreprises sont certifiées ISO.

En revanche beaucoup d'entreprises européennes ont commencé par chercher une certification ISO 9000 et n'avaient même pas entendu parler du TQM.

Satisfactions et déceptions liées à la certification ISO 9000

La première certification apporte son cortège de félicitations et de récompenses, le sentiment que l'entreprise a relevé avec succès un défi qui a soudé les équipes et l'illusion que cela sera un facteur de promotion commerciale.

La première désillusion se situe en général à ce niveau car le plus souvent, l'effet commercial est minime d'autant que les concurrents font vite de même et que les clients n'y accordent pas l'importance espérée.

Le coût n'est pas négligeable mais on a la satisfaction de mieux connaître et maîtriser ses processus. Toutefois les procédures agacent souvent, et on les néglige parfois après le premier succès.

Quand vient l'année du renouvellement on s'aperçoit avec terreur que des procédures ont été négligées et il faut reconstituer des historiques. Le travail est ingrat et coûteux et le seul bénéfice sera d'obtenir le renouvellement. On a visé l'obtention d'un parchemin et pas du tout intégré l'ISO comme une méthode de management en particulier des processus.

Pourtant il serait possible d'en faire une méthode de management comme le TQM. Si on compare les référentiels Baldrige, EFQM et ISO, on s'aperçoit que l'ISO couvre une bonne partie des thèmes traités par le TQM.

Simplification, communication et intégration des procédures qualité dans les valeurs de l'entreprise

Pour transformer progressivement cette démarche qualité en une méthode de management, la démarche peut être la suivante :

- Simplifier le système pour éviter les difficultés d'audit et d'application des procédures, en réduisant leur nombre et leur complexité.
- Retraiter la matière contenue dans le manuel qualité et les procédures pour la rendre communicable, mémorisable et utilisable par le personnel. Transformer les descriptifs en règles simples, en peu de mots, sur des petites check-lists portables sur soi ou les afficher sur les lieux de travail avec des couleurs et des illustrations.
- En faire des commandements et des normes imprescriptibles connues par cœur qui deviendront progressivement des valeurs et intégrées dans les esprits.
- Introduire des indicateurs et sanctionner les manquements graves ou répétés.

Le passage à l'amélioration continue

Passer du respect des procédures à l'amélioration des processus :

- Faire des Fiches d'Amélioration Qualité (FAQ).
- Lancer des plans de progrès, créer des Équipes d'Amélioration Qualité (EAQ), enseigner et mettre en œuvre le PDCA et le SDCA sur les procédures les plus importantes, former le personnel aux outils de la qualité.

En faisant cela on rentabilise les dépenses de certification et surtout on évite que le travail fourni pour rédiger les procédures et les respecter ne se traduise par un sentiment assez général d'avoir fait de la paperasserie qui ne sert plus à grand-chose une fois la certification obtenue.

Les responsables qualité des différentes unités sont souvent assez désabusés et sévères pour le management après la certification. Le passage à l'amélioration continue leur démontrera que la Direction a la volonté de poursuivre dans le chemin de la qualité et que leurs efforts n'ont pas été inutiles.

La route vers le TQM

- Introduire la satisfaction totale des clients en lançant écoutes et enquêtes et en introduisant des indicateurs.
- Développer la vision et intégrer qualité et stratégie.
- Pratiquer l'auto-évaluation dans l'optique de viser l'excellence.
- Puis poursuivre le « voyage » en s'imprégnant des étapes parcourues par les entreprises performantes citées au début de ce chapitre.

On passera ainsi de la démarche de certification au management par la qualité totale. Ce faisant, on rentabilisera les investissements de certification et on renouvellera les certificats dans le cadre du TQM.

LE SYSTÈME TQM EN QUELQUES MOTS

Texas Instruments décrit son modèle de management global comme ayant cinq composants corrélés entre eux :

- *Le client d'abord*
- *Travail en équipe*
- *Management par les faits*
- *Excellence*
- *Déploiement des politiques (management Hoshin)*

Hewlett-Packard décrit son système de management par la qualité comme comportant quatre pierres angulaires :

- *Focalisation sur le client*
- *Planning*
- *Management par processus*
- *Cycle de progrès*

Ces quelques exemples démontrent que les sociétés bien gérées savent résumer l'essentiel de leur doctrine de management en quelques mots. La simplicité est toujours d'un grand secours pour la communication des objectifs.

L'exemple de DHL[1]

DHL Worldwide Express, entreprise de plus de 40 000 personnes au service de plus de 1 million de clients, s'est transformée pour se rapprocher du client. Son métier est la livraison de tous colis et documents dans le monde entier le plus rapidement possible. DHL a adopté une organisation par processus.

■■■ Le contexte du passage à une organisation par processus orientée client

La nécessité du changement s'est imposée par suite des changements de facteurs externes : l'évolution de la demande, l'exigence accrue de qualité, la concurrence de plus en plus agressive, et la pression sur les prix, et de facteurs internes : la stratégie du groupe et les besoins d'investissement. La démarche de passage à une organisation par processus s'est inscrite comme c'est souvent le cas dans le cadre d'une démarche TQM.

■■■ Le développement d'une vision

Pour assurer sa pérennité DHL veut satisfaire :

- Les *attentes des clients* : qualité, personnalisation, produits, proximité.
- Les *attentes des actionnaires* : croissance, profitabilité (capacité d'investissement).
- Les *attentes du personnel* : information, implication, reconnaissance, développement.

La vision repose sur une conviction : « notre avenir dépend de notre capacité à améliorer/maintenir le positionnement concurrentiel de nos clients sur leurs marchés ». Elle vise donc à offrir aux clients un « service plus » sur les marchés actuels, l'accès à de nouveaux marchés, la réduction des coûts de distribution et de SAV, tout cela contribuant à l'amélioration de leur position concurrentielle.

L'objectif essentiel de cette vision est donc de fidéliser la clientèle acquise et de développer de nouvelles relations clients. Pour y parvenir DHL a décidé d'observer, d'écouter et de comprendre durablement les clients et prospects, d'anticiper leurs attentes et de répondre à leurs besoins par les moyens appropriés.

Pour rendre opératoire cette vision il a été lancé DHL 2000 qui comprend une projection sur l'avenir et la définition d'un mode de fonctionnement.

---

1. De Longvilliers Etienne – *Transformer l'organisation pour se rapprocher du client* – Document remis lors de son exposé aux Rencontres d'Affaires – 8-9 octobre 1996.

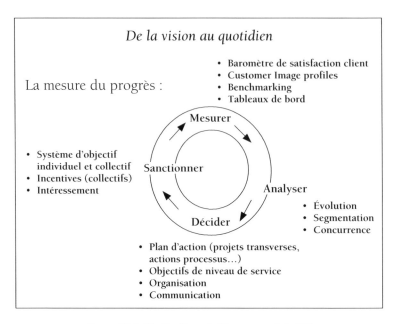

Figure N° 8.11 : Système de Management de DHL

▬ De la vision au quotidien

Trois leviers permettent d'agir : les hommes, la dynamique de fonctionnement, l'organisation.

L'organisation comporte :

- La mise en place d'un schéma d'organisation favorisant une approche globale du client : écoute, réactivité, souplesse, initiatives...
- La « segmentation » de la force de vente en fonction des types de clients et de leurs besoins.
- La mise en place de structures de services dédiés à des types de clients.

La dynamique de fonctionnement est fondée sur la Qualité Totale. Elle comprend en particulier :

Un programme « customer care » qui vise à écouter, comprendre les clients et définir des priorités. Le programme « customer care » anime un système de suivi de l'évolution des besoins et attentes des clients par segment de marché et comporte :

1. Suivi et analyse des clients perdus
2. Études marketing
3. Benchmarking des concurrents
4. Baromètre de satisfaction clients

    5. Études images communications
    6. Analyse statistique des requêtes

Sur base de ces études on définit les segmentations, le niveau de service, le fonctionnement de l'organisation, la formation, la communication et le management.

▬ L'organisation par processus

L'approche par processus pour anticiper et répondre aux besoins, agir, s'adapter et changer en fonction des priorités définies par le programme « customer care ».

L'approche par processus a conduit à décomposer l'activité en 10 processus qui correspondent chacun au traitement d'une demande client pour lequel un objectif de service est déterminé. Elle est à la base de la dynamique d'amélioration continue de la manière de faire.

Chaque processus est animé par un **Comité de Processus** dont la mission est d'optimiser la performance du processus en examinant à la fois la satisfaction des clients mais aussi les moyens mis en œuvre et leur coût.

Les comités de processus sont constitués de représentants d'entités intervenant dans le processus. Le représentant de l'entité la plus concernée (la plus en contact avec le client) assure le rôle de ***manager du processus.***

▬ La mise en place du processus

Elle comporte trois volets :

1. La définition d'un système de pilotage comportant des indicateurs de performances externes et internes et des « contrats de service internes ».
2. La définition d'une ambition de performance comprenant les besoins et attentes des clients externes, le diagnostic des réalisations par rapport aux attentes et le niveau de service à atteindre.
3. L'amélioration du fonctionnement sur base de plans d'action.

Naturellement le processus est décomposé en procédures faisant l'objet d'un système d'Assurance Qualité et de la certification ISO 9000.

L'approche par processus, qui part des besoins et attentes des clients, a pour cadre de référence quelques indicateurs clés qui permettent de mesurer l'évolution de la performance. Chaque entité doit avoir ses performances mesurées (contrats de services internes) pour maîtriser le niveau de service global. Pour assurer le bon fonctionnement de cet ensemble, il faut un souci de la cohérence globale par une coordination transprocessus.

▬ Les hommes

Pour agir sur les hommes il y a trois leviers :

1. Le recrutement.
2. La philosophie du management.
3. La formation.

La philosophie du management s'appuie :

- sur la motivation à travers un accord d'intéressement basé en partie sur un indicateur de satisfaction client et des « incentives » pour les personnels en relation avec le client reposant sur des indicateurs de qualité de service,
- sur la mesure et les actions d'amélioration de la satisfaction interne : « la dynamique d'amélioration de la satisfaction client passe par la maîtrise du niveau de satisfaction des acteurs internes ».

L'intérêt de concourir pour le prix EFQM : l'exemple de Texas Instruments Europe (TI)[1]

Texas a commencé son « voyage » vers la qualité dès le début des années 1980. Toutefois, au début des années 1990, pour faire face à une compétition de plus en plus sévère, dans un marché de plus en plus européen, et constatant depuis plusieurs années un niveau de performance insuffisant, TI Europe a décidé, en 1993, d'adopter les critères de l'EFQM et son processus de progrès.

Nous résumons ci-après les principales informations contenues dans le document référence de TI Europe.

▬ La démarche dans le temps de Texas Instruments

Elle est très bien illustrée par le graphique ci-après. Précisons que Texas Instruments a également obtenu le trophée EFQM (European Foundation for Quality Management) en 1995.

---

1. Texas Instruments – *The EFQM challenge* – TI Europe EFQM Response Centre – Northampton UK – 1995.

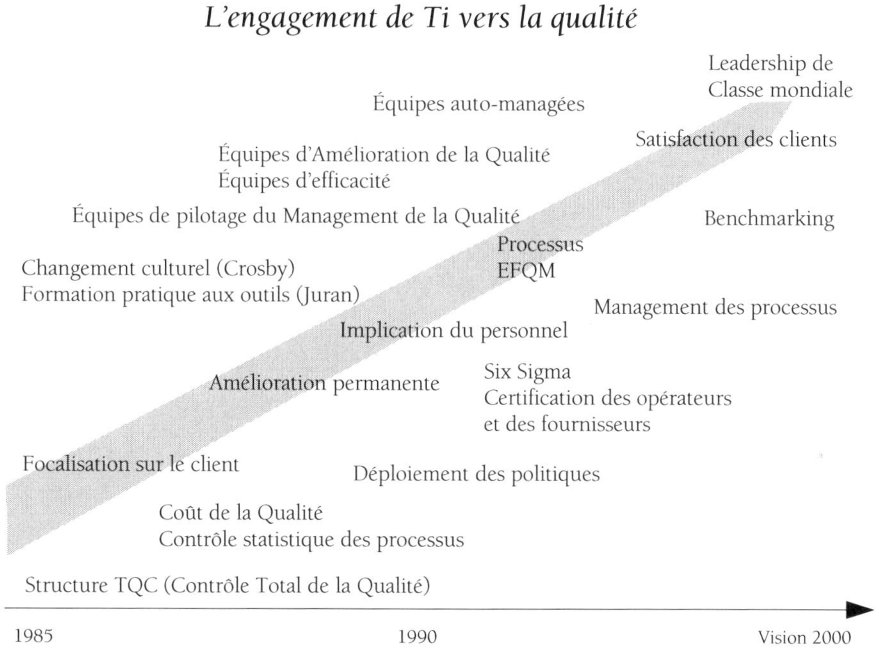

L'engagement de Ti vers la qualité

Figure N° 8.12 : La démarche de Texas Instruments

▬ La conquête du trophée EFQM

L'engagement du management

Le point sans doute le plus important pour la réussite de l'implantation de l'EFQM fut l'engagement des dirigeants de TI qui, le 18 juin 1993, signèrent « l'accord de Paris », document indiquant leur volonté d'appliquer le modèle d'excellence de l'EFQM, et d'y dédier du temps et des ressources.

TI fabriqua en deux mois un « package » de communication en six langues qui fut envoyé aux 30 organisations et 6 000 personnes à travers l'Europe. L'EFQM elle-même, à la demande de TI, forma 30 facilitateurs de TI, un par organisation, pour pouvoir guider chaque organisation dans le processus d'auto-évaluation.

Pour permettre l'auto-évaluation, TI produisit un manuel d'auto-évaluation de 75 pages, utilisé comme bible commune.

Une première auto-évaluation eut lieu, en septembre 1993, à laquelle 150 managers à travers l'Europe consacrèrent 2 jours chacun.

Un langage commun et un cadre général

L'auto-évaluation pratiquée sur ces bases a créé un langage commun et un cadre général pour les actions de progrès, chaque organisation ayant une vue réaliste de ses forces et faiblesses et des zones de progrès. Ce cadre est si important que cela est devenu la base du système de management de TI.

L'utilisation du modèle EFQM comme processus d'amélioration

Après avoir acquis une expertise suffisante du modèle, le point de départ est l'auto-évaluation suivant les critères EFQM.

Elle est faite par des équipes conduites par des managers comportant des personnes de tous les niveaux et de tous les services y compris fonctionnels de chaque organisation, qui discutent librement pour s'auto-évaluer.

Les forces et domaines de progrès ayant été identifiés, ils sont triés et choisis pour être dans l'axe des objectifs de l'entreprise.

Progressivement, chaque organisation définit ses écarts majeurs (les « vital few ») pour atteindre l'excellence, et cela est étendu à TI dans son ensemble.

Pour boucler la boucle, les priorités clés sont intégrées dans la politique de déploiement (plans annuel) et dans le système d'évaluation des performances individuelles.

Les bénéfices de l'évaluation sur la base des critères de l'EFQM

Les bénéfices sont multiples. Les principaux sont les suivants :

- Le fait d'évaluer ses pratiques est un catalyseur de progrès de qualité.
- Cela permet d'identifier les priorités et d'avoir des objectifs communs à l'organisation.

Les évaluations externes à l'occasion du prix donnent en retour d'excellentes indications sur la situation par rapport à d'autres compagnies performantes,

- Il permet d'identifier et de partager les « best practices ».
- Il accélère le processus d'apprentissage et de déploiement.
- Enfin il a permis à TI en deux ans d'améliorer les résultats sur les plans de la satisfaction des clients et des personnels, des résultats financiers et de la valeur de l'action.

En conclusion, l'utilisation du modèle EFQM a contribué à la réalisation de ce que TI appelle *le cercle d'or* : « *Des collaborateurs de talent ajoutent de la valeur et enchantent des clients fidèles qui à leur tour nous permettent d'obtenir d'excellents résultats dans nos affaires et de consolider la valeur de l'action.* »

LE SIX SIGMA, UNE PERFECTION RENTABLE

L'approche qualité appelée Six Sigma a été créée par un ingénieur de Motorola, Bill Smith vers 1985 alors que le Président en exercice s'appelait Bob Galvin.

Sous son impulsion les ingénieurs de Motorola décidèrent que les niveaux d'exigences de qualité habituels qui mesuraient les défauts en ppm (partie par milliers) ne permettaient pas d'aboutir à des produits suffisamment fiables dès lors qu'ils intégraient de nombreux composants eux-mêmes résultats de très nombreuses d'opérations.

Ils décidèrent qu'il fallait viser une qualité conduisant à **moins de 3,4 défauts par million d'occurrences (opérations ou composants)** ce qui correspond à six déviations standards entre la moyenne et les spécifications limites (probabilité gaussienne). Ainsi à l'époque, dans un appareil électronique qui contenait plusieurs centaines de minuscules pièces, il fallait fabriquer les composants avec un taux de défauts inférieur à 3.4 ppM (partie par Million) si on voulait que le taux de bons appareils à la sortie du processus soit supérieur à 99,7 % ou encore qu'il y ait moins de 0,3 % d'appareils défectueux.

De même pour la Poste américaine qui transporte des milliards de lettres, passer d'un niveau de trois sigma à six sigma signifie que les plis perdus descendent de quelques millions par an à quelques milliers seulement.

Pour une banque qui traite des milliards de transactions électroniques, il faut également descendre à moins de 3,4 erreurs par millions pour éviter des problèmes incessants avec les clients.

L'objectif fondamental de la méthode six sigma est l'implantation d'une stratégie basée sur des mesures statistiques visant à atteindre un niveau d'erreurs ou de défauts extrêmement bas ou de concevoir les processus ou les ensembles pour qu'ils puissent rester fiables même si les déviations autour de la norme atteignent six sigma (conception robuste et flexible). Au début chacun peut se demander si un tel exploit est réalisable et si le coût ne va pas être exorbitant du fait du risque de surqualité.

En réalité Motorola le pionnier de cette aventure et le dépositaire de la marque six sigma a économisé 1,4 milliards de $ entre 1987 et 1994 et 15 milliards de $ au cours des onze dernières années.

À la suite de Motorola, General Electric sous l'impulsion de Jack Welch inspiré par Lawrence Bossidy de Allied Signal a implanté en 1995 la méthode et indique que le six sigma a augmenté son bénéfice de 2,5 milliards de $ sur l'ensemble du groupe.

Des centaines de compagnies ont adopté le six sigma dans le monde depuis son lancement par Motorola : Honeywell, Allied Signal (fusionné avec Honeywell en 1999), Sun Microsystems, Citigroup, Toshiba, Sony, Honda, Maytag, Bombardier, Canon, Hitachi, Kodak, IBM, Ford, American Express, ABB, Lear corporation, Siemens, Nokia, Alcoa, Glaxo etc.

Le six sigma s'implante au moyen de deux sous-méthodes :

1. La méthode DMAIC (Define, Mesure, Analyze, Improve, Control), qui est un processus d'amélioration incrémentale des processus existants qui sont en dessous des spécifications.
2. La méthode DMADV (Define, Mesure, Analyze, Design, Verify) est une approche destinée à développer de nouveaux processus ou produits au niveau de qualité six sigma.

Il existe une certification Six sigma délivrée par l'ASQ, American Society of Quality, qui attribue le prix Baldrige chaque année. Cette certification s'appelle **Six Sigma Black Belt**[1]. Pour être candidat, il faut avoir mis en œuvre au moins deux projets six sigma qu'on peut décrire dans un rapport.

La mise en place du six sigma nécessite une conduite de projet par une équipe comportant des spécialistes de très bon niveau de la qualité maîtrisant les outils statistiques tels que les méthodes de test, les analyses de variance, la conception d'expériences, en particulier la méthode Taguchi, le SPC (Statistical Process Control), les concepts et méthodes de la « lean entreprise », le QFD (Quality Function Deployment), les méthodes de « Robust Design and Process », le FMEA (Failure Mode and Effect Analysis), les méthodes de conceptions pour X (Design for X signifie conception pour coût, pour fabrication, pour test, pour maintenance), etc.

En général la structure du projet comporte outre des dirigeants de talent chargés de superviser les opérations six sigma, les responsables de projet à plein temps appelés « black belts », ceintures noires comme au judo et des collègues les « green belts ».

---

1. American Society for Quality – *Certified Six Sigma Black Belt Information* – New York – www.asq.org.

L'IMPÉRATIF DU DÉVELOPPEMENT DURABLE

Le Pacte Mondial

Un puissant mouvement éthique a pris corps pour que le développement économique ne se fasse pas au détriment de la société, de son environnement et de l'homme. L'ONU a proposé pour cela un pacte mondial.

Lors du Forum économique mondial de Davos, le 31 janvier 1999, le Secrétaire général de l'ONU, Kofi Annan a exhorté les chefs d'entreprise à « embrasser, promouvoir et faire respecter » le Pacte Mondial, tant dans leurs pratiques que par leur appui à l'action des pouvoirs publics en ce domaine. Les principes contenus dans ce pacte ont trait aux droits humains, au travail et à l'environnement :

> *Principe 1* : promouvoir et respecter les droits de l'homme reconnus au plan international.
> *Principe 2* : ne pas se rendre complice de violations des droits fondamentaux.

▬▬ Normes du travail

Le Secrétaire général invite les entreprises du monde entier à respecter :

> *Principe 3* : la liberté d'association et à reconnaître le droit à la négociation collective.
> *Principe 4* : élimination de toutes les formes de travail forcé et obligatoire.
> *Principe 5* : abolition effective du travail des enfants.
> *Principe 6* : élimination de la discrimination en matière d'emploi et d'exercice d'une profession.

▬▬ Environnement

Le Secrétaire général exhorte les entreprises à :

> *Principe 7* : promouvoir une approche prudente des grands problèmes touchant l'environnement.
> *Principe 8* : prendre des initiatives en faveur de pratiques environnementales plus responsables.
> *Principe 9* : encourager la mise au point et la diffusion de technologies respectueuses de l'environnement.

L'approche de l'Union européenne

L'approche de l'Union européenne en matière de responsabilité sociale des entreprises (RSE) est fortement inspirée de la Charte de l'UE relative aux droits fondamentaux des travailleurs, proclamée au Sommet de Nice en 2001. Bien qu'elle ne soit pas encore légalement contraignante, elle peut être considérée comme une ligne directrice montrant l'orientation de l'UE sur ces questions. La Charte énonce une série de droits regroupés sous six rubriques :

La dignité, et notamment le droit à la vie, l'interdiction de la torture et du travail forcé ou obligatoire.

Les libertés, et notamment la liberté de pensée, d'expression et d'association, ainsi que le droit d'asile et le droit à la propriété.

L'égalité, portant entre autres sur la non-discrimination et les droits de l'enfant.

La solidarité, notamment les conditions de travail, l'interdiction du travail des enfants, le droit à la protection de la santé et le droit de négociation collective ainsi que le droit de grève.

Les droits de citoyenneté, y compris le droit de vote et la liberté de circulation, et

La justice, traitant principalement du droit à un procès juste et équitable.

En juillet 2002, la Commission européenne a publié un Livre vert qui vise à « promouvoir un cadre européen pour la responsabilité sociale des entreprises ». Avec ce document, la Commission entend ouvrir un vaste débat européen sur la façon de promouvoir cette responsabilité, sur la base d'un approfondissement des partenariats dans lesquels tous les acteurs ont un rôle actif à jouer.

La Commission considère que les partenaires sociaux jouent un rôle crucial dans l'expansion du concept de responsabilité sociale des entreprises. Toute stratégie d'entreprise orientée vers la RSE et se fondant sur une approche intégrée et équilibrée des facteurs économiques, sociaux et environnementaux exige une réflexion innovante et partant, de nouvelles compétences et une participation plus étroite des partenaires sociaux.

Au-delà d'un faisceau de normes contraignantes ou incitatives, se sont développés des standards de management comme ceux qui fixent les responsabilités sociales, (OHSAS 18001, SA 8000), ou environnementales (ISO 14001). À l'instar de la démarche Qualité, le développement durable amène à la recherche du progrès continu et enrichit donc la pensée qui les sous-tend tous les deux. Les normes dans ce domaine permettent aux entreprises de comparer leurs performances et de mettre à niveau l'information qu'elles délivrent sur ce sujet (au même titre que l'harmonisation comptable). Ainsi règles de reporting, standardisation des indicateurs sur le plan international, entrent dans l'objectif du projet SIGMA[1] initié par le ministère britannique du Commerce et de l'Industrie. Les Anglo-Saxons ont le mérite d'avoir initié la réflexion dans le domaine de la consommation responsable et ont proposé des normes privées qui ont acquis une grande notoriété, par exemple le SA 8000.

---

1. SIGMA : Sustainability Integrated Guidelines for Management.

La Norme SA 8000

La norme SA 8000 constitue un instrument uniforme permettant d'évaluer la responsabilité sociale des entreprises et prévoit une vérification de conformité effectuée par un organisme indépendant. SA 8000 se fonde sur les principes de 11 conventions de l'Organisation internationale du travail (OIT), la Déclaration universelle des droits de l'homme et la Convention des Nations Unies sur les droits de l'enfant.

La norme SA 8000 s'étend à plusieurs aspects du lieu de travail :

> le travail des enfants,
> le travail forcé,
> la santé et la sécurité,
> la liberté d'association et de négociation collective,
> la discrimination,
> les pratiques disciplinaires,
> le temps de travail et sa rémunération.

Enfin, dernier aspect, la mise en place d'un système de gestion de la norme, de façon à assurer son application permanente et conforme aux prescriptions qu'elle contient. L'UNI apporte son soutien et participe au travail de l'organisation *Social Accountability International*, chargée d'administrer la norme SA8000.

La norme ISO 14000

La famille de normes ISO 14000 sur le management de l'environnement a été développée pour fournir une boîte à outils pratique pour aider la mise en œuvre d'actions facilitant le développement durable.

Elle comprend la norme ISO 14001 qui est un Système de Management de l'Environnement (EMS). En 2001, 37 000 organisations dans le monde ont été certifiées ISO 14001. C'est sans doute le standard le plus appliqué dans la série des ISO 14000.

La norme ISO 14031 indique comment une organisation peut évaluer ses performances environnementales.

Ces outils permettent en outre de substantielles économies :

- Réduction d'utilisation de matières premières et de ressources.
- Réduction des consommations d'énergies.
- Amélioration de l'efficacité des processus.
- Moindre production de déchets et de rejets.
- Utilisation de ressources renouvelables.

▬ La norme SD 21000

Le SD 21000 (AFNOR) sert de référence et de guide méthodologique pour les entreprises qui veulent entreprendre une démarche DD.

▬ La norme AA 1000S

Le AA 1000 S de l'Institute of social and ethical Accountability dessine un processus grâce auquel on peut mesurer l'efficacité de la démarche DD et favoriser son contrôle externe.

Le Global Reporting Initiative et les rapports Développement Durable

Un certain nombre de sociétés publient un rapport de développement durable (le rapport DD). La loi française NRE (Nouvelles Régulations économiques) dans son article 116 impose aux sociétés cotées à partir de 2003 de rendre compte de leurs impacts sociaux et environnementaux. Le GRI (Le Global Reporting Initiative) née de la collaboration d'ONG, de cabinets de conseils et d'associations s'impose aujourd'hui comme une référence internationale. L'objectif du GRI est que d'ici 2010 plus de 10 000 entreprises établissent un rapport DD.

Le GRI repose sur trois types d'indicateurs :

1. Les indicateurs environnementaux généraux ou spécifiques à un secteur.
2. Les indicateurs sociaux concernant personnel, clients, population locale et partenaires.
3. Les indicateurs économiques : salaires, profits, dépenses de R&D, de formation et les informations financières de l'entreprise.

En 2002 parmi les meilleurs rapports DD publiés cités par l'article de Yan de Kerorguen[1] on trouvait : Novo Nordisk, BT, Cooperative Bank, Shell, BP, Camelot.

---

1. De Kerorguen Yan – *La notation sociale s'impose peu à peu en France mais doit faire mieux* – La Tribune – 29 novembre 2002.

10 conseils pour réussir une démarche concrète de développement durable :	Un changement culturel qui doit être cohérent :
• Sous-tendre l'action par des objectifs et des progrès à accomplir • Passer rapidement à l'action sur des enjeux majeurs et/ou prioritaires • Constituer une masse critique porteuse du progrès • Instituer des revues de DG et un pilotage du projet • Communiquer tous azimuts • Orienter vers le futur et valoriser le passé • Encourager et généraliser les initiatives • Prouver le progrès en fêtant les premiers résultats • Standardiser et institutionnaliser le DD • Afficher à tous niveaux des postures éthiques	• Valeurs : futur, environnement, bien-être, habitants, progrès,…. • Héros : ceux qui s'engagent et font preuve d'initiative • Rites : réunions, revues de direction, comité de pilotage, • Symboles : produits éthiques, slogans, informations, actions clients, mécénat, • Règles : critères d'évaluation, interdits, récompenses
Les trois déclencheurs pour mobiliser des équipes :	**L'engagement des dirigeants :**
• *Les catastrophes* qui vont se produire si on ne fait rien • *Le rêve* qui exalte et enthousiasme • *Le possible, la réussite* qui rassurent ceux qui ont besoin de voir pour croire	• Énoncer une vision partagée qui fait rêver • Remettre en question les habitudes, les manières de faire • Donner la possibilité d'agir, susciter, valoriser et généraliser les initiatives • Encourager, valoriser les contributions • Donner l'exemple, afficher un comportement éthique

Tableau N° 8.13 : Réussir une démarche de développement durable

La prise en compte du développement durable dans le management doit se vivre comme un chemin de progrès avec des étapes bien identifiées par des critères de réussite qui vont de la décision d'engagement à la communication sur les résultats auprès des différents publics de l'entreprise. Il existe, par exemple, une méthode de management qui outille la démarche la Global Responsible Management 21 (GRM 21) et donne à l'entreprise de la crédibilité vis-à-vis de l'extérieur et valide de manière tangible les progrès obtenus. Le GRM 21 recense vingt-et-un comportements qui concernent :

- la gouvernance (4),
- le reporting (3),
- le dialogue (4),
- le management (6),
- l'engagement (4).

La méthode requiert cependant que les équipes dirigeantes respectent un certain nombre de pré-requis regroupés en quatre règles fondamentales :

- placer le développement durable dans le cadre de l'activité de l'entreprise pour dégager de la valeur,
- inscrire la performance durable dans le cycle de vie des produits,
- viser la performance durable dans le but d'améliorer les résultats économiques,
- rechercher toutes les synergies *top down/bottom up* et internes/externes.

Quelques pièges, cependant, menacent l'entreprise dans sa démarche et peuvent altérer sa crédibilité, comme les rapports chiffrés sans grande pertinence, l'absence d'écoute des parties prenantes, ou encore l'assimilation à une démarche Qualité sans la mesure précise du risque face aux enjeux de l'économie et de la société. La véracité et la transparence objective de l'information font intégralement partie de la démarche DD et nécessitent une communication spécifique axée sur la démonstration, la comparaison, la liberté d'expression de toutes les parties, l'engagement de l'émetteur et reposant sur des diagnostics reconnus par tous.

À ce jour, on peut déplorer l'absence de normes universelles en la matière, qui rend le contrôle aléatoire ou imparfait. Que doit-on contrôler ? Sur quels critères ? Comment s'apprécie le progrès ? L'audit des chiffres ou l'avis de militants ne peut suffire à rendre intelligible la complexité de l'entreprise, aussi est-il nécessaire de juger sur un ensemble de données croisées comme :

- les mesures techniques en termes de résultats tangibles,
- les données comptables,
- les méthodes et procédures de travail,
- les engagements proclamés/tenus,
- les modifications de comportements effectives en interne,
- les opinions extérieures (responsables administratifs et leurs usagers, experts, journalistes, associations diverses et ONG, communauté de vie…).

Si chaque entreprise peut rendre compte des indicateurs retenus pour le reporting DD, aucune cependant, n'utilise les mêmes, du fait de son activité, de sa culture, de son envergure (internationale, mondiale ou nationale). La plupart font appel à des auditeurs indépendants ou des cabinets spécialisés pour établir un reporting complémentaires aux rapports de gestion Norsk Hydro, Shell, BP, le font par sites et par pays. Renault, Suez, l'intègrent au rapport annuel ou comme EDF par courrier à ses client). Lafarge va jusqu'à des études de cas dans un rapport spécifique « Lafarge et l'environnement ». Le développement des sites Internet dédiés (Peugeot, Veolia) ou incorporés (Shell, BP, Total, RWE) ne fait que s'amplifier et offre la possibilité d'approfondir les enjeux, de réaliser des dossiers par problèmes et bien sûr de prendre la mesure de l'opinion par interactivité.

Chapitre 9

Benchmarking
et reengineering

Historique du Benchmarking

Il a été inventé par Rank Xerox, leader mondial des photocopieurs en 1975, attaqué par les Japonais Canon, Minolta, Ricoh, Sharp, etc. De 1976 à 1982, la part de marché passe de 82 % à 41 %.

La reconquête est en partie fondée sur le benchmarking, lancé en 1979. Rank Xerox apprend par sa filiale commune avec Fuji, Fuji-Xerox, que l'une des sources d'inspiration des entreprises japonaises est l'échange sur les « best practices » qui ont lieu entre entreprises d'activités différentes appartenant au même « keiretsu ».

Rank Xerox décide alors de se comparer aux meilleures entreprises dans ses différentes fonctions ou métiers. Elle « benchmarque », pour la logistique, L.L. Bean, distributeur d'articles de sport et VPCiste, Toyota pour le pliage des tôles, American Express, Mary Kay Cosmetics, Hershey Foods, etc.

Actualité du Reengineering

Quant au reengineering, il ne faut pas le considérer comme une mode mais comme une nouvelle approche complète et fondée sur une stratégie de rupture.

Il s'agit d'une révolution dont l'aspect le plus difficile à gérer ne semble pas la créativité nécessaire pour reconcevoir les nouveaux processus, mais la transformation humaine qui conditionne la réussite de la mise en place de nouveaux processus.

LES ÉVOLUTIONS SIGNIFICATIVES EN COURS

HIER/AUJOURD'HUI ⇨	AUJOURD'HUI/DEMAIN
Entreprise conçue comme un ensemble de métiers et fonctions	Entreprise conçue comme un ensemble de processus opérationnels épaulés par des processus, supports ou fonctions
Reconception des processus en cas de profit insuffisant ou de crise	Reconception fréquente des processus pour gains en qualité, coûts, délais
Reengineering surtout utilisé pour réduction de coûts et d'effectifs	Reengineering pour satisfaction clients, délais et coûts
Informatisation des processus existants	Informatisation après reengineering des processus
Reengineering : opération top-down non participative	Plus d'implication des personnes concernées lors d'opérations de reengineering
TQM et reengineering incompatibles	TQM et reengineering complémentaires
Imiter, copier : termes péjoratifs	« Copier fait gagner ». Essor du benchmarking
Benchmarking peu répandu en Europe	Benchmarking : une des règles d'or du bon management en Europe
Benchmarking considéré comme un repérage des « best practices »	Benchmarking compris comme un auto-diagnostic, puis la mise en œuvre d'une meilleure pratique. Une des bases de l'entreprise apprenante
On réinvente sans benchmarquer	On benchmarque avant de réinventer

LE BENCHMARKING

Qu'est-ce-que le benchmarking ?

*Le benchmarking est le processus qui consiste à identifier, analyser et adopter, en les adaptant, les pratiques des organisations **les plus performantes dans le monde** en vue d'améliorer les performances de sa propre organisation.*

Le benchmarking implique d'être assez modeste pour admettre que quelqu'un d'autre est meilleur dans un domaine, et assez sage pour essayer d'apprendre **comment l'égaler et même le surpasser.**

Le benchmarking n'est pas la simple identification des « best practices ». Il va bien au-delà, car il suppose un travail approfondi de mesure de ses propres performances, puis de celles du partenaire, et la mise en œuvre dans son organisation.

Le benchmarking est une des pierres angulaires des organisations apprenantes car il encourage les personnes à aller en voir d'autres pour apprendre d'elles. Il est devenu très populaire dans les pays les plus avancés en matière de management, en particulier aux États-Unis.

C'est un outil devenu indispensable à ceux qui veulent appliquer efficacement le TQM ou faire du reengineering sans trop de risque d'erreurs. Il constitue un bon support d'auto-évaluation de collaborateurs qui jouissent de davantage d'autonomie dans le cadre de « l'empowerment ».

LES OBJECTIFS DU BENCHMARKING

Le benchmarking a pour objectif d'améliorer les performances d'une fonction, d'un métier ou d'un processus de manière importante. Il permet en effet :

- de poser des objectifs ambitieux.
- d'accélérer le rythme du changement.
- de surpasser le NIH (Not Invented Here), de voir à l'extérieur.
- d'identifier des processus permettant des percées.
- d'accroître la satisfaction des clients et les avantages compétitifs.
- de mieux connaître ses atouts et faiblesses par une meilleure auto-évaluation.
- de créer un climat basé sur les faits, générateur de consensus.
- d'accroître la capacité à utiliser des mesures pour gérer.

Au total, le benchmarking crée de la valeur.

Les types de benchmarking

On peut distinguer quatre types de benchmarking :

Le benchmarking interne : il consiste à comparer ses opérations à d'autres similaires dans la même organisation (entre sites, entre filiales, entre pays, etc.). On considère que l'amélioration qu'il est possible d'obtenir est de l'ordre de 10 %.

En théorie, toutes les entreprises devraient l'avoir pratiqué, mais en réalité cela soulève des problèmes psychologiques délicats, et il est bon de mettre en œuvre une telle démarche de manière positive en demandant, par exemple à chaque site d'indiquer ses points forts pour que chacun soit champion dans un domaine et contribue au progrès commun.

Le benchmarking compétitif : comparaison spécifique avec des concurrents sur le produit, la méthode ou le processus. Le gain qui peut être escompté est de l'ordre de 20 %. Un tel benchmarking est évidemment délicat à réaliser, car il ne s'agit pas d'espionnage industriel et le « benchmark » se fait ouvertement et avec l'accord des deux parties. C'est évidemment différent de l'analyse compétitive qui se fait par des études de marché, des analyses de produits qui sont démontés (« reverse engineering »), et des interviews de clients et fournisseurs.

Deux concurrents n'ont en général pas le désir de montrer à l'autre le secret de leurs performances. C'est pourquoi ils ne se comparent en général que sur des terrains neutres, tels que la gestion des ressources humaines ou la productivité globale de leurs usines, ou tous autres processus qui ne sont pas stratégiquement au coeur de leurs compétitions, mais certainement pas sur les derniers systèmes de vente ou les produits nouveaux.

Quoi qu'il en soit, il faut faire attention aux problèmes légaux et ne pas tomber sous le coup d'une accusation d'entente si le benchmarking est réalisé en partenariat avec un concurrent.

Le benchmarking fonctionnel : ce sont des comparaisons de fonctions similaires entre entreprises non concurrentes du même secteur d'activité pour déceler des techniques novatrices.

Le gain peut être considérable et atteindre 35 %, car quelqu'un qui exerce des activités analogues sans être concurrent peut avoir consacré beaucoup de temps et d'intelligence à devenir performant sur un processus qui est clé dans son domaine. Il suffit alors de s'en inspirer.

Le benchmarking générique : entre entreprises de secteurs différents sur des processus ou méthodes de travail. C'est la méthode la plus productive, elle peut conduire à des gains de 35 % ou plus.

Le fait d'être non concurrent autorise d'aller voir des processus analogues chez des entreprises qui sont les meilleures du monde. Or les entreprises ont en fait beaucoup de processus communs, tels que l'établissement de devis, le processus de commandes-livraisons, l'accueil au téléphone, les processus comptables, etc.

Les méthodes de benchmarking

Il existe de nombreuses méthodes qui ne diffèrent que par des détails. Celle indiquée ci-après est inspirée de la pratique de Renault, elle comporte les stades suivants :

---

1. Déterminer le processus à benchmarquer.

2. Connaître et décrire dans le détail son propre processus.

3. Constituer l'équipe de travail avec les acteurs concernés par le processus (une étude benchmarking ne se fait jamais seul !).

4. Choisir les partenaires avec lesquels ces processus seront comparés.

Le benchmarking peut être effectué avec d'autres services ou filiales de l'entreprise, des concurrents directs et des entreprises d'autres secteurs d'activités qui ont des performances remarquables dans tel ou tel processus ou fonction analogue.

5. Préparer et envoyer le questionnaire de benchmarking aux partenaires à l'avance.

6. Visiter le partenaire, toujours faire un compte rendu de la visite.

7. Vérifier les résultats obtenus.

8. Analyser les écarts, fixer les objectifs, sélectionner les meilleurs processus et les adapter à son activité.

9. Communiquer les résultats du benchmarking et les faire accepter.

10. Et recommencer.

Tableau N° 9.1 : Renault – Méthodes de benchmarking

Dans les grandes organisations, on a intérêt à faire une base de données benchmarking car divers filiales, usines ou services peuvent avoir envie de benchmarquer les mêmes entreprises ; il faut alors leur signaler que cela a déjà été fait, et leur en communiquer le résultat.

On peut également s'inspirer de la méthode des créateurs du benchmarking[1] :

---

1. Camp Robert C – « *Le Benchmarking* » – Préface de Jean Brilman – Éditions d'Organisation – 1992.

Planification
1. Identifier l'objet des recherches
2. Identifier les entreprises à comparer
3. Choisir la méthode de collecte des données

Analyse
4. Déterminer l'écart de performance
5. Fixer les futurs seuils de performance

Intégration
6. Communiquer les résultats du benchmarking et les faire accepter
7. Établir des objectifs fonctionnels

Action
8. Élaborer des plans d'action
9. Démarrer des actions spécifiques et assurer le suivi de la progression
10. Redéfinir les « benchmarks »

Maturité
• Position de leadership
• Méthodes totalement intégrées

Tableau N° 9.2 : Rank Xerox : les phases d'un processus de benchmarking

Pour réussir une opération de benchmarking

Il faut prendre soin de réaliser les opérations suivantes :
- Analyser et bien comprendre son propre processus.
- Bien sélectionner son interlocuteur/partenaire, le convaincre, respecter un code de bonne conduite, et prévoir un retour de valeur pour le partenaire.

- Comparer ses processus, ses pratiques et les résultats.
- Soit à l'intérieur de son organisation.
- Soit à des entreprises de classe mondiale, dans son pays et à l'étranger.
- Dans son secteur.
- Hors de son secteur.
- Passer à l'action pour égaler ou dépasser le meilleur.

Les cellules benchmarking ou d'étalonnage

Les grandes entreprises sont conduites à créer des cellules « benchmarking » (ou cellules « étalonnage » dans les entreprises publiques françaises) pour promouvoir la pratique du benchmarking, réaliser des opérations de benchmarking, former les personnels de l'entreprise à l'utilisation du benchmarking, coordonner les demandes émanant de divers services ou unités, ainsi que les demandes extérieures et proposer à la direction une politique de benchmarking.

Les groupes peuvent même avoir intérêt à accepter des benchmarkings qui les gênent un peu dans l'idée de demander une contrepartie immédiatement ou dans un proche avenir.

Les cellules de benchmarking sont en général rattachées à la direction générale, ou à la direction centrale de la qualité, et sont composées d'un petit nombre de personnes, souvent animées par des hommes ou femmes de très bon niveau, qui ont parfois la charge de proposer les méthodes et démarches pour l'amélioration générale des performances de leur organisation. Leur fonction les conduit en effet à visiter et connaître les entreprises les plus performantes.

Les cellules benchmarking constituent souvent des bases de données sur les « best practices » connues et les benchmarkings déjà réalisés par telle ou telle société du groupe.

À titre d'exemple, Renault et France-Télécom ont des cellules benchmarking.

La cellule étalonnage de France-Télécom a réalisé des dizaines d'opérations de benchmarking auprès d'entreprises aussi performantes que Xerox, Motorola, HP, KAO, ABB, des entreprises de télécommunication d'autres pays, etc. Parmi les premières opérations pilotes, on peut citer le service après-vente des terminaux, la commande-livraison de services numériques, les centres de renseignements téléphoniques.

Pour ce dernier cas, les clients ont d'ailleurs pu constater une amélioration de la qualité de ce service en même temps que la productivité des opérateurs passait de 250 opérations par jour à 500, voire davantage, à la suite d'une révolution dans la manière de traiter les opérations, en particulier par le recours à un dispositif informatique comportant la réponse vocale.

Au total les opérations de benchmarking ont déjà eu des résultats concrets et mesurables tels que : des délais divisés parfois par quatre, des relations avec le client améliorées, un personnel plus motivé et des économies chiffrées par millions ou milliards suivant les cas.

Les Clubs de Benchmarking : historique

Pour permettre aux entreprises de se contacter facilement et de connaître les entreprises ayant des processus performants, il s'est créé des lieux d'échanges et de contacts, les clubs de benchmarking. Historiquement les créations ont été les suivantes :

D'abord des Clubs américains :

- The Council on Benchmarking par le Strategic Planning Institute (Banque de données PIMMS) fin 1989.
- IBC International Benchmarking Clearinghouse dans le cadre de l'APQC février 1992.
- The Benchmarking Exchange (TBE) sur Internet 1992.

Puis des créations de Clubs en Europe, d'abord en Grande-Bretagne puis dans d'autres pays. Et notamment en France :

- Groupe Benchmarking de l'IQM 1995.
- BCP, Benchmarking Club de Paris 1995.

On trouvera en annexe des indications sur l'IBC et le BCP.

Un exemple de benchmarking primé : la Maintenance chez Kodak[1]

Kodak a été gagnant du Prix Benchmarking attribué en 1994 par l'International Benchmarking Clearinghouse, service de l'American Productivity and Quality Center.

Les principales étapes de la démarche

- Création d'un service-groupe (corporate) de Benchmarking en 1990, dirigé par Turk Enustun, qui joue un triple rôle : porte d'entrée des demandes de benchmarking des autres entreprises, base de données des « best-practices » de Kodak du monde entier, et consultants pour les projets de benchmarking des différentes unités.
- Janvier 1992, lancement par Harvey Berson, Directeur de l'Ingénierie et de la Maintenance, du projet de benchmarking de la maintenance des équipements de production de film dans 9 usines à travers le globe.

---

1. « Training » – *Benchmarking* – décembre 1994.

- Création d'une équipe centrale de cinq membres.
- Identification parmi les nombreux indicateurs mesurables de ceux qui sont **clés** pour les affaires. Mise au point préalable de définitions telles que rotation des stocks (incluant ou pas les stocks chez les clients par exemple).
- Accord sur 12 indicateurs couvrant le coût, la qualité et les délais de la maintenance (maintenance préventive, réactive et niveau des stocks).
- Collecte des informations statistiques par questionnaire sur les 12 indicateurs auprès de toutes les usines. Validation des informations. En particulier, remise des informations à une seconde équipe issue de 36 responsables de fonctions de maintenance chez Kodak pour les impliquer dans l'analyse des informations.
- « Le point clé est de découvrir où faire les améliorations. Ces données ne servent que de gâchette ».
- Le benchmarking interne a permis de voir, par exemple, comment l'usine australienne avait réussi à baisser ses coûts de stock au travers de contrats avec les fournisseurs.
- Début de la recherche de partenaires *via* 2 associations professionnelles : PEMMC (Plant Engineering Maintenance Manager Conference) – réseau de huit entreprises – et SMRP (Society for Maintenance and Reliability Professionals (19 entreprises). (L'IBC juge que Kodak, sur ce point, s'est un peu trop limité dans la recherche des best practices).
- Conception d'un questionnaire fondé sur 7 des 12 indicateurs. Questions tournant autour du coût et de la manière de réduire les interventions d'urgence.
- Envoi, plusieurs mois avant les meetings, des questionnaires aux futurs partenaires, ce qui a permis de faire établir les données par une tierce partie.
- Regroupement des données internes et externes sur des graphiques.
- Conclusions : Kodak Park faisait trop de « maintenance réactive » (34 % du temps), moins bien que la moyenne des 19 entreprises du SMRP (19 % du temps).
- Pour améliorer la démarche, Berson implique le client interne, c'est-à-dire le directeur d'usine, par un questionnaire de 32 questions sur les 12 indicateurs, dans le but de noter la performance.

Résultats

- Partout dans les usines, accroissement du travail de prévention, réduction des stocks et du temps passé en réparations urgentes.
- Dans la seule usine de Kodak Park, l'usine la plus importante du groupe dans la ville d'origine de Eastman Kodak, les résultats ont été les suivants :
  ✓ Le travail préventif augmenta de 6 % en un an.

✓ La rotation du stock a été accélérée, permettant, dès la première année, une économie de 15 millions de FF, et la deuxième année de 27,5 millions de FF en sus.

Autres exemples de benchmarking[1]

GTE pour ses opérations de dépannage de téléphone a benchmarqué le géant de la vente par correspondance Lands' End. Dans cette entreprise, les nouveaux employés recevaient 80 heures de formation avant de prendre leurs premiers appels. Cet investissement de départ, accompagné d'une formation continue, leur avait donné des compétences exceptionnelles de contact avec les clients et avait permis à l'employeur de laisser d'importants pouvoirs de décision (empowerment) aux employés pour faire immédiatement face à n'importe quelle situation.

De même les équipes de GTE ont benchmarqué Otis Elevator, connu pour son remarquable système de dépannage. Ils visitèrent Otisline, un service de dépannage et de communications 24 heures sur 24. Tous les appels de réparation viennent à travers un numéro gratuit 800, les réparateurs ont accès à une base de données où sont stockées les caractéristiques de chaque ordinateur et sont équipés de portables munis de communications radios qui permettent de leur transmettre immédiatement les demandes des clients et l'historique des réparations de l'ascenseur.

Mobil Oil a fait de même pour ses stations-service aux États-Unis. Une enquête auprès de 4 000 clients lui montra que seulement 20 % s'intéressaient au prix, les autres voulaient l'une des trois choses suivantes : des employés aimables et dévoués, entrer et sortir vite de la station, et de la reconnaissance pour leur fidélité. À partir de ces données Mobil se mit à réfléchir sur la reconception du service dans ses stations.

Mobil benchmarqua le Ritz-Carlton pour l'accueil aimable et le service, The Home Depot pour la fidélisation, et Team Penske pour la rapidité d'action de ses équipes durant les arrêts de course automobile (dus en partie à un équipement électronique fixé sur la tête leur permettant de communiquer entre eux).

À partir de cela, Mobil lança des stations pilotes appelées Friendly Serve en Floride : les pompistes ont des uniformes, l'accueil y est agréable, ils ont des systèmes électroniques fixés sur la tête leur permettant de relayer les demandes des clients vers la caisse, et ceux qui veulent un service rapide ont une voie spéciale. Le chiffre d'affaires de ces stations augmenta de 10 %.

---

1. Harvard Business School Video – *Benchmarking for continuous improvement* – Boston – 1995.

LE REENGINEERING

Rappelons le sens de quelques mots américains du management moderne, en particulier le reengineering, souvent non traduits dans le texte parce que cela nécessiterait des expressions plus longues, voire des périphrases.

REENGINEERING : il consiste en une reconception radicale des processus d'affaires de l'entreprise visant une amélioration spectaculaire des performances.

Cette approche a pour fondement l'idée qu'une entreprise doit être considérée comme un ensemble de processus centrés sur la satisfaction des besoins du client ou plus exactement sur l'apport de valeur au client.

Il s'agit de *réinventer une nouvelle manière* de faire s'appuyant souvent dans les services sur les possibilités offertes par les *nouvelles technologies de l'information* et dans l'industrie sur les principes du lean manufacturing – qui substitue au moins partiellement au management par fonctions ou métiers (R&D, méthodes, production, ventes, distribution, etc.) un management des *processus transversaux.*

L'objectif ambitieux de progrès (30 %, 50 %, parfois plus de 100 %) peut concerner la qualité, les délais ou les coûts, voire les trois simultanément.

Les trois points clés du reengineering sont :
- *un objectif de rupture,*
- *l'innovation,*
- *l'approche par les processus.*

« DOWNSIZING » : réduction de la taille des activités, des actifs ou des effectifs. S'emploie le plus souvent pour la réduction des effectifs. En France, on emploie pour ces opérations souvent les expressions de « restructuration », réduction des dépenses.

Les informaticiens utilisent ce mot dans le sens particulier du passage d'un système centralisé avec grands ordinateurs à une architecture décentralisée, fondée sur des micro-ordinateurs en réseau.

Après huit années d'utilisation massive du reengineering aux États-Unis, celui-ci s'étant souvent traduit par des réductions d'effectifs et donc du « downsizing », il est souvent assimilé à une opération de réduction de coûts avec licenciement et son image s'en trouve affectée, alors qu'en Europe il a plus souvent été employé pour réduire les délais et améliorer la qualité de service dans le système de relations avec la clientèle.

« DELAYERING » : réduction du nombre de niveaux hiérarchiques, le plus souvent par élimination d'échelons de l'encadrement intermédiaire (middle-management).

« EMPOWERMENT » : accroissement du pouvoir de décision des employés. Ce qui, hier, supposait la consultation et l'accord du supérieur hiérarchique est aujourd'hui décidé directement par le collaborateur.

« OUTSOURCING » : le mot français « EXTERNALISATION » traduit parfaitement l'américain. Toutefois, précisons qu'il ne s'agit plus ici de la sous-traitance pratiquée depuis longtemps et de manière habituelle dans les professions concernées (par exemple sous-traitance des activités de la cantine à des entreprises de restauration collective), mais d'opérations d'externalisation d'activités considérées encore aujourd'hui par un grand nombre comme faisant partie du métier de base.

Méthode classique de reengineering[1]

Le reengineering doit être, une **reconception radicale** d'un processus d'affaires pour obtenir un gain de performance élevé : 20, 40, 50 %. L'objectif doit être ambitieux et tendu pour mériter le travail d'une équipe de plusieurs personnes brillantes pendant 3 à 5 mois.

Les deux phases

La **phase d'étude et de reconception** prend environ entre trois et cinq mois et demi et comporte les étapes prévues par la méthode Invent CEGOS, que l'on retrouve expliquée en détail dans l'opus cité de J. Hérard.

La **phase d'implantation** qui suit peut durer entre 1 an et 2 ans. Elle comporte : restructuration, fusions de services, nouvelle forme de services, formation des personnes à leur nouveau métier, réductions d'effectifs, mise en place des systèmes informatiques, etc.

Constitution de l'équipe

La constitution de l'équipe de reengineering est cruciale. En premier lieu, il faut nommer un chef de projet jouissant de crédibilité dans l'organisation et connaissant l'activité.

Ensuite, il faut nommer cinq à quinze cadres choisis parmi les **meilleurs** et les plus **brillants** de l'organisation (ceux-là même que les unités ne veulent pas lâcher), affectés (à plein temps si le processus est important) au projet de reengineering, plus un ou deux assistants administratifs.

---

1. Pour plus de détails se reporter au livre de J. Hérard, Manuel d'Organisation appliquée, Dunod, 2003.

L'expérience montre que l'équipe doit comprendre des personnes qui connaissent bien les processus, des informaticiens, des spécialistes de ressources humaines, des contrôleurs de gestion et des jeunes brillants qui ne connaissent rien aux processus qui vont être reconçus, mais qui souvent contribueront à imaginer quelque chose de nouveau. Il se crée ainsi une équipe multidisciplinaire de consultants en reengineering.

L'équipe doit être aidée par un facilitateur interne ou un consultant externe.

Le chef de projet a clairement un patron durant l'étude : le P.-D.G. ou le patron de la division qui va faire l'objet du reengineering et qui opérera donc l'implantation.

Lors des analyses, il faut aller voir sur place d'une part parce que les processus réels sont souvent différents de ce qu'on trouve dans les manuels de procédures, mais en sus les employés émettent des suggestions intéressantes. De même il faut écouter des clients et faire des enquêtes. Il convient également de rencontrer les parties prenantes telles que les garagistes pour l'assurance automobile ou les médecins pour l'assurance maladie.

La règle de l'équipe est de n'évoquer aucune solution durant la phase de l'étude.

La reconception se fait selon deux manières. Soit une réunion de travail hebdomadaire pour trois mois de travail total, soit hors de l'entreprise, souvent dans un hôtel, et dure environ une semaine. La première a l'inconvénient de durer longtemps, la deuxième de se priver d'apports extérieurs et de maturation des idées.

Ensuite vient la vente des nouveaux processus au directeur de la division concerné et au comité de direction présidé par le président.

Il faut présenter un bilan des avantages, des risques, des coûts et des bénéfices.

Il y a toujours un investissement associé à toute opération de reengineering qui comporte des coûts de déménagements de bureaux ou de personnes, des indemnités de départs et des coûts informatiques qui peuvent être importants.

QUELQUES ENSEIGNEMENTS GÉNÉRAUX ISSUS DES MULTIPLES REENGINEERINGS RÉALISÉS

Le reengineering n'est qu'une des méthodes d'amélioration de l'efficacité.

Ce qui importe d'abord, c'est le niveau de l'objectif visé : amélioration radicale ou incrémentale.

L'amélioration incrémentale n'est pas du ressort du reengineering mais plutôt du TQM et des démarches KAIZEN.

L'une des grandes novations du reengineering, c'est de rendre possible un niveau d'ambition ou d'objectif inhabituel, exceptionnel, incroyable : c'est-à-dire des progrès rapides de 20 % à 100 % dans des délais courts de 12 à 24 mois au maximum.

Mais il faut être conscient que les restructurations ou l'externalisation peuvent donner des résultats analogues.

Déjà afficher un objectif élevé est en soi une révolution. Le principal apport du reengineering c'est à notre avis d'avoir rendu crédibles des gains de 30 % à 100 % ou plus.

Mais même pour des objectifs élevés, il importe d'abord de **choisir entre méthode radicale et méthode incrémentale.**

On peut atteindre 30 % en trois ans, soit par une méthode incrémentale permettant des gains de 10 % par an, soit par des opérations de rupture donnant 30 % en 12 à 24 mois.

Le reengineering comme schéma directeur informatique

La mise en place d'un système informatique ou son remplacement par un nouveau système s'accompagne en général d'un schéma directeur qui décrit l'architecture ou le plan d'ensemble du système.

En général, on procède par l'analyse organique et fonctionnelle des opérations de façon à les informatiser. De ce fait on informatise le processus tel qu'il existe sans le remettre en cause.

Il est évident que c'est dommage de ne pas profiter d'une opération d'informatisation pour tenter de repenser la manière de faire, c'est-à-dire de reconcevoir les processus avant de les informatiser.

En cela le reengineering est très utile et la pratique du reengineering se substitue de plus en plus à celle du schéma directeur.

Les conditions de réussite du reengineering

Ceci étant, sur le plan pratique, les sept facteurs clés du succès qui ressortent des interviews sont, dans l'ordre à notre sens d'importance décroissante, les suivants :

▬ Engagement total de la Direction dans le cadre d'une stratégie claire

C'est **la** condition *sine qua non* de réussite. Le plus souvent, elle se traduit par :

- Le suivi permanent du projet et la communication fréquente du P.-D.G., avec le personnel sur la globalité du projet, y compris ses conséquences négatives sur l'emploi, justifiées économiquement.

- La nomination d'un responsable opérationnel du reengineering, rattaché directement au P.-D.G. pour ce faire.

C'est soit le numéro 2 de l'établissement, soit, plus souvent, un responsable de haut niveau, talentueux, connaissant très bien l'établissement et respecté de tous.

Le P.-D.G. et le responsable opérationnel s'engagent dans le cadre d'une stratégie clairement définie.

Approche par processus orientés vers le client

C'est la technique fondamentale du reengineering, appliquée dans tous les cas de réussite et largement repris par l'ISO 9000/2000.

Fixation d'objectifs ambitieux (rupture)

Tous sont d'accord pour indiquer comme nécessaire à la réussite d'un reengineering la fixation d'objectifs de **rupture,** donc d'au moins 25 % d'amélioration de l'efficacité. L'expérience américaine montre que les objectifs restreints ne sont pas atteints par les méthodes de reengineering, alors que les objectifs ambitieux sont souvent dépassés.

Constitution des équipes pluridisciplinaires avec les meilleurs (hauts potentiels)

Ce sont ceux dont les responsables d'activités ne veulent pas se séparer qui **doivent** être détachés **à plein temps** sur les actions de reengineering. C'est la conséquence directe de l'engagement de la Direction Générale et de la fixation d'objectifs ambitieux.

Recherche de la plus libre créativité, sans tabous

Dans tous les cas de réussite, aucune limite n'a été fixée *a priori* à la créativité des participants. L'idée la plus provocatrice est acceptée, analysée et évaluée par le groupe de travail. Si elle est rejetée, c'est qu'elle paraît réellement inadaptée économiquement ou pratiquement, mais pas à cause de sa hardiesse.

Implication des informaticiens dès le début

Les nouvelles technologies de l'information sont un des facteurs clés sinon le facteur clé permettant l'atteinte des objectifs ambitieux. Ses représentants, les informaticiens, doivent donc être impliqués dès l'origine. Mais tous insistent sur le fait qu'ils donnent les **moyens** de la réussite, mais n'en sont en général pas les initiateurs. Ce sont les Directeurs Opérationnels qui sont à l'origine des objectifs et de la réussite.

▬ Bon choix des premières opérations

Toute stratégie de rupture fait peur. Il faut donc commencer par quelques opérations limitées, relatives à des processus sélectionnés pour l'importance des enjeux qu'ils représentent pour l'établissement. Une fois le succès obtenu, la communication autour de la réussite atteinte est à gérer avec soin.

Toutefois un certain nombre de groupes comme Du Pont de Nemours ont fait le reengineering complet de toute l'entreprise. Il ne s'agit pas dans ce cas d'un reengineering et de l'application d'une technique. C'est beaucoup plus que cela, c'est d'une véritable réinvention de l'entreprise qu'il s'agit.

Les causes d'échec du reengineering

Tout d'abord le ***non-respect des sept conditions de réussite,*** et en particulier des trois premières relatives à l'engagement total de la Direction, à la fixation d'objectifs ambitieux, et à l'affectation des meilleurs au projet.

L'absence d'appropriation du projet par l'ensemble du personnel concerné, le reengineering étant une méthode top-down peu participative. Cette appropriation semble se réaliser par une communication fréquente et détaillée sur les raisons économiques pour l'unité concernée des choix effectués, justifiant ainsi, selon le cas, sa survie, son maintien au niveau compétitif, son développement rapide.

Enfin une cause fréquente d'échec ***tient au défaut de cohérence*** entre les nouveaux processus, les nouveaux objectifs, les indicateurs, les nouveaux modes de travail en équipe pluridisciplinaire, les nouvelles attitudes du management, et surtout les nouveaux systèmes de rémunérations.

En outre, comme l'a reconnu Michael Hammer lui-même, le reengineering tel qu'il l'a conçu ne prend pas assez en compte les aspects humains, et il a déclaré au Wall Street Journal[1] : « je n'étais pas assez compétent sur ce sujet, cela reflétait ma formation d'ingénieur, et je n'avais pas apprécié à sa juste valeur la dimension humaine. J'ai appris depuis que c'était fondamental ».

Un outil fondamental pour les stratégies de rupture

Il nous apparaît en résumé que le reengineering n'est pas une mode. C'est réellement une nouvelle approche fondée sur une stratégie de rupture, s'appuyant sur les moyens offerts par la technologie et visant à améliorer considérablement l'efficacité de l'établissement.

---

1. White Joseph B. – *Re-Engineering Gurus Take Steps to Remodel Their Stalling Vehicle* – The Wall Street Journal – 26 novembre 1996 – New York.

Ce n'est évidemment pas une panacée, et ce pour au moins trois raisons :

1. Les stratégies de rupture ont toujours existé, le plus souvent imposées par la contrainte financière.
2. Toutes les entreprises n'ont pas besoin d'une stratégie de rupture, des améliorations incrémentales permanentes étant parfois mieux adaptées sur le plan économique et social.
3. Et surtout il faut prévoir d'intégrer la dimension humaine et prendre en compte les conditions de réussite du changement qui s'avèrent toujours avoir des facettes psychologiques, sociologiques et culturelles ; et nécessitent donc de mettre en œuvre les pratiques qui sont indiquées dans les chapitres sur les valeurs, sur le changement, et sur la gestion des Ressources humaines. Il faut comprendre que même quand il s'agit d'un reengineering limité à un processus, l'ampleur du changement est grande comme l'explique Michaël Hammer lui-même :

   Les processus complexes sont simplifiés, mais les tâches de simples deviennent plus complexes, les employés sont plus autonomes et ont davantage de pouvoir de décision, le personnel se transforme : on substitue progressivement des professionnels à des travailleurs et managers, la structure évolue de la pyramide vers les équipes en réseaux, la fonction cède le pas au processus, on mesure des résultats et non plus des activités, les managers se transforment de contrôleurs en entraîneurs (coach), les cadres supérieurs évoluent de la position d'arbitre ou « compteur de points » (scorekeeper) à celle de leader, la priorité bascule de la finance aux opérations, l'attention n'est plus concentrée sur le patron mais sur le client, et les valeurs se tournent vers la production de résultats des processus.

En fait, le reengineering nécessite de tout changer en même temps. Il s'agit d'une révolution. Le plus difficile n'est évidemment pas la créativité pour reconcevoir les nouveaux processus, mais la reconception humaine de l'entreprise qui doit accompagner la mise en place des nouveaux processus.

EXEMPLES D'OPÉRATIONS DE REENGINEERING

Compagnie d'assurances : Aetna Life & Casualty

Reengineering du traitement des sinistres

Autrefois les centres de traitements des dommages particuliers et entreprises étaient séparés et au nombre de 75. Les clients pouvaient attendre plusieurs semaines le traitement de leur dossier. Les activités particuliers et entreprises étaient traitées séparément sur deux ordinateurs centraux IBM.

Les deux activités ont été fusionnées, les bureaux ramenés de 75 à 22. Les agents d'assurances ne font plus partie du processus de traitement des dommages. Les représentants en charge du service clients disposent désormais d'un PC IBM sous Windows, en réseau, avec un software qui permet d'avoir accès à toutes les applications nécessaires à leur travail en cliquant sur une icône et à tous les dossiers. Quand un client téléphone, le représentant peut appeler les informations pertinentes sur son écran ainsi que les questions à poser.

Le client peut téléphoner 24 heures sur 24 et peut, en cas d'urgence, avoir un chèque en 24 heures. Sur le même système, Aetna a installé des connections électroniques directes avec trois compagnies de réparation de pare-brise, avec lesquelles il a établi des accords à long terme permettant des économies de 30 % à 40 %.

Les dépenses d'exploitation atteignaient 500 millions de dollars. L'objectif était de les réduire à 400 millions, ce qui fut réalisé et même au-delà puisque les dépenses furent ramenées à 380 millions.

Pour réaliser cette opération, il fallut investir environ 35 millions de dollars.

Les dépenses de déplacement et de départs des 75 localisations ramenées à 22 ont coûté 20 millions de dollars et les dépenses informatiques entre 10 et 15 millions de dollars.

Brokers et services financiers

Le reengineering apparaît assez souvent tourné vers l'amélioration de la satisfaction du client.

Le saut dans la qualité de service au client résulte souvent :
- De l'ingénierie des processus orientés vers le client, base même du reengineering.
- De la formation et du pouvoir de décision des employés en contact avec le client.

Des progrès combinés des systèmes informatiques et de télécommunications :
- Attente réduite au téléphone.
- Identification immédiate du client et disponibilité instantanée de son dossier sur écran.
- Bases de données et connections avec des spécialistes en réseau pour répondre instantanément à sa demande.

Visiblement les services par téléphone et par conséquent la qualité des systèmes téléphoniques jouent un rôle croissant dans les services financiers aux USA, toutefois toujours mêlé avec le désir de conserver l'idée de proximité et d'intimité avec le client.

Fabricant de biens d'équipement

Une entreprise fabriquant des biens d'équipement, tels que des tuyauteries et des vannes, travaille sur devis et livre en France comme à l'exportation.

Le délai moyen de fourniture d'un devis est de trois semaines parce que le devis passe par les services techniques qui font le chiffrage à partir des demandes des clients.

Une opération de reengineering conduit à différencier le traitement des cas ordinaires (95 %) et des demandes spéciales.

Pour les cas ordinaires le reengineering organise un processus qui permet aux commerçants de faire le devis directement sur écran sur la base de logiciels de calculs paramétrés alimentés par des bases de données et de savoirs techniques construites avec les équipes techniques qui y ont transféré une partie de leurs connaissances.

De plus il a été constitué une base de données de services qui permet de faire automatiquement le calcul des frais de transport, d'assurance et de douane en fonction de la destination.

Grâce à ce système le calcul des devis dans les cas normaux prend quelques minutes au lieu de trois semaines. Le résultat est évidemment une meilleure réactivité, un service au client amélioré, plus de commandes gagnées et moins d'erreurs.

Le reengineering des processus d'interfaces avec le client allant de la demande de propositions, ou de devis ou de la commande, jusqu'à la livraison a été très fréquent dans beaucoup d'entreprises bien gérées avec des réductions massives des délais souvent ramenés de quelques semaines à quelques jours, voire au jour.

Annexe
Les clubs de benchmarking

L'IBC : International Benchmarking Clearinghouse

Le plus important aux États-Unis.

Branche de l'APQC : American Productivity & Quality Center.

Fondé par AT & T, Arthur Andersen, Browning-Ferris, Campbell Soup, McGraw-Hill, GM, HP, IBM, Price Waterhouse, Xerox.

86 entreprises ont participé à la définition de son rôle.

Environ 400 membres en 1997, dont certains européens.

Le Benchmarking Club de Paris (BCP)

Lancé par LONDEZ CONSEIL et la CEGOS en 1995 sur une idée de Jean Brilman.

Fondé sous forme d'une Association Loi 1901 par un groupe d'entreprises comprenant : les brasseries HEINEKEN, la CEGOS, DARTY, FRANCE-TÉLÉCOM, GEC ALSTHOM, LONDEZ CONSEIL, NOVOTEL, MATRA COMMUNICATION, PSA PEUGEOT CITROEN, RANK XEROX, le GAN, RENAULT, RHÔNE-POULENC.

Présidé par Claude Darmon, Directeur Général de GEC Alsthom ; Conseil d'orientation présidé par Octave Gélinier.

Animé et géré par LONDEZ CONSEIL (Francine Londez) dans le cadre d'une délégation générale, le BCP doit sa réussite au talent de Francine Londez.

Les principaux services du « Benchmarking Club de Paris »
---

1. Créer un réseau étendu de contacts et de possibilités de benchmarking France et International.
2. Développer une base de données.
3. Animer des « Groupes d'Intérêt Commun » (GIC) se réunissant pour échanger sur des « best practices » choisies et détecter les entreprises à benchmarker.
4. Mener des études spécifiques de benchmarking en participation (« Consortium Studies ») entre plusieurs membres, à leur demande.
5. Promouvoir le Benchmarking dans les entreprises françaises.

6. Faciliter la relation de confiance grâce au Code de Bonne Conduite. Dans certains cas création du contact.
7. Diffuser une note d'information régulière aux membres sur les activités et les résultats du club.
8. L'ensemble de ces services est couvert par les contributions annuelles des membres.

> **Le code de bonne conduite du Benchmarking Club de Paris**

Pour faire progresser les méthodes de Benchmarking, favoriser le succès des travaux de Benchmarking, et protéger ses membres, le Benchmarking Club de Paris a adopté le code ci-dessous. Les membres du Club s'engagent à le respecter.

Préambule

- Les membres du Club sont initialement les entreprises fondatrices ; puis celles dont la demande d'adhésion est approuvée par les entreprises déjà membres.
- Les entreprises membres du Club s'engagent à respecter la présente charte dans l'esprit défini par son préambule.
- Les membres du Club indiquent, s'ils le souhaitent, les tâches, fonctions ou processus non confidentiels dans lesquels ils estiment avoir un excellent niveau de performance ; et éventuellement ceux où ils cherchent à se situer. À cet effet, ils remplissent, lors de l'adhésion, un questionnaire approprié. Ceci pour constituer une première base d'information.
- Les entreprises membres du Club se déclarent disposées à engager un partenariat Benchmarking avec tel membre du Club qui leur en fait une demande précise documentée (pré-étude), mais restent libres de ne pas donner suite à cette demande. C'est le cas notamment si l'entreprise juge qu'il s'agit d'un know-how stratégique de haute confidentialité, ou d'une concurrence directe.
- Chaque membre du Club désignera en son sein un interlocuteur qui sera l'interface avec les autres membres, qui devra faire partie des cadres supérieurs ayant suffisamment d'influence pour pouvoir organiser le contact avec le service ou la personne appropriée dans son entreprise.
- Les membres sont d'accord pour créer un budget de fonctionnement financé par les contributions des adhérents, destiné à un Secrétariat Général chargé du fonctionnement du Club.

Principe de légalité

- Les membres s'engagent à ne pas avoir entre eux d'échanges qui contreviennent aux législations nationales et aux réglementations internationales

355

particulièrement celle de l'Union européenne concernant la concurrence. Ils éviteront notamment tout échange sur la détermination des prix.

- Ils s'interdisent d'acquérir toute information qui pourrait être considérée comme obtenue en violation d'un contrat ou d'une obligation de secret.

De même, ils s'interdisent d'utiliser toute information en provenance d'un tiers qui n'aurait pas l'autorisation de la livrer.

- Les consultants et tout membre du Club s'interdisent de communiquer à toute entreprise les résultats d'une étude sans l'autorisation expresse des propriétaires.

Principe d'échange

- Les membres s'engagent à fournir à leurs partenaires le même type et niveau d'information que ceux qu'ils auront eux-mêmes demandés.

Principe de confidentialité

- Le contenu des études du Benchmarking est tenu confidentiel entre les partenaires concernés. Le contenu ne peut être communiqué à des tiers sans l'accord des propriétaires des études. L'identité des partenaires ne peut être révélée sans leur accord.

Principe d'exploitation restreinte

- Les informations obtenues au cours d'une étude de Benchmarking ne peuvent être utilisées dans d'autres buts que ceux qui auront été agréés mutuellement par les partenaires.
- Les noms des interlocuteurs communiqués par le Club ne peuvent être utilisés à d'autres fins que le Benchmarking et la prise de contact.

Principe d'utilisation des contacts

- Les partenaires respectent les procédures mutuellement acceptées. Tout changement de procédure tel que l'attribution de responsabilités à d'autres personnes que celles convenues, devra faire l'objet d'un accord entre les parties. Les noms des interlocuteurs ne seront pas cités sans leur accord.

Principe de préparation

- Afin de manifester leur engagement à conduire efficacement les études, et en vue de ne pas gaspiller les ressources de leur partenaire, les membres feront, avant tout contact, le travail de préparation approprié.

Principe d'achèvement

- Les membres du Club s'engagent à achever les études entreprises en vue de la satisfaction de tous les partenaires.

Principe d'action

- Les membres rendront compte à leurs partenaires des résultats obtenus suite aux études de Benchmarking.

Le Benchmarking entre concurrents

- Les partenaires définissent les règles de l'étude, notamment les domaines qui en seront exclus, et l'utilisation des données échangées.
- Ils utilisent une tierce partie dans le cas où il faudrait traiter des données confidentielles.
- Ils font appel à leurs conseils juridiques au cas où les législations et réglementations de la concurrence pourraient s'appliquer.

Chapitre 10

L'entreprise orientée processus et horizontale

La recherche de l'amélioration de la Valeur-Client, l'application du Management par la Qualité Totale et les opérations de Reengineering ont conduit progressivement à une autre conception de l'entreprise.

Cette évolution a commencé avec Ohno chez Toyota et sa conception de la fabrication sous forme de flux tendus tirés par l'aval, chaque poste de travail ayant pour client le poste suivant, le but étant de fournir au client final le produit demandé en respectant Qualité, Coût et Délai (QCD).

Les efforts pour améliorer la qualité et la satisfaction client ont ensuite conduit la plupart des entreprises à constater que les principaux problèmes se situaient à la frontière entre services et qu'il fallait considérer les processus.

LES ÉVOLUTIONS SIGNIFICATIVES EN COURS

HIER/AUJOURD'HUI ⇨	AUJOURD'HUI/DEMAIN
Entreprise = ensemble de fonctions et de métiers concourant à la réalisation d'une production	Entreprise = ensemble de processus opérationnels et de projets, aidés par des processus ou des fonctions supports, apportant de la Valeur au client
Amélioration de la productivité et de la qualité de chaque métier	Amélioration et reengineering des processus en vue de progrès en QCD et développement des hommes
Organisation pyramidale, coordination/régulation remontante par le chef	Coordination le long des processus, régulation par relation client/fournisseur chef remplacé par coach, facilitateur, coordinateur

.../...

...*/*...

Communication à dominante verticale	Communication principalement transversale
Focalisation sur les performances des fonctions et métiers,	Focalisation sur la maîtrise et les performances des processus
Effectifs répartis dans les fonctions/métiers et gérés par les patrons de métiers, coordination par les chefs	Effectifs répartis sur des processus et sous-processus ou sur projets, effectifs des fonctions allégés, équipes semi-autonomes coordonnées par les responsables de processus
Concepts de clients externes	Concepts de clients externes et internes
Formation aux techniques de la fonction	Formation aux techniques du processus, accroissement de la polycompétence
Équipes mono-métier	Équipes pluridisciplinaires et « empowerment » des opérateurs
Comité de direction composé des directeurs de métiers/fonctions	Comité de direction composé des responsables de processus, de projets et quelques directeurs de fonctions
Séparation nette de la conception et de la fabrication	Processus de développement intégrant dès la conception des représentants des processus de fabrication, de commercialisation et de SAV
Parfois optimisation de l'utilisation des investissements par ROA, ROI, ROE	Optimisation de l'utilisation des ressources par indicateurs du type EVA
Processus complexes et tâches simples	Processus simplifiés et tâches complexifiées
Nombreux niveaux hiérarchiques. Un chef pour 7/10 collaborateurs	Réduction des niveaux hiérarchiques. Un coordinateur pour plusieurs équipes semi-autonomes, soit 30 à 50 personnes

DÉFINITIONS

L'entreprise est un ensemble de processus destinés prioritairement à créer de la Valeur pour les clients et les autres parties prenantes.

Un processus est un ensemble d'opérations successives en vue d'un résultat déterminé. Un processus exploite des entrées (informations, matières, produits en cours d'évolution) qu'il transforme et transmet à un processus aval ou à un client final[1].

---

1. Jocou Pierre et Lucas Frédéric – *Au cœur du changement – Une autre démarche de management : la Qualité Totale* – Dunod – Paris – 1992.

On peut aussi définir un processus comme un flux d'activités transformant des approvisionnements (matériels ou information), en provenance de fournisseurs en production pour des clients par l'ajout de valeur. Certains processus sont physiques et visibles, d'autres sont invisibles et constitués principalement de flux d'informations.

Les processus principaux sont ceux qui sont transversaux à une grande partie de l'organisation, comme les artères principales du corps humain.

On distingue le plus souvent trois catégories de processus :

- *Les processus de management* appelés aussi processus de pilotage qui regroupent la stratégie/développement, le reporting et le risk management.
- *Les processus opérationnels* (Business processes) appelés aussi processus centraux qui produisent de la valeur pour les clients et les autres parties prenantes.
- *Les processus de support* qui créent les conditions de fonctionnement des processus opérationnels. Ils ont des clients internes.

Les processus principaux sont eux-mêmes subdivisés en sous-processus qui sont un ensemble d'activités qu'on peut appeler processus de travail.

La conception et la représentation de l'entreprise comme un ensemble de processus orientés clients

La conception et la représentation classique d'une entreprise est celle d'un ensemble de fonctions ou métiers juxtaposés tels que Marketing, Commercial, Recherche, Etudes, Méthodes, Fabrication, elle-même découpée en une série de métiers (stockage, emboutissage, montage, peinture, etc.), Distribution, Service après-vente, etc.

Les problèmes transversaux sont traités par des réunions de coordination et de planning, des projets et des aménagements structurels du type structure matricielle.

Les processus sont le moyen de faire pénétrer la voix du client profondément à l'intérieur de l'entreprise.

Il est important de faire la cartographie des processus de l'entreprise et de la rendre visible. Les processus clés sont ceux qui sont critiques pour le succès de l'entreprise à un moment déterminé. Bien les identifier peut être important pour fixer les priorités stratégiques de progrès.

Comme nous l'avons déjà indiqué dans les chapitres précédents, l'International Benchmarking Clearinghouse de l'American Productivity and Quality

Center (APQC)[1], avec le concours de 80 entreprises dont certaines parmi les plus importantes des États-Unis, et Arthur Andersen & Co ont créé une description générique de l'entreprise sous forme de processus : *The Process Classification Framework*, c'est-à-dire une structure de classification des processus qui donne une vue générique des processus et sous-processus les plus courants dans les entreprises et permet à chacune d'entre elles de mieux s'imaginer puis se décrire en termes de processus. Ce cadre de classification figure en annexe de ce chapitre.

Une entreprise se compose en général de six grandes catégories de processus opérationnels (avec deux possibilités suivant qu'il s'agit d'une production industrielle ou d'une prestation de service) et six catégories de processus de management et de support. Le terme de « support » ou soutien en traduction française est de plus en plus souvent adopté pour désigner les processus correspondant aux services apportés par les fonctions dites centrales ou de frais généraux.

Ces processus, qu'on trouvera représentés dans le tableau ci-après donnent une autre vision de l'entreprise, que celle à laquelle on a été habitué pendant un demi-siècle.

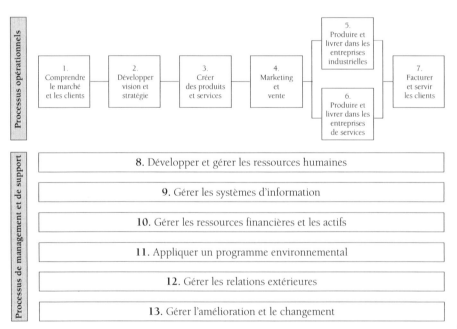

Tableau N° 10.1 : L'entreprise orientée processus

1. APQC – *International Benchmarking Clearinghouse* – Information services Dept – 123 – North Post Oak Lane – Houston – Texas 77024 – tél : 713.681.4020.

Chacune de ces catégories est subdivisée en processus et sous-processus, par exemple :

▬▬▬ Comprendre les marchés et les clients

    1. *Déterminer les besoins et attentes des clients*
      1.1. Réaliser les évaluations qualitatives
        1.1.1. Conduire les interviews de clients
        1.1.2. Conduire les groupes d'écoute client
      1.2. Réaliser les évaluations quantitatives
        1.2.1. Concevoir et mettre en œuvre les enquêtes
        1.2.2. Etc.
    2. *Mesurer la satisfaction des clients*
      2.1. Etc.

DÉFINITION DES PROCESSUS ET PROCESSUS ÉLÉMENTAIRES

Définition et cartographie des processus spécifiques de l'unité concernée et de l'entreprise

Le grand intérêt de l'organisation classique par fonctions ou métiers réside dans la spécialisation sur des questions à traiter ou des tâches à réaliser, ce qui permet l'accumulation de connaissances, d'expériences et d'expertises. Cela reste un acquis important, qui a permis très largement le progrès économique. Quelle que soit l'organisation mise en place, il faudra maintenir un système d'accumulation de connaissances.

Mais chaque fonction ou métier est jugé sur l'optimisation de sa production ou de son expertise et non sur sa contribution à la Valeur apportée au client final.

D'où l'idée d'examiner les flux de matière et d'information qui traversent les fonctions et métiers, d'en décrire les cheminements, et à chaque fois qu'une opération est réalisée d'examiner les entrées, les transformations effectuées, les ressources consommées et les sorties ou « livrables », au total, la contribution à la Valeur-Client.

Il existe des symboles classiques, et même des logiciels Aris tool pour faciliter la description des processus et en faire la cartographie.

Tout processus doit avoir des clients externes et internes et des résultats ou « livrables ».

Dans un processus, plusieurs métiers ou fonctions verticales interviennent pour participer à la réalisation des « livrables » ou des résultats. L'entreprise se trouve alors représentée sous forme de processus transversaux croisant orthogonalement des fonctions ou métiers qui se terminent en pyramide.

Régulation des processus élémentaires par une relation client-fournisseur

Dans la conception traditionnelle, la coordination et la résolution des problèmes se fait par un aller-retour remontant vers le haut de la hiérarchie puis en redescendant (bottom-up puis top-down).

Dans l'entreprise moderne, chaque processus élémentaire qui a les mêmes clients et fournisseurs, est régulé dans les circonstances normales, par une relation du type client-fournisseur. Ce qu'a fait Renault avec ses UET (Unités Élémentaires de Travail). Leur mise en place en fabrication a débuté en 1991 et a comporté six étapes :

1. *L'identification de l'UET* : nom du responsable, de ses membres, mission, formalisation du processus, elle permet à tous les membres d'avoir une connaissance des buts et des enjeux de l'UET.
2. *La connaissance des clients ou fournisseurs directs,* et la définition des attentes et des niveaux d'exigences et la négociation des « contrats » de service si nécessaire. Cela correspond au maillage client-fournisseur dans l'entreprise.
3. *La mise en place d'indicateurs avec objectifs de progrès (QCDRH,* Qualité, Coût, Délai, Ressources Humaines), qui sont affichés et mis à jour. L'UET constitue un plan de progrès en pratiquant une recherche collective de solutions.
4. *Le développement d'un plan de progrès,* utilisant les outils simples de la qualité.
5. *L'identification des coûts* de l'UET.
6. *Un plan d'animation structuré,* comportant des réunions planifiées, les entretiens individuels, les plans d'actions engagés.

Tout cela est accompagné de mise à disposition d'outils de management pour le chef d'UET, d'objectifs et de formation.

L'UET est avant tout une équipe (8 à 12 personnes dans le tertiaire et 20 au maximum en fabrication), bénéficiant d'une grande délégation et donc responsable de sa prestation et de la création de valeur ajoutée qu'elle produit.

Aujourd'hui, les UET ont fait place aux UP (unités de production) qui intègrent des activités assurées jusqu'ici par des services techniques, méthodes, qualité, appros, et se structurent autour d'espaces dédiés faisant largement appel à la communication visuelle. Par exemple, PSA distingue cinq stocks.

Quelques idées méritent d'être notées :

- En interne, le client n'est pas toujours « roi », il a des exigences mais celles-ci doivent rester raisonnables et il a des devoirs.
- Les systèmes de suggestions sont importants dans le cadre de l'UET.

- Les performances de ce type d'organisation dépendent beaucoup de l'animation de l'unité élémentaire.

LE PASSAGE À UNE ENTREPRISE HORIZONTALE ORIENTÉE PROCESSUS

On conçoit qu'il puisse y avoir plusieurs étapes ou degrés dans la structuration par processus :

Stade 1 – La prise en compte des processus dans une organisation par fonctions/métiers

L'analyse des processus en partant des clients finaux et de leurs besoins, ainsi que la participation des différentes fonctions au fonctionnement des opérations peut conduire à changer les tâches, les rôles et parfois les affectations dans les fonctions.

Ainsi dans le cadre d'une réorganisation afin d'augmenter les performances de son système de vente, Kronenbourg[1] a affecté des comptables chargés de la facturation au service commercial.

La structure par fonctions reste maintenue, mais on a identifié les processus, on a déplacé quelques employés d'une fonction vers une autre pour être plus cohérent avec l'endroit où leur contribution pour le client final apporte le plus de valeur. On commence à mesurer des résultats de processus.

Progrès et coordination se font souvent *via* des équipes pluri-disciplinaires, dotées d'une plus grande autonomie dans le cadre d'une mission centrée sur l'apport de valeur au client interne ou externe.

Stade 2 – L'organisation matricielle

On peut dire que l'entreprise est passée à une organisation orientée processus, quand il existe de véritables responsables de processus. Les Américains les appellent des « process owners ». Le mot owner veut dire propriétaire mais aussi patron. Il contient l'idée d'appropriation qui jusqu'alors était plutôt une des caractéristiques des fonctions.

La structure par fonctions reste maintenue, mais les managers de fonctions ou métiers ont la tâche supplémentaire d'être responsables d'un ou de plusieurs processus. Les objectifs et indicateurs, en particulier de coût sont établis en fonction des processus.

---

1. Le Hachet Dominique, Directeur Organisation – Kronenbourg – *Exposé à la conférence sur choix organisationnels et compétitivité* – Organisée par les Rencontres d'Affaires – 18 juin 1996.

En quelque sorte une structure orientée processus s'est ajoutée à la structure fonctionnelle classique. La plupart des entreprises qui ont adopté le Management par Qualité Totale depuis un certain temps ont cette conception, par exemple Texas Instruments ou Philips.

Déjà à ce stade certaines entreprises ont remodelé les fonctions et ont supprimé des niveaux hiérarchiques.

Néanmoins il se pose le problème de l'apparition de structures matricielles. Le danger devient grand de voir apparaître la coexistence de deux chefs, les responsables métiers et les responsables processus. Chacun sait que les structures matricielles sont difficiles à faire fonctionner en Europe.

Les spécialistes qui étudient les organisations matricielles qui croisent métiers ou fonctions avec projets ou processus semblent constater qu'un pouvoir strictement égal des deux lignes verticales et transversales ne donne pas de bons résultats. Il faut toujours un dominant pour que l'organisation fonctionne : le métier ou le processus.

Stade 3 – Le passage à une entreprise structurée horizontale par processus

On ne peut parler d'une structure par processus que lorsque l'entreprise se sera restructurée et aura affecté aux processus, la plus grande partie des opérateurs situés auparavant dans des fonctions et métiers.

Les responsables de processus ont été institutionnalisés, leur rôle est devenu fondamental. Même dans les plus grandes entreprises le nombre de processus et de responsables de processus ne doit pas dépasser quelques dizaines.

Les patrons des anciennes fonctions se sont transformés en experts ou en coaches, avec pour mission non plus de manager directement les opérateurs, mais de veiller au développement de leurs compétences, rôle autrefois dévolu aux fonctions/métiers.

LE MANAGEMENT ET L'AMÉLIORATION DES PROCESSUS

Il existe une grande variété de processus différents, et de conceptions différentes, et par conséquent de systèmes différents de management des processus.

Comme l'écrivent Pierre Jocou et Frédéric Lucas[1] : « *En Qualité Totale tous les efforts portent sur la maîtrise des processus, par une attitude permanente, méthodique et systématique d'amélioration continue. C'est là que réside la clé du succès de la démarche.* »

---

1. Op. cit.

Nous sommes là au cœur du **Management par la Qualité**, et il existe une abondante littérature sur le sujet, ainsi que de nombreux outils ou méthodes.

LA MAÎTRISE DES PROCESSUS

À la base du management des processus, il y a ce qu'on appelle souvent la *maîtrise des processus*, c'est-à-dire l'évaluation systématique de la performance des processus, leur maintenance et les actions correctives s'ils s'éloignent des normes.

Ensuite viennent les plans d'amélioration continue et les conceptions et reconceptions de processus, tout cela devant conduire *in fine* à une organisation orientée processus, véritablement imprégnée de la culture processus.

Le management des processus se centre sur la priorité réelle des affaires qu'est l'apport de valeur au client et aux autres parties prenantes, en analysant les processus, en les améliorant et en créant des responsables de la maîtrise des processus, de leur amélioration et de leur reconception.

Le rôle d'un manager de processus consiste à rendre le processus visible (cartographie), à participer à la définition des objectifs de performance du processus, (lors du déploiement des politiques), à mesurer les performances, faire réaliser les actions pour les améliorer. Nous reviendrons sur son rôle dans les pages qui suivent.

Le référentiel Baldrige[1] est assez riche sur ce thème. Il indique quels sont les aspects importants d'un bon management des processus : une conception efficace, centrée sur le client, une orientation vers la prévention de défauts, l'évaluation et le progrès continu, le partenariat avec les fournisseurs, au total un haut niveau de performance.

Il insiste particulièrement sur la flexibilité, de plus en plus nécessaire dans le contexte actuel, qu'il définit comme la capacité de s'adapter rapidement et efficacement aux fluctuations de la demande, de pouvoir passer rapidement d'un produit à un autre, ou de pouvoir produire une large variété de produits.

Deux points sont particulièrement importants dans l'amélioration des processus :

1. *La recherche du zéro défaut,* illustrée par le succès de l'approche **6 sigma** inventée par Motorola et adoptée par beaucoup d'entreprises.
   Sur un intervalle de + 6 sigma – 6 sigma, un écart de la valeur moyenne de + ou – 1,5 sigma, s'il est acceptable par la conception, ne produira

---

1. The Malcolm Baldrige National Quality Award – ASQ (American Society for Quality) P.O. Box 3005 – Milwaukee – Wi 53201-3005.

statistiquement que 3,4 PPM de taux de rejet. Chez Motorola, les produits et procédés sont conçus avec des marges suffisantes pour que les écarts de fabrication ne produisent pas de variations dans le résultat final attendu.

2. *La réduction du temps de cycle*. Il a été démontré dans de très nombreux cas que la réduction du temps de cycle réduisait les coûts et souvent les erreurs. Le bénéfice est triple puisque cela permet de réduire les délais, les coûts, les défauts et augmente donc la productivité et la flexibilité.

Management et amélioration des processus de conception

En ce qui concerne les processus de conception des produits ou services nouveaux, le référentiel Baldrige recommande entre autres :

- L'emploi de méthodes sérieuses pour la prise en compte des attentes des clients.
- La participation très tôt de l'aval et des fournisseurs importants s'il y a lieu, pour minimiser les problèmes ultérieurs pour les clients et les changements tardifs qui sont coûteux.
- L'étude des effets des choix de conception sur le temps de cycle et la productivité de la fabrication/livraison, ce qui peut conduire au Reengineering.
- La prise en compte de tous les aspects de la qualité dès la conception.
- Les processus de tests ou d'essais, pour permettre une introduction rapide et sans problèmes.
- La mise en place d'un système pour l'amélioration permanente des processus de conception, en particulier par le retour d'expérience et la prise en compte des informations de l'aval et des clients.

Pour pouvoir respecter ces recommandations on trouve des méthodes et outils tels que :

- le Cahier des Charges Fonctionnel,
- le Cahier des Charges Produit,
- le QFD (Quality, Functions Deployment), qui aide à intégrer les attentes des clients,
- le DFMA, Design for Manufacturing and Assembly, qui aide à prendre en compte les contraintes de la fabrication,
- la Conception à Coût Objectif (Design-to-Cost) pour rester dans le cadre d'une attente des clients concernant le prix,
- l'ADEPT (Analyse des Défaillances et Estimation Prévisionnelle des Taux),
- l'AMDEC (Analyses des Modes de Défaillances et de leur Criticité) pour prévenir les défauts, etc.

- l'Ingénierie Simultanée (Concurrent Engineering), fondée sur la coopération très tôt de tous les intervenants et qui réduit le « Time-to-Market » (délai qui s'écoule entre l'idée et la mise sur le marché),
- la Conception au Plus Juste.

Management et amélioration des processus de production/livraison

Les points clés d'un bon management des processus de production/livraison de produits ou services, sont les suivants :

- L'importance du système de mesure des performances, en particulier, des points critiques.
- La détection très tôt des problèmes pouvant résulter des variations, y compris quand le client est partie prenante au processus et à l'origine des variations.
- L'analyse des causes.
- La manière dont sont gérées les actions correctives.
- Les améliorations des processus par l'analyse, le benchmarking, l'utilisation de technologie alternative, les informations des clients internes et externes et le reengineering.

Il existe évidemment beaucoup de méthodes et outils en support de ces recommandations, en particulier :

- la mise en œuvre du Kaizen avec ses outils : les deux applications de la roue de Deming : SDCA (Standardize, Do, Check Act) et PDCA (Plan, Do, Check, Act) pour améliorer et stabiliser les opérations, et toutes les mesures, normes et indicateurs pour contrôler les processus,
- le MSP (Maîtrise Statistique des Processus) souvent plus connu sous le nom américain SPC (Statistical Process Control),
- les systèmes de « détrompeurs » (Poka-Yoke) qui avertissent des déviations,
- la TPM (Total Productive Maintenance),
- etc.

Management et amélioration des processus de support

Les entreprises d'avant-garde, qui pratiquent la Qualité Totale ou le Reengineering depuis plusieurs années, dans des secteurs comme l'automobile ou l'électronique sont déjà très avancées dans la voie de l'organisation par processus de leurs activités de conception et de production.

C'est déjà moins fréquent quand il s'agit des activités de support ou de management.

Le management des fonctions « support » présente beaucoup de points communs avec les précédents, sauf que les clients sont le plus souvent internes (mais pas toujours, la facturation par exemple, ayant des clients externes).

Un bon management de ces processus doit définir les besoins clés des clients internes, concevoir les processus pour leur donner satisfaction en appliquant, au moins partiellement, les idées déjà mentionnées pour la conception de services nouveaux.

De même, il faut appliquer, dans la mesure du possible pour leur exécution ce qui fait la qualité du management des processus de réalisation de service pour le client externe (écoute client, analyse de processus, benchmarking, utilisation de technologie alternative, etc.), sans tomber dans trop de bureaucratie.

La bataille pour l'excellence et la compétitivité des entreprises déjà performantes va se focaliser dans les prochaines années sur la valeur apportée par les fonctions supports.

Il est également probable que la mise en œuvre d'indicateurs de Valeur pour l'Actionnaire du type EVA à travers les structures va se traduire pour tous les processus *par une plus grande focalisation sur le capital utilisé.*

VALEUR AJOUTÉE PAR LA STRUCTURE HUMAINE ET RÉDUCTION DES NIVEAUX HIÉRARCHIQUES

Dans une organisation on peut considérer qu'il y a trois types d'activités :

1. Celles qui ajoutent de la valeur, activités pour lesquelles le client est prêt à payer.
2. Celles qui n'ajoutent pas de valeur pour le client, mais qui sont nécessaires pour que les précédentes existent ou fonctionnent.
3. Le gaspillage, qui ne crée pas de valeur, pas plus qu'il ne crée les conditions d'apport de valeur.

Les rôles importants dans une organisation par processus sont ceux qui créent directement de la valeur pour le client. Les managers, même les responsables de processus, ont sans doute un rôle très important, mais les clients ne voient pas l'intérêt de payer pour leur travail.

On voit donc se développer la thèse selon laquelle il faut réduire au minimum ce qui est coordination interne, temps et argent consacré à des travaux qui ont pour but principal de sécuriser, satisfaire, justifier, pérenniser, voire accroître les prérogatives de la hiérarchie.

Prenons pour exemple tout le temps nécessaire pour que la rédaction d'un rapport destiné au supérieur hiérarchique soit parfait, complet et donc volumineux, prenant du temps à fabriquer comme à lire, etc.

© Groupe Eyrolles

Prenons toutes les réunions organisées par les chefs pour maintenir en fait leurs niveaux d'information et leur autorité sur des personnes et des groupes.

Prenons l'exemple de tous les travaux faits plusieurs fois sous forme de synthèses successives en montant dans la hiérarchie.

Le pire gaspillage de temps et d'argent et d'énergie se trouve sans doute dans le processus de décision qui chaque fois qu'il doit remonter une chaîne hiérarchique prend du temps en même temps qu'il se charge d'aléas et de stress et souvent de démotivation ou de responsabilisation.

Une très grande entreprise industrielle du secteur de l'automobile, après des études approfondies faites sur le sujet, a établi qu'*un niveau hiérarchique entraîne en moyenne en son sein un délai supplémentaire de 6 semaines par décision.*

D'où l'énorme intérêt de descendre le maximum de décisions vers le bas de la hiérarchie et si possible vers les opérateurs directs.

Dans la conception moderne de l'organisation il faut considérer le management classique qui contrôle et décide pour les autres, comme un mal nécessaire. Moins il y en a, mieux elle se porte.

Ce point de vue peut paraître choquant, mais il est au cœur du changement de paradigme qui va faire émerger les organisations post-tayloriennes. Les nouvelles organisations sont conçues pour réduire le management. *En fait il s'agit de diminuer, voire d'éliminer, l'aspect parasitaire du pouvoir et de renforcer sa contribution de service.*

Professionnalisation et « empowerment » des opérateurs

Dans toutes les organisations qui s'orientent vers une organisation par processus, que cela soit AT & T, Rank Xerox, GTE, Aetna Life & Casualty, Renault, Sollac, Valéo, Du Pont De Nemours, DHL, etc. le rôle des opérateurs change. Il devient plus large.

L'organisation classique, dite taylorienne, repose sur la fragmentation de tâches souvent identiques rassemblées au sein d'un même département correspondant à une fonction ou un métier dirigé par le plus compétent dans le domaine considéré.

Dans une organisation par processus orientée client, le personnel en contact avec le client externe devient responsable de le satisfaire dans les meilleurs délais, si possible immédiatement. Ce qui implique qu'il puisse le renseigner, le conseiller, faire le diagnostic, si nécessaire l'orienter rapidement dans la structure, décider de la solution, calculer le prix, voire le négocier.

Plusieurs tâches, autrefois divisées, se trouvent rassemblées et confiées au même collaborateur. Cela évite les délais et pertes de temps de passage de dossier et de coordination. Mais cela implique davantage de compétences de la personne en charge du client externe. Par exemple, dans l'assurance, des employés deviennent responsables de plusieurs aspects d'un dossier client au lieu de ne réaliser qu'une tâche telle que le calcul de la prime à payer.

Ce qui vient d'être dit pour les clients externes, et qui se généralise dans toutes les entreprises qui veulent apporter une valeur supérieure au client, s'applique également aux clients internes dans les entreprises orientées processus.

L'entreprise orientée processus vise à remplacer une structuration en processus complexes de tâches très simples en une structuration en processus simples de tâches plus complexes.

Les collaborateurs doivent alors acquérir des compétences plus larges, avoir une vision élargie de leur rôle et accepter d'être jugés sur le résultat obtenu plutôt que l'obéissance ou le temps de travail fourni. En quelque sorte, ils ressemblent davantage à des « professionnels indépendants » comme le plombier ou le médecin qui ne s'attendent pas à être jugés sur le temps de travail ou l'ancienneté mais sur la relation avec le client et surtout sur le résultat. Ce qui est déjà le cas d'une catégorie de personnel dans les entreprises : les vendeurs.

En même temps pour des raisons évidentes de satisfaction des clients internes comme externes, l'opérateur qui est leur interlocuteur voit son pouvoir de décision augmenter. Les Anglo-Saxons résument cette périphrase par le mot « empowerment ».

Professionnalisation et « empowerment » sont les deux maîtres mots de la nouvelle organisation humaine au niveau des opérateurs de terrain.

La rémunération doit évidemment être cohérente avec ces nouvelles valeurs et être de plus en plus fonction des compétences, des enjeux-clients et des résultats du processus et de l'entreprise. Chaque opérateur va être également jugé et rémunéré sur les résultats obtenus par le processus ou sous-processus, qui peuvent s'exprimer en quantités obtenues, valeur (qualité et coût), délai et contribution apportés aux autres membres de l'équipe.

L'augmentation du nombre de personnes en contact avec les clients et la recherche d'une attitude plus orientée satisfaction client de tous les collaborateurs conduit à variabiliser les rémunérations d'une plus grande fraction du personnel.

Une part variable fonction de ces résultats peut être liée à des indicateurs soigneusement mesurés et donner lieu à des primes individuelles ou d'équipes, voire les deux. La pratique des salaires variables et bonus tend à s'étendre et à représenter une partie croissante de la rémunération globale. Toutefois elle reste en moyenne générale dans les entreprises, faible au niveau des personnels de production et administratifs (de quelques pour cent à moins de 20 %) pour s'élever rapidement pour les vendeurs pour lesquels elle peut atteindre jusqu'à 50 % voire davantage.

Dans une organisation par processus, il est clair que la responsabilité, le risque et le stress, voire le temps de travail des collaborateurs tendent à augmenter, mais cela s'accompagne normalement d'une hausse de la productivité, et dans les entreprises bien gérées, cela doit se traduire également par une hausse des rémunérations globales.

La fonction ou le métier était, autrefois, le cadre de réunion des compétences identiques sous l'autorité d'un même chef. Désormais le cadre d'exercice de la compétence est le processus. On voit alors apparaître deux rôles :

- Celui du management des compétences et encore souvent des hommes eux-mêmes,
- et celui de la gestion du processus.

Le management des compétences : le « coach », le facilitateur, ou l'expert des Centres De Compétences

Comme l'écrivent Bernard Diridollou et Charles Vincent dans leur livre *Le client au cœur de l'organisation*[1], il n'y a pas d'amélioration des processus sans évolution du rôle hiérarchique.

Dans la plupart des cas, les équipes d'opérateurs qui font fonctionner les processus sont managées (mais le terme est impropre, il faudrait dire « coachées ») par des *entraîneurs* ou « *coaches* » (traduction du précédent terme parfois préféré, même en Europe, à entraîneur pour marquer la différence avec les activités sportives) ou « *facilitateurs* » (les Américains disent « enablers » qui signifie des personnes qui rendent les autres capables de faire).

Ces coaches ont pour rôle essentiel de fournir aux processus des personnes de plus en plus compétentes et motivées, ce qui implique :

- Sur base des indications des responsables de processus, d'évaluer les besoins en compétences.
- Fournir les compétences, c'est-à-dire prévoir les besoins de recrutement prévoir les programmes individuels de formation.
- Participer à l'affectation des personnes.
- Guider et conseiller les personnes dans le développement de leurs compétences.

---

1. Diridollou Bernard et Vincent Charles – *Le client au cœur de l'organisation* – *Le management par les processus* – Éditions d'Organisation – 1997.

- Aider les personnes à progresser et à résoudre les problèmes qu'elles peuvent rencontrer dans leurs affectations.

Pour Michael Hammer, chantre de l'organisation par processus dans son dernier livre « Beyond Reengineering »[1], le coach s'occupe des « professionnels » d'un même métier, lesquels se trouvent répartis dans divers processus ou sous-processus.

Pour éviter la confusion avec les anciennes structures dans lesquelles les opérateurs étaient affectés aux départements correspondant aux métiers ou fonctions, M. Hammer les appelle des Centres D'Excellence (CDE).

Ces Centres D'Excellence peuvent correspondre aux différentes techniques que doit maîtriser l'entreprise pour réaliser la conception comme la production de biens ou services, par exemple fonderie, usinage, assemblage, ou ventes, achats, comptabilité etc.

Le Centre D'Excellence Commerciale peut « coacher » des commerciaux travaillant aussi bien sur le processus de prospection, que le sous-processus de traitement des plaintes, ou le sous-processus de mesure de satisfaction clients, ou sur le processus développement de produits nouveaux avec des ingénieurs. À l'inverse cela sera le CDE analyste-systèmes qui gérera ceux de ces spécialistes qui participent éventuellement aux divers processus énumérés ci-dessus.

En général, il faut bien le reconnaître, les entreprises commencent par des CDE qui correspondent à des structures traditionnelles par métiers ou fonctions.

Nous préférerions appeler ces centres des Centres De Compétences (CDC) car leur rôle principal est bien de développer le niveau de compétences des spécialistes ou professionnels répartis le long des processus, dans les différentes parties de l'entreprise, voire dans les différents lieux, ce qui était une des grandes vertus de l'organisation par fonction.

En réalité il s'agit souvent d'une structure virtuelle, animée par les coaches, sans lieu spécifié, les « professionnels » (pour employer le terme de plus en plus utilisé aux États-Unis) se réunissant en n'importe quel lieu adéquat pour confronter leurs connaissances, suivre des formations ou rencontrer leur coach. Le réseau informatique devient de plus en plus souvent le lieu privilégié de ces rencontres.

Dans une telle structure, l'opérateur a plusieurs interlocuteurs importants : le responsable de processus qui définit le travail de l'opérateur et ses objectifs, le « coach » qui le recrute, le guide, l'évalue et le forme, les collègues dont le jugement ne sera pas à négliger, et le client qui, *in fine*, paye son salaire. Dans

---

1. Hammer Michael – *Beyond Reengineering* – How the Process – Centered Organization Is Changing Our Work and Our Life – HarperCollins Publishers – New York – 1996.

certains cas, s'il y a très peu de personnes relevant d'une compétence donnée, le rôle de coach peut se réduire à celui d'expert.

Mais dans les faits cela correspond également, comme l'explique M. Hammer, à la disparition du « patron », lequel était auparavant une créature de la pyramide, qui disait à son subordonné ce qu'il fallait faire et comment le faire. L'organisation par processus ressemble plus à une équipe de football dont tous les joueurs sont compétents et savent ce qu'ils doivent faire. Le capitaine n'a pas un rôle hiérarchique mais stratégique et le coach ne participe pas au jeu.

L'analogie qui a été faite avec les vendeurs au niveau des opérateurs peut être prolongée au niveau des coaches qui existent déjà dans de nombreux processus commerciaux. Dans son livre *Le coaching efficace des commerciaux*, Pascal Debordes[1], indique très concrètement comment s'y prendre. Pour aider à mémoriser, il propose de se souvenir de MENTOR :

M   comme Mesurer le décalage, c'est-à-dire définir les objectifs à atteindre, les instruments de mesure des résultats de l'activité du vendeur,

E   comme Écouter le vendeur, identifier la nature de la marge de progrès possible et la perception qu'en a le vendeur,

N   comme Négocier un « plan de progrès »,

T   comme Tirer vers le haut compétence et motivation,

O   comme Organiser le suivi,

R   comme Reconnaître la réussite.

Le nombre d'employés gérés par un coach, dans ces conditions, passe de sept à dix, à vingt ou vingt-cinq, et au fur et à mesure que les coaches développent leurs compétences, le ratio s'élève pour atteindre cinquante pour un.

Ce qui signifie tôt ou tard la disparition de la moitié au moins des postes de managers : chefs de services, de départements, responsables de fonctions ou de métiers, et de directeurs. La plupart des réductions récentes d'effectifs des grandes entreprises américaines touchaient les cadres intermédiaires (middle-managers) faute de pouvoir les reconvertir tous en opérateurs, en coaches ou en responsables de processus.

---

1. Debordes Pascal – *Le coaching efficace des commerciaux* – Dunod – 1996 – Paris.

Le responsable de processus ou « process-owner »

Dans une telle configuration le rôle du responsable de processus consiste principalement en trois activités :

1. La conception du processus, pour fournir une meilleure Valeur-Client que les concurrents dans le cadre des objectifs globaux de la compagnie, ce qui doit le conduire à faire le benchmarking des meilleurs mondiaux, à mesurer les écarts et à mettre en œuvre les méthodes de management décrites dans le paragraphe précédent.

2. La coordination et le coaching, qui consistent à faire en sorte que les différentes parties du processus coopèrent de manière satisfaisante à la réalisation d'objectifs et de plans, et à motiver l'ensemble du personnel qui y travaille pour améliorer les résultats.

3. La représentation du processus (M. Hammer emploie le terme « d'advocacy ») au comité de direction qui réunit les autres responsables de processus et les représentants des fonctions centrales, pour défendre les intérêts du processus et contribuer à une juste affectation des moyens.

Mais comme le dit très justement M. Hammer, « il serait tragique que les « silos fonctionnels » soient remplacés par des « tunnels de processus ». Il faut donc que cette équipe de direction fonctionne vraiment comme une équipe soudée qui raisonne avec la préoccupation de l'entreprise dans son ensemble.

Réussir la transformation en organisation par processus

La transformation comporte généralement quatre étapes :

- *L'identification des processus*, classiquement une entreprise ne doit pas dépasser quelques dizaines au maximum (dans le cas de grandes entreprises).
- *La prise de conscience généralisée* que l'entreprise est un ensemble de processus avec des inputs et outputs, chacun doit se percevoir comme contribuant à un sous-processus faisant partie d'un processus qu'il connaît.
- *La mesure des résultats* des processus.
- *Le management des processus* en vue de leur amélioration permanente.

L'implantation d'un système de management par processus demande beaucoup de communications pour expliquer ce qu'est un processus et son importance pour la satisfaction des clients et le succès des affaires, les défauts de l'organisation par fonctions, et quels vont être les nouveaux rôles des managers et des opérateurs.

L'ENTREPRISE AU PLUS JUSTE OU LEAN COMPANY, TOUJOURS D'ACTUALITÉ

Deux des auteurs du fameux livre *Le système qui va changer le monde*[1], James P. Womack et Daniel T. Jones, soutiennent que la plupart des entreprises ont encore beaucoup de progrès à faire dans ce domaine. Ils indiquent que les entreprises ne sont pas assez orientées processus et recommandent dans leur nouvel ouvrage[2] de « penser au plus juste ».

Chacun doit contribuer à un flux permanent de valeur ajoutée pour le client. Rappelons que la Valeur-Client est le rapport Qualité/Prix.

Dans une conférence prononcée à l'Université Léonard de Vinci, le professeur T. Jones résumait ses idées de la manière suivante :

Si on considère la Valeur ajoutée pour le client par les opérations, la situation mérite bien souvent d'être améliorée :

Il faut faire passer, par exemple,	de	⇨	à
1. Les opérations ajoutant de la valeur pour le client	5 %	⇨	35 %
2. Les opérations nécessaires n'ajoutant pas de valeur (ex. transport des composants)	35 %	⇨	30 %
3. Les opérations non nécessaires n'ajoutant pas de valeur	60 %	⇨	35 %
TOTAL	100 %	⇨	100 %

Il est utile d'examiner cela non seulement au niveau de l'entreprise, mais aussi de l'ensemble de la filière, cela peut donner des idées de stratégies nouvelles.

▬ Se transformer en une entreprise au plus juste

Pour devenir une entreprise au plus juste, D. Jones recommande de :

- Définir la valeur à partir de la satisfaction client : valeur = rapport satisfactions/prix.
- Identifier la chaîne de valeur dans sa totalité.

---

1. Jones Daniel T. – Womack James P. – Roos Daniel – *Le système qui va changer le monde* – Dunod – Paris – 1992.
2. Womack James P. et Jones Daniel T – *Lean thinking : Banish Waste and Create Wealth in Your Corporation* – Simon & Schuster – 1995 – New York.

- Faire en sorte de produire la valeur suivant un flux continu.
- Faire tirer le flux par le client et tendre toute la chaîne de valeur.
- Se structurer par processus en créant des équipes par lignes de produits/ services.
- Intégrer développement, prise de commande et production.
- La très grande majorité du personnel doit se dédier au flux de valeur (90 %).
- Tendre vers la perfection en permanence.
- Stratégie centrée sur l'apport de valeur aux clients.
- Élimination des opérations qui n'ajoutent pas de la valeur.
- Suppression des projets sans ressources.
- Priorité aux plans d'implantation.
- Tout le monde impliqué dans la sélection et le choix des priorités.
- Chaque équipe comprend parfaitement les objectifs visés.

L'organisation par processus se traduit par des entreprises plus horizontales et plus réactives qui ont réduit leurs niveaux hiérarchiques, qui apportent davantage de valeur au client, à l'actionnaire, au personnel et à l'environnement. L'un des cas de réussite exemplaire de ces dernières années est le cas de Du Pont de Nemours.

EXEMPLE D'UNE ENTREPRISE QUI S'EST RÉORGANISÉE SUR LA BASE DE PROCESSUS APPORTANT DE LA VALEUR : DU PONT DE NEMOURS

Du Pont de Nemours est citée par *Fortune* du 27 octobre 1997 comme l'entreprise la plus admirée dans le secteur de la chimie au niveau mondial.

Du Pont est une très ancienne entreprise qui aura deux siècles d'existence en 2002, un chiffre d'affaires 1995 de 42 milliards de $ et un bénéfice net de 3,3 milliards. Elle emploie 105 000 personnes, dont un tiers hors des USA, qui opèrent dans des domaines variés allant de l'exploration pétrolière avec la filiale Conoco, en passant par des unités de fabrication de gaz, des fibres et des polymères des spécialités chimiques, des produits pour l'impression ou pour l'agriculture, au total il y a 18 Strategic Business Units.

Ses opérations couvrent 70 pays et comprennent 150 usines chimiques ou de spécialités, 5 raffineries pétrolières, 20 unités de traitement des gaz, 80 laboratoires de recherche.

Les affaires marchent bien. La croissance atteint 14 % et le rendement du capital (Return On Equity) 20 %.

Une réorganisation mondiale fondée sur la Valeur au début des années 1990

Voici ce que disait Michael B. Emery, Senior Vice-President Operations en 1995[1] :

> Du Pont a subi des transformations pendant 4 ans. Le Reengineering ne suffit pas : « nous avons revitalisé, rénové et réinventé ». Pour commencer le Reengineering, nous avons d'abord regardé la Valeur pour le client, que nous évaluions en se demandant si le client allait payer pour ce qu'ajoutait l'activité.

Cela a conduit à éliminer, au cours des 3 dernières années : 65 % des cadres supérieurs, 40 % de tout le management, et 20 % des effectifs totaux de Du Pont. Ce qui a conduit à changer les rôles des managers. Ainsi, dans le cas de Michael B. Emery, auparavant il était vice-président. de l'Engineering, avec 2,5 milliards de $ d'investissement et 20 000 personnes à gérer. Depuis, ses responsabilités ont été étendues aux Systèmes d'Information, Achats, Distribution des produits, Hygiène et Sécurité, Production et amélioration continue des affaires, avec le même titre et le même niveau de salaire.

Le Reengineering est un processus sans fin qui caractérise la manière de travailler de Du Pont.

Nous avons une charte avec cinq principes : *réalité, changement, vitesse, responsabilité, spécificité*.

> *Réalité* : guerre économique mondiale pour de nombreuses décades.
> *Changement, vitesse* : il faut changer plus vite que les concurrents.
> *Responsabilité* : qui est responsable, et
> *Spécificité* : spécifiquement qu'est-il censé accomplir ?

Cela afin d'éliminer le travail qui n'ajoute pas de la Valeur. Cela nous sert aussi à benchmarquer, la plupart de ceux qui nous intéressent étant hors de notre industrie.

Le cas de Du Pont Agricultural Products[2]

Philippe Desaulles, Vice-Président Europe de Agricultural Products indique comment cela s'est fait dans son activité. Nous reproduisons ci-après les principales informations qu'il a fournies au symposium Renault de la Qualité, en Octobre 1996.

---

1. The Conference Board – *Plugging in Change* – Accross The Board Magazine – octobre 1995.
2. Du Pont de Nemours – *The Du Pont Transformation Process & Learning Organization* – Exposé de Philippe Desaulles – Vice-Président Europe Agricultural Products – Managing Director Du Pont De Nemours France – Symposium Renault – Palais des Congrès, 29 & 30 octobre 1996.

▬ Vision et défis

Du Pont s'est donné pour finalité fondamentale, comme beaucoup de compagnies, de satisfaire les quatre parties prenantes : actionnaires, clients, employés et la Société (l'environnement), sans établir de hiérarchie entre les quatre, avec toutefois une certaine priorité pour l'actionnaire.

Pour ce faire, elle s'est donnée trois catégories de défis :

1. La première est relative au succès financier. La direction s'est engagée à doubler la valeur de l'action d'ici l'an 2002, année du bicentenaire. Ce qui implique une bonne croissance et des gains de productivité de 5 à 6 % par an pour réduire les coûts.
2. La deuxième concerne le système d'organisation qui doit établir un bon équilibre entre l'autonomie des unités et la préservation de l'identité culturelle du groupe (les valeurs) et générer des organisations flexibles et très efficaces, capables de gérer le changement.
3. Enfin la troisième catégorie concerne le respect de l'environnement et la sécurité des personnes pour lesquels les objectifs sont le zéro incident.

Le cas spécifique des produits pour l'agriculture

En ce qui concerne les produits pour l'agriculture, les défis plus spécifiques comportent le maintien du haut niveau de rentabilité avec le doublement du chiffre d'affaires pour atteindre 5 milliards de $ d'ici 2005, avec un redéploiement géographique vers les pays émergents de l'Est et de l'Asie, et la pénétration de nouveaux marchés ainsi que le lancement de nombreux nouveaux produits.

Tout cela implique des changements massifs dans les domaines du marketing, de la recherche et de la production pour continuer de répondre aux besoins des clients dans un marché qui lui-même connaît des évolutions très importantes qu'il s'agisse des systèmes politiques, des réseaux de distribution ou de la gestion des exploitations agricoles.

La capacité organisationnelle

Pour relever ces défis, l'ordre des étapes est le suivant :

1. Un leadership capable de mettre en place une organisation flexible, efficace avec des collaborateurs compétents et motivés.
2. Quand on a ce type d'organisation, on peut travailler avec succès à l'optimisation des coûts et la croissance des ventes.
3. Pour obtenir la valeur pour l'actionnaire.

Du Pont Agricultural Products a pris trois approches distinctes pour reconcevoir l'organisation de la fabrication, la recherche et le marketing.

Pour la fabrication : la mise en place d'un système de travail à haute performance « **HPWS**, High Performance Working System » visant la **flexibilité et la réduction des coûts.**

Pour la recherche, la mise en place d'un changement pour réduire le **temps de cycle.**

Pour le marketing, un processus d'acquisition d'une vision prospective pour se doter des **compétences** nécessaires au traitement des affaires dans un monde plus complexe et mouvant.

La conception de l'organisation de la production

Le HPWS est un système de production très élaboré qui fonctionne déjà dans plusieurs usines dont l'usine de synthèse de Dunkerque. Sa mise en œuvre comporte trois volets : le modèle, les attributs des processus, l'implantation.

Un modèle centré sur le processus

Un modèle de « business » est une combinaison de technologies, de ressources (humaines, financières, etc.) et d'une forme d'organisation. Une forme d'organisation est en général constituée **d'un système, d'une structure et des processus.** Dans une organisation traditionnelle on accorde un poids prépondérant à la structure et au système.

Dans l'organisation avancée de Du Pont, c'est le **processus** qui domine. La structure doit être adaptée aux principes, au système choisi et au nouvel environnement.

Les attributs des processus

Les processus doivent respecter six attributs qui servent à évaluer le HPWS :

- *Mission* : vision, mission et intention stratégique doivent être connues de tous.
- *Principes* : la prise de décision et les comportements sont principalement guidés par des principes (et non des bibles).
- *Leadership* : un leadership engagé est ressenti dans toute l'organisation.
- *Équipes* : les membres deviennent une partie intégrante de la structure de l'organisation.
- *Apprendre/Enseigner* : croyance fondamentale dans la valeur de développer les personnes comme moyen d'atteindre des résultats supérieurs.
- *Clients,* l'attribut clé du HPWS : focalisation prioritaire de l'attention de tous sur le client final qui paye.

L'implantation du modèle

Après avoir établi les processus, vient alors la création des structures et systèmes nécessaires pour les faire fonctionner et obtenir des résultats en termes d'efficacité, de résolution de problèmes aussi bien que de flexibilité.

À l'usine de Dunkerque (Loon Plage), l'organisation est la suivante :

Il y a deux (ou deux et demi) niveaux hiérarchiques avec un management limité à six personnes (le Strategic Leadership Team) incluant le chef d'établissement qui est plus un leader qu'un patron.

Il y a une équipe support de 13 personnes, une équipe technique de 4 personnes et six équipes de 9 personnes dont l'une travaille sur les réseaux.

Ces réseaux remplacent les équipes de service et sont en charge des fonctions transversales telles que maintenance, environnement, qualité, ressources humaines, logistique et gestion des coûts. Ils sont en fait des membres de l'organisation de base qui prennent ces tâches à tour de rôle. Cette organisation plate et simplifiée donne des résultats très satisfaisants.

Une équipe sur six est en cours d'acquisition de connaissances pendant que les cinq autres travaillent.

Le niveau d'information des collaborateurs est très élevé. Des clients japonais visitant l'usine étaient étonnés du degré d'information du personnel.

L'usine de Dunkerque a les meilleurs rendements du monde, la meilleure qualité et les coûts les plus bas.

Dans l'usine de Dunkerque, neuve, avec une moyenne d'âge peu élevée, la mise en œuvre a été plus simple. Mais tous les autres sites ont également été transformés.

L'organisation de la recherche

La recherche est une activité basique dans le domaine des produits pour l'agriculture. La prospérité est directement liée au nombre de produits qu'il est possible d'introduire sur le marché.

Les objectifs

Il faut non seulement trouver les produits appropriés, mais aussi réduire le temps nécessaire et par conséquent le coût de développement d'une molécule aussi bien que les dépenses de mise sur le marché.

Pour atteindre ce but, il a fallu procéder à un changement de grande ampleur et mettre en place le processus pour le faire accepter.

La reconception de la recherche

Le processus de R&D a été réinventé en utilisant de nouveaux types de technologies incluant l'informatique. L'objectif était de doubler la productivité des nouveaux produits en trois ans, ce qui supposait d'accroître les ventes correspondantes, donc augmenter la capacité de mieux les choisir, faire une sélection plus rapide, réduire le temps de cycle de la découverte de la molécule à la commercialisation d'un nouveau produit et réduire le coût de développement.

La SBU produits pour l'agriculture (« Strategic Business Unit ») a le meilleur groupe de recherche du monde avec la meilleure productivité et les coûts les plus bas.

CLASSIFICATION DES PROCESSUS PAR L'INTERNATIONAL BENCHMARKING CLEARINGHOUSE

En partenariat avec Andersen & Co

Traduit par le Benchmarking Club de Paris
(Nicolas Thierry)

PROCESSUS OPÉRATIONNELS

1. Comprendre les marchés et les clients

1.1. *Déterminer les besoins et les souhaits des clients*
1.1.1. *Mener des études de diagnostic qualitatives*
1.1.1.1. *Mener des interviews de clients*
1.1.1.2. *Mener des groupes de diagnostic*

1.1.2. *Mener des études de diagnostic quantitatives*
1.1.2.1. *Organiser et faire des sondages*

1.1.3. *Prédire les comportements d'achats*

1.2. *Mesurer la satisfaction des clients*
1.2.1. *Évaluer la satisfaction sur les produits et services*
1.2.2. *Évaluer la satisfaction sur la réponse aux réclamations*
1.2.3. *Évaluer la satisfaction sur la communication*

1.3. *Évaluer les changements dans les attentes des marchés ou des clients*
1.3.1. *Déterminer les faiblesses de l'offre de produits ou services*
1.3.2. *Identifier les innovations satisfaisant les besoins des clients*
1.3.3. *Évaluer les réactions des clients aux offres de la concurrence*

2. Développer vision et stratégie

2.1. *Suivre l'environnement de l'entreprise*
2.1.1. *Analyser et comprendre la concurrence*
2.1.2. *Identifier les tendances économiques*
2.1.3. *Identifier les problèmes politiques, législatifs et réglementaires*
2.1.4. *Évaluer les innovations technologiques*
2.1.5. *Comprendre les tendances démographiques*
2.1.6. *Repérer les changements sociaux et culturels*
2.1.7. *Comprendre les préoccupations écologiques*

2.2. *Définir le « business » et la stratégie d'organisation*
    2.2.1. *Choisir les marchés*
    2.2.2. *Développer une vision à long terme*
    2.2.3. *Formuler la stratégie des « business units »*
    2.2.4. *Préciser les missions globales*

2.3. *Concevoir la structure organisationnelle et les relations entre unités*

2.4. *Fixer des objectifs organisationnels*

3. Créer des produits et services

3.1. *Créer de nouveaux concepts et plans de produits et services*
    3.1.1. *Traduire les demandes et besoins des clients en spécifications de produits et services*
    3.1.2. *Spécifier et détailler les objectifs de qualité*
    3.1.3. *Spécifier et détailler les objectifs de coûts*
    3.1.4. *Préciser le cycle de vie des produits et des objectifs de développement dans le temps*
    3.1.5. *Développer et intégrer une technologie nouvelle dans un concept produit/service*

3.2. *Concevoir, fabriquer et évaluer des prototypes de produits et services*
    3.2.1. *Élaborer des spécifications de produits/services*
    3.2.2. *Expérimenter les diverses méthodes d'engineering*
    3.2.3. *Mettre en œuvre l'engineering donnant le maximum de valeur*
    3.2.4. *Documenter les spécifications*
    3.2.5. *Développer des prototypes*
    3.2.6. *Faire breveter*

3.3. *Améliorer les produits et services existants*
    3.3.1. *Développer des progrès sur les produits/services*
    3.3.2. *Éliminer les problèmes de qualité et de fiabilité*
    3.3.3. *Éliminer les produits/services obsolètes*

3.4. *Tester les produits/services nouveaux ou améliorés*

3.5. *Préparer la production*
    3.5.1. *Préparer et tester un processus de production du prototype*
    3.5.2. *Concevoir et acquérir les composants et les équipements*
    3.5.3. *Déterminer et vérifier les processus et méthodologies*

3.6. *Gérer le processus de développement des produits/services*

4. Marketing et vente

4.1. *Marketing de produits (services à des segments de clientèle identifiés)*
    4.1.1. *Développer des stratégies de prix*
    4.1.2. *Développer des stratégies publicitaires*
    4.1.3. *Créer des messages publicitaires*
    4.1.4. *Estimer les aspects anciens des campagnes*
    4.1.5. *Identifier les clientèles « cibles » et leurs besoins*
    4.1.6. *Faire des prévisions de ventes*
    4.1.7. *Vendre les produits/services*
    4.1.8. *Négocier les conditions de vente*

4.2. *Traiter les ordres des clients*
    4.2.1. *Accepter les ordres des clients*
    4.2.2. *Introduire les ordres dans les processus de production et de livraison*

5. Produire et livrer dans les entreprises manufacturières

5.1. *Prévoir et acquérir les ressources nécessaires*
    5.1.1. *Sélectionner, homologuer les fournisseurs*
    5.1.2. *Acquérir les équipements*
    5.1.3. *Acheter les approvisionnements*
    5.1.4. *Acquérir les technologies*

5.2. *Convertir les ressources en produits*
    5.2.1. *Améliorer le processus de production et de livraison (pour les processus existants)*
    5.2.2. *Planifier la production*
    5.2.3. *Optimiser la logistique des matières premières et composants*
    5.2.4. *Fabriquer*
    5.2.5. *Emballer les produits*
    5.2.6. *Stocker les produits*
    5.2.7. *Préparer les produits à livrer*

5.3. *Livrer les produits*
    5.3.1. *Préparer l'expédition des produits*
    5.3.2. *Livrer aux clients*
    5.3.3. *Mettre en place chez les clients*
    5.3.4. *Confirmer les exigences de services spécifiques aux clients*
    5.3.5. *Identifier et programmer les ressources pour satisfaire les exigences de service*
    5.3.6. *Fournir les services spécifiques aux clients*

5.4. *Gérer le processus de production et de livraison*
    5.4.1. *Documenter et piloter les ordres*

5.4.2. Gérer les stocks

5.4.3. Assurer la qualité

5.4.4. Prévoir et assurer la maintenance

5.4.5. Gérer les contraintes environnementales

6. Produire et livrer dans les entreprises de services

6.1. Planifier et acquérir les ressources
    6.1.1. Sélectionner et homologuer les fournisseurs
    6.1.2. Acquérir les ressources nécessaires
    6.1.3. Acquérir les technologies nécessaires

6.2. Développer les compétences nécessaires
    6.2.1. Définir les compétences requises
    6.2.2. Déterminer et mettre en œuvre les formations
    6.2.3. Gérer le développement des compétences

6.3. Assurer la qualité de service

7. Facturer et servir les clients

7.1. Facturer les clients
    7.1.1. Maintenir le flux de facturation des clients
    7.1.2. Facturer les clients
    7.1.3. Répondre aux questions sur les factures

7.2. Fournir le service après-vente
    7.2.1. Fournir le service après-vente
    7.2.2. Assurer les garanties et traiter les réclamations

7.3. Répondre aux demandes des clients
    7.3.1. Répondre aux demandes d'informations
    7.3.2. Traiter les réclamations

PROCESSUS DE MANAGEMENT ET SUPPORT

8. Développer et gérer les ressources humaines

8.1. Créer et mettre en œuvre des stratégies de ressources humaines
    8.1.1. Détecter des besoins liés à la stratégie et à l'organisation
    8.1.2. Calculer le coût des ressources humaines
    8.1.3. Définir les besoins en ressources humaines
    8.1.4. Définir le rôle de la direction des ressources humaines

8.2. Décliner la stratégie aux différents niveaux opérationnels
    8.2.1. Analyser et concevoir le travail

8.2.2. Définir et contrôler les rendements

8.2.3. Définir les compétences nécessaires

8.3. Gérer les effectifs

8.3.1. Planifier et prévoir les besoins du personnel

8.3.2. Préparer les plans de carrière

8.3.3. Recruter

8.3.4. Constituer les équipes et les mettre au travail

8.3.5. Déplacer les collaborateurs

8.3.6. Restructurer et redimensionner les effectifs

8.3.7. Gérer la mise à la retraite

8.3.8. Gérer la recherche de nouveaux emplois (outplacement)

8.4. Former les personnels et développer les compétences

8.4.1. Adapter aux besoins la structure du personnel

8.4.2. Créer et gérer des programmes de formation

8.4.3. Créer et gérer des programmes d'orientation du personnel

8.4.4. Développer des compétences opérationnelles et fonctionnelles

8.4.5. Développer le leadership

8.4.6. Développer l'aptitude au travail en équipe

8.5. Gérer les systèmes de mesures des performances

8.5.1. Définir les mesures de performances

8.5.2. Définir des approches de réponse aux mesures de performance

8.5.3. Gérer les performances des équipes

8.5.4. Évaluer le travail sous l'angle de la valeur boursière et de la contribution aux fonds propres

8.5.5. Développer et gérer des systèmes de rémunération de base et d'intéressement

8.5.6. Gérer les programmes d'intéressement financiers et moraux

8.6. Assurer le bien-être et la satisfaction du personnel

8.6.1. Suivre le niveau de satisfaction du personnel

8.6.2. Développer des systèmes de support aux employés et à leurs familles

8.6.3. Gérer les compléments de rémunérations

8.6.4. Gérer la sécurité et les aspects sanitaires du travail

8.6.5. Gérer les communications internes

8.6.6. Gérer et favoriser la diversité du personnel

8.7. Assurer l'implication du personnel

8.8. Gérer les relations direction/personnel

8.8.1. Gérer le processus de négociation collective

8.8.2. Gérer les partenariats entre direction et personnel

8.9. Développer des systèmes d'information sur les ressources humaines

9. Gérer les ressources en information

9.1. Programmer les ressources en information
   9.1.1. Définir les besoins à partir de stratégies
   9.1.2. Définir les architectures
   9.1.3. Planifier et prévoir les technologies et méthodologies
   9.1.4. Normaliser les systèmes d'informations internes
   9.1.5. Définir et contrôler des standards de qualité

9.2. Développer et installer des systèmes opérationnels
   9.2.1. Définir les besoins
   9.2.2. Choisir les technologies
   9.2.3. Prévoir les cycles de vie des données
   9.2.4. Mettre en place les systèmes de support
   9.2.5. Tester et évaluer les systèmes

9.3. Mettre en œuvre les sécurités et contrôles
   9.3.1. Déterminer les stratégies et niveaux de sécurité
   9.3.2. Tester et évaluer les systèmes de sécurité et contrôle

9.4. Gérer le stockage et la recherche d'information
   9.4.1. Constituer les bases de données
   9.4.2. Constituer l'information
   9.4.3. Stocker l'information
   9.4.4. Modifier et actualiser l'information
   9.4.5. Organiser la suppression des informations
   9.4.6. Rendre l'information confidentielle

9.5. Gérer les réseaux et les opérations
   9.5.1. Gérer les sites centraux
   9.5.2. Gérer les outils répartis
   9.5.3. Gérer les opérations de réseaux

9.6. Gérer les services d'informations
   9.6.1. Gérer les bibliothèques et les centres d'information
   9.6.2. Gérer les informations « business » et les documents

9.7. Faciliter la communication d'information
   9.7.1. Gérer les systèmes de communication externes
   9.7.2. Gérer les systèmes de communication internes
   9.7.3. Préparer et diffuser les publications

10. Gérer les ressources financières et physiques

10.1. Gérer les ressources financières
   10.1.1. Budgets
   10.1.2. Allouer les ressources

10.1.3. Définir les allocations de capital

10.1.4. Gérer le cash-flow

10.1.5. Gérer le risque financier

10.2. Organiser les systèmes de transactions financières et comptables

10.2.1. Faire les paiements

10.2.2. Payer les salaires

10.2.3. Recouvrer les créances

10.2.4. Clôturer les comptes

10.2.5. Traiter les demandes d'information sur les avantages

10.2.6. Gérer les frais de déplacement et de représentation

10.3. Informer

10.3.1. Fournir les informations financières à l'extérieur

10.3.2. Fournir les informations financières à l'intérieur

10.4. Mener des audits internes

10.5. Gérer les obligations fiscales

10.5.1. S'assurer des obligations fiscales de l'entreprise

10.5.2. Élaborer une stratégie fiscale

10.5.3. Mettre en œuvre les technologies adaptées

10.5.4. Gérer les contentieux fiscaux

10.5.5. Informer le management des enjeux financiers

10.5.6. Mettre en place des procédures d'administration des obligations fiscales

10.6. Gérer les ressources budgétaires

10.6.1. Planifier les investissements

10.6.2. Acquérir et redéployer des actifs

10.6.3. Gérer les installations

10.6.4. Gérer les risques physiques

11. Appliquer un programme environnemental

11.1. Formuler une stratégie environnementale

11.2. S'assurer de la conformité avec les réglementations

11.3. Former le personnel

11.4. Mettre en œuvre les programmes de prévention de pollution

11.5. Appliquer les programmes de prévention

11.6. Mettre en œuvre des scénarios de crise

11.7. Gérer des programmes de relations publiques et de contacts gouvernementaux

11.8. *Gérer les problèmes environnementaux liés aux acquisitions et aux cessions d'actifs*

11.9. *Gérer un système d'information sur les aspects environnementaux*

12. Gérer les relations extérieures

12.1. *Communiquer avec les actionnaires*

12.2. *Gérer les relations avec les administrateurs*

12.3. *Gérer les relations avec les financiers*

12.4. *Développer un programme de relations publiques*

12.5. *Assurer les relations avec le conseil d'administration*

12.6. *Assurer les relations avec les communautés*

12.7. *Gérer les questions légales et éthiques*

13. Gérer l'amélioration et le changement

13.1. *Assurer les performances globales*
    13.1.1. *Créer des systèmes de mesure*
    13.1.2. *Mesurer la qualité des produits et services*
    13.1.3. *Mesurer le coût de la qualité*
    13.1.4. *Mesurer les coûts*
    13.1.5. *Mesurer les temps de cycle*
    13.1.6. *Mesurer la productivité*

13.2. *Mener les évaluations de qualité*
    13.2.1. *Mener des évaluations de qualité fondées sur des critères externes*
    13.2.2. *Mener des évaluations de qualité fondées sur des critères internes*

13.3. *« Benchmarquer » les performances*
    13.3.1. *Créer des capacités de benchmarking*
    13.3.2. *Conduire des processus de benchmarking*
    13.3.3. *Conduire des études de benchmarking compétitif*

13.4. *Améliorer les processus et systèmes*
    13.4.1. *Créer un état d'esprit favorable au progrès*
    13.4.2. *Mettre en œuvre un progrès continu*
    13.4.3. *Reengineering*
    13.4.4. *Gérer le changement*

13.5. Mettre en œuvre le TQM

    13.5.1. Créer un état d'esprit favorable au TQM

    13.5.2. Mettre en œuvre des systèmes de TQM

    13.5.3. Gérer le « cycle de vie » du TQM

Production et logistique de classe mondiale

La recherche de compétitivité a poussé les entreprises à conduire des démarches de rationalisation des outils industriels, les inscrivant dans un mouvement de progrès continu et permanent. Dans le cadre des deux grands courants de pensée Hoshin et Kaïzen, différentes approches et de nombreux outils ont vu le jour, du value stream mapping au six sigma en passant par les 5S, la TPM et les unités de production.

Si l'information s'est dématérialisée, les opérations physiques n'en sont pas moins cruciales. La logistique, dans une économie mondialisée, se heurte à des contraintes croissantes de rapidité et de délais. La manutention peut à présent devenir la source de gains de productivité significatifs.

Des entreprises ont été les porte-drapeaux de différentes approches et progressivement certaines d'entre elles ont voulu donner du sens et de la cohérence à leur actions en les inscrivant dans une vision globale du système de production déployé à l'échelle mondiale et devenant le parangon industriel garantissant compétitivité et qualité des produits manufacturés.

LE WORLD CLASS MANUFACTURING

Au nom de l'entreprise engagée dans ce type de démarche s'est accolé le vocable de « production way » ou un slogan du type « Value up », pour bien affirmer les finalités poursuivies. Ce courant de la pensée industrielle s'affirme progressivement sous le nom de « world class manufacturing » (WCM) qui reflète à la fois une réalité profonde et la tendance habituelle à marketer les concepts.

Il ne s'agit donc pas d'une nouveauté, tous les concepts du WCM étant déjà connus, mais bien de l'énoncé d'une démarche systématisée et ancrée dans la réalité opérationnelle qui fonde durablement la compétitivité : la maison du progrès est construite de façon méthodique sur des soubassements solides.

L'enquête du Conference Board « The CEO Challenge 2003 » fit apparaître que les trois challenges les plus importants pour les entreprises, tous pays confondus, étaient, dans l'ordre, pour 2003 :

- la pression sur les prix de vente,
- l'évolution de la compétition économique,
- la consolidation industrielle.

À l'horizon de 2008, les chefs d'entreprise ont cité la consolidation des moyens de production comme challenge numéro deux, à quasi égalité avec l'évolution de la compétition économique.

La qualité des outils industriels demeure toujours un challenge majeur même si le discours ambiant parle de désindustrialisation au profit des activités de service. La souplesse dans l'utilisation des capacités, la maîtrise des coûts de production, le démarrage des nouvelles unités sont autant de défis qui requièrent de construire et de déployer efficacement un modèle industriel performant.

Les finalités poursuivies

Si le WCM repose d'abord sur un état d'esprit, il est cependant plus qu'une simple méthode encore qu'il ne faille pas le considérer comme un dogme immuable. Son but est d'améliorer l'organisation du travail à travers toute l'entreprise afin d'obtenir des effets positifs sur les coûts, la croissance, les délais et la qualité.

Les quatre principes fondamentaux du WCM

- La mesure des performances *: on n'améliore que ce que l'on mesure.*
- Le déploiement transversal : *la solidité de la chaîne et pas seulement celle de chacun des maillons.*
- Des méthodologies éprouvées sur le terrain : *l'action opérationnelle et continuelle grâce à des outils robustes et adaptés aux problèmes à traiter.*
- Des dispositifs facilitateurs : *un réseau maillé structurant l'alignement stratégique et sa déclinaison opérationnelle*

Un credo qui :
- donne du sens et relie des actions jusqu'ici dispersées,
- trace un chemin dans un domaine vaste et « dispersant »,
- fonde le concept de made by… et permet une réelle internationalisation.

La maison du WCM

Tout comme on a pu utiliser l'image de la maison pour la qualité, la présentation du WCM utilise elle aussi cette métaphore dont le vocabulaire est facile d'emploi et de compréhension :

- des fondations,
- des piliers,
- un toit.

Le concept de maison renvoie à la fois à la solidité de la construction et à l'envie d'y travailler grâce à la qualité des aménagements intérieurs !

Cette maison est celle de toutes les parties prenantes de l'entreprise :

- pour les clients, des produits moins chers, de qualité, livrés à l'heure ou disponibles,
- pour les actionnaires, des dividendes et un investissement rentable sur la durée,
- pour le personnel, des emplois pérennes, des conditions de travail satisfaisantes et un développement des compétences,
- pour la collectivité, les contributions fiscales d'une entreprise citoyenne.

Si les principales maisons du WCM diffèrent par leur style, elles sont bâties avec les mêmes matériaux et selon les mêmes préceptes architecturaux.

▬▬ Les fondations

La solidité de l'édifice repose sur le triptyque : hommes/organisation/standardisation. Beaucoup d'entreprises mettent l'accent sur la qualité des ressources humaines, « l'hygiène industrielle » et la généralisation des bonnes pratiques. Certains pourraient y voir un retour en force du taylorisme, mais ce serait oublier que l'empowerment est d'autant plus efficace qu'il est libéré d'avoir à réinventer chaque jour la meilleure façon d'accomplir les tâches.

On distinguera trois composantes principales du socle :

Les ressources humaines :

- les compétences des personnes, techniques et générales, autonomie et responsabilisation,
- les compétences de l'organisation, de l'unité de production, les opérations,
- les groupes de progrès, les projets,
- les dispositifs d'incitation et de motivation
- le système de management, le rôle de la maîtrise de 1er niveau, les actes managériaux nouveaux et solidaires.

L'organisation du travail :

- les 5S, l'aménagement du lieu de travail,

- la TPM, la disponibilité des outils,
- le TRS, l'optimisation des outils,
- l'élimination des Muda ou la chasse aux gaspis.

Les standards de travail :

- les fiches d'instruction standards (FIS/FIT) pour les meilleures pratiques,
- le management visuel ou la transmission des instructions,

La mise en place des fondamentaux est le point de passage obligé pour la performance, mais ceux-ci ne sont rien s'ils ne s'inscrivent pas dans une dynamique de progrès continu. L'apparente simplicité de certains concepts ne doit pas occulter les difficultés de la mise en œuvre et de la pérennisation.

▬ Les piliers

Le socle étant en place et solide, la performance industrielle sera fondée par l'application des principes du lean manufacturing. L'action de décloisonnement nécessaire pour organiser l'entreprise en « processus orientés client » est le challenge majeur du management aujourd'hui. Il contribue à créer la meilleure promesse commerciale, mais elle doit s'inscrire dans un mouvement de progrès continu, de tous, partout et tout le temps, de manière à réellement tenir ses engagements en termes de qualité, délai, et coût et doit surtout être soutenue par une motivation sans faille du management et des personnels.

Produire ce que le client a demandé, au meilleur coût et selon les standards de qualité, quelque soit le lieu de fabrication et le temps constituent les pièces à vivre de la maison du WCM.

Les piliers majeurs		
Lean manufacturing	• l'adéquation ressources/capacités	• l'heijunka ou lissage de la production
		• la production est un long fleuve tranquille
	• la mise en flux continu	• produire juste ce que le client demande
	• l'appel par l'aval/kanban	• réduire les tâches sans valeur ajoutée et les stocks d'en-cours
	• le Takt time ou temps de défilement	• réduire les stocks amont et aval
		• s'adapter aux fluctuations des demandes clients (flexibilité)
	• les livraisons fréquentes	• SMED produire des séries courtes
	• la flexibilité	• One piece flow ou l'optimisation des ressources et des flux

.../...

…/…

Qualité	• l'assurance qualité	• le système qui fonde la qualité
	• les dispositifs qualité (poka yoké, andons)	• produire bon du premier coup
	• la maîtrise des procédés (SPC/MSP)	• produire bon en permanence
	• le PDCA	• faire tourner la roue du progrès continu
	• l'AMDEC	• anticiper l'apparition des défauts
Progrès continu	• le système de management du progrès	• le progrès ne se décrète pas il se manage
	• le dispositif de travail	• travailler en réseau et de façon ascendante et descendante
	• l'implication des personnels	• mobiliser dans les groupes de progrès
	• les outils du progrès	• utiliser l'outil adapté au problème à résoudre
	• le shikawa	• les relations causes/effets
	• la résolution de problèmes/8D/ Carré d'as	• la voie pour la solution
	• In/out scope	• bien délimiter le champ d'investigation
	• Sipoc	• décrire les processus de l'entreprise
	• Cartographie des processus/Value stream mapping	• éliminer les activités sans valeur client
	• Matrices	• fonder les choix
	• Six sigma	• réduire la variabilité
Implication des personnels	Les personnels motivés sont la principale richesse des entreprises	
	• ergonomie/postures	• soigner l'ergonomie des postes
	• les personnels formés, polyvalents et polycompétents assurent qualité et flexibilité des productions	• formations WCM pour donner à chacun les formations nécessaires pour l'exécution
	• Polycompétence/polyvalence	• développer la capacité à enrichir ses compétences et à les déployer sur plusieurs postes similaires
	• l'entreprise citoyenne doit à la collectivité de s'inscrire dans le cadre du développement durable	
	• QSE	• pour produire sans risques en interne et en externe

Tableau N° 11.1 : Les piliers majeurs du WCM

La discipline du progrès est l'affaire de tous et de tous les jours. La permanence dans l'effort, un dispositif rigoureux, des investissements en formation, une culture de l'action et un pilotage par les indicateurs sont les principaux ingrédients du succès qui font la différence entre ceux qui tiennent la distance et ceux qui réalisent des coups sans lendemain.

▬▬ Le toit

Dans une maison le toit a la fonction de soustraire les occupants aux caprices du temps et de consolider l'ensemble. Le toit du WCM représente les objectifs de l'entreprise et ses valeurs pour le plus grand bénéfice des clients, des actionnaires, des personnels et de la collectivité. Comme pour tous les édifices la solidité du toit est capitale, faute de quoi tout se délabre rapidement. Paradoxalement ce doit être le point de départ de toute démarche afin de donner tout son sens au WCM et de relier les actions opérationnelles aux objectifs poursuivis. Toute démarche devrait commencer par l'énonciation et la communication de la vision et des objectifs poursuivis pour donner du sens aux actions, les fédérer et assurer l'alignement stratégique.

S'orienter WCM : conduire une démarche pragmatique

La conduite d'une démarche WCM doit se faire de façon pragmatique, progressive mais avec la volonté constante d'aboutir à des résultats opérationnels et tangibles. La constance dans l'effort, la progressivité et la capacité à passer à l'action dans la durée représentent les facteurs clefs de succès.

LA LOGISTIQUE, UN ENJEU STRATÉGIQUE

Le terme de logistique apparu au cours des années 80 a fait pièce aux vocables de stockage, manutention, transports, employés séparément auparavant. La principale association professionnelle fondée en 1984, L'European Logistics Association ou ELA, donne sa propre définition de cette activité : « L'organisation, le planning, le contrôle et l'exécution des flux de biens depuis le développement et les approvisionnements jusqu'à la production et la distribution vers le client final pour satisfaire les exigences du marché avec le coût minimal et l'utilisation d'un capital minimum. »

C'est au milieu des années 90 que le terme de supply chain s'imposa, sous l'influence des éditeurs de logiciels qui proposaient les outils d'une gestion coordonnée et intégrée de la chaîne logistique étendue à l'amont et l'aval de l'entreprise. De là, la pratique du supply chain management pour accroître la performance logistique globale et placer systématiquement le client comme le centre et le moteur du dispositif. Les flux se tendent de l'aval vers l'amont et non le contraire, grâce aux nouvelles techniques de communication et notamment au développement de l'Internet.

Si l'information s'est dématérialisée, les opérations physiques n'en sont pas moins cruciales. Le transport, dans une économie mondialisée, se heurte à des contraintes croissantes de rapidité et de délais. La maîtrise de la manutention (éclatement ou consolidation des lots, préparation de commande, picking, emballage) exige une rigueur et une organisation efficace pour faire émerger de véritables gains de productivité. Le positionnement stratégique des lieux de stockage conditionne la qualité du service et la fluidité des transports amont et aval.

Pour qu'un produit soit proposé à un coût admissible dans un magasin, il convient que les infrastructures logistiques du distributeur, du producteur et de ses fournisseurs soient connectées, du fait de leur interdépendance dans une chaîne continue dont l'enjeu est la satisfaction du client. En plus de sa fonction opérationnelle, la logistique va donc s'enrichir d'une dimension tactique dans l'ordonnancement des flux et les modes de traitement, ainsi que d'une dimension stratégique afin de définir les moyens nécessaires pour répondre aux objectifs de l'entreprise.

Cette approche stratégique de la logistique lui confère une place de plus en plus importante dans les entreprises et donne lieu à un ensemble de réflexions sur la façon de l'intégrer à une fonction, à un secteur d'activité, voire à un secteur géographique qui peut s'étendre à un groupe de pays. Il est nécessaire de la penser dans une perspective globale en tenant compte de plusieurs facteurs :

- la mondialisation des échanges,
- la multiplicité des acteurs du canal logistique qui implique l'intégration de nouveaux outils de supply chain,
- la concurrence (les entreprises se différencient par le service qui repose en grande partie sur la logistique),
- la rapidité et la fiabilité, critères fondamentaux de l'efficacité d'une supply chain,
- la logistique en tant que fonction transversale qui nécessite une coopération de toutes les entités concernées,
- les nombreux partenariats qu'elle entraîne.

Typologie des services logistiques

La logistique accompagne le produit tout au long de son parcours dans l'entreprise et au-delà. Les services proposés ne sont pas tous importants en volume, mais décisifs pour la bonne marche des opérations.

Services logistiques liés à la vie d'un produit		
Niveau 1	Services liés à l'initialisation du produit	• échantillons • produits test, • produits en démonstration
Niveau 2	Services transitoires de lancements commerciaux	• lancements commerciaux, • supports de merchandising
Niveau 3	Services en régime permanents stables Services de réponses aux aléas	• commandes régulières • traitements des flux d'emballage • promotions • supports de merchandising • retours commerciaux
Niveau 4	Services d'arrêt de commercialisation	• traitement des retours

D'après Dornier et Fender, *La Logistique globale*, Éditions d'Organisation, 2001.

La conception d'un service logistique

Pour mieux en gérer les coûts, il convient de prévoir les opérations logistiques au plus tôt dans la conception d'un produit. On peut la découper en cinq phases :

- la conception proprement dite, soit l'évaluation des besoins liés au produit (fournisseurs, maintenance, soutien, emballage) et des flux logistiques afférents en tenant compte des prévisions commerciales,
- l'analyse et la fixation des objectifs par critères de niveau de services, de quantité, de coûts, de concurrence et par famille logistique (définition, tri et regroupement des références),
- la mise en place du système d'information sous forme de bases de données techniques, produits, clients, de choix des logiciels de traitement, de réseaux télecom, EDI et codage,
- la définition physique des services logistiques ou l'architecture du réseau, de ses implantations, la constitution des stocks avec leur localisation et les transports,
- l'élaboration du système de pilotage avec les prévisions, les règles d'allocation des ressources, des priorités, les procédures et tableaux de bord.

L'incidence de la mondialisation

Une entreprise globale n'est pas seulement une entreprise exportatrice. Elle s'approvisionne dans différents pays avec de nombreuses sources, elle produit aussi dans différents pays et commercialise dans le monde entier. Il lui faut donc intégrer les attentes de consommateurs extrêmement différents, tout en

© Groupe Eyrolles

s'efforçant de les faire converger. Mais c'est aussi l'opportunité de prolonger la vie des produits en baisse sur leur marché d'origine. Ainsi ce type d'entreprise raisonne par strates régionales, transversales aux zones géographiques, en prenant en compte les données démographiques, sociales et économiques. Pour tirer au mieux tous les avantages d'un marché global, elle doit centraliser le pilotage des approvisionnements, de la production et de la distribution et par conséquent de sa logistique.

On compte un certain nombre de critères parmi les orientations majeures d'une stratégie logistique :

- la nécessité d'implanter des usines spécialisées,
- une politique d'achat permettant des économies d'échelle,
- la mise en place de systèmes intégrés des commandes et du transport,
- la possibilité de faire migrer un produit d'un marché à l'autre en cas d'aléa,
- le développement d'un e-commerce,
- la possibilité d'étendre une solution testée sur un marché à tous les autres,
- la centralisation de la R&D et la péréquation des coûts spécifiques à la logistique.

Que l'on considère la mondialisation sous l'angle macro-économique ou micro-économique, les incidences sur la logistique sont nombreuses. Dans le premiers cas, ce sont les déséquilibres, les disparités qui influent sur les structures. Dans le deuxième, ce sont les politiques marketing qui peinent à concilier les besoins de clients très disparates et les effets de taille ou d'optimisation du développement et de la communication, avec des retombées directes sur les prestataires en logistique.

Marketing global ou local ?

Hors de leurs marchés domestiques, les entreprises conquérantes se retrouvent à peu près toutes dans les mêmes territoires où la concurrence se resserre jusqu'à l'étouffement. De ce fait, les différences de coûts au niveau des approvisionnements ou l'accroissement des volumes ou tout ce qui constitue un avantage concurrentiel s'en trouve annulé et ces entreprises sont contraintes de chercher d'autres modes de différenciation dans les produits, les approches marketing et commerciales pour réagir, anticiper et s'imposer. Elles doivent chercher la différence non seulement dans des produits innovants, mais aussi dans les stratégies d'attaque de ces marchés en prenant en compte leurs spécificités locales, afin de créer de la valeur au final pour le consommateur.

Marketing local et global sont tour à tour utilisés, dans une complémentarité logique. Pour chaque produit, il convient de s'interroger laquelle des deux approches semble la plus pertinente. Par exemple, les hamburgers de Mac

Donald, complètement normalisés dans leur présentation et leur composition correspondent aux règles d'un marketing global. On vend l'Amérique et son mode de vie, tout autant qu'un service de proximité. Tout comme Coca-Cola, Swatch, Mercedes ou Benetton qui ont choisi de diffuser les mêmes produits à l'échelle planétaire. Autre produit alimentaire, la pizza, qui par sa composition à la demande sur une base unique, devient le type même du produit adapté à un marché local. Ici de la charcuterie, là des crevettes, là encore des poivrons, c'est toujours une pizza (pas forcément napolitaine) que l'on trouve dans le monde entier ; une pizza qui se coule dans des moules nationaux ou régionaux de la stratégie marketing des grandes entités productrices. Celles-ci promeuvent globalement en même temps leur nom, leur savoir faire et leur qualité de service. Ce qui démontre que le marketing global n'implique pas forcément l'uniformisation des produits.

Après de nombreuses tentatives pour créer la voiture « globale», les grands de la construction automobile ont suivi la trace des Japonais qui dès les années 80 ont fabriqué des voitures adaptées à un marché local sur un concept mondial de production, notamment une approche planétaire de la logistique (des composants appelés de partout sur les lieux de production). La récente Logan de Renault résulte de cette réflexion combinée entre les besoins des pays de l'Est et le savoir faire de la firme. Sur les 850 produits de la marque Nestlé, 10 sont identiques partout et 700 ne sont diffusés que dans un seul pays. La marque est connue mondialement, mais les produits sont physiquement attachés à un territoire, à un mode de consommation, à un groupe de consommateurs identifiés et caractérisés.

Rien ne permet à l'une des approches marketing de supplanter l'autre. Au contraire, on obtient de meilleurs résultats en se posant à chaque fois le problème pour savoir comment agir et souvent comment les marier afin de concentrer ce qui peut l'être et d'adapter ce qui doit l'être, selon les produits, selon les marchés. Flexibilité et standardisation, avec toutes les combinatoires possibles. On notera cependant que les consommateurs affichent de plus en plus des demandes similaires à travers le monde et qu'ils préféreront toujours un produit « global » à moindre coût plutôt qu'un produit adapté, mais plus cher. À l'entreprise de trouver les économies d'échelle entre la production et le marketing… Il convient alors de faire glisser les composantes du marketing (produit, publicité, packaging, distribution, promotion, prix) sur deux axes perpendiculaires qui représentent en abscisse, le pourcentage de couverture et en ordonnées, le pourcentage d'uniformité. Cette représentation permet d'agir sur l'un ou l'autre des facteurs pour positionner, par exemple, une famille de produits.

La mise en place d'une politique de marketing global est des plus complexes et délicates. À supposer que le segment de marché mondial existe pour des produits, encore faut-il que l'entreprise ait créé les structures de communication et de distribution pour toucher le consommateur où qu'il soit.

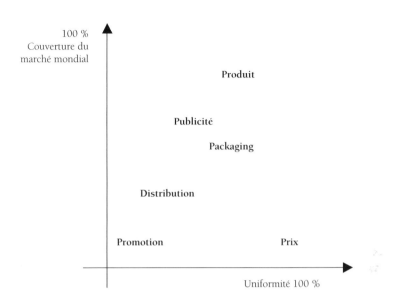

Figure N° 11.2 : Positionner une famille de produits

Source : PH. Dornier, M. Fender, La Logistique globale, Éditions d'Organisation.

L'exemple d'une société internationale de vente en ligne de biens culturels

- Le site français concentre l'ensemble des ordres après vérification de solvabilité et détient environ 90 % des disponibilités en stocks. Un lien permanent le relie avec la Hollande, où se trouve le centre de relation clients, véritable pôle sensible de l'activité, car tout au long du processus de traitement, le client reste une priorité absolue et détermine les choix et les moyens mis en œuvre pour le satisfaire.

- Si une commande multi produits contient des articles non disponibles, le choix est laissé au client d'attendre pour recevoir tout ensemble ou pas.

- La logistique est gérée en partenariat avec des opérateurs comme Chronopost, La Poste, UPS, DHL, dont les systèmes ont été intégrés au système initial du groupe.

- Ces différentes intégrations effectuées en quatre mois, en interne, constituent l'un des avantages concurrentiels de la société. « Le client choisit son délai et le logiciel lui propose la meilleure offre » annonce le directeur des opérations.

- Le site France n'est pas tenu au modèle américain (où seuls trois grossistes tiennent l'ensemble du marché), mais doit s'adapter pour offrir un service au meilleur niveau possible alors qu'il doit s'adresser directement aux différents fournisseurs. Il existe des logiciels assez simples utilisés par les détaillants que la société s'emploie aujourd'hui à enrichir.

- Le marché du CD et du DVD qui souffrait de retards d'informatisation a bénéficié d'accords avec la société pour améliorer ses structures informatiques.
- Par ailleurs, à l'intérieur du site une communication transversale intense entre les personnels contribue à la bonne marche du système.

▬▬ Le phénomène de délocalisation

Si le coût du travail est un mobile de premier ordre, il n'est pas le seul qui entre en ligne de compte dans le choix de délocaliser la production, les services et la logistique qui les accompagne. Par exemple, les marchés en pleine expansion de l'Asie du Sud-est peuvent justifier un rapprochement, ou encore le développement de compétences particulières comme l'informatique en Inde ou aux Philippines.

La concurrence autour d'un produit qui arrive à maturité porte essentiellement sur sa composante prix et ce, qu'il s'agisse d'un produit industriel, de la saisie de données administratives ou du développement d'un logiciel. Les salaires sont alors déterminants (de cinq à six fois moins élevés en Inde et aux Philippines qu'en France à qualification égale) et les coûts globaux bien moins onéreux. La flexibilité d'une main-d'œuvre mobilisable (ou démobilisable) à volonté avec une législation sociale peu ou pas présente constitue un critère particulièrement attractif et nombre d'entreprises recherchent des implantations ou le rapport compétences/coût global de la main-d'œuvre apparaît comme favorable. Par ailleurs, il existe une véritable surenchère des pays concernés pour attirer les entreprises américaines ou européennes : tarifs douaniers spécifiques, facilitation des transferts financiers, dispositions fiscales particulières et bassin de main-d'œuvre qualifiée, formée et opérationnelle, capable de fournir la qualité requise par les normes occidentales.

À ces facteurs favorisant s'ajoute la dérégulation des transports et des télécommunications qui permettent aux entreprises de travailler avec fluidité même à l'autre bout du monde, sans perte de temps et sans frais prohibitifs, du moins tant que l'on raisonne avec un pétrole peu cher.

Reste que les zones de production ne recouvrent pas forcément les zones de consommation et qu'il faut donc acheminer les produits vers les marchés existants, soit un surcoût logistique par rapport à la production nationale qu'il convient d'évaluer avant toute décision : immobilisation des encours de transports, temps de transports aériens ou maritimes, droits de douane éventuels à l'entrée sur le territoire national, retards imprévus… Une délocalisation pour être intéressante obéit à l'équation suivante : (sous-coûts de main-d'œuvre) − (sous-coûts logistiques > 0.

Pour conserver les avantages initiaux des délocalisations, l'entreprise doit faire varier en permanence les paramètres de l'équation dans sa stratégie d'implantation. Ce qui était massivement produit en Corée avant la rapide augmentation des salaires de 180 % entre 1984 et 1992, peut-être transféré en Thaïlande ou au Viêt-Nam quinze ans plus tard, comme ce fut le cas pour Reebok. Et si les salaires polonais, bulgares, roumains devenaient plus intéressants que ceux du Sud de l'Europe ? Seule une veille attentive pour son secteur d'activité permet à chaque entreprise de jouer au mieux de ses avantages. Et si la production doit bouger, on peut être amené à conclure à une relocalisation dans les pays consommateurs.

Dans son enquête Offshore, publiée en décembre 2005, A.T. Kearney analyse quarante pays émergents ou développés à partir de critères portant sur la structure financière, environnement économique et sur la qualité, la disponibilité et les compétences de la main-d'œuvre. Dans le domaine des services, par exemple, le cabinet met en évidence la place toujours importante de l'Inde et de la Chine qui vient la talonner, mais aussi la compétitivité de l'Amérique du Nord. A.T. Kearney construit ainsi le Global Services Location Index par le cumul des critères (coût, environnement et qualité de la main-d'œuvre) qui permet d'apprécier l'attractivité d'un pays et qui offre aux entreprises un outil pour éclairer leurs décisions. Pour information en France, et notamment la région de Marseille étudiée en détail, se place au 35e rang des pays analysés, mais au 2e rang sur le critère de qualification des personnels derrière les États-Unis et devant l'Inde.

Répartition de la localisation des forces internationales
pour l'activité de service entre 2004 et 2005

Pays	Structure financière	Environnement économique	Population et compétences	Index global
Inde	3,47	1,26	2,14	6,87
Chine	3,21	1,17	1,76	6,14
Malaisie	2,95	2	1,12	6,07
Philippines	3,58	1,05	1,16	5,78
Singapour	1,62	2,67	1,44	5,73
Thaïlande	3,27	1,51	0,94	5,72
Rép. Tchèque	2,57	1,9	1,12	5,58
Chili	2,73	1,87	0,97	5,58
Canada	1,1	2,4	2,03	5,52
Brésil	2,91	1,23	1,36	5,50
États-Unis	0,54	2,22	2,74	5,49
Égypte	3,55	3,55	0,98	5,47

Tableau N° 11.3 : Localisation des forces internationales
pour l'activité de service entre 2004 et 2005

Source : A.T. Kearney, enquête Offshore, Décembre 2005.

L'incidence du e-commerce

Au fil des expériences souvent improductives des dix dernières années, il est apparu que la logistique devait prendre une place majeure dans tout projet de commerce B to C. Autant sur le plan opérationnel que stratégique, car les contraintes spécifiques liées au comportement des acheteurs pèsent lourd sur la gestion des flux. Gestion qu'il faut impérativement concevoir dans cette optique : circulation physique, pilotage, systèmes d'information et outils d'aide à la décision.

▬ Un dispositif de conduite du progrès en réseau

Le WCM est un acte majeur dans le management des activités industrielles ce qui requiert un dispositif de travail élaboré capable de mettre en mouvement l'entreprise à tous les niveaux, chacun jouant bien son rôle.

- Mouvement ascendant
  Les objectifs et axes de travail ou la déclinaison et l'appropriation des axes stratégiques du groupe par l'ensemble des participants.
- Mouvement descendant
  L'appropriation et la déclinaison en projets opérationnels ou la mise en œuvre effective et opérationnelle des orientations définies par la construction de plans de progrès nourris des connaissances, des benchmarks apportés par le réseau.
- Mouvement transversal
  L'expertise et les échanges ou la constitution d'une véritable expertise métier autour d'un référentiel, de pratiques et de connaissances fédérées et partagées.

Les entreprises doivent adapter les dispositifs à leur culture et à leurs pratiques, mais il ne faut omettre aucun de ces trois niveaux. À trop vouloir agir par le central, on verse vite dans l'incantatoire qui n'a aucun effet sur le terrain. Des actions exclusivement locales s'épuiseront, faute d'une vision globale, d'objectifs clairs et d'émulation interne. Quant à l'absence d'expertise et de groupes d'échanges, elle retarde l'apparition d'une véritable compétence collective dans la conduite du progrès.

Généralement, la conduite d'une démarche WCM rassemblera les acteurs suivants, sous la responsabilité des dirigeants :

- les leaders ou sponsors fixent les objectifs, sélectionnent les chefs de projet ; ce sont les leaders du changement,
- les pilotes conduisent les projets, proposent les participants ; ce sont les pilotes du changement,
- les participants contribuent par leur expérience à la mise en œuvre du progrès ; ce sont les agents du changement,

Exemple d'une démarche de WMC

OBJECTIFS	Conception innovation	Qualité Produits Process	Satisfaction clients	Standards Organisation visuelle	Coûts Pertes	Productivité Efficience Fiabilité	Flexibilité Délais stocks	Sécurité Environnement	Implication des personnels
Services de soutien supports	X		X		X	X	X	X	X
Fabrication		X	X	X	X	X	X	X	X
Indicateurs exemples	Délais de conception Taux nouveaux produits	Capabilité machines Ccp. cpk, cm, cmk	Note de démérite Suivi des réclamations	Nombre de résolutions menées à terme	Taux de rebuts accidentels rebuts techniques	TRS, taux de temps supplémentaire, MTBF, LCC, Indic. 5S, TPM	Taux de service, temps de cycle, valeur des stocks	Nombre et carte des accidents	Nombre de suggest., grille de polyvalence, compétence
Approches exemples	Conception à coûts objectifs, time to market	Audit process, maîtrise stat. Du procédé	Value selling	Empowerment, progrès continu	Cash management, COO design to cost	Six sigma	Lean manufacturing	QSE	Value up
Outils exemples	AF, AV, QFD, DFSS, diagramme des affinités	Stat (Iso 2859-Cp- SPC, plans d'exp., tests analyses variés, audit produit Process 5P, 8D	Écoute client/ Kano, méthode des CTQ, analyse des risques, enquêtes clients	VOR, espace comm., cockpit, atelier projet, CEDAC, brown paper	Outils lean, mesures antipanne, cash tool box, cycle time compression, pareto, matrices ABC	AMDEC, produit/ process Carredas, auto-maintenance, maintenance préventive (3P et Remede, TPM	Cartographie de processus, VSM, JAT, SMED	HACCP	DMAIC, GPEC, système de suggestion worshop, tour de terrain, rituels, one point lessons

Tableau N° 11.4 : Une démarche WCM

- les experts apportent les méthodes et outils ; ce sont les facilitateurs du changement,
- les organes de validation sélectionnent, valident et entérinent les résultats des projets ; ce sont les témoins du changement.

▬ Un déploiement progressif

L'exemple d'un constructeur automobile international

Le constructeur a conduit sa démarche dans cet esprit et articule quatre phases avant d'arriver au plein régime (prévu en 2008 en Europe) :

Étape 1 – Préparation (durée : 1 an) :
- Formation de la première génération de pilotes.
- Formation des premiers facilitateurs.

Étape 2 – Décollage (durée : 1 an) :
- Lancement des premiers projets.
- Achèvement et bilan des projets.

Étape 3 – Accélération (durée 3 mois) :
- Formation des pilotes de 2ème génération.
- Nomination d'experts.
- Mise en place de nouveaux facilitateurs.
- Obtention des premiers résultats concrets.

Étape 4 – Expansion (durée 9 mois) :
- Accroissement du nombre d'intervenants : pilotes facilitateurs, experts.
- Création d'un réseau et d'instances de validation.
- Institutionnalisation des dispositifs de déploiement du progrès continu, locaux et centraux.

Étape 5 – Plein régime :
- Installation de toutes les ressources nécessaires : pilotes, facilitateurs, experts.
- Autonomisation de l'échelon local.
- Nomination de sponsors.
- Confirmation des champions.

Au fur et à mesure de la progression du projet les actions rapides ou immédiates constituent l'essentiel des progrès en phase de préparation et de décollage ; dès l'accélération ce sont les projets de grande envergure (enjeux et complexité plus élevés) qui apportent l'essentiel des progrès.

■■■■ L'élaboration des plans de progrès

Le plan de progrès s'appuie sur la comparaison de la situation de départ avec le référentiel :

- Positionnement des résultats chiffrés de l'entité
- Évaluation des écarts
- Élaboration du plan d'action

Le plan décrit les grands choix qui sont faits, la cible, autrement dit les objectifs à atteindre (niveaux de dépenses, de performances et d'efficacité), tout comme le processus, le calendrier qui va permettre de l'atteindre :

- La politique industrielle retenue : c'est un document court de deux, trois pages maximum, qui décrit le dessein de la production dans l'entreprise.
- Les indicateurs majeurs associés : on associe à la politique définie les indicateurs majeurs (coûts, résultats, efficacité) qui vont permettre de suivre globalement et annuellement les progrès réalisés par la production.
- Les axes de progrès examinés : les différents domaines dans lesquels l'action va porter sont définis, généralement en groupe en impliquant les futurs acteurs des avancées.
- Les fiches « objectifs » : les actions à mener avec indication du responsable, de l'échéance prévue et des indicateurs.
- Le programme d'action : Il constitue le point de départ du « plan de progrès » et comporte une estimation des coûts liés aux investissements à faire (formations, matériels…).

■■■■ L'exemple d'élaboration d'un plan de progrès

1- Choix des problèmes à traiter

L'animateur demande au groupe d'identifier les problèmes. On les écrit sur des fiches, puis on les rassemble et on les trie.
Résultat : Le groupe partage la même perception des problèmes.

2- Recherche des solutions

Le groupe est sollicité pour la recherche de solutions. Les suggestions d'amélioration, les solutions (exprimées en termes d'actions concrètes) sont à nouveau rassemblées et triées. On ne garde que celles qui sont alignées sur les objectifs.
Résultats : on nomme des familles de solutions.

3- Plans d'actions

On construit un diagramme à huit colonnes que l'on va remplir progressivement en commençant par la gauche :

- colonne 1 les objectifs,

- colonne 2 les actions, chacune pouvant être subdivisée en sous-actions,
- colonne 3, l'évaluation de l'efficience sur une échelle de 1 à 3 – faible-moyenne/ incertaine- bonne,
- colonne 4, l'évaluation de la faisabilité sur une échelle de 1 à 3 – difficile-moyenne /incertaine- facile,
- colonne 5, le calcul de la priorité (efficacité X faisabilité), la priorité apparaît de manière évidente et favorise les gains rapides (quick hits). Si certaines actions se révèlent nécessaires sans vote (formation indispensable, par exemple) on lui adjoindra un signe « must » supplémentaire,
- colonne 6, les critères de mesures tels que définis par le groupe,
- colonne 7, date, délai réaliste pour l'achèvement de cette action, (quand)
- colonne 8, l'établissement des responsabilités pour chaque action (qui dans le groupe).

Les niveaux E, F ayant été définis en commun, il ne peut y avoir de réticences acceptables, pas plus que sur la difficulté ou le temps. Pour les actions hors champ du groupe, un hiérarchique doit trancher et allouer les ressources nécessaires.

Objectifs	Actions	Efficience (E)	Faisabilité (F)	Priorité (E × F)	Mesure	Quand	Qui
		2	2	4			
		3	3	9			
		2	1	2			
		1	1	1			
	Training						

Tableau N° 11.5 : Organiser un plan d'actions

La chaîne de valeur ou value stream mapping (VSM)

Cette chaîne permet à l'entreprise de découvrir les freins à la performance de l'entreprise, de remettre en cause les processus pour satisfaire le client (QCD) et de dresser un diagnostic global afin de focaliser l'organisation sur la valeur ajoutée. Ensuite, il devient possible d'élaborer un plan d'actions à court et moyen termes pour réduire ou éliminer les « non valeurs ajoutées » et ainsi créer les conditions d'une organisation rationnelle (lean). Dans ces opérations, les équipes trouveront les bonnes motivations pour persévérer dans une démarche de progrès continu.

Moyenne des résultats obtenus par les meilleurs praticiens du lean, finalistes en 1996 des Industry Weeks « Best Plants » awards	
Développement de la productivité	30 %
Réduction des stocks en cours sur cinq ans	44 %
Réduction des stocks de produits finis	39,2 %
Taux de service	98 %
Produits finis bons au premier coup	98,8 %
Rebuts retouches en % des ventes	0,8 %
Réduction du temps de cycle sur 5 ans	53 %

Source : John Sheridan. « Culture Change Lessons »,
Industry Week. February 17, 1997, pp. 20-34.

Toute activité peut s'analyser comme une succession d'opérations distinctes, organisées en processus. Il en va de même pour l'analyse de la valeur. La valeur est celle que le client final perçoit, ce pour quoi il est prêt à payer. Mais avant de s'adresser directement au consommateur final, on dénombre de nombreux clients tout au long de la chaîne de production : le poste, l'atelier, le service suivant sont déjà des clients tout comme le maillon descendant dans la supply chaîne, le détaillant pour le grossiste, le consommateur pour le détaillant. Une interrogation s'impose à chaque niveau.

Parmi les coûts de production,
lesquels le consommateur devra-t-il payer ?   oui   non

- les produits ou service du catalogue ....
- un produit abîmé échangeable......................................
- les produits défectueux et ceux qui sont détruits
  à l'usine ....
- les surcoûts liés aux pannes machines ....
- les intérimaires qui compensent l'absentéisme ....
- les livraisons expresses.......................................
- le service d'assistance technique ....
- les stocks de produits obsolètes, les invendus................
- les frais de transports inter usines ....
- Le temps passé au contrôle qualité.............................

La démarche d'analyse de chaque tâche va donc porter sur sa valeur ajoutée à optimiser et sur les non valeur ajoutées nécessaires à réduire ou non nécessaires à éliminer. Ce qui reste des organisations anciennes, les habitudes, l'absence de remise en cause font que chaque processus s'appuie parfois sur des schémas compliqués et peu productifs qui n'ont plus leur raison d'être.

Pour visualiser le processus on peut utiliser une grande feuille de papier sur laquelle on alignera dans l'ordre séquentiel des Post-it™ de couleur, chacune correspondant à un type d'opération. Par exemple, le bleu pour les opérations, le vert pour le transport, le rose pour les temps d'attente et l'orange pour les contrôles. Chaque étape est repérée par son code, son numéro tel qu'il apparaît dans le diagramme des flux ou encore sa valeur, le temps opératoire, la distance, le poids ou toute caractéristique significative.

Quelques bonnes raisons pour refuser le lean

Ce que l'on entend d'ordinaire :

1. Nous sommes déjà trop lean, nous sommes allés trop loin dans les coupes.
2. Nous sommes déjà en train de faire du lean, nos équipes sont au travail.
3. Nos produits sont trop spécifiques.
4. Nous construisons des machines bien plus grosses que des autos.
5. Nous construisons à la demande.
6. Nous ne maîtrisons pas la demande.
7. Nous fabriquons de trop petites choses.
8. Notre personnel n'a pas la discipline des Japonais.
9. Nous avons besoin de longues séries parce que les changements sont très gourmands en temps.
10. Nous n'avons pas de leviers avec nos fournisseurs pour être livré en juste à temps à des prix raisonnables.

Ce que cachent ces excuses :

« Je n'ai pas encore compris ce qu'était réellement le lean mangement et je ne veux pas m'aventurer à initier un changement à l'aveugle. »

L'exemple d'un équipementier

L'élimination des gestes inutiles et des gaspillages est au cœur de la réflexion induite par le *lean management*. La surproduction de stocks en tant que marge de sécurité fut l'un des points identifié comme un problème à traiter d'urgence.

Sept formes de gaspillage furent reconnues alors par le processus « production system » :

- les surfaces,
- les transports,
- les temps d'attente,
- les défauts,
- les réparations,
- les déplacements,
- les stocks et encours.

Ces gaspillages, l'industriel a essayé de les traquer dans le produit, dans les machines et les équipements, dans le travail des collaborateurs, mais aussi dans le processus logistique et lors des planifications, autant de points que l'on retrouve dans la grille ci-dessous :

Gaspillages	Conséquences	Exemples
Risques pour la qualité	• Qualité du produit • Qualité du processus	• La production exige une conception plus fonctionnelle des produits • Le personnel n'est pas assez formé • Processus de fabrication instables • Manque de clarté dans les processus logistiques
Coûts supplémentaires	• Stocks et encours • Perte de productivité • Dépenses pour la qualité • Coûts de maintenance trop élevés	• Horaires de travail peu flexibles • Machines immobilisées en pose inutilement • Préparation trop lente • Surcapacité • Automatisation trop poussée
Problèmes de livraison	• Produits • Information	• Quantité par lots trop importante • Fluctuation du temps de rotation • Pas de prise en compte des impératifs du client

Tableau N° 11.6 : Les gestes inutiles et leurs conséquences

Le nouveau mot d'ordre devient : « Développer, construire, produire, monter, transporter la bonne pièce, dans la bonne quantité, au bon moment, de la bonne qualité, à la bonne place… en faire plus c'est du gaspillage. »

La société qui souhaitait s'aligner sur les standards de classe mondiale a donc réorganisé ses services en fonctions de nouveaux enjeux pour servir cet objectif :

- Travailler en flux tirés et ne produire que ce que le client demande,
- S'orienter processus et les traiter chacun dans leur globalité,
- Viser la qualité parfaite en travaillant préventivement à éviter les défauts,
- S'adapter souplement en termes de volumes et de variations des produits dans le temps,

- Se hisser au niveau des meilleurs par des actions de benchmarking,
- Améliorer sans cesse, tout étant toujours perfectible,
- Donner transparence aux processus tant industriels que commerciaux pour repérer immédiatement toute dérive,
- Obtenir la responsabilisation et la participation active de tous les protagonistes sur un même processus.

Le nouvel alignement des séquences de production et les changements organisationnels orientés vers la recherche de valeur ajoutée amènent une nouvelle structure des coûts, plus lisible, appréhendée en temps réel, qui supprime la dégressivité des frais fixes et au final encourage l'état d'esprit entrepreneur.

Chapitre 12

Gestion des projets et management par projet

ACTIVITÉ ÉCONOMIQUE ET MULTIPLICITÉ CROISSANTE DES PROJETS

Plus de 25 % de l'activité économique relève de la gestion de projets, qu'il s'agisse de l'ingénierie, en particulier informatique, du vaste secteur du BTP, d'une grande partie des industries aérospatiales et de défense, de la construction navale, du conseil en organisation etc. Joël Le Gall, Directeur de la Qualité, à la Lyonnaise des Eaux, propose de les appeler secteurs de « production par projets ».

Certaines entreprises de ces secteurs ont acquis un grand degré de sophistication dans le management des projets, en particulier dès qu'il s'agit de grands projets.

Par ailleurs, dans un monde où le changement s'accélère, le nombre de projets s'accroît à l'intérieur des entreprises dont ce n'est pas l'activité fondamentale, qu'il s'agisse de produits ou services nouveaux, de projets d'investissement, ou de projets de changements en vue de progrès.

LES ÉVOLUTIONS SIGNIFICATIVES EN COURS

HIER/AUJOURD'HUI ⇨	AUJOURD'HUI/DEMAIN
Fortes différences entre secteurs produisant des projets et secteurs produisant des flux de produits ou services	Différences se réduisant : projets analysés comme processus, et multiplication des projets dans les entreprises par processus .../...

...╱...

Dans les entreprises constituées principalement de fonctions ou métiers, les projets sont souvent secondaires	Entreprises de plus en plus transversales, projets de plus en plus vitaux
Management classique sauf dans les secteurs vivant de projets	Passage au management par projets de certaines entreprises
Projet = source de dépassement et d'engagement du personnel, source de mouvement dans les organisations	Multiples projets = complexité de gestion , mais accélération des mouvements, entreprise plus flexible et réactive, nécessité d'autonomie augmentée
Structure traditionnelle par fonctions valable dans environnement stable	Structure facilitant le management des projets nécessaire dans les environnements mouvants
Chef de projet, fonction mal reconnue, sauf dans les métiers produisant des projets	Valorisation générale du rôle de chef de projet, étape vers les plus hautes fonctions
Accent mis sur les techniques de planification : Gantt, Pert et les logiciels de gestion de projet	Importance prépondérante de la dimension humaine, des communications et de l'organisation des relations entre unités et projet
Permanence du conflit métiers/projets	Atténuation dans les entreprises horizontales, coopération et gestion gagnant / gagnant
Passage fréquent par structure matricielle	Doutes sur la structure matricielle pure, génératrice de conflits, retour vers une dominante métiers ou projets et task-forces temporaires
Nombreux outils informatiques de conception, de gestion de projets, de planification	Idem + outils de communications du type Intranet/Extranet, modifiant les problèmes de communications sur projets
Début de réduction des délais par la pratique de la concourance (ingénierie simultanée par exemple)	Généralisation de la concourance, gains de délais de 50 % à 200 % sur quelques années
Peu d'accumulation d'expériences sur chaque projet : expérience unique, dans la tête du chef de projet, débuts de la norme ISO 10006	Accroissement de la capitalisation des savoirs et expériences *via* réseaux informatiques et bases de données, implantation ISO 10006

LES CLÉS DU SUCCÈS DES PROJETS

Comme les processus, les projets sont souvent transversaux à l'entreprise et aux fonctions et métiers, et doivent donner un résultat « livrable » pour un client interne ou externe. La principale différence, c'est qu'ils ont un début et une fin. Une autre différence fréquente est le caractère partiellement ou totalement unique de chaque projet.

Dans un certain nombre d'industries, comme le BTP par exemple, chaque projet se déroule dans un lieu différent pour un client parfois différent.

Les problèmes à résoudre pour une bonne gestion des projets

Les problèmes les plus fréquents rencontrés dans la gestion de projet et le management par projets sont dans le désordre :

- Les conflits de pouvoir entre chef de projet et responsables métiers.
- Les conflits de priorité entre projets.
- Les problèmes de relations avec le client.
- Les demandes de modifications du client.
- L'obtention des moyens nécessaires.
- Le recrutement des équipes.
- Le manque de disponibilité des ressources des métiers.
- Les demandes des métiers de récupérer leur personnel détaché au projet.
- Les retards, défauts de qualité.
- Les frictions au sein de l'équipe projet.
- La baisse du moral de l'équipe projet.
- Les incertitudes sur l'avenir des membres des équipes projet.
- Le désintérêt de la direction pour le projet.
- La défection de fournisseurs.
- Les changements technologiques.
- Les problèmes techniques dus aux technologies non stabilisées.

Comme on peut le constater, les problèmes et aléas sont multiples. Un bon management par les projets doit pouvoir les éliminer, les résoudre ou y faire face sans trop de dégâts.

Il faut aussi savoir arrêter des projets : stopper un échec ou la dérive vers l'échec, c'est déjà un succès.

Conditions de succès des projets

Il faut d'abord être conscient qu'il convient pour chaque projet de bien définir, redéfinir ou rappeler les deux *composantes du succès* :

> *Résultats pour le client interne ou externe* : contribution aux objectifs du client.
>
> *Bonne gestion* : coût, délai, conformité des livrables, rentabilité pour l'opérateur.

Les facteurs de succès concernant la bonne gestion ont fait l'objet de recherches et sont bien connus[1] :

- *Niveau de priorité.*
- *Urgence.*
- *Expérience du manager de projet.*
- *Soutien reçu par le chef de projet.*
- *Qualité de la coordination, communication.*
- *Degré d'autonomie du projet.*
- *Rapport avec les structures permanentes.*
- *Concourance.*
- *Bon usage des outils : WBS, GANTT, PERT, etc.*

« La majorité des chefs de projets trouvent que ce qui détermine le succès de leurs projets n'est pas le séquencement logique des activités, mais la mise en priorité et le partage des ressources entre les projets du portefeuille de l'entreprise. Cette mise en priorité est d'autant plus difficile que les projets sont de taille et d'urgence différentes et qu'ils nécessitent des compétences variées », d'après le Dr Rodney Turner, Director of Project Management, Henley-UK[2].

Il faudrait ajouter une phrase bien connue : « *Pas de projets sans moyens* ». La bonne gestion impose d'éliminer les projets sans moyens, car il s'agit soit de rêves qui parasitent les objectifs réels ou alimentent de fausses espérances, soit de projets dont les coûts ne sont pas comptés.

Comme il se doit, la réussite des projets passe aussi par la mise en ligne de la culture et donc du système de rémunération. Par exemple chez Siemens Automotive, il y a un système de primes attribuées à chaque étape jalonnée du projet, pour prévenir la tentation du chef de projet de jouer le court terme. La pondération est la suivante : 1/3 pour l'objectif qualité, 1/3 pour l'objectif coût de développement, 1/3 pour le coût de revient. Le bonus peut atteindre 1 à 2,5 mois de salaire pour le chef de projet et l'équipe du projet. Ces « incentives » sont intégrées dès le départ dans le coût du projet. Elles ne sont pas faciles à implanter[3].

1. Couillard Jean et Navarre Christian – Quels sont les facteurs de succès des projets – *Gestion 2000* – N° 2 – avril – 1993.
2. Ternier Patrick – Artémis International – *Le système d'information – facteur clé du succès du management par projet* – Conférence Choix organisationnels et compétitivité – 19 juin 1996 – Paris.
3. David B. – Exposé conférence IIR – *Gestion par projets* – 28 à 29 novembre 1996.

D'abord définir le client, ses objectifs et bien contracter

Parfois le client est clairement identifié, il est compétent pour exprimer ses attentes, celles-ci sont clairement contractualisées et réalisables, il n'en change pas ou peu en cours de projet et il est prêt à payer pour les modifications. Ce client existe mais reste rare.

Clients externes

Souvent il faut même s'interroger sur la nature du client. Qui est le client ? L'utilisateur final, le maître d'ouvrage ou le payeur ? Dans un projet informatique, par exemple, cela sera certainement le directeur qui passe la commande mais aussi sans doute également les utilisateurs de son service et peut-être même les clients internes ou externes du service informatique.

Faut-il considérer la complexité des différentes parties prenantes et s'efforcer d'éduquer ceux qui vont passer la commande pour les persuader de prendre en compte les attentes des clients finaux, dans la démarche du projet et sa définition ?

Mais n'est-ce pas souvent un peu théorique face à l'urgence des maîtres d'ouvrage et la sélection des moins-disants ?

C'est une des grandes difficultés de certains projets, dans certains métiers, surtout lorsqu'il s'agit de vendre à une collectivité ou à un organisme public qui réunira une commission pour décider. Commission sans compétence particulière dans le domaine, sans représentation des utilisateurs, *a fortiori* sans enquêtes sur leurs besoins, et ceci, pour la première et la dernière fois peut-être, donc sans que se constitue une expérience reproductible.

Dans le BTP, la complexité du réseau relationnel qui constitue l'ensemble qu'on pourrait appeler « clients », rend les problèmes d'identification claire du client particulièrement difficiles. On y trouve, en effet :

- L'utilisateur final pour la conception comme pour l'usage.
- Le maître d'ouvrage qui traite avec :
    - Les contractants de la phase « demande ».
    - Le maître d'œuvre.
    - Les autres contractants de conception.
    - L'entreprise chef de file.
    - Les autres contractants de réalisation.
    - Les contractants de la phase « usage ».

Chacun de ces contractants aura recours parfois à des fournisseurs de rang 1, lesquels peuvent à leur tour sous-traiter à des fournisseurs de rang 2.

Dans cet enchevêtrement, il n'est pas étonnant que l'une des caractéristiques des entreprises bien gérées soit la capacité d'établir des contrats qui obligent clients et fournisseurs à respecter les cahiers des charges et qui leur font supporter les coûts des changements en y trouvant matière à profits. Dans certains cas, la bonne gestion comporte même une capacité particulière dans la pratique de contentieux rentables.

Ces changements demandés résultent le plus souvent d'études préalables insuffisantes, de définitions incomplètes, de mauvaises conceptions, d'aléas divers et variés, et pire encore, d'une écoute insuffisante, voire absente, des besoins des utilisateurs et des contraintes des parties prenantes.

Clients internes

Dans les projets internes, il n'est pas moins important de définir qui est ou qui deviendra le client et de lui faire jouer le rôle et prendre les responsabilités du client. Dans la plupart des cas, avoir comme client la direction générale facilite grandement la bonne gestion des projets. D'ailleurs dans un certain nombre de cas, il est essentiel qu'elle joue le rôle effectif du client précisant quelles sont ses attentes en matière de « livrables », de délais et de moyens.

Il n'est pas toujours possible d'avoir la direction générale comme client. Soit qu'il s'agisse de petits projets multiples qui relèvent de clients internes à divers niveaux de la hiérarchie, soit au contraire de grands projets qui ont la direction générale comme client final mais qui sont d'une importance telle qu'il faut les décomposer en une série de sous-projets qui ont pour client le niveau de synthèse supérieur. Dans ce cas, il faut une structure qui crée une cascade de contributeurs, eux-mêmes clients de parties de projets, comme on le verra par la suite.

Bien contracter dans le cas d'un projet interne conduit à faire préciser les objectifs en termes de prestations, qualité, coûts, délais et à s'assurer des budgets et autres moyens, ainsi que la possibilité d'avoir recours aux personnes employées par les fonctions et/ou métiers.

Il ne faut pas oublier non plus les autres clients, en particulier les utilisateurs finaux, dont il faut bien comprendre les attentes.

Pour résumer, sous réserve de la possibilité de pouvoir véritablement connaître et écouter les clients et les autres parties prenantes, l'objectif des projets devrait toujours s'exprimer, comme pour les opérations continues des entreprises, en termes de Valeur apportée aux différentes parties prenantes, en particulier, de Valeur apportée aux clients, c'est-à-dire de satisfaction des clients à un prix compétitif.

Dans le cas de projets informatiques, qu'ils soient pour des clients internes ou externes, les clés du succès sont souvent :

- Une répartition claire des rôles et des principales responsabilités, de la maîtrise d'ouvrage : définir ce qu'elle veut, fournir les ressources et veiller aux délais ; et de la maîtrise d'œuvre : fournir les livrables et respecter les délais ; et pour les deux obtenir les marges prévues.

Il faut bien séparer maîtrise d'œuvre et maîtrise d'ouvrage et être très clair sur ce qui doit être livré, car il y a plusieurs clients. Les comités de pilotage sont difficiles à faire fonctionner, il s'agit très souvent de processus transversaux.

- Une structure : architecture du projet, équipe projet, un responsable des changements, une équipe qualité, une équipe analyse de risques.
- Un avancement en parallèle des différentes étapes.
- La disposition des compétences nécessaires.
- Le suivi de l'avancement.

LA QUALITÉ DU MANAGEMENT DE PROJET

La norme ISO 10006

La qualité de la gestion de projet fait l'objet de la norme ISO 10006 qui est applicable à des projets très divers du plus petit au plus grand.

Cette norme élaborée par des personnalités très expérimentées dans la gestion de projets est un véritable guide de bonne gestion des projets.

Elle appelle projet « *un processus unique, qui consiste en un ensemble d'activités coordonnées et maîtrisées comportant des dates de début et de fin, entrepris dans le but d'atteindre un objectif conforme à des exigences spécifiques telles que contraintes de temps, de coûts et de ressources* ».

« Le projet-produit est le produit qui est défini dans le cadre du projet et qui est livré au client ».

Cette norme définit un projet comme un processus que l'on peut diviser en de nombreux sous-processus qui peuvent être regroupés en phases. Le processus étant lui-même défini « *comme un ensemble de moyens et d'activités qui transforment des éléments entrants en éléments sortants* ».

Sur ces bases, la norme ISO décompose un projet en dix groupes de processus par affinités à partir desquels elle établit les concepts et méthodes de la qualité.

1. *Le processus stratégique*, qui prend en compte la satisfaction des besoins implicites et explicites du client et de toute autre partie prenante, qui considère un projet comme un ensemble de sous-processus planifiés et interdépendants, formalisant les relations, la division des responsabilités entre maître d'ouvrage et maître d'œuvre ainsi qu'avec les autres parties prenantes et planifiant les évaluations d'avancement, et un management (maître d'ouvrage comme maître d'œuvre) portant attention à la qualité du processus et à son amélioration constante.

2. *Le processus de management des interdépendances* (une action entreprise dans un sous-processus affectant les autres). Cet article comporte le lancement du projet et l'élaboration du plan et préconise de mettre à jour en permanence le plan, de consigner par écrit les exigences du client et des parties prenantes (pour la traçabilité), et donne une liste de recommandations telles que la définition des indicateurs de performance, l'intégration du système qualité (si possible analogue à celui du maître d'ouvrage), le système de management, le suivi des avancements, les revues de contrats. Il préconise de veiller à l'identification des liaisons et interfaces, et de manager les interactions en organisant les réunions pour résoudre les problèmes posés par les conflits de responsabilités, et de manager et anticiper les évolutions en consignant les causes, les impacts et les modifications à apporter au processus et au produit.

Enfin, il préconise de vérifier que tous les processus prévus au cours du projet s'achèvent et d'effectuer les enregistrements permettant par la suite d'améliorer le management des projets, en particulier les retours d'information des clients, et de signifier formellement la fin du projet.

3. *Les processus relatifs au cadre d'application.* Ce dernier comporte :
   - L'élaboration des concepts traduisant les besoins des clients et les définitions et mesures des caractéristiques du projet-produit et les lignes directrices des fonctions du projet.
   - La structuration du projet en activités gérables, le résultat étant souvent l'organigramme des tâches.
   - La maîtrise des activités qui comprend la planification des étapes du projet et des revues et leur utilisation pour résoudre les conflits et mettre en œuvre des actions d'amélioration.
   - Les processus relatifs au temps, planification des dépendances entre activités, estimation de durées, élaboration du calendrier, maîtrise des délais (mesures appropriées pour rattraper les retards).

4. *Le processus relatif aux coûts* qui comporte des recommandations concernant l'estimation, la budgétisation et la « coûtenance », c'est-à-dire la maîtrise des coûts (procédures d'autorisation de dépenses par exemple) et des écarts par rapport au budget.

5. *Le processus relatif aux ressources,* planification (identifier, estimer, prévoir et allouer les ressources concernées), et maîtrise (comparer l'usage effectif des ressources avec le plan et prendre les mesures correctives).

6. *Le processus relatif au personnel* qui se subdivise en définition de la structure organisationnelle du projet : préciser les rôles, définir les pouvoirs (et responsabilités, et les rattachements), affectation du personnel (sélection du personnel compétent) et formation de l'équipe (développement des compétences individuelles et collectives).

7. *Le processus relatif à la communication,* planification de la communication, management de l'information, en particulier diffusion des informations dont ont besoin les personnes qui travaillent à la fois pour le maître d'ouvrage et pour le maître d'œuvre, ainsi que les autres parties prenantes.

8. *Le processus relatif aux risques,* c'est-à-dire l'identification des divers risques, qu'ils soient relatifs aux coûts, aux temps, aux personnes ou à l'environnement, l'estimation des risques (probabilité d'occurrence et impacts) et l'élaboration des plans de réponses aux risques.

9. *Le processus relatif aux achats,* planification (nature et moment des achats), maîtrise, exigences documentaires (compiler les conditions commerciales et les exigences techniques et prévoir des documents standards complets), évaluation et sélection des sous-contractants, procédure d'achat de sous-traitance (appels d'offres, soumissions, négociation, commande), maîtrise des contrats d'achats (performances conformes au contrat).

10. *Les leçons à tirer du projet,* par le maître d'ouvrage qui doit créer un système d'information permettant d'accumuler le savoir utile et de pouvoir le retrouver.

Le système qualité dans le cas des activités comportant un site central et des chantiers, comme le BTP par exemple

Comme l'indique Joël Le Gall[1], dans les métiers ayant ces configurations, le système qualité, est à deux niveaux : pour le site central, un Système Qualité de niveau Permanent (SQP) et pour chaque site de chantier, un Système Qualité pour l'Opération (SQO).

« Diriger simultanément un "site central" (société, filiale, agence, cabinet, bureau d'études...) et des projets à durée déterminée, c'est le lot quotidien de tout dirigeant d'un organisme BTP : le management "par" projet du site central, coordonnant le management "de" projet de chaque opération (tout ou partie) ».

Les principes d'organisation et de fonctionnement sont de type matriciel avec une caractéristique fondamentale : la répartition des responsabilités entre le siège et le chantier ainsi que *le degré d'autonomie de chaque responsable d'opération varient avec la nature de l'opération, et dans le temps.*

Gérer les degrés d'autonomie de chaque responsable et savoir les faire évoluer est une des compétences majeures d'un dirigeant de BTP.

---

1. Le Gall Joël – *Le management par projet : le rôle de la direction générale : générer une « culture orientée projet »* – Document remis lors des Rencontres d'Affaires sur les Stratégies Organisationnelles – 8 octobre 1996.

Comme l'indique Joël Le Gall, s'il n'y a guère de problèmes dans les fonctions de gestion courantes, administratives, comptables, financières, gestion, les principales difficultés se situent dans les opérations suivantes :

- le transfert du résultat d'une négociation commerciale effectuée par le site central au conducteur de travaux (réunion de transfert),
- l'appel aux fonctions d'appui aux « sites-opérations » qui sont très sollicitées : études commerciales, techniques, économiques, logistique, matériel, ressources humaines, et leurs mises à disposition posent des problèmes majeurs, car elles ont été dimensionnées en fonction d'un niveau moyen (bas) d'activité. Cela conduit à externaliser au risque parfois de perdre un élément du savoir-faire de l'entreprise.

LES MÉTARÈGLES DU MANAGEMENT DE PROJET

L'observation de secteurs fonctionnant par projets a permis de construire, pour les projets d'une certaine importance, un corps de métarègles mises au point par Spie-Batignolles, explicitées par F. Jolivet et diffusées par le Club de Montréal[1].

▬ Le corps de métarègles est le suivant :

1. Un projet = un chef de projet (désigné par la direction générale et doté de pouvoirs explicités).
2. Une équipe multifonctionnelle (choisie en accord avec le chef de projet).
3. Un état d'esprit (des professionnels au service du projet).
4. Un objectif ambitieux, adapté au marché (validé lors de la phase amont).
5. Un plan d'action établi par le chef de projet (procédés, ressources, programme).
6. Une articulation métiers/projet *ad hoc* (moyens détachés ou dédiés, carrières).
7. Un nombre limité d'étapes clés (définies avec la direction générale et les directions métiers).
8. Un système de gestion des coûts (affectation comptable des dépenses).
9. Des prévisions à fin de projet (à intervalles réguliers : décisions/coûts/délais).
10. Une tutelle et des revues de projet (soutien et dialogue plutôt que contrôle).
11. Une structuration de l'ingénierie (étapes, documents, diffusion, archivage).

---

1. Jolivet François – *Grands projets – auto -organisation – métarègles : vers de nouvelles formes de management des grands projets* – Gestion 2000 – N° 2 – avril 1993.

12. Une validation amont des points critiques (gestion dynamique des risques, expertise).
13. Un « plateau », un lieu de convivialité (maquettes, visuel, information, fête).
14. Des partenaires dès la conception (clients, réalisateurs, exploitants).
15. Une communication forte (fondée sur la transparence et en temps réel).

▬▬ Critères additionnels pour les grands projets

1. Un directeur de projet qui organise (structures, processus, outils, gestion).
2. Un découpage physique de l'activité (managers de sous-projets).
3. Une délégation métier (chef de projet métier, processus *ad-hoc*).
4. Un chef de projet chez le fournisseur (conception/réalisation/gestion).
5. Un système de maîtrise de la qualité (formalisé, mais adaptable).

CONCILIER LE MANAGEMENT DES PROJETS AVEC CELUI DES MÉTIERS OU FONCTIONS

Il s'agit de créer un système de management qui rende compatible la gestion verticale des centres de responsabilités, des centres de profits ou plus généralement des métiers ou fonctions avec la gestion transversale des projets.

Rappelons que la gestion verticale reste encore fondée dans beaucoup de cas sur la Direction Participative par Objectifs (DPO). Celle-ci est basée sur les principes suivants :

- La clarification des missions de chaque unité et leur cohérence d'ensemble.
- La détermination des objectifs visés, suivant une approche à la fois « top-down » et « bottom-up » entre les niveaux N et N-1 par une succession d'aller et retour.
- L'allocation de ressources en fonction des objectifs.
- La traduction des objectifs collectifs en objectifs individuels et la mise en place d'un système d'évaluation des collaborateurs cohérent.
- La cohérence de l'action est assurée par la liaison hiérarchique dans le cadre d'une organisation pyramidale. Chaque chef étant le sommet d'une petite pyramide emboîtée dans une pyramide plus grande et chacun sachant qui est son patron.

Dès lors qu'il y a projet, on voit apparaître la mobilisation de moyens appartenant à plusieurs unités pour la réalisation d'un objectif limité dans le temps, sous l'autorité d'un chef de projet.

Le management par projet déstabilise les pyramides puisqu'il fait appel à des ressources appartenant à plusieurs pyramides qui ne sont plus gérées par elles.

Il perturbe les relations hiérarchiques puisqu'une personne ne reçoit plus toutes ses instructions de son seul chef direct (le N + 1).

Comment résoudre les contradictions entre DPO et management par projet ? Les solutions les plus réalistes sont les suivantes :

- Rattacher les chefs de projet à un niveau ayant le pouvoir suffisant, souvent la DG dans les PME ou une grande direction dans les grandes entreprises, établir précisément leur degré d'autonomie, les relations avec les opérationnels, et l'écrire.
- Fixer les objectifs du projet : livrables, coûts, qualité, délais, ressources humaines.
- Intégrer aux objectifs des unités la déclinaison des objectifs des projets, en particulier le développement des compétences de leurs collaborateurs utiles aux projets, la mise à disposition en temps et en heure des ressources nécessaires aux projets, un esprit de coopération de leurs équipes aux projets, et la gestion des « contradictions » en particulier par la contractualisation avec les chefs de projets.
- Prévoir et organiser la négociation des ressources nécessaires au projet entre le chef de projet et les unités.
- Contractualiser la mise à disposition des ressources, moyens ou compétences, époques, durées, etc.
- Pratiquer la co-évaluation des N-1 par le supérieur hiérarchique métier avec le chef de projet : bilan des actions sur le projet, du comportement au sein de l'équipe, capacité à travailler sous le double rattachement, évolutions possibles, compétences à acquérir, progrès à accomplir.
- Savoir arrêter des projets, donner une fin aux autres, prévoir les passages de quelques-uns aux structures permanentes.
- Évaluer les projets, les résultats obtenus et les chefs de projets.

Et surtout commencer par faire accepter ce mode de « management par les projets » par l'équipe de direction.

RÉUSSITE DES PROJETS SE TRADUISANT PAR DES RÉSULTATS IMMATÉRIELS (PROJETS « SOFT »)

Il s'agit de projets dont les « livrables » sont immatériels, tels que projets de changement, lancement de nouvelles prestations de services, recherche de solutions à un problème particulier, systèmes informatiques, etc. Ces projets sont caractérisés assez souvent par une difficulté particulière qui tient à leur caractère immatériel et un aboutissement pas toujours facile à caractériser.

Quand il s'agit d'un pont, d'une usine, ou d'un produit nouveau, l'aboutissement du projet est clair. Quand il s'agit d'un changement de mentalité des collaborateurs, c'est déjà plus incertain.

Un certain nombre d'idées sur ce sujet émises par Henri de Bodinat méritent d'être citées[1].

L'intérêt des projets, c'est qu'ils compensent les défauts de l'organisation classique (staff & line), à savoir le cloisonnement, le manque de communication, l'insuffisante réactivité et la routine.

Dans une organisation classique, si un problème implique plusieurs départements, la coordination et les arbitrages se font au sommet, ce qui provoque embouteillage, engorgement et laisse beaucoup de problèmes non résolus et le maintien de la routine.

« Toutes les entreprises devraient se doter de structures de management par projet pour éviter les défauts des structures par fonctions ».

Les projets dans une organisation de services servent souvent en trois circonstances : *les crises, les problèmes transversaux* (par exemple le développement de produits nouveaux), *les problèmes fondamentaux*, tels que des changements (par exemple un déménagement), un projet informatique ou une modification des valeurs.

Les conditions de succès proposées par H. de Bodinat sont les suivantes : il faut d'abord une détermination de la DG de voir aboutir ces projets et appliquer deux principes fondamentaux : sur-organiser et donner les moyens.

Sur-organiser

Car le grand risque est de rester dans l'informel, dès lors que les résultats ne sont pas toujours tangibles. Sur-organiser implique :

- Des équipes constituées par la DG, ce qui leur donne de la légitimité.
- Des objectifs précis et écrits.
- Un timing clair avec la date de début et la date de fin.

---

1. De Bodinat Henri – *Gestion de projets* – *Notes prises lors de la conférence* : *Les conditions du succès : cohérence – approche globale et implication de la Direction générale* – Les Rencontres d'Affaires – 18 juin 1996 – Paris.

- Une définition de la fréquence et de la nature des réunions, cela peut aller d'une demi-journée par quinzaine à une journée par semaine.
- Un ordre du jour et des comptes rendus systématiques, en particulier pour interaction avec le reste de l'entreprise.
- Il est bon de mixer les métiers et les niveaux (les niveaux élevés ont une vue plus large mais peuvent oublier quelquefois des aspects opérationnels importants).
- Éviter les parasites (beaucoup de personnes « voudraient en être » mais freinent le processus ou n'apportent rien). Chaque membre de l'équipe doit être un entonnoir vers le reste de l'entreprise.

Donner les moyens

- Budget d'études éventuel, moyens logistiques, tels que salle de réunions etc.
- Clarifier la situation par rapport à la hiérarchie, gérer les conflits de disponibilités, les participants au projet doivent affecter réellement au projet le temps prévu. C'est au département de s'organiser pour se passer de la personne. Si on applique cette règle, on s'aperçoit que le temps est élastique.
- Définir les perspectives de carrière à l'intérieur.
- Faire en sorte que les recommandations soient suivies d'actes (si on met en route un projet et que le rapport va dans un tiroir, plus personne n'y croira).
- Participation éventuelle et appui du Directeur Général, s'il ne fait pas peur aux participants.

▬ Gérer la fin du projet

Parfois, la gestion par projet peut préfigurer l'évolution de l'organisation : le projet peut devenir une structure permanente.

Un projet est un bon moyen de tester un futur patron d'activité ou de centre de profit.

Il faut juger le chef de projet et les participants sur leur contribution effective au projet.

▬ Le manuel de projet

Pour faciliter l'application des règles et principes qui vont gouverner le management du projet, certaines entreprises utilisent un dossier qui, selon les cas, s'intitule « protocole général », « vademecum du chef de projet » ou encore « manuel de projet ». Ce dossier, aussi exhaustif que possible, doit comporter une table des matières détaillée.

Dans leur ouvrage[1] « *De la gestion de projet au management par projet* », Michel Joly et Jean-Louis Muller donnent un aperçu très explicite du contenu d'un tel manuel. Celui-ci peut comporter :

- Le rappel des activités de l'entreprise.
- L'organisation générale d'un projet et les différentes fonctions à remplir. Les définitions de fonctions des différents acteurs du projet seront précisées d'une manière générale (chef de projet, responsable des études, acheteur, estimateur, planificateur, chef de chantier...).
- Des définitions. Il s'agit du lexique des termes et documents employés pour l'ensemble des projets.
- Le canevas type des documents du chef de projet, l'objectif recherché étant que tous réalisent des documents semblables afin d'avoir une information cohérente sur l'ensemble des projets. On y trouve, entre autres, la note de clarification (ou note de lancement), la procédure de coordination, la spécification générale, la distribution interne des documents, le rapport périodique d'activité, le suivi des obligations contractuelles, etc.
- La plan de classement des documents de projet. Ceci est extrêmement important pour que, lorsque le chef de projet ou son assistant est absent, chacun puisse retrouver ce qu'il cherche dans un dossier qu'il ne connaît pas forcément.
- Les procédures d'achat et de passation des marchés dans le cadre d'un projet. Ces procédures doivent bien évidemment être en phase avec les propres procédures générales du service achat.
- Les codifications à utiliser. On précise ici la manière de numéroter les documents, les plans, le matériel, afin d'avoir une cohérence pour l'ensemble des projets de l'entreprise.
- Les estimations. Plus précisément, on définit la présentation des estimations et la façon dont le degré de précision doit être intégré.
- Les procédures de gestion des modifications.
- Les procédures de contrôle de l'avancement et les états de sortie (avancement physique et horaire).
- Les modes d'élaboration et les états de sortie du contrôle des coûts.
- Les modèles d'élaboration et les états de sortie des différents plannings.
- Les modèles de rapports (fin d'études de chantier, de projet...).
- La procédure d'archivage des documents du projet.

---

1. Joly Michel et Muller Jean-Louis – *De la gestion de projet au management par projet* – Éditions Afnor – 1994.

DE LA GESTION DE PROJET AU MANAGEMENT PAR PROJET

La gestion de projet est une discipline qui concerne un projet unique et comporte des méthodes techniques et des enseignements de relations humaines et de comportements. Le management par projet porte sur un portefeuille de projets et inclut système de valeurs, établissement de priorités, arbitrages et choix de structures d'organisation et de règles.

On peut distinguer trois temps dans l'évolution d'une entreprise vers le management par projet : dans le premier temps, le projet s'impose à l'entreprise par l'extérieur, dans un second temps, elle progresse grâce au projet et dans un troisième temps, elle s'organise pour mettre le provisoire et le management par projet au coeur de son système permanent de management.

Les trois dimensions du management par projet

Le management par projet comporte trois dimensions : la *culture, l'organisation* et le *système d'informations*.

- *La culture,* c'est-à-dire les valeurs caractérisées en particulier par l'importance que l'entreprise accorde aux projets, le choix des chefs de projets et leur carrière, les critères d'évaluation de l'entreprise, en particulier la prise en compte des contributions aux projets.
- *L'organisation,* c'est-à-dire les structures, les rôles et responsabilités, les ressources, les règles et procédures telles que lancement, revues, reporting, clôture.
- *Le système d'information*s qui doit permettre une bonne visibilité aux managers des projets comme des métiers, pour rendre cohérents les objectifs et les moyens, piloter l'utilisation des ressources, les délais, les budgets, l'avancement, faciliter les prévisions, anticiper les problèmes, fournir les « livrables » en conformité avec les spécifications et assurer une accumulation d'expériences et de savoirs. Il existe d'ailleurs de nombreux logiciels de systèmes d'informations de projets.

Les structures du management par projet

La structure hiérarchique traditionnelle convient bien à un environnement stable, une focalisation sur les activités, une technologie connue, une typologie des problèmes constante et un besoin de coordination réduit.

À l'inverse, une structure par projet est nécessaire dans les environnements produits-marchés mouvants ou instables, des technologies multiples et évolutives, une focalisation sur les résultats, un besoin important de coordination.

La recherche de la vitesse conduit à placer davantage d'opérations en mode projet, avec un début et une fin clairement identifiés. Et dans les projets elle conduit à favoriser la « concourance », c'est-à-dire l'implication assez tôt dans le projet des différentes parties prenantes en amont comme en aval.

Les projets peuvent relever de plusieurs configurations structurelles correspondant à des rôles différents des animateurs des projets, configurations désormais bien connues.

Le projet localisé dans une fonction ou métier

C'est le premier degré possible dans l'organisation par projet, il n'y a pas d'ambiguïté sur le responsable qui est en général le chef de la fonction, et les moyens sont centralisés dans la fonction.

Toutefois, il est probable que si l'objet du projet dépasse le cadre du département, il peut y avoir des conflits, une sur-représentation des intérêts du département et une priorité aux tâches quotidiennes.

Le projet peut être confié à un adjoint du chef de département qui joue le rôle de facilitateur ou d'administrateur et qui s'occupe des aspects logistiques du projet, de l'amélioration de la communication entre les intervenants sur le projet appartenant à d'autres départements. Cette formule est valable pour les projets de 1 à 5 millions de Francs.

L'organisation matricielle de projet

Comme la plupart des projets nécessitent le travail coordonné de plusieurs compétences réparties dans l'organisation, il est logique de penser à une organisation matricielle croisant les responsabilités de fonctions/métiers et les responsabilités de projets.

Dupont, Durand, Dubois sont directeurs commercial, financier, de production, et sont responsables de fonctions verticales, et Martin, Marin et Martinet sont respectivement responsables des projets transversaux A, B, C.

Un chef de projet peut être un facilitateur qui a un pouvoir moindre que les directeurs de fonction ou, à l'opposé, les chefs de projets peuvent avoir une autorité supérieure à celle des dirigeants de fonctions. Entre les deux extrêmes, on trouve tous les degrés.

Cette structure présente des avantages et des inconvénients. Parmi les avantages, une lisibilité des objectifs des projets, une meilleure réactivité, une double circulation des flux d'information verticale et horizontale ; pas de problème humain à la fin des projets puisque les intervenants restent localisés dans leur département fonctionnel.

Parmi les inconvénients, on relève évidemment en premier lieu la dualité de commandement comme dans toute structure matricielle, des conflits de pouvoir, des coûts administratifs élevés, des procédures complexes, une difficulté de contrôle et parfois des duplications de moyens.

On trouve ces structures dans de nombreuses configurations de projets de 5 à 50 millions de Francs.

▬ Le projet autonome

Un tel projet correspond à la création d'une structure autonome pour le projet. C'est en général réservé aux grands projets au démarrage de nouvelles activités, aux diversifications ou aux projets éloignés (international).

Dans ces cas, les directions de fonctions ou de métiers ont détaché des hommes sur le projet avec parfois le sentiment d'avoir perdu leur influence et leur pouvoir sur le projet et leurs hommes.

L'avantage est une grande clarté des objectifs du projet et la focalisation de l'équipe sur la réussite du projet. Les inconvénients sont le risque de duplication des ressources et la difficulté parfois de détacher certaines personnes à plein temps.

Il peut y avoir deux types de problèmes pour les personnes qui quittent leurs fonctions pour un plein temps sur un projet : le maintien de leurs compétences et les problèmes d'affectation à la fin du projet.

VERS L'ORGANISATION TRANSVERSALE PAR LE MANAGEMENT PAR PROJET

Dans un nombre croissant d'entreprises, les conditions de la compétition et l'orientation stratégique conduisent à donner une place de plus en plus importante aux projets et à leur bonne gestion.

C'est, par exemple, le cas des entreprises qui, pour rester compétitives, doivent mettre sur le marché de plus en plus de produits nouveaux dans des délais (« time-to-market ») de plus en plus courts.

Les constructeurs automobiles affichent cet impératif avec d'autant plus de conviction que leur métier s'oriente de plus en plus vers la conception, le développement et la commercialisation de voitures, laissant aux fournisseurs un rôle croissant dans la fabrication.

Dans l'usine de la Smart, conçue par Mercedes et Swatch, une partie des fournisseurs de premier rang, qui ne sont plus qu'une vingtaine, participera à l'assemblage du véhicule, et ceux qui fabriquent les sous-ensembles les plus coûteux à transporter ont leurs ateliers qui jouxtent la chaîne de montage, aux quatre coins d'une usine d'assemblage qui a la forme d'une croix.

Ce qui est valable pour l'automobile l'est évidemment pour l'électronique et le devient pour un nombre croissant de secteurs confrontés aux mêmes impératifs de vitesse et créativité, de réactivité et de progrès permanents en matière de qualité, coûts et délais.

Ces entreprises sont conduites à perfectionner un système de management qui marie management des métiers et gestion des projets de façon optimale.

L'exemple de Renault

Nous empruntons à Alain Cabanes, Directeur du projet Twingo, quelques-unes des idées importantes de ce système de management ainsi que leur illustration graphique particulièrement parlante.

Dans les organisations, il faut de plus en plus parvenir à gérer simultanément les métiers et les projets. Le pilotage par les projets doit permettre de déployer les objectifs de l'entreprise, c'est-à-dire :

- Gérer la complexité à travers les projets et les métiers.
- Optimiser le cash-flow, c'est maximiser la valeur créée pour le client final et minimiser le coût et les délais d'obtention pour l'entreprise.
- Optimiser le processus de développement en permettant de réagir vite, de penser client et de prévoir ensemble.

« Dans le passé, il s'agissait essentiellement de conduire des projets de nouveaux véhicules ou organes. Aujourd'hui, le « pilotage par les projets » est aussi mis en œuvre pour relever les nouveaux défis du marché. C'est le cas pour le plan de réduction massif des coûts ».

Chez Renault[1], il y a une Hiérarchie Métiers et une Direction de Projets rattachées à la Direction Générale. La Direction de Projets supervise les Chefs de Projets métiers, les Pilotes de groupes Fonction et les Acteurs clés. Le pilotage, par les projets, s'appuie sur un tableau de bord qui organise la transparence, réalise la synthèse en remontant vers le haut et permet vision, cohérence, arbitrage, ainsi que les analyses du PDCA (Plan Do Check Act) qui se traduisent en action et favorisent la mobilisation, la motivation et la réactivité.

Les buts du management par les projets sont les suivants :

- Traduire les objectifs globaux de l'entreprise en projet.
- Construire une trajectoire permettant de les atteindre.

---

1. Cabanes Alain, Directeur du projet Twingo Renault SA – *Le management par projet : une révolution culturelle vers l'organisation transversale* – Les Rencontres d'Affaires – 19 juin 1997 – Paris.

- Évaluer l'état d'avancement (conforme à la prévision).
- Évaluer les « risques » et le « reste à faire ».
- Réagir rapidement.

« *Tout cela au service des acteurs* ».

Le pilotage par les projets comporte :

- « La construction d'une vision double des activités par les métiers et les projets.
- La montée en puissance de la Direction de projet : une conduite de projet qui passe du contrôle du résultat au pilotage des activités.
- Un maillage complet de l'entreprise.
- Des méthodes de travail : le Design to value, les Groupes-fonctions.

Twingo a été « le champ d'expériences pour la définition des outils opération-nels nécessaires ».

Le Directeur de projet qui reçoit délégation de la Direction Générale coordonne les chefs de projet Design, Achats, Études, Commercial, Prix de revient, Indus-triel, Logistique, Qualité et Produit qui sont en relation avec les métiers corres-pondants dont ils reçoivent délégation.

Le développement traditionnel était un travail séquentiel consistant en des étapes successives : « Définir la cible produit, définir le contenu technique nécessaire, étudier le produit, étudier les outillages, réaliser les outillages, faire l'apprentissage de l'outil de production, fabriquer puis vendre » et faisait in-tervenir successivement les différents métiers de l'entreprise.

Aujourd'hui, Renault pratique la conception intégrée qui fait intervenir, dès la conception, les acteurs qui définissent le produit, le process et les services . Les acteurs ont été rapprochés de la conception sur les plans physiques et organisationnels avec un plateau aux Études puis en usine et l'organisation des Groupes-fonctions qui sont en quelque sorte 33 PME.

Le Groupe-fonction est une équipe multidisciplinaire responsable de la conception d'un sous-ensemble du projet, dans le cadre d'un contrat définis-sant les prestations, la qualité, le coût et le délai.

Dans le cadre de ce contrat, le Groupe-fonction fait le plan de validation, le planning, la liste exhaustive des problèmes, le plan d'action du mois, le chif-frage des potentiels et des risques.

En conclusion, souligne Alain Cabanes : « *le pilotage par les projets est un moyen de promouvoir l'esprit d'entreprise auprès de tous les experts « Métiers » pour les transformer en acteurs responsables à l'écoute de nos clients et conscients des néces-sités de notre Groupe* ».

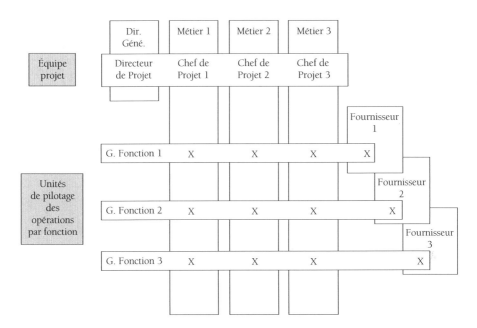

Figure N° 12.1 : TWINGO, une fédération de PME

Les entreprises performantes en management par les projets

D'après Patrick Ternier[1], Directeur Centre Europe d'Artémis International, qui cite une enquête portant sur 210 entreprises américaines de l'électronique, des télécommunications, de l'automobile, de la mécanique et de la défense et 600 projets de développement de produits nouveaux, les performances en management de projet sont les suivantes :

- amélioration du délai de mise sur le marché : 10 % entre 1992 et 1994, objectif 21 % de 1994 à 1996,
- l'écart se creuse entre les sociétés leaders (les 20 % les meilleures) et les autres,
- les meilleures sortent un nouveau produit en moitié moins de temps que les autres, elles ne gaspillent que 1,1 % de leur R&D dans les projets annulés contre 19,2 % pour les autres.

---

1. Ternier Patrick – *Le système d'information – facteur clé du succès du management par projet – (enquête PRTM)* – Conférence Choix organisationnels et compétitivité – les Rencontres d'Affaires 19 juin 1996 – Paris.

Elles attribuent pour une grande partie leur succès à :

- Un processus de définition défini et documenté.
- Des équipes transversales multidisciplinaires.
- Des revues de projets régulières et tournées vers l'action.
- L'utilisation d'outils intégrés de développement et de gestion de projets.

LES STRUCTURES MATRICIELLES EN QUESTION

François Jolivet, spécialiste connu du management de projets, a fait un rapport d'un groupe de travail « Management de projet » à l'Institut Qualité et Management, animé par J.P. Tasseau. Nous indiquons ci-après quelques-unes des réflexions importantes de ce groupe[1].

Définir la relation projet/métier

Tableau N° 12.2 : Définir la relation projet-métier

Dans le matriciel dur, il y a co-pilotage du projet.

On constate souvent que le « matriciel dur » présente les inconvénients suivants : l'individu à la croisée reçoit des instructions contradictoires, il perd sa motivation, personne n'est responsable de la performance du projet, le processus de décision est médiocre car on fait la somme des optimisations de métiers qui est souvent coûteuse, cela impose le travail séquentiel, etc.

---

1. Jolivet François – *Management de projet – L'organisation matricielle en question ? Les nouvelles relations métiers/projets* – Groupe de travail IQM (Mouvement Français pour la Qualité) – juin 1997.

Dans la *coordination de projet*, le coordinateur de projet apporte son appui aux métiers : coordination inter métiers, planning, budget, etc.

Dans le *management par projet*, le chef de projet organise et prend les décisions. Le chef de département métier apporte son soutien. Il continue toutefois de gérer la carrière des hommes et l'accroissement des compétences.

Pour ce groupe de travail de l'IQM, il faut un pilote unique et clair et il vaut mieux diffuser la culture projet dans l'entreprise en retenant « une organisation multiforme » :

- Les projets à fort caractère répétitif sont développés en organisation classique (métiers/fonctions).
- Les projets singuliers sont développés en coordination de projets (les métiers sont responsables de la performance).
- Les projets exceptionnels ou innovants sont développés en management par projet (le plus souvent par une équipe multifonctionelle intégrée).

LE RÔLE DES DIRIGEANTS

Le rôle des dirigeants, confrontés à la complexité de la gestion de multiples projets qui créent du mouvement dans l'organisation mais en même temps du désordre, n'est pas simple. Que peut-on leur conseiller ?

1. *Dans un premier temps examiner si la nature du métier, la stratégie et les projets de changement confèrent une importance prioritaire à une bonne gestion des projets.*

Il y a des activités dont c'est le fondement, elles peuvent progresser dans la gestion de projets, mais il y a en général longtemps qu'elles s'en préoccupent. On constate que de plus en plus d'entreprises voient leur avenir dépendre d'un bon management par projet.

2. *Identifier à quel stade de la gestion des projets se trouve l'entreprise.*

Comme on a pu le constater, il y a une grande variété de situations dans l'orientation vers le management par projet, due à la diversité des tailles, des métiers et des stades déjà parcourus par l'entreprise.

Pour François Jolivet[1], les entreprises ne parviennent pas immédiatement au management par projet. Il faut un certain temps à cette révolution culturelle et la plupart des entreprises passent par cinq paliers :

---

1. Jolivet François – Exposé aux Rencontres d'Affaires – *Stratégies organisationnelles* – 8 et 9 octobre 1996.

- « Premier palier : l'affectation des coûts par projet, c'est-à-dire passage à une gestion budgétaire des projets....
- Deuxième palier : la structuration de la vie du projet autour d'étapes clés, gel des objectifs, autorisation d'engagement des études, engagement des équipements de l'industrialisation... Revue de projet aux périodes critiques...
- Troisième palier : le chef de projet/métier. Il apparaît dans un des métiers de l'entreprise (par exemple la R&D)...
- Quatrième palier : le coordinateur de projet. Il a un droit de passage horizontal dans les structures ... Cela génère souvent l'apparition de correspondants-métiers dans les entreprises.
- Cinquième palier : le directeur de projet. La direction générale prend la décision de déléguer la responsabilité de conduite du projet à un directeur de projet, qui devient responsable des coûts, du délai, de la performance du projet... »

3. *Décider de l'étape suivante à atteindre, et de la structure.*
4. *Mettre en place les règles de gestion des projets dans l'entreprise, éventuellement en distinguant des natures de projet.*
5. *Instituer un système de reconnaissance et de récompense de la bonne gestion des projets, célébrer les réussites, et d'une manière permanente :*
    - Nommer les chefs de projets, les responsabiliser et les soutenir.
    - Arbitrer les conflits projets/métiers, dans une optique gagnant/gagnant.
    - Veiller aux carrières des collaborateurs affectés aux projets.
    - Former les collaborateurs à la gestion de projet et au management transversal.

Chapitre 13

La gestion des ressources humaines

« *Les ressources humaines sont notre principal actif* », tous les dirigeants l'ont dit, sans doute une grande majorité en est persuadée ; même les analystes financiers commencent à s'intéresser à la capacité des entreprises d'attirer et de conserver des personnes talentueuses, et les nouveaux gourous de la stratégie déclarent que la véritable bataille se joue sur les compétences clés. Plus encore, on est désormais certain qu'il y a une forte corrélation entre satisfaction des clients et satisfaction des collaborateurs de l'entreprise.

Toutefois, cet actif ne figure encore dans aucun bilan. Toutes les grandes entreprises qui ne sont pas en forte croissance réduisent les effectifs ; les emplois temporaires et précaires augmentent, les entreprises ne promettent plus la sécurité d'emploi mais parlent d'employabilité, et les salaires augmentent peu en pouvoir d'achat dans les pays à faible inflation depuis quelques années et depuis longtemps dans l'économie la plus performante, les États-Unis. Et pour confirmer ce paradoxe, la majorité des responsables de ressources humaines ont le sentiment de ne pas occuper une fonction stratégique pour l'entreprise.

C'est aussi parce que les ressources humaines représentent de plus en plus le coût principal, la source des principaux problèmes, de grandes rigidités dans un contexte légal contraignant dans la plupart des pays développés.

Tout l'art de la gestion des ressources humaines est donc de faire en sorte de développer et de valoriser cet actif désormais baptisé *Capital Humain* – pour qu'il crée, à son tour, de la valeur pour les clients, les actionnaires et les autres parties prenantes, (dont lui-même et la société tout entière), tout en maintenant son coût dans les limites compatibles avec deux marchés, le marché du travail et le marché des produits et services.

La perspective d'une raréfaction de personnel qualifié très sensible à partir de 2005, momentanément masquée par le ralentissement économique du début des années 2000 conduit à mettre l'accent sur la gestion des compétences dans une perspective plus stratégique et à faire participer les DRH aux comités stratégiques et aux comités de direction quand ce n'était pas le cas.

Progressivement, on passe d'une conception taylorienne du travail qui différencie ceux qui pensent et ceux qui exécutent, à une conception post-taylorienne où chacun contribue à créer de la valeur pour le client avec beaucoup plus d'autonomie qu'il y a quelques années, dans le cadre d'une entreprise orientée client, plus horizontale, avec peu de frontières entre unités, organisée en processus et projets, avec une hiérarchie allégée, la régulation étant davantage assurée par le client.

Un changement des concepts, des valeurs, des critères de performance et des méthodes de management accompagnent ce changement fondamental de culture, qui se fait à des vitesses et des degrés variables suivant les entreprises et les pays.

LES ÉVOLUTIONS SIGNIFICATIVES EN COURS

Une partie des présentations des pages qui suivent ont été élaborées avec l'aide de Jean Louis Muller, puis de Michel Fourmy consultants spécialisés du Management des Ressources Humaines à la CEGOS.

HIER/AUJOURD'HUI ⇨	AUJOURD'HUI/DEMAIN
Valeurs des entreprises orientées clients	
Travail = production quotidienne	Travail = production quotidienne plus amélioration permanente
Priorité à la hiérarchie	Priorité au client
Obéissance	Autonomie/responsabilité
Spécialisation	Polycompétence
Compétence d'un homme	Compétence d'une équipe
Rapports de force	Partenaire, gagnant/gagnant
Gestionnaire	Leader
Chef	Entraîneur (coach), facilitateur, formateur, expert, coordinateur

.../...

.../...

Entreprise : famille/communauté	Entreprise apprenante, gestion dynamique des compétences et montée du coaching
Stabilité	Changement permanent
Poste	Rôle, mission
Critères de jugement	
Critères économiques et financiers : production, CA, profit, respect des budgets ou plans, productivité, etc.	Idem plus des critères non financiers (qualité, satisfaction client, développement des collaborateurs, coopération avec les autres services, etc.)
Pas de mesures du capital humain, indicateurs de sécurité, et climat social (turnover, absentéisme, etc)	Idem Indicateurs de climat social, plus indicateurs de développement du capital humain, volet humain du « tableau de bord stratégique » (balance scorecard)
Ancienneté	Compétences et potentiel
Conformité/statut	Contribution, valeur ajoutée client
Jugement sur l'homme	Jugement sur le système et l'homme
Efficacité individuelle	Contribution à l'efficacité d'une équipe et efficacité collective
Nouveaux rôles du management	
Superviser 1 à 10 personnes	Superviser 12 à 50 personnes
Gérer et contrôler	Fédérer autour d'une vision, animer les processus de travail, stimuler et coordonner, faire pratiquer l'auto-contrôle
Organiser et planifier	Mettre en œuvre des processus de résolution de problèmes, d'amélioration de la qualité, de recherche de performances et de réponses aux événements
Définir des fonctions	Confier des missions
Montrer l'exemple par la technicité et les compétences	Accompagner le développement des compétences des collaborateurs et pratiquer le coachning
Décider, transmettre les directives et déléguer	Décider et... de plus en plus faire prendre des décisions aux collaborateurs et mettre en œuvre l'empouvoirement

.../...

...*/*...

Avoir des idées	Faire émerger les idées du groupe, mobiliser l'intelligence de tous
Peu d'influence concernant salaires, gestion administrative, formation et carrières des collaborateurs	Mise à disposition des données sur les collaborateurs pour davantage de responsabilisation des opérationnels sur la gestion des personnes

Gestion des ressources humaines

Activités du DRH séparées en recrutement, évaluations, rémunérations, plans de formations, GPEC, négociations sociales, sans objectifs globaux	Alignement avec la stratégie et intégration de ces activités dans une politique de gestion des compétences, du capital humain et de création de valeur avec amélioration des processus RH et une réduction des coûts, souvent *via* des outils informatiques (SIRH)
Fonction RH stable et non touchée par la productivité	Reconfiguration de la fonction RH : transfert aux opérationnels *via* outils informatiques, nouveaux services à valeur ajoutée pour le personnel, réorganisation des processus RH, introduction de la Qualité, externalisation croissante, services partagés
Recrutements sur base qualification et personnalité, évaluations principalement sur base d'interviews	Recrutements de plus en plus stratégiques sur base besoins en compétences : utilisation du web, évaluation avec tests et mise en situation (développement des assessement centers)
Carrières souvent verticales dans une fonction ou une spécialité sauf pour hauts potentiels destinés à devenir dirigeants	Carrières horizontales, acquisition de multi-compétences et montée dans la hiérarchie plus exceptionnelle, recherche d'employabilité interne et de mobilité
Développement des managers, priorités : leadership, compétence pour manager une équipe, développement des aptitudes à se gérer soi-même et à des relations positives	Développement des managers : idem + apprentissage du coaching, du management transversal, management hors hiérarchie, gestion de projet, charte du management
Gestion des permanents	Gestion des permanents, des temporaires, des occasionnels, des partenaires
Salaires fixes plus partie variable pour certaines catégories (managers, commerciaux, dirigeants), sur bases résultats économiques	Augmentation de la partie variable, extension à d'autres catégories d'employés, critères plus nombreux : économiques et autres (satisfaction client, etc.)
Valorisation des performances individuelles	Valorisation des performances d'équipes

...*/*...

.../...

Évaluation du personnel par supérieur (un ou deux)	Évaluation cohérente avec organisation par processus et projets et clients internes, évaluations multicritères par supérieurs, pairs, clients, fournisseurs et collaborateurs (360° Feed-back)
Discordance entre rémunérations et nouvelles valeurs : le message apporté par le salaire contredit les intentions affichées	Mise en ligne progressive des systèmes et politiques salariales avec nouvelles organisations, nouveaux rôles et nouvelles valeurs
Emplois préservés, loyauté réciproque des entreprises et des employés	Emplois devenus précaires sauf dans certains organismes, développement de l'employabilité, mais débat sur « l'effet loyauté »
Formation principalement sur demande individus sans liens avec plan de compétences	Formation planifiée pour chacun : pour gap de compétence , employabilité, mobilité, formation utiles et rentables

QUELQUES CARACTÉRISTIQUES HUMAINES COMMUNES AUX ORGANISATIONS CENTRÉES CLIENTS

La finalité de l'action de tous est de *créer de la valeur pour le client*. De plus en plus d'organisations visent la fidélisation des clients par un niveau très élevé de satisfaction comportant inéluctablement un haut degré d'implication du personnel.

Il en découle une conception du travail le définissant comme un ensemble de processus ou de projets aboutissant aux clients, en réduisant les frontières et en créant des liens avec les activités fonctionnelles qui doivent apporter informations et coordination. Cela se traduit dans la pratique, comme on l'a vu par :

- La mise à disposition de toute l'information utile sur les clients et l'entreprise à tous les collaborateurs dans un climat de confiance.
- Souvent l'implantation de systèmes informatiques susceptibles de fonctionner en réseau et la généralisation de communications transversales, parfois partiellement étendues aux clients et fournisseurs.
- Le travail en équipes de plus en plus souvent pluridisciplinaires, et l'apparition du concept d'équipes à hautes performances.
- Des collaborateurs satisfaits, en particulier ceux en contact avec les clients.
- Des collaborateurs avec du pouvoir de décision (empowered) c'est-à-dire une subsidiarité augmentée.

- Dotés des compétences et des aptitudes nécessaires et formés en conséquence.
- Des relations internes clients/fournisseurs.
- Un système de reconnaissance et de récompenses qui valorise la satisfaction des clients, les comportements orientés clients, et le travail en équipe.
- Des supérieurs qui fonctionnent comme « coaches », coordinateurs,
tuteurs et formateurs plutôt que comme administrateurs ou contrôleurs.

L'empouvoirement (« empowerment »)

▬ L'empouvoirement des personnes

Un mot nouveau a fait son apparition dans le langage du management
américain : « *empowerment* », mot particulièrement important dès qu'on cherche
à mettre en place le TQM, à orienter l'entreprise vers ses clients, à créer de la
réactivité ou plutôt de la « pro-activité », ou à raccourcir les temps de cycle et de
décisions.

Nous proposons de le traduire par un mot nouveau « *l'empouvoirement* », plutôt que d'utiliser la périphrase « mise en pouvoir » ou le mot de subsidiarité
qui s'adresse plutôt aux États. Le mot « fuel » ayant été traduit par fioul, il
nous paraît légitime de proposer la création d'empouvoirement.

Mais de quoi s'agit-il et pourquoi ne pas parler tout simplement de délégation
et d'autonomie ? Parce que le concept est profondément différent.

Celui qui reçoit une délégation n'a pas le pouvoir de droit ou par essence mais
par délégation, il décide quand l'autre n'est pas là, ou il décide à la place de
l'autre.

L'empouvoirement est analogue dans sa philosophie à la subsidiarité. Le principe qui gouverne l'empouvoirement est révolutionnaire en ce sens qu'il dispose comme principe que :

> « *C'est celui qui est le plus proche du client ou qui réalise les opérations qui est
> le mieux placé pour prendre la décision. Elle lui revient par essence.* »

Ce principe fonctionne naturellement dans le cadre de certaines limites. Si le
problème sort des limites, la décision doit alors remonter dans la hiérarchie.

L'empouvoirement est nécessaire pour améliorer tous les processus en éliminant sur le champ les causes d'erreurs, de dysfonctionnement. C'est ainsi que
les Japonais ont ouvert la première brèche révolutionnaire à l'empouvoirement
quand ils ont donné l'autorisation aux ouvriers de la chaîne de l'arrêter si une
partie réalisait un assemblage défectueux. L'empouvoirement a commencé
avec la mise en œuvre de la qualité dans les usines pratiquant le Juste-à-Temps.

C'est le fondement même du *post-taylorisme*. Car l'essence du taylorisme, c'est qu'il y a séparation entre ceux qui pensent, qui conçoivent et qui décident, d'une part, et ceux qui exécutent, d'autre part.

La diffusion de l'empouvoirement à l'extérieur des usines est liée à la prise en compte de l'objectif de satisfaction du client dans le cadre du TQM. Le client veut en face de lui quelqu'un qui peut lui répondre immédiatement et décider.

Ainsi le client d'une agence bancaire, qui veut emprunter pour acheter un appartement, souhaite avoir affaire à un agent qui peut immédiatement lui dire s'il pourra avoir le prêt et à quel taux d'intérêt.

Le Ritz-Carlton va plus loin et donne un crédit de 2 000 $ à tous les employés de l'hôtel, qu'ils peuvent utiliser pour éviter qu'un client soit mécontent. Par exemple, un employé peut faire cadeau du breakfast au client si celui-ci a des raisons d'en être particulièrement mécontent.

L'empouvoirement ne concerne pas que les vendeurs ou les opérateurs. Il concerne tout aussi bien les cadres et les dirigeants. Par exemple, si on ose poser la question : « qui est le mieux placé pour prendre les décisions stratégiques d'adaptation des produits et des services dans un pays étranger, le siège lointain ou le directeur de la filiale ? »

Dans une entreprise où on pratique l'empouvoirement, la réponse sera le directeur de filiale dans les limites qu'impose la préservation de ce qui fait les caractéristiques des produits de la marque, les standards à respecter pour des questions de qualité, d'image, de coût de fabrication, etc.

Les limites de liberté peuvent varier considérablement suivant qu'il s'agit d'une boisson gazeuse comme Coca-Cola ou d'un produit d'assurance-vie soumis d'abord à la législation et la fiscalité locales.

Ce point est un des aspects les plus révolutionnaires du management moderne.

Si on veut apporter de la valeur au client comme à l'actionnaire, il faut positionner la décision là où elle a le plus de chances d'être la meilleure, parce que celui qui la prend connaît le contexte et le métier ; il a l'expérience et pourra en connaître et en mesurer rapidement les effets, qu'il s'agisse de décision stratégique, financière ou opérationnelle. On obtient deux résultats : meilleure décision et accroissement de la vitesse de réaction. Le point crucial est de fixer correctement les limites de l'empouvoirement.

La plupart des organisations qui ne sont pas encore passées au stade d'entreprises en réseau avec peu de niveaux hiérarchiques sont encore très loin de l'empouvoirement car le principe de base appliqué pour la décision est le découpage en catégories.

Telle décision appartient à la catégorie stratégique, elle ne peut être prise que par la direction générale. Telle est classée financière et doit être prise par la direction financière, etc.

Beaucoup de dirigeants pensent que l'essence de leur métier est de décider.

Ainsi un dirigeant, qui avait commencé sa carrière par un parcours fulgurant dans la haute administration, (ce qui ne donne guère l'occasion de se frotter à la technique), demandait, après un exposé complexe sur un problème de technologie qu'il avait du mal à comprendre : « alors qu'est-ce qu'il y a à décider ? « Il était là pour décider même sans comprendre parce que cela lui revenait de droit.

Les bureaucraties centralisées sont évidemment des caricatures du taylorisme et de l'anti-empouvoirement.

Les dirigeants modernes doivent se préoccuper davantage de créer les bons processus de décision, de placer les décisions simples entre les mains des opérateurs et des personnes en contact avec les clients après en avoir soigneusement fixé les limites (par exemple sur la possibilité de déroger au prix fixé en accordant un rabais), de créer des processus de décisions participatifs visant à impliquer, comme dans l'ingénierie simultanée, le plus tôt possible les parties concernées, de faire prendre les décisions par les équipes de façon consensuelle, pour n'avoir à intervenir que comme arbitres éventuels sur les choix majeurs à leur niveau.

En bref, l'empouvoirement doit conduire à créer les conditions pour des décisions meilleures, plus rapides, avec pour conséquence une plus grande implication et une meilleure motivation des personnels pour une meilleure satisfaction des clients et des actionnaires.

▬ L'empouvoirement des équipes

D'après une étude réalisée par Mercer Management à partir d'un échantillon de 179 entreprises[1], celles qui tirent le meilleur profit des équipes ont une rentabilité plus élevée que les autres entreprises du secteur. Elles utilisent les équipes pour rendre l'organisation plus horizontale, les encouragent à gérer leurs propres affaires, et mesurent les succès des équipes principalement sur la base de la satisfaction client.

Elles évaluent l'équipe plutôt que les membres individuels, ou lorsqu'elles évaluent l'individu, la performance de l'équipe intervient dans le jugement. Elles attribuent des bonus d'équipes, liés aux performances de l'équipe.

---

[1]. Down James – Mercer Management – *How Teams contribute to Profitable Growth* – Executive forum, American Management Association – New York – juin 1996.

▬ Réaliser l'impératif de la « mise en pouvoir » (empouvoirement)

Le but est d'accroître les capacités de prise de responsabilité et d'initiatives. Les conditions à remplir pour mettre en œuvre l'empouvoirement sont les suivantes :

- Orientations claires : vision, stratégie, satisfaction client, etc.
- Identification des clients externes/internes.
- Espaces de liberté, de décision, et limites.
- Accès instantané à l'information (nouvelles technologies de l'information).
- Systèmes d'aide à la décision.
- Possibilité de mobilisation de ressources internes.
- Compétence et formation.
- Retour d'information.
- Mesures de satisfaction client et indicateurs.
- Reconnaissance.
- Récompenses.
- **+ Processus améliorés ou reconçus.**

MOTIVATIONS DES COLLABORATEURS ET PERCEPTIONS ACTUELLES DU TRAVAIL

Maslow toujours d'actualité

La pyramide de Maslow[1] continue d'être citée, par tous ceux qui écrivent des livres sur les ressources humaines, comme une des bases incontestables pour la compréhension de l'échelle des motivations.

L'ordre des besoins part du bas de la pyramide, ce sont ceux que les hommes cherchent à satisfaire en priorité. Bien évidemment, les deux derniers niveaux ne sont jamais complètement satisfaits.

Concetta Lanciaux indique dans *Stratégies de la récompense*[2], les résultats des travaux d'un certain nombre de sociologues (F. Hertzberg, L.W. Porter et E.E. Lowler, D.L. MacClelland, Skinner, et M. Crozier), d'où il ressort plusieurs principes utiles pour la gestion :

> Si le salaire en tant que tel ne peut constituer à lui seul un facteur de motivation, il a un pouvoir multiplicateur en tant que signe de reconnaissance de l'accomplissement. À l'inverse, un travail très satisfaisant ne peut constituer à long terme une source de motivation totale s'il n'est pas accompagné par une rémunération adéquate (à nuancer éventuellement pour les artistes ou chercheurs).

---

1. Maslow A. H. – *Motivation and personality* – Harper and Row – New York – 1954
2. Lanciaux Concetta – *Stratégies de la récompense* – ESF Éditeur – Paris – 1990.

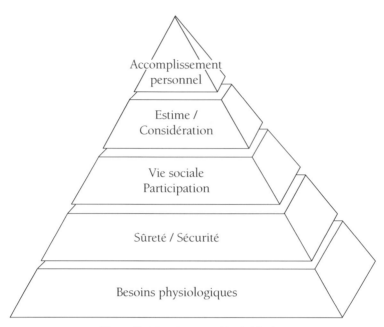

Figure N° 13.1 : La pyramide de Maslow

Les principaux déterminants de la motivation des employés sont le contenu du travail, l'autonomie, la variété, l'intérêt de la tâche et le *Feedback* sur le travail, c'est-à-dire la reconnaissance.

Les salariés apprécient que la rétribution augmente en fonction de l'efficacité personnelle. Ils sont mécontents que leurs idées ne soient pas écoutées par le management. Ils aiment être indépendants dans leur travail, et aiment les organisations qui laissent prendre des initiatives personnelles.

Les comportements d'accomplissement et de réalisation de soi peuvent s'apprendre, donc s'enseigner. C'est par conséquent un des domaines du développement managérial.

Enquêtes et études sur les attentes des collaborateurs

La hiérarchie des attentes vis-à-vis de l'entreprise varie suivant le commanditaire de l'enquête, la période et la cible, mais on retrouve toujours les mêmes items avec des poids assez voisins, ce qui tend à prouver que la nature de l'homme ne change guère dans le temps et on peut vérifier que ses motivations respectent bien la pyramide de Maslow.

Quelques exemples de résultats d'enquêtes différentes dans le temps et l'espace sur la hiérarchie des attentes :

▬ En France en 2005[1]

Les budgets d'augmentation envisagés par les entreprises à un horizon de 2 ans sont stables, avec un écart entre les entreprises les plus grandes, en effectif cadre, et les plus petites dont les budgets sont inférieurs d'environ 0,6 point. La continuation attendue de l'érosion de la pratique des Augmentations Générales se confirme : 25 % des entreprises les pratiquent aujourd'hui, après le regain observé dans les années 2000-2001 (40 % des entreprises). Mais la part des AG dans le budget total de ces entreprises est importante : elles représentent près de la moitié du budget.

Cette stabilisation de l'évolution des barèmes d'embauche à un niveau proche de celui de l'indice des prix calme le jeu en début de carrière, et redonne ainsi quelque latitude aux entreprises dans la gestion des budgets pour les jeunes cadres. Les entreprises restent dans une logique de maîtrise économique de la masse salariale et investissent sur les rémunérations flexibles et différées. En 2004 les politiques salariales apparaissent légèrement plus favorables aux seniors. Tablant davantage sur leurs efforts de formation et de promotion interne, les entreprises ralentissent la rémunération des jeunes cadres à l'embauche, et privilégient globalement la classe des 35/45 ans.

Les principaux enseignements

- Grande stabilité des budgets d'augmentation globaux, Augmentations Générales et Augmentations Individuelles cumulées, sur les 10 dernières années, autour de 3,6 %,
- Déconnexion d'avec le niveau de l'inflation : pour l'exercice 2004-2005 le taux net prévisionnel de 1,7 %, est l'un des plus bas de ces dernières années,
- Déconnexion avec la conjoncture économique et les résultats de l'entreprise.
- Fort développement des dispositifs de rétribution avec des « standards » de la rétribution, comme le salaire variable, la prévoyance, l'épargne salariale, les avantages en nature, des dispositifs de formation individualisés (coaching, formations diplômantes).
- Renforcement des tendances à l'individualisation, la rémunération « cafeteria ». Quand il y a salaire variable, celui-ci dépasse en moyenne 20 % pour les cadres supérieurs, et atteint 23 % du salaire fixe des commerciaux. Il y a donc également croissance du salaire global par ce biais. Les nouveaux outils d'épargne retraite sont aussi des outils de fidélisation. Ils vont venir croiser la question de la gestion des âges, qui suppose de gérer tous les moments de la carrière, des jeunes cadres aux cadres seniors. La médiane des augmentations décroît avec l'âge, mais les seniors sont mieux traités qu'un an auparavant.

.../...

---

1. Cette enquête a été réalisée par la Cegos en septembre 2005 auprès de 390 cadres et des DRH de 181 entreprises qui représentent 105 500 cadres.

```
...../......
```

- Progression sensible de l'intéressement : en 2004, l'intéressement médian augmente de 30 % par rapport à l'année précédente, en conformité avec les prévisions des DRH. Le quart supérieur des entreprises distribuent au moins 5 %, et non pas 4 %. Le quart inférieur passe de 1 % à 2 %.
- Critères de rémunération dominant : niveau du poste, compétences, performances et potentiel, (le critère grade n'est pratiquement plus utilisé). Au fur et à mesure que se développent les outils d'évaluation individuelle, les critères de rémunération s'assouplissent en faveur des éléments qualitatifs tels que les performances, les compétences, le potentiel. Le critère « Niveau de poste » est en lente décroissance, même s'il reste encore, et de loin, le critère le plus important. Ceci doit être associé aux processus de gestion collective des rémunérations que les entreprises développent pour situer les emplois à l'intérieur d'une grille interne, associée à des grilles de rémunération. Que ce soit pour un motif opportuniste (fusion, remise en ordre de la hiérarchie des salaires) ou conventionnel (nouvelles conventions collectives impliquant une classification des emplois), les entreprises entreprennent de façon récurrente l'évaluation et la classification des emplois, permettant de partager avec l'ensemble de la hiérarchie les outils associant évaluation des emplois, grilles de compétences et grilles salariales.

▬ Les dispositifs de rémunération opérationnels en 2004

Ce tableau donne la dimension des efforts que les entreprises peuvent faire pour diversifier leurs systèmes de rémunération et répondre à des objectifs de motivation différenciée selon les populations.

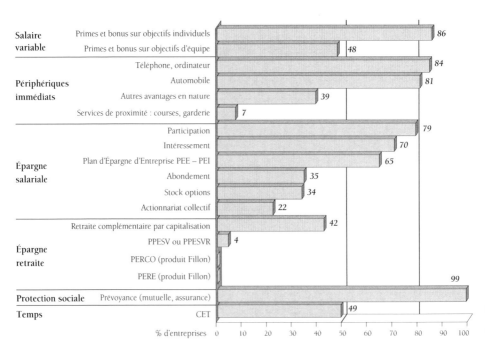

Tableau N° 13.2 : Les dispositifs de rémunération opérationnels en 2004

L'industrie se situe davantage dans une politique contractuelle, formalisée et collective avec plus d'intéressement, de stocks options, d'actionnariat, de dispositifs de retraite et de CET. Les services ont mis l'accent sur les éléments directs de la rémunération : primes sur objectifs, et individualisés comme la voiture. Au-delà de la rémunération directe, dont on développe davantage la partie variable dans les plus grosses structures, les dispositifs d'épargne salariale font la différence, sauf pour les moins de 35 ans : plus les cadres sont nombreux, plus l'entreprise est incitée à développer les mécanismes d'épargne salariale.

Ce bilan laisse à penser que les politiques salariales actuelles ont peu convaincu les cadres, soit par défaut de communication, soit par défiance vis-à-vis du salaire variable et des dispositifs mis en place. Ce sont les éléments de rémunération non aléatoires qui motivent le plus les cadres (salaire fixe et épargne salariale) ; une question se pose aussi : comment traiter le manque d'intérêt des jeunes pour les éléments autres que le fixe ?

La reconnaissance

L'Institut de la reconnaissance[1], créé en France pour étayer le concept de reconnaissance, l'opérationnaliser et en faire profiter ses membres, regroupe vingt entreprises.

Il propose la définition suivante de la reconnaissance : « *La reconnaissance est la réaction constructive et personnalisée, exprimée à court terme par un individu à la suite d'une action ou d'une attitude particulière ou globale, qui constitue un effort méritant d'être relevé à ses yeux.* »

D'après cet institut, la reconnaissance, mieux que d'autres signes, appuie et prend appui sur les valeurs réelles de l'entreprise et donne une direction commune à la communauté. « *Plus spontanée et moins formalisée, elle prendrait ses racines dans les valeurs réellement partagées* ».

Les *caractéristiques opérationnelles* des marques de la reconnaissance sont :

1. La *personnalisation,* la reconnaissance doit tenir compte des spécificités de chacun, et elle paraît juste quand elle adapte sa forme et son contenu aux valeurs de celui auquel elle s'adresse.
2. La *réactivité,* la reconnaissance doit être immédiate pour être reçue très positivement.
3. La *proximité* de la personne qui émet et de celle qui reçoit.

---

1. Institut de la reconnaissance – École Supérieure de Commerce de Rouen – Bd André Siegfried – 76825 – Mont-Saint-Aignan – *Une définition de la reconnaissance,* de Claude Bourcier et Yves Palobart.

4. Le *coût direct,* par différence avec la récompense qui peut atteindre des montants élevés, la reconnaissance doit coûter peu.

La récompense est évidemment une des formes de la reconnaissance de même que le salaire.

L'institut considère qu'il y a cinq niveaux de reconnaissance :

1. l'indifférence,
2. la considération,
3. la reconnaissance,
   3.1. Reconnaissance par considération,
   3.2. Reconnaissance de l'effort,
   3.3. Reconnaissance par récompense,
4. la récompense,
5. la rémunération.

NOUVELLES ORIENTATIONS DANS LA GESTION DES RESSOURCES HUMAINES

Vue générale de l'évolution des concepts, des objectifs et des meilleures pratiques

La gestion des ressources humaines a fortement évolué au cours des dernières années pour s'adapter aux nouveaux modèles d'organisation des entreprises orientées clients plus horizontales et pour profiter des possibilités ouvertes par les nouvelles technologies. Le nouveau management des RH s'inspire des finalités suivantes :

1. *Aligner la politique des RH (ressources humaines)* et des compétences sur les stratégies de l'entreprise et des unités et pour cela rendre la DRH partie prenante des décisions stratégiques, prendre en compte les RH dans les tableaux de bord stratégiques (« Balance Scorecard », voir chapitre sur la stratégie).
2. *Intégrer dans un modèle cohérent de management par les compétences* à l'échelle de l'entreprise les pratiques traditionnelles de RH : à savoir : recrutement, évaluation, plans de formation, GPEC (gestion prévisionnelle des emplois et des compétences), employabilité, mobilité, rémunérations et récompenses.
3. *Transférer aux managers opérationnels* la gestion humaine de leur personnel par la mise à disposition des données et des formules *via les nouvelles technologies et réduire les coûts de la fonction RH* tout en améliorant la qualité de service.

4. *Mesurer et développer et le capital humain* considéré comme un actif essentiel de l'entreprise : attirer et conserver des talents, augmenter les compétences, capitaliser le savoir.
5. *Apporter de la Valeur au personnel (PVA people Value Added)* : par une politique de rémunération appropriée, l'intérêt du travail, l'employabilité, le comportement de la hiérarchie, la reconnaissance, la sécurité, et des services.

L'embauche : e-recrutement et nouveaux critères

Une première modification d'importance est l'irruption d'Internet dans le recrutement. Désormais de nombreux sites d'emplois offrent aux entreprises la possibilité de mettre leurs offres de postes sous différentes formes d'annonces pour des prix moins élevés que les journaux et permettent à un grand nombre de personnes de visualiser les offres qui les intéressent ou même de déposer leurs CV dans des banques de CV, les opérateurs des sites web faisant correspondre automatiquement des offres et des CV.

Le principal écueil, qui devient aujourd'hui un problème de société, reste la discrimination (sexe, race, religion…). L'orientation vers le CV anonyme pourrait y pallier dans les premiers choix. Notons qu'une législation se met en place pour réprimer les disparités de traitement flagrantes, les préjugés des recruteurs et pour favoriser l'ouverture sociale.

Ces sites web amènent une beaucoup plus grande fluidité et rapidité des marchés de l'emploi et des mises en contact *via* le web mais augmentent le nombre de candidatures à jauger et le turnover du personnel dans les périodes de bonne conjoncture.

Voici quelques avantages et inconvénients de l'e-recrutement répertoriés par un groupe de DRH :
1. Réduction des coûts et des délais, car moins d'utilisation de chasseurs de têtes ou d'intermédiaires dans le processus de recrutement et raccourcissement du processus de l'ordre de plus d'une semaine au moins.
2. Meilleur ciblage et meilleure atteinte des cibles et des segments de talents très recherchés (informaticiens par exemple), des offres sur Monster, Hotjobs, Cybersearch augmentent le nombre de répondants et leurs variétés.
3. Plus de facilité d'échange d'informations avec les candidats au travers des e-mails.
4. Meilleure utilisation de la marque, présente sur le web dans les opérations de recrutement par exemple vis-à-vis des étudiants.
5. Plus de facilité pour standardiser, stocker et rechercher les données sur les candidats.
6. Mais plus de volumes de CV à traiter ce qui prend du temps.

7. La qualité des candidats est plus masquée et il faut trier davantage, ce qui peut être sous-traité à un cabinet mais on retrouve le coût.
8. Nécessité de former les recruteurs à l'utilisation des nouvelles technologies.

Pour chaque catégorie de personnel et chaque poste chaque organisation doit définir ses propres critères. À titre d'exemple, quelques idées de critères pour les futurs dirigeants

▬ Critères pour embaucher les futurs leaders des années 2010

Le Conference Board a réalisé une recherche auprès de 150 entreprises pour déterminer les caractéristiques de leaders qu'il faut recruter maintenant pour les avoir prêts en 2010[1]. Quatre rôles apparaissent comme majeurs : *maître en stratégies, manager du changement, bâtisseur de relations et manager de réseaux, développeur de talents.*

Voici la liste des compétences ou talents que le leader performant aura en 2010 :
1. capacité cognitive : puissance intellectuelle et agilité mentale,
2. pensée stratégique en particulier concernant la mondialisation et l'impact de la technologie,
3. prise de décisions dans un environnement ambigu et incertain,
4. compétence en communication personnelle et organisationnelle,
5. influence et persuasion non seulement à l'intérieur de la firme mais avec les clients, fournisseurs, partenaires stratégiques, investisseurs,
6. management de la diversité des cultures, sexes et âges,
7. délégation des tâches et responsabilités tout en gérant le risque et en établissant les contrôles appropriés,
8. découvreur et manager de talents, capable de les identifier, attirer et retenir à tous les niveaux,
9. Adaptabilité personnelle, capable d'apprendre par l'expérience et d'ajuster son action en conséquence.

Ces critères sont utiles pour les DRH chargés comme cela arrive de plus en plus souvent de détecter les hauts potentiels afin de leur faire suivre un parcours qui les forme à de nouvelles responsabilités et de les conserver dans l'entreprise. De plus en plus souvent, les hauts potentiels sont détectés au travers de processus d'assessment réalisés par des organismes extérieurs qui confirment ou infirment des jugements portés par des chefs hiérarchiques.

Un haut potentiel risque en effet d'être mal jugé par un patron médiocre soit que son supérieur craigne de perdre son poste au bénéfice d'un subordonné

---

1. Barrett Ann & Beeson John – The Conference Board – Developing Business leaders for 2010 – New York – 2002, 11-24.

plus talentueux, soit tout simplement parce que les esprits moyens n'aiment pas toujours les collaborateurs très brillants.

Les méthodes d'évaluation du personnel et la recherche de cohérence

La plupart des entreprises demandent à leurs managers de procéder à l'évaluation contradictoire de leurs collaborateurs. Cet exercice utile, mais encore souvent considéré comme pénible par beaucoup, consiste à voir ses collaborateurs pour faire le bilan de leur action, discuter de leur carrière, des relations interpersonnelles, et les conseiller pour progresser. Le cadre de ces entretiens est en théorie bien défini, et ils se traduisent souvent par un formulaire dont un double va à la direction du personnel.

▬ L'ambiguïté des méthodes traditionnelles

Chacun est ainsi évalué par un ou plusieurs de ses supérieurs hiérarchiques. Dans certaines entreprises, cette démarche est liée aux augmentations et bonus, dans d'autres, elle est distincte. L'évaluation périodique et systématique marque un progrès par rapport au jugement discrétionnaire, émis seulement au moment *ad hoc* de choix de carrière ou d'augmentation, sans dialogue, sans répétition, sans accumulation ni confirmation.

Toutefois, dans la complexité de la vie réelle et des situations interpersonnelles, il y a toujours une certaine dose d'ambiguïté dans les objectifs et le déroulement de ces entretiens, et le lien avec les valeurs de l'entreprise et ses objectifs n'est pas toujours très net. Parfois même on peut se demander si le manager n'en profite pas pour juger en fonction de sa seule satisfaction personnelle (et non celle des clients) ou au contraire se trouve en fait dans la situation inconfortable d'être indirectement jugé par son collaborateur.

Le contexte légal vient ajouter à l'ambiguïté du processus qui devrait être positif et apporter « de la valeur » aux deux interlocuteurs, si on se souvient du nombre de fois où les entreprises, qui doivent se séparer de quelqu'un qui ne convient pas ou ne fait pas son travail, se sont aperçues que « le dossier était trop mince » et en ont fait le reproche au manager qui voulait se séparer de ce collaborateur.

Les évaluations par le supérieur direct sont connues comme étant en général[1] :

- trop favorables,
- montrant peu de différences entre les critères,
- montrant peu d'écarts entre les personnes.

---

1. Edwards Mark R. and Ewen Ann J. – *360° feed-back – The powerful New Model For Employee Assessment & Performance Improvement* – Amacom – New York – 1996.

Dans les entreprises horizontales, le nombre de personnes supervisées peut atteindre cinquante ; la hiérarchie connaît moins les actions de chaque personne, d'autant que celles-ci sont devenus plus autonomes et s'autocontrôlent, ou au contraire travaillent au sein d'équipes plus ou moins autonomes. C'est donc le bilan de l'équipe qui est possible pour le chef mais plus difficilement celui des individus qui la composent, et on clame partout que le critère important est la valeur pour le client et non pour le chef.

▬ L'évaluation 360° : « le 360° Feed-back »

Pour rendre cohérents les systèmes d'évaluation avec les nouvelles valeurs et les nouvelles formes d'organisation, il fallait donc changer de système d'évaluation des personnes, ce qui est révolutionnaire.

Les Américains ont eu l'audace d'inventer et d'implanter dans de grandes entreprises parmi les plus performantes une nouvelle méthode : le « 360° Feed-back ».

L'évaluation par cette méthode a pour principale originalité d'être multi-sources. L'évaluation est faite par les collègues, les clients externes, les clients internes, les collaborateurs directs, le supérieur hiérarchique et les autres personnes auxquelles la personne rapporte, et elle-même fournit sa propre auto-évaluation. Elle est également multi-critères.

La quasi-totalité des 1 000 premières entreprises de *Fortune* utilisent des évaluations multi-sources au moins pour les questions relatives au développement personnel, et de plus en plus l'utilisent pour l'évaluation des personnes et la fixation des rémunérations.

Les grands avantages de cette méthode sont la cohérence avec le système de valeurs et l'organisation, l'objectivité renforcée, et l'implication de l'ensemble du personnel dans les évaluations. Le système renforce l'importance de l'équipe par rapport au groupe, et le personnel a le sentiment d'être beaucoup plus écouté.

La conception et la mise en place d'une évaluation 360° obligent à une démarche de réflexion et de discussion pour traduire la vision et donc les valeurs, les finalités et le mode de management dans la formulation de compétences parmi lesquelles les compétences clés. Cela conduit à définir par exemple le rôle d'un leader par une série de comportements et de connaissances observables.

Les items du questionnaire servant à noter soit de 1 à 5, soit de 1 à 10 (préférablement), soit par des échelles d'adjectifs (satisfaits, très satisfaits, etc.) peuvent être, par exemple, pour un questionnaire concernant le leadership :

1. *Le service au client :*
   a) traite les clients comme des partenaires
   d'affaires   1 2 3 4 5 6 7 8 9 10

    b) écoute attentivement les clients internes
       et externes   1 2 3 4 5 6 7 8 9 10
    c) etc.

2. *Le travail en équipe*
   a) soutien les objectifs de l'équipe   1 2 3 4 5 6 7 8 9 10
   b) etc.

3. *Les aptitudes en affaires*
   a) sait prendre les décisions à temps   1 2 3 4 5 6 7 8 9 10

4. *Les connaissances professionnelles et techniques*

5. *Le management des ressources*

Les questionnaires pour être valables doivent aligner les compétences sur les valeurs et la vision, se focaliser sur les comportements et les capacités clés qui différencient l'organisation sur le marché, utiliser le langage commun de l'organisation, et une langue simple. Le questionnaire ne doit pas être trop long (20 à 30 questions maximum pour ne pas demander plus de 15 minutes de travail). L'anonymat doit être garanti et les réponses anormales éliminées.

La mise en place nécessite d'abord la volonté de la direction, et la conviction des principaux dirigeants qui peuvent même donner l'exemple, comme le Président de Du Pont qui s'est fait noter sur un ensemble de points par 500 cadres du groupe réunis dans une salle et utilisant un dispositif électronique garantissant l'anonymat et affichant en temps réel les résultats sur un écran géant ; après quoi, il leur a demandé de le mettre en place dans leurs propres unités.

Naturellement, il est recommandé, pour le lancement de l'évaluation 360° dans le groupe, de désigner une équipe de conception du questionnaire multidisciplinaire et représentative de tous les niveaux de l'entreprise.

Il vaut mieux commencer par une opération pilote pour tester le système et les questionnaires. Cette opération pilote peut être limitée à une unité ou viser des applications limitées telles que : l'identification des besoins de formation, ou l'évaluation du service-client. Ensuite, le système sera étendu à l'application fondamentale : l'évaluation des performances des personnes, les rémunérations et les promotions.

Pour implanter le système, il faut ensuite former tous les employés à la manière de répondre aux questionnaires, leur fournir les résultats puis former les employés à recevoir les appréciations et lancer des plans d'action.

La plupart des entreprises telles que Du Pont, ou Général Electric, qui ont mis en place cette méthode d'évaluation semblent la considérer comme une nette avancée dans la communication des comportements clés, l'équité, la fiabilité et la richesse de l'information fournie.

La diffusion en Europe a commencé par les filiales de groupes américains avec plus ou moins d'adaptation culturelle et de succès, mais déjà certaines commencent à être satisfaites des résultats. Le mouvement est lancé, sans doute va-t-il s'étendre ?

Du manager coach au coaching des managers

Comme nous l'avons vu à la fin du chapitre 10 sur l'entreprise orientée processus et horizontale, dans les nouvelles structures les managers doivent se comporter de plus en plus en experts de centre de compétences, en coachs ou en entraîneurs en particulier dans la supervision des équipes de vente.

Depuis une dizaine d'années, on a vu se développer en même temps que l'évaluation 360°, une forme particulière d'aide fournie par les DRH aux managers et aux dirigeants : le coaching individuel. Comme les autres pratiques du management il vient des États-Unis.

Le coaching doit amener une personne ou une équipe à mieux se servir de son potentiel et à le développer pour pouvoir acquérir son autonomie dans la gestion des situations. Pour trouver sa solution, lever les obstacles propres à l'individu ou à l'équipe qui freinent la performance, accepter des conseils et remettre parfois en cause sa façon d'être ou de faire, voilà les principaux objectifs généralement admis.

Il s'agit d'un contrat de confiance engageant autant le coach que son interlocuteur, qui repose sur la créativité, l'invention, l'improvisation et vise à révéler au coaché la part inexploitée de sa personnalité. En plus de son talent à gérer une vraie relation humaine, le coach s'appuie sur des méthodes, des procédures tirées de la psychologie, des sciences de la communication, de l'approche systémique, et bien sûr de la psychosociologie des organisations et des sciences économiques et sociales. Quelles que soient les pressions extérieures, le coaché ne peut qu'être volontaire, car la réussite de la démarche repose sur sa totale implication.

Une séance de coaching type (1h30-2h)		
1	Se préparer	• Visualiser sa réussite • Définir son point de référence, son idéal • Identifier les obstacles à dissoudre • Mobiliser les ressources pour réussir
2	Vivre	• Agir en situation • Accepter le coach en tant qu'observateur
3	Ancrer et rebondir	• Croiser les feed-back pour comprendre et analyser les comportements en situation • Préparer le prochain pas

L'analyse de la demande représente la première étape obligée de toute démarche d'accompagnement et permettra de fixer des règles et de délimiter le champ des investigations. À ce niveau, on comptera plusieurs interlocuteurs :

- le prescripteur chargé de prendre contact avec l'intervenant en lui formulant une première demande qui prend en compte les enjeux de l'institution (le portier qui définit les conditions d'accès au système, les valeurs et les critères de qualité de l'organisation),
- la personne à accompagner qui argumente sa demande en précisant ses propres objectifs et leurs convergences/divergences avec ceux de l'institution (émotionnels et rationnels),
- le ou les hiérarchique(s) qui entrent dans le champ de la demande parce que le travail engagé aura forcément des interactions avec ces derniers qui ont définis les objectifs à atteindre.

Le coach est tout à la fois créateur de valeur et instrument au service de l'organisation et par là même, il lui incombe de décoder la demande explicite ou officielle et la demande cachée, non contractualisable, bien qu'au cœur du contrat. C'est là que le cadre déontologique de l'accompagnement trouve sa pertinence, permettant à l'action de coaching de se charger des logiques internes qu'on ne pourrait occulter sans dommage. On retiendra donc :

- qu'il n'y a pas de demande individuelle de coaching dans une organisation sans interaction avec le collectif,
- que ces demandes interagissent et qu'elles ne peuvent être traitées que si dans la réponse à l'une ou l'autre, on prend les autres en considération, même si ce n'est pas spécifié dans le contrat,
- que l'accompagnement ne modifiera l'équilibre du système que si l'on parvient à agir sur les composantes de celui-ci, alors que l'intervention de passe en face à face avec le coaché.

Extraits du code de déontologie du coaching

Art 1.2 : **Confidentialité :** Le coach s'astreint au secret professionnel

Art 1.3 : **Supervision :** L'exercice professionnel du coaching nécessite une supervision. Les titulaires de la SFC sont tenus de disposer d'un lieu de supervision et d'y recourir chaque fois que la situation l'exige

Art 1.4 : **Obligation de moyens :** Le coach prend tous les moyens propres à permettre, dans le cadre de la demande du client, le développement professionnel et personnel du coaché, y compris en ayant recours à un confrère si besoin.

Art 2.2 : Responsabilité des décisions : Le coaching est une technique de développement professionnel et personnel, le coach laisse de ce fait toute responsabilité de ses décisions au coaché.

Art : 2.4 : **Protection de la personne :** le coach adapte son intervention dans le respect des étapes de développement du coaché.

.../...

.../...

Art 3.1 : **Protection des organisations :** Le coach est attentif aux métiers, aux usages, à la culture, au contexte et aux contraintes de l'organisation pour laquelle il travaille.

Art 3.2 : **Restitution au donneur d'ordre :** Le coach ne peut rendre compte de son action que dans les limites établies avec le coaché.

Art 3.3 : **Équilibre de l'ensemble du système :** Le coaching s'exerce dans la synthèse des intérêts du coaché et de son organisation.

Le coaching peut-être recommandé dans les situations suivantes : amélioration du leadership, du style de management, du fonctionnement d'une équipe, d'un projet à enjeu important, d'un changement de poste, d'une promotion, d'une situation de conflit, d'un excès de stress, d'un problème déontologique ou éthique, d'un changement d'environnement, tel que expatriation, fusion, travail dans un environnement multiculturel.

Le 360° est souvent une porte d'entrée du coaching, pour aider les managers à mieux en supporter les résultats et surtout à travailler avec le coach à l'amélioration de leurs comportements et de leurs relations avec les autres.

Des entreprises comme Renault ont utilisé le coaching pour favoriser un nouveau style de management valorisant les compétences humaines, Socata pour aider à un changement important et rendre le management plus participatif, les laboratoires Boiron pour aider à comprendre les mécanismes mentaux qui bloquent la confiance. Chez IBM, cinq coachs permanents sont à la disposition de qui en a besoin (source Gilles forestier[1]).

LES POLITIQUES DE RÉMUNÉRATION

Comme chaque année, la Cegos a mené une enquête conjoncturelle sur les évolutions des politiques de rémunération des cadres.

Outre les indicateurs sur les augmentations de salaire réalisées et prévues, le questionnaire a porté cette année sur l'efficacité des politiques de rémunération : quels sont les objectifs prioritaires de la politique de rémunération et dans quelle mesure ces objectifs sont-ils atteints ?

Cette enquête a été réalisée en septembre et octobre 2002 auprès de 88 entreprises qui représentent 690 000 salariés, dont 104 000 cadres.

Premier constat important :

Entre 1992 et 2002, les salaires des cadres des grandes entreprises françaises ont été augmentés entre 1,5 % à 3,5 % au-dessus d'une inflation qui variait de

---

1. Op. cit.

2 % à 0,2 %. En fait depuis une dizaine d'années l'augmentation des cadres s'établissait en moyenne aux alentours de 3,5 % (inflation comprise) et leur donnait un accroissement de pouvoir d'achat voisin de 2 %.

En ce qui concerne les politiques de rémunération, l'état actuel des objectifs visés peut-être représenté par le graphique suivant[1] :

Hiérarchisation des objectifs selon le % de citations des entreprises sur leurs 10 objectifs prioritaires

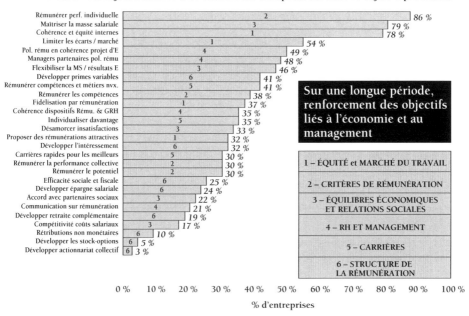

Figure N° 13.3 : Les objectifs prioritaires de la politique de rémunération

Trois objectifs apparaissent majeurs pour les entreprises, quel que soit le secteur ou la taille :

1. Rémunérer la performance individuelle.
2. Maîtriser la masse salariale.
3. Assurer la cohérence et l'équité internes des salaires.

La taille de l'entreprise influe davantage sur la différenciation des objectifs que le secteur.

---

1. Trapet Hubert et Pentray Georges – *Enquête Salaire CEGOS* – Division Management des Ressources humaines – Issy les Moulineaux – 2002.

Un modèle « grande entreprise » se dessine, dans lequel la structuration plus forte des rémunérations nécessite…

une recherche d'intégration de la politique des rémunérations avec la GRH, et de l'implication plus forte des managers, le développement d'une politique salariale en tant qu'outil de management, des repérages par rapport au marché, des efforts pour permettre des carrières rapides, avec une volonté plus marquée d'inscrire la politique salariale dans le projet d'entreprise.

Le modèle « petite entreprise » est plus flexible…

plus ouvert au marché du travail, des carrières moins normées, avec une préoccupation forte de maîtrise de la masse salariale et une volonté très marquée d'individualiser, des managers plus impliqués ; signe d'une GRH peut-être moins élaborée mais mieux mise en œuvre ?

On peut noter également à travers les résultats de l'enquête

1. Une montée en puissance de la rémunération comme instrument de pilotage pour les managers en particulier à travers la partie variable.
2. Une certaine « imperméabilité » aux contextes (marché du travail,…), malgré le développement de cette préoccupation.

▬▬ Rendre cohérentes les formes de rétribution

Les organisations ont tendance à récompenser souvent d'autres comportements que ceux qu'elles souhaitent promouvoir. L'un des problèmes principaux est de récompenser les bons comportements.

C'était avant la grande vague du Reengineering, de la Qualité Totale et de l'entreprise horizontale orientée client. Depuis l'écart n'a fait que s'aggraver. C'est un point capital qui explique que beaucoup de réorganisations n'ont pas donné les résultats attendus.

Dans les organisations performantes modernes, les cinq contributions majeures à rétribuer sont désormais le plus souvent :

Pour les employés :
1. Satisfaction clients (externes et internes)
2. Résultats économiques
3. Initiatives, responsabilité et multi-compétences
4. Équipes performantes
5. Transversalité/coopération.

En plus pour les Managers :
6. Leadership, coaching, coordination, formation, satisfaction du personnel.

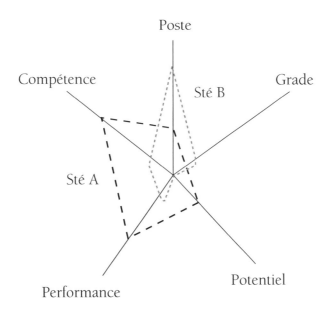

En réalité, l'entreprise ne paye pas les contributions telles que définies idéalement. Au début 2000 les cinq critères de rémunération majeurs pratiqués sont : le niveau du poste, le grade, le potentiel, la performance et la compétence[1].

Comme on peut le voir sur le schéma, c'est par le poids donné à chacun de ces critères que l'entreprise construit un système de rémunération plus ou moins bien adapté à ses enjeux actuels et futurs.

De plus en plus les entreprises s'efforcent de faire évoluer le poids respectifs de ces critères pour tenir compte de la situation de l'emploi qui rend plus difficiles à trouver les compétences utiles à ce moment.

En France la rémunération globale comporte tout un ensemble d'éléments qui entrent dans la politique globale de rémunération :

- *Le salaire de base et les parts variables* sur objectifs individuels, les parts variables sur objectifs d'équipe et la part fixe ou variable liée à la convention collective.
- *Les participations financières* : participation aux résultats, l'intéressement à la performance économique, l'intéressement sur objectifs d'équipe, Le Plan d'Epargne Entreprise et la politique d'abondement, l'actionnariat collectif, les stocks options et l'actionnariat réservé.

---

1. Louadoudi Mikael – *Stratégie de rémunération et politique salariale* – document CEGOS – Paris – 2000.

- *Les avantages en natures* : voiture de société, frais de représentation et ticket restaurants, séminaires, voyages, cadeaux, téléphone portable, ordinateur.
- Les *autres avantages sociaux* tels que les Comptes Epargne Temps, les compléments de retraite, la protection sociale : mutuelles santé, prévoyance.

Une bonne politique salariale doit optimiser son rendement en considérant d'une part les *coûts totaux* ou l'investissement en rémunération, compte tenu des charges sociales et impôts et d'autre part la *valeur pour l'employé* compte tenu du net fiscal perçu, de son versement immédiat ou différé, ainsi que de l'effet psychologique du mode de versement.

Un système de rémunération globale est difficile à faire évoluer, mais c'est possible et cela peut devenir stratégiquement vital. Sur la base d'un bon diagnostic, d'un apport de valeur à la fois pour l'entreprise et pour les salariés et d'une politique de communication et de négociations adéquate des entreprises ont réalisé ce changement réputé risqué sans conflit. Une période de croissance économique est favorable pour ce type de changements.

Au début 2000, par exemple beaucoup de sociétés ont généralisé les stock-options soit pour attirer des cadres et techniciens compétents vers les « start-up » de la nouvelle économie, soit au contraire pour rester compétitifs face à ses nouvelles sociétés.

Tendances en matière de salaire fixe et de revenu variable

Ils rémunèrent les contributions, rôles ou qualités suivantes :

Revenus fixes

- Professionnalisme, expertise, multi-compétences.
- Niveau de contribution et d'enjeu.
- Engagement professionnel et leadership.
- Faits significatifs de performance.

Revenus variables, liens avec :

- Performances économiques, et de plus en plus satisfaction clients, et autres indicateurs de qualité et indicateurs sociaux.

Un bon système de rémunération doit respecter les principes suivants

- Un dosage judicieux entre l'individuel et le collectif.
- Des règles du jeu connues à l'avance.
- Une part variable croissante avec le pouvoir économique.

En plus de la rémunération, il est souvent efficace d'avoir un ensemble de possibilités pour stimuler les énergies.

Stimulations

- Signes de reconnaissance exemplaires et symboliques.
- Primes exceptionnelles, cadeaux, fêtes, jours de congé – pour idées et initiatives et actions de progrès.

  Aux États-Unis, les entreprises sont de plus en plus nombreuses à mettre en place des programmes de reconnaissance pour les personnes ou équipes qui réalisent des performances particulières, sous forme de gratifications diverses telles que : plaques de l'entreprise, mention dans les journaux internes, repas spéciaux, etc.

▬▬ Situation actuelle

Signalons toutefois qu'aujourd'hui encore, beaucoup d'organisations rémunèrent toujours le statut, l'ancienneté, la fonction, le diplôme, etc.

Après une recherche continue de profils de gens performants, on constate aujourd'hui un glissement vers la rémunération flexible qui permet d'attirer les talents. Ce que l'on nomme le salaire cafétéria permet une individualisation des salaires et offre une marge de modulation sur le temps de travail. 30 % des entreprises permettent ce choix à leurs cadres, même si le pilotage de cette politique est des plus délicats. Cette tendance se fait de plus en plus forte : La part des salaires à géométrie variable a progressé de 45 % depuis huit ans. Le poids du variable dans les salaires a progressé de 55 % pour la même période. Cela permet de soutenir des augmentations individuelles relativement discriminantes tout en réduisant les budgets d'augmentations générales.

Cependant, en attendant la généralisation de cette approche, il reste de nombreux problèmes techniques, administratifs et de droit des salariés qui réclament une gestion fine, nécessitant certainement dans l'avenir le recours à des prestataires externes. L'Angleterre et les États-Unis ont largement dépassé ce stade et pratiquent couramment la flexibilité. À noter que l'entreprise comme les salariés y trouvent leur compte et de la valeur ajoutée.

Avantages et inconvénients des parts variables de la rémunération et des autres récompenses

▬▬ Partie variable

La part variable est un mode de communication essentiel dans la mesure où il focalise les efforts sur le résultat auquel est liée cette part variable, que ce soit la valeur de l'action, le volume des ventes, la marge, le bénéfice net, la satisfaction client, le respect d'un budget.

Il est très difficile de lier la part variable à plus d'un indicateur si on veut être simple à comprendre et ne pas avoir à entrer dans des calculs trop complexes et des discussions byzantines. Deux indicateurs pour une même part variable sont sans doute un maximum.

En revanche, il est possible d'avoir plusieurs parts variables différentes, correspondant à plusieurs indicateurs. Par exemple une prime variable liée à l'augmentation des ventes, un intéressement au bénéfice ou des stocks-options, ou encore un bonus lié au résultat de l'unité et une autre prime liée au résultat de toute la société, etc.

Il est possible et parfois prudent de mettre des plafonds, toutefois pas trop bas, de crainte que l'effort ne s'arrête dès que le niveau de résultat correspondant au seuil est atteint.

▬ Autres récompenses

La couverture d'un livre de Bob Nelson[1] présente :

> **L'argent n'est pas tout,**
> **1001 MANIÈRES**
> **peu coûteuses, stratégies éprouvées**
> **DE RÉCOMPENSER**
> **trophées de réussites, concours**
> **LES EMPLOYÉS**
> **temps libre, études de cas et éloges**

Bob Nelson recommande de respecter quelques principes semblables à ceux retenus par l'Institut de la reconnaissance :
- « Adapter la récompense à la personne ».
- « Adapter la récompense à la réalisation réussie ».
- « Etre à temps et spécifique », c'est-à-dire le plus tôt possible, en indiquant clairement ce qui est récompensé.

L'ouvrage donne ensuite une liste impressionnante d'idées de récompenses en distinguant :
- *Les récompenses informelles*
  Félicitations orales, par e-mail, carte disant bravo, invitation à déjeuner, bons d'achat, appel téléphonique du Directeur Général, jour de congé, abonnement

---

1. Nelson Bob – *1001 ways to Reward employees* – Workman Publishing – New York – 1994.

à une revue, pins, inscription à une conférence, reconnaissances publiques, congrès de personnel, réunions de fin d'année, plaques, trophées, etc.

- *Les récompenses pour des réussites ou des réalisations spécifiques*
  Il s'agit de récompenses correspondant à des objectifs spécifiques tels que : systèmes de suggestions, boîtes à idées, objectifs de vente, performances d'équipes, réussites en matière de sécurité, etc.
- *Les récompenses formelles*
  Il s'agit de systèmes de récompenses formelles qui ne respectent aucune procédure précise, souvent à la base d'un processus de sélection et de jury attribuant des points ou votant pour élire le gagnant. Mais on trouve également, dans cette catégorie, la participation à des voyages, des avantages sociaux, l'envoi en formation, les stock-options, etc.

La dissymétrie du variable

Lorsque les parts variables sont importantes et peuvent représenter de 20 % à 50 % ou plus de la rémunération globale, elles fonctionnent très bien à la hausse et très mal à la baisse.

Certes, si les résultats sont médiocres et entraînent une baisse concomitante des rémunérations globales des cadres et dirigeants, elles réduisent les coûts, mais en même temps elles perturbent parfois le niveau de vie ou la situation personnelle de quelqu'un qui peut avoir contracté des dettes et se trouver dans une situation inconfortable.

Dans ces circonstances, les cadres et dirigeants tentent assez souvent de renégocier des parties fixes plus importantes.

Parfois on peut même risquer de voir partir des hauts potentiels s'ils estiment que le secteur, l'entreprise ou la politique menée les pénalise. Les actionnaires, les Conseils d'Administration ou les directions générales sont donc parfois obligés de ne plus appliquer totalement la règle à la baisse.

Il est assez frappant de constater que bien des directeurs généraux, salariés d'entreprise non majoritaires dans le capital, et *a fortiori* des directeurs de branches, de divisions et de centres de profit, ont une mentalité d'entrepreneurs à la hausse et sont satisfaits de la part variable mais reprennent très vite, vis-à-vis des actionnaires, une mentalité d'employés lorsque les parts variables sont à la baisse.

Tout l'art de ceux qui fixent alors le salaire de ces dirigeants est d'apprécier si, en la circonstance, après la déception d'avoir constaté une telle attitude chez l'interlocuteur qui crée évidemment des doutes sur son caractère d'entrepreneur ou d'intrapreneur, ils doivent appliquer la règle sans aménagement ou la tempérer.

L'autre inconvénient d'un système de parties variables individuelles ou liées au résultat d'un centre de profit ou d'une fonction est qu'il peut aviver la concurrence interne, la captation d'affaires au détriment d'autres, et entraîner des problèmes graves de frontières, de non-coopération et d'inimitiés.

■ La thèse de Steven Kerr, Directeur du centre de formation de Crotonville de General Electric[1]

Steven Kerr a examiné les pratiques salariales de 75 entreprises et a trouvé quelques principes et pratiques qui avaient du sens.

D'abord dire aux gens ce qu'on attend d'eux, c'est-à-dire les missions de l'entreprise et les rôles. Trop souvent, elles sont en termes généraux et pas assez concrètes.

On peut mesurer les contributions et performances par le 360° Feed-back.

Cependant, les gens ne vont pas changer leurs comportements si vous ne les récompensez pas. Les études montrent que pour motiver quelqu'un, il faut lui offrir une récompense représentant au minimum de 10 à12 % du salaire annuel de base (alors que la moyenne nationale est aux États-Unis de 7,5 %, en croissance depuis 1990 où elle s'élevait à 4 %).

Il faut lier la rémunération à la performance. Cependant la plupart de nos systèmes sont encore fondés sur le titre de l'employé et son ancienneté.

D'où les règles :

1. *« Ne liez pas le salaire au pouvoir. Ne faites pas les augmentations en fonction seulement de l'ascension dans la hiérarchie. Chez GE, nous avons ramené de 29 à 6 le nombre de grades impactant le salaire ».*
2. *Rendez la rémunération compréhensible.*
3. *Faites connaître les récompenses attribuées,* si vous voulez qu'elles aient un impact sur au moins une personne.
4. *Oubliez le calendrier, récompensez sans attendre.*
5. *Concevez un système variable capable de fonctionner dans les deux sens* (en cas de mauvaise conjoncture) et pour éviter qu'il soit considéré comme un droit acquis.
6. *Pensez aux récompenses non financières si vous n'avez pas assez d'argent.*
7. Au Japon, ces règles peuvent choquer.
8. Si vous ne respectez pas ces règles, consolez-vous, vos concurrents ne font sans doute pas mieux, mais en progressant vous ferez mieux qu'eux, car « l'important n'est pas combien vous pouvez donner en plus, c'est comment vous pouvez améliorer ce que vous donnez déjà. »

---

1. Kerr Steven – *Risky Business : the New Pay Game* – Fortune – 22 juillet 1996.

■■■ Précarité, salaires limités et croissance des profits

La recherche de la flexibilité, qui est un des leitmotivs des organisations actuelles, se traduit par l'embauche croissante de temporaires et d'employés à temps partiel. La tendance de fond reste le problème de la répartition des dividendes du travail.

Toutefois, comme le savent pertinemment les dirigeants, les systèmes de bonus qui variabilisent le salaire rendent plus difficile l'embauche face à une concurrence offrant parfois des rémunérations globales moindres mais une partie fixe supérieure.

En matière de politique salariale, la préoccupation majeure est d'arriver à un délicat équilibre entre des objectifs nombreux et souvent antagonistes, ce qui malheureusement rend difficile et complexe l'adaptation du système de rémunération aux nouvelles finalités et aux nouvelles organisations du travail.

L'IMPACT DES NOUVELLES TECHNOLOGIES SUR LA GESTION DES RH

Les changements dans la gestion des RH résultent également des possibilités offertes par les NTIC appliquées aux RH qu'on nomme aux USA HRMS, (Human Resources Management Systems), appelés plus modestement en France SIRH (Système d'informations des RH). Le secteur des vendeurs de SIRH est dominé par Oracle, Peoplesoft, SAP ou META 4, mais on y trouve également de nombreux vendeurs de logiciels pour des automatisations partielles de certains processus seulement, par exemple des logiciels de gestion des compétences.

Cette informatisation des processus RH a entraîné la nécessité de mieux les connaître et les décrire, et les améliorer avant de les informatiser, ce qui a conduit à des benchmarkings des meilleures pratiques et des réorganisations. Cela entraîne des changements très importants de la fonction RH à laquelle on reconnaît de plus en plus sa fonction stratégique, tout en lui demandant de réduire ses coûts et d'augmenter la quantité et la qualité de services fournis à ses propres membres et aux opérationnels.

Les DRH sont ainsi amenées à identifier et intégrer mondialement dans le SIRH des processus améliorés et cohérents. L'implantation des SIRH se traduit en général par une meilleure information des DRH et des managers, mais une réduction du nombre de responsable RH ou d'administratifs RH dans les unités des différents établissements.

Cette automatisation des processus RH est à la fois coûteuse, difficile et demande une gestion de projet très soigneuse avec communications des finalités, choix des promoteurs, réorganisation préalable des processus anciens, définition claire des objectifs et des rôles, cahiers des charges bien élaborés, négociations serrées avec les vendeurs, contrats solides et complets etc.

Parmi les processus informatisés on trouve tout ou partie des processus suivants :

1. L'administration générale du personnel en particulier les données administratives
2. Les rémunérations et les avantages sociaux, les formules concernant les parties variables des différents services ou catégories de personnel
3. Les règles éthiques, déontologiques, chartes et de l'entreprise pour créer une culture commune
4. Les processus d'évaluation et de management des performances
5. La gestion des recrutements internes et sélection
6. La gestion des recrutements externes et sélection
7. Les descriptions de poste et grilles de qualification
8. La gestion prévisionnelle des emplois et des carrières ou des compétences, les plans de remplacement
9. La formation : plans de formation, programmes, inscriptions, e-learning
10. Santé et sécurité
11. Retraites et fonds de pensions
12. Épargne salariale, actionnariat du personnel et stock-options
13. Des self-service pour les managers et le personnel sur Intranet de l'entreprise leur donnant leurs données personnelles ou celles des collaborateurs gérés par eux.

Bien évidemment ces processus ne sont pas indépendants, la difficulté est de les rendre cohérents et de les intégrer dans un système d'ensemble éventuellement international.

Parmi les **autres self-services** qui contribuent à la PVA (valeur ajoutée pour le personnel) mis à disposition du personnel *via* les Intranets on trouve, entre autres :

> *annuaire de l'entreprise à jour, trombinoscope, cours du titre de l'entreprise, revue de presse, outils de traduction, conventions collectives, bilan social, manuel de procédures RH, modifications de données administratives, dépôt de congés, , documentation, normes ou méthodes de qualité, comptabilité, communautés collaboratives, base d'expertise et des savoirs ; Informations sur les métiers et compétences de l'entreprise, mobilité et bourses internes de l'emploi, gestion des temps et des activités, informations de la DRH sur affaires sociales, vie de l'entreprise, 360° feed-back, mini sondages en ligne réalisés par la DRH,*

---

1. Leparmentier Arnaud – *La distribution de bonus a rendu sa compétitivité à la Poste américaine* – Le Monde – 4 mai 1997.

catalogues de formation, formation en ligne et e-learning, aide bureautique, droits et démarches, agenda social, communications sur les projets de mise en place de nouveaux systèmes informatiques (ERP, CRM, SIRH), etc.

LES ENQUÊTES DE SATISFACTION DES PERSONNELS ET LA PVA

La satisfaction du personnel est mesurée en général par des enquêtes.

Celles-ci présentent quelques traits généraux qu'il vaut mieux connaître à l'avance, si on veut éviter des interprétations erronées.

En général sont associées à la satisfaction dans l'ordre décroissant : la réalisation des capacités des collaborateurs, la reconnaissance des capacités, la nature du travail, les responsabilités et l'avancement.

Sont associés à l'insatisfaction dans un ordre croissant : les salaires (presque autant de réponses positives que négatives), les relations entre collègues, les conditions de travail, les relations avec les supérieurs, la surveillance et la politique du personnel.

Un certain nombre de groupes, en particulier américains (3M, Texas, Rank Xerox...), ont une structure d'enquête comportant 20 questions identiques à celles des autres groupes plus une série de questions qui leur sont propres. Ils peuvent ainsi se comparer sur ces vingt questions.

Les questionnaires peuvent comporter jusqu'à une centaine de questions, avec un tronc commun et des questions adaptées à chaque unité.

Ces enquêtes donnent lieu de plus en plus souvent au calcul d'un indice global de satisfaction que l'on appelle PVA dans les entreprises américaines (People Value Added). Cet indicateur, dont l'évolution dans le temps est suivie avec attention, devient progressivement l'un des objectifs chiffrés du management. Il est même demandé par les conseils d'Administration d'avant-garde aux directions générales, et quelquefois intervient dans les bonus.

MISE EN PLACE D'UNE GESTION PRÉVISIONNELLE DES EMPLOIS ET DES COMPÉTENCES

Finalités et raisons de la mise en place d'une GPEC

Pour aligner les ressources humaines sur la stratégie, et gérer au mieux le capital humain, ce qui est un des objectifs prioritaires des entreprises qui veulent vraiment implanter avec efficacité les stratégies décidées, l'un des outils incontournable est la Gestion Prévisionnelle des Emplois et des Compétences qui peut être représentée simplement par le graphique ci-dessous[1].

La GPEC a pour objet de permettre à l'entreprise de disposer en temps voulu du personnel ayant les compétences : qualifications, connaissances, expériences et aptitudes, et la motivation nécessaire pour pouvoir et vouloir exercer les activités ou les fonctions et assumer les responsabilités qui se révèleront nécessaires à tout moment, à la vie et à l'évolution de l'entreprise.

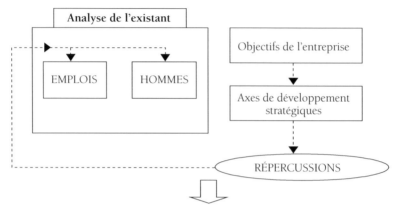

Figure N° 13.4 : Visualiser les différents éléments d'une GPEC

---

1. CEGOS – Extrait du stage – *Gestion des compétences.*

▬ Les problématiques clés qui déclenchent la mise en œuvre d'une GPEC

A	Gérer les relations sociales et respecter le cadre légal	A1	Préserver une cohésion de l'entreprise et améliorer le climat social
		A2	Limiter au maximum les licenciements
B	Communiquer impliquer	B1	Mobiliser le personnel sur les objectifs stratégiques de l'entreprise
		B2	Faire partager les valeurs de l'entreprise aux salariés
		B3	Développer la qualité du management
C	Développer les compétences et l'employabilité	C1	Préparer le personnel aux métiers de demain
		C2	Adapter les RH aux besoins actuels de l'entreprise
		C3	Développer les compétences
D	Améliorer la mobilité	D1	Favoriser la mobilité
		D2	Conserver les meilleurs
E	Ajuster les effectifs Améliorer la productivité	E1	Accentuer la gestion de la masse salariale
		E2	Développer la flexibilité de l'emploi (temps partiel ; CDD ; intérim)
		E3	Réduire les effectifs
		E4	Recruter les collaborateurs dont l'entreprise a besoin

La démarche de mise en place de la GPEC

Nous donnons ci-dessous la check- list des principaux aspects de cette difficile opération.

▬ Comprendre le concept de GPEC

Définitions de la GPEC et évolution des concepts en GRH

▬ Connaître et choisir les outils d'analyse qualitative des compétences

L'entretien d'activité, la gestion des potentiels, l'évaluation 360°, le bilan des compétences, le passeport compétence, comment faire reconnaître les acquis professionnel (VAP/VAE).

▬ Se doter d'une démarche globale de GPEC

- Connaître les différents éléments d'une GPEC
- Identifier les problématiques clés qui déclenchent la mise en œuvre d'une GPE
- Choisir parmi les entrées possibles pour démarrer une GPEC
- Se doter d'un langage comun (poste, emploi-type, métier…)
- Les étapes de l'élaboration d'un carte des emplois
- Repérer les différentes catégories de cartes des métiers
- Définir les différentes catégories d'emploi sensibles
- Bâtir son référentiel compétences
- Communiquez sa démarche GPEC

▬ Anticiper les évolutions majeures de l'entreprise et leurs conséquences en terme d'emplois et de compétences

- L'analyse stratégique
- Identifier l'impact des changement sur les emplois et les compétences

▬ Quantifier les ressources sur chaque emploi-type

Analyse quantitative des ressources

▬ Mettre en place une politique RH en utilisant la démarche compétences

- Repérer les plans de changement à opérer
- Le développement des compétences
- Plan de formation et GPEC
- Recrutement et compétences
- Rémunérer les compétences
- Le salarié licencié et le reclassement
- Départ et plan social

▬ Se doter de logiciels de compétences

- Compétences et ERP
- Les produits informatiques pour gérer les compétences

Les acteurs de la GPEC et leurs rôles

Les acteurs de la GPEC et leurs rôles peuvent être représentés par le schéma ci-dessous :

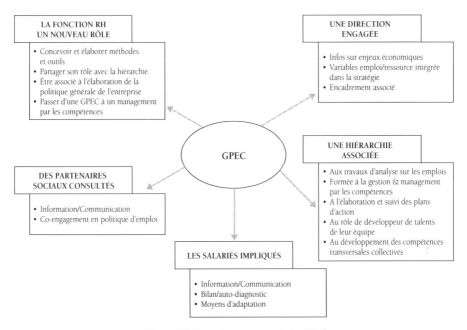

Figure N° 13.5 : Les acteurs de la GPEC

Concepts et Définitions utiles pour mettre en place une GPEC

Poste

Unité de base de l'organisation du travail, le poste est constitué d'un ensemble de tâches définies avec précision dans le temps et dans l'espace. C'est une entité concrète repérée dans la structure et comptabilisée budgétairement. Un salarié peut travailler sur plusieurs postes.

Emploi

Enveloppe de missions, activités et responsabilités à remplir par un salarié, définie pour représenter un ensemble homogène de fonctions individuelles constituant un socle de qualification.

Emploi-type ou emploi-repère

Terme générique pour regrouper un ensemble d'emplois suffisamment proches en termes de contenu et de compétences requises, pour être traité de manière globale et transversale aux diverses structures (exemple d'emploi-type : comptable, secrétaire…).

Les critères de constitution des emplois-types

3 critères hiérarchisés : 80 % des activités, compétences, passage d'un poste à un autre en moins de 3 mois.

Un métier

Un regroupement d'emplois-types et s'articulant autour des mêmes domaines de compétences. Le métier constitue un espace privilégié et naturel d'évolution professionnelle.

Une famille professionnelle

Un regroupement de métiers s'articulant autour de grandes fonctions (production, distribution…) et/ou des grands domaines d'activités et/ou des grandes spécialités de l'entreprise.

Une macro-famille professionnelle

Un regroupement de familles professionnelles s'articulant autour de grandes finalités de l'entreprise.

Nomenclature d'emplois

Liste ordonnée d'emplois regroupés en emplois-types (ou métiers) regroupés en familles professionnelles…, de manière arborescente.

Carte des métiers

C'est une photographie d'un ensemble de métiers.

C'est la présentation ordonnée de métiers regroupés en familles professionnelles de manière arborescente. Le regroupement a lieu selon le cas :

> Par finalité commune : famille « produire », famille « vendre »…
> Par technicité commune : famille « informatique », famille « marketing ».

Définitions de la compétence

Il existe différentes acceptions de la compétence. Chacune peut avoir sa pertinence au regard des objectifs GRH poursuivis : système de rémunération, évaluation annuelle ou mobilité et développement des compétences. La compétence peut être envisagée sous l'angle des savoirs, du comportement professionnel à adopter, de l'expérience à réutiliser ou encore du processus de résolution de problème à mettre en œuvre au cours de l'action.

L'identification des compétences est présentée dans les entreprises comme une preuve de gestion efficace et innovante en contraste avec l'approche par poste ou emplois types, notamment pour le cas d'entreprises ayant fait le choix de changer radicalement leur organisation du travail. Ainsi, dans cette optique, la GRH ne repose plus seulement sur une gestion des postes, emplois types ou métiers mais sur une appréhension nouvelle d'activités / compétences qui sont détenues par les titulaires, qui peuvent être plus ou moins nombreuses que celles exigées par la situation de travail, et qui sont mobilisables dans d'autres situations professionnelles.

Quelques définitions de la compétence

MEDEF

La compétence professionnelle est une combinaison de connaissances, savoir-faire, expériences et comportements s'exerçant dans un contexte précis. Elle se constate lors de la mise en œuvre en situation professionnelle à partir de laquelle elle peut être validée. C'est donc à l'entreprise qu'il appartient de la repérer, de l'évaluer, de la valider et de la faire évoluer. (Source : *Le cahier des Journées Internationales de la Formation,* édité en 1998 par le MEDEF.)

Approche COROM :

Capacité à résoudre des problèmes dans une situation professionnelle donnée.

C. LÉVY-LEBOYER

« …Une différence claire entre les aptitudes et traits de personnalités d'une part, et compétences d'autres part. Les premiers permettent de caractériser les individus et d'expliquer les variances de leurs comportements dans l'exécution de tâches spécifiques ; les secondes concernent la mise en œuvre intégrée d'aptitudes, de traits de personnalité et aussi de connaissances acquises, pour mener à bien une mission complexe dans le cadre de l'entreprise qui en a chargé l'individu et dans l'esprit de ses stratégies et de sa culture. »

Le ROME (Répertoire Opérationnel des Métiers et des Emplois) / ANPE.

« Le concept compétence est un ensemble de savoirs, savoir-faire et savoir-être qui sont manifestés dans l'exercice d'un emploi/métier dans une situation d'activités données. »

G. LE BOTERF[1]

L'individu construit ses compétences en combinant et en mobilisant un double équipement de ressources : des ressources incorporées (connaissances, savoir-faire, qualités personnelles, expérience..) et des réseaux de ressources de son environnement (réseaux professionnels, réseaux documentaires, banques de données). La compétence qu'il produit est une séquence d'action où s'enchaînent de multiples savoir-faire.

---

1. Le Boterf Guy – *Construire les compétences individuelles et collectives* – Éditions d'Organisation – Paris – 2001.

Les constituants de la compétence	Rôles associés
Connaissances théoriques	Savoir comprendre Savoir interpréter
Connaissances sur l'environnement	Savoir adapter Savoir agir sur mesure
Savoir-faire opérationnels	Savoir procéder Savoir opérer
Savoir-faire sociaux ou relationnels	Savoir coopérer Savoir se comporter Savoir traiter l'information
Savoir-faire cognitifs	Savoir raisonner Savoir désigner ce que l'on fait Savoir apprendre et faire apprendre
Ressources émotionnelles	Ressentir une situation Avoir de l'instinct
Ressources physiologiques	Gérer son énergie Supporter la pression Réagir au stress

D'après Guy le Boterf

Construction participative d'un référentiel de compétences

Le référentiel de compétences est au cœur de la démarche d'implantation de la GPEC. Bâtir un référentiel comporte les étapes suivantes :

1. Définition de la compétence : une notion clé.
2. Comparer les différents types de référentiels de compétences.
3. Repérer les différentes approches de référentiels de compétences.
4. Acquérir une méthode pour construire un référentiel de compétences.
5. Comparer les emplois entre eux.

Objet de l'approche : pour chaque emploi type ou métier, repérer les savoirs et savoirs-faire utilisés.

Étape 1 : Chaque opérationnel, spécialiste d'un domaine, liste les compétences utilisées de tous les métiers de son domaine, de manière exhaustive. Par exemple : pour un poste d'attaché juridique : droit civil, droit commercial, négociation, calcul.

Regrouper les compétences en macro-famille de compétences, puis en famille de compétences et ensuite en domaines de compétences, en déterminant le degré d'analyse pertinent pour son entreprise

Étape 2 : Les spécialistes des domaines regroupent les compétences en macro-famille puis famille puis domaine de compétences (La maille est à définir en fonction des besoins de l'entreprise).Exemple : Macro-Famille de compétences : *fiscalité*. Macro-Famille de compétences : *informatique*. Macro-Famille de compétences : *finance*.

Exemple : Macro-famille : FINANCE

Famille de compétences	Domaine de compétences
Comptabilité	Comptabilité générale Comptabilité analytique
Gestion financière des contrats	Administration des ventes Financement des affaires Garanties/assurances
Juridique et fiscal	Droit des affaires Droit des sociétés Assurance fiscalité
Finance	Trésorerie Financement MT/LT Analyse financière

Étape 3 : Graduer par niveau les compétences

Chaque famille de compétences est graduée en niveau de complexité générique ou spécifique.

Exemple 1 : Niveaux de complexité générique

Niveau 0 : Aucune connaissance de la spécialité

Niveau 1 : Connaissance et utilisation de base de la spécialité (exemple : utiliser, enregistrer les infos, relever…).

Niveau 2 : Connaissance et utilisation complète des applications de la spécialité (exemple : conduire, analyser, vérifier…).

Niveau 3 : Connaissance et utilisation approfondie (exemple : former, maîtriser les situations délicates et exceptionnelles, optimiser le processus…).

Niveau 4 : Connaissance et utilisation théorique de la spécialité (exemple : réaliser des études, conception des produits, interpréter les politiques, la législation de la spécialité…).

Exemple N° 2 : Leadership

La capacité à conduire, guider, entraîner un groupe vers un but, en adoptant des comportements appropriés aux situations, afin de développer la crédibilité, l'adhésion et l'engagement, permettant de créer un environnement favorable à une meilleure efficacité (climat, état d'esprit, modes de fonctionnement, pratiques…)

Niveau 1 : Guide l'action des autres.
Donne les directions à suivre. N'hésite pas à rappeler les autres à leur devoir et à communiquer ouvertement pour recentrer les activités et les responsabilités dans la direction souhaitée.

Niveau 2 : Clarifie les niveaux d'exigence attendus. Explique en détail le pourquoi et le comment des décisions et des projets, lorsque la situation l'exige, et veille à ce que chacun en comprenne les conséquences. S'attache à clarifier les niveaux d'exigence attendus.

Niveau 3 : Motive les autres face à des décisions difficiles ou des changements importants. S'attache à obtenir l'adhésion en s'appuyant sur une bonne compréhension des préoccupations et valeurs de chacun.

Niveau 4 : Créé l'équipe pour conduire un changement majeur à l'échelle de l'entreprise. S'attache à identifier les leviers et les freins à la réussite, et élabore en conséquences une démarche intégrant plusieurs étapes et dimensions.

Niveau 5 : Utilise des stratégies complexes pour transformer le climat et accroître l'efficacité. Alterne les différents styles de management pour obtenir l'adhésion et l'engagement de multiples acteurs dans l'entreprise.

Le passage à la gestion prévisionnelle et la mise en place d'une politique RH utilisant le management par les compétences

Elle consiste à s'appuyer sur l'approche compétences pour :

1. En fonction de l'état actuel et des stratégies et politiques de l'entreprise, repérer les plans de changement à opérer, en déduire
2. Les compétences à maintenir, développer, recruter, c'est-à-dire le plan de développement des compétences
3. Le plan de formation qui en découle
4. Le plan de recrutement qui est lié
5. Le système de rémunération des compétences et performances
6. Les départs, licenciements, reclassement et plans sociaux.

Exemple de référentiel de compétence cadre « relation client »

Profil de compétences		
Compétences requises	**Degré de maîtrise**	**Faits significatifs**
Connaissances des offres : Niveau 2		
Niveau 2 : Connaître les différentes composantes des offres et services, structure des prix, remises, engagements et leur contenu fonctionnel et/ou technique	Non acquis (< niveau requis) ❑ Partiellement acquis ❑ Acquis mais à consolider ❑ Acquis ❑ Parfaitement acquis ❑ Dépasse le niveau requis ❑	
Connaissances de l'environnement : Niveau 1		
Niveau 1 : Connaître les principales terminologies (vocabulaire technique), le marché (le contexte historique, actualités internationales…). Savoir identifier les acteurs principaux du marché	Non acquis ❑ Partiellement acquis ❑ Acquis mais à consolider ❑ Acquis ❑ Parfaitement acquis ❑ Dépasse le niveau requis ❑	
Communication orale : Niveau 3		
Niveau 3 : Mener tout entretien, toute réunion quel que soit le niveau des vis-à-vis pour exposer, présenter, argumenter et convaincre	Non acquis ❑ Partiellement acquis ❑ Acquis mais à consolider ❑ Acquis ❑ Parfaitement acquis ❑ Dépasse le niveau requis ❑	
Écoute / empathie		
Capacité à entrer dans la logique d'autrui, à comprendre ses enjeux, à le situer, à donner des signes de compréhension, à reformuler et à rassurer	Non acquis ❑ Partiellement acquis ❑ Acquis mais à consolider ❑ Acquis ❑ Parfaitement acquis ❑ Dépasse le niveau requis ❑	
Intelligence des situations		
Capacité à repérer le non-dit, vivacité d'esprit permettant de saisir les opportunités pour faire passer les messages, disposition à sentir la conduite à adopter, à adapter son comportement aux exigences de la situation	Non acquis ❑ Partiellement acquis ❑ Acquis mais à consolider ❑ Acquis ❑ Parfaitement acquis ❑ Dépasse le niveau requis ❑	

C'est un vaste sujet technique qui devient de plus en plus d'actualité et de plus en plus fondamental tant pour la stratégie que pour la satisfaction du personnel qui y verra une contribution essentielle à l'intérêt de son parcours dans l'entreprise et de son employabilité, donc de sa sécurité dans un univers qui ne peut plus assurer la garantie de l'emploi.

Rappelons que ce qu'il y a de plus formateur c'est d'exercer un rôle ou une fonction. Par conséquent le passage par différents postes accroît la compétence. Mais la durée pour acquérir l'essentiel de ce qu'on peut apprendre dans un emploi varie avec la nature du poste et les capacités d'assimilation de l'individu.

En ce qui concerne les postes d'expertise dans des domaines techniques qui évoluent rapidement, il faut rester dans le poste, se former souvent et parfois participer à des recherches pour se maintenir au niveau. Les *professionnels* comme les appellent les Américains, et plus particulièrement les plus compétents d'entre eux c'est-à-dire *les experts* sont ceux qui créent le capital de connaissances, et sont particulièrement importants dans les organisations apprenantes.

Dans d'autres postes, l'accumulation de connaissances prend vite l'allure d'une courbe asymptotique, et quelques années supplémentaires n'amènent pas un accroissement visible des connaissances.

C'est pourquoi on élabore pour les futurs dirigeants dont le rôle essentiel est d'avoir une bonne compréhension de la diversité des natures de problèmes qui se posent dans l'entreprise, complétée par une grande capacité à trouver en équipe les solutions opérationnelles performantes, des parcours qui ne durent guère plus de trois à cinq ans dans différentes fonctions et pays.

Ceci étant, sont parfois nommés dirigeants des personnes dont l'essentiel de la carrière s'est déroulé dans une fonction mais qui ont été associés à la plupart des décisions, ce qui est une forme de formation, ce qui est le cas par exemple de directeurs financiers ou marketing.

Sveiby partage les collaborateurs en quatre catégories :
1. les employés des fonctions support,
2. les professionnels et les plus compétents d'entre eux, les experts,
3. les managers qui ont des compétences parmi les meilleures dans le management de l'organisation,
4. les leaders dont les compétences sont les meilleures à la fois dans les domaines professionnel et managérial.

On voit revenir au premier plan la compétence dans le métier pour les positions de leader. L'orientation vers le service client interne et externe, les équipes nombreuses et la suppression de nombreux postes de middle management avaient conduit à survaloriser peut-être le manager capable de tout manager et dévaloriser l'autorité de compétence professionnelle.

La définition du leader comme un homme qui allie les deux compétences à la fois professionnelles et managériales redonnerait sa chance aux promotions internes de dirigeants. Elle s'écarte un peu de la définition classique. Mais il est certes plus facile à un homme qui connaît bien le métier d'avoir par exemple une vision à long terme ou de connaître les clients, leurs besoins et les avantages stratégiques de son organisation face à la concurrence. Des personnages comme le successeur d'Andy Grove chez Intel, Balmer successeur de Bill Gates à la tête de Microsoft, et bien d'autres appartiennent à cette catégorie de leaders.

Les principales étapes de la gestion des emplois et des compétences sont :

1. *Une bonne connaissance de la situation actuelle de l'entreprise,* tant quantitative (pyramide des âges, répartition par niveau de formation, analyse des flux, niveaux de rémunération) si possible avec comparaisons par rapport à la concurrence, ainsi qu'une approche qualitative de ses ressources à travers les systèmes d'appréciation, les bilans de compétences les entretiens d'orientation, pour élaborer le répertoire des compétences de l'entreprise.

2. *Anticiper les emplois futurs.* Ce point est évidemment fondamental et suppose que la vision et les stratégies soient suffisamment claires et explicites pour pouvoir être traduites en évolution des besoins en compétences, dresser la maquette des emplois cibles, en déduire les écarts quantitatifs et qualitatifs.

3. À partir de là, il convient d'élaborer des plans de *recrutement, de formation et de mobilité.* Ce sont les trois principaux modes d'actions réels de la gestion des compétences. Les trois plans sont très difficiles à mettre en œuvre en respectant la stratégie de compétences :

   • La politique de recrutement est handicapée par deux facteurs : la priorité des besoins à court terme, soit on ne recrute pas ou pas assez tôt parce qu'on attend d'avoir la charge ou d'avoir démarré les activités nouvelles, soit les responsables opérationnels ou fonctionnels recrutent moins bons qu'eux par souci de protéger leur avenir (ce qui est très fréquent mais peut être une erreur de calcul).

   • La formation doit trouver le juste équilibre entre l'acculturation aux nouveaux modes de management, ce qui suppose des formations collectives aux mêmes sujets, la formation de chacun aux techniques qu'il utilise actuellement et la formation qui prépare l'avenir, celle qui va servir dans la fonction exercée demain, tout cela sans obérer la production.

   • La mobilité dans la plupart des entreprises reste très difficile à organiser et réaliser effectivement. Dans les PME sans croissance, c'est presque la quadrature du cercle si le turn-over est faible. Dans les sociétés plus importantes, il faut que les personnes et leur chef soient poussés par une très forte motivation, car la plupart ne veulent pas du changement.

Deux forces s'opposent, en effet, à la mobilité : les collaborateurs qui sont bons dans un poste craignent d'être moins bons dans un autre, et leurs patrons directs ne veulent pas les lâcher. Quant aux collaborateurs moyens, personne n'en veut.

La mobilité doit être poussée fortement par la hiérarchie et il faut que les personnes elles-mêmes soient très motivées. Pour cela, la solution la plus efficace à ce jour consiste à faire dépendre les hausses de salaires et les carrières de l'acquisition de compétences nouvelles ou complémentaires, en particulier par le changement d'emplois.

Il faut évidemment ménager des formules particulières pour les experts dont on souhaite qu'ils restent dans leurs métiers et qu'ils cultivent et développent des compétences dans leurs spécialités.

L'indispensable informatisation et ses difficultés

Compte-tenu des masses de données à stocker, mettre à jour et surtout à connecter pour avoir une GPEC qui fonctionne réellement, l'informatisation est nécessaire. Ce qui suppose que les différentes parties de la démarche ont été conçues pour pouvoir être informatisées et ce qui suppose également que des outils informatiques existent.

L'équipementier Faurecia a ainsi développé depuis 2000 un logiciel de gestion des compétences utilisable par l'ensemble des filiales dans le monde entier. Pour construire les référentiels le groupe s'est appuyé sur les témoignages de 130 directeurs opérationnels et une dizaine de DRH. Chez Faurecia les salariés peuvent compulser les informations théoriques relatives au poste qu'ils occupent ou à un poste qu'ils ambitionnent et mesurer ainsi l'écart entre leur propre profil et celui qui est demandé, ce qui est encore peu développé dans les autres entreprises (source Dossier Liaisons sociales magazine mars 2001).

Les systèmes d'information qui gèrent la paie et la formation existent depuis longtemps dans de nombreuses entreprises. Des systèmes intégrant davantage de processus RH se mettent en place depuis quelques années. Les vendeurs de logiciels offrent de plus en plus souvent des modules compétences à connecter aux SIRH existants.

Parmi les vendeurs de solutions on peut citer IBM global service avec HR Access, People Soft SIRH, SAP R3 module RH, ADP/GSI Hypervision, SOPRA gamme Pléiade, META 4 SIRH, etc. Chaque système a des contraintes ou des limites spécifiques concernant les approches compétences, les référentiels et leur utilisation.

Les principaux problèmes de mise en œuvre restent, outre la construction des référentiels, la saisie des données résultant des entretiens individuels et des formations suivies qui sont souvent saisies par le service du personnel, mais qui devraient idéalement être saisies par les chefs directs lors des entretiens et l'intégration des données de différentes sources.

Chapitre 14

Manager le changement

Plusieurs enquêtes récentes réalisées par le Conference Board, le Management Centre Europe, ou des organismes de conseils comme A.T. Kearney[1], démontrent clairement que les opérations de changement deviennent de plus en plus fréquentes dans les entreprises du monde entier.

Les modifications de plus en plus nombreuses des écosystèmes dans lesquels opèrent les organisations, liées aux déréglementations, aux privatisations, à la globalisation et à l'augmentation de la concurrence, aux concentrations résultant de la vague croissante de fusions acquisitions, aux évolutions des NTIC, sont les principales causes des changements.

Les modifications de structure et d'organisation des entreprises pour devenir plus réactives, plus flexibles, et mieux répondre aux attentes des clients ou baisser les prix, la réduction des temps de cycle, le foisonnement des innovations, l'implantation des nouvelles méthodes de management comme le Management par la Qualité Totale, les nombreuses restructurations qui accompagnent les opérations de Reengineering et l'implantation des NTIC, en particulier le passage en réseaux Intranet/Internet, expliquent la multiplicité des projets et l'accélération de la mise en place des transformations.

La pratique du Benchmarking, en faisant découvrir d'autres manières de faire et de s'organiser, contribue à accélérer les changements.

---

1. Troy Kathrin – *Change Management : an Overview of Current Initiative* – Conference Board – 1994. Et Management Centre Europe – *Change Survey – 1997 – Réussir le changement* par A.T.Kearney – Cité par Le Monde – 21 mai 1997.

Manager les opérations de changement devient un des rôles majeurs des dirigeants. Depuis longtemps, chercheurs, sociologues, consultants et dirigeants se sont intéressés à cette question ; les difficultés, les pièges et les bonnes pratiques sont assez bien connus. Nous en donnerons un résumé dans les pages qui suivent.

LES ÉVOLUTIONS SIGNIFICATIVES EN COURS

HIER/AUJOURD'HUI ⇨	AUJOURD'HUI/DEMAIN
Changements = projets isolés	Changement souvent partie des opérations : ex. progrès permanents du TQM
Changements périodiques	Changements permanents sans chaos
Approche très sociologique : individus, groupes, freins, peurs, stratégies de pouvoirs, etc.	Approches mixant sociologie, culture et mise en place pragmatiques du type PDCA (Plan, Do, Check, Act)
Nombreuses initiatives non conduites à terme	Conscience de la nécessité d'aller jusqu'au bout de la mise en place des changements
Pas de stratégies organisationnelles	Importance des stratégies organisationnelles
Restructuration, phénomène exceptionnel	Restructuration permanente
Changements impliquant souvent des réductions d'effectifs	Changements orientés vers des meilleures pratiques et réductions de coûts, réductions d'effectifs toujours fréquentes
Difficulté de mise en œuvre	Diminution lente de la difficulté de mise en œuvre

QU'EST-CE QUI DÉCLENCHE LES CHANGEMENTS ?

Les enquêtes se recoupent pour la plupart et donnent, à quelques différences près d'une enquête à l'autre, dans l'ordre d'importance décroissante, les causes suivantes :
- demandes des clients,
- pressions sur les prix,
- variations dans les performances financières,
- accroissement de la concurrence,
- globalisation des marchés,
- évolution technologique,

- fusions acquisitions, alliances,
- évolution de la réglementation,
- nouvelle direction générale ou direction de division.

La nature profonde du changement[1]

La conduite du changement est souvent traitée comme la capacité à réduire la résistance au changement que les personnels manifestent contre la volonté de la direction générale d'adapter l'entreprise aux évolutions inéluctables de son environnement.

L'organisation idéale pour les salariés, est celle qui, calquée sur l'Administration, peut leur offrir une sécurité maximale face aux turpitudes de l'environnement. On sait que, sans tomber dans l'angélisme le plus béat, le changement aura des impacts plus ou moins importants sur la vie des personnels, voire dans certains cas leur survie, c'est pour cela qu'il est vécu à des degrés divers comme une crise souvent aggravée par la pression de l'urgence.

La méfiance face aux résistances, l'exercice autocratique du pouvoir ou tout simplement le manque de courage des directions les conduisent à agir sans mettre en mouvement l'ensemble des personnels sous le mode participatif adapté à la culture de l'entreprise. Les personnes sont alors objets et non sujets du changement, sans latitude de contribution à la construction de l'avenir. Comment imaginer, dans ces conditions, qu'elles adhèrent spontanément aux décisions et qu'elles les acceptent quand elles mettent en danger leurs statuts ou pire leur survie ?

▬▬ Des facteurs multiples

La résistance au changement n'est pas une donnée intrinsèque et inéluctable mais le fruit de plusieurs facteurs qui peuvent être simultanés :

- une approche qui ne donne aucune latitude et aucun rôle dans le processus de conduite, donnant naissance à des frustrations, des incompréhensions et des positions arc-boutées sur l'existant pour mieux le conforter,
- des raisons qui apparaissent illégitimes en regard des situations économiques actuelles de l'entreprise,
- l'absence de vision et de stratégie de la DG,
- un pouvoir de négociation fort pour les personnels et leurs représentants,
- une absence de culture et d'expérience du changement en général.

---

1. Ce chapitre a été réalisé en collaboration avec Françoise Pochard, consultante.

▬ L'implication pour freiner les résistances

La bonne stratégie pour l'entreprise consiste à donner aux personnels un rôle actif dans un processus où la direction, tout en montrant la voie et en exposant sa vision du futur, confère aux personnels une réelle responsabilité dans la construction de l'avenir. Il faut élever la conscience des salariés à propos des évolutions environnementales afin d'éviter au maximum les situations de crise. Au-delà des polémiques qui peuvent naître sur des raisons illégitimes de changer (rémunération de l'actionnaire, par ex.), les changements deviennent la norme dans l'entreprise et il paraît préférable, pour le bénéfice de tous, de sécuriser les démarches de changement et préparer les personnels à y tenir un rôle actif pour assurer que les résultats obtenus seront au final plus désirables pour eux que de camper sur des positions de défense inflexibles d'un existant qui n'a pas d'avenir.

La direction générale doit également se convaincre que d'associer les personnes au mouvement, de leur conférer un rôle positif va faciliter les mutations. C'est cette action simultanée des protagonistes que sont le management et les personnels qui va amener l'entreprise à sortir du cercle vicieux de la peur du changement, ce qui conduit trop souvent à immobiliser toute l'entreprise et à mécontenter tout le monde. En bref, toute l'énergie dépensée pour bloquer les évolutions doit être consacrée à construire ensemble l'avenir !

C'est donc la capacité d'agir du personnel qu'il faut sécuriser et non l'existant, car dans le contexte économique actuel, ne pas changer revient à changer trop tard dans la douleur. Le changement de plus en plus rapide est devenu la règle de vie des sociétés et le but n'est plus de s'y préparer mais de l'inscrire dans les gènes même du management quotidien de l'entreprise. Rien n'est acquis aujourd'hui et ce sera pire demain.

LE CHANGEMENT, UN PROCESSUS PERMANENT INÉLUCTABLE

L'horizon n'étant plus figé, dans un environnement mondial perpétuellement en mutation, la stabilité devient un concept à ranger au rayon des nostalgies et celui de changement au rayon de la survie.

Pendant longtemps, les entreprises évoluaient par sauts successifs entrecoupés de paliers de décompression plus ou moins longs dans un long fleuve tranquille. Aujourd'hui, elles pratiquent le rafting dans un torrent impétueux où il leur faut trouver la meilleure trajectoire sans chavirer entre les obstacles pour rester dans le courant et descendre la rivière. Si l'on poursuit l'analogie, la réussite du changement est de même nature que celle du rafting : le coach sait où l'on va et donne les grands principes de navigation, la réussite dépendra de la capacité du groupe à agir en permanence de façon coordonnée, chacun à sa place contribuant à la manœuvre. On attend désormais d'une DG qu'elle organise la gestion permanente du changement et mette en place les filets de sécurité : à elle de donner, au final, le cap et la vision, aux salariés d'approfondir les modalités pratiques des évolutions à conduire.

La démarche de changement devra évoluer en permanence entre les décisions et arbitrages de la DG et les propositions des personnels qui déclinent et approfondissent les orientations et proposent les voies du progrès. L'équilibre entre le caractère dirigiste des orientations et les initiatives, la créativité libérée des personnels constitue la clef de la réussite du changement. Par nature, le changement est un projet qui doit se conduire avec le souci tout à la fois d'anticiper, de planifier, de s'adapter et celui d'harmoniser en permanence la nécessité d'évoluer et la capacité des hommes et de la structure à faire de même. Sans aller jusqu'à gérer un projet sans fin, la souplesse et l'adaptation maîtrisée sont de rigueur.

Si le changement est vécu comme une nécessité, comme un processus permanent nécessaire à la pérennité et au développement de l'entreprise, ce n'est plus la résistance au changement qui devient la préoccupation majeure des dirigeants, mais bien la dynamique de changement qu'il faut insuffler et piloter. Les changements échouent non pas à cause des résistances, mais à cause du manque de dynamique et de supporters.

LA CONDUITE DU CHANGEMENT

Il est dans la nature humaine de pouvoir changer du fait de la liberté de tout individu de pouvoir librement s'adapter et s'auto organiser. Qu'un organisme vivant soit perturbé par une modification dans son environnement implique qu'il va devoir choisir une réponse adéquate pour ne plus être dérangé. Si la modification est telle qu'il ne puisse la traiter simplement, il sera mis en demeure de changer. Dans ce cas, il devra abandonner une part de ses habitudes et de ses comportements pour se réorganiser autour de la nouvelle situation afin de la rendre compatible avec son existence. En face d'informations nouvelles, il va enrichir son expérience du monde et le comprendre différemment. Loin des considérations philosophiques, politiques ou spirituelles, sa liberté apparaît comme une condition inaliénable de sa vie. C'est la première loi en biologie, c'est aussi celle qui prévaut pour des organismes complexes telle l'entreprise. La liberté de se re-adapter en cas de modification de l'environnement est une force plus grande que celle de l'ignorer et d'avoir à en gérer les aléas.

Les implications d'une vision biologique du changement	
Intensifier l'information sur les évolutions de l'environnement et en développer les lectures économiques, commerciales, sociales, politiques… :	Quelles évolutions de l'environnement vont m'obliger à changer ?
Acquérir ensemble l'intelligence des données et confronter les points de vue	Que signifient-elles pour moi ?
Énoncer une vision de l'avenir et des voies pour le créer	Pour quoi et en quoi dois-je évoluer ?
Construire l'avenir (projets, plans d'action)	Comment m'organiser pour évoluer ?

Tableau N° 14.1 : La vision biologique du changement

Ces étapes doivent structurer les démarches de changement et être supportées par une politique de communication pour informer et mobiliser les personnes. C'est donc la bonne articulation entre quatre axes forts du changement que doit maîtriser l'entreprise pour conduire le changement :

- fixer le cap ou l'énonciation d'une vision éclairant l'avenir et les nécessités de changer,
- impliquer les personnels par un dispositif de groupes de travail proposant les voies et moyens de la déclinaison et de la mise en œuvre de la vision,
- piloter la démarche par une gestion de la nécessité de changer et des capacités de l'organisation et des personnes à le faire,
- communiquer grâce à un dispositif de communication accompagnant toutes les étapes du projet.

Fixer le cap

L'énoncé de la vision et des axes stratégiques qui en découlent doit être particulièrement soigné pour être accepté collectivement. C'est là un point important, car il va conditionner en tant que référence absolue les décisions et les comportements de chacun au cœur de l'organisation. Des principes trop vagues ; ne servent à rien, trop normatifs et détaillés, ils brident la créativité. L'objectif étant de guider tout en assurant la cohérence.

La vision est un voyage dans les profondeurs de l'organisation. Elle révèle le projet d'une communauté de travail, l'entreprise, sous la forme d'un futur idéal, désirable par tous et suffisamment détaillé pour que chacun y puise de suite ce qui servira à sa réalisation au quotidien.

La communication, elle, doit articuler les différents étages de la vision, à savoir :

- les causes, ce qui a conduit les dirigeants à décider le changement,
- l'état des lieux, ce que l'on sait faire, ses atouts, ses forces et ses faiblesses,
- le chemin parcouru, le rappel des origines, les valeurs qui fondent la culture, les moments forts dans l'histoire de l'entreprise,
- les évolutions, les tendances de fond, les modifications de l'environnement et leur impact sur l'entreprise,
- le projet, la place de l'entreprise dans le futur sans extrapoler le passé ni le présent,
- la stratégie ou comment passer de la situation actuelle à la concrétisation du projet,
- l'anticipation des obstacles, ce qui conduit à évaluer les risques et engager sans attendre des actions préventives pour éliminer les obstacles,
- la gestion du changement, ce qui amène à prendre les mesures correctives pour pallier les incidents et les difficultés de parcours.

Impliquer les personnels dans un dispositif de travail

C'est proposer les voies et les moyens de la déclinaison et de la mise en œuvre de la vision. Imposer les changements ex abrupto est sans doute la meilleure façon de créer les résistances les plus tenaces. Mieux vaut jouer sur l'effet d'entraînement que suppose la création des changements par les personnels eux-mêmes. Les mettre à contribution, c'est les placer en position d'inventer un futur où ils trouveront leur place, ils auront donc une tendance naturelle à y croire et à le supporter. Il est souvent étonnant de constater avec quelle rapidité ces changements peuvent alors advenir quand chacun se sent concerné par leur élaboration.

La création de réseaux, en multipliant les interrelations, permet de passer à l'action. Plus l'entreprise rencontre de difficultés, plus il est important de favoriser les échanges en internes et surtout d'écouter ceux qui généralement ne peuvent prendre facilement la parole. En intégrant une information plus nourrie, le système peut de lui-même enclencher le processus de changement. L'expression d'opinions divergentes, même si elle contrarie la tendance à l'homogénéité que souhaite l'encadrement, apporte de l'intelligence à toute organisation.

Plus que le changement en soi, c'est l'idée d'être changé qui perturbe le plus les individus. Le support d'une organisation apprenante, d'une communauté d'apprentissage, peut soulager l'anxiété de ceux qui redoutent le saut dans l'inconnu où manquent les repères familiers. Pas de sanctions, mais une expérimentation commune, pas de préjugés, mais une réflexion ouverte, voilà les garanties qui permettent la cohabitation de l'esprit de liberté et du sentiment de sécurité. Du sentiment de se sentir une personne à part entière, également. Si l'on réussit à maintenir en l'état ce cycle réflexion-expérimentation-action, l'entreprise peut envisager des changements importants.

Les dispositifs de travail sont de même nature que ceux des projets ; certains les appellent projets latéraux pour décliner les orientations alors qu'il serait plus adéquat de les définir comme des projets transversaux afin de construire une masse critique favorable au changement, représentative de toutes les fonctions et de tous les niveaux de l'entreprise. Cette masse critique crée une dynamique d'entraînement et d'accélération des démarches. La qualité des personnes mobilisées dans les groupes de proposition et dans l'équipe projet est un facteur clef de réussite du changement ; la différenciation entre l'organe de décision : comité exécutif et l'organe de proposition : comité de pilotage, en est un autre.

Piloter la démarche

C'est gérer la nécessité de changer et les capacités de l'organisation et des personnes à le faire. Devant la résistance au changement, inutile de multiplier la fréquence d'un message et d'insister sur son importance pour qu'il soit retenu. Plus essentiel est qu'il soit compris, car les récepteurs en auront chacun tiré un sens pour eux-mêmes. Plus essentiel encore est que cette compréhension soit partagée. Et pour ce faire, rien ne vaut l'échange, la discussion, la confrontation avec les réactions des autres. Chacun apporte une version différente de ce qui est important et enrichit la perception globale de la situation. Il faut alors effacer un passé encore récent et chercher les raisons de croire, d'apprendre pour progresser ensemble vers un futur encore flou.

Le changement est souvent assimilé au travail de deuil, tel que modélisé par la courbe de Kübler–Ross. L'analogie a certes ses limites, car le changement n'est pas une perte irréparable du passé et constitue une occasion de survie ou de situation meilleure, mais cette courbe à l'avantage de montrer que le changement n'est pas linéaire et qu'il alterne les phases d'activité et de passivité. On constate des avancées et des retours en arrière souvent incompréhensibles. La réussite passe donc par une intelligibilité des faits et une gestion fine du temps qui se fonde sur la succession d'événements chaotiques qui prendront tout leur sens avec la bonne grille de lecture.

Les différentes phases du changement	
• Sidération	Incompréhension de ce qui va arriver, renforcée par un manque de communication et un certain manque de courage des directions ; c'est la porte ouverte à toutes les rumeurs y compris les plus folles.

.../...

.../...	
• Déni	L'incrédulité se transforme en refus de croire et en refus d'agir ; cette phase est souvent décryptée par la hiérarchie comme une acceptation tacite faute de réaction alors que la situation requiert au contraire une forte communication pour amortir ce qui va suivre.
• Colère	Faute d'explication, de communication, le déni fait place à la colère qui s'exprime à des degrés divers. L'encadrement est souvent surpris et essaie d'amortir de temporiser alors qu'il faut agir, expliquer et faire preuve de courage et de détermination dans sa vision. C'est une phase cruciale qui obère souvent la réussite de la démarche, car susceptible de forts contresens.
• Marchandage	Le changement prend forme et le personnel commence à se faire à l'idée de et à vouloir composer et agir. Ce passage à l'acte même sous une forme transactionnelle est le moment privilégié pour rendre les salariés acteurs de leur avenir et mobiliser l'intelligence de tous ; interpréter cette phase comme un refus est l'erreur la plus commune, ce qui bloque ou retarde le mouvement. L'action et la participation sont alors des facteurs clefs de réussite car elles montrent aux sceptiques que le changement est enclenché et qu'il ne faut peut-être pas rester sur le quai.
• Dépression	Phase souvent mal comprise car après une phase active qui laisse à croire que l'adhésion va l'emporter, c'est la douche froide du refus et de la passivité. Ce qui est à l'œuvre c'est la difficulté de traduire dans les faits les objectifs et la clarification des impacts qui peuvent rebuter telle ou telle catégorie de personnels. Une lecture des impacts, conjuguée à l'élaboration de solutions concrètes et ciblées, permet de rétablir la sérénité dès lors que la direction manifeste sa volonté d'apporter des solutions aux problèmes soulevés. À ce stade c'est plus une affaire de bonne volonté que d'explication qui assurera la réussite.
• Acceptation	Elle sera d'autant plus forte que la phase précédente aura prouvé que la direction prend bien en compte les situations à problèmes et fait montre d'une volonté manifeste de conduire un changement (avec des solutions individuelles) et se soucie de la diversité des contextes. La capacité à passer du général au particulier est l'une des clefs de la réussite à ce stade au risque de cristalliser les mécontentements sur des problématiques générales.
• Investissement	Lorsque le projet touche à sa fin, le passage à l'acte et l'investissement individuel se font naturellement si les phases précédentes ont bien été conduites.

Tableau N° 14.2 : Les différentes phases du changement

La maîtrise de ces phases est assurée grâce à une bonne intelligibilité des faits et à une bonne maîtrise des différents « publics » : les actions doivent avant tout se focaliser sur la mise en mouvement des tièdes autour des moteurs actifs et non sur la résorption et la conversion des hostiles. Certes, la conversion de certains opposants peut se révéler utile, mais là aussi c'est une approche individualisée qui permettra de ne pas affronter de façon stérile des coalitions qui se nourriraient d'une conduite mal maîtrisée du changement alors qu'il est légitime.

Communiquer sur toutes les étapes du projet

Les répercussions individuelles au changement portent sur le métier, la compétence, la position hiérarchique, de même que sur certains avantages acquis de haute lutte. Chacun va devoir ré-étalonner sa culture faite de représentations, de valeurs, de références. Méthode, circuits, fonctionnement, il faut tout réapprendre et très vite retrouver ses propres repères. C'est pourquoi la communication joue un rôle de premier plan pour fixer les nouvelles règles et aider chacun à passer dans un nouveau système.

La plupart du temps le changement découle d'événements extérieurs à l'entreprise (nouvelle concurrence, globalisation des échanges, demande de l'actionnariat, opportunité stratégique, vente, fusion…). La direction soumise à une très forte pression doit souvent prendre des risques et concentre ses efforts d'abord sur des points comme :

- les études stratégiques préalables,
- l'établissement d'un plan de développement opérationnel,
- les schémas d'organisation,
- l'évaluation des scénarios.

Après cette première partie du travail, l'accompagnement du changement auprès du personnel s'impose comme un enjeu majeur pour limiter les risques d'implosion. Opération difficile pour les managers qui doivent alors vulgariser leurs objectifs auprès d'un public qui ne dispose pas des mêmes informations sur les raisons de changer, la manière de le faire et l'importance des efforts à réaliser. En général l'annonce retentit très violemment en interne car elle remet en cause ce que les managers tenaient pour acquis en raison de leur travail en amont. Réussir le changement consiste à réduire le décalage des perceptions entre les dirigeants qui disposent d'une longueur d'avance d'une part, et le personnel sous le choc, d'autre part. Décalage dans le temps, dans l'avancée de la réflexion, dans les phases de déni-acceptation-action, dans les positions face à l'avenir, dans la faculté à rebondir au choc…

Les études sur ce thème du changement se multiplient et l'on sait de mieux en mieux en maîtriser tous les aspects. Il n'existe pas de recette miracle qui fonctionnerait à coup sûr, mais si l'on focalise son attention sur quelques points clefs, on améliore notablement ses chances de succès. Sans pour autant oublier que le talent et le charisme des dirigeants sont des atouts considérables en la matière et qu'ils jouent un rôle considérable.

La toute première règle consiste à répondre le plus sincèrement aux attentes des personnes en s'attachant à la vérité des faits. Si celui qui doit opérer un changement n'y a pas trouvé son intérêt personnel, il ne saura pas non plus trouver les ressources pour se motiver. Cet intérêt va se manifester au niveau collectif par le « pourquoi changer ? », et au niveau individuel par le «pour moi, qu'est-ce qui change ? ». Beaucoup d'entreprises centrent leur communication sur l'explicitation des raisons qui obligent à changer. C'est bien sûr une nécessité, mais cela ne suffit pas. Alors, plus la direction sera claire en amont sur le volet des conséquences sociales, mieux elle sera entendue pour le reste et plus sa crédibilité sera assurée, quelles qu'en soient les conséquences. Rien ne sert de taire les doublons, les gains de productivité, car personne n'est dupe sur ce point. Par contre, il faudra parler abondamment, si possible en anticipant, des dispositifs prévus pour apporter des solutions socialement acceptables.

Le succès repose en grande partie sur le courage de dire et la volonté affirmée de baliser le champ social et d'en assumer les retombées aussi bien négatives que positives.

Donner du sens au changement

L'analyse des changements met en évidence trois facilitateurs, l'intention, le sens et la méta-cognition.

▬ L'intention (la vision)

Celui qui veut changer obéit à une intention particulière, d'abord connue de lui seul. L'intention que l'on va tenter de faire naître (elle ne viendra pas spontanément des salariés), c'est la vision : là où l'on veut aller. Un changement réussi est tiré par une vision. Au dirigeant de fixer un cap suffisamment précis et évident pour entraîner l'adhésion de son personnel. « Où va-t-on ? » est la question que tout le monde se posera avant même le pourquoi. Il faut donc dépasser l'analyse stratégique classique pour parvenir à construire une véritable anticipation des événements.

▬ Le sens (donner des repères solides)

Le cadre dessiné pour le changement doit amener à mémoriser, comprendre, pondérer, repérer tous les éléments nouveaux et leurs places relatives. Il est important de garder à l'esprit que le changement n'est pas voulu par les individus, il est le fait de l'entreprise. De même le cadre du changement ne sera pas défini par les personnes, mais pour celles qui doivent l'assimiler.

De là, le nécessaire partage des outils de diagnostic et d'analyse avec ce risque de transformer l'entreprise en une véritable tour de Babel ! Chacun doit se saisir des informations, mais pour cela il faut les lui communiquer, créer des centres de ressources là où elles sont stockées, mises à jour, complétées, enrichies. Les moyens modernes, tel l'intranet, constituent des vecteurs importants de ces informations, assurant à la fois la rapidité et la fiabilité de la transmission et l'interactivité de mise en pareil cas. Cependant, il est un moyen plus traditionnel qu'il ne faut surtout pas oublier, la hiérarchie, qui a le mérite d'être omniprésente et active ; et plus encore la hiérarchie nouvellement mise en place qu'il faut confirmer dans sa position.

Confirmer la hiérarchie dans son rôle demande qu'on respecte deux impératifs majeurs :

- la publication très en amont des éléments structurants donne du sens à la fusion, en crédibilisant la stratégie énoncée d'une part et en donnant des clefs de lecture pour mieux la comprendre, d'autre part ;
- la mise à disposition d'outils d'information pour la hiérarchie et le développement d'un courant d'échanges itératif et continu lui permet d'apporter le sens que le personnel attend réellement.
- L'outil « hiérarchie comme vecteur de changement » est largement sous-utilisé, voire même court-circuité dans de nombreux cas, alors qu'il est de loin le plus puissant pour porter le sens et dynamiser le changement aux yeux des salariés.

▬ La méta-cognition (comprendre ce qui se passe réellement)

La compréhension du processus, et donc son explicitation, apparaît plus importante que le changement en soi. Accélérer le processus d'acceptation du changement c'est amener la conscience qu'on a changé et comment on l'a fait. C'est à la communication qu'il revient d'accompagner le processus traduit concrètement dans l'exercice des métiers et des responsabilités.

Les directions générales font souvent montre d'un certain nombre de craintes face aux bouleversements. Elles auront naturellement tendance à modifier le moins de choses possibles à la fois, alors que les salariés attendent des signaux forts de ce changement qui est une occasion unique de modifier, de rebattre les cartes, de confirmer les germes de pratiques qui commençaient à poindre et que l'on souhaite développer et de faire évoluer le système de management.

En plus de rendre transparentes les informations, la communication doit s'attacher à visualiser les changements, à savoir mettre en exergue les réussites et tirer la leçon des échecs en toute honnêteté. Par ailleurs, la nécessité pédagogique de faire comprendre implique une parfaite cohérence entre les messages diffusés à l'interne et ceux qui sont destinés aux publics externes, entre le dire et le faire. Le risque étant de faire perdre toute crédibilité à la direction générale en brouillant les messages.

Pour convaincre chacun, le face à face reste cependant le moyen à privilégier. C'est ce qui permet de capter les réactions, l'enthousiasme ou le scepticisme, l'incompréhension ou l'étonnement du salarié par rapport à ce qui lui arrive en tant qu'individu et en tant que membre d'une communauté d'intérêt.

Donner vie au changement

L'engagement dans l'action va vraiment favoriser le changement en plaçant les personnels en situation de faire, de s'exprimer, de réguler et au final de se sécuriser par rapport à leurs appréhensions initiales. Et plus encore de construire l'avenir dans le cadre de références donné. Ce cadre que la direction aura dessiné en communiquant sur sa vision, sur ses raisons, sur ses objectifs et les moyens pour y parvenir, doit devenir opérationnel.

À ce stade, la réussite passe par la constitution rapide d'une masse critique agissante dans le cadre de projets participatifs pour donner une âme et un corps à la restructuration. Ces groupes de réflexion tournés vers l'avenir et la mise en œuvre, la communication doit les accompagner. Le travail consiste alors à mettre en évidence les décisions, les questions qui se posent encore et les expériences en cours. Il s'agit d'initier un flux ascendant, car les salariés ont besoin d'être entendus, y compris dans leur volonté de peser sur les décisions et d'apporter leur contribution aux processus en cours d'élaboration.

Si les courants descendants prévalent pendant la période d'annonce, les courants ascendants doivent être de plus en plus nourris, au fur et à mesure que l'on entre au cœur du fonctionnement de la nouvelle organisation, conférant aux personnes actives un réel pouvoir d'influence dans la mise en place de ses différents éléments.

On saura que l'opération est réussie si les salariés s'emparent du projet pour le reconcevoir, le renommer, y intégrer leurs préoccupations et leur propre vision du travail à accomplir pour remplir honnêtement leur part du contrat.

La gestion d'un tel processus d'intégration demande une gestion avisée qui porte sur :

- le respect du cadre de référence donné par la direction,
- l'étude d'alternative et de scénarios non envisagés au départ,
- l'ouverture vers l'extérieur et les enseignements que l'on peut en tirer,
- la publication des résultats et la mise en place d'un système de récompenses des succès avérés.

La communication doit donc participer pleinement à ce besoin de reconnaissance attendu par les personnels en échange de leur implication particulière.

Tout projet de changement se heurte à des foyers d'opposition sur lesquels on concentre en général les efforts de communication. Il semble pourtant bien plus efficace de se consacrer avec autant sinon plus de force aux alliés. En effet, de nombreux projets ont échoués, non pas à cause des opposants, mais faute d'alliés en nombre suffisant pour entraîner le changement.

Au-delà des alliés, il faut élargir le cercle à ceux que l'on qualifie de « tièdes » ou de « centre » et qui deviendront petit à petit favorables à la cause, tout la masse de ceux qui individuellement ont quelque chose à gagner. La priorité est donc de conforter les alliés dans leur prise de position, de leur donner les informations pour justifier, argumenter, convaincre, d'être attentif aux remontées, aux blocages, aux difficultés rencontrées pour corriger, dédramatiser et remplacer les rumeurs négatives par du positif.

Bâtir son plan de communication

L'élaboration du plan de communication permet d'avoir une vision globale et relative des objectifs, des cibles et des messages. C'est à travers cet outil que l'on donnera cohérence à la communication, en prévenant des faux pas et des oublis. Mieux encore, s'il définit les règles et les moyens, ce plan devient un formidable outil pédagogique pour tous les responsables (leur vade mecum), petit traité des idées et des valeurs à partager, glossaire des mots pour le dire et mémento des procédures.

Pourtant, s'il existe de nombreuses recettes, aucune n'apporte de solution miracle. L'authenticité des objectifs, l'adaptabilité des concepts et l'adéquation des moyens par rapports aux attentes et aux exigences des publics à capter sont les trois grands principes à respecter.

S'affranchir des pesanteurs

Avant même que le changement ne prenne corps, on assiste de plus en plus souvent à une guerre psychologique entre les protagonistes qui s'exprime largement au travers des médias : pages de publicité, pluie de communiqués, interviews. Certains, en parlant trop haut et trop vite perdent toute crédibilité tant ils se veulent rassurants auprès de tous leurs publics. Il n'existe pas de restructuration sans problèmes sociaux et les nier ouvertement revient à se déconsidérer. Mieux vaut aborder le problème franchement, chiffres à l'appui, et laisser entrevoir déjà les mesures qui seront mises en œuvre pour le résoudre. Ce discours clair aura le mérite de satisfaire autant les publics externes (marchés financiers, actionnaires) que les publics internes plutôt démobilisés pendant ces périodes d'incertitude. Attention, cependant, au déphasage des discours avec les syndicats qui peut tourner au dialogue de sourds. La pertinence des messages émis par les uns et les autres en renforce l'impact.

Trop souvent tétanisée devant le discours syndical, les directions se sentent peu crédibles, alors que les résultats étudiés prouvent le contraire. C'est en général la parole « officielle » qui l'emporte : le niveau de satisfaction des salariés augmente nettement lorsque la direction affirme sa présence et donne l'information en direct. Cette dernière dispose d'une voix autonome supérieure à celle des syndicats. Elle peut s'appuyer sur les salariés qui lui accordent un réel crédit à priori. Si elle ne parle pas ou tarde à le faire, il y a fort à parier que d'autres voix s'engouffreront dans ce vide pour générer des rumeurs ou des informations approximatives qui empesteront le climat social, à l'interne, et seront difficiles à contrer à l'extérieur, en termes d'image.

On attend que la direction parle, qu'elle parle juste et vrai avec la transparence qui s'impose. Il faut absolument que les dirigeants répondent à cette attente, sans les craintes qu'ils manifestent spontanément. Contrairement à certains a priori, il n'y a pas d'hostilité de principe à l'éventualité d'un changement. Le souci exprimé en premier (par les syndicats et par le personnel) se rapporte aux actions que l'entreprise engagera pour en rendre les conséquences acceptables sur le plan humain.

Pourtant ; bien souvent les syndicats sont considérés comme des empêcheurs de tourner en rond. Au-delà de l'obligation interne, il est bon de les associer à la réflexion sur les conséquences du changement et les modalités d'action : ils trouveront là matière à jouer pleinement le rôle d'interface, notamment sur la communication ascendante.

Autre handicap en période de changement, la lourdeur des chaînes de décision et d'exécution. Il est impératif de considérer la communication comme un projet d'entreprise et de lui donner une organisation avec des processus spécifiques. À cette occasion, il faut donc remettre en cause tous les verrous de validation traditionnels qui ne permettent pas la réactivité immédiate qui est de mise.

Par exemple, à l'interne, il ressort des études de cas que les syndicats ont un poids très moyen dans l'information. Les salariés montrent aujourd'hui une attitude adulte et responsable et sauront faire le tri du vrai, si toutefois on prend la peine de les informer rapidement en contrepoint. Certes, c'est une prise de risque que de travailler en simultané, mais c'est indispensable. Que la direction manque de volonté pour informer vite et bien sera retenu en négatif contre elle. On préfère une photographie sans compromis de la réalité aux incantations de type liturgique qui ne trompent plus personne.

C'est pourquoi, à chaque étape, il faut continuer à communiquer, expliquer les raisons des méthodes nouvelles et les prochaines réalisations qui feront l'objet d'un bilan. Il faut à tout prix occuper l'espace, en détaillant la vision à long terme, en dessinant plus précisément les perspectives au fur et à mesure.

Ceci vaut autant pour les troupes à l'interne que pour les publics externes, notamment les journalistes et les analystes financiers. Souvent, une fois l'annonce du changement passée, ceux-ci manquent totalement d'information et ne savent qui contacter dans l'entreprise pour les obtenir. C'est pourquoi, il serait bon de nommer dans le dispositif du projet, des personnes responsables du suivi de ces cibles, assez proches du directeur de la communication pour la validation de l'information. Ces personnes seraient nommément désignées comme ressources pour les interlocuteurs externes et assureraient la relation dans de bonnes conditions pour chacune des parties.

Si l'on soigne particulièrement l'annonce d'un changement, si l'on se montre très soucieux de l'image institutionnelle, on fait souvent l'impasse sur l'écoute et les préoccupations de ses publics. C'est alors qu'il faudrait passer de l'institutionnel à l'humain, du descendant à l'échange. Peu d'entreprises disposent d'indicateurs qualitatifs pour écouter leurs publics et asseoir leur stratégie en conséquence. En apparence, les dirigeants n'ont pas conscience de ce manque. C'est un peu comme si, une fois la messe dite, on oubliait le travail quotidien des fidèles et leurs difficultés à rester motivés et persévérants malgré le chamboulement de leurs repères.

Que les événements se succèdent trop rapidement ou, au contraire, trop lentement, la désorientation des publics est la même. Il est donc important de veiller au rythme des opérations pour ne pas créer de malaise supplémentaire et de s'ajuster autant que possible aux réactions qui s'expriment.

À l'interne, la différence des cultures d'un groupe à l'autre peut déclencher une forte hostilité, justifiée par la perte de repères habituels et la peur de ce qu'il adviendra. Pour pallier ce handicap, il convient de faire vivre rapidement la nouvelle organisation en intégrant dans les groupes projets des personnes représentatives de différents services. Pour réduire les antagonismes, il faut faire comprendre que cette organisation est déjà en marche et qu'il est grand temps de s'y impliquer, faute de quoi, on peut s'en faire éliminer. Accompagner ceux qui avancent, valoriser cette dynamique, mettre en exergue le nouveau, l'avenir, voilà qui provoque en général une véritable scission parmi les opposants.

La mise en route d'un projet latéral peut également disqualifier les tenants de la réaction.

Quand la communication est positionnée au rang de direction avec une place au comité de direction, la transformation de l'entreprise est placée sous de meilleurs auspices. Mieux encore, si le directeur de la communication est partie prenante dans l'élaboration du changement. Sa connaissance du terrain permet d'anticiper et de lancer des initiatives mieux préparées, mieux ciblées, pour garantir le passage harmonieux d'une structure à l'autre. En la matière, c'est la sensibilité et la volonté du président à prendre en compte la communication qui va jouer le rôle de moteur. L'harmonie établie autour des équipes de communication et, à l'intérieur même, entre ses différents responsables, va permettre d'en démultiplier l'efficacité.

La présence ou pas d'un plan de communication spécifique à la période semble également déterminante dans le bon déroulement des opérations.

Un plan qui devra prendre appui :

- sur la hiérarchie (considérée par les salariés comme un vecteur majeur),
- sur un dispositif cumulant des outils de « fond » crédibles, existant déjà dans l'entreprise,
- sur des canaux légers et parallèles, permettant une réactivité immédiate et une diffusion large et ultra rapide,
- sur des techniques d'écoute et de prise en compte des courants ascendants, laissant une large place à l'oralité et à l'interactivité.

Relais et appuis

Le recours à un conseil extérieur constitue-t-il la meilleure solution ? L'avantage pour l'entreprise repose sur le fait qu'un conseil spécifique dispose déjà d'une grille de lecture du changement. Reste bien sûr le danger que ce consultant soit si bien intégré à la cellule de projet qu'il ne puisse conserver une vue autonome et pense à l'unisson de l'équipe. Un autre danger, à l'inverse, est qu'on ne puisse l'entendre et accepter ce qu'il propose, par excès d'intransigeance.
Le bon usage du consultant, c'est de lui reconnaître le droit à l'indépendance. Son meilleur rôle : fou du roi ! Il doit avoir accès à tous les niveaux de l'entreprise pour observer, mettre en place des indicateurs, il doit aussi avoir l'oreille de la hiérarchie.

Une deuxième option, pour l'entreprise, est de donner au consultant le rôle d'un sous-traitant et de lui confier des opérations de maîtrise d'œuvre. Par exemple, l'élaboration du plan de communication sera l'affaire d'un conseil dont l'expertise sera appréciée, le suivi et sa mise en application pouvant être confiés à un consultant externe ou une agence spécialisée.

À l'interne, la position de direction de la communication ne lui confère aucun pouvoir sur les hiérarchiques. Cependant, il apparaît très important que cette direction puisse s'appuyer sur un réseau de relais qui lui serviront d'antennes, autant dans l'entreprise que chez le président. Ceci afin d'éviter de passer trop de temps à justifier les actions auprès des uns et des autres.

Gestion des savoirs et des compétences : l'organisation apprenante

Il suffit d'avoir perdu une heure sur son micro-ordinateur pour tenter en vain d'éviter que deux colonnes d'un tableau se chevauchent malencontreusement à l'impression sans comprendre pourquoi, et appeler un informaticien qui en deux secondes vous solutionne le problème, pour apprécier à sa juste valeur la *compétence* d'un *professionnel*.

En même temps, on réalise qu'il faut toujours en savoir plus dans différents domaines pour continuer à être soi-même opérationnel dans un monde qui communique *via* des micro-ordinateurs et des réseaux, et qui abandonne progressivement le séculaire crayon.

Avec des technologies, des méthodologies et un environnement qui changent si rapidement, on est en permanence en situation d'apprentissage d'un nouvel outil, d'une nouvelle manière de faire ou de se comporter, de nouvelles tâches, d'un nouveau rôle, d'une nouvelle fonction, quand ce n'est pas d'une nouvelle organisation, d'une nouvelle structure, voire de nouvelles valeurs.

Les hommes et les organisations sont confrontés au problème du management d'une masse croissante d'informations et de connaissances qui se périment à des vitesses variables, générées non seulement par des hommes mais aussi par les machines.

Nous sommes pour un temps plongés dans la civilisation de l'information et les organisations ressemblent de plus en plus à des vaisseaux d'importances diverses qui s'efforcent de surnager sur les puissants fleuves qui charrient des flots d'informations. Pour avancer, il faut savoir brasser et rejeter une masse d'informations et trouver son chemin au milieu de cette masse confuse. Désormais, avec Internet, Intranet, les bases de données, les satellites, les téléphones mobiles et la télévision numérique, voilà que les esquifs passent des rivières au grand large.

Chaque personne et *a fortiori* chaque organisation se trouve en face d'un volume croissant de connaissances qu'elle doit absorber, et ne peut plus éviter d'accepter un processus d'apprentissage permanent. Cesser d'apprendre devient professionnellement mortel.

LES ÉVOLUTIONS SIGNIFICATIVES EN COURS

HIER/AUJOURD'HUI ⇨	AUJOURD'HUI/DEMAIN
Les bases de données sont peu adaptées au stockage de l'expertise	Nouvelles bases de données et réseaux adaptés au stockage de l'expertise
Les connaissances opérationnelles sont dans la tête des individus	De plus en plus de connaissances opérationnelles sont également stockées dans des bases de données
Délais de transmission du savoir formalisé en diminution	Diffusion mondiale instantanée du savoir formalisé *via* Intranet/Internet
Les stratégies sont fondées principalement sur les rapports avec l'environnement (clients fournisseurs, concurrents, etc.)	Les stratégies réalistes sont fondées sur l'environnement et les ressources dont la principale : les savoir-faire de l'organisation
L'économie est fondée sur les produits et services	L'économie est de plus en plus fondée sur les intangibles, les informations et les savoirs
Pérennité de l'entreprise liée à marchés et stratégie	Pérennité de l'entreprise liée à la capacité de rester jeune en étant apprenante
L'expert est moins important que le manager	L'expert est parfois une ressource plus rare, les deux sont importants
La mémoire de l'entreprise est dans la tête des cadres, du middle-management et des techniciens	La mémoire de l'entreprise est dans la tête de chaque opérateur, mais aussi chez les fournisseurs, partenaires et clients, et dans les bases de données
Les relations personnalisées de fidélité sont appropriées par les individus	Les organisations évitent l'appropriation de la fidélisation par une personne
Chacun garde pour soi ses informations, ses connaissances et expériences, source de pouvoir et de conservation des postes	Chacun s'efforce de transmettre, formaliser et mettre en bases de données et sur les réseaux ses savoirs, la transmission et le stockage de ses savoirs sont hautement valorisés et récompensés, la rétention est sanctionnée

.../...

.../...

La formation est préférentiellement destinée à ceux qui ont fait des études sans trop de difficultés	L'entreprise apprend à apprendre et réconcilie tout le monde avec la formation
La formation est dispensée par les formateurs	La formation s'acquiert par le travail lui-même, est dispensée par de multiples personnages, canaux et médias, dont les formateurs, et toute la hiérarchie devient formatrice
La formation se fait à certaines périodes de la vie : scolarité, intégration dans une profession, stages de recyclage, etc.	L'apprentissage doit se faire en continu, cesser d'apprendre devient éliminatoire
La formation est un acte individuel	Langage et valeurs communes, ciment d'une organisation comme d'une nation, résultent d'une formation collective
Beaucoup de directeurs de systèmes d'informations, peu de directeurs du savoir	Beaucoup de directeurs du savoir
Concept de pratiques individuelles	Concept de « communautés de pratiques »
Dévalorisation de l'imitation	Valorisation de l'imitation des meilleurs et des « best practices », essor du Benchmarking
Compétence = savoirs	Compétences = savoir-faire (incluant savoirs et savoir-être)
La veille est une activité secondaire	La veille technique, commerciale et stratégique devient importante
L'apprentissage d'une organisation est un processus d'adaptation au changement	L'apprentissage d'une organisation résulte également de la création de savoirs qu'elle effectue en son sein

DÉFINITIONS ESSENTIELLES

L'un des grands penseurs actuels de la problématique des connaissances dans l'entreprise est Ikujiro Nonaka qui, avec Hirotaka Takeuchi, a écrit *The Knowledge Creating Company*[1]. Ses thèses sont centrées sur les aspects humains et n'accordent peut-être pas la place qu'elles méritent aux nouvelles technologies de l'information et des communications.

---

1. Nonaka Ikujiro et Takeuchi Hirotaka – *The Knowledge Creating Company* – Oxford University Press – 1995.

Il faut lui adjoindre les recherches et le livre déjà cité de Jean-François Ballay, *Capitaliser et transmettre les savoirs de l'entreprise*, qui prend davantage en compte l'impact et l'apport des technologies modernes ; Le *Savoir en action* de Jean-Pierre Anciaux[1], et le livre de Arie de Geus *La pérennité des entreprises*[2], pour avoir une vue plus complète des problèmes de création, d'utilisation, de capitalisation et de transmission des savoirs.

Il est important d'aborder ce chapitre en clarifiant d'abord quelques concepts.

Données, informations, savoirs et compétences

Il ne faut pas confondre :

Les données qui sont des morceaux inorganisés d'informations qui peuvent être obtenus de sources primaires directement par des appareils de mesures ou des personnes ou par des sources secondaires (écrites), internes ou externes à l'organisation.

Les informations qui résultent de l'intégration et de l'organisation de données leur conférant un sens. D'après Erik Sveiby[3], l'un des pionniers en matière de définition du savoir et de sa mesure, l'information peut ne pas avoir de valeur, elle peut être une perle ou une ânerie ; si c'est le cas quand on l'a reçue, c'est trop tard.

Le savoir ou la *connaissance* qui est de l'information reconnue comme valide et acceptée, intégrant à la fois des données, des faits, des informations, et parfois des hypothèses. Le savoir nécessite que quelqu'un trie, combine et interprète les informations.

Le savoir-faire plus important encore dans le cas des activités humaines, est défini par Jean-François Ballay[4] « *comme le bon équilibre entre savoir et action, c'est-à-dire l'ensemble des connaissances qui sont mises en œuvre lorsque nous sommes en train d'agir...* que cela soit pour fabriquer, pour concevoir, pour réparer, pour communiquer, pour vendre, pour planifier, pour diriger, toutes ces tâches, toutes ces activités exigent du savoir-faire ».

---

1. Anciaux Jean-Pierre – *Le Savoir en action* – *Des connaissances à la performance* – Éditions d'Organisation – Paris – 1996.
2. De Geus Arie – *La Pérennité des entreprises* – *L'expérience des entreprises centenaires au service de celles qui veulent le devenir* – Éditions Maxima – 1997.
3. Sveiby Karl Erik – *The New Organizational Wealth* – Berrett-Koehler – 1997.
4. Ballay Jean-François – *Capitaliser et transmettre les savoir-faire de l'entreprise* – Collection de la Direction des Études et Recherches de l'Électricité de France – Éditions Eyrolles – Paris – 1997.

« En réalité on n'a besoin que de deux notions fondamentales : le *savoir* (ou la connaissance) et *l'action* ». On peut considérer à ce niveau que le *savoir-être* fait partie du savoir-faire.

Comme le démontre Jean-François Ballay, le savoir-faire, qui est toujours tributaire du moment et de la *situation*, contient une *partie personnelle* qui peut différer quelque peu d'un individu à l'autre, une *partie d'évidence* qui ne nécessite pas d'être explicitée parce qu'elle semble partagée par tous, *du savoir stabilisé et parfois en partie formalisé*, mais il s'accompagne aussi de notions résultant de *tâtonnements* et d'expériences fragmentaires en cours.

Il faut également être conscient que chaque action est susceptible de remettre en cause notre savoir antérieur.

Le savoir peut avoir deux origines : une origine *cognitive,* c'est tout ce qui est appris par le moyen d'exposés, de lectures ou d'images, c'est le savoir bâti sur l'information et donc les données. L'autre origine dite parfois *expérientielle* est celle qui résulte d'expériences vécues ou d'événements.

On distingue souvent également :

> La *connaissance explicite*, qui est formalisée et transférable sans trop de difficulté (comme le mode opératoire d'un technicien), elle peut être matérialisée par un texte, un dessin, une image et codifiée.

> La *connaissance tacite*, plus personnelle, intuitive, fruit d'une expérience personnelle de durée variable (comme le tour de main de l'artisan), elle n'est pas encore totalement structurée par le langage ou l'image pour être transmise.

> **La compétence** qui est « *la capacité de résoudre des problèmes professionnels dans un contexte donné* », comme l'indique Michel Ledru, Directeur à la CEGOS, dans un texte que nous reproduisons ci-après[1].

On peut distinguer :

1. les compétences de 1er niveau :
   - les *compétences opérationnelles* ou capacités à réaliser des activités (ou tâches)... être capable de : ...
   - les *compétences relationnelles* (savoir-être).

---

1. Ledru Michel – Directeur Division Ingénierie des Compétences CEGOS – *Organisations apprenantes et technologies de l'information et de la communication* – Exposé lors de l'Assemblée Générale de l'Association CEGOS – Juin 1997.

2. les compétences de 2ᵉ niveau : les *compétences cognitives* (mentales) ».
La compétence peut s'analyser suivant quatre critères (méthode CEGOS-Corom) :

- les *démarches intellectuelles* (stratégies de résolution de problèmes développées pendant les études et le travail),
- les *savoirs et connaissances* (théoriques et techniques),
- les *relations au temps et à l'espace* (notre capacité à traiter un nombre donné d'informations, à élargir notre champ d'analyse des problèmes à anticiper),
- *les relations aux autres.*

Selon la variété et la complexité des situations de travail à résoudre, la compétence met plus ou moins de temps à se construire ; on peut accélérer l'apprentissage par de la formation, de l'accompagnement sur le tas. C'est encore plus efficace si le travail lui-même est « formateur ».

Performances et compétences

Les compétences seraient d'un intérêt modeste si elles n'étaient pas l'une des composantes essentielles de la performance.

Celle-ci, en effet, résulte d'une triple conjonction qu'on illustre assez bien par un triangle :

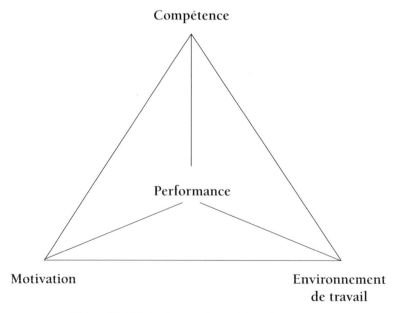

Tableau N° 15.1 : De la compétence à la performance

LES SAVOIRS DE L'ENTREPRISE : CRÉATION, ACQUISITION ET CAPITALISATION

Les savoir-faire de l'entreprise sont en général constitués principalement à partir de ses métiers et sont à l'intersection de la culture et de la stratégie. Probst et Büchel[1] distinguent :

- Le *savoir de référence* (dictionary knowledge ou le « what ») qui comprend les définitions, les descriptions utilisées et partagées par les membres de l'organisation, et tout le langage spécifique tel que satisfaction client, taux de facturation, notes de qualité, etc.
- Le *savoir relationnel* (directory knowledge ou le « how ») qui comprend la connaissance des personnes et les pratiques communes de travail ainsi que les relations de cause à effet généralement admises.
- Le *savoir procédural* (recipe knowledge ou le « should ») qui comporte les règlements et recommandations tels que normes de qualité, sélections de débiteurs, cycles de production.
- Le *savoir axiomatique* (axiomatic knowledge, le « why ») qui englobe les axiomes et hypothèses qui sous-tendent les actions de l'organisation telles que valeurs ou objectifs de l'entreprise.

Les savoir-faire les plus précieux sont à la fois ceux qui sont les plus rares et les plus utiles sur le marché du travail.

Savoirs tacites et savoirs explicites

Pour Nonaka, les Occidentaux ont tendance à survaloriser les savoirs explicites. La connaissance tacite a deux dimensions : l'une qui comprend le savoir professionnel incluant les gestes, les tours de main et des expertises difficiles à décrire, l'autre qui intègre nos modèles mentaux, nos croyances, notre perception de la réalité et notre vision du futur.

Admettre l'importance de la connaissance tacite, c'est admettre que l'entreprise est un organisme vivant et que la connaissance comprend les intuitions, les idéaux, les valeurs, les émotions aussi bien que les images et symboles.

D'où l'importance de l'apprentissage sur le terrain pour les Japonais et l'importance de l'interaction entre les personnes dans les processus d'apprentissages.

Natures, formes et évolution des savoir-faire

« *L'action détermine l'acquisition du savoir-faire et le fait évoluer en permanence* » (J.F. Ballay). Les lieux d'acquisition du savoir-faire sont la personne humaine

---

1. Probst Gilbert J.B. et Büchel Bettina S.T. – *La pratique de l'entreprise apprenante* – Éditions d'Organisation – Paris – 1995.

dans sa dimension individuelle lorsqu'elle s'informe ou apprend, dans sa dimension relationnelle dans les groupes ou par l'utilisation de divers modes de communication dont l'informatique (qui permet la communication asynchrone), dans les structures de l'entreprise, métiers, fonctions, rôles ou projets, également par les outils, depuis des machines simples jusqu'aux systèmes complexes.

Le quotidien génère continuellement des faits et des informations qui enrichissent, modifient les savoirs et rendent certains d'entre eux obsolètes, ce qui explique la fragilité de nos connaissances.

Le savoir-faire repose souvent non pas sur des connaissances certaines mais sur une *approbation collective*. Les croyances, valeurs et même préjugés de l'organisation à un moment donné en font partie.

L'essentiel des savoirs se manifeste sous la forme de *gestes, de tours de main, de raisonnements logiques et de classifications.*

Le raisonnement logique est une forme universelle du savoir-faire qui prend des formes très diverses telles que lois scientifiques, règles, recettes d'experts. La classification met de l'ordre, fait apparaître des régularités et permet d'organiser le travail, de faire des diagnostics, etc.

Mémoire et capitalisation des savoirs

« *C'est le fait de maintenir des relations, de se remémorer des faits en commun, qui permet de fixer la mémoire, de fixer les savoirs* » (J.F. Ballay).

La difficulté pour capitaliser l'expérience est double, quand un groupe de projet par exemple est dissous, la mémoire de ce groupe perd de son sens, d'où une première difficulté à tirer les leçons du passé.

En outre, la solution d'hier correspondait souvent à une situation particulière. La *référence* historique n'est valable que si la situation du passé peut être considérée comme analogue à la situation actuelle.

Lorsque l'on veut capitaliser des connaissances, on devrait deviner l'utilité pour l'avenir de solutions du passé. Comme il est très difficile de répondre à cette question, la solution est dans l'amélioration des mémoires.

Le premier mode de capitalisation du savoir dans l'entreprise est *l'écrit*, qu'il soit sur papier ou dans des ordinateurs, mais il trahit ou modifie la réalité, et il ne faut pas oublier qu'une grande partie des connaissances n'est jamais formalisée. Dans la plupart des entreprises toutefois les systèmes documentaires sont à la fois imparfaits et trop peu utilisés.

D'énormes progrès devront être réalisés dans les années à venir dans la constitution et l'utilisation des bases documentaires internes et externes qui se multiplient et deviennent soudain accessibles très facilement *via* les réseaux (Internet et Intranet).

Parmi les modes de capitalisation du savoir, on peut signaler les élaborations de guides, bibles, manuels de métiers, les opérations de changement, et de réorganisations, l'Assurance Qualité, le TQM, les brevets, la Recherche et Développement, l'embauche d'experts, la constitution de bases de données, et naturellement la formation continue.

J.F. Ballay explique que la gestion des compétences et des savoirs doit résoudre la contradiction suivante : les *savoirs tacites* sont opératoires mais difficilement transmissibles tandis que les *savoirs explicites* sont transmissibles mais souvent peu opératoires et parfois pas exploités du tout.

Que faut-il mémoriser et transmettre ?

À cette question J.F. Ballay apporte la réponse suivante : « *ça marche, on sait à quoi ça sert et on a une bonne garantie*. Voilà ce dont, par nature, la science et la technique ont besoin pour accumuler, réutiliser, perfectionner, systématiser, combiner. En bref le moteur de notre développement ».

Le savoir-faire se valorise grâce à ces « boîtes noires » que sont les concepts (l'outil le plus efficace pour transmettre des connaissances), les processus, les procédures, les règles, les lois scientifiques, les recettes.

La mémoire du futur

Pour Arie de Geus, les entreprises de grande longévité présentent quelques caractéristiques communes :

- elles sont sensibles à leur environnement et ont une aptitude à apprendre et s'adapter, *l'entreprise apprenante* étant caractérisée par sa sensibilité à l'environnement,
- elles font preuve d'une forte cohésion et d'une identité affirmée,
- elles se distinguent par leur tolérance,
- elles font preuve d'une grande prudence financière.

En ce qui concerne l'apprentissage, Arie de Geus s'appuie en partie sur les travaux de David Ingvar, Directeur du département de neurobiologie de l'université de Lund en Suède.

Ses recherches montrent que le cerveau humain cherche en permanence à donner un sens au futur. Il développe une activité cérébrale constante en parallèle aux autres activités dans lesquelles il est engagé, pour anticiper les secondes, minutes, heures, semaines ou années à venir.

Par exemple, je vais noter sur un papier cette théorie peu connue, et dans une heure il me faut téléphoner à Durand, etc.

Le cerveau humain revisite en permanence les chemins temporels du futur qu'il construit et acquiert ainsi « *une mémoire du futur* ».

Deux fonctions sont possibles pour cette mémoire du futur : soit se préparer au futur qui va se réaliser, soit, comme le croit Ingvar, « *la mémoire du futur agit comme un filtre pour aider l'individu à traiter l'immense quantité d'informations qui ne cesse de lui être transmise* » (de Geus).

Pour Arie de Geus, qui assimile l'entreprise à un organisme vivant, donc capable d'apprendre, *le rôle des dirigeants est de revisiter en permanence leur futur et d'élaborer des options et des chemins différents.* Sans ce travail, toutes les données enregistrées sont dénuées de sens. Dans la pratique, la méthode des scénarios pour élaborer les choix stratégiques semble correspondre le mieux à cette consigne.

Sa thèse répond en partie à la question : quels savoirs faut-il capitaliser ? La réponse est évidente : ceux qui serviront l'action future.

Mais là commence la difficulté. Car notre époque submerge tout un chacun et les organisations sous un flot permanent d'informations de plus en plus faciles à stocker à un coût de plus en plus faible.

Il faut donc mémoriser, ranger et capitaliser les savoirs utiles pour le futur et en même temps éliminer et rejeter une quantité considérable d'informations et de savoirs qui ne serviront plus. En cette matière, nous sommes sans doute à l'orée de travaux et de progrès qui sont de plus en plus nécessaires à la survie et au progrès des organisations.

LE TRANSFERT DE COMPÉTENCES DANS LES ORGANISATIONS

Les modes de développement des connaissances dans les organisations

D'après Nonaka et Kateuchi[1], quatre modes de création et de transmission du savoir peuvent être considérés :

La socialisation : du tacite au tacite, par interaction forte, la connaissance tacite d'une personne ou de quelques personnes peut devenir la connaissance d'autres personnes. Cette transmission se fait naturellement par des travaux en groupes de deux (coaching ou tutorat) ou de plusieurs, tels que techniques de résolution de problèmes en groupe, et les différentes techniques de créativité telles que le brainstorming, etc.

---

1. Op. cit.

Les relations clients-fournisseurs peuvent faire partie des actes de socialisation permettant des transferts de savoirs tacites.

La socialisation crée du *savoir partagé*.

L'explicitation : du tacite à l'explicite, il s'agit de transformer du savoir tacite en concepts explicites, en faisant appel à des analogies, des métaphores, des dessins et des images, le tacite peut être articulé en un ensemble structuré de concepts et donc de connaissances transmissibles.

La formalisation est la clé de la mémorisation et de la transmission du savoir. Elle crée du *savoir conceptuel*.

L'association : de l'explicite à l'explicite, c'est le processus par lequel on agrège des concepts pour en faire un corps de connaissances. Par l'intermédiaire d'un langage commun et de médias de transmission variés, papier, réseau informatique, exposé oral, les connaissances explicites peuvent être combinées pour donner forme à de nouvelles connaissances.

Par exemple, par l'association de prédictions de valeurs et d'objectifs, on peut forger la vision de l'entreprise. L'association crée du *savoir systémique*.

L'intériorisation : de l'explicite au tacite, c'est par la pratique répétée d'un savoir ou d'un savoir-faire que celui-ci va s'enraciner dans les comportements des acteurs et dans leurs mémoires ainsi que dans celle de l'organisation, et devenir ainsi partie de sa culture.

C'est aussi ce qu'on appelle « apprendre en faisant » (learning by doing) ou « pratiquer pour croire ».

Cela peut se faire également en revivant l'expérience d'autrui, par exemple en réécoutant des réclamations téléphoniques de clients, mais aussi en entendant par exemple une « success story » si elle est suffisamment crédible. L'intériorisation crée du *savoir opérationnel*.

Les cheminements suivis par le transfert des connaissances sont représentés par Nonaka et Takeuchi par un schéma désormais bien connu : la spirale de la connaissance.

Les cinq conditions pour favoriser la création de savoir dans les organisations sont l'intention (c'est-à-dire que cela fait partie des buts), l'autonomie, l'admission de variations et de chaos créatif, la redondance et un certain degré de variété.

Le rôle du middle-management est important. Ce sont eux qui font le pont entre les rêves de la haute hiérarchie et les concepts utilisables dans la réalité quotidienne et compréhensibles par les opérateurs.

Ils essayent de résoudre la contradiction entre les espoirs de la hiérarchie et ce qui existe actuellement dans le monde réel.

Dialogue

| Socialisation (savoir partagé) | L'explicitation (savoir conceptuel) |
| L'intériorisation (savoir opérationnel) | L'association (savoir systémique) |

Opérations

Liaisons entre savoirs explicites

Apprendre en faisant

Tableau N° 15.2 : La spirale de la connaissance

La diffusion des connaissances dans les organisations

Le grand cycle de transfert des connaissances

Le transfert des connaissances dans l'entreprise s'analyse assez bien en examinant deux dimensions qui sont le *degré de codification* et *l'ampleur de la diffusion*, explicité par Manfred Mack[1] à partir d'un article de Max Boisot, par l'expression « cycle de transformation des connaissances dans l'entreprise ».

Une connaissance nouvelle s'élabore de manière souvent discrète dans une enceinte quelconque, à l'occasion de la résolution d'un problème, ou de l'apport d'une personne interne ou externe.

Elle sera ensuite partagée avec d'autres personnes, très souvent des équipes parfois pluridisciplinaires.

Si la solution est bonne ou la connaissance utile, elle va être décrite et codifiée (son degré de codification augmente donc), elle sera ensuite diffusée de plus en plus largement (son niveau de diffusion augmente), puis appliquée en divers lieux avec adaptation (son degré de codification diminue), mais elle vient augmenter le stock des compétences de l'organisation et des personnes qui se la sont appropriée.

Dotée de ces compétences nouvelles, l'organisation va percevoir d'autres opportunités, développer des solutions ou des connaissances nouvelles, qui vont être codifiées puis diffusées et intégrées, devenant ainsi des compétences collectives de l'organisation, ainsi de suite.

---

1. Mack Manfred – *Co-évolution, Dynamique créatrice* – Village Mondial – 1997.

▬ Autres considérations concernant la création et le transfert des savoirs

Pour Prost et Büchel, les vecteurs de l'apprentissage dans les organisations sont les élites, les groupes et les systèmes sociaux tels que les universités.

Pour Anciaux, trois aspects sont importants : les échanges, les frontières, et la régulation.

Les échanges peuvent être informels ou organisés, horizontaux ou verticaux. Ils peuvent emprunter différents supports, verbal, papier ou électronique. Les échanges informels peuvent être le signe d'une absence d'information formalisée. Il n'est pas sans intérêt de dresser un tableau général des échanges horizontaux et verticaux, et de regarder ce qui se passe à l'intersection, c'est-à-dire aux noeuds de communication.

Les frontières sont celles de l'équipe, de la division, de l'entreprise. Elles peuvent devenir des barrières au transfert de savoirs, mais elles peuvent aussi s'ouvrir comme dans les entreprises performantes, et les réseaux peuvent abolir techniquement les frontières à la diffusion de savoirs si la règle est l'accès de tous à tout le savoir à quelques exceptions près.

La régulation a pour objet de définir les règles de fonctionnement du système, les modes d'accès et d'une manière générale tout ce qui doit se passer sans recours à une nouvelle décision. C'est souvent le rôle des administrateurs de données.

Dans une enquête réalisée par IBM et Economist Intelligence Unit, la principale barrière à la création et la transmission de connaissances apparaît être le temps (63 % des répondants).

Les entreprises font du partage du savoir un item qui intervient de plus en plus dans les revues de performances et les salaires et primes.

Les systèmes de gestion des connaissances

À la base de la mémorisation, de la capitalisation et de la transmission du savoir et du savoir-faire, il y a le *document,* qu'il soit un outil, du papier ou un document électronique.

Pour progresser vers un système de gestion des connaissances, les entreprises doivent :

1. Assurer la pérennité et l'inter-opérabilité des traitements manuels comme des traitements automatiques de données (EDI, CFAO...), ce qui suppose des disciplines telles que l'utilisation de Standards de Structuration des Données Techniques, ou des Standards de Structuration de Données Textuels.

2. Organiser la reprise des documents non électroniques existants en se plaçant dans le contexte de l'action et en prenant comme critère l'utilité ou la fréquence d'utilisation future pour éviter de polluer le système par trop d'informations et un coût trop élevé de reprise informatique des documents manuels.

3. Organiser la traçabilité des documents à travers leurs références bibliographiques.

4. Organiser les dossiers de savoir-faire pour qu'ils soient utilisables facilement (voir à ce sujet le livre de J.F. Ballay pour le contenu type).

5. Créer éventuellement des outils d'expertise spécialisés tels que des calculs automatiques ou des systèmes experts.

6. Organiser le stockage et le traitement des données.

7. Faciliter l'accès et la consultation de l'information pour mobiliser le savoir-faire. Ce qui suppose de pouvoir retrouver un texte ou un dossier précis dans *l'océan de la connaissance* (qui s'est substitué à *l'arbre de la connaissance*) grâce à *l'indexation en texte intégral* (hypertexte), et à la *visualisation* de tout ou partie du savoir recherché.

8. Protéger la confidentialité et le secret de certains savoirs.

9. Organiser l'alimentation des bases de connaissances en respectant l'objectif permanent : *pouvoir disposer du maximum d'informations fiables et du minimum d'informations inutiles.*

10. Désigner les responsables des différentes bases documentaires.

Les Nouvelles Technologies de l'Information et des Communications ouvrent un champ de possibilités immenses à la mémorisation, la capitalisation et la mobilisation des savoirs.

Le défi est de traiter les savoir-faire avec ces outils modernes pour qu'ils soient d'autant plus rapidement et facilement accessibles et transférables qu'ils auront sans doute une durée de vie de plus en plus courte.

La généralisation des Intranet et des connections à Internet va avoir un effet encore très sous-estimé, mais fondamental : *dès qu'un savoir sera formalisé sous forme de document, il sera pratiquement accessible à tous dans l'instant.* Nous ne sommes qu'au début du phénomène et encore incapables d'en prévoir les conséquences, car pour l'instant, mais cela devrait changer, chercher de l'information sur Internet consomme du temps.

▬ Exemples d'apport de l'informatique dans la capitalisation et le transfert de connaissances

Ce point a déjà fait l'objet de développements sous d'autres titres dans les chapitres relatifs au marketing et à la stratégie. En particulier, il est clair que la connaissance des clients se trouve pour une part croissante dans les bases de données informatiques.

Auparavant, le vendeur qui avait de la mémoire était le seul à pouvoir mémoriser des attentes personnelles de ses clients et à pouvoir les exploiter.

De plus en plus, les attentes personnelles des clients sont notées dans des bases de données parfois mondiales et sont exploitées par des hommes de marketing ou des vendeurs différents. Mieux encore, des organisations qui prennent des ordres répétés des mêmes clients par téléphone, comme les ordres de bourses, font apparaître le profil du client sur les écrans d'ordinateur. Ainsi les banquiers qui conversent par téléphone avec un client peuvent avoir sur leur écran tous ses comptes et un certain nombre de renseignements qui le caractérisent.

Exemple de transfert de connaissances à l'ordinateur : le cas de l'établissement de devis

Pour raccourcir les délais d'envoi de devis, bien des entreprises ont demandé à leur service technique de fournir toutes les données pour paramétrer en calcul automatique sur ordinateur les cas les plus fréquents, permettant de produire instantanément le devis désiré.

Par exemple dans le cas d'une entreprise fabriquant des biens d'équipement, cette opération qui, auparavant, demandait l'intervention des services techniques pour les chiffrages à la suite d'un premier contact avec les vendeurs et prenait trois semaines, se fait dorénavant immédiatement directement par le personnel en contact avec la clientèle.

Ce nouveau processus résulte d'un reengineering partant des demandes des clients et comportant la séparation des cas standards et des cas exceptionnels, la reconception du déroulement des opérations, le développement d'un logiciel de calcul de devis et la constitution, avec les softwares appropriés et les développements informatiques nécessaires, d'une base de connaissances techniques.

Il a fallu que les techniciens acceptent de transmettre à l'ordinateur les connaissances qui auparavant faisaient d'eux un point de passage obligé du processus.

Mieux encore, la même entreprise a développé une base de connaissances permettant d'effectuer la valorisation des services intervenant dans la livraison au client, tels que transports, assurances, droits de douane, en fonction des demandes spécifiques des clients et des lieux de livraison.

Ce qui autrefois était du ressort d'un employé connaissant où se trouvaient les informations et qui allait les chercher dans des documents ou dans des fichiers informatiques, et qui faisait ensuite des calculs en fonction de pays de livraison, de volumes, de poids, de prix, de distances, etc. est désormais calculé automatiquement par l'ordinateur sur base de modèles qui lui ont été fournis.

C'est un exemple où il est clair que les employés des services techniques et administratifs qui s'occupaient de ces questions vont voir leurs fonctions changer, et leur nombre décroître pour le même volume de travail. Ils risquent d'y perdre une partie de leurs tâches. Il est naturel qu'ils ne transmettent pas facilement leurs savoirs.

Manager la transmission et la capitalisation du savoir

Le point le plus délicat est de faire accepter aux collaborateurs de formaliser, transmettre et capitaliser leurs connaissances à d'autres ou à des systèmes informatiques.

Le passage en réseau du type Intranet et Internet va décupler progressivement les possibilités de mise à disposition et de recherche d'informations par les collaborateurs des entreprises, encore faut-il que le personnel soit motivé à le faire.

■■■ La notion de l'importance du document

Les machines et les instruments qui sont le résultat d'un ensemble de savoir-faire sont évidemment des outils mais également des « *documents* » car ils servent aussi à apprendre et transmettre des savoirs. Il en est de même des logiciels et des bases de données, des graphiques, des tableaux. Normalement, ils devraient être également accompagnés de documents écrits qui expliquent la conception et la manière de s'en servir.

Dans le cas d'un document écrit, la qualité de la rédaction, le caractère synthétique et utile de ce qui est consigné est très important pour la transmission. *« Ce qui se conçoit bien s'énonce clairement »*.

Un *système de gestion des connaissances* comprend (J.F. Ballay) :

- un ensemble organisé de savoirs décrits en général dans des documents,
- un ensemble d'outils permettant de gérer et de mobiliser ces savoirs par des traitements appropriés (recherche d'informations, consultation, gestion d'accès, etc.).

J.F. Ballay considère cinq niveaux de documents :

- Niveau 1 : *les fiches d'expertise* (livres, manuels, bibles de référence, sources d'experts ou d'expertise, etc.) souvent stockées dans les tiroirs et armoires et parfois dans des fichiers informatiques,
- Niveau 2 : les *visuels* : photos, plans,
- Niveau 3 : les *documents bureautiques* ordinaires : rapports techniques, normes,
- Niveau 4 : les *hyperdocuments* (*+ le multimédia*) : guides, encyclopédies, documentation en ligne, manuels utilisateurs, aide en ligne, auto-formation,

- Niveau 5 : les techniques associées à *l'intelligence artificielle* (systèmes experts, logique floue, modélisation objets, réseaux de neurones) : diagnostic de panne, conduite assistée, etc.

Un système de gestion des connaissances n'a de sens que s'il permet d'intégrer des savoirs importants, de les restituer facilement et s'il est utilisé au quotidien.

Les outils

Les outils sont nombreux et on en voit chaque jour de nouveaux. On peut citer :

> Les outils de production de documents tels que traitements de textes, les outils de visualisation, les outils de recherche d'informations, les bases de données, les outils de gestion et de communication, GED, workflow, groupware, messagerie, EDI, architectures client/serveur, Intranet, Internet, les processus de calculs CAO, CFAO, les systèmes-experts, les outils de génie logiciels et de modélisation.

Beaucoup d'entreprises ont déjà des bases documentaires et des chaînes telles que la CFAO.

Il faut donc que cela fasse partie des valeurs de l'organisation et des contributions obligatoires, ou appréciées et reconnues, voire récompensées, des personnels, et que l'entreprise apprenante crée, à cet égard, un contexte favorable.

L'ENTREPRISE APPRENANTE ET CRÉATRICE DE CONNAISSANCES

L'apprentissage dans une organisation

Qu'est-ce qui déclenche l'apprentissage dans une organisation ?

L'apprentissage grâce aux tensions et crises

Pour Probst et Büchel, ce sont les problèmes non résolus de toute nature qui expliquent une majorité des processus d'apprentissage d'une organisation.

Il est vrai que les insatisfactions des clients et leurs réclamations sont sources de création de nouveaux produits ou services et de nouvelles procédures ou de nouvelles relations avec les clients qui à leur tour sont à l'origine de nouvelles valeurs, de nouveaux indicateurs, etc.

Les insatisfactions des actionnaires qui demandent de meilleurs profits conduisent les entreprises à faire de la productivité et des progrès de toutes sortes.

La baisse des performances entraîne des questionnements et des remises en cause sources de progrès et donc de savoir-faire nouveaux de l'organisation.

▬ Les obstacles à l'apprentissage

Arie de Geus cite les théories fréquentes suivantes :

- *« les dirigeants ne voient que lorsqu'une crise leur ouvre les yeux,*
- *on ne voit que ce dont on a déjà fait l'expérience,*
- *les données difficiles à admettre se dérobent à la vue,*
- *et on ne voit que les éléments ayant un rapport avec l'avenir tel qu'on l'imagine ».*

Il rejoint en cela les obstacles à l'apprentissage recensés par Peter Senge[1] :

1. Les individus sont fidèles à leur fonction, s'identifient à elle, mais ne se sentent pas responsables des résultats produits par l'effort combiné de tous.
2. « L'ennemi est au-dehors ». Quand cela ne va pas, on trouve des causes extérieures ou étrangères à nous-mêmes.
3. La fausse « proactivité » : on réagit à l'événement extérieur. La vraie proactivité consiste à observer dans quelle mesure nous sommes responsables de nos propres problèmes.
4. La fixation sur les événements : « ventes du mois, coupes dans le budget, licenciements, etc. »
5. La parabole de la grenouille ébouillantée. On ne voit pas venir les menaces ou les dérives graduelles. On n'identifie pas les évolutions lentes. (Une grenouille lancée dans l'eau bouillante saute aussitôt à l'extérieur. Mais si elle est placée dans de l'eau froide chauffée progressivement, elle s'engourdit lentement, ne s'échappe pas et meurt ébouillantée).
6. L'illusoire apprentissage par l'expérience parce que nous ne connaissons que rarement les conséquences des actes les plus importants qui sont souvent supportées par une autre partie du système. Par exemple, on ne remonte pas souvent à la conception quand on se préoccupe du prix d'un produit existant.
7. Le mythe de l'équipe de direction. La cohésion est souvent apparente. En réalité, chacun pense à son propre territoire. La plupart des équipes de managers ne peuvent maintenir leur cohésion lorsque la pression augmente.

▬ La décision comme processus d'apprentissage

Pour Arie de Geus, l'un des principaux modes d'apprentissage dans les organisations est la prise de décision. Elles sont souvent prises à deux ou plusieurs

---

1. Senge Peter avec Gauthier Alain – « *La 5ᵉ discipline* » – Éditions First – 1991.

et concernent aussi bien des sujets techniques ou commerciaux que la stratégie, l'organisation ou le personnel, elles décrivent en général un cycle en quatre étapes : *perception, implantation, conclusion, action.*

À chaque fois, on part soit d'un événement, soit d'un objectif, soit d'options entre lesquelles il faut choisir. Les participants commencent par la *perception* du problème, en discutent pour élaborer un modèle mental collectif, puis durant la phase dite *d'implantation,* ils s'expliquent les uns aux autres leurs visions du problème et construisent une représentation multidisciplinaire de la situation avec parfois création d'un langage maison. Cela débouche sur des plans d'action avec options qui ressemblent à de la simulation et permettent d'élaborer progressivement dans le détail, la manière de faire qui constitue la *conclusion.* Enfin le processus se traduit par une *action* dont on suit l'effet et dont on tente parfois de mesurer le résultat.

■■■ L'apprentissage volontaire grâce à la création de savoir-faire nouveaux

Si les tensions et crises sont à l'origine de bien des créations de savoirs dans l'entreprise, il y a heureusement également une démarche permanente et volontaire dans la plupart des entreprises qui résulte du développement de produits ou services nouveaux et de nouvelles méthodes de production.

Grâce à ces activités permanentes, l'entreprise crée des savoirs nouveaux. Mais jusqu'à une époque récente on se préoccupait davantage des produits ou des services que des savoirs. *L'essentiel des apports de Nonaka et Takeuchi, c'est de considérer l'innovation sous l'angle de la création et de la transmission de savoirs.*

Mais l'innovation des organisations va bien au-delà des produits nouveaux. Elles innovent de plus en plus, comme on l'a vu dans les chapitres précédents, dans leur approche de l'environnement et leurs relations avec les clients, les fournisseurs et la société globale, elles innovent dans leurs finalités, elles innovent dans la conception du travail et des méthodes de management et dans la conception des structures hiérarchiques. Elles innovent dans la conception même de l'organisation qui devient horizontale ou en réseau.

Entreprise apprenante et créatrice de savoirs

■■■ L'entreprise créatrice de savoirs

Selon Nonaka et Takeuchi, pour développer la création de savoirs, l'entreprise doit :

1. Créer une *vision mettant l'accent sur le savoir* qui met en avant l'acquisition, la création et l'accumulation de savoirs. Par exemple, Kao définit son domaine comme celui des « *sciences de surfaces* », alors que la plu-

part des entreprises définissent leur vision et leurs stratégies en termes de produits ou de marchés.

2. *Construire un champ d'interactions à haute densité pour les opérateurs :* il s'agit de créer un environnement dans lequel les opérateurs peuvent échanger de manière intensive, comme cela est le cas des équipes multi-fonctionnelles de développement de produits nouveaux de Honda City, Matsushita's Home Bakery, Canon's rega, etc., présentées comme exemples d'interactions entre savoirs tacites et explicites.

3. *S'appuyer sur le processus de développement de nouveaux produits :* parce que c'est le processus clé pour la création de savoirs nouveaux.

4. *Valoriser le rôle du middle-management,* en faire le principal système de noeud de transmission du savoir entre le vertical et l'horizontal, et comme transformateurs des projets de la hiérarchie en savoirs transmissibles aux opérateurs et *vice versa*.

5. *Passer à une organisation hypertexte :* si la structure hiérarchique par fonction est la plus adaptée à l'acquisition, l'accumulation et l'exploitation du savoir, les task forces sont les plus adaptées à la création de nouveaux savoirs. L'entreprise créatrice de savoirs a besoin d'une troisième dimension qui réconcilie et rassemble les deux. Dans une organisation « hypertexte », flexible, la coexistence des deux structures est admise et les employés peuvent passer sans difficulté d'une structure à l'autre.

6. *Construire un « Réseau du Savoir » avec le monde extérieur :* il ne suffit pas de traiter l'information explicite venant de l'extérieur, il faut aussi mobiliser les savoirs tacites des autres parties prenantes (clients-fournisseurs, banquiers, actionnaires, environnement), en particulier se réunir avec les clients créatifs pour concevoir les produits du futur est riche d'enseignements et porteur de succès.

■■■ L'entreprise apprenante : définition

L'entreprise apprenante a fait l'objet de définitions issues de la littérature anglo-saxonne et d'auteurs comme Peter Senge. Elle mérite d'être complétée par les apports de Nonaka et Takeuchi, Arie de Geus et les nombreux auteurs cités, ce qui nous conduit à proposer la définition suivante :

**Une organisation apprenante peut être définie
comme une organisation qui :**

- *se conçoit comme un système d'apprentissage collectif qui construit en permanence son futur,*
- *est en état de vigilance,*
- *crée, capitalise et diffuse des connaissances et des savoir-faire nouveaux,*
- *améliore les compétences de ses membres,*
- *s'auto-évalue et se compare aux meilleurs,*
- *se transforme pour atteindre ses objectifs.*

© Groupe Eyrolles

Devenir une organisation apprenante et créatrice de savoirs

Pour devenir une telle organisation, le management devra :

1. Accorder une valeur particulière à la *formation* en considérant la variété des méthodes possibles : sur le tas, en stage, par l'autoformation, par les communautés de pratiques, par le tuteur, par l'expérience, par l'expérimentation, par les outils qualité, par la mobilité, par les réorganisations, par les clients, par les fournisseurs, etc. Rappelons que l'exercice d'une fonction est ce qu'il y a de plus formateur.

2. *Organiser une curiosité intellectuelle permanente :* écoute-client, veille, benchmarking, scénarios stratégiques, consultants, voyages, nouvelles recrues, etc.

3. Considérer la force des *modèles mentaux* qui sont des savoirs mais aussi des prisons et pratiquer leur remise en cause.

4. Avoir la connaissance des *effets de système,* en particulier des freins à l'apprentissage et à la transmission et la capitalisation des savoirs, mais également ce qui favorise la création et la transmission du savoir.

5. Créer les conditions de l'*apprentissage collectif :* vision, valeurs, langage, formation de tous (exemple qualité) – formation en équipe – nouveaux indicateurs – nouveaux systèmes de normes, de récompenses, etc.

6. Créer les *conditions de la créativité,* par la valorisation des apports d'idées et un certain degré de liberté (voir chapitre 7 sur la créativité).

7. Concevoir les systèmes et méthodes pour *capitaliser et transmettre les connaissances utiles,* aussi bien sur le plan humain et organisationnel que sur le plan des technologies (bases de savoirs et réseaux).

8. *Manager les compétences,* sur la base des stratégies et des ressources nécessaires, en planifiant et organisant les recrutements, le développement des personnels en place et la mobilité, et en utilisant les divers leviers et moyens de création et de transfert des compétences.

Les organisations apprenantes ne sont ni hiérarchiques ni en réseau, mais un mélange des deux, et suffisamment flexibles pour capitaliser sur les opportunités tout en maintenant le sens de la responsabilité de la production quotidienne.

Mis à part quelques secrets de fabrication, les produits futurs ou les avancées de recherche ou les éléments personnels tels que salaires, l'information et le savoir doivent être libres d'accès à tous.

Comme l'a indiqué Tonaka, l'une des méthodes les plus efficaces pour générer et partager les connaissances est de fournir du temps et des espaces aux collaborateurs pour se rencontrer et parler de leur travail, qu'il s'agisse des chercheurs ou des opérateurs.

Organiser des foires internes pour partager les connaissances est très utile. Par exemple des personnes de différents services expliquant aux autres ce qu'elles font, les problèmes qu'elles doivent résoudre, et les solutions qu'elles mettent en œuvre. Ou des foires sur les différentes offres de l'entreprise.

Créer des systèmes d'accumulation et de partage de savoirs faciles d'accès et d'usage fait évidemment partie des impératifs de l'organisation apprenante.

Le réseau K'Netix des laboratoires Buckman, le système de management du capital intellectuel de IBM sont des entrepôts de connaissances auxquels peuvent se connecter les collaborateurs.

▬ L'exemple des laboratoires Buckman : manager le savoir pour le succès des affaires

Les employés de Buckman travaillent dans 90 pays et opèrent dans 15 langues différentes et ne passent en moyenne que 14 % de leur temps au bureau.

L'entreprise a créé un indicateur l'EEFL, « Effectively Engaged on the Front Line ».

Aujourd'hui 65 à 70 % des employés sont effectivement au contact du client et Buckman veut atteindre 80 % en l'an 2000. La technologie et la culture aident les employés dispersés de l'entreprise à se connecter et à apporter les réponses aux questions des clients.

Le code d'éthique indique que le partage des connaissances est ce qui fait le ciment de la compagnie. Ceux qui ne partagent pas leurs savoirs ne seront pas promus, en revanche, en 1994, les 150 employés qui avaient le plus partagé leurs savoirs en 1993 ont reçu, en cadeau, un micro-ordinateur portable.

En outre, un système de base de connaissances et un réseau facile à utiliser permettent une transmission directe du fournisseur de savoir à l'utilisateur sans intermédiaire.

Pour le P.-D.G. Robert Buckman, quand le flot de communications n'est plus gardé par des gardes-barrières, le pouvoir et le succès des individus dépendent plus de la qualité de leurs idées que de la position dans la hiérarchie.

En fait, quand *le savoir et la créativité deviennent la « monnaie du pouvoir »* et que les personnes disposent de la liberté et des outils pour envoyer leur savoir n'importe où dans l'organisation, la vieille hiérarchie perd de la force au profit d'une méritocratie du savoir.

L'emprise de l'organisation s'accroît en même temps que se développe le pouvoir des individus de faire du bon travail pour les clients au lieu de contrôler les employés.

Le middle-management doit renoncer peu à peu au commandement et au contrôle pour aider les personnes à accroître leurs capacités et l'influence de leurs idées.

Peu à peu, les informations sans intérêt ou les âneries cessent d'encombrer les systèmes d'informations et les bases de données, car ceux qui les fournissent perdent du statut et personne ne fait plus attention à leur contribution.

Certaines entreprises ouvrent même leurs bases de savoirs à des partenaires clients ou fournisseurs, ainsi les clients de Fedex peuvent avoir des informations sur la position de leur envoi en se connectant à Fedex *via* Internet.

LES MANAGERS DU SAVOIR

On comprend que les organisations apprenantes nomment désormais des managers du savoir (Knowledge Managers ou Chief Knowledge Officers) dont l'un des rôles est de déterminer comment choisir les savoirs qu'il faut mémoriser et capitaliser et comment organiser leur transmission.

L'un de leurs problèmes est de comprendre le mélange de compétences « dures » (hard skills) et « molles » (soft skills) nécessaires pour créer, maintenir et utiliser les bases de connaissances et faire en sorte que les employés se connectent et partagent les expériences et les savoirs, et enrichissent les mémoires de l'organisation.

Cela suppose qu'ils aient une bonne compréhension des clés du business et des compétences qui constituent un avantage stratégique.

Au cœur du management des connaissances, on trouve l'acquisition, l'organisation et la distribution des informations et connaissances pertinentes. Bien évidemment, il faut comprendre et utiliser les possibilités offertes par les nouvelles technologies de l'informatique et des télécommunications.

La diffusion des connaissances utiles à l'action est peut-être plus importante que le niveau. Ainsi Thomas Stewart[1] pense que l'université comme organisation n'est pas très intelligente prise dans son ensemble, tandis que McDonald's, dont les employés ont un QI dans la moyenne de la population, est une organisation très intelligente capable de fournir la même qualité dans toutes les cultures.

Quand les collaborateurs d'une entreprise partagent le savoir, l'efficacité de l'organisation et sa productivité augmentent. Mais les personnes ne le font pas naturellement et il faut donc créer les conditions et les motivations et incitations pour le faire. Parmi les entreprises industrielles souvent citées pour avoir les

---

1. Stewart Thomas – *Intellectual Capital* – Currency Doubleday – 1997.

meilleures pratiques en matière de management du savoir, on trouve par exemple Chevron, Dow Chemical, Hewlett-Packard, Hugues Space & Communications, Canadian Imperial Bank of Commerce, Skandia Group Insurance.

Certaines entreprises ont désigné des directeurs du savoir (Directors of Knowledge) comme Glaxo Wellcome Research and Development, ICL ou Natwest Markets. D'autres s'en tiennent à des équipes ou comités de management du savoir comme Swiss Re Group qui a créé une équipe mondiale appelée Information Resources and Knowledge Management qui englobe les services d'information, le marketing, le transfert de savoir (la formation) et l'informatique.

D'après Sandra Ward, Directeur des services d'information chez Glaxo Wellcome Research and Development, pour évaluer la qualité du management de leurs savoirs, les entreprises devraient se poser les questions suivantes :

- *« Avons-nous une culture partagée ?*
- *Savons-nous quels savoirs nous avons et où ils se trouvent ?*
- *Sont-ils faciles à trouver ?*
- *Les meilleures pratiques sont-elles identifiées, enregistrées (« captured ») et partagées ?*
- *Avons-nous organisé l'information et la connaissance ?*
- *Exploitons-nous les savoirs efficacement ?*
- *Le partage du savoir est-il récompensé ?*
- *Le savoir est-il transféré facilement aux nouveaux ? »*

LE RÔLE DES DIRIGEANTS DE L'ENTREPRISE APPRENANTE

Les dirigeants d'entreprise apprenante ont en commun d'être séduits par l'idée qu'une entreprise ressemble à un être vivant et que le seul moyen pour la conserver jeune, flexible et compétitive est d'en faire une organisation apprenante et créatrice de savoirs.

À partir de là, ils doivent s'interroger sur les savoir-faire qui constituent l'essence de leur métier en se plaçant du point de vue de la stratégie et de l'action quotidienne.

Ils peuvent alors choisir, parmi les méthodes indiquées précédemment pour transformer leur entreprise en organisation apprenante, celles qui conviendront le mieux à la situation et à la stratégie voulue, en prenant en compte les deux aspects de la question : le volet humain et le volet technologique.

Ils peuvent avoir intérêt à nommer des responsables ou des équipes qui se pencheront sur la problématique spécifique à l'entreprise de la création, de la capitalisation et de la mobilisation des savoirs pour plus de compétitivité, de croissance et de profits.

Ils peuvent progresser sur la voie de l'entreprise apprenante en instituant des méthodes ou des outils de management comme la méthode des scénarios pour l'élaboration des stratégies, le TQM ou le Benchmarking, en pratiquant la conception au plus juste, en implantant des Intranet avec l'idée d'accumulation et de transfert rapide des savoir-faire, en généralisant l'obligation pour tout le personnel d'une formation permanente, etc.

Ils devront se préoccuper eux-mêmes d'instituer des systèmes et des valeurs qui permettent de manager stratégiquement les compétences en définissant très précisément la politique de recrutement, en considérant la formation comme stratégique et en modifiant les règles de promotion et les hausses de salaires de telle manière que cela favorise la mobilité.

Les organisations sont en train de faire l'apprentissage de la navigation sur *l'océan des connaissances.* Bien des progrès vont venir des multiples expérimentations qui seront menées par les organisations combinées avec l'essor des technologies du savoir.

TENDANCES ACTUELLES DU KNOWLEDGE MANAGEMENT OU MANAGEMENT DES CONNAISSANCES

L'expression américaine Knowledge Management, traduite par management ou gestion des connaissances ou du savoir, devient de plus en plus familière car son importance et son efficacité commencent à être reconnues après une période de doute, et c'est assurément la technique de management qui va devenir un des principaux moteurs des réorganisations et des investissements en nouvelles technologies dans les années à venir.

Les enquêtes sur l'application dans les entreprises du Knowledge Management montrent que pour les chefs d'entreprises, les trois aspects les plus importants du management des connaissances sont : *le partage des savoir-faire permettant le travail coopératif, la gestion des contenus véhiculés par les réseaux Intranets (en termes d'accès, de mise à jour et de sécurité) et le management des relations avec les clients.*

Ils attendent quatre gains principaux de la mise en place d'un « management des connaissances » : *une accélération de la réactivité de l'entreprise, davantage de valeur apportée aux clients, plus d'innovation et évidemment des gains de productivité.*

Ordinateurs, réseaux et partage des connaissances

Il est clair que les capacités d'accumulation et de transmission des connaissances liées au développement des technologies de l'information et de la communication tels que réseaux (Intranets et Internet) et bases de données ouvrent d'énormes possibilités nouvelles au management des connaissances.

Mais deux problèmes majeurs doivent être traités par les entreprises :

- Primo, le problème de la « codification », c'est-à-dire de la transformation de savoir-faire souvent tacites et non formalisés en informations formalisées stockées dans un ordinateur, accessibles sous une forme utile.
- Secundo, comment persuader les détenteurs de savoir-faire ou de connaissances utiles de les échanger avec d'autres en les apportant sous une forme appropriée à des bases de connaissances. Le savoir-faire s'échange le plus souvent par le biais de rapports directs de personne à personne (information, apprentissage, formation individuelle ou coaching, et désormais de plus en plus souvent *via* le courrier électronique) ou dans des réunions de groupe, en particulier dans des séances de formation.

▬ Un exemple d'Intranet de partage des connaissances

Arcelor résulte de la fusion d'Usinor avec le Luxembourgeois Arbed et l'espagnol Aceralia. Dans les installations sidérurgiques d'Arcelor, trois sources de savoirs et trois cultures. De plus les opérateurs ont un niveau Bac+ 2 et les agents de maîtrise sont des leaders d'équipe. Les savoirs étaient donc de plus en plus dilués et dispersés. Dès 1999 le groupe a pris à bras le corps la problématique du Knowledge Management. En juin naît l'idée d'un Intranet de Partage des Savoirs baptisé IPS devenu opérationnel en 2001. Cet Intranet a reçu une mention spéciale du Jury de l'Intranet d'Or organisé par la Cegos et Entreprises et Carrières[1].

IPS vise trois objectifs :

- Des objectifs didactiques de mise à disposition des connaissances en particulier les best practices sous forme de benchmarking industriel, et d'histoires de savoirs (témoignages recueillis et mis en scène).
- Des objectifs relationnels par un maillage des personnels des différents établissements pour renforcer l'échange des connaissances et des pratiques.
- Des objectifs comportementaux : développer une culture de partage et faciliter le travail dans une organisation fortement décentralisée.

Combiner Informatique et psycho-sociologie

Deux approches du management des connaissances voient le jour :

- Une approche technique qui tente de résoudre les difficiles questions de formalisation, c'est-à-dire de transformation d'un savoir, qui s'exprime par des idées mais aussi par des comportements, et des gestes, en matériau stockable sur des ordinateurs. Ce qui n'est pas sans poser également

---

1. Rio Jean-François – *Le palmarès de l'Intranet d'Or 2002* – Entreprises et Carrières N° 640 – 15 Octobre 2002.

de redoutables problèmes de qualité des documents, de structuration des bases et de classement.

- Une approche psycho-sociologique qui se préoccupe de la motivation des personnes à partager leur savoir. C'est un des problèmes les plus difficiles à résoudre.

Par exemple comment motiver les personnels de maintenance à mettre dans une base de connaissances une astuce de dépannage ? Xerox par exemple a découvert qu'attacher le nom de l'auteur à la solution s'avère plus efficace que des cadeaux ou des primes.

Entrepreneurs, consultants et chercheurs s'efforcent de trouver des solutions aux problèmes posés par le management du capital intellectuel dont on voit bien qu'il augmente en se diffusant.

Ford a inauguré dès 1995 le management des connaissances sur les meilleures pratiques, organisé autour du concept de « communautés de pratiques » défini comme des personnes qui font la même chose quel que soit l'endroit où elles travaillent dans le monde. Par exemple, quand un employé dans un atelier trouve une idée pour réduire le coût d'une opération, il va voir une personne chargée de sa formalisation et de sa diffusion dans les 38 autre usines. Ford a breveté le processus en 40 étapes de collecte, transfert et management de ce type de savoir, et a récemment accordé une licence à Shell Oil.

Kade-Tech, société spécialisée dans le management des connaissances liées à la chaîne de l'innovation, a développé des méthodes et des logiciels pour accoucher les experts de leur savoir, les formaliser, et dispose de logiciels pour les accumuler dans les ordinateurs. Les solutions apportées par Kade-Tech comprennent trois volets :

1. L'identification de l'ensemble des connaissances techniques intervenant tout au long du cycle de conception des produits et procédés, le recueil des multiples savoir-faire de chacun des domaines métiers étudiés et la structuration des connaissances au sein de nouveaux référentiels de conception nommés *bréviaires de connaissances.*
2. La création de *banques de connaissances* qui sont la version informatisée des bréviaires, et qui permettent une utilisation personnalisée de la mémoire de l'entreprise grâce aux technologies hyper-texte et multimédia.
3. Des *bases de connaissances* qui intègrent les règles métier dans les applications, ce qui permet une conception plus rapide en connectant aux banques de connaissances des simulations numériques, des modélisations géométriques et des rapports de conception.

Ces solutions facilitent la recherche de solutions technologiques, le prédimensionnement de pièces et d'assemblages, l'automatisation des tâches routinières de conception, la réalisation de devis, et la génération automatique de modèles géométriques et de gammes de fabrication.

Ces solutions permettent de diviser par 10, parfois 20 et même par 30, les délais de conception, de réduire les coûts, et de consacrer beaucoup plus de temps à la véritable innovation.

Ces deux exemples parmi des centaines illustrent le potentiel gigantesque du vaste mouvement du « Knowledge Management »

Hommes et organisations doivent passer d'une culture de la rétention d'information (dont beaucoup pensent qu'elle préserve le territoire, le pouvoir, voire même l'emploi) à une culture de partage spontané de l'information, et mieux encore de formation des autres. C'est un changement de culture très fondamental et qui prendra du temps.

Le management du capital intellectuel, clé d'une croissance accélérée

Dans le monde moderne, on a de plus en plus coutume de dire que l'écart croissant entre la valeur comptable d'une société et sa valeur vénale, en bourse par exemple, représente la valeur du capital intellectuel accumulé. La capitalisation boursière peut représenter deux, trois fois la valeur comptable et même davantage.

La rentabilité du capital intellectuel pour une entreprise dépend évidemment de sa protection face à la concurrence, mais elle dépend surtout de son degré d'utilisation par l'organisation comme pour le capital physique. Or la diffusion vaut multiplication. Un gain de productivité peut être quasi instantanément multiplié par 38 comme on l'a vu dans le cas de Ford.

De tout temps les économistes ont considéré les progrès de la technologie comme un de facteurs de la croissance durable. Mais les modèles correspondaient à un système de diffusion relativement lent. Le mouvement du management des connaissances va accélérer considérablement le phénomène.

Les entrepreneurs, devenus conscients des erreurs évitées, des avantages stratégiques, des gains de temps d'innovation et d'exécution, des réductions de coût et des opportunités commerciales qui découleront d'un bon management des connaissances vont devenir les promoteurs d'une mise en place généralisée du management des connaissances source d'une croissance accélérée de leurs entreprises et de l'économie en général.

E-LEARNING, MANAGEMENT DU SAVOIR ET DU CAPITAL HUMAIN

Le contexte aux États-Unis et bientôt en Europe

L'orientation vers la valeur pour les parties prenantes dont les actionnaires et le personnel, la productivité et la recherche de l'efficacité sont des impératifs pour tous les départements des entreprises, qu'elles soient américaines ou européennes.

L'objectif du département formation est l'amélioration du ROI (Return On Investment, retour sur investissement) de la formation : réduction des coûts, augmentation du nombre de personnes formées, diminution du temps de formation, accentuation de la mémorisation, recherche de la performance et contribution à l'amélioration des résultats de l'entreprise.

La formation est de toute évidence de plus en plus « **performance oriented** ». Ici, on ne s'embarrasse ni de théories pédagogiques, ni de théories de l'apprentissage. Ce qui compte c'est le résultat. Dans un univers d'information, où tout (technologies, métiers, structures, organisations...) bouge très vite, il est nécessaire d'apporter aux personnes la formation directement **à leur poste de travail** (d'où le succès de l'e-learning), ou d'intégrer de plus en plus de connaissances/compétences dans leur poste de travail (EPSS Electronic Personnel support Systeme, Performance Centered Design, Job Aids, Field Experience, Knowledge Management), ou alors de concevoir très **rapidement** des formations (Rapid Design), ou enfin de « dégraisser » au maximum les sessions de formation : aller à **l'essentiel.**

En Europe, la formation n'est pas encore gérée avec ce souci du résultat, mais la faiblesse de la croissance économique conduit à réduire les dépenses de formation ce qui n'est pas toujours sain à long terme, et à repousser les investissements dans l'e-learning, domaine dans lequel l'Europe va accumuler un retard considérable, bien que cela soit une source de productivité et de performances.

État actuel et tendances de l'e-learning

▬ Définition

La définition de l'e-learning qui s'impose aux USA est celle donnée par Marc Rosenberg, dans son livre e-learning[1] :

1. L'e-learning est **en réseau,** ce qui le rend capable instantanément : de mise à jour, de stockage et accès, de distribution et partage de l'enseignement et des informations (le CD-rom utilisé seul n'est pas de l'e-learning).

---

1. Rosenberg Marc – *E-learning, strategies for delivering knowledge in the digital age* – Mac Graw-Hill – New York 2001.

2. **Il est délivré *via* un ordinateur utilisant la technologie standard de l'Internet** (ce qui lui confère la possibilité d'être une plate-forme universelle à la différence de la diffusion par TV par exemple).

3. **Il intègre la plus large compréhension de *l'acquisition de savoir-faire*** (learning) : des solutions pour apprendre qui vont au-delà des paradigmes traditionnels en formation (il n'est pas limité à la formation comme l'EAO), il inclut la distribution d'informations et d'outils qui améliorent les performances.

▬ Le nouveau paradigme de la formation et l'e-learning (M. Rosenberg)

L'ancien paradigme de la formation

L'apprenant dans la classe se trouve avec d'autres apprenants écoutant le maître qui est au centre de tout le savoir. La salle de classe est vue comme le lieu ou tout le savoir est disséminé. Et le cours est vu comme le modèle préféré pour apprendre.

Le nouveau paradigme de la formation

L'employé/apprenant est vu comme un chercheur de savoir, dont les besoins de connaissances changent dans le temps. **Le web devient un véhicule pour accéder à une architecture complète d'acquisition de connaissances** comportant accès à un Intranet d'entreprise, à de la formation en ligne, à des formations en salle, à des experts, à des bibliothèques et à des communautés.

Le coaching et le mentoring se trouvent au centre d'un puzzle qui assemble : la formation en salle, la formation en ligne asynchrone, les aides aux tâches, la formation en ligne synchrone, les expériences sur le terrain, les systèmes d'aide à la performance (EPSS), les simulations et le Knowledge Management.

De nouvelles technologies à mettre en œuvre

L'une des principales difficultés de l'e-learning reste la technologie avec ses trois composantes :

1. ***La technologie des systèmes :*** avec les plates-formes LMS (Learning Management System), les systèmes de conception informatique pour les auteurs ou LCMS (Learning Content Management Systems), des outils complémentaires, les softwares de partage collaboratif, et les classes virtuelles (fournis par exemple par des sociétés comme *Click2learn, IBM, Macromedia, Knowledge Net, Knowledge Planet, Open text, Epicentric, etc...*), avec toutes les questions qui peuvent se poser comme la largeur des bandes passantes, la sécurité, la fiabilité, la facilité d'emploi, acheter et installer ou travailler en ASP, etc.

2. **La fabrication des contenus** : structure de cours, modules de savoirs basés sur du texte, multimédia, simulation, tests, évaluations tout cela on-line ou sur CD-Rom, standards ou sur mesure, (fournis par des sociétés comme *CEGOS en 12 langues, Thomson Netg, MIT, Unext, University of Phoenix, SmartForce, Digital Think, Element K, Quisik et une multitude d'autres dans chaque pays dans la langue locale).*

3. **La fourniture de services** : intégration du systeme, développement de programme, évaluation des besoins, hébergement, maintenance, tutorat en ligne (fournis par exemple par *Thinq, Eduprice, IBM, Minds pour solutions, etc…*)

Les départements formations doivent acquérir partiellement ces compétences technologiques ou tout au moins en comprendre suffisamment bien les concepts et le vocabulaire pour pouvoir s'adresser soit aux départements informatiques internes, soit à des consultants ou des sociétés informatiques externes. C'est, il faut l'avouer, un énorme obstacle à la diffusion de l'e-learning, les responsables de formation étant en général assez rebutés par la technologie sauf dans les sociétés de technologie. Ce qui explique pourquoi les premières sociétés à avoir mis en place l'e-learning sont en général des groupes ou l'informatique constitue soit le cœur du métier soit un important outil de production.

Des entreprises comme Cisco, Ernst & Young, Air Canada, IBM, Shell, Dell, des administrations comme l'IRS, l'US Navy ont implanté des solutions e-learning d'une certaine importance (sources : Brandon Hall). De leurs expériences, il semble qu'ont peut tirer le bilan suivant :

- *Un acquis* : la réduction des coûts.
- *Un élément clé de réussite* : le mixte présentiel/e-learning (blended), il faut utiliser le meilleur du e-learning, le meilleur du présentiel et mélanger les deux avec un but : réduire la durée du présentiel pour diminuer les coûts.
- *Le schéma type* comporte : une partie en ligne, des pré tests – un pré-travail personnel, des séances d'échanges et de formations en salle de classe, des exercices en ligne (seul ou en groupe), des post tests en ligne, du coaching et des sessions de groupe en ligne, des forums continus en ligne.

L'e-learning facilite l'utilisation aisée des simulateurs ce qui lui confère un atout pédagogique complémentaire.

Pour le mettre en œuvre, il faut avoir une véritable stratégie e-learning, en confier le projet à des « champions » et l'implanter avec vigueur en veillant à toujours garder à l'esprit la satisfaction des utilisateurs.

De l'e-learning au Management du capital Humain

Outre les tendances citées auparavant, le point le plus fondamental c'est dans un avenir très proche (entre 1 an et 4 ans), l'intégration du Knowledge Management, des SIRH, et du e-learning.

Sa définition est la suivante :

Human Capital Management = e-L + KM + e-HR

Soit en Français, **le management du capital humain = l'e-learning + le management du savoir + les systèmes d'information RH.**

Suivant en cela une démarche parallèle à l'approche CRM, le e-learning s'inscrit dans la **stratégie e-business** d'une entreprise aux cotés du KM, CRM, e-RH, e-Commerce, Supply Chain Management.

Ainsi le e-learning ne peut être uniquement du e-training mais plutôt un **ensemble de solutions** utilisant les nouvelles technologies (Internet au premier plan) destinées à accroître la connaissance et la performance des hommes.

Un point très important et pour l'instant souvent négligé est **la liaison absolue entre e-learning et KM.** Des études américaines montrent qu'en 2003 70 % des grandes organisations auront un système de KM lié au e-learning : il est impératif de comprendre que lorsqu'on travaille sur des « learning object » ce sont des briques de KM. De même, si une organisation développe le KM, le principal bénéfice est la création d'une **« culture de l'apprentissage »** autour de communautés internes.

Cette stratégie du savoir qui se dessine dans les entreprises permet de **placer le stagiaire au cœur du savoir,** il a ainsi accès aux connaissances par différents canaux : stage présentiel, e-learning, livres, experts, coach, communautés, Intranet, KM.

Le e-learning est également de plus en plus un support du « e-business ». Ainsi, une tendance qui se confirme est **la formation des partenaires et des clients de l'entreprise** grâce aux CD-Rom ou aux formations en ligne, par exemple les leçons de bricolage qu'on peut déjà voir dans les magasins de Home Depot aux USA ou Castorama en France.

Cette approche très globale rencontre de nombreux freins internes dans une entreprise. Il ne faut donc pas **négliger la communication** autour d'un projet e-learning et l'implication de la direction, du management et des salariés. Une erreur souvent commise a été de croire que ce n'était qu'un projet de formation *via* un nouveau mode de diffusion et qu'à ce titre une entreprise connaissait déjà ce domaine et n'avait donc pas à l'accompagner de façon différente. En réalité c'est une **nouvelle culture** à vendre en interne.

Les bénéfices du e-learning pour une entreprise sont à envisager du **point de vue de l'utilisateur** et pas de l'organisation de la formation. Ce sont la **productivité** (l'apprentissage individuel prend moins de temps), la **vitesse** (la possibilité de déploiement plus rapidement à un plus grand nombre) et la **performance** (l'effort conjugué du e-learning, du KM, des experts renforce la compétence).

L'évaluation du e-learning doit être faite avec **de nouveaux modèles d'évaluation** qui sont proches de ceux de l'activité de l'entreprise et pas ceux transposés de l'évaluation classique de la formation.

Les projets nécessitent d'anticiper en permanence le futur, de choisir des solutions technologiques susceptibles d'évoluer car chaque jour apparaissent des systèmes meilleurs plus performants, il s'agit donc d'investissements importants à amortir en peu d'années.

En conclusion, **le e-learning véritable est une rupture** qui s'inscrit dans un nouveau paradigme de l'homme au travail qui parmi ses outils, disposera dans un futur proche, en temps réel, d'une pluralité d'accès à la formation et aux savoir-faire dont il aura besoin.

Un des aspects importants du Knowledge Management pour une organisation se trouve dans la **GEPC, Gestion Prévisionnelle des Emplois et des Compétences.** *Ce sujet fait l'objet de longs développements dans le* **chapitre 12 la gestion des ressources humaines.**

Essai de mesure du capital intellectuel

Le développement des réflexions sur le management des compétences conduit à s'interroger sur la valeur du capital intellectuel d'une entreprise. Pour Gordon P. Petrash[1], Directeur des actifs intellectuel et du management du capital de Dow Chemical, la formule la plus simple pour calculer le capital intellectuel est la suivante.

▬ Capitalisation boursière – valeur comptable = valeur du capital intellectuel

Dans le cas de Dow Chemical, cela donnait en 1996 :

$$19,7 \text{ mds \$} - 8,2 \text{ mds \$} = 11,5 \text{ mds \$}$$

Pour Skandia[2], le capital intellectuel comprend : ce qu'il y a dans la tête des gens, (le capital humain), et ce qui reste dans l'entreprise quand les employés quittent l'entreprise le soir (le capital structurel), qui se décompose en capital correspondant aux clientèles et aux relations, aux processus, et à la capacité de renouvellement et de développement. Le professeur Roos de l'IMD illustre cela par le graphique suivant :

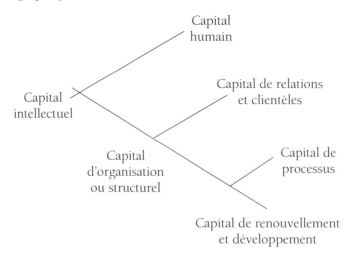

Tableau N° 15.3 : Capital intellectuel : composition

---

1. Petrash Gordon P. – *Managing – Valuing – and Protecting Intellectual Assets* – A Conference Report – The Conference Board – 1996 – New York.
2. Roos Johan – professor of strategy – *Intellectual capital – what you can measure you can manage* – Perspectives for Managers – IMD – 10 novembre 1997 – Lausanne.

Chapitre 16

L'entreprise en réseau, les alliances et le commerce interentreprises

Dans le chapitre qui suit, nous allons examiner l'évolution de l'entreprise et de ses frontières. Les frontières internes qui sont bousculées par les réseaux informatiques, et les frontières externes qui sont également plus floues par suite des relations de partenariat avec les clients et les fournisseurs, ainsi que les alliances qui créent des zones où il devient de plus en plus difficile de dire où commence et où finit l'entreprise.

La généralisation des architectures informatiques en réseau a un impact majeur sur la structure des organisations. En effet, la circulation transversale de l'information entraîne inéluctablement, dans la plupart des cas, la réduction du nombre de niveaux hiérarchiques.

Par ailleurs, les plus grandes opportunités de gains de productivité, de délai et de qualité qui restent à conquérir se trouvent souvent dans les interfaces entre entreprises. Les partenariats et alliances représentent donc une forme d'organisation porteuse d'avenir.

L'entreprise en réseau devenue entreprise étendue par un maillage avec ses clients, fournisseurs et partenaires grâce aux Intranet, Extranet et Internet est en train de devenir une des architectures dominantes du monde des affaires.

Les réseaux vont être à la base de l'e-commerce, principalement en matière de commerce interentreprises ou B to B. Les experts s'accordent d'ailleurs pour dire que le développement le plus important du commerce électronique se fera dans le B to B.

Dans les chapitres sur le marketing et la stratégie nous avons vu le cyber-marketing et la Gestion des Relations avec les Clients en particulier avec les logiciels d'intégration CRM. Dans ce chapitre nous examinerons plus particu-lièrement les relations avec les fournisseurs et les partenaires, l'e-achat ou e-procurement et les places de marché ou marketplace.

LES ÉVOLUTIONS SIGNIFICATIVES EN COURS

HIER/AUJOURD'HUI ⇨	AUJOURD'HUI/DEMAIN
Début du passage de la structure pyramidale à l'organisation en réseau	Généralisation de l'organisation en réseau traversant une pyramide aplatie
Généralisation des internets/extranets et de l'usage d'Internet	Développement des sites web et de l'e-commerce, souvent couplé avec commerce traditionnel
Pouvoir en partie basé sur la captation et la rétention d'information	Influence liée à la création et la diffusion d'informations utiles au plus grand nombre, développement de l'e-sourcing
Proximité des clients et fournisseurs par réseau physique (grossistes, agences, points de vente, sites)	Proximité des clients et fournisseurs possible par réseau virtuel, concurrence et/ou cohabitation des deux formules
Abondance croissante de l'information utile et inutile, disponible, ou circulant dans les réseaux	Processus d'organisation et logiciels de tri et sélection des informations utiles. Concept de réseaux à haute valeur ajoutée d'information
Réduction du nombre de fournisseurs et partenariats clients/fournisseurs	Maillage organisationnel et informatique des entreprises partenaires. Généralisation de l'entreprise étendue. Généralisation de l'e-procurement
Développement des fusions, acquisitions et alliances	Accélération des partenariats et alliances, développement des théories du management des partenariats et alliances
Diminution de l'indépendance des fournisseurs : le client-roi influe sur l'organisation du fournisseur (par assurance qualité, les baisses de prix, etc.)	La « main invisible » remplacée par « l'interdépendance maillée », la co-évolution, la co-opétition. Développement des places de marché
Présence mondiale nécessitant de nombreuses implantations	Présence virtuelle mondiale possible à partir de website Internet
Externalisation d'une à deux fonctions en moyenne, plus rarement trois	Externalisation de trois à cinq fonctions, croissance rapide de l'externalisation

Tableau N° 16.1 : Évolution des partenariats et alliances

L'ENTREPRISE EN RÉSEAU

L'entreprise en réseau existait bien avant l'informatique, qu'il s'agisse de réseau bancaire, de réseau de distribution, de réseau ferré, de réseau d'agences ou de franchisés. On peut tenter de définir le réseau et de voir quels changements introduit l'informatique.

Définition des entreprises en réseau

La nature présente une infinité de réseaux depuis le cristal jusqu'au cerveau. « On est passé d'un sens concret et spécifique – un entrecroisement de lignes à l'intérieur d'un ensemble (objets tissés, piège, toile d'araignée), à un sens plus abstrait et plus général : *un ensemble de points communiquant entre eux* » écrit Gérard Blanc[1].

Beaucoup d'entreprises sont depuis longtemps organisées en réseau Pierre Boulanger[2] distingue quatre grandes familles de réseaux :

a) *Les réseaux intégrés :* ensemble d'unités dispersées (sites, établissements ou filiales) qui appartiennent financièrement ou juridiquement à un même groupe ou organisme. On peut aussi bien parler de groupe. Le pouvoir institutionnel émane du sommet, siège de la propriété financière. Le réseau sert une *stratégie de présence et de proximité* comme les réseaux bancaires, les directions régionales ou les agences locales de l'EDF, France-Télécom, les stations-service, les magasins des grands distributeurs, les bureaux de postes.

b) *Les réseaux fédérés :* tous les groupements de personnes morales ou physiques qui se reconnaissent des besoins similaires et veulent se donner des moyens communs de les satisfaire, tels que les coopératives, mutuelles, associations. Cette démarche a souvent été marquée par la *recherche d'une solidarité*.

c) *Les réseaux contractuels :* le contrat de concession ou de franchise reconnaît une certaine réciprocité entre les partenaires statutairement indépendants. On trouve ces réseaux de franchisés ou de concessionnaires dans de multiples produits grand public, dans la restauration, dans l'hôtellerie, et même dans le parfum (Yves Rocher). Les caractéristiques de ces réseaux sont le partage des risques et l'addition de compétences professionnelles et ils sont liés à une *stratégie d'implantation*.

1. Blanc Gérard, A. de Beer, N. Bühler, C. Cumunel, P. Ettighoffer, H. de Jouvenel, P. Lévy, J. Oddon, B. Perret, J. Perriault, H. Rheingold – *Le travail au XXIᵉ siècle* – Dunod – 1995 – Paris.
2. Boulanger Pierre – *Organiser l'entreprise en réseau* – Nathan – 1995 – Paris.

d) *Les réseaux maillés :* dans plusieurs secteurs de la vie humaine : social, politique, religieux, on pratique ce type d'organisation visant une *stratégie de pénétration.* On en voit maintenant également dans la vie économique, par exemple avec les réseaux de vente à domicile.

Il faudrait rajouter une cinquième catégorie à celles de Boulanger :

Les réseaux virtuels : réseaux permanents d'échanges d'informations entre individus ou organisations dans des buts d'intérêts communs, en particulier commerciaux rendus possibles grâce à Internet.

L'effet des NTIC : généralisation des réseaux

Les NTIC, nouvelles technologies de l'information et des télécommunications, ont transformé la plupart des entreprises en réseau. En effet de plus en plus de personnes de l'entreprise travaillent à distance en coopération avec les autres *via* un réseau informatique, comme les vendeurs. Même, quand elles sont dans deux bureaux voisins, elles emploient le même réseau informatique et souvent même de manière asynchrone comme si elles étaient éloignées.

Paradoxalement, les sites éloignés se trouvent rapprochés par une communication instantanée ou asynchrone, et les personnes voisines utilisent le système de communication à distance.

En fait les NTIC, en particulier les Intranet et Internet, abolissent des distances physiques et créent des distances virtuelles entre personnes rapprochées (soit qu'elles ne se déplacent plus pour aller voir leurs voisines, soit parce qu'elles utilisent l'asynchronisme). En même temps, elles abolissent les frontières entre départements, contribuant ainsi à mailler horizontalement tous les collaborateurs d'une organisation.

Progressivement on peut penser que d'ici une dizaine d'années, toutes les entreprises seront équipées de réseaux informatiques, internes et externes, liant les personnes et les sites entre eux et les liant également à des clients, des fournisseurs et des partenaires variés.

En fait, le réseau est un *système d'interrelations* à l'intérieur d'une firme ou entre firmes.

On distingue habituellement *Intranet* exclusivement réservé aux collaborateurs de l'entreprise, *Extranet,* réseau privé aux couleurs d'Internet mais ouvert aux seuls partenaires de l'entreprise, et *Internet* ouvert à tous, réseau sur lequel fleurissent désormais les websites par lesquels les entreprises projettent une image, offrent des produits et des services, tentent de vendre et se créent de fait une présence virtuelle mondiale, qui peut prendre différentes formes dont des boutiques virtuelles, des catalogues virtuels, etc.

Intranets, Extranets et Internet font de toute entreprise une entreprise en réseau.

Attributs d'une démarche orientée réseau

Les attributs clés d'une démarche orientée réseau, d'après Scott Norton[1], sont les suivants :

1. objectifs partagés,
2. compétences partagées,
3. travail en commun,
4. décisions prises en commun, essentiellement grâce à un accès plus facile aux informations critiques de l'entreprise et à la facilité de consultation des autres membres des équipes,
5. homogénéisation des plannings et des priorités,
6. mise en commun de la responsabilité, du pouvoir et de la confiance,
7. système commun d'incitation et de récompense.

Le réseau suppose l'idée de *partage* et de *confiance*. Pour qu'il fonctionne correctement, il faut suffisamment de confiance pour partager toutes les informations, mêmes sensibles. Il faut donc éviter qu'il y ait une concurrence destructrice entre les membres, tels que des départements ou des équipes commerciales clairement concurrents sur les mêmes marchés ou les mêmes clients.

Les attributs du réseau sont valables pour les réseaux informatiques internes comme pour les réseaux de partenaires. Le maître mot est *maillage*.

Le maillage favorise la transversalité et contribue à fortifier les hommes et les organisations en créant plus d'échanges et plus d'activités que la somme des acteurs isolés. Mais, comme pour tout, il faut assez de connexions pour avoir un système riche et évolutif, mais pas trop pour éviter un fonctionnement anarchique.

Le principal problème de management d'une entreprise en réseau est la gestion des *interdépendances* entre la formulation des stratégies, le développement des compétences, le développement des technologies, et les systèmes de gestion des ressources humaines.

On peut constater que le management d'une entreprise en réseau présente beaucoup de points communs avec l'entreprise apprenante.

Le réseau comme ultime forme organisationnelle

On peut concevoir que le réseau va être l'aboutissement de l'évolution lente mais inexorable des formes d'organisation des entreprises, passant progressivement par les stades suivants :

1. La centralisation qui a créé la bureaucratie.
2. La décentralisation donnant lieu à la « divisionnalisation ».

---

1. Norton Scott – *L'entreprise compétitive au Futur* – Éditions d'Organisation – 1995.

3. La complexification menant aux structures matricielles.
4. Les NTIC et la globalisation faisant émerger l'entreprise en réseau.
5. Le partenariat client-fournisseur et les alliances constituant l'entreprise étendue.
6. Les alliances, la co-opétition, la co-évolution s'orientant vers la fédération d'entreprises.

Comme il se doit, beaucoup d'entreprises sont dans une forme hybride entre deux modèles, et à cela s'ajoutent les entreprises qui gèrent essentiellement des projets ou doivent innover sans cesse et qui adoptent des structures spécifiques, souvent où le projet domine, et que Mintzberg appelle l'ad-hocratie.

Qu'il s'agisse de l'entreprise horizontale popularisée par Frank Ostroff et Douglas Smith[1], de la « Boundaryless company », l'entreprise sans frontières de J. Welsh, Président de General Electric, de l'organisation en trèfles de Charles Handy, de l'entreprise créatrice de savoirs ou apprenante de Peter Senge et de Tanaka, ces nouvelles formes d'organisation sont toutes frappées du double signe de l'*autonomie* et de la *coopération*.

La structure en réseau permet, comme le dit Annick Renaud Coulon[2] dans son livre *La désorganisation compétitive,* de démultiplier à une vaste échelle les capacités d'entreprendre et d'innover rapidement. Contrairement à la décentralisation qui ne permet pas de créer de passerelles entre unités, la mise en réseau vise au contraire à *« fédérer, à faciliter, et à harmoniser les différents foyers d'initiative entrepreneuriale, jusqu'à une complète intégration souple et efficace ».*

L'auteur cite, entre autres, comme exemple : la révolution faite par L'Air Liquide qui est passé de neuf à quatre niveaux hiérarchiques et s'est organisé sous la forme d'un réseau de petites unités aux allures de PME, de 20 à 60 personnes. À cette occasion, L'Air Liquide a modifié ses outils de gestion et remplacé le contrôle budgétaire classique par un reporting flash très succinct, un plan à trois ans, et des « estimés » de résultats futurs trois fois par an.

Les keiretsus japonais, par exemple celui de Mitsui, auquel participe Toshiba, qui rassemble des entreprises spécialisées sur différents métiers qui ont développé une grande capacité à mettre en œuvre et diffuser de nouveaux savoir-faire. Les keiretsus sont d'ailleurs à l'origine du benchmarking.

Il faudrait y ajouter le remarquable réseau des PMI du Nord de l'Italie, qui est en outre un bon exemple de fédération d'entreprises étendues ayant établi des relations fructueuses et durables de clients/fournisseurs. Comme l'écrit Florence Vidal, « *les districts italiens, exemples par excellence de systèmes réticulés,*

---

1. Ostroff Frank et Smith Douglas – *The Horizontal Corporation : redesigning the Corporation* – The McKinsey Quarterly N° 1 – 1992.
2. Renaud Coulon Annick – *La désorganisation compétitive* – Éditions Maxima – 1996.

sont des entités territoriales composées de constellations de PME/PMI qui fonctionnent selon les règles de la solidarité/concurrence et peuvent ainsi produire des avantages compétitifs comparables à ceux de la grande entreprise[1] ».

Par exemple, les PMI de Carrare ont un consortium, l'IMM, composé de la commune, de la région, des entreprises, et des banques, qui mène pour le bien de tous des actions de recherche, d'études, de promotion.

À Sassuolo, l'industrie du carrelage regroupe 3 000 entreprises qui fonctionnent également en réseau. Dans le Frioul, le « triangle de la chaise » produit 25 millions de chaises par an. Sans oublier le réseau Bénetton qui repose sur la création d'un réseau de 300 co-traitants pour le tricotage et d'un réseau de franchisés à travers le monde pour la vente.

Le district de Cadore, où huit villages sont voués à la lunetterie, a vu naître Luxottica devenue une multinationale (2,5 mds de FF), Montebelluna s'est spécialisée dans les chaussures, Trévise dans le prêt-à-porter, et Vérone dans l'agro-alimentaire.

Dans un espace industriel aussi restreint comme dans un réseau ouvert, les secrets industriels ne tiennent pas 24 heures, mais en même temps cela contribue à assurer la diffusion rapide des innovations. Le secret de la réussite, c'est l'ultra spécialisation et des relations de confiance avec les partenaires, le culte du travail, une gestion des coûts très serrée, le souci de la qualité, de la vitesse et de l'efficacité combinées avec les échanges en réseau, les consortiums pour exporter. Néanmoins la compétition locale reste vive et empêche quiconque de s'endormir. Les firmes du Nord de l'Italie avaient inventé depuis longtemps le concept qui devient à la mode aux États-Unis aujourd'hui : la coopétition, c'est-à-dire la coopération entre compétiteurs.

La compétitivité des organisations en réseau

Il découle clairement des attributs du réseau intra-entreprise ou interentreprises des possibilités de compétitivité accrues qui peuvent être très diverses.

Un effet de taille et un accroissement de puissance résultant de la mise en commun de moyens, soit internes à l'entreprise, soit de deux entreprises différentes, des réductions de coûts, un gain de vitesse, une augmentation de la fiabilité, davantage de flexibilité, une autonomie de décision accrue face au client, une proximité plus grande, l'accélération de l'innovation, une pénétration supérieure des marchés, une plus grande adaptation locale, une réduction des coûts de transports, le partage des risques et des tâches, la simultanéité dans les

---

1. Vidal Florence – *Les réseaux de PME/PMI – L'une des caractéristiques du managerment italien –* revue de l'Afplane – 1997.

lancements de produits ou les changements de politique, un effet d'image, une meilleure communication, etc.

Toutefois, les entreprises en réseau ne réfléchissent pas assez aux atouts et aux contraintes qui découlent de leur structure en réseau. Beaucoup de réseaux intégrés prétendent que leur principal atout est la proximité physique avec le client. C'est très logique.

Mais si, en même temps, dans un tel groupe, des règles centrales empêchent telle agence de faire des conditions aussi favorables qu'un petit concurrent local, ou si pour tout problème particulier l'agence doit en référer au centre, l'atout proximité du client devient du discours, le client s'en rend compte, est furieux et l'appartenance au réseau peut se transformer en handicap.

Par contre, si l'atout stratégique mis en avant est la dimension et des services que seuls peut offrir le réseau du fait de son degré d'intégration, et que le groupe est prêt à perdre certains clients principalement intéressés par le prix ou un traitement spécifique de leur particularité, l'uniformité et la rigidité introduites par les règles centrales ne constituent plus un handicap majeur.

Le management d'un réseau

Compte tenu de la variété des réseaux et des situations, il ne peut y avoir encore une doctrine unique. Toutefois, on peut indiquer quelques lignes directrices communes.

Un réseau dans l'entreprise comprend une infrastructure physique, un contenu matériel ou immatériel, un système d'exploitation, des règles de fonctionnement, un système de contrôle. Albert Bressand et Catherine Distler[1] en donnent une définition utile pour les managers :

> *Définition : « Un réseau est un ensemble de moyens (« infrastructures ») et de règles (« infostructures ») permettant aux acteurs qui y ont accès d'entreprendre et de mener à bien des projets communs dès lors que ceux-ci sont conformes aux attentes et usages communs (« infoculture ») du réseau ».*

	Fonction	Nature	Acteurs
Infrastructure	Contact	Physique	Opérateur
Infostructure	Contrat et juridique	Organisationnelle	Superviseurs
Infoculture	Connivence	Stratégique	Utilisateurs

Tableau N° 16.2 : Fonctionnement d'un réseau

---

1. Bressand Albert et Distler Catherine – *La Planète relationnelle* – Flammarion – 1995.

Pour bien gérer les réseaux, il faut d'abord une infrastructure fiable et un ou des administrateurs du réseau physique qui le maintiennent en fonctionnement en permanence et l'adaptent aux besoins en le faisant évoluer physiquement.

Il faut des superviseurs pour passer les contrats entre les partenaires et pour définir et réguler le fonctionnement de l'organisation.

Enfin, il faut créer entre les acteurs la confiance, le partage des connaissances et les synergies qu'on peut résumer sous le terme de connivence et qui permet tous les gains stratégiques énumérés auparavant. L'infoculture est fondamentale car l'accroissement de l'autonomie devient le chaos s'il n'y a pas des valeurs partagées et un minimum de culture commune.

Une très grande proportion des entreprises est en train d'implanter des Intranet. La première étape pour que le personnel l'utilise est la formation. Naturellement, le courrier électronique est à la base même du fonctionnement des Intranet.

L'ENTREPRISE ÉTENDUE

Les partenariats clients-fournisseurs

Les achats représentent en moyenne 50 % des coûts dans l'économie. Mais dans des secteurs industriels, il n'est pas rare qu'ils s'élèvent à 65/70 % du prix de revient des produits. Chez Chrysler en 1994, 69 % du coût total d'un véhicule était managé par les fournisseurs.

Les entreprises ont compris que pour réussir à diminuer les coûts totaux il ne suffisait plus de mettre en concurrence les fournisseurs, il fallait améliorer les performances de l'ensemble qu'elles constituent avec leur fournisseur.

L'entreprise étendue est celle qui cherche à créer avec ses clients et fournisseurs une relation de partenariat et à les intégrer dans des réseaux.

Bernard Garrette et Pierre Dussauge expliquent très bien dans *Les stratégies d'alliances*[1] qu'il ne faut pas confondre le véritable partenariat client-fournisseur avec le marketing achat qui prend en compte des critères de sélection plus complexes et plus exigeants et entraîne des relations accrues, ou avec les coopérations opérationnelles clients-fournisseurs dans le cadre du Juste-à-Temps.

© Groupe Eyrolles

---

1. Garrette Bernard et Dussauge Pierre – *Les Stratégies d'alliance* – Éditions d'Organisation – Paris – 1995.

Dans ce dernier cas, il s'agit d'un mode de coordination des fournisseurs dans les processus de production de leurs clients mais ceux-ci restent dans la relation d'exécutants. Souvent employé par les clients pour conduire les fournisseurs à se plier à un nombre croissant de contraintes ou conditions, le mot partenariat fait souvent sourire ou bondir les fournisseurs.

Pour ces auteurs, il n'y a véritable *partenariat que s'il y a participation du fournisseur à la conception du produit* ou du service. C'est d'ailleurs ce qui se passe de plus en plus dans le cadre de l'ingénierie simultanée. En général, les fournisseurs sont sélectionnés suivant des critères stratégiques, pour leur maîtrise d'une technologie, leur capacité à innover et leur solidité à long terme.

La concurrence de plus en plus rude conduit à éliminer les coûts de transactions par une forme d'intégration qui est une coopération entre indépendants en réseau.

▬ Bénéfices attendus des partenariats

Chrysler, Marks & Spencer, Motorola, Philips Consumer Electronics Company, qui sont parmi les meilleurs mondiaux en matière de partenariats cités par Jordan D. Lewis[1] ont obtenu les bénéfices suivants de leurs alliances avec les fournisseurs :

- des réductions de coûts continues supérieures à celles qu'ils auraient obtenues par des transactions classiques,
- des améliorations de qualité supérieures à ce qu'une firme aurait pu faire seule,
- des temps de conception et développement raccourcis de 50 % à 75 % par rapport à la norme,
- davantage de flexibilité dans les opérations de fabrication,
- des avancées technologiques.

L'idée est de s'allier pour battre le marché par la coopération pour apporter davantage de valeur au client.

Conditions pour obtenir des résultats

▬ Une philosophie commune

Cela suppose d'accepter des défis communs, de rechercher non pas le coût d'achat le plus bas mais le plus bas coût total, de partager une culture commune de progrès permanent, de vues à long terme, d'attitudes de recherches de causalités profondes et réelles, de confiance mutuelle, de travail en équipe, d'échange de savoir-faire technique et managérial. En particulier, il est bon de

---

1. Lewis Jordan D. – *The connected Corporation* – The Free Press – New York – 1995.

favoriser les équipes de créativité communes. Le client doit encourager le fournisseur à la recherche de l'excellence.

Mais il faut prendre soin de laisser au fournisseur son indépendance. L'optimum ne semble pas être atteint par des filiales dépendantes qui ne sont plus mises en concurrence mais plutôt par des fournisseurs indépendants mais partenaires.

Cela suppose de soigneusement choisir les fournisseurs partenaires parmi les firmes les mieux gérées, et d'élever en réalité la concurrence entre les élus. Cela a conduit à des diminutions drastiques du nombre de fournisseurs dans beaucoup de secteurs.

Il arrive même parfois que dans le cas d'un fournisseur particulièrement innovateur, le client accepte cette source unique en prenant le risque d'une telle position.

L'organisation des partenariats

Elle suppose une transformation progressive des structures organisationnelles et une redéfinition des rôles et des pouvoirs de chaque fonction : achats, bureaux d'études, bureaux des méthodes avec :

- Des structures orientées projets.
- Le développement de la communication transversale.
- La remise en cause des cloisonnements.
- Des systèmes formels d'information.
- Des échanges et rencontres informels et fréquents.
- Le partage de l'information.

La manière dont, par exemple, Motorola contribue à des réductions de coût de ses fournisseurs partenaires est : *l'importance des volumes,* en particulier par des contrats de fournitures couvrant les besoins de l'ensemble de la compagnie, des aides à améliorations constantes de la qualité, *un travail en commun sur les facteurs de coût très tôt au stade de la conception,* de *l'assistance technique* et de *la formation* des fournisseurs à l'Université Motorola.

L'organisation de l'interface

Ce point est évidemment crucial. Cela suppose :

- D'accepter que l'interface fasse exception à certaines normes ou pratiques de l'entreprise.
- De la continuité dans les personnes en contact.
- Un « empouvoirement » suffisant de ceux qui assurent l'interface d'un côté comme de l'autre.
- Le respect de la parole et l'établissement de rapports de confiance.

- Des flux d'informations formels et informels.
- Une transparence suffisante.
- Une instance pour les décisions importantes et les arbitrages.

Parmi les partenariats client-fournisseurs de nombreuses applications naissent d'un mouvement qui prend de l'ampleur : l'externalisation.

LE COMMERCE B TO B : E-SOURCING, E-PROCUREMENT, PLACE DE MARCHÉ

Le métier de l'acheteur consiste à faire du marketing achat pour identifier les sources d'approvisionnements, puis exprimer les besoins, émettre les appels d'offres, négocier, choisir, passer les contrats, effectuer le suivi des fournisseurs, mesurer leurs performances, ce qui enrichit sa base de données de marketing achat, et recommencer ce cycle.

L'e-procurement

L'e-procurement consiste à automatiser les processus d'achats en se servant des NTIC en particulier des Intranets, des Extranets et d'Internet.

L'e-procurement permet d'abord de faire du « sourcing » sur Internet. Rappelons que les outils habituels du sourcing sont le téléphone, le fax, le courrier, les visites, les salons, foires, congrès, les annuaires, les syndicats professionnels, les bureaux d'achats etc.

Internet permet un accès beaucoup plus rapide d'abord à des informations commerciales, financières ou juridiques *via* les sites d'entreprises, mais également à des annuaires, et des bases de données en ligne, dont des bases de fournisseurs qualifiés et des places de marché virtuelles.

On peut également utiliser des moteurs de recherche et des agents intelligents pour accroître l'efficacité du sourcing.

Quelques exemples de sites intéressant pour l'e-sourcing : Kompass, Dun and Bradstreet, Europages, Grainger.com, purchasingcenter.com, ort, société. com, décideurs.com, work.com, negopartner, doubletrade.com, mro.com etc.

Il enrichit le marketing achat, permet une meilleure globalisation, facilite la qualification des fournisseurs par la vitesse d'échange d'informations. Il permet également divers types d'enchères en ligne.

L'e-procurement consiste également à se connecter avec les fournisseurs *via* Internet (qui remplace de plus en plus l'EDI, qui à cause de son coût ne s'appliquait qu'aux seuls fournisseurs importants) pour échanger commandes, paiements et informations.

Désormais l'échange d'informations et les commandes *via* Internet pourront s'appliquer à tous les fournisseurs. C'est que fait actuellement Matsushita avec ses 3 000 fournisseurs alors que l'EDI n'en connectait que 900.

Également Oracle qui comme Dell veut devenir une « e-business Company » a prévu d'économiser 100 millions de $ par an avec l'e-procurement.

L'e-procurement permet d'automatiser de plus en plus la gestion des catalogues de produits qui peuvent être consultés de manière interactive, les demandes d'achats, la gestion des habilitations, la comptabilisation, le reporting, les bons de commande, le suivi des livraisons.

En ayant les catalogues de produits des fournisseurs et leurs prix, sous forme électronique accessible sur Internet, les comparaisons deviennent plus faciles et cela permet de baisser les prix.

L'automatisation de tout le processus interne ainsi que la liaison avec les fournisseurs permet, toutes choses égales par ailleurs, de diviser, au moins par deux, les coûts administratifs des opérations d'approvisionnement. Les entreprises peuvent globaliser et intégrer plus facilement leurs achats en automatisant les processus et les procédures d'autorisation *via* leurs Intranets locaux et Internet et obtenir ainsi de meilleures conditions en particulier pour les achats hors production. Les entreprises sont en train d'investir des sommes non négligeables pour l'e-procurement.

Par exemple, Nestlé a signé avec SAP un contrat que les analystes (Bloomberg) chiffrent à 100 Millions d'Euros pour relier l'entreprise *via* internet à ses clients et à ses fournisseurs en utilisant la plate-forme mysap.com, (*Les Échos*, 15 Juin 2000).

▬ Tendances en matière d'e-procurement

D'après une enquête du Conference Board[1] auprès de 43 organisations, les tendances apparaissent les suivantes :

> Près de 90 % des entreprises ayant répondu à l'enquête sont en train d'implanter l'e-procurement certaines avec précaution, d'autres rapidement. Toutefois, bien que la plupart aient été encore dans la phase pilote, elles trouvent le projet plus complexe, cher et consommateur de temps qu'elles ne l'envisageaient. Mais elles poursuivent car elles pensent que l'approvisionnement par le web est la voie d'avenir. Elles achètent principalement par ce moyen : les équipements de bureau, les fournitures informatiques, les voyages et les fournitures et services qui n'entrent pas directement dans le processus de production, certaines pensant que les principaux gains viendront pourtant d'achats pour la production.

---

1. Radzin John – E-*Business Stratégie in the Global Marketplace : E-procurement and Other challenges.*

Les bénéfices de l'e-procurement viennent de la réduction des coûts de transaction, du besoin en fonds de roulement et des dépenses d'achats, mais cela ne représente que quelques pour cent des achats. Les consultants et vendeurs de logiciels sont critiqués pour avoir exagéré les gains de cette informatisation. C'est surtout intéressant si l'e-procurement s'accompagne d'une stratégie de « sourcing » (marketing achat) et de mise en ligne des processus.

L'e-procurement n'est pas encore mûr parce qu'il manque des standards pour l'échange de données et les catalogues électroniques qui sont les deux plus gros obstacles à son développement.

Quant aux fournisseurs, ils sont conduits à travailler avec leurs grands clients sur des projets d'e-procurement principalement sur la promesse de réduction des coûts de transaction. Mais beaucoup ont besoin d'apprendre les technologies Internet et le développement de catalogues électroniques.

En ce qui concerne les places de marché, 80 % y participent et le reste envisage d'y participer avant un an. Les gains et les défis sont les mêmes que pour l'e-procurement et sont perçus comme son extension logique.

Une étude réalisée par le cabinet Markess International[1] fait le point sur les retours d'expérience d'un certain nombre de projets et confirme qu'en France les tendances sont les mêmes qu'aux États-Unis :

> « *L'e-procurement est avant tout une solution de gestion électronique des demandes d'achat, des commandes et des approvisionnements* », … « *Pour les directions des achats, et plus largement pour leur entreprise, ces projets sont des moyens, parmi d'autres, de répondre aux nouvelles pressions qui s'exercent sur leur organisation : recherche de rentabilité, performance accrue, meilleur contrôle des dépenses* ».

> « Pour les industriels ayant déjà en interne des systèmes en place pour leurs achats de production ou stratégiques, l'e-procurement reste un moyen de décentraliser la prise de commande et de toucher de nouvelles familles d'achats (notamment hors production) peu ou pas concernées par ces systèmes existants. Pour d'autres industriels, l'e-procurement a plutôt pour vocation de répondre à une problématique de logistique avec comme objectif principal, notamment lorsque les achats concernés font partie du processus de production, d'être livrés à temps et de réduire les stocks ».

---

1. Bailliard Laurent vnunet.fr – Informatiques – 19 novembre 2002.

Quatre catégories d'achats se font par e-procurement : « les achats cataloguables (fournitures et micro-informatique), les achats configurables (services de maintenance, interim), les achats sous abonnement (énergie) et enfin les achats ni configurables ni cataloguables mais pour lesquels l'expression des besoins peut néanmoins être formalisée dans un *workflow* ».

Les économies obtenues grâce à l'e-procurement oscillent entre 2 % et 6 % du coût total des achats, selon les entreprises interrogées en 2002 ». Cependant, la mise en place des projets s'avère coûteuse

Éric Leaper, consultant de la CEGOS indique qu'il faut distinguer les apports de l'électronique sur les achats en particulier dans le domaine de l'e-sourcing et sur les approvisionnements (e-procurement). L'e-sourcing s'est bien étendu et présente de nombreux avantages pour un faible coût : envoi de questionnaire en ligne, obtention de réponses calibrées, tableaux de comparaisons automatisés, professionnalisation du métier d'acheteur, marketing achat mondial, davantage de transparence vis-à-vis des fournisseurs, vérification éthique des fournisseurs plus aisée etc. Quant à l'e-procurement il confirme les résultats des enquêtes citées, en signalant qu'il est souvent recommandé de penser au préalable à la réorganisation du processus de commandes et des approvisionnements avant de passer à l'e-procurement.

Les places de marché

Ce sont des sites qui regroupent les offres de multiples fournisseurs pour les proposer à de multiples acheteurs. Des entreprises nouvelles, sont venues proposer de créer des places de marchés électroniques et certains éditeurs informatiques ont conçu des logiciels à cette fin, par exemple Arriba, Commerce One, SAP, Oracle.

Il existe des *places de marchés horizontales* pour les dépenses qui concernent la plupart des fonctions des entreprises et plusieurs secteurs par exemple Commerce One, Ariba, PurchasePro.com. Il existe des *places de marchés verticales* comme,sciquest.com qui vend du matériel scientifique, qui ne concernent qu'un secteur en totalité ou partiellement comme Healtheon, PCorder ou globalnetxchange dans la grande distribution qui regroupe déjà Carrefour, Sears, Metro, Sainsbury et Kroger ou « *superverticales* » parce qu'elles présentent plusieurs secteurs comme Verticalnet.com qui comprend plus de 50 sites verticaux regroupés en 12 secteurs.

Entre 1998 et 2001 il s'est crée de nombreuses places de marché. Parmi celles créées au début de l'année 2000, on peut citer à titre d'exemples :

Industrie	Nom	Participants au début 2000
Automobile	Covisint	GM, Ford, Daimler Chrysler, Renault-Nissan et fournisseurs
	StarXchange	Toyota i2 technology, fournisseurs
Pétrole	Intercontinental/Exchange	Totalfina Elf, BP Amoco, Shell
Pneumatiques	RuberNetwork	Goodyear, Michelin, Cooper, Pirelli, Sumitomo
Aéronautique	Myaircraft	United Technologies, Honeywell, i2Technologies
	Avolo	Compagnies aériennes fournisseurs pièces et services
Agroalimentaire	GMA	Danone, Nestlé, Henkel

Beaucoup de places de marché n'ont pas répondu aux attentes et ont fait faillite, un certain nombre ont fusionné ou fusionneront, d'autres disparaîtront. Il semble qu'un faible pourcentage d'entreprises utilisent les places de marché pour leurs achats et quand c'est le cas pour une petite fraction seulement. Toutefois les acheteurs doivent s'en préoccuper car avec le système des enchères, il peut y avoir des opportunités de baisser les coûts d'achats.

Les places de marchés sont un exemple d'alliances, souvent entre concurrents. Elles permettront à un secteur de définir des standards de présentation des offres de leurs fournisseurs et d'accroître la productivité du processus d'achats.

L'e-business va multiplier les entreprises en réseau. L'entreprise étendue connectée avec ses fournisseurs et partenaires va devenir la norme. La co-opétition va se développer dans la plupart des secteurs. Sans doute le législateur va-t-il s'inquiéter des ententes d'acheteurs qui risquent évidemment de se multiplier.

L'EXTERNALISATION COMME STRATÉGIE

L'externalisation devient de plus en plus un moyen d'action stratégique en vogue, qu'il s'agisse de processus de fabrication ou sous-processus, de composants qui sont assemblés partiellement par un sous-traitant, de maintenance, de manutention, de logistique, de gardiennage, d'informatique de restauration, de recherche, de formation, de facturation, paie, dépannage, centre de services clients, etc.

Externaliser, c'est abandonner une partie de la valeur ajoutée par l'entreprise pour plus de marge, de qualité, de réactivité, une meilleure concentration des cerveaux, des moyens et des investissements sur les processus constituant le coeur du métier et l'avantage stratégique.

Les coûts élevés de la main-d'œuvre des grandes entreprises, compte tenu des avantages sociaux qu'elles accordent en Europe continentale, les conduisent souvent à externaliser, ce qui implique l'utilisation d'un personnel peu qualifié, qui sera employé par des prestataires de services dont les coûts sociaux sont moins élevés et qui peuvent délocaliser une partie des tâches.

Ralentissement de l'économie et accélération de l'externalisation

D'après le baromètre Outsourcing 2002 de Ernst & Young[1] cité par les Échos, l'externalisation est en forte expansion. 70 % des grands groupes ayant eu recours en 2002 à une forme d'externalisation. Entre 1999 et 2002 les chiffres sont les suivants :

Année	1999	2002
Nombre moyen de fonctions externalisées	2,1	2,7
Six fonctions et plus	0 %	2 %
Quatre ou cinq fonctions externalisées	10 %	25 %
Trois fonctions externalisées	22 %	26 %
Deux fonctions externalisées	30 %	24 %
Une fonction externalisée	38 %	23 %

Non seulement, plutôt que de procéder à des restructurations longues et difficiles, les entreprises préfèrent externaliser des fonctions, mais également devant l'envahissement de toutes les fonctions par l'informatique nécessitant des compétences évolutives difficiles à trouver, sur le long terme, les recours à l'infogérance se multiplient.

Parallèlement on assiste de plus en plus à la sous-traitance de la totalité des opérations de production utilisant beaucoup de main-d'œuvre à des sociétés spécialisées et peu connues quoique très importantes qui elles-mêmes localisent leurs usines dans les pays les plus compétitifs, parmi lesquels figurent des pays d'Asie qui allient coûts bas, contraintes sociales minimes, personnel qualifié et travailleurs et de plus en plus souci de la qualité comme la Chine.

---

1. Fouteau Caroline – *Entreprises : le ralentissement de l'economie accélère l'externalisation de certaines fonctions* – Les *Échos* – 6 Décembre 2002.

Le cas de l'externalisation de l'informatique

Pour un certain nombre de services, il apparaît que même des institutions importantes ne peuvent s'offrir le luxe d'investir toujours plus pour disposer des équipements nécessaires ou dernières technologies de l'information, bien que celles-ci deviennent chaque jour davantage un facteur de compétitivité. L'une des solutions s'avère être l'externalisation. Elle devient de plus en plus pratiquée :

- Pour réduire les coûts ou échapper au modèle culturel interne.
- Pour réduire les investissements, les capacités de financement étant limitées.
- Pour suivre l'évolution technologique grâce au fournisseur/partenaire.
- Pour se donner la possibilité de reconcevoir à partir de zéro son système informatique.
- Pour lancer des produits nouveaux dans le cadre d'alliances avec des entreprises d'informatique.

▬ Le futur de l'informatique vu par IBM : l'e-business sur demande

Le 30 octobre 2002, Sam Palmisano, le P.-D.G. d'IBM a indiqué sa vision du futur de l'informatique[1] dans un discours devant 400 personnes, clients, journalistes, analystes financiers. Les entreprises vont pouvoir éliminer leurs coûts fixes grâce à « l'e-business on demand », l'informatique de l'e-business un service payé à l'usage.

À partir d'une enquête auprès de 33 000 clients, il ressort que les entreprises ont trois besoins fondamentaux : *l'accès* au système d'information, *l'intégration* de tous les composants informatiques du système d'information et *la mise en réseau* des organisations. L'idée est de rendre l'informatique d'une entreprise accessible de partout, reliant tous les participants et fonctionnant en permanence.

Le groupe IBM va investir 10 milliards de $ dans « l'e-business on demand » qui doit permettre d'accéder à l'énergie informatique comme à l'électricité et de payer à l'usage.

Naturellement, dès lors que l'externalisation devient un enjeu stratégique majeur, sa pratique requiert de plus en plus de réflexion et de précaution. Sa réussite passe par quelques points clés.

---

1. Les *Échos* article signé A. R. – *Le P.-D.G. d'IBM dessine le futur de l'informatique* – Les *Échos* – Jeudi 31 Octobre 2002.

CONDITIONS POUR RÉUSSIR L'EXTERNALISATION

Pour réussir l'externalisation, il est utile de disposer d'une check-list afin de ne pas négliger un des nombreux aspects de la démarche :

- En premier lieu, bien clarifier et expliciter *la définition du coeur de l'activité* : en externaliser un des composants fondamentaux serait suicidaire. Mais il faut bien deviner ce qui sera aussi dans le futur le coeur de l'activité. Il ne faut pas qu'un prestataire puisse interférer trop fortement dans ce qui constitue un des atouts stratégiques majeurs.
- *Une vision claire des fonctions sans risques* et de celles qui peuvent devenir à terme stratégiques ou sensibles.
- Un *comité de pilotage* engagé qui évaluera tous les avantages et inconvénients de l'externalisation et toutes ses implications.
- Une *analyse détaillée de la fonction externalisable,* de ses coûts et des aspects liés à la qualité et à la satisfaction des clients internes et externes. Il faut évaluer à quelles conditions l'externalisation crée un avantage concurrentiel complémentaire. Il faut à tout prix, *éviter l'aliénation de son activité,* penser soigneusement aux moyens d'éviter d'être prisonnier de son sous-traitant. En particulier, garder au moins une compétence technique de suivi, de contrôle etc. Ce point est particulièrement important dans l'externalisation de l'informatique.
- Un *cahier des charges détaillé* qui comporte une description complète et parfaite de l'opération, des ressources et moyens à mobiliser, des indicateurs de qualité. Le cahier des charges est l'élément clé de la réussite de la négociation, il doit comporter la répartition des travaux entre l'entreprise et le prestataire pour permettre entre autres de vérifier à tout moment si le prestataire met en œuvre les moyens nécessaires. Cela sert de base à la fixation des pénalités qui seront prévues au contrat.
- *Le choix du partenaire* en examinant : pérennité, compétences, moyens, coïncidence des intérêts et politiques à long terme, mais aussi les rapports de pouvoirs et d'influence respectifs qui peuvent s'établir dans la relation client-fournisseur.
- *Le traitement du problème des personnels repris par le sous-traitant.* Ce point est particulièrement important sur le plan juridique et social et fait partie souvent des négociations des accords. Faire attention, en France, au statut du prestataire et à l'article 133-12 du code du travail qui prévoit le maintien du contrat du salarié transféré.
- *Une stratégie de communication* avec le personnel pour éviter la démotivation et les inquiétudes concernant les emplois. En particulier, pour le personnel transféré au sous-traitant.
- *L'organisation d'un transfert d'activité* sans risque de discontinuité ou ennuis de passage.

- *La valeur des interfaces humaines* ; il est important de prévoir de part et d'autre comment seront assurées les relations et par qui.
- *La qualité du contrat* sur le plan du contenu, en particulier dans la conformité au cahier des charges et sans omettre les pénalités prévues en cas de non-respect des clauses de délais, fournitures, respect des spécifications, qualité et sur le plan de la validité juridique en s'appuyant sur un juriste expérimenté de ce type de contrat.
- *Un suivi irréprochable des fournitures de prestations.* Un contrôleur interne doit suivre la mise en place de tous les indicateurs de progrès de qualité de fournitures prévus au contrat et en faire un tableau de bord surveillé en permanence.

Si beaucoup d'entreprises externalisent, cela signifie un développement rapide du chiffre d'affaires pour celles qui reprennent des activités. Il n'est pas inutile parfois de réfléchir à l'accueil par ses propres services fonctionnels de charges d'activités qui permettraient de diminuer les frais généraux ou même de transformer certaines fonctions internes en prestataires de services, vendant également à l'extérieur.

Le cas de la réintégration

On assiste parfois à la réintégration de processus externalisés soit parce qu'il est difficile d'obtenir la qualité ou les baisses de prix souhaitées, soit parce que le processus externalisé redevient stratégique.

Ainsi, une chaîne d'hôtels a réintégré les services de nettoyage, car elle s'est aperçue que la qualité de comportement des femmes de ménage qui nettoient les chambres et qui croisent souvent les clients faisait partie de l'image de l'hôtel. Il valait donc mieux charger de cette mission son propre personnel, le doter d'un habillement adéquat et le former à avoir une attitude souriante et accueillante à l'égard des clients.

LES ALLIANCES STRATÉGIQUES

Outre les partenariats client-fournisseur déjà examinés, il y a de multiples formes d'alliances avec des firmes complémentaires non concurrentes ou parfois concurrentes pour atteindre des objectifs très variés.

L'excellent ouvrage de Bernard Garrette et Pierre Dussauge, *Les stratégies d'alliance*[1], en dresse un panorama très complet et une classification utile et structurée.

---

1. Garrette Bernard et Dussauge Pierre – *Les Stratégies d'alliance* – Éditions d'Organisation – Paris – 1995.

Entre firmes non concurrrentes

Outre les partenariats verticaux client-fournisseur déjà mentionnés, les auteurs indiquent :

▬ Les joint-ventures (JV) de multinationalisation

Elles associent des entreprises de pays différents qui vont apporter leurs compétences respectives. Souvent les unes apportent leur technologie et les autres leur connaissance du milieu local avec éventuellement un système de distribution.

Dans un pays comme la Chine, le gouvernement a longtemps préféré que les implantations étrangères soient faites dans le cadre de JV avec une entreprise locale, processus qui permet à des entreprises chinoises d'acquérir rapidement le savoir-faire occidental et aux entreprises occidentales d'avoir un interlocuteur qui connaît le système et la culture. Actuellement 3/4 environ sont des JV, 1/4 sont des entreprises 100 % étrangères.

Les difficultés de communication et les divergences de points de vue rendent parfois difficile le management de ces organisations. Certaines sont des succès, d'autres s'enlisent dans les difficultés et les pertes.

▬ Les accords intersectoriels

Il s'agit d'alliances entre sociétés qui ne sont ni client ni fournisseur, en général pour développer ensemble un produit ou un service nouveau.

Les alliances entre firmes concurrentes

Les auteurs distinguent :

▬ Les alliances de co-intégration

Dans ce cas, les alliés ont des actifs et des compétences similaires et visent une taille critique ou la diminution des risques sur un composant. Par exemple, l'alliance Renault – Peugeot – Volvo pour concevoir et fabriquer un moteur V6. L'alliance Du Pont de Nemours et Rhône-Poulenc pour Butachimie.

▬ Les alliances de pseudo-concentration

Les alliés ont, comme dans le cas précédent, des actifs et compétences similaires. Ils s'allient pour l'ensemble de leurs activités. Ils pourraient tout aussi bien fusionner : l'alliance s'appelle pseudo-concentration. C'est le cas d'Airbus Industrie, GIE entre concurrents chargés, entre autres choses, de l'ensemble des relations commerciales avec les compagnies aériennes.

▬ Les alliances complémentaires

C'est le cas de concurrents qui s'allient sur des actifs ou compétences complémentaires, comme Renault-Matra, Matra fabriquant l'Espace et Renault le commercialisant dans son réseau.

Les objectifs des alliances

À une vague de diversification dans les années 70, a succédé depuis le début des années 80 un mouvement général de recentrage sur les métiers, qui est encore accentué par les marchés financiers.

Mais si les entreprises se recentrent, elles deviennent en même temps de plus en plus étendues en se créant des partenariats et des alliances.

Le revenu tiré des alliances par les cent premières entreprises américaines est passé de 1 % de leur chiffre d'affaires en 1980 à 14 % en 1995 selon une étude de la Columbia University. Le retour sur investissement des alliances serait voisin de 14 % contre 11 % pour la moyenne industrielle selon Booz Allen & Hamilton[1].

Les alliances répondent à cinq objectifs principaux :
1. faciliter l'accès à un marché,
2. partager les investissements, en particulier en R&D, et les risques,
3. obtenir la taille critique, ou faire des économies d'échelle,
4. créer et imposer un standard national ou mondial,
5. concevoir et proposer de nouvelles offres.

Pour chacun de ces cas, les exemples abondent :
1. *Faciliter l'accès à un marché*
   Outre l'exemple de l'accès à la Chine déjà cité, il y a des alliances avec des distributeurs comme ce fut le cas de Pernod-Ricard avec Coca-Cola, ou la distribution du produit Mennen par L'Oréal en France, ou l'accord signé entre Netscape et Deutsche Telecom pour la promotion en commun de solutions Intranet, Extranet et Internet pour les entreprises. Ou encore l'alliance du laboratoire suédois Astra avec Merck qui a pris en charge les tests, l'enregistrement, le marketing et les ventes d'une douzaine de produits découlant des recherches d'Astra.
2. *Partager les investissements, en particulier en R&D, et les risques*, par exemple des alliances pour lancer les satellites de télécommunications, comme Iridium lancé par Motorola et qui lui associe Vebacom, Raytheon, Lodkheed Martin, Sprint et d'autres, ou Global Star qui associe Loral, Vodafone, Alcatel, France-Télécom et d'autres. En la circons-

---

1. Coureil Pierre – Booz Allen & Hamilton – *Valeur Ajoutée* – Dunod – Paris – 1997.

tance il fut avisé de partager les risques. Citons encore les multiples cessions de licences de produits dans le domaine pharmaceutique. Rien que dans le domaine des biotechnologies, il y eut plusieurs centaines d'alliances comme Ciba/Sandoz, Merck/Rhône-Poulenc, Praecis/Synthelabo, etc.

3. *Obtenir la taille critique, ou faire des économies d'échelle*
   C'est le cas par exemple, comme on l'a vu, des associations de constructeurs automobiles pour concevoir et fabriquer un moteur.

4. *Créer et imposer un standard national ou mondial*
   C'est le cas des deux coalitions pour le DVD Sony et Philips d'un côté et Toshiba, Hitachi, JVC et Thomson de l'autre. C'est la seconde qui l'a emporté parce qu'elle a su nouer des alliances avec les informaticiens pour que le DVD soit compatible avec le CD-Rom.
   C'est également le cas de toutes les alliances qui se nouent dans l'informatique autour de JAVA ou de Netscape pour résister à Microsoft et éviter que ses logiciels ne deviennent le standard de fait sur Internet.

5. *Concevoir et proposer de nouvelles offres*
   Par exemple, l'accord de Cisco Systems et Alcatel Télécom pour fournir des solutions à l'intégration d'Internet dans les réseaux publics.

LE MANAGEMENT DES ALLIANCES

Les alliances sont réputées instables, difficiles à monter et à manager, et risquées car on ne sait pas qui va tirer les marrons du feu.

Toutefois, elles sont devenues des pratiques courantes au cours des dernières années, et des entreprises comme Corning obtiennent l'essentiel de leur chiffre d'affaires à travers des alliances qu'elles savent très bien gérer. Les études sur les alliances montrent d'ailleurs une étroite corrélation entre le nombre d'alliances nouées par une firme et le succès de ses alliances. L'expérience permet donc de réduire les risques d'échec, ce qui démontre que le succès n'est pas seulement le fruit du hasard mais aussi de la compétence.

On retrouve, dans ce domaine, la plupart des principes déjà énoncés pour la réussite de partenariats clients-fournisseurs, nous ne les répéterons pas.

Il faut pourtant insister sur le choix du bon partenaire, la compatibilité des cultures d'entreprise, la qualité des relations entre les dirigeants, le souci d'obtenir rapidement des résultats opérationnels en même temps que le respect de l'équilibre des contributions de chaque partenaire.

Il est bon de procéder à l'évaluation régulière du cadre et des modalités de l'alliance pour éviter de laisser pourrir des malentendus latents qui pourraient s'envenimer, ou encore redresser rapidement un mauvais fonctionnement qui risque de ne pas donner le résultat escompté.

Pour réussir les alliances, il faut savoir aussi donner pour obtenir. Il faut veiller à ne pas commencer par un registre fondé sur la méfiance et la mesquinerie, tout en sachant protéger le coeur de son savoir-faire et éviter que l'allié ne se l'approprie si cela ne fait pas partie de la philosophie de l'alliance. La gestion efficace du partage des compétences est évidemment un point clé.

Les alliances aboutissent à la coexistence de plusieurs centres de décision dans l'entreprise étendue. Cela impose d'accepter l'empouvoirement des collaborateurs chargés des interfaces avec les alliés pour éviter que l'alliance ne doive en référer sans arrêt à des comités internes, de rang élevé, pour le moindre problème. À défaut, on risque paralysie et délais qui empêcheraient le bon fonctionnement de l'alliance.

Impliquer la Direction de chaque partenaire

Le succès d'une alliance dépend de l'engagement des dirigeants. Ainsi, chez Ford, avoir développé des liens avec des dirigeants de Mazda est un facteur de promotion. Ce critère a beaucoup compté dans la nomination de Philip Caldwel au poste de Président de Ford. Parmi les dirigeants qui pouvaient espérer être nommés, Philip Calwel était celui qui avait noué le plus de relations avec ses homologues japonais.

Comment gérer les alliances ?

D'après Michael Y. Yoshino et V. Srinivasa Rangan[1], les entreprises qui savent gérer les alliances ont trois points communs :

- *Une expérience accumulée*
  On constate que les partenaires des alliances réussies avaient acquis auparavant une longue expérience en gestion de partenariat. Il faut du temps pour accumuler le savoir-faire requis et surtout apprendre à connaître son futur partenaire.
- *Des moyens de pilotage*
  L'alliance doit avoir des structures propres pour prendre les décisions stratégiques et opérationnelles qui lui incombent.
- *Des échanges nourris entre les dirigeants des deux partenaires.*
  Les cadres supérieurs de chaque partenaire sont fortement incités à nouer des contacts avec leurs homologues.

---

1. Op. cit.

L'exemple de Ford : se donner du temps pour acquérir de l'expérience

D'après Michael Y. Yoshino et V. Srinivasa Rangan[1], le temps et l'expérience sont deux facteurs essentiels. Gérer une alliance est une opération de management difficile. Consacrer du temps est indispensable, surtout pour mieux faire connaissance avec ses futurs partenaires. Les premiers accords peuvent porter, à titre d'essai, sur des domaines d'activité peu importants. Ainsi Ford a pu acquérir une longue expérience d'abord avec Nissan puis avec Toyota avant de s'allier à Mazda. Au départ, les premiers partenaires ont permis à Ford d'approcher le marché asiatique, mais surtout ces alliances lui ont permis de mieux comprendre les constructeurs japonais. Mazda et Ford se sont associés sur plusieurs projets mais ont attendu dix ans pour acquérir la confiance réciproque et développer un véhicule en commun.

© Groupe Eyrolles

---

1. Yoshino Michael Y. et Rangan V. Srinivasa – *Strategic Alliances – A partenarial approach to globalization* – Harvard Business School – 1995.

Chapitre 17

Le nouveau rôle des dirigeants

Que devient le dirigeant et son rôle dans les nouvelles formes d'organisation ? Reste-t-il immuable ou est-il affecté par les changements intervenus dans la culture, les moeurs et les nouvelles formes d'organisation ? Par dirigeants, nous entendons les chefs d'entreprise mais aussi tous les patrons d'unités jouissant d'une large autonomie ainsi que les membres des comités de direction.

L'un des thèmes à la mode est celui de la fin des hiérarchies. Il est vrai que la réduction du nombre de niveaux de commandement est une tendance puissante et porteuse d'avenir.

Toutefois, à notre avis, moins il y a de dirigeants, plus leur rôle devient important et délicat.

Moins nombreux, ils seront encore plus observés et imités. *L'exemplarité* devient alors essentielle, c'est pourquoi nous terminons ce livre par ce chapitre capital.

LES ÉVOLUTIONS SIGNIFICATIVES EN COURS

HIER/AUJOURD'HUI ⇨	AUJOURD'HUI/DEMAIN
La décision est le fait d'un homme seul	Coproduction des décisions
Décisions prises en petits comités	Parfois décisions prises en larges groupes avec vote électronique
Stock-options réservés aux dirigeants	Stock-options plus largement diffusées, mais mises en question de l'impact dilutif ou de la rigueur comptable (à inclure dans les coûts aux USA ?)

.../...

...../...

Pouvoir réel exercé par la techno-structure	Pouvoir de plus en plus sous influence des actionnaires importants et des clients
Peu de démocratie dans les organisations, seuls contrepoids : le comité d'entreprise et les syndicats	Démocratisation, recherche de décision en accord avec l'opinion interne, coproduction de la décision
Importance du népotisme	Népotisme pas mort mais sous contrôle dans les sociétés cotées
Les dirigeants s'entourent d'administrateurs amis ou dépendants	Nouvelles règles de gouvernance d'entreprise avec administrateurs indépendants, et devoirs des administrateurs
Dans la pratique, les conseils d'administration ne rendent de compte à personne (hors formalisme légal)	Conseils d'administration sous le regard des actionnaires, et des financiers. Évaluation des conseils
Salaires des dirigeants fixés dans le secret par un ou deux administrateurs. Nombreux excès, salaires élevés même si baisse des profits ou des actions	Publicité des salaires des mandataires sociaux des sociétés cotées (et non cotées en France), retour à rémunération liée à performance et plus long terme
Importance des baronnies	Déclin des baronnies ; montée du pouvoir transversal et de coordinateurs
Diriger c'est : prévoir et planifier, organiser commander, contrôler	Diriger c'est : servir les clients, les actionnaires ou mandants et les hommes de son organisation, établir une vision, fonder les valeurs, anticiper, planifier et fixer les objectifs, écouter, mesurer, coordonner et arbitrer des impératifs contraires, accroître le pouvoir et les compétences des collaborateurs, faire décider
L'employé est un subordonné	L'employé est un pair
Manager, c'est commander	Manager, c'est servir
Diriger, c'est décider	Diriger, c'est faire décider ceux qui sont le mieux placés pour le faire et pratiquer l'empowerment (la mise en pouvoir)
La délégation est le moyen d'attribuer la décision	La subsidiarité est le moyen de localiser la décision là où elle à toute chance d'être la meilleure
Questions sur l'utilité et les coûts des fonctions centrales	Recentrage des directions centrales sur leur apport spécifique de valeur

Tableau N° 17.1 : Évolution du rôle des dirigeants

LA POLITIQUE PRIME LA GESTION

Toutes les organisations ne sont pas dotées d'actionnaires. Un nombre considérable d'entreprises ne sont pas cotées, et, même dans ces dernières, la bonne gestion n'est pas toujours le chemin du pouvoir.

Les chemins du pouvoir sont politiques

Sauf dans le cas de création de sa propre affaire, *pour diriger il faut d'abord être nommé dirigeant.*

Etre nommé dirigeant est d'abord une affaire de talent politique. Cela suppose d'avoir bien identifié celui ou ceux qui nommeront le dirigeant, comment s'en faire connaître et comment s'en faire apprécier en veillant à dépasser les éventuels concurrents potentiels. Et surtout cela suppose d'avoir envie du pouvoir.

Les chemins du pouvoir sont multiples, complexes, aléatoires, et la chance et l'opportunité interviennent souvent. Dans une première approximation, on peut en France en considérer cinq : la création d'entreprise, la propriété et la famille, le passage par l'administration, l'ascension dans l'organisation, le saut vers une autre organisation.

▬ La création d'une entreprise ou d'une organisation

C'est la voie royale et apparemment la plus directe. C'est évidemment la plus légitime. Mais si le pouvoir au début résulte de la création elle-même, il peut être perdu à tout moment, soit à la suite du dépôt de bilan, soit parce qu'il a fallu faire appel à d'autres capitaux pour croître, soit parce que les banquiers exigent un changement de pouvoir pour continuer de financer l'affaire.

On voit déjà à ce stade apparaître un des premiers effets pervers de la politique. En effet, nombreux sont les dirigeants d'entreprises moyennes qui, pour éviter de faire appel à des capitaux extérieurs à un niveau qui leur ferait risquer une perte de pouvoir, préfèrent limiter la prise de risque ou la croissance et brident ainsi les possibilités de leur invention ou de leur entreprise.

On ne peut pas leur donner tort, car s'ils perdent le pouvoir, ils peuvent aussi bien se retrouver au chômage sans que personne ne leur soit reconnaissant d'avoir créé l'entreprise.

Ils peuvent également préférer ne pas conserver le pouvoir dans l'organisation, sachant que leur talent est celui d'inventeur et préfèrent le rester, plutôt que de s'employer dans des activités pour lesquelles ils n'ont ni goût ni talent. Ils appellent alors des managers salariés auxquels ils confient la responsabilité de gestion. Ils ont intérêt à rester fortement actionnaires et à garder un pouvoir d'intervention.

Ce qui est valable pour une entreprise l'est aussi bien pour toute forme d'organisation, même quand il ne s'agit pas de propriété directe, mais par exemple d'une association de membres. Le créateur a intérêt à faire preuve d'un sens politique très aiguisé pour concevoir les statuts, les modalités de désignation des membres, les premières nominations, le financement, ainsi que les relations avec les tutelles, de telle manière que le pouvoir lui soit à coup sûr dévolu par le jeu de tous ces mécanismes.

Une analyse sérieuse des modalités réelles de désignation des dirigeants de la myriade d'organismes ou d'organisations sans actionnaires en France montrerait que, dans beaucoup de cas, les dirigeants ont pour la plupart mis en place tout ce qu'il fallait pour consolider et verrouiller leur pouvoir.

Dans de très nombreux cas, sous l'apparence formelle du respect des règles de désignation prévues par la loi pour les multiples formes juridiques que peuvent prendre les diverses organisations existant dans la nation, il y a eu de fait appropriation du pouvoir par le ou les dirigeants.

Ils n'ont pas tort car pourquoi laisser le bénéfice de leurs efforts à n'importe quel concurrent qui pourrait les priver du fruit de leur création ? Toutefois cette attitude n'est valable que si elle ne conduit pas à tromper à la fois le public, les membres associés et la société.

▰▰▰ Les entreprises familiales et la désignation des dirigeants

Même dans les entreprises familiales, dès la deuxième génération, il peut y avoir concurrence entre deux frères ou deux candidats émanant de deux groupes familiaux différents. Il peut s'agir de concurrence de type politique.

Toutefois, le cas le plus fréquent reste celui de la désignation d'un fils ou d'un neveu, voire d'un gendre, pour prendre la succession du précédent membre de la famille qui dirigeait l'affaire.

Si « bon sang ne saurait mentir », ce qui conduit certaines entreprises à devenir géantes parce que l'héritier réussit encore mieux que le père, il n'en reste pas moins que beaucoup d'affaires sont ruinées par la deuxième ou la troisième génération d'héritiers.

Mais il est également vrai que lorsque les dirigeants encore en place font subir à leur héritier un parcours de formation et de tests, en particulier dans d'autres entreprises, qu'ils lui confient ensuite la responsabilité de centres de profits pour lesquels la capacité de gérer se mesure directement par les résultats, ils sont alors en mesure de passer la barre à l'héritier sans trop de risque. Certains groupes familiaux attribuent des fonctions importantes à des membres de la famille mais gardent pour politique de nommer toujours comme numéro un le meilleur, même s'il est étranger à la famille.

Pour ceux qui travaillent dans des organisations familiales, ils doivent savoir que des membres de la famille occuperont sans doute des postes de responsabilités importantes, voire le poste suprême. Être apprécié et très bien considéré par les familles est évidemment un des points clés de la carrière, même si cela n'est pas enseigné dans les cours de management.

▬ Devenir dirigeant dans l'organisation qui vous emploie

Cette ambition ou cet espoir est souvent ce qui motive des managers très valables. Mais les voies sont diverses pour y parvenir. On peut en distinguer deux, *a priori* de natures assez différentes : la voie de la conformité et la voie de l'audace.

La voie de la conformité et de la séduction

La voie de la conformité et de la séduction est celle qui consiste avant tout à plaire à ceux qui désignent les dirigeants.

Très souvent les détenteurs du pouvoir cherchent des clones. La haute estime qu'ils ont de leur capacité à bien diriger les conduit à chercher à faire émerger leur double ou leur fils spirituel.

Tel dirigeant qui a du charisme et d'excellentes relations humaines privilégiera cet aspect pour choisir son successeur. Tel autre, qui gère par les faits et les chiffres et reste lointain, se choisira un successeur qui aime les chiffres plus que les hommes, un autre cherchera un commercial exceptionnel comme il l'est lui-même.

Un Énarque ou un X préférera un successeur sélectionné comme lui par un difficile concours, qu'il juge être une garantie d'intelligence et de travail.

La voie de la conformité et de la séduction implique de montrer des qualités identiques à ceux qui désignent les successeurs, avoir les comportements qu'ils attendent, afficher les mêmes valeurs, et apparaître comme un allié fidèle, dont la loyauté résistera à toute épreuve.

Mais cela ne suffit pas, il faut rester physiquement le plus proche possible du « Soleil », se faire aimer de lui, et donc déployer les talents nécessaires de courtisan habile, avec la retenue ou la discrétion qui s'impose pour ne pas se faire une image publique trop accentuée de « lèche-bottes ».

Bien souvent la marche vers le pouvoir comporte de longues années au service de celui ou ceux qui sont au pouvoir en faisant le sacrifice de ses propres idées et convictions, en flattant et séduisant tous ceux qui, dans les conseils ou comités de direction, auront leur mot à dire, en évitant les affaires trop risquées, les missions vouées à l'échec, et en sachant discrètement mais sûrement faire valoir ses mérites.

Bien des carrières de dirigeants sont le résultat de ce patient travail de fourmi dévouée, loyale et conforme.

La voie de l'audace et du talent

Bien entendu, parviennent également à devenir dirigeants des esprits indépendants, des créatifs entreprenants, des hommes dotés de talents exceptionnels de communication ou de vente, des financiers hors pair, des leaders nés, des gestionnaires exceptionnels, des organisateurs intégrant la motivation des hommes et des stratèges perspicaces. Et quelques-uns d'entre eux conjuguent plusieurs de ces talents.

Ces futurs dirigeants sont parfois repérés assez jeunes parce qu'ils se montrent rapidement très efficaces dans les missions qui leurs sont confiées. Identifiés comme hauts potentiels, on leur fait suivre un parcours spécial d'apprentissage des différentes fonctions de l'entreprise, éventuellement dans différents pays. Très jeunes, ils sont placés à la tête d'un centre de profits ou désignés comme responsables de projets significativement importants.

Ils doivent faire face à des problèmes multiples et souvent complexes qu'ils parviennent en général à résoudre avec brio.

Il en est souvent qui sont promus parce qu'ils ont eu l'audace d'accepter les missions réputées très difficiles, voire presque impossibles. En particulier, ceux qui acceptent de prendre en charge le redressement d'une unité ou d'une entreprise en difficulté peuvent, s'ils réussissent, trouver l'occasion de s'y construire une image de dirigeant talentueux et efficace, et donner ainsi un important coup d'accélérateur à leur carrière.

Mais ils doivent faire attention à ne pas se laisser confier que des unités ou filiales en difficulté, jusqu'au moment où ils échoueront. Comme par hasard, on ne se souviendra alors que du dernier échec.

Si les entreprises allemandes produisent généralement leurs élites, il est probable que le patron d'une entreprise, même grande, provienne de son sein ; c'est plus rare en France dont les élites sont largement importées de l'État.

▬ Organiser son tremplin vers d'autres organisations

Ceux qui veulent devenir dirigeants doivent veiller constamment à ne pas se laisser enliser dans des postes qui ne sont pas des marchepieds et considérer plutôt chaque poste nouveau sous l'angle d'une avancée potentielle vers les niveaux de direction.

Les risques d'enlisement

Bien des managers occupent des postes ou des fonctions qui ne les mèneront nulle part. En réalité, comme il y a beaucoup de candidats et peu d'élus pour les postes les plus élevés, en tout cas moins de un sur dix possibles, voire sur cent possibles dans la plupart des organisations d'une certaine dimension, ce phénomène est naturel et rien ne pourra le changer.

Au contraire, la tendance au raccourcissement des hiérarchies va diminuer le nombre de postes de dirigeants.

Beaucoup de cadres occupant des fonctions spécialisées n'ont aucune chance de monter plus haut, soit qu'on en ait trop besoin dans leur fonction, soit qu'on juge qu'il leur manque d'avoir exercé une fonction de responsabilité complète d'activités ou de centre de profit.

Même parmi les managers de centre de profit, beaucoup sont dans une situation de responsabilité semblable à cinq, dix ou vingt autres de leurs collègues, avec au-dessus d'eux un jeune et talentueux chef qui peut rester encore vingt ans dans cette fonction, ou n'ont pas d'espoir de succéder à un partant parce qu'ils ne seront pas les préférés des dirigeants en place.

Dans les organisations modernes qui veulent devenir plus flexibles, la tendance au changement de poste, de rôle ou de fonction, se généralise en même temps que se multiplient les occasions d'exercer une fonction transversale telle que chef de projets ou dirigeant de processus. En principe, cela voudra dire que les possibilités de carrière seront plus ouvertes mais en même temps que le nombre de candidats possibles augmentera pour les postes les plus élevés.

Trop souvent, les cadres ne se rendent pas compte, ou plutôt ne veulent pas prendre conscience, que leur fonction qui est importante, bien rémunérée peut-être, n'offre, malgré leur réussite, d'autre débouché que le vieillissement au même poste.

En réalité, s'avouer cette probabilité défavorable les obligerait à changer, alors qu'ils ont déjà atteint un niveau honorable à leur âge. Or changer est toujours source d'anxiété, et on peut se demander si cela vaut la peine de changer alors que le poste est bon et qu'on y réussit.

Les ambitieux osent changer. Mais ils ne se limitent pas à attendre tranquillement qu'on apprenne par hasard leurs qualités. Ils s'organisent un ou des tremplins.

L'une des bonnes politiques consiste à faire partie des personnes connues des chasseurs de tête et figurer dans leur fichier.

Les tremplins vers les postes élevés sont le plus souvent :
- les positions de numéro deux ou de dauphin,
- les métiers permettant de se faire apprécier par les chefs d'entreprises et les Conseils d'Administration,
- les postes proches du pouvoir politique.

Les postes de numéro deux ou de dauphin

Le paradoxe veut qu'ils conduisent aussi bien à succéder au numéro un dans sa propre organisation que dans d'autres organisations. Être réputé dauphin ouvre en réalité plusieurs possibilités, dont celle d'être repéré par les chasseurs de tête.

Les métiers permettant de se faire apprécier des directions générales ou des Conseils d'Administration

Parmi ces métiers, on peut signaler les métiers de consultant de direction générale tels que conseil en stratégie ou en structure. De très nombreux dirigeants de sociétés importantes, surtout dans les pays anglo-saxons, ont commencé leur carrière comme consultants.

Cela permet d'être repéré par un directeur général et de se voir offrir très jeune un poste déjà important, alors que d'autres du même âge sont toujours en train de travailler à l'intérieur de départements et leur nom n'est même pas parvenu une seule fois aux oreilles du directeur général. Lou Gestner, par exemple, Président d'IBM, a commencé sa carrière comme consultant.

Un autre métier qui met en contact avec les sphères élevées du pouvoir dans l'entreprise est le métier de consultant en fusion/acquisition. De jeunes bons esprits sont ainsi conduits à traiter d'enjeux majeurs pour des clients qui sont des actionnaires, des Conseils d'Administration et des Présidents-Directeurs Généraux.

Ces missions sont, pour certains, l'occasion de montrer des talents de stratèges, de financiers et de négociateurs, et de se faire proposer des postes importants.

▬ Les allées du pouvoir politique comme tremplin vers l'entreprise

C'est évidemment la voie la plus sûre pour parvenir à la tête des grandes organisations, en particulier dans les pays où le poids de l'État est considérable comme en France.

En France, l'équation idéale est la combinaison d'un diplôme de grand corps et du passage dans un cabinet. C'est une équation qui additionne garantie d'intelligence, de travail, sens politique et nombreuses relations efficaces, soit par le jeu de clan entre membres de mêmes corps, soit par les relations constituées à l'occasion du passage dans les cabinets.

Une autre possibilité consiste à faire partie de ceux que le pouvoir politique veut récompenser pour services rendus et loyauté.

De plus, tout entrepreneur privé, dès que son entreprise devient grosse ou si elle vend au secteur public, et encore plus si elle dépend de commandes, de réglementations ou de subventions d'organismes publics, se dit tôt ou tard qu'il devrait intégrer un homme capable de traiter efficacement avec les pouvoirs publics et recrute à niveau élevé un fonctionnaire.

En France, pour avoir une chance d'accéder au gouvernement des entreprises les plus grandes, il est bon d'être soit énarque, soit polytechnicien sorti des grands corps.

À titre d'exemple, si on prend les sociétés du CAC 40, la moitié des 540 administrateurs et 60 % des Présidents sont diplômés de l'ENA ou de Polytechnique.

Bien des dirigeants internes remarquables se sont vu coiffés par des patrons venus de l'extérieur, qui n'avaient ni leur connaissance du métier, ni leur talent de manager, mais qui se trouvaient politiquement mieux placés à ce moment pour avoir le poste.

Beaucoup d'hommes politiques et de fonctionnaires ne croient pas à la nécessité de compétences et de caractéristiques particulières pour devenir dirigeant. Ils pensent que tout homme de bon niveau intellectuel, et *a fortiori* tout haut fonctionnaire, saura bien gérer une entreprise quel que soit son secteur d'activité.

▬ Variété des organisations et des voies d'accès au pouvoir

Dans les organisations qui n'ont pas d'actionnaires et qui ne visent pas le profit, les chemins du pouvoir sont d'une infinie variété et peuvent relever soit de relations politiques (maires, présidents de régions, directeurs d'administrations locales ou nationales), soit de relations personnelles avec les membres des instances qui nommeront le dirigeant, soit d'un parcours interne conduisant à la désignation par la techno-structure.

Probablement, le seul trait commun à la plupart des promus c'est le désir d'avoir le poste de dirigeant.

Un parcours politiquement bien calculé peut être un bon critère de désignation de dirigeants d'organismes dont les vocations sont différentes de l'entreprise.

À la différence de beaucoup d'organisations, l'entreprise peut connaître l'expansion et le profit, ou au contraire le déclin et les pertes, et elle est même mortelle. De mauvais dirigeants auront tôt ou tard des résultats qui trahiront leur incapacité.

Diriger une entreprise ou une division, c'est à la fois savoir calculer et être prudent, mais en même temps innover et prendre des risques ; de tels talents ne sont pas demandés dans toutes les organisations.

Dans d'autres organisations, la faiblesse ou l'incompétence de la direction peut rester masquée par le système. Il est même parfois difficile de savoir comment juger tellement la finalité de certaines organisations rend difficile, les mesures de leur réussite.

Jean-Claude Seys, P.-D.G. de la MAAF[1], a raconté cette histoire qui illustre bien combien sont variés les chemins du pouvoir et parfois sans rapport avec la bonne gestion. Le président d'une mutuelle n'est pas rémunéré, mais le directeur général l'est. « Un directeur financier d'une grande institution de prévoyance, licencié pour escroquerie, a réussi à se faire élire président d'une mutuelle maladie ; il a ensuite remplacé plusieurs administrateurs et remercié le directeur général ; il a alors démissionné de son poste de président et pris tranquillement la place du DG... Quand les pouvoirs publics s'inquiéteront un jour de cette opération, notre escroc risque d'être à la retraite et l'entreprise en mauvais état ».

Mais dans tous les cas il serait naïf de croire que la bonne gestion est le chemin du pouvoir. Le pouvoir prime la gestion dans bien des cas. Ceux qui veulent le pouvoir doivent considérer comment y parvenir et s'il le faut, ils devront sacrifier la bonne gestion au profit des comportements qui les conduiront au pouvoir. Évidemment, pour conserver le pouvoir le plus longtemps possible, il conviendra de diriger en fonction des critères de tutelle : bonne gestion dans certains cas, mais cela n'est pas toujours l'objectif des tutelles.

Le pouvoir est très recherché et sa conservation est une priorité

Le pouvoir est très recherché, surtout parce qu'il permet d'exercer la fonction la plus considérée, la plus lucrative et souvent la plus intéressante.

Comme l'écrit Michel Crozier : « *on ne peut agir sans pouvoir, mais en même temps le pouvoir sert à chaque personne à obtenir davantage de la société : de l'argent, de la reconnaissance sociale ; il vous permet d'agir sur d'autres personnes. On vous courtise. Plus on en a, plus on en a envie. Les gens se prennent au jeu et finissent par chercher le pouvoir pour le pouvoir[2]* ».

S'il y a possibilité d'accéder à davantage de pouvoirs dans une organisation, il y aura sûrement concurrence. Mais tout l'art des organisations modernes consiste à valoriser les comportements de coopération plutôt que de concurrence.

Le jeu de la concurrence devient subtil. Le concurrent qui l'emportera sera peut-être celui qui aura fait preuve de plus d'esprit de coopération avec ses concurrents.

Avec la mise en place des systèmes d'évaluation par ses pairs, ses subordonnés et ses supérieurs, tels que le « 360° Feed-back », la montée vers le pouvoir ressemble de plus en plus à l'élection au suffrage universel.

---

1. Seys Jean-Claude – *L'élection du patron : impasse ou modèle à suivre ?* – Séminaire La vie des affaires – Éditeur : l'École de Paris – séance du 8 décembre – 1995 – Compte rendu rédigé par Lucien Claes – Paris.
2. Crozier Michel – *Quand l'Ego est roi...* Dossier Le pouvoir dans l'entreprise – Les *Échos* – mardi 25 juin 1996.

La conservation du pouvoir est probablement la priorité commune à la quasi-totalité des dirigeants, qu'ils soient du secteur public ou privé.

Par exemple, les actionnaires qui s'imaginent que les directions des sociétés soumises à une OPA hostile sont essentiellement mues par le souci de valoriser les actions de leurs mandants sont d'une naïveté excessive. Même si le discours tenu est celui d'une sous-valorisation des actions par les acquéreurs.

Les dirigeants des sociétés soumises à OPA défendent d'abord et avant tout leur pouvoir et leur emploi. Mais en suscitant parfois une contre-OPA, ils peuvent paradoxalement servir les intérêts des actionnaires vendeurs.

D'une manière générale, si la stratégie de développement d'une entreprise implique l'abandon par les dirigeants en place de tout ou partie de leur pouvoir, elle sera rarement retenue sauf quelquefois, dans le cas d'un dirigeant qui, proche de la retraite ou ayant dépassé cet âge, envisage véritablement de se retirer.

Les actionnaires doivent donc intégrer le fait que si la stratégie idéale pour valoriser leur patrimoine peut contenir une menace, aussi faible soit-elle, pour le pouvoir des dirigeants, elle ne sera que très rarement évoquée et encore moins mise en œuvre.

La position des Conseils d'Administration, en général d'accord avec la thèse des dirigeants attaqués, ne fait que refléter le fait bien connu qu'ils ont été progressivement proposés et cooptés par les dirigeants qui cherchent avant tout à peupler les conseils non pas de représentants des actionnaires mais d'amis sûrs. Ce qui ne fait que se conformer à la théorie bien connue de l'agence décrite ci-après.

LES DÉRIVES DU POUVOIR PERSONNEL

La relation d'agence entre dirigeants et propriétaires

La théorie de l'agence analyse les relations entre les propriétaires du capital et les dirigeants[1]. D'une manière générale, elle étudie la relation entre le principal (le propriétaire, détenteur du capital) et l'agent (le dirigeant, détenteur présumé de la compétence de gestion).

Une relation d'agence est définie comme un contrat par lequel une ou plusieurs personnes (le principal) engagent une autre personne (l'agent) pour réaliser en leur place une mission qui implique la délégation de l'autorité de prendre des décisions (au moins en partie).

---

1. Ross S.A. – *The Theory of Agency : the principal problem* – American Economic Review – vol. 63 – 1973 – Jensen M.C. et Meckling W. H. – *Theory of the Firm : Managerial Behavior – Agency costs and Ownership Structure* – Journal of Financial Economics – vol. 3 – octobre 1976.

La première idée énoncée par cette théorie est que les intérêts du principal et de l'agent sont différents, si ce n'est divergents. Ce dernier pourra adopter des comportements managériaux qui privilégient ses intérêts au détriment de ceux du principal.

Il y a de ce fait asymétrie informationnelle et existence de coûts d'établissement et d'exécution de contrats rétablissant l'équilibre au profit de l'intérêt du principal. Ces coûts sont appelés coûts d'agence ou coûts de mandats.

Ces coûts sont des « coûts de contrôle » (le terme anglais est « monitoring » qui traduit mieux l'idée de guidage en même temps que contrôle) pour permettre au principal de s'assurer que l'agent agit bien dans le sens de ses intérêts, des coûts de « liaison » que l'agent engage pour convaincre le principal qu'il agit dans le sens de ses intérêts, des coûts résiduels liés aux pertes subies par le principal du fait des divergences d'intérêt.

La théorie de l'agence explique pourquoi les entreprises familiales dirigées par leurs propriétaires sont statistiquement sur longues périodes plus performantes que les autres.

Pour les autres entreprises, si les actionnaires recherchent la valeur maximale de leurs actions en bourse, il a été démontré que la meilleure manière d'inciter le dirigeant à manager selon ce critère est de lui accorder des stock-options ou des prises de participation dans le capital. La dilution du capital qui en résulte constitue une partie du coût de contrôle.

Le problème d'inciter un agent à se comporter comme s'il cherchait à maximiser l'intérêt du principal est un problème qui existe dans toutes les organisations dès qu'il y a délégation.

Pour des auteurs comme Jensen et Meckling, beaucoup d'organisations sont des fictions légales qui servent de lien pour un ensemble de relations contractuelles entre individus.

Chaque niveau hiérarchique est plus ou moins dans la position de principal par rapport à des agents. On comprend que cela génère des coûts et des risques de divergences d'intérêts. Les réduire, c'est déjà réduire des coûts internes d'agence.

Stratégies d'enracinement

Les dirigeants sont aussi attachés à leur poste, si ce n'est plus, que le commun des mortels. Il est naturel qu'ils déploient des stratégies leur permettant d'éviter de perdre leur poste quoi qu'il arrive. Les chercheurs en sciences sociales ont baptisé cela les « stratégies d'enracinement ».

Avant eux Machiavel, dans *Le Prince*, expliquait à son lecteur Laurent de Médicis comment conquérir et conserver le pouvoir. On y trouvait des principes comme « diviser pour régner ». Ce qui reste toujours d'actualité pour conserver le pouvoir, même si c'est évidemment très éloigné de ce qui est recommandé aux dirigeants pour rendre leur organisation performante.

L'enracinement a pour but d'augmenter le pouvoir du dirigeant auprès des parties prenantes (actionnaires, Conseils d'Administration, personnel, tutelles, etc.) indépendamment de sa performance ou de sa valeur ajoutée.

L'enracinement d'après Mathieu Paquerot[1], comporte trois phases : *une phase de valorisation, une phase de réduction du contrôle* exercé par les parties prenantes, *une phase de « consommation »*.

Pour convaincre l'actionnaire qu'il ne peut y avoir de meilleur dirigeant, la phase de réduction de contrôle a pour but de maîtriser l'information communiquée à l'actionnaire en éliminant, ou en réduisant, tout ce qui peut nuire à l'appréciation portée sur le dirigeant.

La phase de valorisation consiste à mettre en valeur son action.

La phase de consommation correspond à l'accroissement des prélèvements de toutes sortes sur l'organisation : argent, avantage en nature, stock-options, et plaisir de régner.

Il semblerait assez clair que l'enracinement des dirigeants a globalement et statistiquement une influence négative sur les performances de l'organisation.

Les stratégies d'enracinement sont diverses, mais elles peuvent constituer une des explications de l'inefficience des firmes.

Parmi les stratégies d'enracinement très pratiquées, signalons l'accueil au sein des Conseils d'Administration de personnalités amies ou redevables ou en position de pouvoir symétrique. Par exemple, la position d'être respectivement dans le conseil d'administration de l'autre.

Conserver des administrateurs retraités est d'excellente tactique. Pour ceux qui ne sont pas des actionnaires importants, c'est souvent l'unique occasion de maintenir des contacts avec le milieu des affaires et d'y conserver ainsi un petit rôle social, un statut, et parfois un complément de retraite. De nombreux retraités sont très friands de postes dans les conseils.

---

1. Paquerot Mathieu – *L'enracinement des dirigeants et ses effets* – Revue Française de Gestion – Le métier de dirigeant – N° 111 – nov/déc 1996.

Ces administrateurs savent leur position fragile et liée le plus souvent au dirigeant en place. Ils préféreront le prolonger au-delà de la retraite. En cas de difficulté de l'entreprise et de risque de faillite, leur âge auguste leur permettra de
démissionner sans perdre la face en prenant soudain argument de l'état de
leurs artères.

Les dirigeants vieillissants et le jeu des prolongations

Les dirigeants vieillissent de manière très inégale, comme tout un chacun.
Mais il faut avouer que rares sont ceux qui, à l'orée de la retraite, continuent
de se passionner pour les produits nouveaux, ou en inventent encore, sautent
dans les avions pour aller négocier des contrats à l'étranger, continuent d'aller
écouter des clients pour bien comprendre l'évolution de leurs besoins, se lancent dans une réorganisation de leur entreprise, etc.

Beaucoup deviennent plus prudents, se préoccupent du passage du témoin à
leur descendance, des impôts de succession, de l'argent mis de côté pour leur
retraite, ou vont tenter d'obtenir des prolongations, de continuer de profiter
du pouvoir en monarque absolu, et ils entrent dans la phase de « consommation du pouvoir ».

Pour une grande majorité, avec l'augmentation de la durée de vie et l'excellente santé qu'ils ont à l'approche de la retraite, le problème principal est d'essayer d'obtenir de jouer les prolongations. Pour les actionnaires majoritaires
des entreprises familiales, cela est facile. Pour les autres qui dépendent de décisions du conseil, il y a tout un jeu à mener, dont le premier consiste à ne pas
avoir de successeur visible ou de faire valoir qu'il doit encore apprendre ou
même qu'il faudra le chercher à l'extérieur, ou encore qu'il sera sain de ménager une période de transition, eux restant présidents et le dauphin directeur
général, etc.

Dans certaines organisations qui ont des superstructures du type holding,
l'une des solutions consiste à abandonner le management opérationnel pour
se réfugier dans la présidence du holding, à ce niveau du pouvoir suprême où
on peut garder statut, honneur, pouvoir, et parfois une rémunération sans
avoir les soucis de la gestion quotidienne.

Quoi qu'il en soit il semblerait, d'après les études menées par Mathieu Paquerot,
que statistiquement « *le dépassement de l'âge de la retraite a un impact négatif sur
la rentabilité ajustée au risque de la firme* ». Cela conduit un certain nombre de
groupes cotés à imposer des limites d'âge parfois même inférieures à l'âge légal
de la retraite.

Rôle, utilité et performances des conseils d'administration ou de surveillance

Une étude réalisée par le Conference Board dans cinq pays (États-Unis, Royaume-Uni, Allemagne, Danemark et Suède) fait apparaître les conclusions suivantes qui sont convergentes dans ces pays :

- les Conseils d'Administration sont de plus en plus soumis aux pressions des institutions qui sont devenues des actionnaires significatifs de nombreuses entreprises cotées et qui les tiennent pour responsables du choix, de l'évaluation et de la succession du directeur général.
- les Conseils d'Administration développent donc de plus en plus des protocoles d'évaluation des directeurs généraux qui mesurent l'avancement vers des objectifs établis.
- les Conseils d'Administration tiennent de plus en plus compte des aspects qualitatifs des performances de l'entreprise du genre relations avec les clients, avec les employés et le public, en sus des traditionnelles mesures de résultats économiques.
- l'organisation d'une bonne succession d'un directeur général est une partie importante du travail et de la responsabilité du Conseil.

Le temps passé sur divers sujets par les Conseils d'Administration est, à cet égard, assez illustratif :

Pourcentage du temps consacré à divers sujets par le Conseil d'Administration dans 495 entreprises[1]	
sujet	moyenne
Élaboration de la stratégie	25 %
Management financier	21 %
Contrôle des opérations	20 %
Ressources humaines y/c sélection et rémunération du DG	10 %
Management des risques	5 %
Affaires extérieures	5 %
Divers	14 %

Tableau N° 17.2 : Répartition du temps des Conseils d'Administration

---

1. Berenbeim Ronald E. – *Corporate Board : CEO Selection – Evaluation and Succession* – The Conference Board – 1995.

DES RÈGLES POUR LE GOUVERNEMENT D'ENTREPRISE (CORPORATE GOVERNANCE)

La faillite d'ENRON a mis en évidence la faiblesse voire la défaillance d'un Conseil d'Administration qui n'a pas su empêcher les dirigeants de faire des opérations hors bilan masquant la réalité des pertes ainsi que la complaisance des auditeurs et des banques qui n'ont respecté en l'occurrence ni le droit ni l'éthique. En apparence le Conseil d'Administration observait les formalités usuelles de fonctionnement de cette instance.

À la suite de ce scandale, et d'autres faillites la révélation par de nombreuses entreprises, en particulier aux États-Unis, qu'elles avaient manipulé leurs comptes, le gouvernement d'entreprise est devenu un sujet d'actualité et les législateurs dans différents pays envisagent de légiférer sur le sujet pour protéger l'actionnaire des sociétés cotées en bourse.

Toutefois la préoccupation n'est pas nouvelle. Dès 1984, avec la montée en puissance des « pension funds » qui envoyaient de plus en plus d'administrateurs les représenter dans les conseils l'American Law Institute énonçait les « principles of corporate governance », puis vint en 1992 le rapport Cadbury et son code of « best practice » à l'intention des sociétés anonymes britanniques, ainsi que le rapport Viénot en France.

Les experts de ces questions ont défini deux grandes classes d'entreprises suivant leurs relations avec les actionnaires :

Les entreprises dites managériales

Ces entreprises ont un capital dilué et un contrôle du Conseil d'Administration distendu, pour une bonne part, non indépendants, le personnel y serait relativement bien représenté ; elles s'engageraient plus facilement dans des stratégie de diversification, auraient plus d'aversion pour les risques, et elles remplaceraient moins facilement leurs dirigeants lorsque les performances déclinent.

Les entreprises du type « corporate governance »

À l'inverse des précédentes, elles sont soumises à un contrôle étroit des administrateurs indépendants du management. Les considérations économiques domineraient la fixation des rémunérations.

Plaidoyer pour de meilleures pratiques de gouvernement d'entreprise (corporate governance)

Aux États-Unis, Business Week qui constate un mouvement général vers le gouvernement d'entreprise (« corporate governance »), n'a pas hésité à faire la comparaison entre deux sociétés, indiquant que l'une, qui innove en matière de corporate governance, réalise de meilleures performances que l'autre. Nous nous inspirons, après l'avoir traduit partiellement, ce tableau comparatif très parlant.

Meilleures pratiques	A	B
Majorité d'administrateurs externes	Un seul interne sur 15	10 sur 19 sont internes
Les internes ne peuvent participer à la nomination des membres des comités	Oui	Non, le CEO est membre du panel
Le conseil est interdit aux anciens dirigeants	Oui	Non, trois des administrateurs sont d'anciens dirigeants
Âge limite pour être administrateur	70 ans, avec aucun n'ayant de fait plus de 64 ans	72 ans, mais six administrateurs sont grands-pères
Les administrateurs extérieurs se réunissent sans le CEO	Annuellement	Jamais
Nomination d'un administrateur leader	Oui	Non
Comité de gouvernement	Oui	Non
Auto-évaluation de l'efficacité du Conseil	Tous les deux ans	Aucune
Obligation de détenir des actions	3 000	Aucune
Évolution de l'action, base 100, le 30 Août 1992, le 29 Août 1997	*Plus de 250*	*Moins de 200*

Tableau N° 17.3 : Est-ce que le gouvernement d'entreprise paie ?

▬ Les rapports Viénot

En France, les rapports Viénot (juillet 1995 et juillet 1999) avaient semble-t-il marqué les esprits et commençaient à être suivi d'effet par les entreprises du CAC 40 et le législateur. Rappelons-en les grandes lignes :

- Ils incitent chaque Conseil d'Administration à se pencher régulièrement sur sa composition, son organisation, son mode de fonctionnement, et à évaluer la qualité de son travail en regard de ses missions qui sont :
  - ◆ la définition de la stratégie,
  - ◆ la désignation des mandataires sociaux,
  - ◆ le contrôle de la qualité de l'information soumis aux actionnaires et au marché.

Par ailleurs, les rapports Viénot recommandaient :

- D'éviter le croisement des administrateurs.
- La dissociation des fonctions de Président du conseil et de Directeur Général.
- La limitation du nombre de mandats exercés par une personne à cinq.
- L'entrée d'administrateurs indépendants, au nombre au moins d'un tiers,
- La publicité des rémunérations des dirigeants et des administrateurs des sociétés cotées.
- Des renseignements concernant les administrateurs (biographies, nombre d'actions détenues).
- La création de comités de comptes, de rémunération et de nominations les administrateurs indépendants étant majoritaires dans les comités de rémunérations et d'options.
- La publicité des plans d'options ou de souscription ou d'achats d'actions.
- L'information préalable des administrateurs.
- Les délais de publication des informations financières.

En France, sur quelques points, le législateur est allé beaucoup plus loin que les rapports Viénot. C'est ainsi que la loi NRE impose dans le rapport annuel la publicité des salaires des mandataires sociaux de toutes les entreprises qu'elles soient cotées ou non. En l'occurrence la loi ne prévoyant pas de sanctions une grande partie des dirigeants de sociétés non cotées n'appliquent pas cette consigne.

▬ Le rapport Bouton septembre 2002

À la demande du MEDEF, Daniel Bouton président de la Société Générale a animé un groupe de travail « pour un meilleur gouvernement des entreprises cotées ».

S'appuyant sur les rapports Viénot, il complète ou précise un certain nombre de points importants, notamment sur :

- L'information préalable des administrateurs, en particulier sur la situation financière, la trésorerie et les engagements de la société, les analyses financières sur la société et toute information pertinente. Il préconise des rencontres avec les principaux dirigeants de la société y compris hors la présence des mandataires sociaux.
- Il précise la notion d'administrateur indépendant et recommande que leur nombre atteigne la moitié du total.
- Il recommande que le Conseil s'auto-évalue tous les ans et en informe les actionnaires dans son rapport et tous les trois ans plus formellement avec un consultant.
- Il renforce le rôle du comité des comptes qui devrait être composé aux deux tiers d'administrateurs indépendants et il en définit les méthodes de

travail en insistant sur la sélection des Commissaires aux comptes, leur audition, leur indépendance. Il fournit de nombreuses recommandations sur les normes et pratiques comptables et sur l'intérêt :

♦ d'indiquer dans le rapport annuel les procédures internes mises en œuvre pour l'identification et le contrôle des engagements hors bilan, ainsi que pour l'évaluation des risques significatifs de l'entreprise,

♦ de regrouper l'information sur les risques de marché (taux, change, actions, crédit, matières premières) sous une rubrique spécifique des notes annexes aux comptes ; en cas d'exposition significative aux risques de taux d'intérêt, de change et de variation des cours des matières premières, publier des indicateurs de sensibilité des résultats à ces risques en précisant les modalités et les hypothèses de calcul des indicateurs retenus ; publier les notations de l'entreprise par les agences de notation financière et les changements intervenus au cours de l'exercice,

♦ d'utiliser les normes IAS/IFRS.

• Il insiste sur le rôle du comité des rémunérations, qui doit fixer la part variable et veiller à sa cohérence avec les performances des dirigeants et avec la stratégie à moyen terme. À propos des *« stock-options »,* il explique la différence entre les *options de souscriptions d'actions* (qui ont un effet dilutif) et les *options d'achat d'actions* (qui peuvent engendrer un gain ou une perte pour la société au moment de la levée de l'option). Contrairement aux États-Unis, la loi française est déjà restrictive. Il recommande en outre la suppression de toute décote lors de l'octroi aux dirigeants, une définition à l'avance de la périodicité d'attribution, et la discussion au sein du comité avant la saisie de cette question par le Conseil.

Cas des organisations non cotées

On pourrait penser que le gouvernement d'entreprise ne concerne que les entreprises cotées. Il n'en est rien.

De nombreuses entreprises non cotées ont une part croissante de leurs actions aux mains des leurs employés au travers des fonds d'épargne salariale. Tout comme les entreprises cotées, elles ont de nombreux actionnaires qu'elles peuvent enrichir ou ruiner. En cas de ruine, la situation de l'employé-actionnaire est pire que celle du détenteur d'actions cotées car il ne peut pas toujours vendre et il risque de perdre son emploi et son salaire en même temps qu'une partie de son épargne.

À notre avis, les patrons de PME non dépendantes de groupes auraient intérêt à s'inspirer de ces pratiques pour sortir de leur solitude et se constituer ainsi un système de prévention en s'adjoignant des interlocuteurs suffisamment indépendants pour attirer leur attention quand ils dévient du bon chemin, en quelque sorte un système de garde-fous avec des anges gardiens.

Évidemment, compte tenu des responsabilités des administrateurs, cela coûte car il faut les rémunérer, mais un administrateur qui a l'expérience des affaires apportera toujours de bonnes idées susceptibles de faire récupérer au patron de PME le jeton de présence qu'il aura versé.

C'est surtout dans le cas d'organismes sans véritables actionnaires privés (ou qui servent de paravents à des intérêts privés, avec une image de non-capitalistes), en particulier les associations, les fondations et la multitude d'organismes aux statuts variés qui gravitent autour de l'État ou des organisations professionnelles, qu'il faudrait, par le biais d'une législation adaptée, imposer des règles de « gouvernement d'organismes » minimales qui protègent les intérêts des membres, des tutelles, et des bénéficiaires, en particulier du public.

Cela permettrait d'éviter les multiples dérives d'organisations supposées avoir été établies pour servir les intérêts de leurs membres ou d'une catégorie particulière de la population et qui en fait ont été appropriées en termes de pouvoirs et de rémunération par un homme ou une équipe qui servent d'abord leurs intérêts.

Pour bien comprendre comment fonctionne une organisation, il est en général très instructif de regarder comment s'établit le compte d'exploitation personnel réel du ou des dirigeants, en valorisant les avantages de toutes sortes qui sont attachés à la fonction dans le cadre de cette organisation, les aspects fixes et les déterminants variables de la rémunération et tous les avantages liés, y compris la voiture, le logement, le chauffeur, le personnel qui peut être mis à disposition, le temps libre, les services qui peuvent être rendus aux alliés, la capacité d'embaucher les enfants de la clientèle privée ou politique, etc.

Pour comprendre ce qui fait agir un homme, disait un milliardaire philosophe, **essayez d'abord de comprendre comment fonctionne son compte d'exploitation personnel.**

Quoi qu'il en soit, on peut s'attendre au développement d'approches et de méthodes visant à évaluer les Conseils d'Administration en termes d'indépendance, de participation effective, d'accomplissement des missions (contrôle du professionnalisme des auditeurs, préparation des successions, etc.).

En contrepartie, la législation devrait prévoir que tous les administrateurs *soient obligatoirement rémunérés, quels que soient les organismes qu'ils administrent,* pour éviter qu'ils ne s'abritent derrière leur bénévolat pour expliquer leur absentéisme, leur laxisme ou leurs conclusions amicales ou intéressées.

QU'EST-CE QUE DIRIGER ?

De tout temps, les auteurs de théories du management se sont préoccupés de définir le rôle des dirigeants, leurs tâches et fonctions. On peut rappeler les principales définitions sur le plan historique ainsi que quelques propositions actuelles.

Diriger c'est[1] :

Prévoir et planifier, organiser, commander, contrôler (Fayol).

Définir les objectifs, organiser, motiver et communiquer, mesurer, former les gens et se former soi-même (Peter Drucker).

Planning, organizing, staffing, directing, coordinating, reporting, budgeting, (Mintzberg) (Planifier, organiser, recruter et nommer, décider, coordonner, reporter, budgéter).

Octave Gélinier a par ailleurs rassemblé quelques phrases brèves bien souvent répétées à propos de management :

- *Diriger c'est décider.*
- *Diriger c'est vouloir.*
- *Diriger c'est ne rien faire, ne rien laisser faire, tout faire faire.*
- *C'est mettre les hommes devant les buts.*
- *Get things done through people (arriver à faire réaliser les choses grâce aux personnes).*
- *Diriger c'est animer des équipes.*
- *C'est communiquer une vision.*
- *Obtenir des résultats par d'autres que soi et être responsable de ce que d'autres ont fait.*
- *C'est aussi : apporter aux hommes et équipes une aide pour leur réussite (« Serving leadership »).*

Les 19 verbes d'action du management moderne[2]

On peut également résumer les tâches et fonctions du dirigeant moderne en s'inspirant des critères du Malcom Baldrige National Quality Award, qu'on peut traduire par dix-neuf verbes d'action des dirigeants de l'entreprise :

---

1. Document rédigé par Octave Gélinier pour le stage « Nouvel art de Diriger » – Co-animé avec l'auteur.
2. Hart C.W. et Bogan C.E. – *The Baldrige* – McGraw-Hill Inc. – New York – 1992.

• Impliquer tout le personnel de l'organisation	• Raccourcir le temps de cycle
• Améliorer en permanence	• Développer une vision
• Mesurer	• Rendre la qualité stratégique
• « Benchmarquer »	• Penser système
• Intégrer	• Lier l'approche aux résultats
• Construire des équipes (« team building »)	• Accroître les pouvoirs de décision
• Définir la qualité du point de vue du client	des collaborateurs (« empouvoirement »)
• Former	• Déployer les systèmes
• Planifier	• S'impliquer personnellement
• Impliquer les fournisseurs	• Simplifier

Évolutions récentes de la position théorique du dirigeant

Commencée avec la pyramide renversée et poursuivie dans les entreprises horizontales ou managées suivant la philosophie du TQM, la pensée concernant le rôle des dirigeants dans l'entreprise est en train d'évoluer.

La pyramide renversée met au sommet le client. C'est lui le nouveau roi dont les échelons successifs sont les serviteurs.

Dans cette conception, les employés au contact avec les clients ont la tâche la plus importante, du moins à court terme. Les autres collaborateurs qui sont leurs chefs dans la pyramide à l'endroit sont, dans la pyramide renversée, censés être là pour les aider et les soutenir. Les Anglo-Saxons emploient le terme « support » qui est souvent repris tel que dans les entreprises françaises.

Le chef d'entreprise est le serviteur de son peuple, il est là pour le guider et l'aider à satisfaire les clients.

À partir de ces conceptions, on voit évoluer la définition du rôle de dirigeant vers celui de leader conducteur et serviteur de son peuple, ce qui implique :

- De *gouverner avec l'opinion, ce qui suppose pour une part de manager l'opinion.* Ce qui explique l'importance croissante du rôle de communicateur des patrons. Comme l'a montré Bertrand de Jouvenel, les plus grands rois ont des degrés de liberté réduits car ils sont contraints de respecter tout un ensemble d'interdits et de valeurs. Il en est de même des chefs d'entreprise, à cette différence toutefois qu'ils ont davantage de liberté pour modifier la culture de leur entreprise, à l'intérieur des limites culturelles de la société dans laquelle ils vivent. Manager l'opinion signifie créer ou faire évoluer la culture, comme on l'a vu par la vision, les objectifs, les indicateurs, les récompenses, etc.
- De *faire prendre les décisions au niveau le plus compétent pour le faire ou de co-produire les décisions,* le plus rapidement et efficacement possible. Ce qui conduit à appliquer partout le principe de *subsidiarité ou d'empouvoi-*

rement (*empowerment*). L'idée que le chef doit être par essence celui qui décide de tout et en toutes circonstances est en train de disparaître des organisations. Le chef doit définir les limites de l'autonomie et indiquer dans quels cas exceptionnels la décision est de son strict ressort.

- De *faire élaborer et prendre les décisions par des groupes* chaque fois qu'elles concernent plusieurs départements ou personnes.

De plus en plus, les dirigeants devront, dans cette optique, s'attacher à comprendre les sentiments et représentations des personnes. Le mot *mobilisateur* convient bien à ce qu'on attend désormais d'un dirigeant, ce qui veut dire aussi agir sur les émotions.

Le dirigeant qui veut fonder une culture accorde de l'importance à la formation et doit le faire savoir. Pour cela, un dirigeant a deux moyens : le premier est de faire lui-même des formations à ses collaborateurs, comme Jack Welsh, le président de General Electric. Le second est de suivre lui-même des séances de formation avec ses collaborateurs. Il doit s'y montrer un participant studieux et passionné, désireux de bien comprendre tout et d'en tirer parti pour lui-même et l'entreprise.

Exercer son autorité avec diplomatie, réduire le poids du pouvoir par « l'empouvoirement » (empowerment) des collaborateurs et la subsidiarité en plaçant la prise de décision là où sont réunies à la fois les informations et les compétences pour les prendre, et concevoir que le pouvoir est au service de toutes les parties prenantes de l'organisation et non de lui-même, telles sont les tendances lourdes qui devraient progressivement prévaloir dans l'exercice quotidien de la fonction de dirigeant.

RÉMUNÉRATION DES DIRIGEANTS

Aux États-Unis les 13 000 sociétés cotées ont l'obligation de publier les rémunérations des cinq dirigeants les mieux payés ce qui permet d'effectuer des analyses et des comparaisons. Dans le reste du monde la discrétion est beaucoup plus grande en ce qui concerne ce sujet. Les informations résultent en général d'études menées par les chercheurs ou des consultants[1].

© Groupe Eyrolles

---

1. Peck Charles, Silvert Henry M., Mc Cormick Gina – *Top Executive compensation in 2001* – The Conference Board 2002 – Enquête sur les cinq plus hauts salaires de 2 841 entreprises cotées.

Politiques de rémunération des dirigeants aux États-Unis et en France

▄▄▄ La France suit les États-Unis

En matière de management, les États-Unis sont souvent en avance. En matière de rémunération des dirigeants c'est également devenu le modèle. Les salaires des européens ont rattrapé au cours des deux dernières décennies ceux de leurs homologues américains vis-à-vis desquels ils ne voulaient pas paraître ridicules, le salaire étant un des signes affichés et admis de la réussite Outre-Manche, symbole qui est en voie d'adoption en France. Pour les dirigeants, c'est un des effets bénéfiques incontestables de la mondialisation[1]. En effet en 1980 la rémunération moyenne des grands patrons français s'élevait à 20 fois le salaire ouvrier, en 1990 à 85 fois et en 2001 à 554 fois le SMIC contre 551 fois le salaire minimum pour les patrons américains aux États-Unis.

Les études menées par divers auteurs[2] sur un sujet à propos duquel les dirigeants français étaient particulièrement discrets (à l'exception des entreprises cotées et avant la loi NRE) en comparaison avec leurs homologues anglo-saxons permettraient de dégager les idées suivantes :

La rémunération augmente en général avec la taille de l'entreprise. En particulier elle augmente après une acquisition ou une absorption majeure même si les résultats baissent ou si la valeur de l'action baisse.

Le lien entre la rémunération globale des dirigeants et les performances de l'entreprise étaient et sont parfois encore assez faibles.

De plus en plus conscients de ce phénomène, les actionnaires ont davantage tendance à lier la rémunération des dirigeants aux performances financières si possible à long terme.

Toutefois l'asymétrie d'information décrite dans « la relation d'agence » conduit à des effets pervers tels que le recours à une présentation des informations financières astucieusement choisie pour maximiser la rémunération des dirigeants.

C'est ce qui conduit les actionnaires et les analystes financiers à se pencher plus sérieusement sur la mesure des performances et à introduire des indicateurs beaucoup plus liés à la valorisation de leur patrimoine comme l'EVA. Cela conduit à mettre en place des comités d'audit et des comités de rémunération indépendants.

---

1. De Tricornot Adrien – *Les patrons des entreprises de CAC 40 ont gagné en moyenne 7,5 millions d'euros en 2001 soit 554 Smic* – *Le Monde* 29 novembre 2002.
2. Sire Bruno et Tremblay Michel – *Perspectives de rémunération des dirigeants en France* – Revue française de gestion – N° 111 – Nov./Déc. 1996.

De même, les actionnaires ont intérêt à mettre en place des systèmes de rémunération liés au résultat à long terme, tandis que les dirigeants ont intérêt à utiliser leur pouvoir pour maximiser leur rémunération à court terme y compris les plus-values sur stock-options.

▬ Les rémunérations de dirigeants aux États-Unis

Les salaires des dirigeants américains comprennent en général un salaire fixe, un bonus payé annuellement et des intéressements dits à long terme principalement sous forme de stock-options.

Salaires fixes

Sur l'échantillon de 2 841 entreprises cotées aux États-Unis, les salaires fixes médians des CEO (DG en France) s'établissaient entre 384 000 USD dans l'informatique à 600 000 USD dans les communications au même niveau que l'assurance, un peu au-dessus des « utilities » à 576 000 USD et de la distribution à 500 000 USD

Les seuls salaires fixes médian des dirigeants ont augmenté de 3,5 % à 8,6 % entre 2001 et 2000. Soit beaucoup plus que l'inflation.

Salaires courants (fixes plus bonus)

Les médianes varient de 540 000 USD dans le transport à 1 352 000 USD dans les services financiers suivis de près par les assurances (965 000). Les bonus ont représenté de 59 % du salaire fixe dans la distribution à 223 % dans les services financiers

Rémunérations totales (y/c quote-part des stock-options)

Les médianes sont comprises entre 735 000 USD toujours dans le transport et 1 936 000 USD dans les services financiers suivis de près par les assurances à 1 920 000 USD. Les plans de stock-option ont représenté de 69 % du salaire fixe dans la distribution de gros à 249 % dans l'informatique suivie de près par les services financiers à 229 %.

En 2001 les rémunérations médianes totales des dirigeants aux États-Unis ont augmenté par rapport à 2000 dans tous les secteurs sauf dans les télécommunications et la distribution. Par exemple les rémunérations médianes globales ont augmenté en 2001 sur 2000 de 31,6 % dans la construction, de 21,5 % dans l'énergie, de 17,5 % dans l'assurance, de 13,2 % dans les « utilities » et de 11,0 % dans la banque commerciale.

▰▰ **Salaires des grands dirigeants en France**

Rémunérations totales

D'après l'étude de Hewitt et Proxinvest citée par *Le Monde*, les 473 premiers dirigeants du CAC 40 ont perçu en moyenne *2,5 millions d'Euros en 2001*, les salaires fixes ayant augmenté de 17,69 % faisant plus que compenser la baisse des stock-options (– 3,24 %).

Les P.-D.G. atteignaient 7,5 millions d'Euros dont un salaire moyen de 2,123 M€ et des stock-options d'une valeur de 5,373M€, le record étant établi par Jean Marie Messier avec 36,26 M€, alors chez Vivendi Universal.

Le cas des rémunérations excessives

Les magazines américains comme *Business Week* publient régulièrement des articles montrant que les CEOs de certaines compagnies parviennent à se faire octroyer des rémunérations globales très importantes voire croissantes alors que les résultats de l'entreprise qu'ils gèrent sont médiocres ou en baisse. Cela confirme la théorie de l'agence et le fait, assez général, de la constitution progressive par les principaux dirigeants de Conseils d'Administration constitués d'amis sûrs ou de dépendants.

Le phénomène qui était spécifiquement américain s'est généralisé et on peut dénombrer en Europe de plus en plus de cas de P.-D.G. surpayés par rapport aux performances réalisées en comparaison avec leurs homologues.

▰▰ **Directeurs généraux surpayés et managers et employés sous-payés**

Il est intéressant de calculer quelle hausse il faudrait accorder à chaque promotion à un niveau hiérarchique supérieur pour que le N° 1 s'il avait gravi les échelons soit payé légitimement 550 fois le Smic. Dans une entreprise à 7 niveaux il faudrait que chaque promotion entraîne une augmentation de 145 %. Dans une entreprise à 12 niveaux entre l'employé de base et le N° 1 il faudrait un saut de 70 % environ à chaque promotion. Dans les temps anciens quand le N° 1 gagnait seulement 20 fois le salaire de base et qu'il y avait douze niveaux ou davantage, il suffisait d'un peu moins de 30 %.

Il est clair que le capitalisme pour prospérer a voulu que ses principaux agents deviennent aussi des capitalistes en les intéressant à l'augmentation de la valeur des actions. Mais nombre de ceux-ci ont préféré se faire payer des salaires et des bonus importants, et des stock-options rapidement réalisables et ont trouvé les moyens pour devenir rapidement capitalistes sans toujours enrichir leurs actionnaires et parfois mêmes à leurs dépends. Les actionnaires s'efforcent de réinventer des formules et des moyens de contrôle qui maintiennent plus durablement la communauté d'intérêts. C'est l'un des buts des meilleures pratiques de gouvernance précédents.

Toutefois cela n'empêchait pas des dirigeants de sociétés nationalisées très largement sous-payés jusqu'à une époque récente de réaliser les uns de belles performances tandis que d'autres menaient leurs entreprises vers la catastrophe. L'État étant un des rares actionnaires qui du fait de son pouvoir arrive à nettement sous payer ses serviteurs, même les meilleurs.

Quant aux managers et employés, au cours des dernières années et jusqu'en fin 2000 leur rémunération a cru moins vite que celles de dirigeants ou que la valeur des actions. Une étude réalisée sur cinq années et 120 grandes entreprises aux États-Unis[1] a démontré clairement que plus l'écart entre la rémunération du directeur général et celles des collaborateurs est grand, plus le turn-over des subordonnés est élevé. L'étude estime qu'un écart trop élevé peut nuire au moral des managers.

RÔLES ET MISSIONS DU CHEF D'ENTREPRISE

Le chef d'entreprise n'a qu'un seul devoir incontournable : s'assurer que toutes les fonctions nécessaires à la survie et au développement de l'entreprise sont assurées et coordonnées.

La réussite économique dans la durée est souvent retenue comme définition de la réussite de l'entreprise et de l'entrepreneur.

Cet impératif unique et commun peut être réalisé de mille manières en allant d'un extrême, où c'est le chef d'entreprise qui fait tout lui-même, à l'extrême opposé où il ne fait que s'assurer que le système et les hommes qu'il a mis en place garantissent la survie et le développement de l'entreprise.

Variations en fonction de la taille

Dans la toute petite entreprise, il est évident qu'il réalise lui-même beaucoup de tâches correspondant à cette définition : les choix stratégiques, la finance, l'innovation et parfois la direction technique ou la direction commerciale, quand ce n'est pas les deux.

Dès que l'entreprise grossit, il délègue, décentralise et structure l'organisation pour ne conserver que quelques tâches, ou une partie des tâches.

Normalement, si le chef d'entreprise a bien recruté, il découvre de meilleurs que lui pour remplir certaines fonctions. S'il accepte cette idée, ce qui n'est pas facile ni fréquent, la voie de la croissance lui est ouverte, si le marché le permet.

---

1. O'Reilly Charles A. de l'Université de Standford, Wade James et Pollock Tim de l'université d'Illinois à Urbana – *Overpaid CEO and underpaid Managers* – Business Week – *Where CEO pay really grates* – Octobre 13 – 1997.

Il fera confiance à des talents, les motivera et construira une organisation dont les compétences individuelles et collectives vont croître rapidement.

Le chef d'entreprise idéal : stratège, gestionnaire et leader

La définition qui est souvent donnée du rôle du chef d'entreprise comporte trois volets : stratégie, gestion et leadership.

▬ Les qualités attendues d'un chef d'entreprise

Les qualités attendues d'un Directeur Général par les administrateurs, selon une enquête réalisée par le Henley Management College, sont les suivantes, dans l'ordre décroissant des plus citées[1] :

- le sens des affaires,
- l'esprit de décision,
- la faculté de motiver les autres,
- l'intégrité,
- la vision,
- la capacité de déléguer,
- la propension à changer,
- la qualité de jugement,
- une motivation forte pour la réussite,
- une conscience de l'organisation,
- des talents de planificateur,
- la faculté d'avoir une vue d'ensemble,
- la détermination.

Ces qualités pourraient être rassemblées en trois groupes : stratège, gestionnaire et leader. Dans la réalité ceux qui fréquentent les dirigeants le savent bien, rares sont ceux qui ont à la fois ces trois talents au plus haut niveau. L'examen des patrons qui réussissent sur la durée montre d'ailleurs que des P.-D.G. différents ont exploité des talents différents, et trouvaient dans leurs équipes des capacités complémentaires.

Parfois même, certains se consacrent à un des volets du management, laissant à des bras droits la stratégie ou la conduite opérationnelle ou l'élaboration du système et le changement.

▬ Le stratège

Le stratège a en général une exceptionnelle compréhension des points clés de son business, et de ce qui crée un avantage stratégique.

---

1. Henley Management College – Standards of good Practice for Board of Directors – décembre 1993.

Il revisite en permanence le futur de ses activités, de ses clients, de son secteur, de son organisation, à un an, à trois ans, à cinq ans, à dix ans ; il s'intéresse aux marchés, il essaye de deviner, comme Andy Grove, le patron d'Intel, leurs points d'inflexion ; il échafaude des scénarios, c'est un passionné des produits ou services, des technologies, et des savoir-faire et compétences nécessaires. C'est un « professionnel de son ou de ses métiers », ce n'est pas un « manager professionnel ».

Il fixe des objectifs à moyen et long terme, il connaît les concurrents qu'il veut surpasser. Il veut être le leader dans la plupart de ses activités.

Il sait utiliser tous les moyens stratégiques, qu'il s'agisse de créativité de ses équipes, d'imitation des meilleurs, d'alliance, d'acquisition ou de fusion. Il a de la continuité et de la persévérance dans l'action.

Il sait prendre des positions d'attente en prenant des participations minoritaires qu'il pourra un jour rendre majoritaires, etc.

Mais il sait aussi saisir les opportunités et réagir vite et prendre des risques comme de lancer une OPA plutôt que de laisser le concurrent devenir le leader dominant. Il fait parfois preuve d'audace et surprend même son conseil d'administration. Dans les professions qui changent rapidement, il sait aller très vite et pourrait faire sien ce mot de Michael Dell : « *dans certains métiers, il n'y a que deux types de gens, les rapides et les morts*[1] ».

Il sait protéger les intrapreneurs et les activités naissantes contre les gestionnaires prêts à arrêter parfois trop vite les pertes de démarrage. Il aime les créatifs et les entrepreneurs.

▰ Le gestionnaire

Le gestionnaire d'une petite PME est un homme organisé, soucieux de qualité, méthodique et économe. Dès que l'organisation grandit, il définit les tâches et fonctions et fait fonctionner son système comme une machine bien huilée.

Il met en place le cadre général, définit les rôles, les méthodes de travail, les valeurs, le système d'information, Il aime contrôler les activités, la stratégie, les plans d'action, les chiffres, les nominations.

Dans les grandes organisations, c'est un homme qui sait définir le « cadrage », implanter un système de management efficace tel que le TQM, qui vise l'excellence opérationnelle. Il conçoit la planification et le reporting comme un système culturel et une colonne vertébrale. C'est un « maître de l'organisation » et du système.

---

1. Farkas Charles M. et de Baccker Philippe – *À quoi servent les Directions Générales* – Dunod – Paris – 1997.

Les ressources humaines sont pour lui une composante essentielle du système tel qu'il l'a défini. Il cherche des personnels dont les caractéristiques correspondront aux définitions des rôles et contributions attendues. Les hommes en tant que personnes l'intéressent peu. Mais il veillera à ce que les rémunérations soient correctes et les indicateurs de satisfaction du personnel exploités.

Il a défini les rôles avec précision dans l'organisation, en particulier, celui de manager, pour lequel il a institué une formation spéciale.

Il accorde une importance forte à l'ordre, à la discipline intériorisée et au management. S'il décentralise, c'est dans le cadre de limites bien définies, de règles et de normes.

Il ne prend pas de risques importants, en particulier dans le domaine financier.

L'innovation et la créativité sont, pour lui, affaire d'organisation plus que de génie individuel. Il aime les faits et les chiffres, et le contrôle ne lui fait pas peur. Il sait mettre l'organisation sous pression pour aller vite, satisfaire le client et avoir les coûts les plus bas.

▬ Le leader

Le leader inspire les autres. Il attire et entraîne. Il croit dans les hommes et veut agir par les hommes. On emploie souvent le terme de charisme à son propos. Il aime les personnes et s'entoure de talents qu'il sait attirer et valoriser. Il est aimé et admiré.

Il propose des objectifs ambitieux, il voit grand, et a une vision de l'avenir, mais il sait laisser les collaborateurs doués ou les unités opérationnelles élaborer des stratégies.

Il dirige par la vision, les valeurs et la culture. Leader naturel, il n'a pas le sentiment que son pouvoir peut être menacé par la qualité d'une autre personnalité. Son entreprise ressemble parfois à un bataillon de parachutistes ou à un ordre monastique.

Il propose des challenges et cherche à maintenir l'enthousiasme. Il connaît les leviers de la motivation et de l'engagement et sait mettre en œuvre des systèmes de reconnaissance et de récompenses.

L'élément clé de sa stratégie est le recrutement, le développement des ressources humaines, des compétences et des talents. Il fait en sorte que les personnes communiquent, il crée de la synergie et favorise l'acquisition des compétences par la mobilité.

Il visite les sites, se mêle volontiers à des équipes, prend en charge lui-même des formations de managers, déjeune volontiers avec des membres de tous niveaux de son organisation, connaît de nombreuses personnes dans les entreprises, s'adapte rapidement aux différences culturelles qu'il comprend, et sait écouter et dire les mots qu'on attend de lui en toutes circonstances.

Il voyage pour avoir le contact, sentir la situation et résoudre les problèmes spéciaux tels que le licenciement d'un patron local.

Pour lui, le moteur de l'entreprise, c'est la performance humaine.

Naturellement aucun dirigeant n'appartient aux purs stéréotypes décrits ci-dessus. Chacun est un mélange complexe de ces portraits idéaux, auquel il faut ajouter le bouquet de défauts qui fait l'originalité de la personnalité.

Il faut par exemple ajouter qu'il y en a un certain nombre qui trouvent dans l'exercice du pouvoir la jouissance de la domination. Ils sont les maîtres, ils règnent, ils ont une cour, ils convoquent à toute heure du jour et de la nuit ou le week-end leurs pauvres collaborateurs, sous prétexte de dévouement à l'entreprise ; ils les humilient parfois en public après les avoir montés aux nues. Et ils sont infaillibles parce qu'ils ont le pouvoir !

En ces temps de chômage, il est triste de voir des cadres courber la tête et subir en silence cette forme de domination un peu dégradante, mais elle existe.

Dans l'ouvrage intitulé *À quoi servent les directions générales,* Charles Farkas et Philippe de Backer[1], qui ont interviewé 165 P.-D.G. d'entreprises mondiales, les classent en cinq catégories en fonction de l'axe dominant dans la conception de leur rôle et de leur action quotidienne :

- *l'axe stratégie,* correspondant *grosso modo* au portrait du stratège décrit précédemment, et illustré par les patrons de Dell Computer, Coca-Cola, Newmont Minig, Lyonnaise des Eaux (Jérôme Monod), Nestlé, Deutsche Bank,
- *l'axe ressources humaines,* qui correspondrait au leader, illustré par les patrons de PepsiCola, Gillette, Philips (Jan Timmer) et le groupe Caisses d'épargne,
- *l'axe cadrage,* qui correspondrait au gestionnaire, dont les exemples sont les patrons de Hewlett-Packard, British Airways, Honk Kong Bank, HSBC Holdings, Nintendo, AXA.

Ils présentent en plus :

- *l'axe compétences,* « le dirigeant recherche la réussite en se faisant le champion d'un savoir-faire précis, exclusif, autour duquel il recentre l'entreprise » (par exemple Carrefour et Motorola),
- *l'axe changement,* « le directeur général se comporte comme l'agent d'un changement radical » (par exemple, Goldman Sachs & Co, Canon, Mitsui, Sodexho).

---

1. Op. cit.

À notre avis, ces deux derniers axes correspondent à des choix de stratégie ou des modalités d'action qu'on trouve aussi bien chez des dirigeants « stratèges » que chez des dirigeants « gestionnaires » ou des dirigeants « leaders ».

L'équipe de direction idéale : un ensemble complémentaire de talents exceptionnels

Trop souvent, les chefs d'entreprise se laissent abuser par une définition excessivement standardisée de leur rôle qui les conduit à s'occuper de tout et ne plus utiliser leur génie dans les fonctions où ils excellent pour se consacrer à des tâches pour lesquelles ils sont médiocres.

Prenons le cas fréquent d'une entreprise fondée par un innovateur très créatif. Très rapidement, il va passer l'essentiel de son temps à gérer des problèmes financiers, administratifs ou humains, consacrant de moins en moins de temps aux produits nouveaux et abandonnant à d'autres moins talentueux ce qui était peut-être la clé du succès de l'entreprise.

À l'inverse, comme cela arrive assez souvent aux États-Unis, bien conseillé par un « venture-capitalist », il peut recruter un gestionnaire expérimenté en provenance d'une autre entreprise et continuer de consacrer du temps à l'innovation tout en restant le chef d'entreprise.

Dans certaines entreprises américaines, le partage des rôles entre le CEO, Chief Executive Officer, et le COO, Chief Operating Officer, correspond à deux talents complémentaires se partageant deux rôles différents et nécessaires, l'un consacré à la stratégie et au moyen terme, et aux relations avec l'environnement, les actionnaires et les pouvoirs publics, et l'autre attelé au fonctionnement de l'organisation au quotidien.

Tout chef d'entreprise, même de la plus petite PME, devrait s'interroger sur ses talents et ses goûts et s'entourer d'hommes auxquels il pourra déléguer ce pourquoi il n'a pas de talent ni d'intérêt. Rechercher la complémentarité n'est pas naturel. La nature humaine cherche plutôt les clones suivant le bon vieux proverbe « qui se ressemble s'assemble ». Le clonage est amplifié par le mimétisme qui conduit les subordonnés à parler et à se comporter comme le chef.

Or chacun sait que ce qui fait la richesse des organismes vivants, c'est l'alliance des diversités. Il faut donc faire un effort sur soi-même et chercher volontairement des collaborateurs différents. Ce principe est sans doute un des éléments de la possibilité de l'apport de valeur par les directions.

La valeur ajoutée par l'exercice du pouvoir

C'est sur ce plan que le concept de management par la valeur est le plus révolutionnaire. Il ose poser la question de la valeur ajoutée par le pouvoir, qui surgit habituellement en termes plus ou moins feutrés, à l'occasion du débat sur les frais généraux lors des discussions budgétaires ou parfois, brutalement, lors d'opérations de réduction des dépenses.

Cette conception conduit à s'interroger sur les apports réels des sièges aux unités opérationnelles, sur ceux de chaque niveau hiérarchique, et même sur la valeur ajoutée réelle des Directions Générales.

Les conclusions, qui résultent des enquêtes des consultants et des réflexions au sein des entreprises, souvent suivies de mesures de restructuration, sont du plus haut intérêt, y compris sur le plan philosophique.

Tout d'abord, les clients veulent avoir affaire à des personnes qui ont du pouvoir. Ce qui conduit à augmenter partout le pouvoir de décision des collaborateurs en contact avec le client.

Les entreprises réduisent le nombre de niveaux hiérarchiques en éliminant les tâches de pure administration qui sont réparties entre les opérationnels, les tâches de contrôle qui sont remplacées par de l'autocontrôle, en raccourcissant les processus de décision et en changeant le rôle de la hiérarchie. Pour apporter de la valeur, les chefs « anciens modèles » doivent se transformer en coordinateurs, facilitateurs, formateurs, responsables de projet, experts, arbitres, et catalyseurs de décision consensuelle.

Les sièges et les services centraux sont allégés et voient leurs rôles évoluer. Ils se consacrent toujours évidemment aux grandes orientations stratégiques et au contrôle financier, mais de moins en moins à la direction fonctionnelle des unités opérationnelles et de plus en plus en plus à la diffusion des valeurs du groupe et des nouveaux principes de management, à la circulation des bonnes idées entre les unités, à la sélection et au développement des dirigeants, à l'exploitation des avantages de la dimension sur les divers plans de la recherche, des achats, de la diffusion des produits, des alliances, et à l'augmentation des performances des unités en retard.

Quant aux Directions Générales, leur Valeur Ajoutée, d'après les enquêtes sur ce sujet, se trouve, comme on pouvait l'imaginer, principalement dans le choix et la formulation des stratégies et de la vision, dans la définition des valeurs, règles et procédures communes, dans la constitution et le développement de l'actif humain, dans le développement d'expertises ou de professionnalisme clés, et bien évidemment dans la conduite du changement.

Dans leur livre *À quoi servent les directions générales,* Charles Farkas et Philippe de Backer[1] apportent la réponse suivante : « *le défi du leadership consiste à obtenir régulièrement des résultats extraordinaires.* Ce but est une constante de l'entreprise... mais son importance ne fait que croître à la veille du XXIᵉ siècle ».

---

1. Op. cit.

Il faut bien reconnaître que dans les grandes entreprises, mais aussi dans les PME ayant plusieurs sites, les dirigeants d'unités opérationnelles ont le sentiment que le siège sert surtout à leur donner du travail en réclamant des informations sans arrêt sous toutes sortes de formes, en prétendant superviser des domaines qu'ils ne connaissent pas bien, ce qui prend encore du temps pour les leur expliquer, en les convoquant à des réunions qui consomment du temps en voyage dont il ne sort pas grand-chose d'utile, etc.

Et quand les gens du siège se déplacent, il faut les accueillir comme des princes et leur consacrer une grande partie de la journée pour qu'ils ne perdent pas une minute, temps qu'il eût été possible de consacrer à des clients, confectionner des offres ou à résoudre des problèmes.

Le siège est souvent ressenti comme une source de coûts et des pertes de temps pour les unités opérationnelles.

À l'inverse, les gens du siège pensent apporter des méthodes et des idées utiles et croient que ce qui fait le succès de l'organisation, c'est la standardisation, la synergie, la cohérence et le contrôle.

En réalité, le siège, comme la direction générale, ne crée de la valeur que s'il apporte une vision, des valeurs, des objectifs ambitieux, des cadres stratégiques, des méthodes et outils de management, des principes d'organisation, des connaissances, des savoir-faire techniques et commerciaux, élaborés pour être disponibles ou transmissibles, des synergies stratégiques et financières importantes qui *accroissent sensiblement la motivation, les compétences et les performances des unités opérationnelles.*

Bibliographie

Anciaux Jean-Pierre – *Le Savoir en action* – *Des connaissances à la performance* – Éditions d'Organisation – Paris – 1996.

Ballay Jean-François – *Capitaliser et transmettre les savoir-faire de l'entreprise* – Collection de la Direction des Études et Recherches de l'Électricité de France – Éditions Eyrolles – Paris – 1997.

Bechtell Michelle L. – « *The Management Compass* », *Steering The Corporation Using Hoshin* – Éditions AMA Management Briefing – 1995.

Bennett-Stewart J.G. – *The Quest of Value* – Harper Collins Publisher – 1991.

Blanc Gérard, A. de Beer, N. Bühler, C. Cumunel, D. Ettighoffer, H. de Jouvenel, P. Lévy, J. Oddon, B. Perret, J. Perriault, H. Rheingold – *Le travail au XXIe siècle* – Dunod – 1995 – Paris.

Boulanger Pierre – *Organiser l'entreprise en réseau* – Nathan – 1995 – Paris.

Boyer Luc et Burgaud Didier – *Le marketing avancé* – Éditions d'Organisation – Paris – 2001.

Bressand Albert et Distler Catherine – *La planète relationnelle* – Flammarion – 1995.

Brilman Jean et Maire Claude – *Manuel d'évaluation des entreprises* – Éditions d'Organisation – 1993.

Caby Jérôme et Hirigoyen Gérard – *La création de Valeur de l'entreprise* – Éditions Economica – Paris – 1997.

Camp Robert C – « *Le Benchmarking* » – Préface de Jean Brilman – Éditions d'Organisation – 1992.

Carton Gérard-Dominique – *Éloge du changement : Leviers pour l'accompagnement du changement individuel et professionnel* – Village Mondial – 1997.

CEGOS – *Enquête sur les Frais Généraux des entreprises* – 2001 – Éditeur CEGOS – Boulogne-Billancourt.

CEGOS – Tropert Hubert et Pentray Georges – *Enquête Salaire* – CEGOS – Issy les Moulineaux – 2002.

CEGOS – *Rapport d'étude – Concentration bancaire aux États-Unis et en Europe* – Jean Brilman et Jean-Claude Brauda – 18 Mars 1997 – Paris.

Collis David J. & Montgomery Cynthia A. – *Corporate Strategy – Resources and the Scope of the Firm* – McGraw-Hill – 1997 – New York.

Commissariat au Plan – *Rentabilité et risque dans le nouveau régime de croissance* – La Documentation française – Paris – 2002.

Coureil Pierre – Booz Allen & Hamilton – *Valeur Ajoutée* – Dunod – Paris – 1997.

Debordes Pascal – *Le coaching efficace des commerciaux* – Dunod – 1996 – Paris.

De Geus Arie – *La Pérennité des entreprises – L'expérience des entreprises centenaires au service de celles qui veulent le devenir* – Éditions Maxima – 1997.

De Jouvenel Bertrand – *Du pouvoir* – Le Livre de Poche – Paris – 1972.

Deschamps J et Nayak P – *Products Juggernauts* – Éditions Harvard Business School – 1995 – Traduction française *Les Maîtres de l'innovation* – Éditions d'Organisation – 1997.

Diridollou Bernard et Vincent Charles – *Le client au cœur de l'organisation – Le management par les processus* – Éditions d'Organisation – 1997.

Dwight Gertz et Joao Baptista – *Croître, un impératif pour l'entreprise* – Éditions Village Mondial – 1996 – Paris.

Egg Georges – *1 + 1 = 3... Réussir une fusion d'entreprise* – Éditions Liaisons – Paris – 1991.

Gale Bradley T. – *Managing Customer Value – Creating Quality and Service that Customer Can See* – The Free Press – New York – 1994.

Garrette Bernard et Dussauge Pierre – *Les stratégies d'alliance* – Éditions d'Organisation – Paris – 1995.

Hagel John et Amstrong Arthur – *Net Gain* – Éditions Harvard Business School Press – 1997.

Hamel Gary et Prahalad C.K. – *La Conquête du Futur* – InterEditions – Paris – 1995.

Hammer Michael – *Beyond Reengineering – How the Process – Centered Organization Is Changing Our Work and Our Life* – Harper Collins Publishers – New York – 1996.

Hammer Michael et Champy James – *Reengineering the corporation : a Manifest for business revolution* – Harper Collins Publishers – New York – 1993.

Hart C.W. et Bogan C.E. – *The Baldrige* – McGraw-Hill Inc. – New York – 1992.

Hodgetts Richard M. – *Blueprints for Continuous Improvement : Lessons from the Baldrige Winners* – AMA Membership Publications – New York – 1993.

Hodgetts Richard M. – *Implementing TQM in Small & Medium-sized organizations – a step by step guide* – Éditions Amacom – New York – 1996.

Janne Henri – *Le système social* – Éditions de l'Université de Bruxelles – 1976.

Jocou Pierre et Lucas Frédéric – *Au cœur du changement – une autre démarche de management : la Qualité Totale* – Dunod – Paris – 1992.

Joly Michel et Muller Jean-Louis – *De la gestion de projet au management par projet* – Éditions Afnor – 1994.

Jones Daniel T. – Womack James P. – Roos Daniel – *Le système qui va changer le monde* – Dunod – Paris – 1992.

Kaplan Robert S. et Norton David P. – *Putting the Balanced Scorecard to Work* – Harvard Business Review – Sept./Oct. 1993 – et également la traduction du livre « *The Balanced Scorecard* » sous le titre « *Le tableau de bord prospectif* » – Éditions d'Organisation – 1997.

Kotter John P. et Heskett James – *Cultures et performances – Le second souffle de l'entreprise* – Éditions d'Organisation – 1993.

Lanciaux Concetta Carestia – *Stratégies de la récompense* – ESF Éditeur – Paris – 1990.

Lévy Bernard-Henri – *La barbarie à visage humain* – Éditions Grasset – Paris – 1977.

Lewis Jordan D. – *The connected Corporation* – The Free Press – New York – 1995.

Mack Manfred – *Co-évolution Dynamique créatrice* – Village Mondial – 1997.

Midler Christophe – *L'auto qui n'existait pas* – InterEditions – 1993 – Paris.

Moore James – *The Death of Competition : Leadership & Strategy in the Age of Business Ecosystems* – Éditions John Wiley & Sons, UK, and Harper Collins, USA – 1996.

Moss Kanser Rosabeth, Stein Barry A., Jack Todd – *The challenge of organizational change* – Éditions MacMillan – New York – 1992.

Nelson Bob – *1001 ways to Reward employees* – Workman Publishing – New York – 1994.

Nonaka Ikujiro & Takeuchi Hirotaka – *The Knowledge Creating Company* – Oxford University Press – 1995.

Norton Scott – *L'entreprise compétitive du Futur* – Éditions d'Organisation – 1995.

Porter Michaël E. – *Choix stratégiques et concurrents* – Éditions Economica – 1982, traduit de *Competition & Strategy* – Éditions The Free Press – 1980.

Probst Gilbert J. B. & Büchel Bettina S. T. – *La pratique de l'entreprise apprenante* – Éditions d'Organisation – Paris – 1995.

Prot Baudoin et de Rosen Michel – *Le retour du Capital* – Éditions Odile Jacob – Paris – 1990.

Renaud Coulon Annick – *La désorganisation compétitive* – Éditions Maxima – 1996.

Renault – *L'album Renault de la Qualité Totale* – *Un voyage au cœur du changement* – Gallimard – Paris – 1996.

Senge Peter et Gauthier Alain – « *La 5ᵉ discipline* » – Éditions First – 1991.

Shiba Shoji – Graham Alan et Walden David – *4 révolutions du management par la Qualité Totale* – Dunod – Paris – 1997.

Spielman Michel – *Ces hommes qu'on rachète* – Éditions L'Harmattan – 1994 – Paris.

Stambouli Karim B. et Brionos Éric – *Buzz marketing* – Éditions d'Organisation – Paris – 2002.

Stewart Thomas – *Intellectual Capital* – Currency Doubleday – 1997.

Sveiby Karl Erik – *The New Organizational Wealth* – Berrett-Koehler – 1997

Treacy Michael et Wiersema Fred – *The discipline of the markets leaders* – Éditions Addison-Vesley Publishing Company – 1995 – Reading – Massachusetts.

Whiteley Richard C. – *The Customer Driven Company* – *Moving from talk to action* – Addison-Wesley – USA – 1991.

Womack James P. – Jones Daniel T. – Roos Daniel – *Le système qui va changer le monde* – *Après la production de masse, la production au plus juste* – Dunod – Paris – 1992, traduit de l'américain – *The machine that changed the world* – 1990 – une étude du MIT.

Womack James P. et Jones Daniel T – *Lean thinking : Banish Waste and Create Wealth in Your Corporation* – Simon & Schuster – 1995 – New York.

Table des illustrations

Tableau   N° 1.1   :   Changements du monde sur une longue période 7

Tableau   N° 2.1   :   Évolution des finalités de l'entreprise 56

Figure   N° 2.2   :   Rendement des actions aux USA et en France 63

Tableau   N° 2.3   :   Indicateurs de performance stratégiques les plus utilisés .. 75

Tableau   N° 2.4   :   Critères du développement durable dans l'entreprise 80

Figure   N° 2.5   :   Rendement des actions aux USA et en France 92

Figure   N° 2.6   :   Rendement des actions aux USA et en France 93

Tableau   N° 3.1   :   Les 7 leviers proposés par Henri Janne 109

Tableau   N° 4.1   :   Évolutions du marketing 124

Tableau   N° 4.2   :   Histoire du développement humain 127

Tableau   N° 4.3   :   Représentation de la valeur pour le client 145

Tableau   N° 4.4   :   Analyse de Valeur-Client 150

Tableau   N° 5.1   :   Évolutions des stratégies 169

Tableau   N° 5.2   :   La matrice croissance/part du marché du BCG 172

Figure   N° 5.3   :   La plate-forme stratégique du BCG 174

Figure   N° 5.4   :   Représentation de la Valeur-Client 190

Figure   N° 5.5   :   Le tableau de bord équilibré de Rockwater 210

Figure   N° 5.6   :   Les objectifs stratégiques de Rockwater 211

Tableau   N° 5.7   :   Les objectifs stratégiques de Electronic Circuit 212

Tableau   N° 6.1   :   Comment accélérer l'innovation dans l'entreprise 227

Tableau   N° 6.2   :   Les formes variées de l'innovation 233

Tableau   N° 6.3   :   Les principes de base de la veille 243

Tableau   N° 6.4   :   Les points d'entrée de la veille 245

Figure   N° 6.5   :   Diagramme de Kano 248

Figure   N° 6.6   :   La courbe d'apparition des coûts et la maîtrise
des risques 250

Tableau   N° 7.1   :   Évolutions des acquisitions-fusions 264

Tableau   N° 7.2   :   Préoccupations des Directions de Ressources
Humaines lors de fusions-acquisitions 284

Tableau   N° 8.1   :   Évolutions du management par la qualité 297

Figure   N° 8.2   :   Cadre du Trophée Malcolm Baldrige : le système
en perspective 1998 et 2001 300

Figure   N° 8.3   : Référentiel EFQM 2000 pour auto-évaluation
                       « business excellence » 303
Figure   N° 8.4   : La roue de Deming présentée par Sollac.......................309
Figure   N° 8.5   : Les trois étapes de l'évolution de Sollac.......................311
Figure   N° 8.6   : Les principaux outils et méthodes développés
                       dans Sollac...312
Figure   N° 8.7   : Le système de management Sollac..................................313
Figure   N° 8.8   : Dispositif annuel de déploiement.................................313
Figure   N° 8.9   : La dynamique Qualité...314
Figure   N° 8.10 : Modèle du système de management de la qualité
                       ISO 9001 version 2000...317
Figure   N° 8.11 : Système de Management de DHL...................................322
Figure   N° 8.12 : La démarche de Texas Instruments 325
Tableau   N° 8.13 : Réussir une démarche de développement durable..........333
Tableau   N° 9.1   : Renault – Méthodes de benchmarking..........................339
Tableau   N° 9.2   : Rank Xerox : les phases d'un processus
                       de benchmarking...340
Tableau   N° 10.1 : L'entreprise orientée processus 362
Tableau   N° 11.1 : Les piliers majeurs du WCM.......................................397
Figure   N° 11.2 : Positionner une famille de produits 403
Tableau   N° 11.3 : Localisation des forces internationales pour l'activité
                       de service entre 2004 et 2005 405
Tableau   N° 11.4 : Une démarche WCM 407
Tableau   N° 11.5 : Organiser un plan d'actions 410
Tableau   N° 11.6 : Les gestes inutiles et leurs conséquences.....................413
Figure   N° 12.1 : TWINGO, une fédération de PME................................435
Tableau   N° 12.2 : Définir la relation projet-métier 436
Figure   N° 13.1 : La pyramide de Maslow 448
Tableau   N° 13.2 : Les dispositifs de rémunération opérationnels en 2004..450
Figure   N° 13.3 : Les objectifs prioritaires de la politique
                       de rémunération 461
Figure   N° 13.4 : Visualiser les différents éléments d'une GPEC...............472
Figure   N° 13.5 : Les acteurs de la GPEC 475
Tableau   N° 14.1 : La vision biologique du changement.............................492
Tableau   N° 14.2 : Les différentes phases du changement 495
Tableau   N° 15.1 : De la compétence à la performance..............................510
Tableau   N° 15.2 : La spirale de la connaissance......................................516
Tableau   N° 15.3 : Capital intellectuel : composition................................538
Tableau   N° 16.1 : Évolution des partenariats et alliances.........................540
Tableau   N° 16.2 : Fonctionnement d'un réseau.......................................546
Tableau   N° 17.1 : Évolution du rôle des dirigeants..................................566
Tableau   N° 17.2 : Répartition du temps des Conseils d'Administration 579
Tableau   N° 17.3 : Est-ce que le gouvernement d'entreprise paie ? 581

Index

A

Acculturation 99
Acquisition d'entreprise 263
Actions
    valorisation des actions 61–62, 91
ADEPT 368
AMDEC 368
Apprenante (organisation) 505
Apprentissage 18, 506, 521
Auto-diagnostic 101
Auto-évaluation 297
Autonomie 444
AVC (Analyse de valeur-Client) 139

B

Baldrige (Malcom Baldrige) 300
Base de données 137, 147, 198
BCG (Boston Consulting Group) 91, 173
Benchmarking
    (*voir* benchmarquer) 335
Best practices 335
Bourse 8–12
Bulle boursière 47, 90
Business Ecosystem 186
Business Unit 112
Buzz marketing 131

C

Cahier des Charges Fonctionnel
    (CdCF) 368
Call Center (centres d'appel) 143
Capital humain 439, 441–442, 453, 471, 533, 536, 538
Capital intellectuel 526
Capitalisation boursière 67, 88, 538
Capitalisme (fondamentaux
    du capitalisme) 12
Carrière 111, 442
Cash-flow 56, 86
Certification 318
Changement 3, 8, 9, 13, 44–45, 71, 95–99, 101–102, 108, 126, 143, 164, 204, 221, 275, 280, 321, 333, 337, 351, 379–382, 384, 391, 414, 415, 417, 420, 426–427, 437, 440, 460, 469, 474, 487–503, 507, 513, 532, 546, 565, 592
Chef de projet 251, 415
Chine 2, 5–6, 19–20, 22–23, 25–27, 29–31, 33–39, 42, 169, 237, 240, 317, 405, 555, 559–560
Client-roi 76, 136
Close-loop
    bouche rapprochée 143
Coach 373

Coaching 260, 288, 373, 375–376, 441–442, 449, 458–460, 462, 514, 530, 534–535

Coaching des managers 458

Co-marketing 123

Company Wide Quality Management 48, 296

Compétences 471, 505

Conception 255, 368

Concourance 252

Concurrent Engineering 45, 252

Conduite du changement 489, 491, 597

Conference Board 66, 272, 586

Conseil d'administration 576, 579

Coordinateur de projet 438

Corporate governance 578

Courrier électronique 193

Coût
    réduction des coûts 50, 74, 119–120, 181, 208, 216

Coût du capital 67, 70, 86–89

Crise
    gestion de crise 50, 73, 205–209

CRM (Customer Relationship Management) 134, 199

Culture 95

CVA (Customer Value Added) (*voir* valeur-client) 55, 136, 256

Cyber-marketing 157

D

Delayering (Réduction des niveaux hiérarchiques) 345

Deming 48

Déploiement 212

Design For Operation 128

Design to Value 249

Développement durable 4, 7, 13, 37, 50, 54–55, 64, 80–83, 119, 296–297, 329–334, 397

Direction des ressources humaines 387, 439

Dirigeants
    rémunérations 582, 587, 589
    rôles 162, 216, 218, 437, 528, 565

Downsizing 345

Due diligence 277

E

E-business ou e-commerce 131, 193

E-commerce 9, 44, 50, 118, 122–123, 131, 161, 164, 193–194, 196–197, 203–205

Écoute client 128

ECR (Effective Consumer Response) 190

EFQM (European Foundation for Quality Management) 303

E-learning 533–537

Embauche 17

Employabilité 79

Empouvoirement 441

Empowerment 51, 444

Enquêtes 144, 148

Entraîneur 351

Entreprise créatrice 523

Entreprise orientée client 157

Entreprise post-taylorienne 50

Entreprises en réseau 445

Entreprises horizontale 416

E-procurement 550

Équipes auto-managées 307

Équipes semi-autonomes 360

E-recrutement 10, 453

EVA (Valeur Ajoutée Économique) 56

Évaluation 360° 456–458, 473

Évaluation d'entreprise 91, 430, 455

Excellence 101, 298, 307

Externalisation 554

Extranet 201

F

Facilitateur 325

Feed-back 149

Fidélisation 64, 151
Flexibilité 307
Frais généraux 181
Free Cash-flow 56
Fusion 263

G

Gantt 416
Global sourcing 41, 550
GPEC (Gestion Prévisionnelle
   des Emplois et Compétences)
   471–475, 537
GRC (Gestion de la Relation
   client) 134
GRI (Global Reporting Initiative) 332

H

Hoshin 212

I

Implant électronique 201
Incentives 324, 447
Indicateurs 53, 209
Informatique 17, 147, 192, 539
Inforoutes 199
Ingénierie Simultanée 45, 250, 255
Innovation 15, 17, 28–29, 64, 75, 81,
   99, 110, 112, 118, 120, 125–126,
   156, 164, 169, 174–175, 182, 185,
   189, 191, 204, 212, 216–217,
   221–264, 305, 345, 384, 407, 487,
   523, 529, 531–532, 545, 591, 594,
   596
Integrated Management Model 299
Intégration 279
Intelligence économique 204,
   239–240, 246
Internationalisation 42
Internet 165, 193
ISO 10006 247
ISO 14000 119, 331

ISO 9000 310, 318
ISO 9000 version 2000 76, 297, 307,
   315–318, 323

J

Juste à Temps
   JAT 255

K

Kaizen 47, 307
Knowledge 96, 510
Knowledge Management 261, 511, 528
Knowledge Officer 527

L

LBO 265
Leader 98, 440
Lean company 377
Lean management 412
LMBO 265
Logistique 25–26, 29, 133, 180, 195,
   231, 335, 382, 386, 393–406, 424,
   434, 552, 554

M

Maîtrise 137
Malcom Baldrige National
   Quality Award 300, 585
Management du savoir 505–536
Management par la valeur 85, 136
Management par projet 257
Management transversal 438
Manuel de projet 428
Marché chinois 23, 25, 29, 32, 35
Marketing 121
Marketing *via* Internet
   (*voir* cyber-marketing) 157
Métarègles 424
Modèle culturel 108
Modèle mental 523

Motivation 72, 447
MVA (Valeur Ajoutée Marché) 56

N

Norme SA 8000 331
Nouveaux rôles du management 441
Nouvelle Économie 8, 10, 43, 49, 51,
  130, 135, 164, 464
NTIC (Nouvelles Technologies
  de l'Information et
  des Communications) 17, 147, 192,
  542

O

Organisation apprenante 217
Organisation centrée client 69, 121
Organisation flexible 380
Organisation horizontale 17, 359
Organisation transversale 432
Orientation client 121

P

PDCA (Plan-Do-Check-Act) 213,
  307–308
Performances 510
PERT 418
PIMS (Profit Impact of Market
  Strategy database) 137
Places de marché (marketplace) 550
Pouvoir personnel 575
Prix Français de la Qualité 48
Process owners 365
Processus 359
Productivité 201, 249, 255, 346
Projet 250, 415
PVA (People Value Added) 453

Q

QFD (Quality Function
  Deployment) 146
Qualité totale 295

R

Récompenses 106
Reconnaissance 451
Recrutement 263
Redressement d'entreprise 73, 167
Réduction des niveaux
  hiérarchiques 201, 370
Reengineering 44, 48–50, 65, 72, 85,
  95, 98, 107, 124, 140, 143, 149, 155,
  164, 173, 291–292, 306, 335–337,
  345–353, 359, 368–369, 374, 379,
  391, 462, 487, 519
Référentiel de compétences 478
Référentiel qualité 297, 300
Rémunération 462, 585
Rendement des actions 62–63, 92–93
Rentabilité du capital 64
Résultats 43
Rétribution 51, 462, 586

S

Satisfaction client 50, 76, 136, 148
Savoirs 505
Segmentation 76, 139, 170
Six Sigma 111, 115, 251, 296–297,
  327–328
SPC (Statistical Process Control) 369
Stimulations 465
Stock-options 56
Strategic Balanced Scorecard 301, 441,
  452
Stratégie 167, 223, 265
SVA (Shareholder Value
  Analysis) 68
SWOT (Strengths, Weakness,
  Opportunities and Threats,
  Forces, Faiblesses, Menaces
  et Opportunités) 191

T

Tableau de bord stratégique
  équilibré 209–210

Technologies de l'information
  (*voir* NTIC)
Time to market 45
Total Shareholder Return, TSR
  (Rentabilité Totale pour
  l'Actionnaire) 91
TQM (Total Quality Management) 50,
  295
Trade marketing 133

V

Valeur actionnaire 55
Valeur des entreprises 57
Valeur-client 55, 136

Valorisation des actions (*voir* actions)
VEC (Valeur Économique Créée) 69
Veille marketing 254
Veille technique 507

W

WBS 418
WCM 393–398, 406–407
Web-marketing
  (*voir* cyber-marketing) 157
Websites 158, 538
Workflow 201
World Class 101

Composé par Sandrine Rénier

Dépôt légal : août 2013
N° d'éditeur : 4289
IMPRIMÉ EN FRANCE

Achevé d'imprimer le 20 août 2013
sur les presses de l'imprimerie « La Source d'Or »
63039 Clermont-Ferrand
Imprimeur n° 13097N